KB050213

일러두기

1. 주요 인명과 책명은 각 글별로 처음 1회에 한해 원어를 병기했다.
2. 주석에 제시된 외국 문헌의 번역 제목은 각 글별로 해당 저자와 옮긴이가 옮긴 대로 따랐다. 따라서 같은 외국 문헌에 대한 번역 제목이 각 글마다 다르게 나타날 수 있다.
3. 맞춤법과 외래어 표기는 1989년 3월 1일부터 시행된 〈한글 맞춤법 규정〉과《문교부 편수자료》,《표준국어대사전》(국립국어연구원, 1999)을 따랐다.

대중
독재

1

대중
독재

강제와 동의 사이에서

1

임지현 · 김용우 옮김
비교역사문화연구소 기획

책세상

차례

Ⅳ 우리나라와 일본의 체제

에필로그

엮은이의 말

1999년의 일로 기억된다. '국민의 정부'가 박정희 기념관 건립 계획을 발표하자 뜻을 같이하는 몇 개의 역사 단체가 모여 그에 반대하는 심포지엄을 개최했다. 그때 나는 토론자의 자격으로 참석했다. 내 기억이 맞다면, 그 자리에 모인 역사가들은 이구동성으로 반대의 입장을 표명했다. 그 자리에서 반대 성명서가 입안되어, 당시 모인 진보적 역사 단체들의 공식 입장으로 채택되었다. '국민의 정부'에 대한 배반감, 분노, 회의가 대회장을 지배하기는 했지만, 현실에 대한 역사학의 실천이라는 점에서 뿌듯함도 적지 않았던 것 같다.

그러나 뿌듯함은 잠깐이었다. 기대와 달리 시민 사회의 반응은 차갑기만 했다. 여론은 박정희 기념관 건립을 지지하는 방향으로 흘러갔으며, 대학 신문의 여론 조사에서 서울의 한 명문 사립대학 학생들은 박정희 대통령을 복제하고 싶은 역사적 인물 1위의 자리에 올려놓았다. 역사가로서 부끄러운 고백이지만, 현실에서 작동하는 기억의 정치학은 나 자신의 역사 인식과는 전혀 다른 결로 짜여 있었다. 지적인 고립 상태에서 자족했을 뿐, 자신이 발 딛고 서있는 사회의 현실을 설명해야 하는 역사가의 책무를 다하지 못했다는 자책감에서 좀처럼 벗어나기 힘들었다.

박정희에 대한 한국 사회의 집단적 기억을 권력 담론의 관점에서 해명하고자 했던 나의 문제 의식은 자연스레 나치즘과 파시즘, 그리고 스탈린주의 같은 근대 독재에 대한 관심으로 이어졌다. 이 주제에 대한 최근의 연구 성과들이 보여주는 바는 분명했다. 권력을 독점한 사악한 소수가 폭력과 강제를 행사해 다수의 무고한 민중을 억압하고 지배했다는 흑백 논리나 폭력과 억압을 통한 강압적 지배라는 단색의 이미지로 포착하기에는 근대 독재의 현실이 몹시 중층적이고 복합적이라는 것이다. 그것은 이미 '기억의 정치학' 차원을 넘어서는 문제였다.

나는 당시 편집 위원으로 일하고 있던 계간지 《당대비평》(12호, 2000년 가을)에 〈파시즘의 진지전과 합의독재〉라는 글을 서둘러 발표하고, 망설이는 일부 편집 위원들을 설득하여 '합의독재'에 대한 특집을 마련했다. 급하게 쓴 글이어서 지금 보면 거칠고 조야한 부분들이 적지 않게 눈에 띄지만, 그 글을 관통하는 문제 의식은 오히려 더 다져지고 첨예해졌다는 게 솔직한 생각이다. 근대 독재의 폭력과 강제는 물의 표면에서 작동하는 현상일 뿐, 독재의 프로젝트에 대한 대중의 동의를 얻어내고 자발적 동원 체제를 만들어내는 다양하고 정교한 헤게모니적 장치들이 물밑에 숨어서 작동한다는 것이다. 파시즘이야말로 진지전을 대표한다는 그람시의 통찰이 새롭게 다가온 것도 이 무렵의 일이었다.

현실은 또다시 내 기대를 배반했다. 이번에는 나와 가깝다고 생각했던 혹은 같은 이념적 지형 위에 서 있다고 생각했던 동료들로부터의 고립감을 느껴야만 했다. '왜 독재 권력이 아니라 민중을 욕하느냐'는 엉뚱한 힐난에서부터 '민중을 적으로 돌리고 파시스트로 만드는 논리'라는 의외의 비판이 쏟아졌다. 대부분은 텍스트에 대한 충실한 독해보다는 이미지 비평에 가까운 비판들이었다.

'민중적 지식인'의 포즈에 연연하는 이들과 비생산적인 논쟁을 벌이기보다는 역사 현실과 소통해야겠다는 절박함이 더 컸다. 역사 현실과 소통할 수 있다면 고립감은 아무래도 괜찮았고, 또 이들의 오해가 언젠가는 풀릴 것이라는 확신도 있었다. 당시 내게 큰 힘이 된 것은 오히려 유럽이나 일본, 미국의 좌파 지식인 친구들이었다. 이들은 내 테제에 적극적인 지지와 관심을 표명했다. 우리와 달리 독재에 대한 '기억의 정치학'에서 비교적 자유롭고 또 과거에 대해 어느 정도 역사적 거리를 확보할 수 있는 그들의 사회적 조건 때문이 아니었나 싶다.

그러나 박정희 체제의 현실을 반사하는 역사의 거울로서 유럽 등지의 20세기 독재 체제를 비교 연구하는 작업은 혼자의 힘으로 감당할 수 있는 것이 아니었다. 마침 한국의 학술진흥재단이 '기초 학문 육성 지원 사업'을 전개하여 공동 연구를 위한 기반이 마련되었다. 나치즘, 파시즘, 스탈린주의는 물론 스페인의 프랑코이즘, 동독과 폴란드의 현실 사회주의, 비시 프랑스를 전공하고 현지에서 학위 논문을 제출한 유럽사 연구자들을 주축으로 하고 일본의 총력전 체제와 한국의 박정희 체제에 대한 박사 학위 논문을 준비하는 박사 과정 학생들을 추가하여 나름대로 연구팀을 구성할 수 있었다.

이 책은 이들과의 공동 연구의 산물이다. 전공의 깊이를 잃지 않으면서도 현실과의 교감을 진지하게 고민하는, 따뜻하고 유쾌한 연구 공동체를 만들 수 있었던 것은 '비교역사문화연구소'의 김용우 연구 조교수 이하 모든 연구원들과 연구 보조원들 덕분이다. 빡빡한 세미나 일정과 과중한 할당 과제에도 불구하고, '자발적인 지지와 동의'를 보내 연구 책임자에게 '합의독재'의 기반을 마련해 준 이들 모두에게 깊이 감사드린다. 설혹 일부가 '자발적인 지지와 동의'라는 내 해석에 대해 '내면화된 강제' 또는 '비가시적 폭력에 대한 공포' 때문이었다고 반발할지라도 깊은 감사의 마음을 거둘 생각은 없다. 대중독재'라는 새로운 개념의 지적 소유권도 연구팀 모두에게 속한다.

또 바쁜 일정에도 불구하고 더러는 자신의 연구 기금으로, 더러는 자신의 연구 기관에서 여행비를 마련해서까지 찾아와 대중독재 제1차 국제학술대회 '강제와 동의 : 대중독재에 대한 비교사적 연구Coercion and Consent : A Comparative Study of Mass Dictatorship'(2003년 10월 24~26일)가 성공적으로 치러질 수 있도록 성심을 다해준 외국의 참가자들에게도 깊은 감사의 마음을 전한다(이 학술 대회의 보고서는 영국의 *Contemporary European History*, 독일의 *Potsdamer Bulletin*, 일본의 *Quadrante* 등의 학술 잡지에서 볼 수 있다). 이들이 학술 대회에서 발표한 논문과 이 책을 위해 따로 보내준 기고문들이 이 책의 가치를 풍성하게 만들어준 것은 물론이다.

연구의 물적 기반을 제공해준 학술진흥재단, 국제학술대회를 물심 양면으로 지원해준 한양대학교, 특히 이 연구가 국제적인 수준의 체계적인 연구로 발돋움할 수 있도록 제도적 기반으로서 '비교역사문화연구소'의 창립을 적극적으로 지원해준 한양대학교의 김종량 총장께도 머리 숙여 감사드린다. 늘상 즐거울 수만은 없는 책의 편집과 제작이라는 노동을 유쾌하고 즐거운 놀이로 만들어준 책세상에게는 더 충실한 내용의 2년차 연구 결과로 보답하겠다는 약속을 드린다. 집에서의 빈 자리를 자주 느껴야만 했던 '대중독재' 연구 공동체의 모든 식구들에게는 그저 미안하고 고마울 뿐이다.

2004년 4월, 집필자를 대표해서 임지현 씀

프롤로그

'대중독재'의 지형도 그리기

임지현

1. '포스트 전체주의'와 대중

　체코의 반체제 지식인이자 극작가인 하벨Vaclav Havel은 〈힘없는 자들의 힘〉이라는 에세이에서 현실 사회주의 권력의 작동 방식을 생생하게 그린 바 있다. 하벨이 포스트 전체주의posttotalitari-anism라고 이름 붙인 그 체제의 작동 비결은 시민과 체제 사이의 '무언의 협정'이다. 이 글에서 프라하의 한 야채상이 쇼윈도에 내건 '만국의 노동자여 단결하라'라는 정치 구호는 권력과 대중의 담합을 상징한다. 하벨에 따르면, 이 야채상에게 노동자 단결 구호의 정치적 의미는 조금도 중요하지 않다. 중요한 것은 권력을 향하여

임지현은 서강대학교 사학과에서 유럽 지성사를 전공했다. 박사 학위 논문 〈맑스·엥겔스와 민족 문제〉(1989)를 제출한 후 한반도의 근현대를 비추어 보는 거울로서 폴란드 역사에 빠져 20세기의 마지막 10년을 현실 사회주의의 잔재로 가득한 폴란드 역사와 씨름하며 지냈다. 《오만과 편견》, 《이념의 속살》, 《그대들의 자유, 우리들의 자유 : 폴란드 민족해방운동사》, 《민족주의는 반역이다》, 《바르샤바에서 보낸 편지》 등의 저서를 냈으며, 《국사의 신화를 넘어서》, 《노동의 세기—실패한 프로젝트?》, 《우리 안의 파시즘》 등을 엮었다. 《역사비평》, 《당대비평》 등의 계간지와 《서양사론》, 《역사학보》, 《역사와 문화》 등의 학술지 편집 위원을 지냈고, 폴란드 크라쿠프 사범대학과 웨일스 글래모건 대학의 외래 교수, 영국 포츠머스 대학과 미국 하버드 대학의 초청 연구원을 역임했다. 현재 한양대 사학과 교수 겸 비교역사문화연구소 소장으로 재직 중이다.

보내는 그의 메시지다. 나는 내게 요구된 정치적 의식(儀式)을 충실히 재현하고 있으니 평화롭고 행복하게 살도록 내버려두라'는 타협의 메시지가 그것이다. '포스트 전체주의' 또한 이 평범한 야채상에게 '나는 권력이 무서워 절대적으로 복종한다'는 식의 무조건적인 항복을 요구할 만큼 어리석지는 않다. 포스트 전체주의는 노동자 단결 구호처럼 적절한 명분을 지닌 정치 의례의 준수를 요구하고, 그것을 통해 체제에 대한 충성도를 가늠하는 것이다. 야채상 또한 이 구호의 정치적 명분으로 자신의 복종 의지를 포장함으로써, 복종하지 않는 듯한 복종이라는 자기 기만의 메커니즘을 만들어낸다. 포스트 전체주의 체제가 공포 정치의 틀을 벗어나 정상적으로 유지되는 비결이 여기에 있다.[1]

포스트 전체주의에 대한 하벨의 통찰은 현실 사회주의가 폭력과 강제만으로 작동하는 체제가 아니라는 사실을 시사해준다. 국가 폭력과 다양한 억압 기제를 통한 강압적 지배라는 단색의 이미지는, 반체제 인사로서 국가 폭력의 대표적 희생자였던 하벨 그 자신에 의해서 이처럼 부정되고 있는 것이다. 하벨의 '포스트 전체주의'론은 현실 사회주의를 넘어서, 폭력과 억압이라는 악마적 이미지로 단조롭게 채색된 파시즘 일반 혹은 근대 독재의 역사에 의문을 제기한다. 좌파 독재와 우파 독재를 막론하고, 이러한 스테레오타입으로는 스탈린주의나 나치즘, 파시즘이 지닌 역동성과 파괴력을 설명하기 어려운 것이다. 정치공학의 관점에서 볼 때, 폭력과 억압은 사실 그다지 생산적인 방법이 아니다. 아래로부터의 진정한 지지나 성원을 기대할 수 없을 뿐만 아니라, 잠재적 지지 세력

---

1) Vaclav Havel, 〈힘없는 자들의 힘 The power of the powerless〉, John Keane (ed.), 《힘없는 자들의 힘 The Power of the Powerless : Citizens against the state in central-eastern Europe》 (London : Hutchinson, 1985), 28〜37쪽.

또는 회색 지대에서 동요하는 사람들을 소외시키기 때문이다.[2] 권력의 입장에서는, 체제에 순응하도록 적절하고 지속적인 압력을 가하는 것이야말로 그 어떤 효과적 폭력보다도 더 효율적이다. 20세기의 독재를 이해하는 데 중요한 것은 독재에 대한 인민의 지지를 비난하거나 그것에 눈을 감는 것이 아니라, 스스로에게 '왜', '어떻게'라고 질문을 던지는 것이다. 독재의 유산을 극복하는 첫 걸음은 설익은 도덕주의가 아니라 역사적 현실을 설명하는 힘인 것이다.

독재와 민주주의, 좌파 독재와 우파 독재를 불문하고 모든 체제의 성공 여부는 그 구성원들이 체제의 정통성을 부여하는 의식에 참여하도록 만드는 것에 달려 있다. 체제의 정통성이 전제될 때, 각 개인은 권력이 요구하는 역할에 맞추어 자신의 정체성이나 주체성을 구축하게 된다. 체제와 권력이 집단적 주체성을 만들어내고, 각 개인이 그 주어진 집단적 주체성을 자신의 것으로 받아들이도록 만드는 정교한 정치공학이 작동하는 것이다.

자율적 개인 주체의 형성이라는 근대의 프로젝트는 이론일 뿐 현실이 아니다. 알튀세Louis Althusser의 표현을 빌리면, 의미와 가치 체계로서의 이데올로기가 사회적 존재로서의 개개인을 특정한 방식으로 '호명'하는 것이다. 국가가 각 개인을 '국민', '민족' 혹은 '계급'으로 호명하고 개개인이 그 부름에 자발적으로 응할 때, 이들은 이미 국가의 지배 장치 안에 포섭되고 지배 계급의 헤게모니에 종속된다. 그것은 위로부터의 강제적 동원이 아닌 아래로부터의 자발적인 동원의 체제를 구축하는 데 필수적인 기제다. 모든 전체주의 체제들은 '새로운 인간형', 즉 자발적인 동원을 위한 근대

---

2) Patrick C. Hogan, 《순응주의의 문화 : 사회적 동의의 이해 *The Culture of Conformism : Understanding Social Consent*》(Durham : Duke Univ. Press, 2001), 58쪽.

주체를 완성하지는 못했지만 그것의 완성을 끊임없이 시도한다는 코와코프스키Leszek Kołakowski의 분석은 바로 이 점을 지적한 것이었다.[3] 이러한 관점에서 본다면, 서유럽 민주주의의 작동 방식을 설명하고자 했던 그람시Antonio Gramsci의 헤게모니론은 독재 체제에 대한 분석에서도 여전히 유효한 이론적 지렛대가 된다.

두 차례의 세계대전과 총력전 체제의 경험은 사실상 대중의 자발적인 동원과 참여 정도가 그 체제의 힘과 효율성을 가늠하는 척도임을 보여주었다. 그것은 대중 사회의 출현이라는 새로운 역사적 조건을 반영하는 것이기도 했다. 성인 남자 보통선거권의 도입, 의무 교육과 징병제의 실시, 노동 운동의 성장과 사회 보장 제도의 정비, 산업화와 도시화 등으로 교양 시민층의 자유주의는 대중 민주주의로 대체되었다. 19세기 말부터 시작되어 1차 세계대전의 총력전 체제를 거치면서 정비된 20세기 근대 국가의 시스템 속에서, 대중이 역사 무대의 전면에 등장한 것이다. 민주주의와 독재를 막론하고 이제 평범한 보통 사람들의 목소리는 무시할 수 없는 것이 되었다. 대중에 대한 권력의 관심은 이들의 일상적 욕구를 충족시킨다는 단순한 배려의 차원을 넘어서는 것이었다. 그것은 국가의 동원 체제에 적극적·자발적으로 참여하도록 이들의 욕망을 유도하고 만들어내는 다양한 장치들을 요구한다. 이를 통한 자발적 동원 체제의 작동 수준이 곧 그 국가 체제의 효율성과 총체적 국력을 규정하는 한 요인이 된다. '위로부터의 독재'가 '아래로부터의 독재'로 전환하는 것도 이 지점에서다.

인민의 의사는 의회와 같은 대의 기구를 통해서가 아니라 갈채

---

3) Leszek Kołakowski, 〈전체주의의 거짓말의 미덕Totalitarianism and the Virtue of the Lie〉, Irving Howe (ed.), 《다시 찾은 1984 : 우리 세기의 전체주의*1984 Revisited. Totalitarianism in Our Century*》(New York : Harper Collins, 1983), 133쪽.

를 통해서 더 민주적으로 표명될 수 있다며 나치즘을 정당화한 카를 슈미트Carl Schmitt의 지적은 나치즘이 갖는 '아래로부터의 독재'라는 성격을 잘 드러낸다.[4] 더욱이 그 갈채조차 단순히 계몽의 부정은 아니었다. 호르크하이머Max Horkheimer와 아도르노 Theodor W. Adorno가 파시즘에서 간파해낸 것은 지배의 합목적성에 도달하고자 하는 도구적 이성의 존재였다. 파시즘은 지배에 저항하는 반란의 본성까지도 지배에 유용하게 만들고자 노력한다는 것이다. 파시즘에 이르러 계몽의 변증법은 해방의 논리에서 지배의 논리로 전환하는 자신의 비밀을 드러냈다.[5] 원초적 폭력의 다른 한편에서는 이제 계몽과 이성이 '아래로부터의 독재'를 정당화하고 떠받치는 지배의 기제로 작동하기 시작한 것이다. 대중독재mass dictatorship라는 새로운 용어로 스탈린주의, 파시즘, 나치즘, 주변부의 개발 독재 등 20세기의 좌파 독재와 우파 독재를 아우르려는 이 프로젝트의 시도도 같은 맥락에 서 있다. 즉 강제와 폭력이라는 피상적 이미지의 물밑에서 작동하는 대중의 자발적 동원 메커니즘을 드러냄으로써, 아래로부터의 시각에서 20세기 독재 체제를 이해하자는 것이다.

그렇다고 해서 '볼셰비즘이나 파시즘이 반자유주의적이기는 하지만 반민주적이지는 않다'는 슈미트의 정당화 논리를 추인(追認)하자는 것은 아니다.[6] '아래로부터의 독재'로 표상되는 나치즘의 섬뜩한 리얼리즘을 비판적으로 이해할 때 슈미트의 논리에 대한 설득력 있는 비판이 오히려 가능한 것이다. 대중에 대한 일방적 폭

---

4) 카를 슈미트, 《정치신학 외》, 김효전 옮김(법문사, 1998), 102쪽.

5) M. 호르크하이머 · Th. W. 아도르노, 《계몽의 변증법》, 김유동 외 옮김(문예출판사, 1995).

6) 카를 슈미트, 《정치신학 외》, 102쪽.

력과 강제력에 입각한 독재라는 일면적 시각으로는 '아래로부터
의 독재'라는 섬뜩한 리얼리즘과 이를 잘 포착한 슈미트의 교묘한
정당화에 대항하기 어려울 것이다. 사실상 대중은 독재 체제의 헤
게모니적 공세에 수동적으로 포섭되는 존재는 아니다. 체제의 헤
게모니에 대한 대중의 수용 방식은 체제와 자신을 일체화하는 적
극적이고 전면적인 동의에서부터 수동적 동의, 부분적·선별적 수
용, 타협적 순응, 무의식적 순응에 이르는 다층적인 모습을 나타낸
다. 또 체제에 포섭된 것처럼 보이는 파시즘의 일상 세계와 동의의
구조 속에도 다양한 저항의 지점들이 파편적으로 존재한다. 혁명
은커녕 저항의 여지조차 없어 보이는 '총체적으로 관리된 사회'에
흩어져 있는 저항의 지점들은 지배와 저항의 이분법으로 찾아낼
수 있는 것이 아니다. 대중이 권력에게 보내는 갈채와 동의의 다양
한 양상들을 해체하여 '복수화(複數化)'할 때 오히려 지지와 동의
속에 잠재된 저항이 드러나는 것이다. 정치적 실천의 경험적 범주
로서의 공개 표명된 동의consent와 체제 작동 원리로서의 합의
consensus, 일상 생활에서의 비순응적 저항Resistenz과 체제 전복
적 정치 저항Widerstand, 실존적 저항과 이데올로기적인 지향을
갖는 저항이 구분되는 것이다. 대중독재 연구에서 '아래로부터의
역사'의 시각과 방법론이 요구되는 것은 바로 이러한 이유에서다.

  '아래로부터의 역사'라는 관점에서 볼 때, '대중독재'의 '대중'은
일부 엘리트주의 지식인들이 자신들 이외의 보통 사람들을 경멸
적으로 타자화하는 경향적 범주로서의 '대중'과는 거리가 있다.
1920년대의 대중 사회 연구, 프랑크푸르트 학파의 문화 산업 연구
등에서 원자화되고 객체화된 대중은 위에서 생산된 지배 이데올로
기의 수동적 소비자로 인식되어왔다. 이에 대한 반발로서 1960년
대 이후 영국의 문화 연구는 생산 주체로서의 대중이 어떻게 지배

구조에 저항하면서 스스로의 저항 문화를 만들어나가는가 하는 점에 주목했다. 그러나 양자는 모두 소비 주체와 생산 주체라는 도식적 이분법에서 자유롭지 못했다. 이에 비해 대중독재 패러다임은 지배 이데올로기와 문화를 소비하면서 동시에 자신들만의 독특한 문화를 생산하는 대중의 양면성에 주목한다. 일상에서의 저항이 체제 전체에 대한 동의와 공존하기도 하고, 나치를 지지하는 원천으로서의 근대성이 저항의 동력이 되기도 하는 등 지배에 포섭된 저항과 저항을 낳는 지배 등의 복합적 현실은 소비자면서 동시에 생산자인 대중의 양면성이 만들어내는 역설인 것이다.[7] 대중독재 패러다임은 서로가 서로를 배제하는 양자택일적 현상이 아니라 서로가 서로를 포섭하는 복합적 현상으로서의 지배와 저항의 문제를 아래로부터의 시각에서 다룬다.

물론 소비자면서 생산자라는 이중성이나 지배와 포섭의 양면성이라는 틀은 역사적 현실로서의 대중이 갖는 복합적 속성을 설명하는 장치일 뿐이다. 대중독재에서 이야기하는 '대중'을 정의하기 위해서는 별도의 작업이 요구된다. 대중 또는 대중독재에 대한 정의는 연구가 진전되면서 더 다듬어지겠지만, '우연한 군중' 혹은 '덩어리 속에서 뿔뿔이 있는 주민 집단'이 특정한 역사적·정치적 계기를 통해 단일한 집단적 정체성, 의지와 목표를 지닌 집합적 군중으로 바뀌었을 때 대중이 탄생한다. 대중독재의 역동성이나 지배와 저항의 양면성이 드러나는 것도 이 지점에서다. 우연한 군중을 특정한 방식으로 구조화하고 획일화하려는 권력의 욕망과 자신의 개별적인 고유성을 지키면서 상호 소통을 통해 공통성을 만

---

7) 이에 대한 풍부한 예들은 다음 책에서 찾을 수 있다. 데틀레프 포이케르트, 《나치 시대의 일상사 : 순응, 저항, 인종주의》, 김학이 옮김(개마고원, 2003) ; 알프 뤼트케, 《일상사란 무엇인가》, 이동기 외 옮김(청년사, 2002).

들어가려는 다중(多衆)'의 욕망이 부딪치는 전선이 곧 '대중'이라
는 집합체 내부에서 형성되는 것이다. 대중독재의 역동성은 '다
중'을 지향하려는 대중의 욕망과 그들을 지배 이데올로기의 수동
적 소비자로 묶어두려는 권력의 의지가 맞물리고 충돌함으로써
만들어지는 역사 현실인 것이다. 두 힘과 욕망의 길항 관계는 앞으
로 연구가 축적되면서 점차 밝혀질 것이다.

2. 합의독재 : 자발적 동의, 강제된 동의, 혹은 조작된 동의?

전후 파시즘에 대한 연구는 도덕주의적 이분법에 안주해왔다.
소수의 나쁜 '그들'과 다수의 결백한 '우리'라는 이분법은 좌파 진
영이나 우파 진영 모두가 공유하는 냉전적 패러다임의 전형이었
다. 우파의 전체주의론은 국가의 테러와 폭력, 권력의 강력한 통제
등 강압적 정치 체제를 파시즘과 스탈린주의의 공통점으로 간주
했다. 이 틀에서 파시즘과 나치즘, 현실 사회주의 등은 개인의 자
유와 자율성을 보장하는 자유 민주주의 체제에 대한 반동이라는
범주로 한데 묶인다. 그 근저에는 자유 민주주의를 근대의 정상적
발전 과정으로 이상화하고, 파시즘이나 스탈린주의 등은 '전근대
의 잔재' 혹은 '일탈된 근대'의 불가피한 산물로 보는 인식론적 발
상이 자리하고 있다. 정치적으로 그것은 파시즘과 현실 사회주의
를 한데 묶어 자유 민주주의의 역사적 정당성을 확보하려는 이데
올로기적 공세라는 혐의에서 자유롭지 못하다. 나치즘의 과거와
동독이라는 또 다른 현재에 맞서 자기 체제의 역사적 우월성과 정
당성을 확보하고자 했던 서독의 예에서 이 경향은 가장 두드러진
다.[8]

파시즘을 위기에 빠진 독점 자본주의 혹은 금융 자본주의의 반동적 발현이라고 보는 마르크스주의 해석은 우파의 전체주의 패러다임과 대척점에 서 있다. 여기에서 전선은 자유 민주주의 대 전체주의가 아니라 파시즘 대 사회주의의 전선으로 대치된다. 이 구도 위에서 자본주의는 파시즘과 자유 민주주의를 연결시켜주는 고리로서 기능한다. 사회주의 대 자본주의라는 대립 구도가 사회주의 대 파시즘이라는 대립 구도로 전화하는 것도 이러한 맥락에서다. 나아가 사회적 파시즘 테제는 서유럽의 사회 민주주의조차 파시즘으로 못 박음으로써, 스탈린주의의 정치적 정당성을 옹호하는 이데올로기로 변질되었다. 서독을 나치즘의 연장선상에 놓고 자신은 나치즘의 과거로부터 자유롭다고 여기는 동독의 자기 규정도 기본적으로는 여기에서 비롯된다. 그러나 당대의 정치적 대립물을 파시즘과 한데 묶어 배척함으로써 반사적으로 자신의 역사적 정당성을 확보한다는 점에서, 전체주의와 마르크스주의 패러다임은 닮은꼴이다. 사실상 양자는 그 현상적 대립에도 불구하고, 자본주의의 위기 또는 대중에 대한 독재 권력의 테러를 강조한다는 점에서 인식론적 틀을 공유한다. 국가 기구의 폭력, 강제와 억압의 메커니즘에 초점을 맞추고 있다는 점에서 차이가 없는 것이다. 결국 주어만 다를 뿐, 공통의 술어와 문법을 구사하고 있다.

좌파와 우파를 막론하고, 냉전 시대의 패러다임은 '위로부터의 파시즘'에 시선이 고정되어 있다. 이와 같이 지배 기구와 폭력 장치들에 초점을 맞추는 정태적인 해석으로는 정치 운동으로서의 파시즘을 이해하기 어렵다. 파시즘이 유력한 정치 운동으로 성장할 수 있었던 것은 의회제와 대의 기구들을 거부하는 대신 대중의

---

8) Konrad H. Jarausch · Michael Geyer, 《조각난 과거 : 독일사의 재구축 *Shattered Past : Reconstructing German Histories*》(Princeton : Princeton Univ. Press, 2003), 166~172쪽.

직접 민주주의를 표방했기 때문이다. 혁명에 대한 가치 판단을 유보한다면 파시즘도 혁명적이라고 이야기할 수 있는 것이다. 그것은 무엇보다도 파시즘이 갖는 대중 민주주의적 성격 때문이다.[9] 이 점에서, 시민 사회에 관철되는 지배 헤게모니와 그에 대한 대중의 동의는 파시즘이 가진 역동성과 대중성을 이해하는 열쇠다. 그것은 다시 '위로부터의 파시즘'에 고정된 우리의 시선을 '아래로부터의 파시즘'으로 돌리도록 촉구한다. '아래로부터의 파시즘'은 관념 체계로서의 대중의 의식뿐만 아니라 일상의 규범이나 종교적 믿음, 전통이나 관습, 문화적 관행의 영역에까지 영향을 미치는 지배 헤게모니와 그것이 창출하는 대중의 '동의' 수준에 대한 분석을 요구한다.[10] 그럼에도 불구하고 그것은 전체주의 패러다임이나 마르크스주의 해석 모두가 놓치고 있는 고리다.

대중독재가 전제정(專制政)과 뚜렷하게 구분되는 것은 아래로부터의 지지를 필요로 한다는 점에서다. 아래로부터의 대중의 동의와 지지를 조직해내기 위해서는, 전제 군주의 비합리적이고 자의적인 지배가 아니라 합리적인 근대의 지배 메커니즘이 요구된다.[11] 전제 권력이 끔찍하고 잔인한 신체적 형벌을 통해 위세를 과시한다면, 근대의 독재 권력은 문명화된 파놉티콘panopticon의 전방위적 감시 체제 뒤에 자신의 권력을 숨기고 자발적인 지지의 외양을 얻고자 노력한다. 20세기의 역사적 경험이 우리에게 보여주는 바는, 숨어 있는 근대 권력이 과시적인 전근대적 권력을 효율성

---

9) Roger Griffin, 《국제적 파시즘 *International Fascism : Theories, Causes and the New Consensus*》(London : Arnold, 1998), 3~6쪽.

10) 이에 대해서는 임지현, 〈아래로부터의 파시즘〉(동경 외국어대학 워크숍('글로벌리제이션의 폭력을 가시화하기 위해') 발표 논문, 2002년 2월 15일)을 참조하라.

11) 대중 동원에 대한 역사적 압력으로부터 상대적으로 자유로웠던 프랑코 체제에 대한 '근대적 전제정despotismo moderno'이라는 규정은 이 점에서 매우 흥미롭다.

의 측면에서 압도한다는 것이다. 이 점에서 파시즘은 '일탈된 근대'가 아니라 근대의 다른 얼굴이었을 뿐이다. 그것은 권력의 임의적 선택이라기보다는 역사의 전면으로 부상한 대중이 강제하는 근대성의 조건이었다. 대중의 물적 필요를 최소한이라도 충족시켜야 한다는 것은 이제 누구도 부인할 수 없는 권력의 전제 조건이 된 것이다. 전제 군주와는 달리 근대의 독재자는 이제 대중의 꿈과 희망을 대변하고 대중의 일상을 같이 느껴야 했다. 르봉Gustave Le Bon의 표현을 빌리면, 성공적인 권력은 인민의 신화를 공유해야 한다.[12] 1차 세계대전 당시 독일의 총력전 체제가 보여준 폭발적인 힘은 이 새로운 대중 권력의 실험이 어느 정도 성공적이었음을 입증한다.

1차 세계대전 이후 자본주의의 구조 변화는 이러한 추세를 더 가속화했다. 노동을 탄압하는 강압적 자본주의로부터 노동의 요구를 충족시켜주는 소비 자본주의로의 구조 변화는 동의에 의한 지배를 더 절실하게 요구했다.[13] 영국이나 미국과 같은 선진 자본주의 국가뿐만 아니라, 상대적으로 소비 자본주의의 발전이 늦은 독일이나 이탈리아에서도 사정은 크게 다르지 않았다. "(대중의) 동의란 바닷가의 모래성 같아서 불안정하기 짝이 없다"는 무솔리니의 불만은 그가 동의에 의한 지배를 얼마나 갈망했는지를 역설적으로 잘 드러내준다. 독재자는 대중이 두려워하는 경원의 대상이지만, 동시에 대중에게 사랑받을 수 있다고 그는 확신했다.[14] 대중에 대한 무솔리니의 구애는 사실상 사랑의 문제가 아니었다. 생

---

12) Roger Griffin, 《국제적 파시즘》, 38쪽.

13) Victoria de Grazia, 《동의의 문화 : 파시스트 이탈리아의 대중적 여가 조직 *The Culture of Consent : Mass Organization of Leisure in Fascist Italy*》(Cambridge : Cambridge Univ. Press, 1981), 1쪽.

산의 주체이자 수단으로서의 모든 이탈리아인을 경제 건설에 동원하는 것, 즉 '진정한 징집, 모든 이탈리아인의 진정한 시민적 경제 동원'이 그의 목표였다.[15] 이탈리아 시민의 자발적인 동원을 위해서는 대중에게 경원시되는 지도자가 아니라 사랑받는 '두체 Duce'가 되어야 했던 것이다. 이를 위해서는 우선 1929년의 대공황 이래 만성적 실업과 실질 임금 하락으로 고통받는 대중의 불만을 달래고 그들의 요구를 충족시켜야 했다. 대규모 공공 사업과 사회 정책들을 도입한 무솔리니가 대중의 사랑을 받았는지는 확인하기 어렵지만, 최소한 그는 자신의 권력에 대한 수동적 동의는 확보할 수 있었다. 파시즘의 근대화 프로젝트가 노동자 계급에 대해 호소력을 지니고 있었고, 시민들의 양면적 태도와 부분적인 반대에도 불구하고 파시즘에 대한 합의가 존재했다는 구술사(口述史) 연구는 이 점을 다시 한번 확인해준다.[16]

　체제에 대한 아래로부터의 폭넓은 동의는 히틀러의 나치즘 체제에서도 발견된다. 히틀러 역시 '독일 주민 대다수로부터 괄목할 만한 정도의 인기"와 '대중적 지지 기반"을 누렸고, '국민 투표를 통해 체제를 정당화하는 높은 수준의 갈채"를 얻었다.[17] 사실상 독일의 노동자 계급은 나치즘에 완강하게 저항하리라는 좌파의 기대를 배반했다. 수동적이든 능동적이든 체제에 대한 일종의 동의가

---

　14) Robert Mallet, 〈동의인가, 이의인가?Consent or Dissent?〉,《전체주의 운동과 정치종교 *Totalitarian Movements and Political Religions*》, 1권(2000년 가을), 42쪽 ; Emil Ludwig,《무솔리니와의 대화*Talks with Mussolini*》, (trans.) Eden Paul · Cedar Paul(Boston : Little, Brown, and company, 1933), 62쪽.

　15) Victoria de Grazia,《동의의 문화 : 파시스트 이탈리아의 대중적 여가 조직》, 12쪽.

　16) Luisa Passerini,《대중의 기억 속의 파시즘 : 토리노 노동자 계급의 문화적 경험*Fascism in Popular Memory : the cultural experience of the Turin working class*》(Cambridge : Cambridge Univ. Press, 1987), 4 · 6쪽 외.

노동자 계급 사이에 존재했다는 것은 분명하다. 많은 노동자들이 나치즘과 어깨를 나란히 하고 나아갔으며, 심지어 나치의 경축일에도 참가했다. 망명 사회민주당의 한 비밀 보고서는 노동자들의 동정을 다음과 같이 전하고 있다. "나치는 전과 마찬가지로 지금도 많은 부문의 노동자들을 자기편으로 끌어들였으며……특히 히틀러에 대한 믿음은 여전히 놀라울 정도로 강하다."[18]

나치의 노동 정책이 노동자에 대한 착취가 아니라 일종의 '사회적 뇌물 공여'를 통해 노동자들에게 사회적 양보를 제공하는 것이었다는 점을 감안한다면, 나치에 대한 노동 대중의 동의는 그다지 놀라운 일이 아니다. 물론 이는 노동자들의 불평불만이 없었다는 것을 의미하는 것은 아니다. 문제는 일상에서 불평불만을 토로하면서도 체제 전체에 대한 동의를 가능하도록 만드는 메커니즘이 작동하고 있었다는 것이다.[19]

체제에 대한 대중의 동의가 광범위하게 존재했다는 역사적 사실은 우리를 다시 그람시에게 인도한다. 파시즘이 진지전(陣地戰)을 대변한다는 그람시의 잊혀진 통찰은 여전히 날카롭다.[20] 대중의 동의가 불안정하다는 무솔리니의 불만에도 불구하고, 그람시가 볼 때 파시즘은 시민 사회의 저변에 단단히 참호를 구축한 것이다. 그렇다면 진지전의 참호를 구축한 파시즘과의 투쟁은 정치 권력의 전복이라는 기동전(機動戰)의 전략만으로는 불충분하다. 시민 사회에 구축된 파시즘의 헤게모니를 해체하는 작업이 요구되는 것이다. 그것은 정치 권력의 폭력적 전복이 '포스트 전체주의'의 깊

---

17) Ian Kershaw, 〈히틀러와 독일인들Hitler and the Germans〉, Richard Bessel (ed.), 《제3제국의 생활 *Life in the Third Reich*》(Oxford : Oxford Univ. Press, 1987), 41 · 54쪽.

18) 알프 뤼트케, 《일상사란 무엇인가》.

19) 데틀레프 포이케르트, 《나치 시대의 일상사 : 순응, 저항, 인종주의》, 38 · 104쪽.

20) 안토니오 그람시, 《옥중수고》(거름, 1993), 156쪽.

은 뿌리를 청산하기에는 충분히 급진적이지 않다는 하벨의 진단
과도 일치한다.[21] 무솔리니의 실각 이후 파시스트 당과 조직의 네
트워크를 해체한 제도와 체제의 개혁에도 불구하고, 시민 사회에
깊이 뿌리박은 파시스트적 집단 심성이 상당 기간 지속되었던 전
후 이탈리아의 경험도 시사적이다.[22] 그것은 무솔리니가 획득했던
대중의 동의가 폭력에 의한 일회적인 것이 아니라, 조직과 제도를
넘어 대중의 일상에 깊이 뿌리박은 헤게모니적인 것임을 시사한
다.

　전후 이탈리아인들이 파시즘에 등을 돌린 것은 전쟁에 패배했기
때문이지 전쟁 자체에 반대했기 때문은 아니라는 벤 기아트Ruth
Ben-Ghiat의 지적도 같은 맥락에서 이해된다. 실제로 많은 이탈리
아인들이 전쟁을 민족적 자결이라는 좌절된 옛꿈을 실현하는 계
기로 생각했다는 것이다. 그렇다면 파시즘은 '괄호' 안에 묶어야
할 이탈리아사의 일탈이 아니라, 민족의 신경 조직 하나하나에 침
투한 심각한 질병이었다는 것이다.[23] 조사 대상의 절반 정도가
1933년에서 1939년까지의 시기를 독일이 가장 잘나가던 시기라고
답했던 1951년 서독의 한 여론 조사도 이 점에서 매우 시사적이
다. 나치즘의 만행이 잘 알려진 전후(戰後)에도 대부분의 주민들에
게 나치즘은 테러나 대량 학살, 전쟁으로 기억되기보다는 실업 감
소, 경제 호황, 평화와 질서로 기억되었던 것이다.[24] 나치즘에 대한

　21) Vaclav Havel, 〈힘없는 자들의 힘〉, 71쪽.

　22) Mirco Dondi, 〈파시즘 이후의 파시스트적 집단 심성The Fascist Mentality after
Fascism〉, R. J. B. Bosworth · Patrizia Dogliani (eds.), 《이탈리아 파시즘 : 역사, 기억, 재현
Italian Fascism : History, Memory and Representation》(New York : St. Martin's Press, 1999),
142~146쪽.

　23) Ruth Ben-Ghiat, 〈해방 : 이탈리아 시네마와 파시스트 과거, 1945~1950Liberation :
Italian Cinema and the Fascist Past, 1945~1950〉, R. J. B. Bosworth · Patrizia Dogliani (eds.),
《이탈리아 파시즘 : 역사, 기억, 재현》, 85 · 89쪽.

기억의 정치학은 히틀러가 원자화된 대중을 선동하고 동원했다는 논리를 부정한다. 한스 몸젠Hans Mommsen이 히틀러를 '약한 독재자'라고 규정했을 때, 그는 역사가로서 자신이 부정하는 대중의 동의 문제를 무의식적으로 부각시킨 것이 아닌가 한다.

파시즘과 나치즘에 대한 사회적 기억의 성격이나 그에 대한 전후 청산 과정의 복합성은 대중의 동의가 단순히 여론 조작의 결과는 아니라는 사실을 시사한다. 그것을 국가 폭력이나 효과적인 프로파간다의 결과라고 한다면 전후 사회의 파시즘적 집단 심성이 장기적으로 지속된 것을 설명할 길이 없다. 그보다는 피지배 계급의 사회·문화적 경험 속에 적극적으로 개입하여 작동하는 지배 헤게모니의 결과인 것이다. 실제로 파시즘 체제의 붕괴 이후에도 파시스트적 집단 심성과 꿈이 지속되었다는 것은, 파시즘이 구가한 헤게모니의 크기가 만만치 않음을 드러내준다. 파시즘의 궁극적 효율성은 '광범위한 사회문화적 설득력을 지닌 모세관적 결사의 네트워크'인 시민 사회에 뿌리를 내릴 수 있는 능력에 달려 있는 것이다.[25] 즉 대중독재는 강압적 지배의 외양을 띠지만 동시에 시민 사회에 깊이 뿌리내린 헤게모니와 그것이 만들어내는 동의의 정치를 추구하는 것이다. 그것은 시민 사회 위에 군림하는 단단한 권력이자 시민 사회를 자신의 규범에 맞게 조율하는 부드러운 권력이기도 하다. 대중독재에는 '지배'와 '헤게모니'라는 비동시적 개념의 동시성이 존재하는 것이다. 더 나아가 파시스트 헤게모니는 대중의 일상 생활 속에 깊이 침투하여 대중의 생활 세계를 식민지화하고 파시스트 아비투스를 공고히 함으로써 헤게모니 효과

---

24) Ulrich Herbert, 〈좋은 시절, 나쁜 시절 : 제3제국의 기억들Good Times, Bad Times : Memories of the Third Reich〉, Richard Bessel (ed.), 《제3제국의 생활》, 97쪽.

25) Victoria de Grazia, 《동의의 문화 : 파시스트 이탈리아의 대중적 여가 조직》, 22쪽.

를 극대화한다. 이 지점에서 대중독재는 더 높은 형태의 '아래로부터의 독재'로 발전해나간다.

'아래로부터의 독재'는 일차적으로 사회 보장 정책이나 대규모 공공 사업을 통한 실업의 축소, 실질 임금의 증대 등 근대화와 산업화의 성공적인 진전이라는 물적 기반을 갖고 있었다. 1929~1934년 이탈리아인들이 경제적 안정성 때문에 파시즘을 지지했으며, 일자리를 제공하고 가난을 퇴치하겠다는 나치의 약속이 가난한 농민들에게도 큰 호소력을 지녔던 것은 분명하다. 나치 시기를 실업 감소와 경제 호황, 질서로 상징되는 '정상적 시기'로 이해하는 독일 노동자들의 경우에도 사정은 크게 다르지 않다. 대숙청으로 인한 사회적 이동의 증대와 공공 영역에서의 일자리 창출을 통해 밑으로부터의 지지를 이끌어낸 스탈린주의도 예외는 아니다.[26] 노동 억압 정책에도 불구하고, '산업 전사'로 동원되어 고도 성장이 제공한 일자리의 혜택을 받을 수 있었던 남한의 노동자들이 박정희의 개발 독재에 보낸 일정한 지지도 같은 맥락에서 이해된다. 노동자들의 인격을 인정한다는 슬로건 아래 노사 관계를 인간 관계로 환원시키고, 생계를 보장하는 '생활급 체계'를 정착시킨 일본의 전시 동원 체제에서도 같은 현상이 발견된다.

그러나 '지배'를 넘어선 '헤게모니'의 관점에서 본다면, 체제에 대한 대중의 동의는 단순히 경제적 요인으로 환원될 수 있는 것은

---

26) Luisa Passerini, 《대중의 기억 속의 파시즘 : 토리노 노동자 계급의 문화적 경험》, 6쪽 ; Gerhard Wilke, 〈나치 독일의 촌락 생활Village Life in Nazi Germany〉, Richard Bessel (ed.), 《제3제국의 생활》, 21쪽 ; Ulrich Herbert, 〈좋은 시절, 나쁜 시절 : 제3제국의 기억들〉, 97~99쪽 ; Jeffrey Brooks, 《감사합니다, 스탈린 동지! 혁명에서 냉전까지의 소비에트 공식 문화 Thank You, Comrade Stalin! Soviet Public Culture from Revolution to Cold War》(Princeton : Princeton Univ. Press, 2001).

아니다. 무솔리니나 히틀러가 누렸던 개인 숭배도 단순한 상징 조작이나 선전선동의 결과는 아니었다. 개인 숭배 역시 구성원들이 공유하는 특정한 집단 심성, 가치 체계, 사회경제적 구조의 결과였다. 전제 군주나 참주가 신민들로부터 자신을 분리했다면, 근대의 독재자는 대중의 소망과 희망을 반영하고 심지어 인생에 대한 그들의 태도를 공유해야만 한다.[27] 더 중요하게는 대중을 수동적 구경꾼으로부터 파시즘 체제의 적극적 참가자로 변화시켜야만 했다. 대중독재 체제들이 유기적 공동체로서의 민족을 강조하고, 19세기 자유주의 정치에서 소외되었던 노동자와 농민의 적극적인 정치 참여를 강조한 것도 그러한 이유에서였다. 그것은 비단 나치즘과 파시즘에서만 발견되는 현상은 아니다. 19세기 말 제국주의의 영광을 노동자들의 위신과 결부시킴으로써 노동자 계급을 사회 내로 포섭할 수 있었던 서유럽의 사회 제국주의, 산업 노동자들을 정치적으로 온건하면서 일에 대한 높은 수준의 헌신과 열의를 지닌 '산업 전사'로 만들어 조국 근대화의 프로젝트에 끌어들인 박정희 체제의 흡인력, 스탈린이 제시한 유토피아적 기획에 대한 소련 인민들의 자발적인 호응 등도 같은 맥락에서 이해된다.

아래로부터의 정치 참여를 유도하는 대중독재의 실험성은 고정된 권력 체제가 아닌 움직이는 정치적 과정으로서 대중독재를 이해할 때 비로소 포착된다. 대중독재의 정치적 실험은 물론 대중의 다양성을 인정하는 것과는 거리가 멀다. 대중의 자발적 정치 참여는 이질적이고 다양한 대중을 단일하고 규율된 집단으로 만들려

---

27) George L. Mosse, 〈정치 양식과 정치 이론─다시 찾은 전체주의적 민주주의Political Style and Political Theory─Totalitarian Democracy Revisited〉, 《전체주의적 민주주의와 그 이후 *Totalitarian Democracy and After : International Colloquium in Memory of Jacob L. Talmon*》 (Jerusalem : The Magnes Press, 1984), 171쪽.

는 권력의 욕구를 충족시키는 한에서만 인정된다. 그 틀을 벗어나는 대중은 '민족의 적', '인민의 적'이라는 이름으로 재단되며 참여의 기회를 박탈당한다. 대중독재 체제의 뚜렷한 특징인 억압과 테러는 사실상 정치 참여의 기회를 박탈당하고 배제된 이들 소수의 '아웃사이더'에 대한 주류 다수의 동의에 입각한 것이었다. 1930년대 대중독재 체제에 대한 동시대인들의 증언에서 폭력이나 테러보다는 파시스트 정치의 종교적 차원이 더 자주 운위된다는 사실은 이 점에서 매우 흥미롭다. 동시대인들이 더 절실하게 체감한 것은 폭력과 억압이 아니라 국가, 민족, 인종, 프롤레타리아의 신성화, 상징과 집단적 의례의 체계적 사용, 집단에 대한 광신적 헌신과 적에 대한 무자비한 증오, 대중의 열광과 갈채, 지도자 숭배와 같은 정치종교적 특징들이었다.[28] 정책적 차원에서의 공조와 타협에도 불구하고 대중독재가 기본적으로 전통 종교와 불화할 수밖에 없었던 이유도 여기에 있다.

대중독재의 정치종교적 성격은 기본적으로 근대의 산물이다. 그것은 정치가 전통 종교로부터 자율성을 획득할 때 나타나는 것으로, 전통 종교의 정치화와는 확연히 구분된다. 국가와 민족, 인종 등 집단적인 세속적 실재가 신성화되고 신성화된 세속적 실재를 숭배하는 정치적 의례에 대중이 집단적으로 참여할 때, '정치의 신성화', 즉 정치종교가 탄생하게 되는 것이다. '우연한 군중'은 이렇게 정치종교의 성찬식에 참가함으로써 단일한 의지와 목표를 지향하는 대중으로 전화된다.[29] 후에 나치즘의 가장 통렬한 비판자가 된 열한 살짜리 어린 소녀에게 가장 행복한 추억으로 느껴졌던

---

28) Emilio Gentile, 〈정치의 신성화 The Sacralization of Politics : Definitions, Interpretations and Reflections on the Question of Secular Religion and Totalitarianism〉, 《전체주의 운동과 정치종교》, 1권(2000년 여름), 41~45쪽.

뉘른베르크의 나치 당 대회나 새로운 신화와 숭배 의식을 지닌 새로운 정치 형식을 고민했던 무솔리니의 회고는 정치종교로서의 대중독재가 갖는 호소력을 잘 드러낸다.[30] '우연한 군중'을 같은 믿음의 단일한 집합적 대중으로 만드는 정치종교의 메커니즘은 정통파와 이교도라는 수사를 통해 배제와 포섭, 적과 동지의 이분법을 정당화하고 강화한다. 대중 민주주의의 장치들이 아래로부터의 자발적 동의를 견인해내고, 결국에는 대중독재를 정당화하는 지배 장치로 변화하는 것도 이러한 맥락에서다.

일상의 필요를 충족시키지 못할 때, 대중의 합리적 순응의 기반은 흔들린다. 그러므로 체제에 대한 대중의 합리적 순응은 일상 생활에서의 필요를 충족시키는 것만으로도 충분하다. 그러나 대중독재가 합의독재의 수준으로까지 발전하기 위해서는 그 구성원들에게 체제가 요구하는 가치와 관행들이 내면화되어 내재적 강제의 기반이 형성되는 것이 필요하다. 즉 일상적 필요를 충족시키는 차원을 넘어서, 대중의 욕망을 만들어내고 그것을 충족시키는 정교한 지배 장치가 요구되는 것이다.[31] 그것이 '대문자 현실the Real'인지 아니면 '지각된 현실perceived reality'인지의 문제는 중요하지 않다. 기본적으로 헤게모니는 숨어 있는 것이다. 헤게모니는 욕망이 충족되지 않는 현실을 직시하지 못하게 한다. 욕망은 대중의 상상 속에서만 충족되어도 그만이며, 억압의 현실이 보이지 않으면 되는 것이다. 일상의 불만들에도 불구하고 체제에 대한 지

---

29) Emilio Gentile, 〈정치의 신성화〉, 22~23쪽.

30) Gitta Sereny,《독일의 트라우마 : 경험과 반성, 1938~2001 *The German Trauma : Experiences and Reflections 1938~2001*》(London : Penguin Books, 2001), 1쪽 ; George L. Mosse,《대중의 국민화 *The Nationalization of the Masses*》(New York : Howard Fertig, 1975), 1쪽.

31) Patrick C. Hogan,《순응주의의 문화 : 사회적 동의의 이해》, 9·32·49쪽 외.

지와 동의가 흔들리지 않는 역설은 바로 이러한 맥락에서 이해된다. 대중독재의 정치종교적 측면이 눈길을 끄는 것은 바로 이 헤게모니의 차원에서다. 정치종교의 집단적 정체성은 그 정체성을 공유하는 각 개인에게 주류 집단에서 배제된 피억압 집단보다 우월한 위치에 있다는 착각을 일으킨다. 그것은 다시 만들어진 타자뿐 아니라 자신을 억압하는 현실에 눈을 감게 만들고, 결국에는 체제에 대한 동의를 촉진한다. 정치종교는 요컨대 대중독재가 행사하는 문화적 헤게모니의 기제인 것이다.

대중독재 체제에 대한 대중의 광범위한 지지와 동의를 인정한다고 해도 여전히 문제는 남는다. '합의독재'의 문제는 단순히 긍정이냐 부정이냐의 문제를 떠나서 훨씬 더 복합적인 것이다. 대중의 동의는 기회주의의 결과인가? 아니면 신념에서 나온 것인가? 그것도 아니면 폭력에 대한 공포의 산물인가? 기회주의의 결과라면, 일상의 요구를 어느 정도 충족시켜주고 참여의 기회를 주는 체제에 대한 대중의 동의는 조작된 것인가 아니면 자발적인 것인가? 신념의 결과라 해도, 정치종교에서 보듯이 지배 헤게모니가 관철된 결과라면 그것은 자발적인 동의인가 아니면 조작된 것인가? 아래로부터의 동의가 '내재적 강제'의 결과라면, 그것은 자발적인 것인가 아니면 강제적인 것인가? 폭력에 대한 공포의 산물이라면, 그것은 반드시 강제된 동의인가? 배제된 아웃사이더에 대한 폭력을 대중이 승인하고 기꺼이 행사한다면, 그것은 자발적 동의인가 아니면 강제된 동의인가?

이러한 질문들은 강제와 동의의 이항 대립이 대중독재의 복합적인 역사 현실을 설명하기에는 지나치게 단순하지 않은가 하는 의문을 제기한다. '동의' 자체가 '내면화된 강제', '강제된 동의', '수동적 순응', '자발적 합의' 등을 포괄하는 다층적 개념임을 감안한다면, 이미 강제와 동의라는 이항 대립은 성립하지 않는다. 역사 현실의 복합성 속에서 강제와 동의는 사실상 상호 침투되어 있는 것이다. 지배와 저항의 문제도 마찬가지다. 일상 생활에서의 비순응적 저항이 체제 작동 원리로서의 합의와 공존하고, 체제 전복을 기도하는 정치적 저항이 이미 지배 담론의 헤게모니 속에 포섭되어 있기도 한 것이다. 또 체제에 포섭된 것처럼 보이는 일상의 불만에서 비롯된 사소한 저항이 체제를 부정하는 총체적 저항의 불씨를 안고 있는 경우도 있다. '강제냐 동의냐' 혹은 '지배냐 저항이냐'라는 이항 대립적 물음이 아니라, 이들이 상호 침투되어 서로가 서로를 포섭하고 또 밀어내는 길항적 공존 관계에 대한 이해가 요청되는 것도 이 때문이다.

3. 주권독재 : 인민의 주권 혹은 주권의 인민?

"파시즘은 반자유주의적이지만 반드시 반민주주의적이지는 않다."[32] 대표적인 나치즘 신봉자 카를 슈미트의 선언이다. 의회제를 부정할 뿐, 근본은 민주주의라는 것이다. 파시즘이 민주주의로 둔갑하는 이 마술은 봉건적 질서의 신민이 근대 국가의 시민으로 전환할 때 비로소 가능한 것이었다. 파시즘이 표방하는 참여적 대중 민주주의는 역사적 전제로 신분의 벽을 넘어 법 앞에서의 평등을 선언적으로 전유한 시민을 요구한다. 대중 민주주의는 수동적 신민으로부터 능동적 시민으로의 전환, 그리고 이들의 적극적 참여를 필요로 했던 것이다.[33] 나치가 표방한 '획일화Gleichschaltung'

---

32) 카를 슈미트, 《정치신학 외》, 102쪽.

는 사실상 전통적인 모든 충성심, 기준, 가치 체계들을 무너뜨리고, 모든 사회 계층을 '민족의 동지Volksgenosse'라는 동일한 범주로 평준화했다.[34] 인민이 직접 스스로를 통치하는 직접 민주주의를 위해 의회 민주주의와 대의제를 파괴했다는 나치의 주장이 호소력을 지녔던 것도 바로 이러한 맥락에서다. 이탈리아 파시스트들이 자유주의 정부를 비난한 주된 이유도 대중의 국민화에 실패했다는 데 있었다. 그로 인해 이탈리아의 노동자 계급을 통합하지 못하고 정치의 무질서를 가져왔다는 것이다.[35]

프랑스 혁명 당시 신분의 벽을 무너뜨린 해방의 기제였던 민족/국민 담론은 이처럼 20세기에 이르러 대중독재를 정당화하는 이념적 도구로 사용되기 시작했다. 따지고 보면, 파시스트 이데올로기의 논리적 가능성은 이미 국민 형성 과정에 잠재되어 있었다. 국민 만들기는 기본적으로 다양한 의지와 욕망을 지닌 '다중'을 단일한 의지와 욕망을 지닌 통일된 인민의 집합체로 만드는 것이었다. 이 과정에서 집합적 의지로서의 '일반 의지'는 자연스레 '민족의 의지' 혹은 '국민의 뜻'으로 전화된다. 집합적 의지와 욕망을 대변하는 '국민의 뜻'은 그 자체로 '구성하는 권력'이 된다. 그것은 헌법에 종속되는 것이 아니라 헌법을 만드는 초월적인 권력이다. 그 자체가 헌법과 같은 혹은 헌법을 초월하는 권능을 가지기 때문에, 국민은 자신이 욕망하는 것은 무엇이든 추구할 수 있다. 로베스피에르가 나치의 대중 집회에서 집과 같은 편안함을 느낄 수 있었으

33) Michael Hardt · Antonio Negri, 《제국 Empire》(Cambridge : Harvard Univ. Press, 2000), 95쪽.

34) Ralph Dahrendorf, 《독일의 사회와 민주주의 Society and Democracy in Germany》 (Garden City, N.Y. : Doubleday, 1969), 402~418쪽.

35) Victoria de Grazia, 《동의의 문화 : 파시스트 이탈리아의 대중적 여가 조직》, 3쪽.

리라는 다소 엉뚱해 보이는 모스George Mosse의 추측도 같은 맥락에서 이해된다.[36] 1793년 4월 5일 국민공회에서 행한 바레르 Bertrand Barère의 연설은 이 점에서 주목된다. 이 연설에서 그는 민족/국민이 자기 자신에 대해 독재를 행사하는 것이기 때문에 자코뱅 독재는 정당하다고 주장했다. 바레르의 이 연설은 '주권독재'의 비밀을 슬며시 드러낸 것이었다.

구성하는 권력으로서의 일반 의지에 기초한 주권독재는 무제한의 권력을 누릴 수 있다. 여기에는 어떠한 정통성 콤플렉스도 없다. 왜냐하면 그 무제한의 권력을 행사하는 것 자체가 집합적 의지와 욕망을 대변하는 국민의 뜻에 따르는 것이기 때문이다. 그러므로 초법적인 권력 행사는 있지만 불법적인 권력 행사는 없다. 구성하는 권력으로서의 국민의 일반 의지가 불법을 곧 합법으로 바꾸어놓기 때문이다. 근대의 주권독재가 전근대의 '위임독재'와는 비견할 수 없을 정도로 강한 폭발력을 갖는 것도 이 때문이다. 주권독재는 스스로가 권력을 구성하기 때문에 자가 발전이 가능하며, 따라서 영속적이다.[37] 흥미로운 사실은 근대 국민국가를 사상적으로 추동한 계몽 사상의 '일반 의지', '국민 주권' 등의 개념에 대한 카를 슈미트의 해석이 네그리 · 하트Antonio Negri · Michael Hardt의 해석과 놀라울 정도로 일치한다는 점이다. 근대 국민국가가 세워지는 순간에 주권독재의 씨앗이 발아되었다는 점에는 양자 모두 큰 이견이 없다. 단, 슈미트가 그러한 이유로 나치즘의 주권독재를 정당화했다면, 네그리와 하트는 같은 이유로 국민을 해

---

36) George L. Mosse, 《파시스트 혁명 *The Fascist Revolution*》(New York : Howard Fertig, 1999), 76쪽.

37) 카를 슈미트, 《독재론》, 김효전 옮김(법원사, 1996), 26 · 48 · 151~153 · 176~178쪽 외.

체하고 개개인이 고유한 주체성을 견지하면서 소통의 공통성을 지향하는 '다중'이라는 대안을 제시한 것이다.

'민족이 민중을 전유하고, 다시 국가가 민족을 전유하는 전유의 연쇄'[38] 혹은 "인민이 다중을 재현하고, 국민이 인민을 재현하고 다시 국가가 국민을 재현하는 재현의 연쇄"[39] 과정 속에서 인민의 주권은 주권의 인민으로 탈바꿈한다. 이 전유의 연쇄 혹은 재현의 연쇄 과정이 완성될 때 주권독재가 탄생하며, 주권독재의 역사적 귀결이 곧 20세기의 대중독재인 것이다. 인민주권론에 기초한 '새로운 정치'의 정점이 파시스트 정치였다는 모스의 신선한 주장도 같은 맥락에서 이해된다.[40] 인민 개념이 국민 개념과 결합되고, 인민주권이 국민 주권 혹은 국가 주권으로 나아가는 역사적 과정은 크게 두 국면으로 추상화된다. 그 첫째는 비유럽 세계의 원주민을 타자화함으로써 근대 유럽 국민국가의 민족적 정체성을 구축하는 식민주의적 국면이다. 민족주의, 식민주의, 인종주의가 복잡하게 얽히는 국면이기도 하다. 둘째는 특정한 헤게모니 집단, 인종 혹은 계급이 단일한 의지와 이해를 지닌 국민의 이름으로 전체 주민을 대표하고, 이를 통해 국민국가 내부의 차이를 가리고 억압하는 국내적 국면이다.[41] 단일화된 국민의 의지에 복종하지 않는 국내의 소수자들 역시 비유럽 세계의 원주민들처럼 타자화되기는 마찬가지다.

서유럽에 비해 후발 근대화의 길을 걸을 수밖에 없었던 대중독재 체제의 경우 국민국가의 형성 과정은 훨씬 더 폭력적이고 극단

38) 임지현, 〈한반도 민족주의와 권력 담론—비교사적 문제 제기〉, 《당대비평》, 10호(2000년 봄)를 참조하라.

39) Michael Hardt · Antonio Negri, 《제국》, 134쪽.

40) George L. Mosse, 《대중의 국민화》, 1쪽.

41) Michael Hardt · Antonio Negri, 《제국》, 103~104쪽.

적이다. 서유럽 국가들이 미리 선취한, 식민 제국의 물적 기반과 국민으로 전화되기 쉬운 시민이라는 사회적 토대를 결여하고 있기 때문이다. 민족주의를 공통의 이데올로기적 기반으로 삼으면서도, 서유럽의 시민적 민족주의와는 달리 혈통적 민족주의가 대중독재의 이데올로기로 나타나는 것도 이러한 이유에서다.[42] '피와 땅'의 슬로건으로 상징되는 나치의 혈통적 민족주의는 계급의 장벽과 정치적 대치선을 넘어 아리아인의 유기적 통합을 목표로 한 것이었다. 그러나 그것은 기본적으로 '부정'을 통한 통합이었다. 안으로는 반유대주의를 통해 유대계 시민들을 폭력적으로 타자화하고, 같은 아리아인이라 해도 동성애자, 지체 장애자, 정신병자 들은 민족 공동체에서 추방하였다. 민족 공동체에서 추방당한 소수자를 대상으로 한 나치의 안락사 프로그램은 이미 홀로코스트의 폭력을 예견해주는 것이었다. 또 밖으로는 반볼셰비즘과 반서구주의를 통해 공산주의와 서유럽의 물질 문명을 적대시하였다.[43] 식민 제국을 건설하지 못한 나치즘의 경우, 유대인과 슬라브인들이 식민지 원주민을 대신했던 것뿐이다. 또 공산주의의 위협에 대한 선전과는 별도로 프랑스와 벨기에 군대의 루르 점령에 대한 분노는 오버슐레지엔과 바이에른의 노동자들을 '민족 대중'에 통합시켰다.[44]

'총체적 국가'를 향한 무솔리니의 꿈도 비슷한 방식으로 무르익었다. 이탈리아 파시즘은 사실상 리소르지멘토 운동의 성공 이후 민족적 정체성을 만드는 과정에서 등장한 것이었다. 1차 세계대전

---

42) 양자의 구분에 대해서는 임지현, 《민족주의는 반역이다》(소나무, 1999), 21~52쪽을 참조하라.

43) Ian Kershaw, 《나치 독재 : 해석의 문제와 전망 *The Nazi Dictatorship : Problems and Perspectives of Interpretation*》(London : Arnold, 2000) 4th (ed.), 172쪽.

44) 알프 뤼트케, 《일상사란 무엇인가》, 319쪽.

에서 숨져간 영웅이나 무명 용사들에 대한 참배, 민족에 대한 헌신 등 전후에 등장한 새로운 사회 분위기는 파시즘의 온상이었다.[45] 통일 이탈리아 왕국에서 소집된 첫 의회에서 "우리는 이탈리아를 만들었다. 이제는 이탈리아인을 만들 차례"[46]라고 선언했던 다첼리오Massimo d'Azeglio의 말을 현실로 만드는 것은 무솔리니의 몫이었다. 아직 관념으로만 이탈리아를 받아들였던 대다수의 이탈리아인들을 통합한 기제는 히틀러의 '피와 땅'을 대신한 고대 로마 제국의 영광이었다. 이탈리아 민족의 유기적 통합을 위해 무솔리니가 채택한 것은 메이지 유신과 유사한 '재생적 민족주의'였다. 히틀러와 달리 무솔리니는 혈통의 순수성을 믿지 않았다.[47] 실제로 이탈리아 파시즘에서는 반유대주의의 흔적을 찾기 어렵다. 이탈리아 파시즘은 아우슈비츠에는 책임이 없다는 데 펠리체 Renzo De Felice의 강변도 완전히 틀린 것은 아니다. 그러나 독일과 달리 이탈리아는 북아프리카에 식민지를 갖고 있었다. 유대계 시민들을 타자화하지 않아도 타자화할 식민지 원주민이 있었던 것이다. 또 트리에스테를 두고 갈등을 빚는 슬라브라는 타자도 있었다.[48] 아프리카 원주민과 슬라브인들에 대한 파시즘의 타자화 과정 역시 폭력적이기는 마찬가지였으며, 이 점에서 '자비로운 파시즘'이라는 테제는 설 땅을 잃는다. 최근에 밝혀졌듯, 파시스트가

---

45) Patrizia Dogliani, 〈기억과 반기억의 구축 : 공화주의 이탈리아에서 파시즘의 기념비적 재현과 부정Constructing Memory and Anti-Memory : the Monumental Representation of Fascism and its Denial in Republican Italy〉, R. J. B. Bosworth · Patrizia Dogliani (eds.), 《이탈리아 파시즘 : 역사, 기억, 재현》, 11~17쪽.

46) Eric J. Hobsbawm, 《1780년 이후의 민족과 민족주의 Nations and Nationalism since 1780》(Cambridge : Cambridge Univ. Press, 1990), 44쪽.

47) Emil Ludwig, 《무솔리니와의 대화》, 69쪽.

48) Glenda Sluga, 〈이탈리아의 민족적 기억, 민족 정체성, 파시즘Italian National Memory, National Identity and Fascism〉, R. J. B. Bosworth · Patrizia Dogliani (eds.), 《이탈

발칸 반도에 세운 슬라브 포로 수용소는 작은 아우슈비츠였던 것이다.

　인간 개개인의 주체성을 밀어내고 스스로가 유기체적 주체로 선 국민 주권은 다른 한편으로 대중독재의 근대화 프로젝트를 추동하는 힘이었다. '후발 발전 국가'가 근대성을 선취한 세계 체제의 중심부 국가들을 따라잡기 위해서는 속도전과 총력전이 요구되었다. 그 성공의 전제는 국가가 강제하는 전 사회의 조직화와 그에 대한 주민 반발의 무마, 그리고 근대화 프로젝트를 위한 주민의 자발적 동원이었다. 급진적 민족주의는 이를 정당화하는 이데올로기적 기제였다.[49] 근대화 프로젝트로서의 대중독재를 정당화하는 데 국민 주권의 개념을 명시적으로 이용한 것은 이탈리아 파시스트들이었다. 일찍이 1910년 코라디니Enrico Corradini는 이탈리아를 경제적 낙후성 때문에 고통받는 '프롤레타리아 민족'이라고 규정했다. 1970년대 제3세계 마르크스주의자들의 종속 이론을 연상시키는 이러한 관점은 국가에 의한 자본 축적을 정당화하는 논리였다. 무솔리니 또한 파시스트 운동의 창립 대회에서 이탈리아가 '프롤레타리아 민족'이라고 선언했다. 부유한 '부르주아 민족'에 비해서 형편없이 뒤떨어져 있다는 것이었다. '부르주아 민족'과의 경쟁에서 승리하기 위해서는 국민총생산을 극대화하는 길밖에 없었다. 무솔리니는 '생산주의적 사회주의'를 주창함으로써 근대화와 산업화에 대한 기층 민중의 헌신을 요구했다. 속도를 찬미하고 기계화를 숭배한 미래파나 국민총생산의 증대를 통해 국력 강화를 부르짖은 민족주의 그룹, 급진적 생디칼리슴은 모두 파시즘이

___

리아 파시즘 : 역사, 기억, 재현》, 178~183쪽.
　49) 이에 대해서는 Tom Nairn, 〈자본주의 세계 체제와 민족 문제〉, 임지현 엮음, 《민족 문제와 마르크스주의자들》(한겨레, 1986), 252~291쪽을 보라.

라는 큰 물줄기로 합쳐져 근대화 프로젝트의 주역을 자임했다.[50] 파시즘은 요컨대 고대의 영광에 대한 단순한 향수가 아니라, 그것을 근대화 및 산업화와 결합시킨 것이었다.[51]

고대의 영광을 되살리는 '재생적 민족주의'는 급속한 근대화를 통해서만 물적 기반을 획득할 수 있었다. 나치의 문화를 지배한 것도 튜튼적 목가주의는 아니었다. 나치가 반부르주아적 비전을 제시하면서 농업 공동체의 메타포를 사용한 것은 분명하지만, 그들의 기본 목표는 산업화와 기술 혁신, 사회적 이동성의 증대였다. 실제로 나치당의 다양하고 이질적인 지지 집단을 한데 묶어주는 것은 급진적 사회 변화에 대한 강력하고 역동적인 욕구와 근대화에 대한 열망이었다.[52] 비행선 체펠린으로 재현된 '기술 민족주의'는 근대화에 대한 대중의 열망을 충족시켜주는 상징 조작이었다. 나치의 기술 민족주의는 '노동의 아름다움' 프로젝트로 이어져, 기계에 대한 두려움을 기술에 대한 찬미로 바꾸어 생산성을 높이는 계기가 되기도 했다. 또 그것은 노동자들의 자기 일에 대한 자부심을 체제 안으로 끌어들여 기술적 동원을 가능케 하는 문화적 기제였다. 또 '기쁨을 통한 힘'과 같은 노동자 레저 프로그램, '국민차Volkswagen'와 '국민 주택' 프로젝트 등은 실제로 노동자들로 하여금 일상 생활에서 근대화의 성과를 맛보게 함으로써 그들의 지지를 이끌어내는 데 한몫하기도 했다.[53] 히틀러의 시선은 튜튼적 농업 공동체라는 과거가 아니라 고도로 발전된 산업 사회라는 미래를 향하고 있었던 것이다.

---

50) A. James Gregor, 〈근대화의 독재A Modernizing Dictatorship〉, Roger Griffin, 《국제적 파시즘》, 130~132쪽.

51) George L. Mosse, 《대중의 국민화》, 28쪽.

52) Ian Kershaw, 《나치 독재 : 해석의 문제와 전망》, 165쪽.

53) Ulrich Herbert, 〈좋은 시절, 나쁜 시절 : 제3제국의 기억들〉, 102~108쪽.

파시스트들이 제시한 '부르주아 민족'과 '프롤레타리아 민족'의 이분법은 주변부의 사회주의자들이 공유하는 세계 인식이기도 했다. 이는 주변부의 급속한 근대화를 위해 인간 해방 프로젝트로서의 사회주의를 대중 동원 이데올로기로 전환시키는 인식론적 계기이기도 했다. 부르주아 대 프롤레타리아의 계급 투쟁이 부르주아 민족 대 프롤레타리아 민족의 민족 투쟁으로 전화됨으로써 집단적 행위 주체는 계급에서 민족으로 바뀌었다. 사회주의가 부자 나라를 따라잡고 추월하려는 가난한 나라의 발전 전략으로 탈바꿈하는 것도 이러한 맥락에서다. 주변부의 좌파들은 부르주아 민족의 신식민주의에 저항한다는 명분 아래, 국가가 주도하는 자본 축적 과정을 지지하고 옹호했다. 국가가 전 사회를 조직화하고 모든 경제 활동을 지도하는 자급자족 경제 이론 또한 국가주의를 강화했다. 그 결과 민족 해방은 국가의 해방이라는 이념으로 대체되었고, 민중의 삶의 질을 높이는 문제는 곧 국가적 힘의 강화라는 논리에 종속되었다. 국가의 힘을 위해 노동 대중의 삶을 희생시키고 국가주의의 목표를 위해 노동 대중을 동원하는 동원 이데올로기가 '마르크스-레닌주의의 창조적 적용'이라는 슬로건 아래 정당화된 것이다.[54]

스탈린은 1931년 2월의 유명한 연설에서, 급속한 공업화에 반대하는 세력을 공격하며 선진국 경제를 따라잡고 추월하는 것이 발전의 목표임을 분명히 했다. 50~100년가량 뒤처져 있는 격차를 10년 안에 따라잡겠다는 목표를 제시한 것이다. 선진국의 경제를 따라잡지 않으면 제정 러시아처럼 다시 이웃들에게 짓밟히게 된다는 것이었다. 이로써 '볼셰비즘은 자본주의 발전의 조건이 존재

---

54) 임지현, 〈해방에서 동원으로〉, 임지현 엮음, 《노동의 세기—실패한 프로젝트?》(삼인, 2000), 129~158쪽.

하지 않는 나라들에서 급속한 경제 발전의 이데올로기로 변모했던 것이다".[55]

추월과 발전이라는 목표를 달성하기 위해 스탈린은 대중 동원과 국가에 의한 자본 축적이라는 두 가지 길을 채택했다. 스탈린주의 근대화의 성공은 새로운 경제 개발 계획에 노동 대중을 자발적으로 동원할 수 있는지의 여부와 그 정도에 달려 있었다. 스탈린주의는 레닌이 전위 당원들에게 요구했던 것과 같은 헌신과 규율을 모든 인민들에게 요구했다. 인민들은 자본주의 열강의 간섭에 맞서 싸우고 행복한 미래를 건설한다는 약속에 호응했으며, '호모 소비에티쿠스Homo Sovieticus'가 되고자 노력했다. '스타하노프' 캠페인에서 드러난 프로메테우스적 노동 영웅의 이미지는 체제의 근대화 약속에 대한 인민의 동의, 즉 사회주의적 규율 권력의 상징이었다. 인민의 자발적 동원을 이끌어내기 위해서는 사회주의 청사진만으로는 부족했다. 스탈린주의는 공산주의적 메시아주의와 전통적인 러시아 메시아주의를 결합하는 데 성공했다. 그리하여 사회주의 모국으로 승격된 소련에 대한 인민의 애국심에 호소하여 그들을 동원하고 국가적 목표의 달성을 당당하게 요구했다.[56]

파시즘과 스탈린주의가 만나는 접점은 전체주의라는 추상적 모델이 아니라 후발 민족국가의 근대화 프로젝트였다. 이데올로기적으로 상극인 파시즘과 스탈린주의의 친화력이라는 수수께끼를 해

55) Eric J. Hobsbawm, 〈잿더미 속에서Out of the Ashes〉, R. Blackburn (ed.), 《몰락 이후 : 공산주의의 실패와 사회주의의 미래 After the Fall : the failure of communism and future of socialism》(London : Verso, 1991), 318쪽.

56) 임지현, 〈해방에서 동원으로〉, 147~152쪽 ; Jie-Hyun Lim, 〈해방인가 근대화인가? 저개발 국가의 반서구적 근대화론으로서의 사회주의Befreiung oder Modernisierung? Sozialismus als ein Weg der anti-westlichen Modernisierung in unterwickelten Laendern〉, 《노동 운동사 연구 Beitraege zur Geschichte der Arbeiterbewegung》, 43 Jr., Nr. 2 (2001), 5~23쪽.

명하는 열쇠도 바로 여기에 있다. 비록 실현되지는 못했지만, 양자의 친화력을 입증해주는 많은 사례들이 있다. 서유럽에 대한 복수를 다짐한 독일의 복수주의자들이 소련과의 공동 전선을 제안했다면, 라데크Karl Radek는 1923년 코민테른 집행 위원회에서 행한 한 연설에서 독일의 민족 사회주의자들에게 서구에 대항하는 공동 전선을 펼치자고 제의했다. 독일공산당이 베르사유 조약으로부터의 민족 해방을 주장하고 유대인 자본가들을 통렬하게 비난할 때, 나치는 독일공산당이 지도부에서 유대계를 제거한다면 협력할 용의가 있음을 내비쳤다. 이탈리아의 좌파 파시스트 리치Berto Ricci와 스피리토Ugo Spirito는 스탈린주의가 혁명적 국제주의로부터 민족주의적 발전으로 선회하자 소련이 파시즘으로 기울고 있다며 이를 환영했다. 스탈린 또한 나치즘을 반자본주의적 인민 민족주의라고 이해했다.[57] 스탈린이 '민족 사회주의'라는 본래의 이름을 부정하고 나치즘을 '히틀러 도당'이나 '파시즘'으로 부르게 했던 것은 나치즘과 자신의 부정할 수 없는 친화력을 부정하려는 안간힘이었다고도 생각된다.[58]

여기에서 '극단은 극단끼리 만난다'는 식의 상투적 이해는 사실상 아무것도 설명해주지 못한다. "국민 주권이라는 추상 기계가 양자의 핵심에 있다"[59]는 이해야말로 이 수수께끼를 푸는 실마리를 제공해준다. 이데올로기적 차이에도 불구하고, 대중독재는 후진국 근대화론을 정당화하기 위해 국민 주권 개념을 극단적으로 밀고 나아간 '주권독재'의 특징을 공유하는 것이다. 국민 주권의 사상

57) Stanley G. Payne, 〈파시즘과 공산주의Fascism and Communism〉,《전체주의 운동과 정치종교》, 1권(2000년 겨울), 4~7쪽.

58) John Lukacs, 〈민족 사회주의의 보편성The Universality of National Socialism〉,《전체주의 운동과 정치종교》, 3권(2002년 여름), 108쪽.

59) Michael Hardt · Antonio Negri,《제국》, 112쪽.

에 뿌리를 둔 대중독재의 근대화 프로젝트를 인정한다 해도 문제
는 여전히 남는다. 파시즘 일반이 '반동적 모더니즘', '왜곡된 모더
니즘'인가 아니면 '근대화를 추구하는 사회 혁명'인가는 아직도
논쟁의 대상이다.[60] 그러나 근대화의 개념을 진보, 인도주의적 가
치, 다원주의적 정치 체제, 민주주의 등과 같은 가치 판단적 고리
에서 떼어놓고 본다면, 파시스트 국가에서도 근대화가 일어났다는
주장은 분명히 가능하다.[61] 더 적극적으로 말한다면, '총체적 국
가'에 대한 무솔리니의 꿈은 국민국가의 틀이 견고해지고 산업화
가 진전되는 등 역사적 근대성을 전유한 후에야 이루어질 수 있는
것이었다. 대중독재에서 나타나는 배제와 포섭의 국민국가적 메
커니즘은 주권 국가의 근대성을 극단적으로 밀고 나아간 결과지,
미숙한 근대성 혹은 근대성 결여의 결과는 아닌 것이다.

대중독재가 갖는 근대성의 전망은 사실상 근대적 정체성을 상징
하는 독일의 비행선 '체펠린'이나 소련의 '세계 최대' 신드롬과 같
은 산업화 영역에서의 '기술 민족주의'를 훨씬 넘어서는 것이었
다. 때때로 경제적 효율성을 무시한 이 거대하고 남근적인 상징 자
본들은 산업화나 근대화의 영역을 넘어서 민족 재생 혹은 총체적
민족 개조의 욕망을 재현하는 것이었다. 이는 '여성화되고 무장 해
제된 인민'을 완전한 인간, 즉 '호모 파시스티쿠스'나 '호모 소비에
티쿠스'로 개조한다는 근대주의의 유토피아적 사회공학의 산물이

60) Jeffrey Herf, 《반동적 모더니즘 Reactionary Modernism》(Cambridge : Cambridge Univ.
Press, 1984) ; Ruth Ben-Ghiat, 《파시스트 근대성 : 이탈리아, 1922~1945 Fascist Modernities :
Italy, 1922~1945》(Berkeley : Univ. of California Press, 2001) ; Stanley G. Payne, 《파시즘의
역사, 1914~1945 A History of Fascism, 1914~1945》(Madison : Univ. of Wisconsin Press,
1995) ; Michael Prinz · Rainer Zittelmann (eds.), 《민족 사회주의와 근대화 Nationalsozialis-
mus und Modernisierung》(Darmstadt : Wissenschaftliche Buchgesellschaft, 1991) 등을 보라.
61) Ian Kershaw, 《나치 독재 : 해석의 문제와 전망》, 245쪽.

었다.[62] 그것은 여론 조작이나 선전선동을 통해 실현될 수 있는 임무는 아니었다. 대중의 합의가 위로부터 인위적으로 조작된다거나 체제의 정통성이 정교한 눈속임에 불과하다면, 사회 전체를 일사불란하게 조직하는 '총체적 국가'나 대중의 자발적 동원에 입각한 급속한 근대화는 애초부터 불가능한 꿈이었을 뿐이다. 대중독재의 체제적 성공과 효율성은 대중의 자발적인 참여와 동원이 전제될 때만 가능한 것이었다. 민족 공동체의 정치에 대한 국민적 참여를 이론적으로 정당화하고 보장해준 '국민 주권' 개념은 대중독재 프로젝트에 대한 대중의 자발적 참여와 동원을 이끌어내는 사상적 기제였다. 대중의 자발적 참여와 동의를 이끌어내는 계기로서의 '주권독재'가 대중독재를 떠받치는 중요한 축으로 작동하는 것도 바로 이러한 맥락에서다.

물론 이는 주권독재가 대중 참여 민주주의를 현실로 보장했다는 의미는 아니다. 대중 참여 민주주의가 실현된 것은 '대문자 현실'이 아니라 '지각된 현실' 혹은 '사회적으로 해석된 현실'의 영역에서였다. 국민주권론이 대중에게 정치 과정에 참여할 수 있는 수단을 제공한 것은 사실이지만, 그것은 현실 속에서가 아니라 민족 공동체에 소속되어 정치에 참여하고 있다는 '느낌'을 통해서였다.[63] 사유와 실재라는 정연하지만 순진한 이분법적 관점에서 본다면, 대중이 갖는 이 '느낌'은 거짓, 기만 혹은 환상의 영역에 속한다. 그러나 대상이 담론의 접합 속에서 재현되고 현실이 담론 속에서 구성된다면, 대중의 사회적 실천 또한 담론적 틀을 통해 그 지향이 규정된다. 민족 공동체의 프로젝트에 대한 대중의 자발적 참여 혹은 동원의 메커니즘이 구축되는 것도 이러한 이유에서다. 인간의

---

62) Ruth Ben-Ghiat, 《파시스트 근대성 : 이탈리아, 1922~1945》, 6쪽.
63) George L. Mosse, 《파시스트 혁명》, 73쪽.

실천을 유도하는 것은 현실 그 자체가 아니라 '인식된 현실'이기 때문이다. 대중독재 체제에서 "국가의 재생에 대한 공식적인 비전과 유신과 부활의 역사 과정에 참여하고자 하는 인민주의적 열망의 진정한 공생"[64]이 발견되는 것도 같은 이유에서다. 물질적 차원에서의 근대화와 사회 정책이 대중독재의 물적 기반을 제공했다면, 인민 주권은 대중에게 자신이 민족 공동체 근대화 프로젝트의 주역이라고 믿게끔 만드는 이론적 기제였던 것이다.

그러나 국민주권론은 국가 권력의 요구에 따라 인민을 규율하기에는 너무 추상적이다. 인민 대중이 일상 생활에서 권력이 요구하는 질서와 가치를 내재화하기 위해서는 추상적 이론의 차원을 넘어 인류학적 차원의 문화적 지렛대가 요청되는 것이다. 기본적으로는 종교화된 정치가 그 지렛대를 제공했다. 그것은 민족, 국가, 역사, 인종과 같은 세속적 실재에 신성한 지위를 부여하고 이를 집단적 정체성의 절대적 원칙으로 내면화함으로써 가능한 것이었다. 정치종교의 기본 목적은 정치를 신성화함으로써 새로운 인간을 만들어내는 인간 혁명을 통해 개개인과 집합적 대중을 정치적 목적에 맞게 찍어내는 것이었다.[65] 파시스트 미학이 파시즘의 메시지를 대중이 이해하기 쉽게 전달하고 정치종교의 정치적 의례를 체계화했다면, 무너진 전통 종교나 전통적 가치 체계를 대체함으로써 정치종교의 바탕을 제공한 것은 민족주의였다. 그것은 기억할 수 없는 먼 과거로부터 무한한 미래로 이어지는 집단적 삶에 대한 민족 서사를 통해 개개인의 유한한 삶을 집단적 삶의 연속성

---

64) Roger Griffin, 〈재생의 정치 공동체 : 전간기(戰間期) 유럽 전체주의 체제의 정당화를 다시 생각한다The Palingenetic Political Community : Rethinking the Legitimation of Totalitarian Regimes in Inter-war Europe〉,《전체주의 운동과 정치종교》, 3권(2002년 겨울), 29쪽.

65) Emilio Gentile, 〈정치의 신성화〉, 18~22쪽 외.

으로 전환시킴으로써 신화적 진공 상태를 채울 수 있었던 것이다.[66] 민족주의는 이러한 의미에서 다른 믿음이나 가치들을 구조화하고 위계를 만드는 대중독재의 '메타 신앙'인 것이다. 지켜지지 않은 약속에 대한 배반감과 기대에 못 미치는 일상적 삶에 대한 다양한 차원의 불평불만에도 불구하고, 민족 공동체에 대한 소속감이 유지되는 한, 체제에 대한 일반적 동의 수준은 흔들리지 않는 것이다. 대중독재를 지지하는 한 축으로서의 주권독재에 대한 이해가 요구되는 것도 이 때문이다.

4. 기억의 정치학 : 도덕주의의 반도덕성

기억의 정치학이라는 관점에서도 하벨의 에세이가 주는 울림은 자못 크다. 권력과 이름 없는 야채상 사이에 맺어진 '무언의 협정'은 '나쁜 그들/억압하는 권력' 대 '좋은 우리/억압받는 민중'이라는 이분법에 의문을 제기한다. 자기 삶의 경험으로부터 우러나온 하벨의 정직한 분석은 나쁜 소수와 결백한 다수를 나누는 경계선이 흔히 생각하는 것보다 분명하지 않다는 것을 시사해준다. 그의 표현을 그대로 빌리면, '갈등의 경계선은 사실상 모든 개개인의 내부를 가로지른다"는 것이다. 왜냐하면 "모든 사람이 나름대로의 방식으로 체제의 희생자이자 지지자이기 때문이다".[67] 어느 누구도 순전히 희생자는 아니며, 모두가 어느 정도는 책임을 공유한다는 것이다. 그렇다면 현실 사회주의의 추악한 과거를 청산하는 과

---

66) Benedict Anderson, 《상상의 공동체 *Imagined Communities*》(London : Verso, 1991) revised (ed.), 10~12쪽.

67) Vaclav Havel, 〈힘없는 자들의 힘〉, 37쪽.

정에서 불거진 '누구에게 책임을 물어 법정에 세울 것인가'라는 문제는, 반공 우파들의 감정적 주장처럼 그리 간단한 것이 아니다. 하벨의 논리는 이 문제에 대해 모두에게 책임이 있고, 그러므로 사실상 아무도 법정에 세울 수 없다는 답변을 함축한다.[68] 하벨 자신이 반체제 인사이자 대표적 희생자였음에도 불구하고 공산주의 과거의 극복 방법으로서의 '인적 숙청lustracja'에 결연히 반대한 것은 바로 이러한 이유에서였다.

소수의 나쁜 그들에 대한 인적 청산이 곧 역사적 청산은 아닌 것이다. 오히려 그것은 청산 대상에 들지 않은 대부분의 사람들에게 역사적 면죄부를 부여함으로써 진지한 역사적 청산을 가로막는다. 공산주의자라는 반공 우파들의 터무니없는 비판과 그로부터 비롯된 정치적 곤경에도 불구하고, 하벨은 과거 청산에 대한 자신의 주장을 굽히지 않았다. 하벨이 현실 사회주의를 감내해야만 했던 자신의 동시대인들을 권력의 공범자로 간주한다거나 1968년의 프라하 봉기를 진압한 공산주의자들과 손을 잡는다는 비난은 사실상 근거 없는 것이었다. "사면은 좋으나 망각은 거부한다amnestia tak, amnezja nie"라는 슬로건을 걸고 폴란드 현실 사회주의의 과거 청산에 대해 하벨과 같은 입장을 취했던 아담 미흐니크Adam Michnik 역시 유사한 정치적 어려움에 직면했다. 1968년 학생 봉기 이후 폴란드의 대표적 반체제 인사였으며 폴란드의 벨벳 혁명을 주도한 인물인 그의 성찰은 정치적 승자의 입장과는 거리가 멀다. "우리 또한 전체주의적 공산주의의 자식들은 아닌가? 우리는 그 체제의 습관과 관행, 그리고 오류들을 우리 내부에 갖고 있는 것은 아닌가?"라는 그의 자기 성찰적 물음이 정치적 승자의 준엄

---

68) Timothy Garlton Ash,《현재의 역사 *History of the Present*》(New York : Vintage Books, 2001), 264쪽.

한 도덕적 재판보다 과거 청산에서 더 소중한 것이 아닌가 한다.[69] '민족적 정체성은 그 민족의 이름으로 저지른 범죄에 대해 각 개인이 느끼는 부끄러움에 의해 결정된다"는 대목에서 미흐니크의 성찰은 더 빛을 발한다.[70]

하벨이나 미흐니크의 태도는 기억의 정치학에 대한 그들의 예민한 감수성을 드러낸다. 이는 대다수 독일인들이 공유한 '나치 시절에 대해 말하지도 묻지도 않는 침묵의 공모'와 대조적이다. 소수의 나치 전범자들에게 역사적 책임을 돌리고 전후의 국제 관계가 강제한 '의무적 프로그램'으로서 나치즘의 과거 청산을 시도한 서독의 과거 청산 프로젝트는 사실상 나치즘에 동조하고 가담했던 평범한 독일인들에게 역사적 · 도덕적 면죄부를 부여하는 것에 다름 아니었다.[71] 이탈리아의 과거 청산 역시 파시즘의 원인을 부르주아와 독일이라는 외부에 돌리고 평범한 이탈리아인들을 독일의 나치즘과 슬라브 공산주의자들의 희생자로 자리매김하는 것이었다. 이 희생자 의식은 파시즘에 대한 이탈리아 사회 전체의 역사적 책임을 회피함으로써, 어두운 과거에 대한 진지한 성찰을 가로막는 것이었다. 그 결과 전후 이탈리아는 파시즘의 외형을 벗었음에도 불구하고 파시스트적 아비투스에서 결코 자유롭지 못했던 것이다.[72] 자국을 나치즘의 첫 번째 희생자로 간주했던 오스트리아

---

69) Adam Michnik, 《자유로부터의 편지 : 탈냉전의 현실과 전망 *Letters from Freedom : Post-cold war realities and perspectives*》(Berkeley : Univ. of California Press, 1998), 152쪽.

70) Adam Michnik, 《자유로부터의 편지 : 탈냉전의 현실과 전망》, 45쪽.

71) 노르베르트 레버르트 · 슈테판 레버르트, 《나치의 자식들》, 이영희 옮김(사람과사람, 2001), 192~195쪽 외.

72) Mirco Dondi, 〈파시즘 이후의 파시스트적 집단 심성〉; Ruth Ben-Ghiat, 〈해방 : 이탈리아 시네마와 파시스트 과거 1945~1950〉; Glenda Sluga, 〈이탈리아의 민족적 기억, 민족 정체성, 파시즘〉, R. J. B. Bosworth · Patrizia Dogliani (eds.), 《이탈리아 파시즘 : 역사, 기억, 재현》, 84 · 88 · 152 · 154 · 178 · 182~183쪽.

의 경우도 크게 예외적이지 않다. 나치즘에 동조한 기억을 억누르고 레지스탕스와 희생의 기억만을 일방적으로 강조했던 오스트리아의 집단 기억은, 결국 나치즘의 과거를 부정함으로써 나치즘의 과거에서 벗어나지 못하는 역설을 낳았던 것이다.[73]

대중독재에 대한 집합적 기억이 빚어내는 정치적 복합성은 순진한 이분법적 도덕주의로는 포착할 수 없는 것이다. 반인간적 행위에 대해 직접적인 책임이 있는 소수의 권력 핵심을 실정법으로 단죄하는 것은 당연하지만, 그것이 나머지 대다수에게 역사적 면죄부를 발부하는 식으로 작동해서는 곤란한 것이다. 사실상 대중독재의 과거를 청산하고 극복하는 문제는 사법적 차원에서의 죄의 유무를 추궁하는 문제를 넘어서, 그 과거를 공유하고 있는 사람들이 도덕적 죄의식과 수치심을 뼈아프게 자각하고 있는가 하는 문제와 연결된다. 역사를 심판함으로써 정의가 구현될 수 있다는 생각은 순진한 생각일 뿐이다. 역사적 진실의 정치성은 심판의 대상이 아니라 드러냄의 대상이다. 법정의 심판을 통해 과거를 단죄하고 청산하는 방식을 넘어, 과거를 드러내 살아 있는 사회적 기억으로 만들 때 비로소 과거는 극복될 수 있는 것이다. 소수의 사악한 가해자 대 다수의 선량한 희생자라는 이분법을 고집하는 민중적 도덕주의가 결국에는 '반도덕적'인 것도 이 때문이다. 그것은 희생자 의식의 자기 연민에 빠져 독재의 과거에 대한 성숙하고 책임감 있는 사회적 기억을 거부하기 때문이다. 대중독재 체제를 살아내야만 했던 동시대인들을 '집합적 유죄'라는 틀로 재단하지 않으

---

73) 이에 대해서는 Gitta Sereny, 《독일의 트라우마 : 경험과 반성, 1938~2001》, 247~261 쪽 ; Evan Burr Burkey, 《히틀러의 오스트리아 : 나치 시대의 대중적 감성, 1938~1945 *Hitler's Austria : Popular Sentiment in the Nazi Era, 1938~1945*》(Chapel Hill : Univ. of North Carolina Press, 2000), 2부를 참조하라.

면서, 그 과거를 반성적으로 성찰하는 사회적 기억을 만들어내는 것, 그것이 '대중독재' 프로젝트의 지향점이다.

I
서유럽 역사에서
나타나는
대중독재

이탈리아 파시즘—
강제적 동의에서 문화적 동의로

김용우

1. 악마의 얼굴을 한 파시즘

적어도 1960년대에 이르기까지 이탈리아 파시즘의 역사를 지배한 것은 이른바 반(反)파시즘적 역사 서술이었다.[1] 로마를 향한 행진 직전부터 무솔리니 운동의 주요 공격 대상이었던 마르크스주의와 자유주의 세력에 의해 토대가 마련된 반파시즘적 역사 서술은 2차 세계대전에서의 패배와 새로운 이탈리아 건설이라는 현실 속에서 성장하고 강화되고 정당화되었다. 반파시즘적 역사 서술이 전반적으로 그려내는 이탈리아 파시즘의 모습은 한 손에는 채찍을 들고 다른 한 손에는 당근을 든 가공할 악마의 모습이었다.

김용우는 서강대학교에서 사학을 전공하고 같은 학교 대학원에서 〈프랑스 파시스트 이데올로기의 형성에 관한 연구〉라는 논문으로 박사 학위를 받았다. 〈민족 혁명과 민족 사회주의 : 조르주 발루아의 패소와 그 이데올로기〉, 〈프랑스를 프랑스인들에게〉등 전문 학술지와 대중지에 발표한 글들은 20세기 초부터 현재에 이르는 장기 지속적인 현상으로서의 프랑스 파시즘의 성격을 밝히고자 한 것이다. 최근 이탈리아 파시즘으로 관심을 확대하고 있으며, 특히 문화사적 접근을 통해 파시즘이 대중 속으로 파고드는 다양한 양태와 이에 대한 대중의 반응을 연구하는 데 초점을 맞추고 있다. 현재 한양대와 교원대에서 강의하면서 한양대학교 비교역사문화연구소 상임 연구원으로 활동하고 있다.

1) Renzo De Felice, 《적과 흑 *Rosso e nero*》(Milano : Baldini & Castoldi, 1995), 7쪽.

채찍이 이탈리아인들의 저항을 잠재우기 위한 테러와 폭력을 상징한다면, 당근은 이탈리아인들을 기만하기 위한 선전과 선동을 상징한다. 이러한 해석에 의하면 채찍과 당근이라는 파시스트의 전략은 이탈리아인들 사이에서 파시즘에 대한 수동적인 수용 혹은 '강제적 합의/동의'[2]를 낳을 수는 있지만 그것은 본질상 언제나 일시적이고 잠정적인 것으로 파악된다. 그러므로 일단 폭압의 메커니즘이 와해되고 선전의 허구가 드러나게 되면 대다수 이탈리아인들은 파시즘의 현실을 직시하고 적극적인 저항 운동에 가담한다는 것이다. 사실상 강제와 저항은 반파시즘적 역사 담론의 두 핵심 축을 형성하고 있었던 셈이다. 1945년 4월 밀라노의 한 광장에 무솔리니의 시신이 거꾸로 매달렸을 때 파시즘은 역사의 저편으로 사라진 것처럼 보였지만 악마의 얼굴을 한 파시즘은 이후 마르크스주의자나 자유주의자들 사이에서 끊임없이 부활되고 확산되어야 했다.

반파시즘적 역사 서술이 이탈리아 파시즘의 성립과 존속의 일면을 잘 부각시켰다는 사실을 부정하기는 어렵다. 분명히 파시즘은 권력 장악과 유지를 위해 광범위한 폭력과 테러를 자행했기 때문이다. 권력을 장악하기 전 파시스트 돌격대가 휘두른 폭력은 파시즘이 대중 운동으로 성장하는 데 결정적인 역할을 하였다. 준군사적 조직이었던 파시스트 돌격대는 가공할 폭력을 통해 불과 몇 개월 만에 포 강 일대와 중부 이탈리아에서 노동자들의 조직을 와해시키는 데 성공했던 것이다. 권력을 장악한 다음 비밀 경찰과 특별

---

2) Roger Griffin, 〈재생적 정치 공동체 : 전간기 유럽 전체주의 체제의 정당성에 대한 재고 The Palingenetic Political Community : Rethinking the Legitimation of Totalitarian Regime in Inter-War Europe〉, 《전체주의 운동과 정치종교 Political Movements and Political Religions》, 3권(2002), 32쪽.

재판소, 그리고 '귀양confino'은 체제 수호를 위한 이탈리아 파시즘의 억압적 메커니즘의 상징이 되었다.

반파시즘적 역사 서술이 문제가 되는 것은 편파성 때문이다. 반파시즘적 역사 서술은 한편으로는 파시스트 지배의 억압적 측면을 부각시키면서 다른 한편으로는 이탈리아인들을 잠재적 저항 세력으로 전제한다. 이러한 시각은 파시즘에 대한 이탈리아인들의 태도를 신비화시키며 동시에 파시즘의 헤게모니 메커니즘을 적절히 평가하지 못하게 만든다. 파시즘과 대중의 관계에 대해 강제와 저항이라는 도식적인 이분법을 넘어서 강제와 합의/동의라는 개념을 중심으로 좀더 현실적인 접근을 하는 것이 필요한 것도 이 때문이다.

파시즘은 이탈리아 사회의 광범한 대중적 지지를 확보하기 위해 노력하였다. 그리고 그 지지는 폭력과 기만을 통해서뿐만 아니라 새로운 인간 공동체, 새로운 인간형의 비전을 제시하고 다양한 조직과 매체를 동원해 이탈리아 대중의 의식과 정서를 장악함으로써 만들어지는 것이었다. 파시즘이 제시하는 새로운 문명의 이상은 위에서 아래로 일방적으로 주입된 것이 아니라 대중의 절망과 희망, 편견과 욕망을 자극하고 부추기며 그것에 가시적인 외형을 부여하는 과정에서 탄생하였다. 20년 동안의 파시즘 지배는 "일반인들에게 내재된 야만적 가능성"[3]을 다른 한 축으로 하여 존속할 수 있었던 것이다.

사실상 파시즘은 이탈리아인들 사이에서 단순한 강제적 합의/동의뿐 아니라 '재생적 합의/동의palingenetic consensus'를 창출할 수 있었다. 강제적 합의/동의가 "제도적 변화, 대중 조직, 선전,

---

3) Lutz Koepnick, 《발터 벤야민과 정치의 미학화 *Walter Benjamin and the Aesthetics of Power*》(Lincoln : University of Nebraska Press, 1999), 9쪽.

테러의 도구적 활용"을 통해 만들어지는 반면 재생적 합의/동의는 파시즘이 제시하는 새로운 문명의 비전에 대한 대중의 "자발적 열정"을 기반으로 형성된다.[4] 그러나 '악마 연구'의 수준을 벗어날 수 없었던 반파시즘적 역사 서술은 파시즘의 이러한 측면을 진지한 연구의 대상으로 삼을 수 없었다.[5] 가공할 악마에 대한 정치적·도덕적 요구는 그람시Antonio Gramsci나 톨리아티Palmiro Togliatti 같은 선구자들의 통찰마저 빛을 발할 수 없게 만든 것이다.

　이탈리아 파시즘과 대중의 관계에 대한 본격적인 논의는 데 펠리체Renzo De Felice와 함께 시작되었다 해도 과언이 아니다. 1974년에 출간된 무솔리니 전기 제4권에서 데 펠리체는 대략 1929년에서 1936년에 이르는 기간에 이탈리아 파시즘이 대중 사이에서 광범한 '합의/동의'를 얻었다고 주장함으로써 그때까지의 이탈리아 파시즘 역사 서술의 전통과 결별하였고, 1년 뒤 미국의 한 역사가와 가진 대담을 책으로 출간하면서 이탈리아 역사학계에서 유례없는 대중적 관심을 촉발시키며 뜨거운 논쟁의 한가운데에 서게 되었다.[6] 이탈리아 파시즘 연구의 통설을 대변하던 좌파 역사가들은 '합의/동의의 해들'이라는 부제를 단 데 펠리체의 기념비적인 저서가 무솔리니의 기념비에 다름 아니라는 의혹을 숨기지 않았다.[7]

---

4) Roger Griffin, 〈재생적 정치 공동체 : 전간기 유럽 전체주의 체제의 정당성에 대한 재고〉, 32쪽.

5) Renzo De Felice, 《파시즘의 해석 *Interpretation of Fascism*》(Cambridge : Harvard University Press, 1977), 5쪽.

6) Renzo De Felice, 《지도자 무솔리니 : 동의의 해들 *Mussolini il duce : Gli anni del consenso, 1929~36*》(Torino : Einaudi, 1974) ; Renzo De Felice, 《파시즘 : 이론과 실제에 대한 비공식적 소개 *Fascism : An Informal Introduction to Its Theory and Practice. An Interview with Michael A. Ledeen*》(New Jersey : Transaction Books, 1976).

7) Michael Ledeen, 〈렌초 데 펠리체와의 이탈리아 파시즘을 둘러싼 논쟁 Renzo De Felice

그러나 그로부터 채 30년이 지나지 않은 오늘날 상황은 반전된 느낌이다. 2002년에 유력한 학술지에 실린 한 역사가의 글은 한때 이설에 지나지 않았던 데 펠리체의 학설이 이제는 확고한 정설의 반열에 올랐음을 여실히 입증해준다. 독일에서는 1997년에 출간된 골드하겐Daniel Goldhagen의 저서가 대중들 사이에서 큰 반향을 불러일으키고 있고, 많은 역사가들이 히틀러 체제가 만든 '이의(異意)'의 영역의 존재를 입증하기 위해 노력하고 있다. 반면 유사한 역사적 경험을 안고 있는 알프스 이남의 나라에서는 독재 체제에 대한 대중적 합의/동의의 존재가 "거의 안도의 한숨으로서" 환영받고 있다는 데 위기감마저 느낀 역사가 코너Paul Corner는 '도대체 독재 체제에 무슨 일이 벌어지고 있는가"라고 되묻고 있는 것이다.[8] 그가 파시스트 비밀 경찰을 축으로 한 직접적인 억압뿐 아니라 파시스트당, 파시스트 노동조합, 나아가 당시의 복지 조직과 사회 보장 조직 등에 의해 행해진 미세한 사회 통제의 기법과 그것이 무솔리니 체제 하에서 대중에게 미친 영향을 세밀하게 분석한 것은 그와 같은 위기감의 반영인 셈이다.

데 펠리체의 학설 자체와 그것이 수용되는 과정이 많은 문제점을 드러낸 것은 확실하다. 방대한 분량의 전기를 통해 그가 그려낸 무솔리니의 모습은 때로 편파적이며, 그의 학설이 근거하고 있는

and the Controversy over Italian Fascism〉,《현대 사학보 *Journal of Contemporary History*》, 11권(1976), 269~283쪽 ; Borden W. Painter, 〈렌초 데 펠리체와 이탈리아 파시즘의 역사 서술 Renzo De Felice and the Historiography of Italian Fascism〉,《미국 역사학보 *American Historical Review*》, 95권(1990), 391~405쪽 ; Emilio Gentile, 〈렌초 데 펠리체에게 바친다 Renzo De Felice : A Tribute〉,《현대 사학보》, 32권(1997), 139~151쪽.

8) Paul Corner, 〈이탈리아 파시즘 : 독재 체제에 무슨 일이 벌어지고 있는가?Italian Fascism : Whatever Happened to Dictatorship?〉,《근대 사학보 *Journal of Modern History*》, 74권(2002), 325~351쪽.

자료의 종류와 분석 방식 역시 비판의 여지를 남기고 있다.[9] 그의 전기가 역사서라기보다는 사료집에 가깝다는 일부의 혹평이 단순한 비방으로 그치지 않는 이유도 여기에 있다. 좀더 구체적으로 말하면, 명시적인 체제 저항의 부재를 체제에 대한 합의/동의로 등치하는 그의 논리는 파시즘과 대중의 관계라는 대단히 복잡한 문제에 대한 답이라기보다는 또 다른 문제의 시발에 지나지 않는다. 그럼에도 불구하고 데 펠리체는 이후 대중의 합의/동의 문제를 더 깊이 파고들지 않았다.

그러나 더 심각한 문제는 그의 학설이 사회적·정치적으로 수용되고 이용된다는 데 있다. 만약 많은 이탈리아인들이 그의 학설을 '안도의 한숨'으로 받아들였다면 그것은 그의 학설이 부담스러운 과거에서 벗어날 수 있는 편리한 방편으로 생각되었기 때문일 것이다. 1920년대와 1930년대의 이탈리아인 대다수가 파시즘에 지지를 보냈다면 그것은 파시즘이 결과적으로 그리 나쁘지 않았다는 것을 의미하는 것은 아닌가? 그렇다면 이제까지 파시즘은 불공평한 평가를 받은 것이 아니겠는가? 이러한 방식으로 파시즘의 과거는 사라지지 않는 과거가 아니라 현재에 더 이상 충격을 주지 않는 과거로 쉽사리 변질되고 마는 것이다. 그리고 이러한 과정에서 데 펠리체의 수정주의는 반(反)-반파시즘적 속설anti-anti-Fascist vulgate로 전락하게 된다. 분명 이러한 속설은 반파시즘의 도덕적 정당성에 의문을 제기하고 이에 기반한 이탈리아 공화국의 정당성을 훼손하며, 결과적으로는 신파시즘과 극우파 정당을 정당화하는 방식으로 활용될 수 있다. 또한 보시Umberto Bossi의 북부 동

---

9) Denis Mack Smith, 〈무솔리니 : 렌초 데 펠리체의 전기에 대한 비판Mussolini : Reservations about Renzo De Felice's Biography〉, 《근대 이탈리아Modern Italy》, 5권(2000), 93~210쪽.

맹Lega Nord 같은 분리주의 운동의 약진에 따른 새로운 민족주의와 애국주의에 의해 이러한 속설이 강화되는 경향을 보이고 있는 것도 사실이다.

따라서 다수의 역사가들이 이러한 반-반파시즘적 속설을 공격하기 위해 파시즘의 억압적이고 폭력적인 측면을 부각시키고 있는 것은 놀라운 일이 아니다. 그러나 이는 이전의 반파시즘적 역사 서술의 오류를 반복하는 것일 뿐이다. 이러한 태도는 이른바 역사 서술의 악순환이라 부를 수 있는 막다른 골목에 이를 수 있다. 여기서는 정치적·이데올로기적·도덕적 필요성이 역사 서술을 지배하고 하나의 속설이 다른 속설로 대체되는 상황이 지속적으로 반복될 뿐이다. 이 악순환의 사슬을 끊기 위해서는 무엇보다도 역사적 현실에 직면할 용기가 필요하다. 하버마스Jürgen Habermas의 지적처럼 "오로지 진실로 충실한 기억의 작업을 통해서만 과거는 현재에 대한 강압적 지배력을 상실할 것이다".[10] 파시즘에 대한 충실한 기억의 작업은 그것의 강제적 측면뿐 아니라 대중을 사로잡은 "매력적인 파시즘"의 메커니즘을 동시에 고려할 때 비로소 가능하다.[11]

이른바 파시즘의 합의/동의 연구[12]는 여전히 시작 단계에 머물러 있는 것이 사실이다. 이미 지적했듯이, 데 펠리체의 대중 합의/

---

10) Jürgen Habermas, 〈전후 독일은 자신의 과거를 어떻게 다루고 있는가On How Postwar Germany Has Faced Its Recent Past〉,《상식 *Common Knowledge*》, 5권(1996), 1쪽.

11) Susan Sontag, 〈매력적인 파시즘Fascinating Fascism〉,《사투르누스의 신호를 따라 *Under the Sign of Saturn*》(New York : Farrar, 1980), 73~105쪽 ; Jeffrey T. Schnapp, 〈매력적인 파시즘Fascinating Fascism〉,《현대 사학보》, 31권(1996), 235~244쪽.

12) Jeffrey T. Schnapp, 〈서사적 표현 : 파시스트 모더니티와 1932년의 파시스트 혁명 전시회Epic Demonstrations : Fascist Modernity and the 1932 Exhibition of the Fascist Revolution〉, Richard J. Golsan (ed.),《파시즘, 미학 그리고 문화 *Fascism, Aesthetics, and Culture*》(Hanover : University Press of New England, 1992), 19쪽.

동의에 대한 해석은 논란의 여지를 남기고 있다. 파시즘에 대한 저항의 부재는 곧 그것에 대한 합의/동의로 등치될 수 있는 것인가? 파시즘에 대한 대중의 합의/동의의 정도와 성격은 무엇인가? 이 글은 이탈리아 파시즘에 관한 최근의 저작들을 중심으로 합의/동의 연구의 성과와 한계를 비판적으로 검토하는 데 목적이 있다.

2. 강제적 합의/동의 혹은 합의/동의의 조직

일단 로마를 향한 행진이 이탈리아의 정치 구조를 바꾸고 나자 파시스트들은 정치적 사회화를 통해 이탈리아의 정치 문화 전반을 변화시키려는 시도를 하였다. 초등 교육 기관에서부터 고등 교육 기관에 이르기까지 모든 교육 기관을 장악하고 6~21세의 청소년층을 거대한 조직으로 묶는 작업이나 노동자들의 여가 조직을 만드는 일은 정치적인 권력을 장악할 뿐 아니라 사회적 패권을 수립하기 위한 시도였던 것이다. 이는 반파시즘의 목소리를 잠재우는 이제까지의 수동적인 태도에서 벗어나, 노동자들의 뇌리 속에서 반파시즘의 기억을 지우고 성장하고 있는 젊은 세대들을 새로운 파시스트적 인간형으로 만들어 파시스트 이탈리아를 주도할 새로운 지배 세력을 양성하려는 노력이기도 했다.

이탈리아 파시즘이 그 이념을 전파하고 새로운 인간형을 창출하기 위해 무엇보다도 주목한 영역은 교육이다. 유명한 젠틸레 Giovanni Gentile의 교육 개혁에서부터 보타이Giuseppe Bottai의 실현되지 못한 교육 헌장Carta della Scuola에 이르기까지, 그리고 파시스트교사연합Associazione Nazionale Insegnanti Fascisti의 창설, 교육 과정의 장악, 단일 교과서libro unico 제도의 채택, 공식적 교육 기관의 보조 역할을 수행할 발릴라단Opera Nazionale Balilla 창설 등은 파시스트들이 교육을 체제에 대한 합의/동의를 조직할 수 있는 유력한 수단 가운데 하나로 간주했다는 것을 입증한다. 특히 1937년경에 700만 명가량 규합된 청소년 조직은 스포츠, 해변이나 산으로의 소풍colonie 등 여가 활동을 통해 파시즘 교의를 주입했다. 명백한 반파시스트들조차 이러한 조직에 자녀들을 참여시켰는데, 반파시스트의 자식들에게도 어떠한 차별도 하지 않은 이 청소년 조직이 '파시스트 체제에 대한 대중의 합의/동의 창출에 중요한 기여를 했다'는 데 대부분의 역사가들은 입장을 같이하고 있다.[13]

그러나 좀더 세부적으로 들어가보면 문제는 그리 단순하지 않다. 이 분야를 연구한 역사가들은 모두 청소년 조직의 구성원이 성별, 계층별, 지역별 편차를 드러내고 있음을 지적한다. 지역별로는 농촌 지역보다는 산업 지역 출신이, 성별로는 여성보다는 남성이, 그리고 계층별로는 노동자보다는 프티 부르주아 출신이 다수를 차지했던 것이다. 특히 초등 교육 기관에서 고등 교육 기관으로 올라갈수록 프티 부르주아 혹은 그 이상 계층의 자녀들이 파시스트 교육의 가장 큰 영향을 받았을 것으로 추측할 수 있다. 그러므로 초등학교에서부터 대학교에 이르기까지 파시스트 교육과 조직의 영향을 받은 이들 산업 지역의 남성 청년들은 파시즘의 가장 열렬한 지지자이자 파시스트 체제의 새로운 지배 계층으로 부상하였

13) Bruno P. F. Wanrooij, 〈파시즘 시기의 이탈리아 사회Italian Society under Fascism〉, Adrian Lyttelton, 《자유주의 이탈리아와 파시스트 이탈리아 Liberal and Fascist Italy》(Oxford : Oxford University Press, 2002), 181쪽. 또한 Tracy H. Koon, 《믿자, 복종하자, 싸우자 : 파시스트 이탈리아에서의 청년의 정치사회화 1922~1943 Believe, Obey, Fight : Political Socialization of Youth in Fascist Italy, 1922~1943》(Chapel Hill : University of North Carolina Press, 1985) 참조.

을 것이다. 그러나 이들이 파시즘에 보낸 지지는 한 역사가의 표현에 따르면 '포물선'을 그리며 변동하는 양상을 보인다.[14] 지지 '포물선'의 하강은 스페인 내전에의 개입을 기점으로 시작되어, 인종에 관한 법률의 통과, 그리고 무엇보다도 나치 독일과의 연합과 2차 세계대전의 발발로 가속화된다. 이러한 외적 요인뿐 아니라 내적 요인 또한 포물선의 형성에 영향을 미쳤을 것이다. 이 분야의 연구에 의하면, 포물선의 곡선은 청소년들의 이상주의가 파시즘이 제시한 새로운 문명의 이상과 결합함으로써 급격히 상승했고, 파시즘 외에 달리 대안이 없는 상황에서 유지되었지만, 정치적 세대교체가 실현되지 못하고 실업이 악화되는 등 파시즘의 부정적 현실이 외적 요인과 결합하면서 하강하게 되었다.[15]

전반적으로 파시즘의 공교육과 청소년 조직에 대한 이제까지의 연구는 새로운 세대, 특히 프티 부르주아 출신의 남성 청년들이 파시즘의 가장 중요한 대중 합의/동의의 기반을 이루었다는 점을 큰 틀에서 확인하고 있는 수준에 머물러 있다. 따라서 교사들의 의식이나 교육 방식, 청소년의 독서 행태에 대한 분석, 교육 과정에 대한 학생들의 반응과 같은 주제에 대한 좀더 세밀한 연구가 보강될 필요가 있다. 이러한 상황에서, 발릴라단 소속 청소년들의 독서 습관을 연구하여 이들이 이탈리아의 제국주의적 역사를 미화한 책이나 무솔리니 전기보다는 피노키오와 같은 모험담을 더 좋아했다는 사실을 밝힌 최근의 한 연구는 파시즘의 이데올로기를 다른 세계관과의 관계망 속에 놓고 그것의 교육적 효과를 재검토하는

14) Tracy H. Koon, 《믿자, 복종하자, 싸우자 : 파시스트 이탈리아에서의 청년의 정치사회화 1922~1943》, 231쪽.

15) Bruno P. F. Wanrooij, 〈20세기 이탈리아에서의 청년, 세대 갈등 그리고 정치 투쟁 Youth, Generation Conflict, and Political Struggle in Twentieth-Century Itlay〉, 《유럽의 유산 The European Legacy》, 4권(1999), 72~88쪽.

중요한 연구의 시발로 읽힌다.[16)]

파시즘의 공교육과 청소년 조직이 주로 프티 부르주아 출신 사이에서 체제에 대한 합의/동의를 만들어냈다면 파시스트여가조직 Opera Nazionale Dopolavoro(이하 OND로 약기)은 노동자들 사이에서 파시즘에 대한 합의/동의를 창출하기 위한 공장 역할을 하였다. 1차 세계대전 이후, 비조직화된 노동자, 엄격한 경영 서열, 긴 노동 시간, 제한된 소비를 특징으로 하는 자본주의 체제는 위기에 직면하게 되었다. 특히 강력한 노동 운동에 직면한 이 시기의 서구 자본주의는 이전의 강제적 자본주의에서 동의/합의에 의한 지배로 변신해야 했다. 저명한 파시스트 보타이가 '민족화된 YMCA'라 부른 OND는 이러한 서유럽 자본주의의 전반적인 배경 속에서 탄생했지만, 이탈리아 파시스트당의 강력한 개입으로 유지, 발전했다는 점에서 다른 서구 자유 민주주의 사회에서의 노동자 여가 조직과 구분된다. OND는 기술 교육, 정치 교육뿐 아니라 스포츠, 연극, 음악회, 여행 등과 같은 여가 활동을 통해 노동자의 삶에 깊이 개입하고자 했으며 1940년경에는 회원 수가 대략 500만 명에 달했다. 따라서 OND는 이탈리아 파시즘의 대중 합의/동의 문제를 검토하는 데 필수적인 요소다.

노동자들을 초계급적 민족 공동체로 통합하고 새로운 인간형으로 변화시키려 했던 파시스트들의 애초의 의도는 그다지 성공적이지 못했던 것으로 보인다. 이 분야 연구에서 가장 탁월한 성과를 낸 데 그라치아Victoria De Grazia에 의하면 OND는 노동자 재교육이나 정치 교육 분야에서는 거의 성과를 거두지 못했으며, 오히

---

16) Adolfo Scotto di Luzio, 《불완전한 전유 : 파시즘 시기의 청소년을 위한 출판사, 도서관 그리고 서적들 L'Appropazione Imperfetta. Editori, Biblioteche e Liberi per Ragazzi durante il Fascismo》(Bologna : Il Mulino, 1996) 참조.

려 스포츠, 여행과 같은 여가 행사가 OND의 규모 확장에 주된 동인이 되었다.[17] 연극, 음악회 등과 같은 문화 행사를 통한 파시스트 노동자 문화의 수립은 실패했으며, 비록 '도폴라보로 문화cultura dopolavoristica'로 알려진 대중 문화가 형성되기는 했지만 그것은 노동자들로 하여금 파시즘에 공감하고 적극적으로 참여하게 하기보다는 정치에 대한 관심을 와해시키는 결과를 가져왔을 뿐이었다. 또한 그녀의 연구에 의하면 농민과 노동자 모두를 통괄하려는 야심만만한 목표에도 불구하고 남성 중심의 사무직 노동자들이 조직의 가장 활발한 구성원이 되었다. 요컨대 OND를 통해 이룩된 파시즘에 대한 이데올로기적 합의/동의는 '피상적이며 결국 무너지기 쉬운' 성격의 것이었다는 평가가 그라치아의 결론이다.[18]

데 그라치아의 연구는 OND에 대한 본격적인 분석의 종착점이라기보다 출발점이라고 보아야 할 것이다. 지역이나 직장에 따라 다양하게 조직된 약 2만 2,000개의 OND 조직은 이제 데 그라치아의 연구를 발판 삼아 좀더 구체적인 사례 연구의 대상이 될 필요가 있다. 데 그라치아가 구체적으로 다루고 있는 사례는 기껏해야 피아트 자동차 회사의 OND 조직에 불과하다는 점에서도 그러하다. 또한 파시즘의 대중 합의/동의 문제와 관련하여 OND가 전반적으로 실패했다고 평가하기는 이르다. 비록 OND가 만들어낸 대중의 합의/동의가 피상적이며 깨지기 쉬운 것이었다 하더라도 그것은 그라치아도 인정하듯이 노동자의 계급 정체성을 와해시키고 젊은 노동자들을 1918~1920년의 이른바 '붉은 2년'의 완강한 저항 정

---

17) Victoria De Grazia, 《동의의 문화 : 파시스트 이탈리아의 대중적 여가 조직 *The Culture of Consent : Mass Organization of Leisure in Fascist Italy*》(Cambridge : Cambridge University Press, 1981).

18) Victoria De Grazia, 《동의의 문화 : 파시스트 이탈리아의 대중적 여가 조직》, 243쪽.

신으로부터 멀어지게 만들었다. 이는 파시즘의 대중 합의/동의 연구에 시사하는 바가 크다. 노동자의 계급 정체성의 해체는 파시즘의 또 다른 합의/동의의 메커니즘이 발산하는 힘과 결합될 때 상승 작용을 일으킬 수 있기 때문이다. 파시즘이 대중의 합의/동의를 도출하는 이 또 다른 방식은 특정한 조직을 통해 대체로 위에서 아래로 움직이는 일방적인 형태를 취하기보다는, 대중의 욕망을 자극하고 재생산하며 그 욕망을 구체화하는 상호 작용의 관계망을 형성하고 또 작동시킨다. 요컨대 다음에 제시될 파시즘의 이러한 합의/동의 창출 메커니즘은 자발적인 '재생적 동의' 혹은 문화적 합의/동의라 부를 수 있는 대중의 지지를 확보하기 위한 것이었다.

3. 문화적 합의/동의 : 정치의 미학화와 정치의 신성화

파시즘과 문화는 오랫동안 양립될 수 없는 두 영역으로 간주되어왔다. 이탈리아의 저명한 사상가 보비오Norberto Bobbio의 지적은 그와 같은 입장을 웅변적으로 보여준다. '문화 있는 곳에 파시즘 없고 파시즘 있는 곳에 문화란 존재하지 않는다. 파시스트 문화는 결코 존재하지 않는다."[19] 그러나 최근 역사가들 사이에서는 파시즘을 하나의 문화 혁명으로 보는 것이 타당하다는 견해가 설득력을 얻고 있다. 이들의 주장에 의하면 다양한 파시스트 운동과

---

19) 《레스프레소 L'Espresso》, 28권(1982년 12월 26일). R. J. W. Bosworth,《이탈리아의 독재 체제 : 무솔리니와 파시즘 해석의 문제점들과 관점들 The Italian Dictatorship : Problems and Perspectives in the Interpretation of Mussolini and Fascism》(London : Arnold, 1998), 155쪽에서 재인용.

체제를 연결해주는 공통 분모는 민족 갱생의 신화다. 말하자면 파시스트 이데올로기의 핵심은 신화며, 이 신화는 현재 위기에 처한 민족 공동체가 곧 새로운 유형의 민족 공동체로 부활할 것이라는 믿음이라는 데 이들은 대체로 동의하고 있다. 파시즘은 새로운 유형의 민족 공동체와 이 공동체를 구성할 새로운 인간형을 추구한다는 점에서 근대적이며 혁명적이다. 그러나 파시즘이 추구하는 근대 혁명은 기존 사회·경제 질서의 급격한 변화 없이 새로운 문명과 새로운 인간형을 만들고자 했다는 점에서 정신 혁명, 도덕 혁명, 혹은 의식 혁명의 성격을 띤다. 요컨대 이러한 혁명들에 대중을 동원할 수 있는 파시스트 이데올로기의 근본적인 역동성은 그 신화적 성격에 있다는 것이다.

이른바 '새로운 합의' 학파라 부를 수 있는 이들 역사가들에 의한 파시즘 정의는 파시즘과 문화에 대한 기존의 시각을 넘어서 파시즘의 합의/동의 창출의 메커니즘을 새롭게 포착할 수 있는 길을 열었다.[20] 이제 더 이상 파시즘이 대중 속으로 파고드는 방식을 정치, 사회, 경제적 영역에만 한정시킬 수 없게 되었다. 한동안 등한시되었던 파시즘의 문화적 프로젝트가 역사가들의 주목의 대상이 된 것이다. 그리하여 대중을 향한 파시스트 지도자들의 연설의 레토릭, 다양한 상징, 대규모 집회와 전시회, 연극, 건축과 도시 계획 등의 영역은 파시즘과 대중 사이의 관계를 포착할 수 있는 핵심 분

---

20) '새로운 합의'라는 표현을 사용하여 최근 파시즘 연구 경향을 정리하려 한 사람은 로저 그리핀Roger Griffin이다. 그는 1998년 출간한 파시즘 연구 선집의 서문에서 1990년대 들어 파시즘 연구자들 사이에 '새로운 합의'가 이루어지고 있다는 주장을 처음으로 펼쳤다. Roger Griffin (ed.), 《국제적 파시즘 : 이론, 원인, 그리고 새로운 합의 *International Fascism : Theories, Causes and the New Consensus*》(London : Arnold, 1998)의 서문(1~20쪽) 참조. 또한 Roger Griffin, 〈문화의 일차성 : 파시즘 연구 경향에서의 새로운 합의의 성장(혹은 생산)The Primacy of Culture : The Current Growth(or Manufacture) of Consensus within Fascist Studies〉, 《현대 사학보》, 37권(2002), 21~43쪽 참조.

야로 부상했다. 사실상 파시즘에서 이러한 매체가 갖는 중요성은 파시스트 이데올로기 자체의 성격에서 나오는 것이기 때문이다. 한 미술사가의 주장에 따르면 신화, 재생, 역동성, 세속 종교적 성격 등은 파시스트 이데올로기와 이탈리아 모더니즘 예술이 공유하고 있는 부분이며, 이러한 공통 분모를 통해 둘은 서로 밀접히 결합될 수 있었다.[21] 또한 문인, 예술가를 비롯한 다수의 지식인들이 파시즘에 지지를 보낸 것도 동일한 맥락에서 이해될 수 있다. 파시즘은 이러한 지식인들의 합의/동의에 기초해 대중을 향한 다양한 문화적 생산물에 역동성과 호소력을 부여할 수 있었던 것이다.

실제로 상당수 이탈리아 지식인들이 파시즘에 합의/동의한 것은 파시즘을 근대성을 장악할 수 있는 또 다른 기회로 보았기 때문이었다. 이들은 산업화, 도시화, 대중 사회, 소비주의 등 근대화가 만들어내는 표준화와 평준화의 타락을 피하면서 기존 사회 질서와 민족적 전통을 유지하고 경제 발전을 이룩할 가능성, 즉 대안적 근대성을 파시즘에서 발견했던 것이다. 벤 기아트의 표현을 빌리면 파시즘이 이탈리아 지식인에게 매력을 발산한 것은 그것이 "근대의 희망과 공포 모두를" 자극하기 때문이었다.[22] 파시즘 또한 지식인들의 이러한 열망을 수용했다. 특히 파시스트 체제는 미래파에서 신고전주의에 이르는 다양한 유파의 예술가들을 포괄하고 후원했다. 스톤Marla Stone이 그람시에 기대어 패권적 다원주의

---

21) Mark Antliff, 〈파시즘, 모더니즘, 그리고 모더니티Fascism, Modernism, and Modernity〉, 《예술 회보 *Art Bulletin*》, 84권(2002), 148~169쪽. 또한 Andrew Hewitt, 《파시스트 모더니즘 : 미학, 정치 그리고 아방가르드 *Fascist Modernism : Aesthetics, Politics, and the Avant-Garde*》(Stanford : Stanford University Press, 1993) ; Walter L. Adamson, 《아방가르드 피렌체 : 모더니즘에서 파시즘으로 *Avant-Garde Florence : From Modernism to Fascism*》(Cambridge : Harvard University Press, 1993) 참조.

22) Ruth Ben-Ghiat, 《파시스트 모더니티 : 이탈리아 1922~1945 *Fascist Modernities : Italy, 1922~1945*》(Berkeley : University of California Press, 2001), 8쪽.

hegemonic pluralism'라 부른 파시스트 체제의 이러한 태도는 '합의/동의와 정당성을 추구하고 새로운 파시스트 시대를 환기할 수 있는 다양한 미적 언어를 수용, 전유, 동원하기 위한 것이었다".[23]

파시즘의 상징인 릭토르의 도끼Fascio littorio 문양과 그 배치에서부터 장대한 규모의 파시스트 혁명 전시회에 이르기까지 파시즘에 의해 동원된 다양한 미적 언어들은 체제에 역사적 정당성을 부여했고, 새롭게 탄생하고 있으며 또한 미래에도 지속될 민족 공동체의 모습을 대중에게 생동감 있게 전달할 수 있었다. 따라서 최근 '합의/동의 연구'로 분류될 수 있는 업적들이 파시즘의 이러한 문화적 생산물에 집중되는 것은 당연한 현상이라 할 수 있다. 이들은 파시스트 체제가 만들어내는 다양한 문화적 생산물을 정치적 삶에 미학이 투입되는 현상, 즉 벤야민Walter Benjamin이 말하는 '정치의 미학화'라는 틀에서 접근한다.

그런데 파시스트의 문화적 생산물의 상징적 의미를 풍부하게 포착할 수 있다는 것이 정치의 미학화라는 관점이 주는 장점이라면 그 단점 또한 적지 않다. 예컨대 이러한 입장에서 파시즘의 문화적 생산물을 분석한 한 연구는 대중을 수동적 역할에 머무는 존재로 파악하고 있다.[24] 무솔리니의 통치를 예술가로서의 작업과 동일시할 때 파시즘의 전체주의적인 성격은 부각될 수 있지만 대중은 단

---

23) Marla Stone, 〈후원자로서의 국가 : 파시스트 이탈리아에서의 관제 문화의 형성The State as Patron : Making Official Culture in Fascist Italy〉, Matthew Affron · Mark Antliff (eds.), 《파시스트의 세계관 : 프랑스와 이탈리아에서의 예술과 이데올로기Fascist Visions : Art and Ideology in France and Italy》(Princeton : Princeton University Press, 1997), 206쪽. 또한 Marla Stone, 《후원자 국가 : 파시스트 이탈리아에서의 문화와 정치The Patron State : Culture and Politics in Fascist Italy》(Princeton : Princeton University Press, 1998) 참조.

24) Simonetta Falasca-Zamponi, 《파시스트 스펙터클 : 무솔리니의 이탈리아에서의 권력의 미학Fascist Spectacles : The Aesthetics of Power in Mussolini's Italy》(Berkeley : University of California Press, 1997).

순한 오브제로 전락한다. 파시즘의 문화적 생산물은 전지전능한 작가가 자신의 기획대로 생명 없는 대리석을 조각해 만든 것이 아니다. 그것은 오히려 대중의 마음속으로 들어가 그들의 꿈과 희망을 끄집어내고 구체화시킨 과정으로 보아야 한다. 그리고 이러한 과정을 통해 파시즘이 대중에게 제시하고자 했던 것은 일종의 유토피아였던 것이다.[25] 그뿐 아니라 정치의 미학화라는 관점이 드러내는 파시즘의 본질은 때로 단편적이거나 공허하다. 파시즘은 단순히 "감정의 공동체", 혹은 "내용보다는 형식에 대한 강조"로 치부될 수는 없는 것이다.[26] 그리고 무엇보다 그와 같은 관점이 빠지기 쉬운 함정은 파시즘의 정치적 성격에 대한 안목을 잃고 그 문학적·미학적·상징적 측면만을 부각시키는 경향이다. 이 경우 정치의 미학화는 자칫 "파시즘 자체의 미학화"라는 오류에 빠질 수 있다.[27]

넓게는 '정치의 신성화', 좁게는 '정치종교'와 같은 개념을 통해 파시즘의 문화적 생산물에 접근할 때 파시즘의 정치적 성격에 대한 감각이 상실되지 않으면서도 언뜻 산만해 보이는 문화적 생산물들이 그려내는 큰 윤곽이 드러나며, 그것이 지니는 대중에 대한

---

25) Charles Burdett, 〈이탈리아 파시즘과 유토피아Italian Fascism and Utopia〉, 《인문학의 역사 History of the Human Sciences》, 16권(2003), 93~108쪽.

26) Mabel Berezin, 《파시스트적 자아의 형성 : 전간기 이탈리아의 정치 문화 Making the Fascist Self : The Political Culture of Interwar Italy》(Ithaca : Cornell University Press, 1997), 27쪽 ; Simonetta Falasca-Zamponi, 《파시스트 스펙터클 : 무솔리니의 이탈리아에서의 권력의 미학》, 187쪽.

27) Emilio Gentile, 〈모더니티의 정복 : 모더니스트 민족주의에서 파시즘으로The Conquest of Modernity : From Modernist Nationalism to Fascism〉, 《모더니즘/모더니티 Modernism/Modernity》, 1권(1993), 57쪽. 또한 George L. Mosse, 《파시스트 혁명 : 파시즘의 일반 이론을 향하여The Fascist Revolution : Toward a General Theory of Fascism》(New York : Howard Fertig, 1999), xi쪽 참조.

호소력이 한층 효과적으로 포착될 수 있다. 이탈리아의 역사가 젠틸레Emilio Gentile의 연구가 주목되는 이유는 바로 여기에 있다. 그에 의하면 '정치의 신성화'는 전통적 종교 제도와는 별개로, 그리고 독자적으로 정치에 종교적 차원이 형성되는 것을 가리키는 용어다.[28] 그것은 정치가 신화, 의식(儀式), 상징 등을 통해 인식되고 경험되며 표상될 때 일어나는 현상이다. 이때 신화, 의식, 상징 등은 신성화된 세속적 실체——예컨대 민족, 국가, 인류, 사회, 인종, 프롤레타리아, 역사, 자유, 혁명 등——에 대한 믿음과 신자들의 공동체 사이에서의 헌신, 행동에 대한 열정, 전투적 정신과 희생 정신을 조장한다.

젠틸레에 의하면 이러한 정치의 신성화는 다시 시민종교civil religion와 정치종교political religion로 구분될 수 있다. 둘 사이의 경계는 종종 뚜렷하지 않으며 특정한 역사적 상황에서는 전자가 후자로 전이되기도 하지만, 전자가 보다 관용적이며 따라서 자유 민주주의 사회에서 주로 나타나는 현상이라면 후자는 배타적이며 대체로 전체주의적 사회에서 출현한다. 젠틸레의 주장에 의하면 시민종교는 주로 세속적 실재를 숭배 대상으로 삼지만 때때로 초자연적 실재를 신격화하기도 한다. 그것은 어떠한 정치 운동의 이데올로기와도 결합될 수 있지만 집단으로부터의 개인의 완전한 자립성을 인정한다. 또한 시민종교는 평화적인 선전 수단을 이용

---

28) Emilio Gentile, 〈정치의 신성화 : 세속 종교와 전체주의에 대한 정의, 해석, 그리고 성찰The Sacralization of Politics : Definitions, Interpretations and Reflections on the Question of Secular Religion and Totalitarianism〉, 《전체주의 운동과 정치종교》, 1권(2000), 21쪽. 또한 Emilio Gentile, 《정치종교 : 민주주의와 전체주의 사이에서 Le religioni della politica : Fra democrazie e totalitarismi》(Roma-Bari : Laterza, 2001) ; Emilio Gentile, 《파시스트 이탈리아에서의 정치의 신성화 The Sacralization of Politics in Fascist Italy》(Cambridge : Harvard University Press, 1996) 참조.

하여 특정한 윤리적 계율, 집단 의식(儀式) 등의 준수에 대한 자발적인 동의에 호소하며, 전통적인 종교들이나 다양한 정치 이데올로기들과 공존할 수 있다. 반면 정치종교는 신비적인 세속적 실재를 신격화하는 이데올로기나 정치 운동에서 나타난다. 시민종교와는 달리 정치종교는 다른 이데올로기나 정치 운동과의 공존을 허용하지 않으며, 폭력을 그 신앙의 적을 무찌르는 데 정당한 도구로, 그리고 재생의 수단으로 삼는다. 또한 정치종교는 개인의 자립성을 부정하며 공동체를 최고의 가치로 격상시킨다. 그리고 특정한 정치 의식(儀式)과 계율에 대한 복종을 강제한다. 전통적인 종교와 관련하여 정치종교는 전자와 공존의 관계를 수립하려 하거나 그에 대해 적대적인 태도를 견지한다. 이러한 구분에 입각하여 젠틸레는 파시즘을 시민종교보다는 정치종교라는 개념으로 규정하는 것이 적합하다고 본다.

물론 역사적 현실에서는 시민종교와 정치종교 사이의 이러한 구분이 항상 분명하고 명확하게 나타나는 것이 아니며 또한 둘 사이에는 공통 요소가 존재한다는 사실을 부정하기 어렵다. 예를 들어 시민종교와 정치종교 사이의 구분은 미국의 경우와 나치 독일, 혹은 파시스트 이탈리아와 비교할 경우 매우 분명하게 드러난다. 그러나 프랑스 혁명의 경우에서처럼 시민종교가 특정 환경 속에서 정치종교로 변화되어 불관용적이며 전체적integral인 성격을 띨 수도 있다. 전체주의적 성격의 정치종교가 시민종교와는 달리 '광신적인 열정과 종말론적 테러, 광폭한 잔혹성과 무자비한 증오와 구원의 열망'을 대중 사이에 분출시킬 수 있는 것도 이 때문이다. 요컨대 젠틸레에 의하면 이탈리아 파시즘의 다양한 문화적 생산물이 그려내는 상징의 세계는 정치종교의 전체주의적 프로젝트 내에서 그 의미와 역할, 그리고 호소력이 한층 분명히 파악될 수 있다는 것이다.

그러나 파시즘의 문화적 생산물을 일관되게 종교적 의미로 환원시키는 젠틸레의 접근은 '정치의 미학화'의 관점에 선 연구자들과는 반대로 그러한 문화적 생산물의 미학적·레토릭적 차원을 등한시하는 결과를 가져온다. 1932년에 열린 파시스트 혁명 전시회에 대한 분석은 양쪽 연구 방식의 성과와 한계를 잘 보여주는 예다. 이 대규모 전시회는 원래 6개월이었던 전시 기간을 2년으로 연장해가며 정확히 385만 4,927명의 관람객을 끌어 모음으로써 대대적인 성공을 거둔, 이탈리아 파시즘의 대표적인 문화적 생산물이다. '정치의 미학화'의 관점에 선 역사가뿐 아니라 젠틸레에게도 이 전시회가 중요한 분석 대상이 되었던 것은 당연하다. 그러나 전자가 이 전시회에 참여한 다양한 유파의 예술가들이 빚어내는 이미지의 효과에 관심을 집중한 반면 젠틸레는 전시회와 관련된 공식 문서나 여기에 참여한 예술가들의 글을 중심으로 접근하고 있는 것이다. 그러나 전체적으로 볼 때 '정치의 미학화'와 '정치의 신성화'는 서로 배타적이라기보다는 보완적 관계에 있다고 보아야 한다. 이 두 입장이 서로를 배우면 배울수록 파시즘의 문화적 생산물이 대중 사이에서 창출하는 합의/동의의 메커니즘은 더욱 잘 포착될 수 있을 것이다.

4. 대중의 반응과 합의/동의의 문제

이상에서 간략하게 살펴본 연구들은 이탈리아 파시즘이 대중 속에서 합의/동의를 형성하기 위해 작동한 메커니즘에 주목하고 있다. 합의/동의 연구는 그러나 이러한 파시즘의 메커니즘에 대중이 어떠한 반응을 보였는가가 규명될 때 소정의 목적을 달성할 수 있을 것이다. 파시즘의 문화적 기획은 대중에 의해 어느 정도로 내면화되었는가? 그것은 대중 사이에서 새로운 정체성을 만드는 데 성공적이었는가? 파시즘의 문화적 기획에 대한 대중적 수용의 문제는 입증될 수 없는 것을 입증하려는 시도처럼 난감해 보인다.

그러나 파세리니Luisa Passerini에 의해 선구적으로 시도된 구술사 연구는 대중적 수용의 문제를 해결할 수 있는 하나의 길을 열어주었다.[29] 파세리니의 연구는 1976년에서 1982년에 이르는 7년의 기간 동안 1886~1920년에 탄생한 토리노의 노동자 67명을 상대로 실시한 구술사 작업을 통해 이들의 일상에서 파시즘이 어떻게 기억되고 있는지를 밝히고자 했다. 대단히 정교한 구술사 방법을 적용한 그녀의 연구는 인류학과 심리 분석의 업적을 이용하여 이들 노동자들의 파시즘에 대한 기억을 감싸고 있는 노동자 문화와 의식의 다양한 층위를 벗겨내고자 했으며, 그 결과 이들의 파시즘에 대한 태도가 합의(동의)-이의(저항)의 단순한 이분법으로 포착될 수 없는 복잡한 양상을 띠고 있음이 드러났다. 일상에서 파시즘과 노동자는 때로는 협상하고 때로는 불가피하게 공존하는 것으로 나타나며, 같은 사람에게서도 파시즘의 어떤 측면은 수용되고 다른 측면들은 거부되는 것으로 나타난다. 그러나 파세리니의 인터뷰 대상자들의 기억을 놓고 일반화할 때 토리노의 노동자들은 비록 선별적이기는 했지만 파시즘의 다양한 측면들을 수용했다고

---

29) Luisa Passerini, 《대중의 기억 속의 파시즘 : 토리노 노동 계급의 문화적 경험 *Fascism in Popular Memory. The Cultural Experience of the Turin Working Class*》(Cambridge : Cambridge University Press, 1987) ; Luisa Passerini, 〈파시즘에 대한 구술 기억Oral Memory of Fascism〉, David Forgacs (ed.), 《이탈리아 파시즘 재고 : 자본주의, 민중주의 그리고 문화 *Rethinking Italian Fascism : Capitalism, Populism and Culture*》(London : Lawrence and Wishart, 1986), 185~196쪽.

볼 수 있다. 토리노 노동자에 대한 또 다른 구술사 연구는, 특히 젊은 노동자들 사이에서 예컨대 오토바이, 자동차, 비행기, 스포츠, 영화, 라디오 등과 같은 파시즘의 근대화적 측면이 강한 호소력을 발휘했고, 구세대 노동자들이 가졌던 집단적 계급 의식 대신 새로운 개인주의적·소비주의적 가치관이 형성되기 시작했음을 밝히고 있다.[30] 한때 파시즘의 강력한 저항 세력으로 당연시되었던 토리노 노동자들에게서 나타나는 파시즘에 대한 이러한 태도는 합의/동의 연구가 파시즘의 본질을 밝히는 데 중요한 기여를 할 수 있음을 보여주는 예인 것이다.

그러나 이러한 구술사 연구 업적에 기대어 파시즘과 노동자 사이의 관계를 일반화하는 것은 아직 이른 감이 없지 않다. 무엇보다도 파세리니나 그리바우디Maurizio Gribaudi의 연구 영역은 토리노라는 지역을 벗어나지 못하고 있기 때문이다. 토리노 노동자들의 경험을 어느 정도까지 일반화할 수 있을까? 현재 파세리니의 선구적 업적에 촉발되어 진행되고 있는 구술사 연구들은 지역적 범위를 점차 확대해나가고 있다.[31] 그러나 지역적 범위뿐 아니라 다양한 집단, 계층으로 구술사의 연구 대상을 확장시키고 연구 방법을 더욱 정교하게 할 때 합의/동의 연구는 상당한 진척을 이룰 수 있을 것이다. 또 하나, 그리바우디의 연구에서 드러나듯이 대중의 정체성을 놓고 파시즘이 강력한 상대들과 경쟁해야 했다는 점도 지적해야 한다. 예컨대 파시즘이 가톨릭, 가족 전통을 위시하여

---

30) Maurizio Gribaudi, 《노동자의 세계와 노동자의 신화 : 20세기 초 토리노의 사회적 공간과 과정 Mondo operaio e mito operaio : Sapzi e percorsi sociali a Torino nel primonovecento》(Torino : Einaudi, 1987).

31) Alfredo Martini, 〈구술사와 이탈리아 파시즘Oral History and Italian Fascism〉, Luisa Passerini (ed.), 《기억과 전체주의Memory and Totalitarianism》(Oxford : Oxford University Press, 1992), 179~183쪽.

소비주의, 할리우드 문화에 이르는 다양한 요소들을 어떻게 전유하고 또 제거하려 했는지를 파악할 때, 말하자면 파시즘을 다른 세계관, 전통과의 관계망 속에 넣고 그 상관 관계를 파악할 때 합의/동의 연구는 한층 성숙될 수 있다는 얘기다.

마지막으로, 합의/동의 연구는 그 개념 자체에서 유래하는 어려움에 직면해 있다. 먼저 합의/동의의 문제는 자유로운 선택이 최소한 법적으로 보장된 사회에서 측정 가능한 것이므로 파시스트 이탈리아에는 합의/동의의 개념을 적용할 수 없다는 주장이 있다.[32] 또 다른 문제는 데 펠리체가 사용한 이탈리아어 consenso가 영어로 consent와 consensus 모두로 번역될 수 있다는 데서 유래한다. 파시즘의 합의/동의 연구자들이 consent와 consensus를 때로는 동의어처럼 사용하고 때로는 구별해 사용하는 혼란된 모습을 보이는 것도 이 때문이다. consensus나 consent와 같은 용어는 파시스트 이탈리아에는 적용될 수 없는 개념인가? 또 consent와 consensus를 어떻게 구분할 수 있을까?

이와 관련하여 영국의 역사가 필립 모건Philip Morgan은 consensus를 consent보다 넓은 현상을 포괄하는 개념으로 이해하고 있다.[33] 그에 의하면 consensus는 주로 사회학자들에 의해 사용된 개념으로, 특정 사회의 응집력과 안정성의 존재 여부를 설명하는 데 적용되었다. 그러므로 consensus는 지배자에 대한 불만이나

---

32) 예컨대 Paul Corner, 〈이탈리아 파시즘 : 독재 체제에 무슨 일이 벌어지고 있는가?〉, 350쪽.

33) Philip Morgan, 〈'동의의 해들'? : 이탈리아 파시즘에 대한 대중의 태도와 저항, 1925~1940 'The Years of Consent'? Popular Attitudes and Resistance to Fascism in Italy, 1925~1940〉, Tim Kirk · Anthony McElligott (eds.), 《파시즘에 저항하며 : 유럽에서의 공동체, 권위 그리고 저항 Opposing Fascism : Community, Authority, and Resistance in Europe》 (Cambridge : Cambridge University Press, 1999), 163~179쪽.

저항이 존재한다 하더라도 그것이 전반적인 체제의 안정에 위협이 되지 않을 경우에 적용될 수 있는 개념이다. 한편 consent는 정치적 맥락에서 주로 사용된 용어로서, 특히 지배자와 피지배자 사이에서 직접적으로 형성되는 적극적인 결합을 지칭하는 개념으로 파악된다. 모건의 표현을 빌리면 consensus는 "어떻게 사회적 안정이나 응집력이 실현되는가를 설명하기 위해 사회 관계와 행동 패턴 전반을 다룬다".[34] 그에 의하면 이러한 개념 규정과 지금까지의 파시즘의 합의/동의 연구 성과에 입각할 때 적어도 다음과 같은 일반화가 가능하다. 즉, 비록 파시스트 체제에 대한 거부가 존재했다 하더라도 그것이 그 체제에 대한 전반적인 부정으로 나아가지 못했다면 이탈리아 파시즘은 최소한 2차 세계대전이 발발할 때까지 대중 사이에서 consensus를 수립하는 데 성공했다고 볼 수 있다는 것이다.

그러나 파시즘이 수동적 의미의 consensus를 형성할 수 있었다는 모건의 이러한 일반화는 잠정적인 것일 뿐이다. 왜냐하면 무솔리니와 파시즘에 대한 이탈리아 대중의 열정적이고 자발적인 지지가 존재했다는 사실을 입증하는 많은 증거들이 나타나고 있기 때문이다. 비록 젠틸레의 연구가 정치종교의 교회와 교리에 대한 연구에 머물러 그 신자들에게까지 관심이 확대되지 않았다 하더라도, 파시즘을 정치종교로 파악할 경우 파시즘은 강력한 믿음의 공동체와 열렬한 신도를 만들었을 것이 분명하다. 또한 2차 세계대전의 와중에서 무솔리니가 실각하고 히틀러의 도움으로 살로 Salò에 새로운 파시스트 공화국이 수립되었을 무렵 파시스트 여성 자원 봉사 대원들의 무솔리니에 대한 믿음과 애정과 존경심은 오

---

34) Philip Morgan, 〈'동의의 해들'?: 이탈리아 파시즘에 대한 대중의 태도와 저항, 1925~1940〉, 165~166쪽.

히려 더욱 열렬해지는 양상마저 보였다. 이들의 의식 속에서 이전의 전지전능한 지도자 무솔리니의 신화는 몰락한 영웅 무솔리니의 신화로 바뀌었을 뿐이었다.[35] 이러한 현상은 어떻게 설명될 수 있을까? 또한, 최근 파시즘 연구로 세계적인 명성을 얻은 로베르토 비바렐리Roberto Vivarelli가 고백한 대로 그 자신이 젊은 시절 열성적인 파시스트였으며 무솔리니가 실각할 때까지 변함없이 파시즘에 대한 충성심을 간직하고 있었다는 사실이나[36] 반파시즘의 상징적인 인물로 여겨졌던 저명한 지식인 보비오가 청년 시절에 파시즘과 다양한 방식으로 타협했다는 사실이 암시하는 바는 무엇일까?[37]

파시즘에 대한 대중의 합의/동의 문제에 대해 좀더 만족스러운 결론에 도달하기 위해서는 이탈리아인들의 일상 생활에 관한 한층 세밀한 분석뿐 아니라 합의/동의 창출의 메커니즘에 대한 정교한 연구가 선행되어야 할 것이다. 교조적이고 도식적인 반파시즘적 역사 서술과 반-반파시즘적 역사 서술의 오류에 빠지는 대신 역사가들이 추구해야 할 방향은 바로 그와 같은 것이다. 이탈리아 파시즘의 합의/동의 연구는 여전히 초보적 단계를 벗어나지 못하고 있기 때문이다.

---

35) Maria Fraddosio, 〈쓰러진 영웅 : 이탈리아 사회공화국 시기의 무솔리니 신화와 파시스트 여성, 1943~1945 The Fallen Hero : Myth of Mussolini and Fascist Women in the Italian Social Republic (1943~1945)〉, 《현대 사학보》, 31권(1996), 99~124쪽.

36) Roberto Vivarelli, 《한 시대의 끝 : 회고록 1943~1945 La fine di una stagione : memoria, 1943~1945》(Bologna : Il Mulino, 2000).

37) Paul Corner, 〈이탈리아 파시즘 : 독재 체제에 무슨 일이 벌어지고 있는가?〉, 351쪽.

비시 프랑스—민족 혁명의 이상과 현실

신행선

1. 비시 역사 다시 보기?

페탱Philippe Pétain을 수반으로 한 프랑스의 비시 정부(1940~1944)는 독일의 히틀러 정권이나 이탈리아의 무솔리니 정권과는 달리 패전이라는 특수한 상황과 더불어 탄생했다. 그러나 프랑스는 독일이 점령한 유럽 국가들 가운데 유일하게 자발적으로 국내 개혁을 시도한 나라이기도 했다. 비시 정부가 내세웠던 이른바 민

신행선은 1963년 제주도에서 태어났고 1982년 이화여자대학교 사학과에 입학했다. 대학 시절에는 역사학도라는 말의 중압감에 힘겨워했다. 1980년대 초반의 한국 사회의 현실 속에서 역사학에 뜻을 둔 사람들이 가질 수밖에 없었던 부담감 같은 것이었다. 결국 역사가는 자신의 사회와 환경에서 결코 자유로울 수 없으므로 순수한 학문적 관심만으로도 역사를 공부할 수 있으리라는 결론에 이름으로써 그 힘든 시기를 벗어날 수 있었다. 같은 대학 대학원에 진학한 후 노동사, 노동자 문화, 사회주의 등에 관심을 가지게 되었으며, 석사 학위를 받은 후 떠난 프랑스 유학에서는 파리 1대학의 '사회 운동 및 생디칼리슴 역사 연구소'에 몸담고 공부했다. 1995년 〈1차 세계대전 이전 파리 지역 노동자들과 전쟁 문제〉로 박사 학위를 받았다. 그동안 〈생디칼리슴〉, 〈1차 세계대전 이전 프랑스 노조원들과 인터내셔널리즘〉, 〈1차 세계대전 이전 프랑스 노동자들의 집회에서 나타난 '조국'의 의미〉, 〈에르네스트 르낭의 '인종'과 인종주의〉 등의 논문을 발표했으며, 조르주 뒤프의 《프랑스 사회사》, 에르네스트 르낭의 《민족이란 무엇인가》를 번역했다. 이화여자대학교, 중앙대학교, 한양대학교 등에서 강의했으며, 현재 파리 1대학 20세기 사회사연구소의 객원 연구원으로서 파리에 머물고 있다.

족 혁명la Révolution nationale이 그것이다. 비시 정부는 보수적·국수주의적 세력은 물론 1930년대에 인민전선을 지지했던 좌파세력에 이르기까지 다양한 사람들의 지지를 받았다. 정권 초기부터 독재 체제의 모습을 분명히 드러냈음에도 불구하고 비시 정부는 오히려 페탱주의에 힘입어 상당한 대중의 호응과 기대를 이끌어냈다.

그러나 사실 프랑스 역사에서 1940~1944년은 '암흑의 역사'로 불린다. 대부분의 프랑스인들에게 있어 그 기간은 '프랑스사에서 지워버리고 싶은 어두운 4년'이었다. 대혁명 이후 정치적·경제적 어려움에 처한 이들에게 피난처를 제공해온 자유국으로서의 프랑스의 전통이 사라진 시기였기 때문이다. 비시 정부는 정권 창출 초기부터 배타적이고 억압적인 정책을 시행했다. 외국인들을 강제 수용소로 보내고, 나치에 반대하여 독일에서 프랑스로 이주해 온 사람들을 다시 독일에 넘겼으며, 귀화에 관한 법안을 개정하였다. 그뿐 아니라 정권 초기부터 이미 유대인들의 법적 지위에 관한 규정을 만들었고, 나치 점령 하의 어떤 유럽 국가 정부보다도 적극적으로 독일에 대한 협력 체제를 구축하였다. 특히 1941년 봄부터 경제적·군사적인 면에서 좀더 적극적인 대독 협력 체제로 들어가면서 이후 비시 정권은 나치즘 체제와 거의 다를 바 없는 억압적이고 반자유주의적인 체제, 경찰 체제, 강제 동원 체제의 모습을 보였다. 그리하여 비시 정권의 역사는 대혁명을 일구어낸 프랑스 역사의 자유주의 전통에 대한 커다란 오점이자 일탈로 간주되었으며, 이를 반영하기라도 하듯 해방 직후부터 거의 20여 년 동안 레지스탕스 신화에 가려져 있었다. 코낭Eric Conan과 루소Henri Rousso가 잘 지적하고 있듯이, 종전 직후부터 1950년대 중반에 이르기까지의 시기에 프랑스인들의 최우선 과제는 전쟁으로 인한 상처를 치유하고 국민 화합을 이루는 것이었다. 그리하여 드골De Gaulle을 포함한 상당수의 정치인들과 대다수의 프랑스인들은 비시 정권이 내포하고 있는 토착적 성격을 축소하고, 프랑스의 오랜 이념적 전통에서 비시 정권의 기원을 찾는 노력을 멈추기로 합의를 보았다. 결국 과거의 비극적 기억을 상쇄하기 위한 애국주의적 비전이 제시되었으며, '영원한 프랑스France éternelle'의 가치는 레지스탕스를 통해 구현되었다. 이 점에 대해서는 정치적 성향이 서로 확연하게 다른 드골주의자들과 공산주의자들도 완전히 일치된 의견을 보였으며, 그 결과 1950~1960년대에 레지스탕스 신화가 형성될 수 있었다.[1] 1951~1953년의 때 이른 사면 조치나 1964년 장 물랭Jean Moulin의 유해를 팡테옹에 안치한 것은 대독 협력, 민족 혁명, 반유대주의 등 프랑스의 내적 분열의 모습을 역사의 큰 공백으로 남긴 채 상징적으로 레지스탕스를 부각시키는 결과를 가져왔다. 예컨대 알제리 전쟁이 종결된 이후 드골의 제5공화국에서는 독일의 점령이나 해방된 식민지 문제 같은 어둡고 분열적인 요소가 공식적인 연설에서 거의 자취를 감추었다.

전쟁 직후부터 1960년대까지 비시 정권에 대한 역사적 서술은 주로 고등 법원의 재판 자료 같은 프랑스 자료를 토대로 하였으며, 비시 체제 자체보다는 레지스탕스 활동, 전투 양상, 휴전, 해방, 대독 협력과 숙청 문제 등에 초점을 맞추는 우회적인 방식으로 이루어졌다. 비시에 대한 최초의 역사 서술이 전문 역사가가 아닌 아롱Robert Aron에 의해 이루어진 것만 보아도, 비시 정부의 역사를 프랑스 역사에서 예외적인 부분으로 간주하고 싶었던 프랑스인들의 감정을 짐작할 수 있다. 아롱은 비시 정권의 책임자들이 히틀러

1) Eric Conan · Henri Rousso, 《비시, 현재적 과거 Vichy un passé qui ne passe pas》(Paris : Fayard, 1994), 19~21쪽.

에 대항해서 명예롭게 행동했으며, 비시가 '방패막이'의 기능을 한 것으로 본다. 그리하여 그는 휴전을 매개로 창출된 초기 비시 정권, 이른바 페탱의 비시(1940. 7~1942. 3)와 전형적인 나치즘 체제의 모습을 하고 있었던 후기의 비시 정권, 이른바 라발Pierre Laval의 비시(1942. 4~1944. 8)로 비시 정권의 역사를 구분하여 설명한다.

1960년대 말에서 1970년대 초에 이르러 비시 역사는 다른 국면을 맞이하였다. 독일 점령기의 체제에 대한 프랑스인들의 체념적 동의를 인터뷰 형식을 통해 사실적으로 묘사하여 충격을 준 마르셀 오퓔Marcel Ophuls의 다큐멘터리 영화 〈슬픔과 연민Le Chagrin et la Pitié〉과 물의를 빚은 퐁피두G. Pompidou 대통령의 투비에P. Touvier에 대한 사면 조치를 계기로 '비시 역사 다시 보기'가 이루어진 것이다. 여기에는 파리에서 일어난 1968년 5월의 혁명적 열기와 드골의 죽음, 그 후계자의 레지스탕스 전통에 대한 포기, 그리고 전쟁을 겪지 않은 신세대들의 문제 제기가 큰 힘을 발휘했으며, 그로 인해 전후 레지스탕스의 신화에 이상이 생기게 되었다. 또한 전문 역사가들이 비시 역사에 관심을 돌리게 되면서 진행된 본격적 연구도 한몫하였다. 그 대표 주자가 독일 점령기 때 파리에서 살았던 호프먼Stanley Hoffmann, 월남전 세대인 팩스턴Robert Paxton 등 미국 역사학자들이다.

호프먼은 1943년까지의 비시 체제를 다양한 우파 세력의 지지를 받아 이루어진 '다원적 독재' 체제로 간주한다. 이러한 관점에서 보면 비시 체제를 두 가지로 구분하는 것은 별로 의미가 없다. 그에 의하면 1940년 여름의 민족주의적이고 전통주의적인 비시와 1944년 봄의 파시스트적이고 독일에 협력적인 비시는 동일선상에서 이해되어야 하는 체제였다. 정권 창출 초기부터 비시는 혁명 전통의 프랑스를 부정하고 반동적인 프랑스를 선호하던 우파의 지지를 받았으며, 비시 정권의 주요한 지지 기반 역시 다양한 성향을 가진 우파 세력이었던 만큼 비시 정권은 다원적인 우파 세력에 의한 독재 체제 형태였다는 것이다. 미셸Henri Michel, 팩스턴, 레몽 René Rémond, 뒤로젤Jean-Baptiste Duroselle, 뒤랑Yves Durand 등도 이러한 호프먼의 테제를 상당 부분 인정하고 있다. 그런데 여기에서 흥미로운 것은 프랑스 학자의 경우 대부분 비시 프랑스가 탄생하게 된 상황적 특수성을 강조하면서 '위기'의 시기였음을 부각시키는 반면, 외국 학자의 경우 비시의 민족 혁명을 좌절된 보수 혁명으로, 예컨대 1934년에 실패했던 극우파 세력의 체제 전복 시도가 재현된 것으로 보려 한다는 점이다. 이는 비시 역사의 프랑스 내적·토착적 기원에 대한 설명이나 이른바 '프랑스 파시즘'의 실체에 대한 논쟁과도 관련되는 부분이다. 비시 역사 다시 보기가 이루어졌음에도 불구하고 여전히 비시는 프랑스 역사의 아킬레스건임을 알 수 있다.

미국 역사학자로서 프랑스 역사학계에서 큰 주목을 받은 팩스턴의 연구는 특히 큰 파장을 불러일으켰다. 프랑스가 자료를 공개하지 않았기 때문에, 팩스턴은 독일과 미국의 문서 보관소 자료를 토대로 하여 비시 정권 지도자들이 일관되게 독일과의 협력을 추구했다는 것을 보여주었다. 이렇게 되면 비시 정권의 '방패막이' 설은 설득력을 잃게 된다. 그뿐 아니라, 그동안 레지스탕스 신화의 그늘에 가려져 있던 독일 점령기의 프랑스인들의 태도 자체를 문제시하는 그의 연구 결과는 비시에 대한 체념적 동의자였던 대다수 프랑스인들을 광범위한 대독 협력자 범주에 들어가게 하는 셈이어서 큰 충격을 주었다. 팩스턴 저서[2]의 프랑스어판 출판이 1972년에 갈리마르 출판사에게 거부당한 뒤 1973년에 다른 출판사에서 성사된 것이나[3] 고등학교에서 비시 역사에 대한 수업 교재로 팩스턴의 저서를 사용하다가 교장에게 불려가 주의를 받은 적이 있다는 교사들의 증언[4] 등은 이 문제가 얼마나 민감한 사안인지를 시사해준다. 팩스턴의 연구는 그야말로 '팩스턴의 혁명the Paxtonian Revolution'이었다.[5] 팩스턴 역시 호프먼의 견해처럼 페탱의 비시와 라발의 비시를 구분하는 것이 큰 의미가 없다고 보았다. 나아가 그는 비시 정권이 프랑스 사회의 정치적 갱생을 위한 대내적 계획을 가지고 있었음을 분석하였다. 그리하여 독일의 압력으로 이루어진 정책과 그렇지 않은 것을 구분하는 치밀함을 보인다.

이와 같이 비시 프랑스를 분석하는 연구 방향과 연구사에서는 비시 체제의 성격을 규명하기 위한 논쟁과 대독 협력 문제가 주를 이루고 있다. 예컨대 비시 정권을 프랑스 파시즘의 실체로 볼 수 있을 것인지, 비시 정권이 프랑스사의 흐름 속에서 예외적이고 단절된 시기였는지 아니면 역사적 연속성을 지닌 시기였는지, 그리고 비시 정권의 제반 정책이 독일에 의해 강압적으로 이루어진 것이었는지 등의 문제다. 그러나 비시 정권의 대독 협력 및 국내 개혁을 보다 잘 이해하기 위해서는 파시즘 논쟁과 같은 체제 규명에 대한 논쟁을 넘어서 비시 프랑스와 대중과의 관계에 대한 심도 깊

---

2) Robert O. Paxton, 《비시 프랑스 : 전통 세력과 신진 세력Vichy France : Old Guard and New Order, 1940~1944》, (New York : W. W. Norton, 1972).

3) 프랑스어판 출판은 갈리마르Gallimard 출판사의 피에르 노라Pierre Nora에 의해 거부되었다가 그 다음해인 1973년에 아제마Jean-Pierre Azéma에 의해 쇠유Seuil 출판사에서 이루어졌다. 《비시 프랑스 La France de Vichy》라는 책으로 간행되었다.

4) Eric Conan · Henri Rousso, 《비시, 현재적 과거》, 246쪽.

5) Jean-Pierre Azéma, 〈팩스턴의 혁명The Paxtonian Revolution〉, Sarah Fishman (ed.), 《2차 세계대전 시기의 프랑스, 비시와 역사가들France at War. Vichy and the Historians》(New York : Berg, 2000), 13~20쪽 참조.

은 이해가 필요하다. 1990년 6월에 현재사 연구소Institut d'histoire du temps présent 주관으로 3일간 열린 콜로키움에서 무려 60여 명의 연구자들이 이 문제를 가지고 발표와 토론을 했고, 그 결과물이 출판되어 비시 프랑스에 대한 연구의 방향에 큰 기여를 하였으나[6], 비시 정권과 대중과의 관계에 대한 밀착된 논의는 아직 실현되지 않고 있었다.

한편, 1970년대 말 이후 비시 정권에 대한 연구의 폭이 확장되면서 비시 정권 체제 하에서 살았던 사람들에 대한 연구, 즉 여론과 다양한 사회 집단의 반응에 주목하는 연구들이 등장하고 있지만 아직 제대로 이루어지지는 않고 있는 실정이다. 비시 프랑스에 대한 개괄적 역사 연구조차 부족한 국내의 연구 상황을 감안할 때, 비시 정권이 점령국과의 미묘한 관계를 유지하면서 굳이 민족 혁명이라는 국내 개혁을 시도한 이유가 무엇이었는지, 민족 혁명의 구체적인 원리는 무엇이었으며 현실적으로는 어떻게 반영되었는지, 그리고 대중에게는 어떤 키워드로 접근하였으며 그에 대한 대중의 반응은 어떠했는지 등에 초점을 맞추면서 이러한 연구 방향을 연구사적으로 검토하고 새로운 연구 방향을 모색해보는 것은 의미 있는 작업이 될 것이다.

2. 페탱 신화와 민족 혁명의 원리

비시 프랑스에 대한 연구 분석에서 가장 우선적으로 고려해야 할 점은 비시 정권이 전쟁과 패전이라는 상황 속에서 탄생했다는

---

6) 이에 대해서는 Jean-Pierre Azéma · François Bédarida, 《비시와 프랑스인들 *Vichy et les Français*》(Paris : Fayard, 1992) 참조

특수성이다. 휴전 이후 프랑스인들이 패전의 충격과 함께 느낀 최초의 감정은 전쟁이 끝났다는 안도감이었다. 비시 체제가 수립된 지 몇 개월 만에 이미 반독일, 친영국적 여론이 조성되고 있었으며, 이를 반영한 것이 BBC 방송의 인기였다. 물론 여기에는 1870년 이래의 반독일 감정이 큰 부분을 차지하고 있었다. 연구자들의 상당수는, 많은 프랑스인들이 비시 체제가 독일에 저항하기 위해 최선을 다하고 있고, 프랑스인을 보호하려 노력하고 있다고 믿었다고 본다. 적어도 정권 초기에 나타난 페탱에 대한 대중의 열렬한 지지와 비시 정부 탄생에 대한 대중의 암묵적 동의가 이를 입증한다는 것이다. 특히 페탱에 대한 지지가 가히 압도적이었다는 데 대해서는 많은 연구자들이 의견의 일치를 보이고 있다. 예컨대 비시 정부에 대한 프랑스인들의 지지가 감소했을 때에도 페탱에 대한 신뢰는 한동안 계속되었으며, 레지스탕스 내에도 페탱주의자들이 존재할 정도였다.[7]

사실 페탱은 엄청난 신화적 인물로 부각되었다. 페탱의 이미지는 산업적 규모로 생산되었고, 정부 내에 이를 담당하는 특별 부서가 있어서, 일종의 '페탱 마케팅'이 존재한다고 할 수 있을 정도였다.[8] 페탱에 대한 기대는 이미 패전 이전, 그러니까 비시 정권 탄생

---

7) 이에 대해서는 Julien Jackson, 《암흑기의 프랑스 France The Dark Years 1940~1944》 (Oxford : Oxford University Press, 2002) 참조.

8) 페탱의 이미지는 비시 정부 내의 특별 부서를 통하여 산업적 규모로 생산되었다. 사람들은 페탱 포스터, 우편 엽서, 달력, 쟁반, 컵, 의자, 손수건, 우표는 물론이고 심지어 어린이들을 위한 색칠용 책, 성냥갑, 태피스트리, 문진, 메달, 화병, 보드 게임, 재떨이까지 살 수 있었다. 페탱의 초상화가 도처에 걸렸으며, 공화국을 상징하던 마리안 상이 페탱의 상으로 대체되었다. '프랑스는 페탱을 위한 것이며, 프랑스는 페탱이다'라는 후렴이 붙은 노래, "사랑하는 프랑스를 구하기 위하여 신이 보낸 사절……"이라는 가사의 찬가를 비롯하여 1940~1941년에만 페탱을 찬미하는 수백 개의 시가 및 노래가 존재하였다. 1941년 9월 비시 카지노에서 페탱의 지팡이가 14만 4,000프랑에 경매되었는가 하면, 1941년 1월부터 판매

이전부터 존재했던 것으로 보인다. 1935~1936년에 이미 1차 세계 대전 당시 베르됭 전투의 영웅이었던 페탱이 프랑스의 구원자로 거론되고 있었다. 예컨대 "페탱이야말로 우리에게 필요한 인물"이 라는 언급이 1934년 2월의 극우파 폭동 1주년 기념일에 발행된 극우파 신문에 실려 있으며, 페탱에 대한 이러한 시각은 인민전선 정권이 창출된 1936년 4월 총선 때까지 지속되었다. 한편, 좌파 신문에서도 페탱은 정치 투쟁의 뒤편에 존재하는 인물이자 공화국의 수호자로, 공화주의자 제독으로 묘사되어 '다시 한번 그에게 도움을 청해야만 하지 않을까?'와 같은 제목의 기사들이 등장하였다. 그뿐만 아니라 코티Coty의 반동적 · 반유대적 신문이나 《피가로 *Le Figaro*》 등도 프랑스의 단결을 꾀할 수 있는 정부 수반으로 페탱이 적임자라고 보았다.[9] 요컨대 페탱은 좌파나 우파 모두에서 각각 자신들의 정치를 대변하기에 가장 적합한 인물로 간주되었던 것이다. 이는 페탱이 좌파에서 우파까지 폭넓은 지지를 받았음을 설명해주는 대목이자 페탱에 대한 각계의 포괄적인 기대를 보여주는 부분이다.

그렇다면 정치적 색깔을 달리하는 이들 모두가 페탱에게 주목하고 기대하며 일종의 정치적 합의를 이루었던 이유는 무엇이었을까? 일부 연구자들은 바로 제3공화국에 대한 실망과 제3공화국과의 단절 의지 때문이었다고 보고 있다.[10] 예컨대 코앵테 라브루스

에 들어간 페탱의 초상화는 비점령 지역뿐 아니라 점령 지역에서도 불티나게 팔렸다. 다섯 종류로 만들어진 초상화는 한 장에 5프랑이었으나 한꺼번에 다섯 종류 모두를 사는 사람들이 매우 많았다. 루앙에서만 해도 거주민 5명에 3명꼴로 페탱의 초상화를 구입하였다. 이에 대해서는 Henri Amouroux, 《점령 체제 프랑스인들의 삶에 대하여*La vie des Français sous l'Occupation*》(Paris : Fayard, 1990), 482~483쪽 참조.

9) Francine Muel-Dreyfus, 《비시와 영원한 여성성*Vichy et l'éternel féminin*》(Paris : Seuil, 1996), 16~17쪽.

Cointet-Labrousse는 페탱과 함께 등장한 '에타 프랑세Etat fran-
çais'가 1870년에 프랑스가 패전의 충격에서 벗어나기 위해 공화
국이라는 새로운 정부를 탄생시켰던 것에 견줄 수 있는, 일종의
'메아 퀼피즘méa-culpisme'의 산물이었다고 본다.[11] 더욱이 제3공
화국과의 단절 의지는 비시 정권뿐 아니라 레지스탕스의 키워드
이기도 했다는 것이 퀴젤Richard Kuisel의 견해다. 정치, 사회, 경
제적으로 서로 상당한 차이가 있었고, 특히 점령군인 독일과의 협
력에 대한 견해에서 현격한 차이가 있었던 비시와 레지스탕스였
지만, 제3공화국의 폐기와 '민족적 갱생, 사회적 화합, 도덕적 회
복, 계획적이고 공정한 경제, 그리고 역동적인 국가의 확립"은 양
자의 공통된 목표였다는 것이다.[12] 페탱 정부의 성립과 동시에 이
제 과거사에 속하게 되는 제3공화국의 '잘못'에 눈을 돌리고 이를
시정하는 것이 새 정부가 해야 할 몫이자 페탱주의의 기반이며, 민
족 혁명 원리의 토대가 되는 셈이었다.

　제3공화국과 비시 정부의 관계에 대하여 누아리엘Gérard Noiriel
은 비시가 제3공화국과의 단절을 표명했지만 이는 완전한 정치적
단절이라기보다 일종의 문제 해결 방식으로서의 단절이었다는 흥
미로운 견해를 제시하고 있다. 그에 따르면, 제3공화국의 가장 중
요한 좌우명이었던 '민족 통합l'intégration nationale'을 위한 제반
조치들은 비시 정부에서 오히려 '민족 선호préférence na-tionale'
로 정당화되었다. 제3공화국 때 급격한 산업상의 변화와 도시화,

---

10) Yves Chalas, 《비시와 전체주의적 상상Vichy et l'imaginaire totalitaire》(Paris : Actes
Sud, 1985), 32~33쪽.

11) Michèle Cointet-Labrousse, 《비시와 파시즘Vichy et le fascisme》(Brussel : Eds.
Complexe, 1987), 134쪽.

12) Richard F. Kuisel, 《현대 프랑스에서의 자본주의와 국가Capitalism and State in Modern
France》(Cambridge : Cambridge University Press, 1981), 128쪽.

자본주의 발전, 그리고 그에 따른 경제적 변화로 인해 여러 가지 문제가 발생하면서 정부가 사회 균형을 위해 외국인 이민을 조정했던 것이 비시 정부에서는 외국인 배제로 나타난 것과 같은 경우가 그것이다.

과거 공화주의를 지향했던 농촌의 소자본가나 도시의 장인들은 자본주의의 폐해에서 벗어나기를 희망했을 뿐 아니라 정치 스캔들이 끊이지 않던 민주주의 체제를 지양하고 권위주의적 국가 체제를 추구하였다. 한편, 제3공화국의 가장 큰 수혜자이자 정치·사회적으로 중요한 층을 구성했던 부르주아 자유 직업인들은 인민전선의 정책에 실망하였으며, 1차 세계대전 이후 사회주의 계열과 공산주의 계열로 분열되었던 노동 운동이 통합을 이루면서 공산주의가 확산되는 데 대한 두려움을 갖게 되었다. 그리하여 이들은 보수적인 체제를 지향하게 되었고, 결국 비시 정부가 내건 국내 개혁, 이른바 민족 혁명이 제3공화국과는 다른 방식의 개혁이라는 기대를 가지게 되었다는 것이다.[13]

제3공화국의 사회경제적 위기를 극복하고자 하는 '새로운 정치'에의 의지가 1940년의 패전과 페탱 정부 수립으로 갑작스럽게 등장한 것은 물론 아니었다. 헬만John Hellman, 야질Limore Yagil 등은 이미 1930년대부터 프랑스 내에 존재하고 있던 '신질서Ordre nouveau' 운동, 독일·이탈리아·포르투갈 등에서 일어나고 있던 유럽 청년 운동에 대하여 공감을 보이던 젊은 지식인들의 운동이 비시의 민족 혁명 추진의 원동력 가운데 큰 부분을 차지하는 것으로 주목하고 있다. 그들 젊은 지식인들은 프랑스의 갱생과 '새로운 인간'Homme nouveau'의 창출을 추구했으며, 우파도 좌파도 아

---

13) 이에 대해서는 Gérard Noiriel, 《비시의 공화주의적 기원Les origines républicaines de Vichy》(Paris : Hachette, 1999) 참조.

닌 제3의 길, 무능한 공화국을 대체할 대안을 제시하고자 했다는 것이다.[14] 특히 헬만의 연구는, '새로운 정치'의 길을 추구하는 움직임에 결정적 영향을 끼친 세력이 바로 제3공화국 하에서 음지 생활을 해야 했던 가톨릭 세력이었음에 초점을 맞추고 그에 대한 세밀한 분석을 하고 있다는 점에서 흥미롭다.[15]

비시 민족 혁명의 초기 개혁에서 나타나는 민족 혁명 원리의 핵심은 사회적으로는 전통 사회로의 복귀, 권위적인 독재 정치, (자유주의에 기반을 둔) 평등을 부정하고 위계 질서를 강조하는 것이었으며, 경제적으로는 계급 투쟁을 부정하고 코포라티즘 체제와 계획 경제를 지향하는 것이었다. 개인주의, 자유주의적 민주주의를 거부하고 공동체 질서를 추구함으로써 유기적인 '자연적' 질서로의 회귀가 강조되었던 것이다. 이 원리는 '가족, 노동, 조국'이라는 민족 혁명의 구호에 잘 응집되어 있다. 가족은 사회 질서의 세포 구실을 하는 것이자 프랑스의 도덕적 갱생을 위한 첫 번째 단위로 강조되었다. 또한 자본주의가 양산시킨 계급 질서로 인한 사회 분열을 대체하기 위하여 구체제적 질서가 선호되었다. 그 결과 여성, 농민(농업), 지방région, 작업장(노동, 직업)에 대한 관심이 고

---

14) John Hellman, 〈공동체주의자, 체제 비판자들, 그리고 비시 프랑스에서의 '새로운 인간'의 모색Communitarians, Non-conformists, and the Search for a New Man' in Vichy France〉, Sarah Fishman (ed.), 《2차 세계대전 시기의 프랑스. 비시와 역사가들》, 91~106쪽 ; Limore Yagil, 《'새로운 인간'과 비시의 민족 혁명 L'Homme nouveau et la Révolution nationale de Vichy(1940~1944)》(Paris : Presses Universitaires de Septentrion, 1997) ; Ji-Hyun Park, 〈'중용적' 입장에서의 '민족 혁명'의 토대Les fondements de la 'Révolution nationale' dans la posture du juste milieu'〉(Thése de Doctorat d'histoire, Université de Paris I, 2002).

15) John Hellman, 《비시 프랑스의 수도사 기사 : 위리아주 The Knight-Monks of Vichy France. Uriage, 1940~1945》(Quebec : McGill-Queen's University Press, 1997) ; Henri Rousso, 〈체제가 사회에 미친 영향 : 차원과 한계L'impact du régime sur la société : ses dimensions et ses limites〉, Jean-Pierre Azéma · François Bédarida, 《비시와 프랑스인들》.

조되었다. 가족 내에서의 가부장적 질서와 '여성성'이 강조되어 가장 자연스럽고 변하지 않는 질서로 부각되었으며, '거짓말하지 않는' 흙(땅)으로의 회귀, 프랑스를 일구어낸 자랑스러운 일꾼들이자 제3공화국의 가장 큰 피해자로서의 농민, 산업화의 희생자로서의 농민, 장인에 대한 보호가 강조되었다. 또한 제3공화국 시기에 지방 의회 의원들의 권한이 컸던 것과 달리 각 지방 도지사의 권한을 강화하는 조치가 마련되기도 했다.

그렇지만 제3공화국 때와는 다른 새로운 길을 추구했던 젊은 지식인들 가운데 상당수는 오래지 않아 페탱의 비시 정권에 실망하게 되었다. 이들 중 일부는 적극적인 대독 협력을 추구하는 소위 유럽주의자가 되고 또 다른 일부는 레지스탕스의 길로 접어들었는데, 이러한 경로에 대해 치밀하게 다룬 연구서들은 많지 않다. 더욱이 비시 정부 내에는 공화국 형성 이전의 전통적·보수적인 체제로의 회귀를 추구한 세력도 있었다. 이른바 모라스주의자들을 비롯한 전통적인 우파 세력이 이에 속한다고 볼 수 있다. 이처럼 비시 정부 내에서는 전통적 사고를 가진 과거 지향적 세대와 다를랑François Darlan 밑의 미래 지향적 테크노크라트들이 공존하며 권력의 핵을 각자의 방향으로 움직여나갔다. 이 때문에 결국 아직도 많은 연구들이 비시 정권 체제의 이데올로기적 성격 규명 논쟁의 연장선상에 머물고 있다.

한편, 페로Marc Ferro를 비롯한 일부 연구자들의 페탱에 대한 전기나 라발, 다를랑 등 비시 정부 지도자들의 전기, 민족 혁명의 기원을 다룬 연구서들도 눈에 띈다.[16] 그러나 '아래로부터의 역사'라

---

16) Marc Ferro, 《페탱*Pétain*》(Paris : Fayard, 1987) ; Richard Griffiths, 《페탱과 프랑스인들 1914~1951*Pétain et les Français, 1914~1951*》(Paris : Calmann-Lévy, 1974) ; E. Kupfferman, 《라발*Laval*》(Paris : Flammarion, 1988) ; Henri Michel, 《페탱과 비시 체제*Pétain et le régime*

는 관점에서 비시 프랑스를 이해하기 위해서는 민족 혁명의 성격이나 기원에 대한 집착에서 일단 벗어나야 할 것이다. 이를 극복하기 위해서는 우선 페탱주의와 민족 혁명의 원리가 어떠한 관계를 가지고 있는가 하는 것이 밝혀져야 할 것으로 보인다. 페탱주의자들이 모두 민족 혁명의 원리에 찬동했던 것은 아니다. 더욱이 비시 정권에 참여하고 있던 사람들조차 민족 혁명 원리나 대독 협력의 노선에서는 서로 차이를 보였음을 주목해야 할 것이다. 페탱 신화는 어떻게 가능했는가? 이를 이해하기 위해서는 대중 정서 속에 존재하는 페탱에 대한 기대감의 실체가 무엇이었는지를 분석할 필요가 있다. 또한 민족 혁명의 원리 가운데 어떤 점이 대중에게 매력을 느끼게 했으며, 또 어떤 측면에서 호소력을 가질 수 있었는가 하는 점을 알아보아야 할 것이다.

3. 민족 혁명의 이상과 의지

제3공화국의 실수로 인해 정치, 경제, 사회, 도덕적 위기가 도래하고 급기야 패전이라는 씻을 수 없는 상처를 얻게 되었으므로 이를 치유하고 회복해야 한다는 것이 비시 정부 성립의 명분이었다. 그리하여 비시 정부는 공화국 이전의 전통적 질서를 토대로 한 사회로의 회귀를 강조하며 공화국과의 역사적 단절을 꾀하는 모습을 보여주고자 했다. 그러나 다른 한편으로 비시는 근대적인 사회 경제 체제의 추구라는 역설적인 모습을 보여주기도 했다. 제3공화

---

de Vichy》(Paris : PUF, 1978) ; Henri Michel, 《페탱, 라발, 다를랑*Pétain, Laval, Darlan trois politiques?*》(Paris : Flammarion, 1972) ; Alain Decaux, 《비시를 위해서 죽다 : 페탱, 다를랑, 퓌쇠, 라발*Morts pour Vichy : Pétain, Darlan, Pucheu, Laval*》(Paris : Perrin, 2000).

국을 폐기 처분하고자 하는 의지를 바탕으로 비시 정부가 내세운 민족 혁명의 원리, 즉 가족·노동·조국을 토대로 한 사회경제 정책 가운데 가장 주목할 만한 것은 교육·여성·노동·경제 정책 부분이다.

소년, 청년 등 젊은 층을 겨냥한 교육에 대한 관심은 거의 모든 파시스트 국가에 공통적으로 나타나는 현상일 것이다. 교육은 과거와의 단절, 새로운 활기와 힘을 창출한다는 점에서 중요한 의미를 지니기 때문이다. 비시 정부의 경우, 무상·의무·세속 교육 원칙으로 잘 알려진, 제3공화국의 상징이자 자부심이었던 초등 교육보다는 새롭게 변화하게 될 '새로운 프랑스'를 이끌어갈 인재 양성을 위한 엘리트 위주의 교육에 초점을 맞추었다. 공화주의 교육, 교육의 '민주화' 덕택으로 양산된 대중에 의해 잘못 선출된 의회가 제3공화국의 위기를 만들어낸 요소 중 하나라고 생각했기 때문이었다. 여기에다 열렬한 공화주의 이념의 전도사 역할을 했던 초등학교 교사들의 세속주의도 학생들의 도덕성 결여를 가져왔다는 점에서 문제점으로 지적되었다. 비시 정부가 그 대안으로 내세운 것 가운데 주목할 만한 것은 제3공화국의 고등사범학교Ecole Normal Supérieure를 대체할 위리아주Uriage 간부 양성 학교였다.

위리아주 학교는 '20세기 유형'의 아방가르드 공동체로서, 민족 혁명을 완수하는 데 있어서 가장 개혁적이며 명성 있는 싱크탱크의 역할을 할 것으로 기대되었다. 이 학교는 특히 가톨릭 원리를 강조했다. 자유주의, 개인주의, 공산주의의 영향을 받은 유해한 요소를 제거하고 영적인 가치의 개화를 추구하여 과거 교회의 영광을 되살리며 1789년 혁명을 거부하도록 하는 것이 기본적인 교육 방향이었다. 비유하자면, 제3공화국 시절 초등학교 교사들이 공화주의, 세속주의를 위한 전사들이었다면 위리아주 학교는 공화주의

유산을 대체하기 위한 성소이자 성전(聖戰)을 준비할 기사들의 양성소였다고 할 수 있다.[17)]

그러나 위리아주 학교가 비시 정권에 절대적인 지지 기반을 제공하고 페탱주의자들의 집합소가 되었던 것은 아니다. 이 학교가 페탱주의, 제3공화국과의 단절이라는 키워드에 영감을 받은 것은 분명하지만, 비시 정권과 위리아주 학교의 관계는 수직적인 단순 구도로 이루어진 것이 아니었다. 위리아주 학교는 비시 정권과의 관계에서 비교적 독자성을 유지하려 했으며, 그 안에서 교육 방향을 주도하던 인물들 사이에도 우파적 페탱주의와 좌파적 페탱주의가 공존하였다. 특히 이 학교는, 1930년대에 '신질서' 운동을 주도했던 지식인들, 예컨대 새로운 유럽을 꿈꾸며 파시스트 질서에 동조했던 지식인들이 교육 내용에 깊이 관여했다는 점, 체제 중반 이후에는 비시 정권의 민족 혁명에 실망하면서 또 다른 대안이었던 레지스탕스 활동의 온상 역할을 하기도 했다는 점에서 비시 정권이 내세웠던 민족 혁명의 허와 실을 파악하게 해주는 유용한 연구 대상 가운데 하나라 할 수 있다.

이와 같이 이 위리아주 학교는 한편으로는 파시스트적인 면을 보여 예컨대 비시 정권이 젊은이들을 대상으로 구상한 주요 사업이었던 청년 운동의 주축이 되었으며, 다른 한편으로는 반독 · 반비시 체제, 즉 레지스탕스의 핵심이 되었다. 따라서 이 학교는 비시 프랑스와 레지스탕스라는 양면적인 역사적 평가의 주요한 분석 대상이 될 수 있다. 그러나 바로 이러한 점 때문에 그동안 레지스탕스 신화에 경도되어 있던 연구 방향에서는 이 학교가 소홀히 취급되었으며, 1990년대 초반에야 본격적으로 위리아주의 실체를

---

17) John Hellman, 《비시 프랑스의 수도사 기사 : 위리아주》, 8~14쪽.

파악하기 위한 연구서들이 등장하였다. 학위 논문을 근간으로 하여 출간된 콩트Bernard Comte의 저서는 위리아주 학교에 대한 세밀한 분석을 기반으로 하고 있기는 하지만, 지나치게 우호적인 주관적 감정을 싣고 있을 뿐 아니라 1942년까지로 연구 범위가 한정되어 있다는 한계를 지니고 있다.[18] 반면, 지올리토Pierre Giolitto와 린덴베르그Daniel Lindenberg의 연구는 페탱주의와의 관련, 비시 정권과의 관계, 사상적인 측면 등 좀더 포괄적인 맥락에서 위리아주 학교에 대한 분석을 시도하고 있다.[19] 특히 헬만의 연구가 돋보이는데, 프랑스 외적인 입장에서 비교적 객관적으로 위리아주 학교를 분석한 헬만의 저서는 이 학교에 대한 최초의 영어권 연구서이기도 하다. 그는 위리아주 학교에 많은 영향을 끼친 가톨릭적 요소의 중요성을 부각시켰을 뿐 아니라, 그 학교 내에서의 공동체 생활 자체, 공동체 경험, 그리고 그들의 망탈리테에 주목하여 세심한 분석을 함으로써 프랑스 파시즘 논쟁에서 톡톡히 한몫을 하고 있다.[20] 이 밖에, 역사가가 아닌 교육학자의 관점에서 비시의 반공화주의 지향적인 교육 정책의 기원을 설명하며 비시 프랑스의 학교 모습에 대해 세밀한 분석을 시도하고 있는 흥미로운 연구도 있다.[21]

비시의 또 다른 관심사 가운데 하나는 가정의 안정, 이른바 '훌륭한 엄마'의 모습을 강조하는 것이었다. 가정은 유기체적인 사회

18) Bernard Comte,《전투적 열정의 유토피아. 위리아주 간부 양성 학교Une utopie combattante. L'Ecole des Cadres d'Uriage, 1940~1942》(Paris : Fayard, 1991).

19) Pierre Giolitto,《비시 체제 하의 청년사Histoire de la jeunesse sous Vichy》(Paris : Perrin, 1991) ; Daniel Lindenberg,《음지에서 보낸 날들Les années souterraines, 1937~1947》 (Paris : La Découverte, 1990).

20) John Hellman,《비시 프랑스의 수도사 기사 : 위리아주》참조.

21) Jean-Michel Barreau,《비시의 공화국 학교에 대한 대항Vichy contre l'école de la République》(Paris : Flammarion, 2000).

질서의 가장 기본적인 요소로 간주되었으며, 도덕적 질서 회복의 기반이었다. 따라서 전통적인 가부장제적 질서가 강조되었고, 여성들을 노동 시장에서 가정으로 복귀시키는 데 초점이 맞추어졌다. 여성의 자리는 일터가 아니라 가정이며, 미래의 프랑스 사회를 위해 건전하고 도덕적인 일꾼이 될 아이들을 양육하는 것이 여성의 임무라는 것이었다. 비시 정부의 이러한 여성 정책의 의도는 우선 정체된 출산율을 끌어올리고, 일터에 나간 엄마의 사정 거리에서 벗어나 길거리를 배회하며 도덕적으로 나쁜 영향을 받을 수 있는 위험으로부터 아이들을 보호함으로써 도덕성을 회복하겠다는 것이었다. 또한 남성들의 일자리를 훔쳐 가는 여성에 대한 사회적 불만을 잠재우는 등의 문화적·경제적 관심과 여론을 만족시키려는 의도를 나타낸 것이라고도 할 수 있다. 그리하여 '어머니의 날'을 기념할 것을 공식적으로 거론했으며, 심지어 경우에 따라 복장 제한을 하는 과격한 조치를 취하기도 했다.[22]

비시 정권 시기의 여성 문제에 대해서는 최근 흥미로운 연구서들이 등장하고 있는데,[23] 특히 뮈엘 드레퓌스Francine Muel-Dreyfus는 비시 정권이 '여성성'을 각별하게 강조하고 있다는 점을 근거로 비시 체제의 성격 자체를 규명할 수 있다는 흥미로운 분석을 하고 있다. 예컨대 여성성의 지나친 강조는 역으로 다른 부분, 예를 들어 인종적·사회적인 부분에서도 비시가 추구하는 전통적이고 유

---

22) 알프마리팀의 도지사는 1941년 4월 여성들의 바지 착용을 금지하는 조치를 내렸다. Michèle Cointet-Labrousse, 《비시와 파시즘》, 187쪽.

23) S. Fishman, 《우리는 기다릴 것이다 : 프랑스 전쟁 포로들의 아내들 We will wait : Wives of French Prisoners of War, 1940~1945》(New Haven : Yale University Press, 1991) ; H. Diamond, 《2차 세계대전과 여성—프랑스 : 선택과 속박 Women and the Second World War in France 1939~1948 : Choices and Constraints》(London : Longman, 1999) ; Francine Muel-Dreyfus, 《비시와 영원한 여성성》.

기적인 자연적 질서를 어지럽힐 수 있는 다른 요소가 있다면 이를 제거할 수 있다는 것을 간접적으로 시사하고 있다는 것이다. 그리고 이 점에서 비시 프랑스는 독재적 성격의 국가에서 나타나는 남성성, 순수성 강조의 면모를 여실히 드러내고 있다는 것이다.

그러나 비시 정권과 여성 정책과의 관계를 보다 잘 이해하기 위해서는 제3공화국 시기, 특히 전간기(戰間期)에 여성 노동 문제가 어떻게 대두되고 있던 상황이었는지, 여성의 사회 참여율은 어떠했으며 또한 총력전 체제로 들어가면서 불가피하게 여성 노동력이 필요하게 되었을 때 초기의 여성 정책과 총력전 체제에서의 여성 정책 사이의 모순을 어떻게 극복하려 했는지 등에 대해 독재적 체제와 젠더의 관점에서 앞으로도 세밀하게 분석해봐야 할 것이다.

이제 비시 프랑스의 경제 정책과 관련된 부분을 살펴보기로 하자. 비시 정권이나 레지스탕스 모두 프랑스의 경제력 강화를 목표로 하고 있었다. 특히 비시 정권 후반에 경제 정책을 주도했던 테크노크라트들은 프랑스가 전후 독일을 중심으로 하여 재편성될 유럽의 경제 구도에서 중요한 위치를 차지할 것이기 때문에 그 기반을 마련해야 한다고 생각했다. 따라서 비시 프랑스에서 추구하고 있던 민족 혁명 수행에서의 경제 정책은 처음부터 모순을 안고 출발하였다고 볼 수 있다.

비시 정권이 민족 혁명의 기치를 내걸면서 경제 정책의 핵으로 삼은 것은 자본주의 발전의 폐해를 막고 전통적인 경제 체제로 회귀하겠다는 것이었다. 그리하여 정권 성립 초기에는 농민·장인 우선주의를 주창하고 나섰으며, 특히 농민들은 페탱의 중요한 지지 기반이기도 했다. 그러나 경제 악화로 정부가 생산 체계에 관여하고 통제하면서, 또한 테크노크라트들이 등장하면서 초기의 자연적 경제 체제 추구는 더 이상 유지되기 어려웠다. 이에 따라 계획 경제가 시도되어, 중소기업이 정리되고 대기업 우선주의 정책이 시행되었다. 노동총연맹CGT이 해체되었으며, 결국 성공하지는 못했지만 단일 노조가 시도되기도 했다.[24] 농민 생디카 조직 또한 체제 유지를 위한 통제 수단으로 이용되었다. 비시 프랑스의 경제 정책과 관련해서는 이미 여러 연구서들이 나와 있다. 농업 부분에 대해서는 바랄Pierre Barral, 라이트Gordon Wright 등의 여러 연구가 있으며,[25] 퀴젤의 연구는 산업 · 상업 쪽에 초점이 맞추어져 있다.[26] 하지만 경제 정책 부분은 비시 정권과 대중과의 관계에 있어 체제에 대한 지지와 실망이라는 변수에 중요한 요소가 될 수 있기 때문에 농업 · 노동 정책 실행과 더불어 기업 정책, 농민 · 노동자 조직과의 관계, 농민과 노동자들의 반응 등을 총체적으로 고려해야 할 것이다. 한데 비시 프랑스의 사회 · 경제 정책과 관련하여 여기에서 지적해야 할 것은 비시 정권에서 개혁 메커니즘을 강조하며 실행했던 제반 정책이 실제로 어떻게 구성되고 반영되었는지, 그 결과는 어떠했는지에 대한 분석이 쉽지 않다는 점이다. 이는 우선 비시 프랑스의 특수한 상황, 예컨대 패전으로 인해 성립된 체제였다는 점을 고려할 때 점령군과의 미묘한 역학 관계가 존재했을 것임을 염두에 두지 않을 수 없기 때문이다. 또한 집권 기간이 4년

24) 2차 세계대전 시기의 노동자, 노동 운동에 대해서는 다음을 참조. Denis Peschanski · Jean-Louis Robert (sous la direction de), 《2차 세계대전 시기의 프랑스 노동자들 Les Ouvriers en France pendant la seconde guerre mondiale》, IHTP, acte de colloque(1992) ; Jean-Louis Robert (sous la direction de), 〈비시의 생디칼리슴Syndicalisme sous Vichy〉, 《사회 운동 Le Mouvement social》, 특집호, n° 158(1992) ; Jean-Pierre Le Crom, 《우리 생디카들! 비시와 코포라티즘 Syndicats, nous voilà! Vichy et le corporatisme》(Paris : Les Editions de l'Atelier, 1995).

25) Pierre Barral, 《멜린에서 피사니까지의 프랑스 농민들 Les Agrariens français de Méline à Pisani》(Paris : Presses de Sciences Po., 1968) ; Gordon Wright, 《프랑스 농촌의 혁명 Rural Révolution in France》(Stanford : Stanford University Press, 1964) ; Isabel Boussard, 《비시와 농민 코포라시옹 Vichy et la corporation paysanne》(Paris : Presses de Sciences Po., 1980).

26) Richard F. Kuisel, 《현대 프랑스에서의 자본주의와 국가》.

이라는 길지 않은 시간이었기 때문에 정책의 지속성, 결과, 그리고 그에 대한 반응 등을 파악하기도 쉽지 않다. 그뿐 아니라 정책을 주도하고 집행했던 인물들의 성향이 다양하여 일관성을 가지기 어려웠다는 점을 고려할 때 해당 정책의 결과에 대한 명확한 분석이나 지속성 여부에 대한 파악에 어려움이 따르기도 한다.

4. 민족 혁명의 현실과 한계

비시 정권이 민족 혁명이라는 이데올로기적 명분을 내세우고 이를 물적으로 뒷받침하기 위해 실시했던 각종 정책에 대해 대중은 과연 어떻게 반응하였을까? 대중의 반응을 통하여 민족 혁명의 현실과 한계를 파악하는 방법은 여러 가지가 있을 수 있다. 대중의 반응 또한 적극적인 지지와 협력, 소극적 지지, 소극적 협력, 체념적 동의와 수용, 소극적 저항, 적극적 대항, 페탱에 대한 지지의 증감, 민족 혁명 원리 실현을 위한 제반 정책에 대한 다양한 반응 등여러 가지 경로로 살펴볼 수 있다. 그러나 사실상 자료와 방법론상의 문제로 인해 접근하기가 현실적으로 가장 어려운 부분이라는 점도 지적하지 않을 수 없다. 그렇지만 라보리Pierre Laborie, 뷔랭 Philippe Burrin 등의 최근 연구들에 의해 전화 도청, 공무원 조직 내부의 담론에 대한 경찰 기록을 토대로 한 도지사préfet의 보고서 등, 지방 고문서 보관소 자료를 통하여 공공 여론이 분석되고 있다. 또한 편지 검열, 사적인 문서 공개 등을 통해, 적극적인 대독 협력자도, 레지스탕스도 아니었던 평범한 프랑스인들의 비시 정권에 대한 태도가 어떠했는지에 관심이 모아지고 있다.[27] 뷔랭은 특히 비시 정권을 체념적으로 동의하고 수용했던 평범한 프랑스인들에 대하여 '콜라보라시옹(협력)collaboration'이라는 용어 대신 '아코모다시옹(적응)accomodation'이라는 유연한 용어를 사용하여 학계와 여론의 많은 관심을 받은 바 있다.

비시 정권에 대한 가장 명백하고 공식적인 투쟁은 프랑스 내에 존재했던 레지스탕스와, 드골을 중심으로 런던에 존재했던 '자유 프랑스'였다. 이에 대해서는 1945년 이후 20여 년 동안 지속된 레지스탕스 신화를 거치면서 지금에 이르기까지 많은 연구와 회고록 등이 쏟아져 나오고 있다. 그런데 1968년의 흥분된 분위기를 타고 드골식의 과거사 연구가 도전받게 되면서 영화, 책, 신문 등을 통해 비시가 순전히 독일인들에 의해 강요된 작품은 아니었으며 수백만 명의 프랑스인들이 페탱을 존경했다는 사실이 지적되기 시작했다. 이후 드골이나 레지스탕스 같은 적극적 투쟁이 프랑스인 대다수의 모습이 아니라 오히려 비시 프랑스와 대중의 체념적 동의가 진정한 모습이었다는 인식도 나타나기 시작했다. 그러나 비시 정권에 대한 지지나 대독 협력, 대독 투쟁 여부라는 단순 구도 이외에 그처럼 명백한 체제 거부 투쟁으로 표출된 저항 운동의 배경에 대한 보다 포괄적인 분석이 필요할 것이다. 저항을 했던 사람들의 동기가 단순히 독일에 대한 철저한 반감이었는지, 아니면 페탱 및 그가 내걸었던 민족 혁명 이데올로기에 반대하는 비시 정권 자체에 대한 반발이었는지를 분석하는 것은 비시 정권의 체제적 특수성과 관련하여 많은 점을 시사해줄 것이기 때문이다.

한편, 아래로부터의 역사의 관점에서 비시 정권과 대중과의 관계, 그리고 민족 혁명 수행을 위한 대중 정책의 결과와 그에 대한

---

27) Philippe Burrin, 《독일 점령기의 프랑스 La France à l'heure allemande 1940~1944》 (Paris : Seuil, 1995) ; Pierre Laborie, 《비시 체제 하의 프랑스 여론 L'Opinion française sous Vichy》(Paris : Seuil, 1990).

대중의 반응을 제대로 파악하기 위해서는 무엇보다도 비시 정권 하에서의 대중의 일상 생활 및 체제에 대한 여론을 분석하는 것이 중요하다. 적극적 대독 협력자의 수가 많았는지 적었는지의 여부와 상관없이, 비시 정권이 구현하고자 했던 내적 개혁과 독일에 대한 대중의 반응을 살펴볼 때 가장 중요한 잣대가 될 수 있는 것은 아마도 대중의 정치적 행동일 것이다. 집회 참석 여부나 구독 신문, 정부가 주관하는 전시회와 같은 문화적 공세에 참여했는지의 여부가 지표로 작용할 수도 있을 것이다. 하지만 그것만으로 단정적인 해석을 내리기는 어렵다. 점령 초기에 독일 문화원 어학 코스 등록이 성황을 이루었으며, 독일의 많은 고전 문학 작품들이 불어로 번역되어 읽혔던 현상과 대독 협력 체제에 대한 긍정적 반응 여부의 문제를 연결시켜 설명하기는 어렵다. 점령 초기의 단순한 호기심과 현실적인 이유 등을 배제하기 어렵기 때문이다. 예컨대 프랑스 중산층 가운데는 대독 협력에 반대하는 사람들이 독일어를 배우는 경우도 종종 있었지만, 그것은 독일 지배 체제가 오래갈 것이기 때문에 독일어가 유용해질 것이라는 현실적인 생각 때문이었다.[28]

휴전과 더불어 성립된 페탱과 비시 정권에 대한 프랑스 대중의 지지 배경에는 강력한 프랑스로의 회귀, 프랑스의 경제력 강화를 가능하게 해주리라는 페탱 정권에 대한 믿음과 더 이상의 전쟁이 없을 것이라는 기대감이 큰 부분을 차지하였다. 이것은 페탱과 비시 정권에 대하여 걸었던 기대감이 상실감으로 바뀌게 되면 체제에 대한 지지가 그만큼 하락하게 되리라는 것을 의미하는 것이기도 했다.

---

28) 이에 대해서는 Julien Jackson, 《암흑기의 프랑스》 참조.

1940~1941년의 식량 부족은 비시 정권에 대한 대중의 지지에서 악재로 작용했다. 1942년이 되면서 비시 체제와 대중 사이의 골은 더 깊어졌으며, 1942년 봄 식량 문제가 나아지기는 했으나 라발의 복귀와 보다 적극적인 대독 협력 체제로의 진입으로 인해 비시 정권에 대한 지지는 약해졌다. 그뿐 아니라 1941년 7월 볼셰비키 군대에 대항하기 위하여 프랑스의 자원병 군대가 처음으로 나치 군복을 입고 독일군 편에서 동부 전선에 배치된 이후 독일군은 프랑스인들의 일상 생활에 더욱더 깊이 개입하게 되었다. 이처럼 징발 체제로 인한 경제적 어려움뿐 아니라 군대식 의용군 체제, 경찰 체제, 독일 공장으로의 강제 동원령 같은 억압적인 체제와 연합군의 비행기 공습으로 인하여 이제 '평화'는 환상에 불과한 것이 되었다.

일반적으로 페탱 신화에 변화의 조짐이 일기 시작한 것은 1942년 봄부터였던 것으로 이야기된다. 그러나 프랑스 대중의 비시 정권 체제에 대한 반대의 감정과 페탱에 대한 신뢰의 감정은 따로 구분할 필요가 있다. 반독일 감정이라는 커다란 변수가 작용한 것 이외에도 프랑스 대중이 한동안 페탱과 그의 정부를 따로 분리하여 생각했다는 점을 고려해야 하기 때문이다. 예컨대 많은 연구자들이 프랑스 대중의 즉각적인 반독일 감정, 비시 정부에 대한 점진적 환멸의 감정에 비해 페탱에 대한 신뢰는 훨씬 더 오래 지속되었던 것으로 평가하고 있다. 그러나 1942년 봄부터 페탱 신화에도 조금씩 변화의 조짐이 보이기 시작했다. 페탱을 반대하는 낙서가 나타나기 시작했고, 뉴스 영화에서 페탱의 모습이 보여도 대중은 더 이상 갈채를 보내지 않았다. 많은 사람들이 페탱에 대하여 오랫동안 경외의 마음을 유지했던 것은 사실이지만 정치적 지도자로서의 페탱에 대한 존경심이 감소되면서 비시 정부에 대한 불신이 깊어졌다.[29] 이에 대하여 미국의 역사학자 스위츠John Sweets는 지방 고문서 자료와 구술사 등을 토대로 하여 페탱에 대한 지지가 결코 완벽한 것이 아니었으며, 많은 프랑스인들이 지금까지 알려졌던 것보다 훨씬 일찍 페탱과 비시 정부에 대한 기대, 예컨대 민족 혁명에 대한 기대를 저버렸다는 견해를 피력하고 있다.[30]

한편 민족 혁명 원리에서 가장 강조된 것은 자유주의적 개인주의에 대한 대응으로 설정된 자연적 공동체였다. 여기에서 특히 중요하게 부각된 것은 가부장적이고 건실하며 도덕적인 가족의 모습이었다. 가족은 사회 질서의 세포 구실을 하며 국가와 개인에 선행하는 것으로서, 패전한 프랑스의 갱생을 위한 첫 단계로 강조되었던 것이다. 또한 민족 혁명은 장인과 농민을 토대로 한 자연적인 작업(노동) 공동체를 강조하며 프랑스가 근본적으로 농업 국가를 추구해야 한다고 강조하였다. 그러나 민족 혁명이 강조한 자연적 공동체의 성립을 위한 노력이 실제로 잘 실행되었는지는 의문이다. 국가 권력 강화를 위하여 각 도에 새로운 직책이 만들어지고 장인, 농민을 중시하는 전통주의적 입장이 강조되었음에도 불구하고 실제로는 트러스트, 대기업 위주의 경제 정책이 실현되었다.

따라서 여러 경로를 통하여 장인, 농민, 노동자 등 다양한 계층의 체제에 대한 태도 분석이 이루어질 필요가 있다. 특히 비시 정권의 민족 혁명이 계급 간 갈등을 지양하고 계급 화합을 추구함으로써 정권 초기부터 노동조합 운동에 쐐기를 박으려 했음에도 불구하고 블랭René Belin을 위시한 여러 반공주의적 생디칼리스트들이 비시 정권에 합류했다는 점, 그리고 노동 운동가들이 레지스탕스

29) Julien Jackson, 《암흑기의 프랑스》.

30) John F. Sweets, 《비시 프랑스에서의 선택. 나치 점령기의 프랑스인들 Choices in Vichy France. The French under Nazi Occupation》(Oxford : Oxford University Press, 1994).

신화의 주역이 되었다는 점에서 비시 정권의 노동 정책과 노동자, 노동 운동, 공산주의와의 관계에 대한 총체적인 연구들이 계속 나오기를 기대해야 할 것이다.[31]

5. 비시와 파시즘

1940년 6월의 휴전 조약, 7월의 의회 투표에 의한 페탱의 전권 확보로 시작된 대독 협력 기간은 향후 4년간 프랑스 국내의 정치·경제·사회적 개혁, 예컨대 민족 혁명을 낳았다. 이 대내적 개혁 장치는 휴전에 필수 불가결한 요소는 아니었다. 독일은 약 2년간 프랑스 민족 혁명에 관심을 갖지 않았을 뿐 아니라, 오히려 프랑스인들의 애국심을 자극할지도 모른다는 우려에서 경계의 눈초리를 보이기도 했다.[32]

민족 혁명과 대독 협력을 동일선상에서 보기도 어렵다. 비시 정권에 직접 참여했던 사람들이 모두 다 민족 혁명에 열성적으로 지지를 보낸 것은 아니었기 때문이다. 예컨대 강한 프랑스를 추구하는 민족 혁명에는 찬성하면서도 대독 협력에는 반대하는 경우가 있었는가 하면, 민족 혁명에는 냉소적이지만 헌신적으로 대독 협력에 전념하는 경우도 있었다. 베강Maxime Weygand은 전자의 대표적인 예로, 그는 프랑스도 내적 개혁을 통해 예나 전투 이후의 프로이센처럼 강해져서 언젠가는 독일에 복수하여 패전의 치욕을

---

31) 현재까지의 연구 방향에서는 다음의 연구 성과들이 주목된다. Jean-Pierre Le Crom, 《우리 생디카들! : 비시와 코포라티즘》 ; 1992년 파리에서 열린 콜로키움의 결과물로 간행된 Denis Peschanski · Jean-Louis Robert (sous la direction de), 《2차 세계대전 시기의 프랑스 노동자들》 ; Jean-Louis Robert (sous la direction de), 〈비시의 생디칼슴〉.

32) Robert O. Paxton, 《비시 프랑스 : 전통 세력과 신진 세력》, 143쪽.

떨칠 수 있을 것이라 생각했다. 독일을 축으로 하는 새로운 유럽 안에 존재하는 프랑스를 꿈꾸었던 라발은 후자의 대표적인 경우였다.[33] 즉, 각자 추구하는 바에 따라 민족 혁명 완성을 위해 대독 협력을 수행하기도 하고, 역으로 대독 협력을 보다 철저히 하기 위하여 민족 혁명을 이용하기도 했던 것이다.

그런데 문제는 독일의 승리가 없었다면 민족 혁명이라는 국내 개혁을 추구하던 자들이 권력을 차지하는 것이 불가능했을 것이라는 점이다. 그러므로 대독 협력과 민족 혁명은, 서로 구분할 필요가 있지만 또한 복합적이고 불가결한 관계를 맺고 있기도 하다.[34] 그리고 바로 이 점이 비시 프랑스에 대한 연구를 그 체제의 성격 규명에 집중되게 하고 그에 대한 끊임없는 논쟁을 유발시키며, 그 체제 하에 살았던 프랑스 대중과 비시 정권의 관계에 대한 역사적 해석에 장애물로 작용할 수 있는 부분이기도 하다.

비시 정권 성립 초기에 비시의 민족 혁명을 환영하고 페탱에 대한 지지를 보이면서 프랑스 갱생, 강력한 프랑스로의 회귀 의지를 보였던 사람들 가운데에는 파시스트 체제의 매력에서 벗어나지 못하고 끝까지 희망 없는 대독 협력자로 남은 경우가 있다. 반면 1942년을 전후하여 비시 체제에 실망하여 등을 돌리고 대독 협력에 반대하며 레지스탕스로 방향 전환을 한 뒤, 레지스탕스 활동에서의 공로를 인정받아 해방 후 프랑스 사회에서 중요한 역할을 한 경우도 있다. 달리 말하면 이는 적어도 정권 성립 초기의 비시는

---

33) Julien Jackson, 《암흑기의 프랑스》, 139~140쪽.

34) 모라스Charles Maurras는 페탱의 집권을 가리켜 "성스러운 뜻밖의 기회divine surprise"라고 말했다. 제3공화국을 떨쳐버리고 과거의 프랑스, 왕정 시대로 돌아갈 기반을 마련할 수 있는 절호의 기회라는 것이었다. 오로지 프랑스라는 범주만 존재한 셈이다. 그는 독일인 배제를 전제로 페탱에게 무조건적인 충성을 맹세했다.

대중의 상당한 지지와 동의(적극적이건 체념적이건 간에)에 기반을 두고 있었다는 얘기가 된다. 르 크롬Le Crom은 그 지지의 근거를 크게 세 가지로 설정하고 있는데, 첫째는 페탱이라는 인물의 영향력과 그에 대한 기대, 이른바 페탱 신화고, 둘째는 반공산주의, 셋째는 공화주의적 유산에서 벗어나려는 반공화주의다.[35] 많은 연구자들이 인정하고 있는 것처럼 비시 프랑스에 대한 지지의 근거는 프랑스 사회의 위기를 해결해야 한다는 절박하고 심각한 요구였을 것이다. 그리고 그 과정에서 자본주의와 개인주의가 낳은 문제점을 해결하기 위하여 독재적인 형태의 체제가 등장하게 되었다.

비시 프랑스에 대한 연구는 1945년 이후 비시 정권과 그 체제 하의 수동적인 프랑스인이라는 관대한 해석을 했던 1세대 연구 이후, 1970년대 이후의 2세대 연구자들에 의해 프랑스인들의 적극성을 밝히는 비판적 해석을 거쳤고, 지금은 3세대 연구자들에 의해 비시 체제 하의 평범한 프랑스인들을 주인공으로 한 여론을 분석하는 것으로 영역이 확대되었다. 그러나 연구 대상과 방법상의 변화에도 불구하고 거의 모든 연구가 결국은 프랑스 파시즘의 존재 여부라는 비시 체제의 성격 규명 논쟁으로 회귀하고 있다는 느낌이 든다. 그리고 아마도 이 '파시즘 망령'은 앞으로도 계속될 것이다.

비시 프랑스는 분명 전체주의나 파시즘의 가장 전형적인 형태는 아니었다. 비시 프랑스 연구는 기존의 전체주의나 파시즘 연구의 주류가 아니라 부차적인 부분에 속한다고 할 수 있다. 그렇지만 비시 정권은 분명히 근대 사회 민주주의의 약점에서 발생한 문제에 반기를 들었던 반의회주의적·독재적 체제이자 독일의 나치와 연계된 체제였다는 것이 1970년대 이후 호프먼, 팩스턴, 퀴젤 등 영

---

35) Jean-Pierre Le Crom, 《우리 생디카들! 비시와 코포라티즘》, 389~390쪽.

미권 학자들의 연구로 밝혀졌다. 한편, 비시 프랑스가 패전으로 인해 우연하게, 혹은 외부 세력인 독일의 강압에 의해 갑작스럽게 만들어진 체제가 아니라는 주장도 이제는 많이 알려져 인정되고 있다. 만일 그렇지 않다면 비시 정권 초기에 나타난 프랑스인들의 지지를 설명하기 어려울 것이기 때문이다. 비시 프랑스를 프랑스 역사에서 예외적인 부분으로 간주하는 것이 아니라 프랑스 역사의 흐름 속에 실재했던 것으로 보아 연속성을 강조하는 것도 그 때문이다. 오히려 비시는 프랑스 사회의 변혁을 꾀하던 사람들이 패전과 독일 점령으로 이어지는 기회를 이용하여 자신들의 이상을 실현하려 했던 형태라고도 볼 수 있다는 것이다. 그런데 문제는 비시가 어느 나라보다도 자유와 민주주의의 이상을 중요하게 생각한다고 간주되었던 프랑스에서 탄생했다는 점이다. 이는 서구 문명이 기능 장애를 일으켰을 때 전체주의 형태의 도래는 언제든 가능하다는 것을 시사하는 것이 아닐까?[36] 비시 프랑스에 대한 관심과 연구가 부단히 그 성격과 이데올로기적 기원 문제로 회귀하고 있는 것도 그 때문일 것이다.

이 편향적인 연구 방향을 극복하고 보다 거시적으로 비시 프랑스를 바라보는 방법은 독재적 성격의 비시 정권이 어떠한 경로와 메커니즘을 통하여 다양한 층의 대중에게 다가설 수 있었는가를 분석하는 것이라 생각된다. 이를 위해서는 단순히 비시의 정치적 성격과 이데올로기를 규명하는 것만이 아니라 그 체제 자체, 즉 그 사회 체제 내의 다양한 구성원들에 대한 세밀한 분석까지도 요구된다. 또한 누아리엘이 지적하고 있듯이[37] 프랑스 역사의 '장기 지속'적 관점에서 비시 프랑스를 이해하려는 노력이 요구된다. 비시

---

36) Yves Chalas, 《비시와 전체주의적 상상》, 29쪽.

프랑스의 이데올로기와 실제 정치를 구분할 필요가 있기 때문이다. 민족 혁명의 담론이 내포하고 있는 제3공화국과의 단절 의지와는 달리 실제 정치적 현실은 정책적인 면에서 제3공화국과 연결된 끈을 완전히 잘라내지 못하고 있었다. 이 점에서 비시 프랑스에 대한 연구는 아직도 많은 과제를 안고 있는 셈이다.

---

37) Gérard Noiriel, 《비시의 공화주의적 기원》, 45~58쪽.

프랑코 체제와 대중

황보영조

1. 프랑코 체제 연구의 르네상스

프랑코 체제는 1939년에 시작하여 1975년에 끝난 장기간의 역사 현상이다. 그러나 스페인의 좌파 역사가 아로스테기Julio Aróstegui는 프랑코 체제에 대한 이러한 이해가 스페인 "역사의 본질적인 현상 가운데 하나"를 속되게 하는 것이라고 지적했다.[1] 프랑코 체제를 1939년에 시작하여 1975년에 끝난 것으로 보아서는 안 되며, 그 연원을 1936년과 1931년, 더 나아가 1917년으로 거슬러 올라가는 스페인 통치 조직의 위기에서 찾아야 한다는 것이다.[2] 그리고 프랑코 체제가 1976년의 정치개혁법에 의해 정치적으

황보영조는 서울대 서양사학과에서 학사와 석사 학위를 취득하고 박사 과정을 수료했다. 그리고 스페인의 마드리드 콤플루텐세 대학교에서 〈스페인 제2공화국 토지 개혁을 둘러싼 각 정당과 사회 단체〉라는 논문으로 박사 학위를 받았다. 연구 논문으로 〈스페인 왕정 복고기 통치 엘리트의 민주화 시도와 한계〉, 〈스페인 내전 연구의 흐름과 전망〉, 〈스페인 내전의 전쟁 이념 분석〉, 〈프랑코 체제와 여성〉 등이 있으며 역서로 《히스패닉 세계》가 있다. 현재 스페인 근현대사, 특히 스페인 내전과 프랑코 체제 연구에 몰두하고 있고 경북대 사학과 전임강사로 재직 중이다.

1) Julio Aróstegui, 〈프랑코 스페인의 역사 서술. 기대와 약점들La historiografía sobre la España de Franco. Promesas y debilidades〉, 《현대사Historia Contemporánea》, nº 7(1992), 77~99쪽.

로 쇠하기 시작하여 1978년에 헌법 승인에 의해 정치적 생명을 완전히 상실했음에도 불구하고[3] 그것은 스페인 사회의 일정한 부문에 사회·심리적인 형태로 여전히 살아 있고 특정 개인들 속에서 여전히 확고한 자리를 차지하고 있다는 것이다. 프랑코 체제를 연구하는 데 있어 이러한 측면을 배제해서는 안 되겠으나, 프랑코 체제는 일반적으로 1939년과 1975년이라는 두 시점 사이의 역사 현상으로 이해된다.

프랑코가 사망한 지 한 세대가 지났고, 그 마지막 몸부림이 사라진 지도 오래다. 이제는 프랑코 체제에 대한 객관적인 연구가 가능한 시점에 이르렀다. 그렇다고 해서 그동안 객관적인 연구가 시도되지 않았다는 것은 아니다. 이미 '구체제의 위기에서 프랑코 체제까지'라는 주제로 열린 1976년 제7차 파우 콜로키움에서 프랑코 체제에 대한 과학적 연구의 필요성이 제기된 바 있다. 1984년 11월에는 발렌시아 대학교에서 '1936~1975년 프랑코 체제 하의 스페인'을 주제로 한 콜로키움이 열렸다. 또한 프랑코 체제 연구자들이 1992년 11월 5~7일 바르셀로나에서 제1회 모임을 가진 이후 지금까지 2년마다 모임을 갖고 있으며, 1993년 5월에는 '프랑코 체제(1936~1975)'에 대한 국제 대회가 마드리드에서 열리기도 했다. 프랑코 체제에 대한 관심은 특히 내전 발발 50주년 기념을 계기로 촉발되어 객관적 연구에 불을 지폈다. 이탈리아의 경우 내전으로 끝난 파시즘이 역사 연구의 대상이 되기까지는 15년이라는

<hr>

2) 이는 이미 사망한 스페인 좌파 역사가의 좌장인 마누엘 투뇬 델 라라의 입장이기도 하다. M. Tuñón de Lara, 〈프랑코 독재(1939~1975) 치하의 스페인España bajo la dictadura de Franco(1939~1975)〉, 《스페인사Historia de España》(Barcelona : Labor, 1991), 572쪽.

3) 스페인 국민은 1978년 헌법을 통해 1936년에 군인들이 무력으로 탈취한 주권을 돌려받았다.

시간이 걸렸다. 반면 스페인의 경우는 1970년대에 들어서자 내전은 기억으로 존재했고 대학 교수들 상당수가 이미 체제로부터 자유로운 상태에 있었다. 게다가 프랑코 사후의 전환기 동안 민주화로의 이행이 상당한 진척을 보였다. 아마도 이런 점들이 프랑코 체제를 객관적으로 연구하는 데 도움을 준 것으로 보인다.[4]

1992년 프랑코 장군 탄생 100주년을 기념하여 프랑코 개인에 대한 연구와 출판물이 봇물 터지듯 쏟아져 나오기 시작했다. 학술정보자료원CINDOC은 1975년 이래 스페인 잡지에 게재된 프랑코 체제를 다룬 논문들의 서지를 1993년 단행본[5]으로 출간했다. 이 책은 연구 목록을 사료, 역사 서술, 역사, 경제, 사회 운동, 반체제 운동, 망명, 가톨릭 교회, 무장 세력, 국제 관계, 언론, 검열, 교육, 문학, 예술, 도시화 등 다양한 분야로 나누어 정리했다. 20여 년에 걸친 연구의 양이 이렇듯 방대하니 앞으로 시간이 흐를수록 프랑코 체제의 연구가 어떤 방향으로 흘러갈지 자못 기대된다.

그러나 프랑코 체제에 관한 연구의 양이 이렇듯 방대하고 그 분야가 다양함에도 불구하고 체제와 대중의 관계에 대한 연구는 아직 초보적인 수준에 불과하다. 프랑코 체제를 포함한 20세기 독재

---

4) 스페인의 대표적인 현대사가인 하비에르 투셀Javier Tusell은 프랑코 체제의 과학적 역사 연구가 스페인 역사가들에 의해 진행되었다는 점을 지적한다. 이는 공화정과 내전의 연구가 주로 영미 역사가들에 의해 진행된 것과 대조를 이룬다. 그는 스탠리 페인Stanley G. Payne의 저서 《1936~1975년의 프랑코 체제El régimen de Franco, 1936~1975》(Madrid : Alianza, 1987)를 프랑코 체제에 대한 가장 추천할 만한 연구 업적으로 기리면서도 이 시기의 주요 현안들은 스페인 역사가들에 의해 연구되었다는 사실을 강조한다. 프랑코 체제의 연구에 관한 한 앵글로색슨족의 식민화 현상이 없었다는 지적이다. Javier Tusell, 〈사후 백년의 프랑코 독재La dictadura de Franco a los cien años de su muerte〉, Juan Pablo Fusi, (ed.), 《92년의 역사La historia en el 92》(Madrid : Ayer, 1993), 18~20쪽.

5) CSIC, 《프랑코 체제El Franquismo》, Bibliografías de Historia de España(BIHES), nº 1(Madrid : CSIC, 1993).

체제에 대한 기존의 해석은 크게 전체주의적 해석과 마르크스주의적 해석으로 나뉜다. 전체주의적 해석은 독재 체제가 테러와 폭력, 통제 등을 특징으로 하는 강압적인 정치 체제라는 것이고, 마르크스주의적 해석은 독재 체제가 자본주의적 위기의 산물이라는 것이다. 그런데 이 두 시각은 이러한 내용상의 차이에도 불구하고 모두 위로부터의 시각이라는 공통점을 지니고 있다. 위로부터의 시각은 독재 체제를 분석하는 데 있어 국가 기구의 폭력을 통한 강제와 억압에 초점을 맞춘다. 이러한 시각이 독제 체제를 이해하는 데 일정한 기여를 한 것은 사실이다. 하지만 동시에 명백한 한계를 지니고 있음이 최근 지적되고 있다. 그 한계란 다름 아니라, 대중이 역사의 전면에 등장하여 무시할 수 없는 세력[6]이 된 20세기의 정치 · 사회 · 경제 · 문화의 변화를 적절히 담아내지 못한다는 것이다. 그 결과 지배 헤게모니와 그에 대한 대중의 반응 간의 역동적이고 변증법적인 상호 관계를 포착하는 데 실패하고 만다. 이러한 한계는 아래로부터의 역사에 의해 수정되거나 보충되어야 한다. 다시 말해 국가의 헤게모니적 공세가 공사(公私)를 막론한 시민 사회의 영역에 어떻게, 얼마나 파고들었는지, 또한 대중은 그에 대해 어떤 반응을 보였는지를 고찰해야 할 것이다.

독일 나치즘과 이탈리아 파시즘의 경우에는 이런 식의 연구가 이미 상당히 진척되어 있다.[7] 하지만 스페인 프랑코 체제의 경우

---

6) 무솔리니는 대중의 "동의란 바닷가의 사상누각처럼 불안정한 것"이라고 스스로 불평했음에도 불구하고 결국 이탈리아 노동 계급의 수동적 관용 내지 대중적 지지에 의존하지 않을 수 없었다. Robert Mallet, 〈동의 혹은 반대?Consent or Dissent?〉, 《전체주의 운동과 정치종교Totalitarian Movements and Political Religions》, 1권, no. 2(2000년 가을), 42쪽.

7) 이탈리아 파시즘과 대중 간의 관계에 대한 논의는 데 펠리체Renzo de Felice가 1974년 《지도자 무솔리니 : 동의의 해들 1929~1936Mussolini il Duce : Gli anni del consenso, 1929~1936》(Torino : 1974)을 출간하면서 시작되었다. 독일 나치즘의 경우에는 커서Ian

에는 이런 연구가 아직 걸음마 단계에 있으며, 특히 대중의 반응에 대해서는 이렇다 할 연구가 진행되지 않았다. 그러나 프랑코 체제의 대중 정책과 그에 대한 대중의 반응 문제는 40여 년간 지속된 프랑코 체제를 이해하는 열쇠가 되므로, 앞으로 활발한 논의가 전개되리라고 본다.

여기서 말하는 대중masses이라는 용어는 19세기 중엽(영국의 경우 1830년경, 스페인의 경우 1870년경)에 나타난 것으로, 산업 프롤레타리아나 도시의 하층 계급, 곧 토지를 떠나 자본주의적인 공업화와 도시화 과정에 편입된 사람들을 의미한다.[8] 따라서 대중은 근대의 산물이라 할 수 있다. 공업화와 도시화를 통해 나타난 대중에게 근대는 물질적 고통과 무력감, 자본주의적 생산이 옛 생활 유형을 파괴한 데서 오는 상실감과 소외감으로 다가왔다. 대중이 경험한 근대는 사실 자유주의적인 근대화 프로젝트가 제기한 이념과는 매우 다른 것으로, 부정적인 것이었다. 자유주의가 '진보'의 이념을 내걸고도 노동 계급 유권자들의 지지를 얻는 데 실패한 이유가 바로 여기에 있다. 대중이 나름대로 노조와 정당을 결성하기는 했지만 노동 단체가 제공하는 사회·문화적 네트워크에 편입된 대중은 의외로 소수에 불과했고, 대다수는 존재의 의미와 소속감을 느낄 대안적 구조에 접근하지 못한 상태였다. 자유주의

Kershaw의 저서 《제3제국의 여론과 정치적 반대. 1933~1945년의 바이에른Popular Opinion and Political Dissent in the Third Reich. Bavaria 1933~1945》(Oxford : Clarendon, 1985)와 모스George L. Mosse의 저서 《대중의 국민화. 나폴레옹 전쟁에서 제3제국에 이르는 독일의 정치적 상징주의와 대중 운동 The Nationalization of the Masses. Political Symbolism and Mass Movements in Germany from the Napoleonic Wars Through the Third Reich》(New York : Howard Fertig, 1975)을 대표적인 연구로 꼽을 수 있다.

8) Helen Graham · Jo Labanyi (eds.), 《스페인 문화 연구Spanish Cultural Studies》(Oxford : O.U.P., 1995), 7쪽.

적이고 진보적인 근대화 프로젝트와 근대의 냉엄한 현실 간의 이러한 괴리는 파시즘의 대중적 기초를 형성할 공간을 제공해주었다. 이탈리아 파시즘과 독일 나치즘뿐만 아니라 스페인의 프랑코 체제도 이 공간을 확보하기 위한 나름의 정책을 펴나갔을 것으로 보인다.

이 글은 이러한 문제를 본격적으로 연구하기 위한 시론으로서 프랑코 체제와 대중이라는 관점에서 체제의 연구사를 검토하는 데 중점을 두고자 한다. 이를 위해 먼저 프랑코 체제의 성격에 관한 논쟁을 살펴보고, 이어서 강제와 저항이라는 측면의 연구사와 동의와 합의 차원의 연구사를 검토해보기로 한다. 이는 대중이 역사의 전면에 등장한 20세기의 현실을 담아내려는 시도이기도 하고 프랑코 체제가 장기간 지속할 수 있었던 이유를 살펴보는 작업의 일환이기도 하다.

2. 프랑코 체제의 성격에 관한 논쟁

프랑코 체제의 성격에 관한 논쟁[9]은 프랑코 사후 뜨거운 감자로 떠올랐다. 이 논쟁은 이미 10여 년 전인 1964년에 린스Juan J. Linz가 프랑코 체제를 권위주의 체제라고 규정하면서부터 시작되었다. 이러한 주장이 담긴 그의 논문은 10년이 지나도록 출간되지 못하다

---

9) 이 논쟁은 다음 책들에 잘 요약되어 있다. Javier Tusell, 《프랑코 독재*La dictadura de Franco*》(Madrid : Alianza Editorial, 1988) ; Enrique Moradiellos, 《프랑코 스페인 (1939~1975). 정치와 사회*La España de Franco(1939~1975). Política y Sociedad*》(Madrid : Editorial Síntesis, 2000) ; Josep Fontana (ed.), 《프랑코 체제 하의 스페인*España bajo el franquismo*》(Barcelona : Crítica, 2000).

가 프랑코 사망 몇 개월 전에 이르러서야 《70년대의 스페인》[10]이라
는 단행본 속에 포함되어 출판되었다. 그는 권위주의 체제를 '제한
된 다원주의pluralismo limitado'나 '무관심', 그리고 '수동적 동의'
등을 통해 설명했다. 권위주의 체제는 체제의 유지를 위해 다원성
을 제한하고 대중은 별다른 관심 없이 이에 수동적인 동의를 표한
다는 것이다. 린스는 프랑코의 스페인을 다루면서 준(準)저항
semioposición이라는 독특한 개념을 사용한다. 그는 이 준저항이
스페인 특유의 제한된 다원주의에서 나온다고 보았다. 이 준저항
을 관용적인 저항이라고 달리 표현할 수도 있는데, 준저항에 가담
한 이들은 주로 체제의 본질이나 체제 초기의 약속으로 복귀하기
를 바랄 뿐 체제의 본질 자체를 문제 삼지는 않았다.

　린스의 이러한 주장은 곧 사회학자와 정치학자의 맹공격을 받게
된다. 이러한 비판 공세에 더욱 힘을 실어준 것은 당시의 시대적
분위기였다. 당시는 민주적 총선이 실시될 즈음이어서 프랑코 체
제에 대한 평가가 자유로웠던 것이다. 이에 비판의 메스를 들이댄
자들은 주로 좌파였다. 이들은 린스의 이러한 해석이 프랑코 체제
를 비호하려는 속셈에 지나지 않는다고 보았다. 카탈루냐의 한 잡
지는 이 해석을 '대대로 내려오는 죽은 세대들의 전통이 산 자들의
뇌리를 짓누르는 악몽으로 다가온다"는 마르크스의 말을 인용하
며 비판했다. 알리에르Martínez Alier는 린스가 사용하는 '부동성
desmovilización'이나 '무관심'이라는 개념을 거부했다. 린스가 권

　10) Manuel Fraga Iribarne · Juan Velarde Fuentes · Salustiano del Campo, 《70년대의 스
페인La España de los años setenta》(Madrid : Editorial Moneda y Crédito, 1973), 3 vols. 또한
Juan J. Linz, 〈전체주의 체제와 권위주의 체제Totalitarian and Authoritarian Regimes〉, F.
Greenstein · N. Polsby (eds.), 《정치학 안내Handbook of Political Science》(Mass. : Reading,
1975), 3, 175~411쪽을 보라.

위주의 체제 하에서는 대중이 기본적으로 무관심하기 때문에 적극적인 대중 동원 정책이 필요치 않다고 본 반면, 알리에르는 적어도 농촌 프롤레타리아 계층 내에는 운명주의의 이면에 뿌리 깊은 반감이 숨어 있었다고 본다. 그는 프랑코 체제를 다원주의적 표현을 제약한 부르주아 독재로 규정했다.

한편, 올트라Miguel Oltra는 '가톨릭적 보나파르티슴bonapartismo católico'이나 '수도사적 파시즘fascismo frailuno'이라는 개념을 사용했다. 투뇬 델 라라M. Tuñón de Lara도 스페인 농촌 파시즘을 얘기하면서 이는 헤게모니 기구가 가톨릭 교회에 기반을 둔 것이어서 '가톨릭적 파시즘fascismo católico'이라는 주장을 제기했다.[11] 이는 가톨릭 교회의 조직이 대중 조직으로서 엄청난 중요성을 지녔던 사실에 착안한 것이다. 이 가톨릭적 파시즘이라는 용어는 콜로티Enzo Collotti가 가톨릭 교회와 같은 전통적인 사회 통제 세력이 있음으로 인해 국가 위기가 덜 심각하게 나타난 국가들을 가리켜 사용한 바 있다. 그는 이에 해당하는 국가로 오스트리아, 독일, 이탈리아, 스페인, 포르투갈을 들었다. 그는 스페인의 프랑코 체제를 개인 독재 형태를 띤 지도자의 원리와 스페인의 전통적인 사회정치 세력 간의 결합에서 나온 산물로 보았다.[12] 여기서 전통적 사회정치 세력이란 물론 가톨릭 교회를 의미했다. 다시 말하면 종교로서의 가톨릭이 체제 이데올로기를 떠받쳐주는 기능을

---

11) Ricardo Miralles, 〈역사 서술의 한 가지 시각 : 투뇬 델 라라가 본 프랑코 독재Una visión historiográfica : La dictadura franquista según Manuel Tuñón de Lara〉, José Luis de la Granja · Alberto Reig Tapia · Ricardo Miralles (eds.), 《투뇬 델 라라와 스페인 역사 서술 Tuñón de Lara y la historiografía española》(Madrid : Siglo XXI, 1999), 64쪽.

12) Enco Collotti, 〈유럽 파시즘의 다섯 가지 유형Cinque forme di fascismo europeo. Austria, Germania, Italia, Spagna, Portogallo〉, L. Casali (ed.), 《프랑코 독재의 한 가지 정의 Per una definizione della dittadura franchista》(Milán : Franco Angeli, 1990), 51~77쪽.

했다는 것이다. 린스에 대한 이러한 비판들은 결국 프랑코 체제가 '파시스트적'이라는 것으로 모아진다. 투논 델 라라는 린스의 테제가 바로 프랑코 체제의 이 파시스트적 죄악을 '사면'해주기 위한 것에 다름 아니라고 비판하기에 이른다.

린스의 테제에 대한 비판 가운데 대안적인 모델을 제시하는 가장 흥미로운 비판은 히네르Salvador Giner에게서 나온다. 그는 프랑코 체제를 단순한 권위주의 체제로 평가해서는 안 되고 '근대 전제(專制)despotismo moderno'로 보아야 한다고 지적했다.[13] '근대 전제' 혹은 '반동 전제'는 보수 연합 세력이 군대의 지원을 받아 권력을 장악하는 것을 특징으로 한다. 그는 스페인의 프랑코 체제와 포르투갈의 살라자르 체제Salazarismo, 그리고 그리스의 군사 정권이 이에 속한다고 보았다. 그에 따르면 '근대 전제' 체제는 계급 지배적인 특성을 지니기 때문에 피지배 계급의 동원이나 그들의 사생활에 대한 간섭에 호소하지 않는다. 이러한 점에서 '근대 전제'는 군사 독재 혹은 부르주아 독재라고도 볼 수 있다. '근대 전제'는 체제 유지를 위해 행정 통제나 가신 그룹에 대한 국가 자원 배분 방식을 택하고, 저항을 중화시키기 위해 선별적 억압과 선전 메커니즘을 사용하기도 한다.

라미레스Manuel Ramírez는 한 걸음 더 나아가 프랑코 체제가 하나의 단계로 존재하는 것이 아니라 다양한 단계로 존재한다는 주장을 했다. 프랑코 체제가 초기에는 전체주의적 혹은 파시스트 적인 성향을 보이고[14] 나중에는 '기술-실용주의적tecnopragmá-

---

13) 이에 대해서는 Salvador Giner, 〈남유럽의 정치경제와 정통성과 국가Political economy, legitimation and the State in Southern Europe〉, R. Hudson · J. Lewis (eds.), 《남유럽의 불균등 발전Uneven development in Southern Europe》(London · New York : Methuen, 1985)을 참고하라.

14) 투셀도 프랑코 체제가 초기에는 파시스트적인 성향을 보인다고 지적했다. 그는 또한

tico' 성향을 보인다는 것이다. 폰타나Josep Fontana는 라미레스의 견해에 공감을 표하면서도, 프랑코 체제가 아리송한 면을 드러내고 있는 것은 체제 초기가 아니라 후기며, 후기의 성격이 모호한 것은 '위장'을 했기 때문이라고 보았다.[15] '위장'이란 본질은 그대로 두고 외양에 변화를 가한 것을 말한다. 파시스트적인 성격을 지닌 것에는 변함이 없는데 대중의 동의와 합의를 도출해내고자 하는 세련된 기제를 사용하고 있기 때문에 아리송하다는 것이다. 그는 프랑코 체제의 억압 정책을 분석하면서, 프랑코 체제를 항구적인 폭력으로 강제된 독재보다는 수동적 동의에 기초한 독재로 보아야 한다는 놀라운 주장을 했다.

린스의 테제에 대해 이렇게 비판하는 대신 그 해석을 변용하거나 발전시켜나간 이들도 등장했다. 대표적으로 데 미겔Amando de Miguel과 카르바할Fernández Carvajal을 들 수 있다. 데 미겔은 프랑코 체제가 권위주의 체제이기는 하지만 반의회주의라는 측면에서 파시즘과 접점이 없는 것은 아니며, 보수층이 주도하는 권위주의 체제는 군대와 종교를 구성 요소로 한다고 주장함으로써 린스의 테제에 융통성을 부여해주는 역할을 했다. 카르바할은 1967년 조직법이 통과되고 난 이후의 시기에 대해 '입헌 독재' 혹은 '개

프랑코 체제를 포르투갈의 살라자르 체제와 이탈리아 파시즘의 중간 형태로 파악했다. 살라자르 체제는 비전체주의적이고 다원주의의 가능성이 매우 컸던 데 반해 이탈리아 파시즘은 대중 동원력이 뛰어났다는 것이다. 프랑코 체제는 이 둘의 중간 형태로서 다원주의의 가능성이 제한적이기는 하지만 어느 정도 존재했고, 동시에 어느 정도는 대중 동원이 시도되었다고 그는 보았다. M. Pérez Ledesma, comp.,《민주주의의 위험. 파시즘과 네오파시즘 *Los riesgos para la democracia. Fascismo y neofascismo*》(Madrid : Editorial Pablo Iglesias, 1997), 96쪽.

15) 그는 이런 점에서 프랑코 체제 전체의 성격을 초기의 성격을 통해 평가해야 한다고 주장했다. 이는 한 가지 공식을 프랑코 체제 전체로 환원시키려는 것으로서 후기의 성격을 제대로 이해하지 못하게 만들 위험이 있다.

발 독재'라는 용어를 사용했다. 이러한 주장들은 어쨌든 프랑코 체제가 권위주의 체제라는 테제를 보충해준다고 할 수 있다.

프랑코 사후 스페인 역사학계를 뜨겁게 달군 프랑코 체제의 성격에 관한 이상의 논쟁을 통해 우리는 연구를 위한 몇 가지 단서를 얻을 수 있다. 첫째는 프랑코 체제를 한 가지 성격만을 지닌 획일적인 체제로 환원해서는 안 된다는 것이다. 시간의 흐름에 따른 구체적인 상황 변화를 고려하지 않는 모델이나 이념형은 종종 지나친 단순화에 빠질 우려가 있다. 이는 정치학자들의 해석이 될 수는 있어도 역사가들의 해석이 될 수는 없다. 프랑코 체제 시기를 경제 정책의 근본을 바꿔 이전의 농업 사회로부터 이후의 산업 사회로의 전이를 시작한 1959년의 경제 안정화 계획을 중심으로 전기와 후기의 두 단계로 구분하든, 아니면 페인Stanley Payne처럼 제국주의적 잠재력을 지닌 준파시스트적 단계(1936~1945), 민족 가톨릭주의Nacional-catolicismo 중심의 코포라티즘 단계(1945~1957), 관료제적 권위주의 단계(1957~1975)의 세 단계[16]로 나누든, 역사적 상황의 변화에 따른 프랑코 체제의 성격의 변화를 놓치지 말아야 할 것이다.[17] 둘째는 일부 학자들이 주장한 '가톨릭적 보나파르티슴' 이론이나 '수도사적 파시즘' 이론, '가톨릭적 파시즘' 이론을 통해 알 수 있다시피 스페인의 경우 프랑코 독재 체제와 가톨릭 종교 간의 관계가 긴밀하다는 특징을 보인다는 것이다. 이는 민족 가톨릭주의라는 이데올로기로 표현된다. 셋째는 체제의 성격을 규

---

16) Stanley G. Payne, 《1936~1975년의 프랑코 체제 *The Franco Regime 1936~1975*》 (London : Phoenix Press, 2000), 622~623쪽.

17) 카소를라 산체스Antonio Cazorla Sánchez는 프랑코 체제가 이렇듯 다양한 면모를 취하면서 그 체제를 영속화하려 했다고 주장했다. 《승리의 정치. 프랑코 체제 신국가의 공고화(1938~1953) *Las políticas de la victoria. La consolidación del Nuevo Estado franquista(1938~1953)*》(Madrid : Marcial Pons, 2000), 11쪽.

명하는 작업이 체제의 대중 정책을 분석하는 작업과 밀접한 관계를 지니고 있다는 것이다. 체제가 대중을 어떻게 이해하고 그에 따라 어떤 지배 메커니즘을 작동시켜나갔는지, 대중은 이에 대해 어떤 반응을 보이고 어떤 대응을 해나갔는지를 연구하는 것이 체제의 성격을 이해하는 관건이 되는 셈이다. 하지만 앞서 얘기한 대로 프랑코 체제의 대중 정책에 관한 연구는 아직 초보적인 단계에 있다. 그 때문인지는 몰라도 최근 들어 프랑코 체제의 성격에 관한 논쟁이 시들해졌다. 아마 성격 논쟁만으로는 별 성과를 올리지 못해서가 아닌가 생각된다. 결국 프랑코 체제의 대중 정책과 그에 대한 대중의 반응이 밝혀지면 밝혀질수록 체제의 성격도 더욱 명확해질 것이다.

3. 강제와 억압의 차원

사실 프랑코 체제를 유지시켜준 본질적인 구성 요소 가운데 하나는, 모라디에요스Enrique Moradiellos가 지적한 대로, 물리적 제거에서부터 행정적인 숙청과 경제적 처벌, 직업 박탈에 이르는 다양하고도 체계적인 억압 정책이었다.[18] 내전의 패자들에 대한 폭력은 제2공화정기와 내전기에 좌파 진영에 가담한 정치범들을 색출해 처벌하기 위한 1939년의 정치책임법Ley de Responsabilidades Políticas과 1940년의 프리메이슨과 공산주의 방지법Ley de Rep-resión de Masonería y el Comunismo, 1941년의 국가보안법Ley de Seguridad del Estado, 1947년의 절도와 테러 방지법Ley de

---

18) Enrique Moradiellos, 《프랑코 스페인(1939~1975). 정치와 사회》, 234쪽.

Represión de Bandidaje y Terrorismo, 1959년의 공안법Ley de Orden Público 등을 통해 합법적으로도 자행되었지만 경찰과 군인, 팔랑혜 당원들에 의해 초법적·불법적으로도 이루어졌다. 1934년 10월까지 소급 적용된 정치책임법이 폐지된 것은 1966년 11월에 이르러서였다. 1963년 공안 법정이 신설되어 각종 범죄에 대한 재판이 민간으로 이양되긴 했지만 '사회 교란 행위'는 여전히 군사 재판에 회부되어 군사반란죄로 다루어졌다.

당국의 탄압이 얼마나 가혹했는지는 감옥에 수감된 죄수의 수를 통해 알 수 있는데, 스페인 통계청이 1944~1945년 제시한 공식 자료에 따르면 1931~1934년 스페인 감옥에 수용된 죄수가 평균 9,403명이었던 데 비해 1940년에는 그 수가 27만 719명으로 늘어났다. 이 수는 1941년에 23만 3,373명, 1942년에 15만 9,392명, 1943년 12만 4,423명, 1944년에 7만 4,095명으로 점차 줄더니 종전 후 12년이 지난 1951년에는 3만 610명이 되었다. 이는 내전 직후 합법적 탄압이 극에 달했음을 보여준다.[19] 게다가 1939~1945년에 처형된 사람의 수는 적어도 2만 8,000명에 달한다. 7년 동안 매일 10명씩 처형된 셈이다.[20] 이러한 조직적인 억압과 폭력은 내전의 승자들에게 승리의 총통 프랑코에 대한 충성심을 갖게 만드는

---

19) Enrique Moradiellos,《프랑코 스페인(1939~1975). 정치와 사회》, 236쪽 ; Francisco Moreno, 〈전후의 억압La represión en la posguerra〉, Santos Juliá (coord.),《내전의 희생자들Víctimas de la guerra civil》(Madrid : Temas de Hoy, 1999), 288쪽.

20) J. P. Fusi Aizpurúa,《프랑코. 권위주의와 개인 권력Franco. Autoritarismo y poder personal》(Madrid : El País, 1985), 79쪽. 이상의 수치를 이탈리아와 독일의 경우와 비교해보면 상대적인 억압이 더욱 극심했음을 알 수 있다. 무솔리니는 1922~1940년 겨우 27명을 처형했을 뿐이고 히틀러는 1941년까지 포로 수용소에 평균 2만 명 이하의 포로를 감금했을 뿐이다. Edward Malefakis, 〈비교사적 관점에서 본 프랑코 독재La dictadura de Franco en una perspectiva comparada〉, José Luis Garcia Delgado (coord.),《프랑코 체제. 역사의 평가 Franquismo. El juicio de la historia》(Madrid : Temas de Hoy, 2000), 39쪽.

동시에 목숨을 겨우 부지한 패자들을 두려움에 떨게 만들었을 것이다. 이러한 의미에서 억압은 체제에 저항하는 적들과 불만 세력을 '숙청'하고 '정화'하는 일종의 사회 정책 기능을 했다. 이런 정책을 간과한 채 프랑코 체제가 각기 다른 국제 관계 속에서도 오래도록 견고하게 유지된 이유를 이해하기란 쉽지 않을 것이다.[21]

프랑코가 사망한 지 한 세대가 지나면서 체제의 억압에 관한 연구는 체제 초기의 자립 정책이 일상 생활에 미친 폭력적인 결과나 정치 폭력이 다양한 계층의 희생자들에게 미친 영향, 억압 정책이 농촌 세계에 미친 영향 등 다양한 형태로 전개되었다.[22] 팔로마레스Jesús Mª Palomares는——비록 바야돌리드라는 한 도시를 중점적으로 연구한 것이긴 하지만——그의 저서[23]에서 체제가 개인 파일을 통해 일상 생활의 모든 측면을 감시했다는 사실을 보여준다. 이 파일들은 다양한 통제 메커니즘의 윤곽을 잡는 데 매우 중요한 자료가 된다.

프랑코 체제의 억압에 대한 연구는 얼마 전까지만 해도 금지되었던 사료에 대한 접근이 가능해지면서 활기를 띠게 되었다. 군대와 교회는 체제를 지탱하던 두 개의 커다란 기둥이었는데 이 가운데 군대가 먼저 문서 보관소를 개방했다. 이에 따라, 비록 사료의 파손이나 소멸, 더 나아가 은닉이라는 한계가 있기는 하지만 군사 재판과 집단 수용소의 자료를 활용할 수 있게 되었다. 교회는 아직

---

21) Enrique Moradiellos, 《프랑코 스페인(1939~1975). 정치와 사회》, 237쪽.

22) Conxita Mir Curcó, 〈프랑코 체제 억압의 연구 : 그치지 않는 문제El estudio de la represión franquista : una cuestion sin agotar〉, 《어제Ayer》, núm. 43(Madrid : Marcial Pons, 2002), 12~29쪽.

23) Jesús Mª Palomares, 《바야돌리드 시의 내전La Guerra Civil en la ciudad de Valladolid. Entusiasmo y represión en la "capital" del Alzamiento》(Valladolid : Ayuntamiento de Valladolid, 2001).

일부 문서에 대한 접근만을 허용하고 있다. 이들 문서 보관소의 개방은 억압이라는 측면에서 프랑코 체제를 이해하는 데 도움을 줄 것이다.

최근 프랑코 체제의 연구에 나타난 중대한 변화로 저항주의적 해석interpretación resistencialista의 소멸을 들 수 있다. 이 저항주의적 해석은 프랑코 체제의 공식 입장에 맞대결하기 위해 생겨난 것으로 프랑코 사후 전개된 민주화의 물살을 타고 활기를 띠었다. 반(反)체제 운동을 골자로 하는 이 해석은 프랑코 체제를 다룬 스페인 초기 문헌 상당수에 들어 있는 허점들을 들추어내는 데 기여했으며 과거 역사 현실의 이면에서 잠자고 있던 프랑코 체제의 또 다른 측면을 조명해내는 개가를 올렸다. 하지만 이 해석은 마치 강제에 대한 저항 이외의 것은 아무것도 없었던 것처럼 저항 지상주의에 빠져들게 할 위험을 내포하고 있다.[24] 저항의 역사 연구에는 언제나 이러한 위험이 수반되게 마련이다. 그 기본 담론이 권력의 억압과 대중의 희생 그리고 저항이기 때문이다.

저항주의적 해석의 또 다른 위험으로 체제와의 접촉점에 관한 일체의 언급을 회피하면서 다른 반체제 운동에 비해 자신의 반체제 운동을 과대평가하려는 경향을 들 수 있다. 시간이 흐름에 따라 우리는 반대 운동을 전개한 집단, 특히 오늘날까지 명맥을 유지하

---

24) 반체제 운동을 조명한 연구서로는 다음과 같은 것들이 있다. Javier Tusell,《민주 진영의 프랑코 체제 반대 운동(1939~1962)*La oposición democrática al franquismo(1939~1962)*》(Barcelona : Editorial Planeta, 1977) ; José María Toquero,《프랑코와 돈 후안. 왕당파의 프랑코 체제 반대 운동*Franco y Don Juan. La oposición monárquica al franquismo*》(Barcelona : Plaza y Janés, 1989) ; Javier Tusell · Alicia Alted · Abdón Mateos,《프랑코 체제 반대 운동 *La oposición al régimen de Franco*》(Madrid : UNED, 1990). 이 중《민주 진영의 프랑코 체제 반대 운동(1939~1962)》은 객관적인 시각을 견지하면서도 비공산주의 계열의 반체제 운동이 존재했음을 보여줄 목적으로 씌어졌다. 또한《프랑코 체제 반대 운동》에 실린 일부 글에서도 저항주의적 입장이 나타난다.

고 있는 정당들에 대해 많은 것을 알게 되었다. 예를 들어, 사회주의자들은 그들의 역사 문서 보관소를 개방하고 사회당 저항 운동의 연구 결과를 내놓고 있다.[25] 반체제 운동의 역사 연구는 이렇듯 이미 상당한 진척을 이루었다. 하지만 어떤 경우에는 반체제 운동가들이 역사의 유일한 주역이기는커녕 중요한 주역조차 아닐 수 있음을 잊어서는 안 된다.

이러한 저항주의적 해석은 1980년대 말에 이르러 사라지기 시작했다. 그것은 아마도 독재 체제를 민주 체제로 바꿔내야 한다는 이행기의 절박성이 사라지고 1차 사료에 대한 접근이 확대되었기 때문일 것이다. 저항주의라는 것은 민주 체제를 구축해야 할 초창기에는 체제 정착을 위해 이전의 독재 체제에 대해 지녀야 할 일종의 의무적인 태도로 간주될 수 있겠지만 민주 체제의 기초가 확고해지면서부터는 오히려 한계로 작용할 수 있는 법이다. 이 해석은 결국 단기간 지속되다가 사라지고 있다.[26]

여기서 한 가지 유의할 것은 저항주의적 해석이 이상과 같은 오류와 위험성, 그리고 한계를 지녔다고 해서 저항을 유발한 강제와 억압에 대한 연구를 소홀히 해서는 안 된다는 점이다. 프랑코 체제의 억압에 관한 연구는 많이 진행되어온 것 같으면서도 산발적으로 분석되었을 뿐 아직 완벽한 종합에 도달했다고 보기는 어렵다.[27]

---

25) 대표적인 연구로 다음 책들을 들 수 있다. Juan Antonio Sacalúa, 《1937~1962년 아스투리아스 사회주의자들의 저항 *La resistencia socialista en Asturias, 1937~1962*》(Madrid : Fundación Pablo Iglesias, 1986) ; César Tchach · Carmen Reyes, 《비밀과 망명. 1939~1953년 사회주의 노조 재건 *Clandestinidad y exilio. La reconstrucción del sindicato socialista, 1939~1953*》(Madrid : Fundación Pablo Iglesias, 1986).
26) Javier Tusell, 〈사후 백년의 프랑코 독재〉, 23쪽.
27) Conxita Mir Curcó, 〈프랑코 체제 억압의 연구 : 그치지 않는 문제〉, 11쪽.

4. 동의 또는 합의의 차원

앞에서 모라디에요스의 말을 빌려 강제와 억압이 프랑코 체제를 유지시킨 본질적인 구성 요소 가운데 하나였음을 지적한 바 있는데, 사실상 독재 체제의 역사적 실제가 권력의 강제와 대중의 희생이라는 단순한 도덕적 이원론만으로 파악될 수 있는 것은 아니다. 독재 체제에 대해서는 이에 항거하는 이들뿐만 아니라 박수 갈채를 보내며 환영하는 이들도 있다는 사실을 이해할 필요가 있다. 그러나 이제까지 후자의 경우에 대해서는 별다른 관심이 집중되지 않았다. 이제는 폰타나가 지적한 대로 체제에 동의 또는 합의를 보인 체제 협력자들에 대해 더 많은 관심을 쏟아야 한다. 이를 위해서는 먼저 체제가 대중의 동의 또는 합의를 이끌어내기 위해 사용한 메커니즘을 분석해볼 필요가 있다.

프랑코 체제를 연구함에 있어 이러한 동의 또는 합의의 문제가 지금에야 처음 제기되는 것은 아니다. 카소를라 산체스Antonio Cazorla Sánchez[28] 덕분에 파시즘의 합의에 관한 논쟁이 스페인에 소개된 지 이미 오래되었다는 사실을 알게 되어 다행이다. 그에 따르면 이 논쟁이 스페인에 유입된 것은 1970년대 중반 이탈리아에서 데 펠리체Renzo de Felice의 연구[29]가 출간된 이후였다. 당시 스페인에서는 이 논쟁이 환영받지 못했는데, 이 논쟁이 이탈리아에서 독재를 정당화하는 데 사용되었다는 단순한 이유에서였다. 이는 프랑코 사후에 민주화를 열망하던 스페인인들의 열망과 정면으로 배치되는 것으로 보였다. 하지만 이는 1930년대 초의 이탈

---

28) Antonio Cazorla Sánchez,《승리의 정치. 프랑코 체제 신국가의 공고화(1938~1953)》, 206~207쪽.

29) Renzo de Felice,《지도자 무솔리니 : 동의의 해들 1926~1936》.

리아의 역사적 상황에 대한 연구 결과를 스페인의 처지를 고려하지 않은 채 기계적으로 이식하려 한 데서 비롯된 것에 불과하다. 어쨌든 스페인에서는 프랑코 체제의 합의 문제에 관한 연구가 별다른 성과를 거두지 못했다.

카소를라는 프랑코 체제의 합의에 관한 연구가 지지부진한 데 대해 두 가지 학술적인 이유를 들고 있다. 첫째는 기능주의적 사회학에서 빌려온 합의consenso라는 개념이 과연 역사 분석에 유용한가 하는 회의 때문이다. 이 개념은 자유로운 선출의 가능성이 존재하지 않는 사회에 적용될 때 그 가치를 상실한다는 것이다.[30] 합의란 어떤 선택을 상정한 것인데 독재는 이러한 선택의 기회를 제공하려 하지 않기 때문이다. 두 번째 이유는 첫 번째 이유와 밀접한 관련을 가진 것으로, 합의라는 개념을 통해 독재에 찬성이냐 반대냐의 극단적인 도식을 적용하려 든다는 것이다. 그의 이러한 분석은 일견 타당성이 있어 보이지만 사실은 그렇지 않다. 그는 아마도 프랑코 체제의 특징을 단순한 강제 체제로 파악하고 있는 듯하다. 20세기의 독재 체제는 단순한 강제 체제가 아니라 시민 사회를 조율하는 권력이라는 측면도 지니고 있기 때문에, 시민 사회의 공적 영역뿐 아니라 사적 영역에까지 국가의 지배 헤게모니를 관철시키고자 부단히 노력해온 것이 사실이다. 그것은 대중의 목소리를 더 이상 무시할 수 없기 때문이기도 했겠지만, 어쩌면 대중의 동의나 합의 없이 독재 체제를 유지하는 것은 너무 많은 비용이 드는 일이기 때문이었는지도 모른다. 프랑코 체제의 경우도 독일의

---

30) 합의의 개념에 대한 비판은 Philip Morgan, 〈동의의 해? 1925~1940년 이탈리아 파시즘에 대한 대중의 태도와 저항The years of consent? Popular attitudes and resistance to Fascism in Italy, 1925~1940〉, Tim Kirk · Anthony MacElligott, 《유럽의 반파시즘, 공동체, 권위, 저항Opposing Fascism. Community, Authority and Resistance in Europe》(Cambridge : Cambridge University Press, 1999), 163~179쪽을 참조하라.

나치즘과 이탈리아의 파시즘에 비해 정도는 덜하지만 예외는 아니었을 것이다.

아무튼 이런저런 이유로 대부분의 역사가들은 프랑코 체제를 연구하는 데 있어 동의나 합의의 차원을 소홀히 했다. 따라서 최근들어 일부 역사가들이 이 부분에 대해 고민하고 있는 것은 상당히 고무적이다.[31] 예를 들어 사스Ismael Saz와 고메스Alberto Gómez 는 발렌시아 지역을 연구하면서 프랑코 체제 하에 '중간 지대'의 정치적 견해가 존재했음을 밝힘으로써 단순한 도덕적 이원론을 넘어서는 데 기여했다.[32]

또한 프랑코 체제 하의 노동자들이 보여준 정치적 태도를 보면 매우 흥미로운 점을 발견할 수 있다. 그들은 자신들이 애초에 반대했던 정치적 입장을 나중에 수용하거나 아니면 자신들의 '자연스러운' 계급 이해 관계를 초지일관 옹호하지 않는 현상을 보였다. 사회문제연구소FOESSA가 제시한 1969년 보고서의 '합의와 반대의 사회적 기초'라는 표([표 1])에 따르면 체제에 대한 비판과 반대는 사회 계층 피라미드의 상층부로 갈수록 높았고 하층부로 갈수록 낮았다. 또한 '집단별 합의 지수'([표 2])를 보면 노동자들과 피고용자들은 자기 동일시의 비율이 높은 반면 대학생들은 낮았다.

---

31) Francesco Barbagallo 외, 《프랑코 체제. 1938~1959년 카탈루냐의 저항과 동의 *Franquisme. Sobre resisténcia y consens a Catalunya(1938~1959)*》(Barcelona : Crítica, 1990) ; Carme Molinero · Pere Ysás, 《프랑코 체제. 파시즘, 근대화, 동의*El régim franquista. Feixismo, modernització I consens)*(Gerona : Universidad, 1992) ; C. Molinero · P. Ysás, 〈초기 프랑코 체제에 대한 정치 · 사회적 태도Actitudes polítiques I socials davant el primer franquisme. Les classes populares〉, M. Risques · F. Vilanova · R. Vinyes (eds.), 《1939년의 분열*Les ruptres de l'any 1939)*》(Barcelona : Publicaciones de l'Abadia de Montserrat, 2000).

32) Ismael Saz · Alberto Gómez Roda (eds.), 《프랑코 체제와 발렌시아*El franquismo en Valencia)*(Valencia : Ediciones Episteme, 1999).

〔표 1〕 합의와 반대의 사회적 기초

계급 구분	합의	불확실	반대
상층	1	1	1
중상층	24	24	34
중하층	33	32	44
노동자	41	40	20
무응답자	2	3	1

출처 : Antonio López Pina · Eduardo L. Aranguren, 《프랑코 스페인의 정치 문화*La cultura política de la España de Franco*》(Madrid : Taurus, 1976), 155쪽.

〔표 2〕 집단별 합의 지수

중등학생	0.44
대학생	0.19
전문직	0.42
노동자와 피고용자	0.46

출처 : Antonio López Pina · Eduardo L. Aranguren, 《프랑코 스페인의 정치 문화》, 95쪽.

또한 〔표 3〕은 다수가 프랑코 체제를 지지하고 있었음을 보여준다. 그뿐 아니라 디오니시오 리드루에호Dionisio Ridruejo도 "스페인 체제가 여러 해 동안 다수의 지지를 받았다는 것은 의심할 수 없다"[33]고 지적했다.

---

33) Dionisio Ridruejo, 《스페인 서한*Escrito en España*》(Buenos Aires : Losada, 1962).

[표 3] 합의 대 반대

질문 사항	예	아니오
코르테스가 스페인 전 국민을 대표하고 있다.	50%	38%
스페인의 현 정치 체제를 바꾸지 않고서는 정의가 설 수 없다.	28%	59%
현 정치 체제가 30년 더 지속되기를 바란다.	57%	30%

출처 : Antonio López Pina · Eduardo L, Aranguren,《프랑코 스페인의 정치 문화》, 93쪽.

그러면 왜 다수가 프랑코 체제를 지지했으며 노동자들은 왜 자신들의 '자연스러운' 이해 관계를 떠나 체제를 지지하는 쪽으로 돌아섰을까? 이에 대해서는 절대 권력의 억압으로 표현의 자유가 결여되었기 때문이라고 설명할 수 있다. 이른바 강제의 효과다. 그러나 이런 이유만으로는 납득이 가지 않는 부분이 있다. 첫째, 독재 체제 하에서는 강제와 폭압의 주요 희생자가 노동자들일 텐데 그들이 자유의 제약 때문에 다른 계층보다 체제에 대한 높은 합의 비율을 보여주었다고 보기에는 무리가 따른다. 둘째, 절대 권력의 억압으로 자유가 결여된 사회의 국민들이 그러한 정치 체제가 30년이나 더 지속되기를 바랐다는 점도 선뜻 납득이 되지 않는다. 셋째, 한발 양보해 강제의 효과를 인정한다 하더라도 그것이 가능했던 시기는 프랑코 체제 전반기였지 이 설문을 실시한 프랑코 체제 후반기는 아니었다. 따라서 물리적 억압만이 아니라 국민 대중의 합의를 도출해내기 위한 다른 메커니즘이 존재했을 가능성이 높다.[34] 강제와 합의 혹은 강제와 동의는 상호 영향을 주고받는 변증

---

34) 최근 발렌시아 대학교의 한 연구진도 이런 연구 노선을 소개하면서 발렌시아 노동자들의 체제에 대한 태도와 이해를 분석한 바 있다. Ismael Saz · Alberto Gómez Roda (eds,),《프랑코 체제와 발렌시아》.

법적 관계에 놓여 있다고 볼 수 있다.

　(1) 프랑코 총통의 신화

　프랑코 체제가 대중의 동의나 합의를 도출해내기 위해 추진한
정책을 우선 프랑코 총통의 신화, 민족 가톨릭주의, 교육, 문화 정
책, 이렇게 네 가지 정도로 정리해볼 수 있다.[35] 첫째는 프랑코 총
통의 신화화 작업이다. 정도의 차이는 있을지 모르지만 프랑코 체
제도 이탈리아 파시즘이나 독일 나치즘과 마찬가지로 신화와 상
징과 의식을 사용했다. 이런 신화와 상징과 의식이 대중의 정서와
감정, 상상력을 사로잡아 그들의 적극적 지지를 확보하는 데까지
나아갔다는 사실은 최근 이탈리아 파시즘과 독일 나치즘 연구자
들에 의해 이미 강조된 바 있다. 프랑코 체제의 연구에서도 일부
역사가들에 의해 이러한 시도가 조금씩 진행되고 있다. 레이그 타
피아Alberto Reig Tapia는 1995년 출판한 저서 《프랑코 '총통' : 신
화와 실제》를 통해 총통의 신화에 담긴 실체를 해부했으며[36] 카소
를라도 《승리의 정치》라는 저서를 통해 간략하게나마 프랑코 체제
가 합의를 형성해나가는 측면을 분석하고 있다.[37] 또한 2002년에
는 프랑코 스페인에서 의식과 의례와 신성 모델이 어떤 기능을 했
는지에 대한 연구서가 나왔다. 디 페보Giuliana Di Febo가 쓴 《프

---

　35) 여기에 1960~1970년대의 개발 독재 프로그램과 여성 정책을 추가할 수 있다. 개발
독재 프로그램을 대중 정책 차원에서 분석한 내용은 아직 전무한 실정이고, 여성 정책에 대
해서는 황보영조의 글 〈프랑코 체제와 여성〉, 《지중해지역연구》, 5~2(지중해연구소, 2003년
10월)를 참고하기 바란다.
　36) Alberto Reig Tapia, 《프랑코 '총통' : 신화와 실제 *Franco "Caudillo" : mito y realidad*》 제2
판(Madrid : Editorial Tecnos S. A., 1996).
　37) Antonio Cazorla Sánchez, 《승리의 정치. 프랑코 체제 신국가의 공고화(1938~
1953)》.

랑코 스페인의 전쟁과 승리의 의식(儀式)》[38]이 그것이다. 이는 의식과 정치 체제 간의 복잡한 관계와 의식이 독재 체제의 합의와 권력을 구조화하는 데 미친 영향에 지대한 관심을 보인 모스G. L. Mosse의 자극을 받아 이루어진 연구로서 스페인의 가톨릭과 종교기구의 정치화에 초점을 맞추었다.

프랑코 체제의 신화는 대다수의 사람들이 상상하는 것보다 훨씬 더 큰 결과를 초래한 것으로 보인다. 신국가Nuevo Estado 내에서 가장 파시스트적이었던 분야로 언론을 꼽을 수 있는데[39] 프랑코 정권은 이를 통해 독재에 매우 유용한 신화를 만들어 확산시켰다. 그 대표적인 예로 프랑코를 평화의 총통으로 신화화한 것을 들 수 있다.

1940년대 초에 스페인 사람들을 사로잡은 테마는 억압과 질병, 기아, 암시장, 전쟁이었다. 스페인은 내전의 참상을 겪은 지 얼마 안 되었기 때문에 또다시 세계대전이라는 전쟁에 뛰어들었다가는 나머지 요소들이 더 악화될 소지가 있었고, 따라서 스페인 사람들의 대다수가 참전을 반대했다. 그러나 프랑코의 시각과 이해는 이와 정반대였다. 내전 승리 후 1년 반도 채 지나지 않은 상태라 물자와 사기가 여전히 바닥에 떨어져 있었음에도 불구하고 그는 국민들의 평화와 복지보다는 자신의 야심을 앞세워 참전을 생각하고 있었다. 그는 프랑스를 물리친 후 북아프리카에 대제국을 건설하겠다는 야심[40]을 구체화하기 위해 1940년 10월 23일 프랑스의

38) Giuliana Di Febo, 《프랑코 스페인의 전쟁과 승리의 의식 Ritos de Guerra y de Victoria en la España franquista》(Bilbao : Editorial Desclée de Brouwer S. A., 2002).

39) Francisco Sevillano Calero, 《프랑코 체제의 선전과 언론 Propaganda y medios de comunicación en el franquismo》(Alicante : Universidad, 1998).

40) 스페인이 추축국 측에 가담하여 세계대전에 참전할 가능성에 대한 전모와 프랑코의 음모와 주장에 대해서는 Paul Preston, 《프랑코 전기 Franco : A Biography》(London : Harper

앙데에서 히틀러와 회동했다. 당시 프랑코는 평화주의적 감정이나 친영(親英)적 감정은 빨갱이들을 보호하는 것이라고 생각하고 있었다.[41] 그러나 히틀러는 이 회동에서 프랑코에게 참전을 요청하지 않았고, 결과적으로 스페인은 2차 세계대전에 참전하지 않았다. 이것은 프랑코가 참전을 원하지 않았기 때문이 아니라 스페인의 역할을 과소평가한 히틀러가 스페인의 참전을 원하지 않았기 때문이었다.[42]

독재 체제를 사회적으로 수용하는 데 결정적인 역할을 한 정치 신화가 만들어지기 시작한 것은 바로 이 무렵이었다. 그것은 곧 프랑코가 평화의 수호자라는 신화였다. 역설적이게도 이 신화는 프랑코 체제의 공식 선전에 의해 생겨난 것이 아니라 스페인 사람들 다수의 갈망에서 비롯된 것이었다. 이들은 사회 · 경제적 재난을

Collins, 1993), 323~531쪽을 참조하라.

41) Antonio Cazorla Sánchez, 《승리의 정치. 프랑코 체제 신국가의 공고화(1938~1953)》, 211쪽.

42) 이에 대한 논쟁이 1978년 역사가 안토니오 마르키나Antonio Marquina와 프랑코의 오른팔이었던 라몬 세라노 수네르Ramón Serrano Suñer 사이에 벌어졌다. 안토니오 마르키나가 세 편의 글〔〈히틀러는 1940년 유럽 전쟁 참전을 불필요한 것으로 생각했다Hitler consideró innecesaria en 1940 la entrada en el conflicto europeo〉, 《엘 파이스El País》(Madrid : 1978년 11월), 19쪽 ; 〈앙데 회동에서 히틀러와 무솔리니가 스페인 불간섭을 결정하다Hitler y Mussolini deciden, antes de la entrevista de Hendaya, la no beligerancia de España〉, 《엘 파이스》, 21쪽 ; 〈히틀러에게는 앙데 회동이 부차적인 거래Para Hitler, la entrevista de Hendaya fue una trata de ganado de segunda categoría〉, 《엘 파이스》, 22쪽〕을 통해 프랑코가 2차 세계대전 참전을 원했다고 주장하자, 라몬 세라노 역시 세 편의 글〔〈2차 세계대전 기간 동안 프랑코와 히틀러 간의 관계에 대한 몇 가지 점들Puntualizaciones sobre las relaciones de Franco y Hitler durante la Segunda Guerra mundial〉, 《엘 파이스》, 26쪽 ; 〈립벤트롭이 영국인들에게 굽실거린다고 스페인 장관을 비난했다Ribbentrop acusó a un ministro español de estar al servicio de los ingleses〉, 《엘 파이스》, 28쪽 ; 〈히틀러가 지브롤터 공격의 세밀한 계획을 세웠다Hitler tenía minuciosamente planeado el ataque contra Gibraltar〉, 《엘 파이스》, 29쪽〕을 통해 이를 반박했다. 이 논쟁에 대한 자세한 내용은 Alberto Reig Tapia, 《프랑코 '총통' : 신화와 실제》, 279~282쪽을 참조하라.

맞은 국내 상황과 점차 혼돈 속으로 빠져들어가는 세계 정세 속에서 독재 체제가 평화를 유지해줄 수 있으리라고 보았다. 대중은 당시는 물론이고 수십 년이 지난 뒤에도 독재자의 진정한 의도를 알지 못했다. 마드리드 주재 나치 대사의 정통한 소식에 따르면 프랑코는 '국내의 대중적인 정서나 영국의 선전에 아무런 의미를 두지 않았다'.[43] 이것이 그의 진실이었다.

미국 대사 헤이스Carlton Hayes는 1943년 3월 스페인이 전쟁에 휘말릴 가능성이 대두되자 거의 모든 계층의 스페인 사람들이 혼돈에 질서를 부여해주고 스페인을 국제 분쟁에서 벗어나게 해주기를 바라는 마음으로 프랑코를 지원하게 되었음을 의심하지 않았다.[44] 영국 대리 대사 바우커James Bowker도 1944년 11월 '적어도 현 체제는 전적인 부패와 폭력에도 불구하고 법과 질서를 지키고, 생명과 사유 재산을 어느 정도는 존중하고 있다. 그래서 공화국 말기의 상황보다 훨씬 나은 조건이라고들 한다'라고 보고했다.[45]

프랑코 체제는 1940년대 중반 이전부터 '프랑코의 평화'를 중심으로 하는 정치 신화를 마무리했다. 이 신화가 성공을 거둔 이유는 다양하며 상호 연관성을 지니고 있다. 첫째는 안정과 정상적 생활

---

43) 〈주 스페인 대사 발 독일 외무부 수신 문서Ambassador in Spain to German Foreign Ministry 6-2-1941〉, DGFP, XII권, 36~37쪽. Antonio Cazorla Sánchez,《승리의 정치. 프랑코 체제 신국가의 공고화(1938~1953)》, 216쪽에서 재인용.

44) 〈국무성에 보낸 주 스페인 대사 비망록Memorandum by the Ambassador in Spain (Hayes) to the Secretary of State 30-3-1943〉,《미국 외교 관계 자료Foreign Relations of the United States(FRUS)》, Europe II, 603~607쪽. Antonio Cazorla Sánchez,《승리의 정치. 프랑코 체제 신국가의 공고화(1938~1953)》, 222쪽에서 재인용.

45) 〈바우커 씨가 이든 씨에게 보낸 문서Mr. Bowker to Mr. Eden 1-11-1944〉, FO, 371-39677. Antonio Cazorla Sánchez,《승리의 정치. 프랑코 체제 신국가의 공고화(1938~1953)》, 223쪽에서 재인용.

에 대한 스페인 사람들의 욕망이 일상 생활의 파괴와 폭력, 분열이라는 과거의 이미지에 맞서 이 신화를 쉽게 흡수했기 때문이다. 둘째는 체제의 외적 어려움과 체제의 상징적 판결(내전 승리)이 친프랑코파가 아닌 계층까지 포함하여 광범위한 사회 계층에게 민족주의적인 정서를 불어넣었기 때문이다. 마지막으로, 체제가 통신 수단의 조작과 공식적인 선전 활동을 통해 이러한 정서와 사상을 자극했고 나아가 이를 신국가의 필요와 사회적 정당화에 활용했기 때문이다.

프랑코는 이상과 같이 내전에서 승리한 승리의 총통에서 평화의 총통으로 재탄생하였다. 이러한 신화화 작업에 언론과 선전이 결정적인 역할을 했음은 물론이다.[46] 예를 들어 《엘 에스파뇰 *El Español*》지는 프랑코를 카를 5세와 카이사르와 나폴레옹에 비유했고, 《아리바 *Arriba*》지는 알렉산드로스 대왕에, 《엑스트레마두라 *Extremadura*》지는 후아나 데 아르코Juana de Arco에, 《엘 이데알 가예고 *El Ideal Gallego*》지는 헤라클레스와 돈 키호테에, 《솔리다리다드 나시오날 *Solidaridad Nacional*》지는 펠리페 2세에, 《야 *Ya*》지는 아가멤논과 알만소르와 레카레도에 각각 비유했다. 이들 비유가 프랑코의 이미지를 격상시켜주었음에 틀림없다. 요컨대 프랑코의 '평화의 총통' 신화가 새로운 국가를 합법화하는 데 가장 중요한 기둥 역할을 한 것으로 보인다.

(2) 민족 가톨릭주의

프랑코 체제가 대중의 동의 혹은 지지를 확보하는 데 긍정적으로 기여한 두 번째 요인은 민족 가톨릭주의였다. 민족 가톨릭주의

---

46) 언론의 정치적 기능에 대해서는 Javier Terrón Montero, 《프랑코 체제 기간의 스페인 언론 *La prensa en España durante el régimen de Franco*》(Madrid : CIS, 1981)을 참조하라.

는 한마디로 말해 스페인의 본질을 가톨릭에서 찾고자 한 이데올로기로서, 1939~1975년 프랑코 체제의 정치 질서를 규정한 기본 토대였다. 프랑코 체제는 민족 가톨릭주의의 원형을 스페인의 최고 전성기인 16, 17세기에서 찾았다. 당시 국가의 모든 정책은 프로테스탄티즘과 이슬람에 맞서 가톨릭을 옹호하는 데 맞춰져 있었다. 이러한 신정주의적 시각은 프랑코 체제에 이념적 정통성과 문화적 응집력뿐만 아니라 정치적 이념도 제공해주었다.

한편, 가톨릭 교회의 정치적 지원은 내전 초기부터 프랑코 체제를 형성하는 데 결정적인 역할을 했다.[47] 프랑코는 '국가 재건' 과업을 '가톨릭 재건' 과업과 결부시켰고 이에 가톨릭 교권은 새 정치 체제의 기본 의제를 지지해주었다. 프랑코 체제와 가톨릭과의 긴밀한 관계는 프랑코 체제를 독일 나치즘이나 이탈리아 파시즘과 구별시켜주는 매우 색다른 특징이라고 할 수 있다. 가톨릭 교권 대다수의 체제 협력은 프랑코 체제가 쇠퇴할 때까지, 구체적으로 1960년대 후반에 일부 진보적인 가톨릭 신자들이 정치적인 반대 활동을 전개할 때까지 지속되었다.

민족 가톨릭주의는 일종의 이데올로기로서 스페인 국민성의 본질과 가톨릭 종교를 동일시하는 데 기여했으며, 전후 스페인의 분열 속에서 공동의 종교적 동질성을 회복시킴으로써 안정과 통일을 가져오는 데 이바지했다. 그뿐만 아니라 도덕 쇄신을 위한 십자군과 기독교적 이상의 회복, 전통적 가족의 회복을 추구했다.

민족 가톨릭주의는 또한 어린이에서부터 성인에 이르기까지 문화적·정치적 가치를 주입시키는 매체 역할을 했다. 교회의 통제를 받는 학교 교육은 가톨릭 교리를 확산시키는 수단이었다. 법에

---

47) 황보영조, 〈스페인 내전의 전쟁 이념 분석〉, 《이베로아메리카 연구》, 제12집(2001년 12월), 136~141쪽을 참고하라.

따르면 교육은 가톨릭 교리에 기반을 두고 있었고 종교는 의무 과목이었다. 가톨릭 교리뿐만 아니라 종교적 이미지와 조상(彫像)과 의식(儀式)도 스페인 사람들의 교육과 문화를 형성하는 데 커다란 영향을 미쳤다. 교회는 이를 통해 19세기 자유주의 혁명의 결과물을 파기하는 데 성공했다. 민족 가톨릭주의의 주요 이데올로그 가운데 한 사람인 페마르틴José Pemartín은 대중의 종교 활동을 정치적 목적으로 활용하는 것이 얼마나 효율적인가를 드러내놓고 말했다.[48] 프랑코는 자신의 권위와 신성한 정통성을 강화하기 위해 성녀 테레사 데 아빌라 추모와 같은 종교 의식과 이미지를 최대한 활용했다. 요컨대 절대 다수가 가톨릭 신자였던 스페인 국민들은 민족 가톨릭주의를 통해 주입된 체제의 선전에 노출되어 의식적으로든 무의식적으로든 체제에 지지를 보냈을 가능성이 높다. 이에 대해서는 좀더 실증적인 연구가 필요하다.

(3) 교육

학교 교육은 특정 이데올로기를 지향하는 경제와 사회 관계, 정치, 역사, 철학, 종교 등의 요소들을 반영한다. 이런 점에서 교육은 사회의 산물이거나 혹은 사회 자체라고 할 수 있다. 프랑코 체제는 교육을 이념적이고 정치적인 것으로만 생각하여 그 어느 시대보다도 더욱 강력한 교육 의지를 구현해나갔다. 또 내전에서 승리한 세력이 표방한 가치들을 주입하여 지배를 공고히 하는 것을 학교의 가장 중요한 기능으로 생각했다. 그것은 종교 교육, 애국 교육, 시민 교육의 세 가지 방식으로 나타났지만 이들은 모두 체제의 유지라는 한 가지 목직을 지향했다. 이에 대해 1942년 당시 각료였

---

48) José Alvarez Junco · Adrian Shubert (eds.), 《1808년 이후의 스페인 역사 *Spanish history since 1808*》(London : Arnold, 2000), 292쪽.

던 이바녜스 마르틴Ibàñez Martín은 바르셀로나 대학교 강의실에서 다음과 같이 말했다.

나는 체제의 토대가 물질적 문제에 있지 않음을 거듭 밝힌다. 체제는 모든 시민들의 마음과 모든 영혼들의 단호하고도 영웅적인 자질의 지원을 받아야 한다……우리 운동이 추구하는 위대하고도 불가피한 정책은 교육의 기본 원리에 따라 어린이와 청소년의 가슴에 영향을 미치는 교육 활동과 관련된 것이다. 이것이 없다면 운동의 의미는 상실될 것이고 체제 유지도 불가능할 것이다.[49]

이는 체제 유지와 관련한 교육의 중요성을 강조한 말이다. 이런 교육을 받은 어린이와 청소년들은 성인이 되었을 때 체제 순응적 태도를 보일 가능성이 높다.

학교 교육의 오전 일과는 대개 국기 게양식과 거수 경례, 그리고 팔랑헤 당가나 군단가 등 국가(國歌)와 유사한 노래를 제창하는 것으로 시작되었다. 수업을 시작할 때는 '아베 마리아Ave María'라고 인사하고 종교가를 불렀으며 정오에는 앙헬루스Angelus 기도를 드렸다. 학생들은 그리스도의 십자가상을 중심으로 양 측면에 프랑코와 호세 안토니오의 초상이 걸려 있는 교실에서 민족 가톨릭주의 내용을 곁들인 수업을 받았다.[50] 그리고 매일 종교와 애국

---

49) Andrés Sopeña Monsalve, 《꽃이 만발한 정원. 민족 가톨릭 교육의 기억El florido pensil. Memoria de la escuela nacionalcatólica》(Barcelona : Crítica, 1996), 16쪽.

50) 이에 대해서는 다음을 참조하라. Ramón Navarro Sandalinas, 《프랑코 체제의 초등 교육La enseñanza primaria durante el Franquismo(1936~1975)》(Barcelona : PPU, 1990) ; Esther Martínez Tortola, 《프랑코 체제 중등학교의 역사 교육La enseñanza de la Historia en el primer bachillerato franquista(1938~1953)》(Madrid : Tecnos, 1996) ; Gregorio Cámara Villar, 《민족 가톨릭주의와 학교. 프랑코 체제의 정치적 사회화Nacional-Catolicismo y escuela. La

과 시민을 주제로 한 글쓰기와 그림 그리기를 실시했다. 남학생들은 군대식 교육을 받았고 여학생들은 가정과 관련한 교육과 노동을 통해 여성다움을 배웠다.

매주 토요일과 때때로 오후에는 반드시 종교 교육을 받았다. 학생들은 교회사와 교리 문답을 배우고 성서 읽기와 교리 문답 훈련 시간을 가졌다. 그리고 일요일과 축일에는 교사의 안내에 따라 미사에 참석했다. 그러나 이것이 전부가 아니었다. 학기 중 월례 활동이나 특별 활동으로 십자가의 길Viacrucis, 신학 주간Semana del Seminario, 영신 수련, 첫 영성체, 견진 성사 등의 준비 행사를 가졌다. 또한 총통의 날과 아메리카 발견 기념일, 성녀 테레사의 날(여학생의 경우), 호세 안토니오 프리모 데 리베라 사망 기념일, 승리의 날, 통일의 날, 독립의 날, 성 페르난도의 날(남학생의 경우), 성 베드로의 날, 성 바오로의 날, 성심 봉헌일, 전몰자의 날, 교황의 날, 주교의 날, 본당 주임 사제의 날 등을 기념해야만 했다.

이러한 활동과 의식과 훈시들은 그것이 원래 의도한 효과를 충분히 드러내지는 않았다 할지라도 그람시가 말한 대로 사회적 현실을 위장하여 체제의 이데올로기 지배를 공고히 한 매우 중요한 요소였다. 왜냐하면 체제는 이를 통해 이제 막 자의식을 갖기 시작한 아이들의 마음에 깊은 영향을 미칠 수 있었고, 더욱이 다른 이데올로기와 다른 종교, 다른 형태의 삶, 다른 형태의 역사 해석에 대한 단순한 정보마저 차단할 수 있었기 때문이다. 이러한 교육은 이른바 민족 가톨릭주의를 통해 학생들의 의식을 소외시키고 실제 사회 관계를 은폐했다. 또 권위주의와 계서제, 군국주의를 자연스러운 것으로 받아들이게 했고, 권위와 순응과 복종을 강화했으

socialización política del franquismo(1936~1951)》(Jaén : Hesperia, 1984), 345~349쪽 ; Andrés Sopeña Monsalve, 《꽃이 만발한 정원. 민족 가톨릭 교육의 기억》.

며, 지도자를 찬양하게 했다. 그뿐 아니라 가부장제적 가족과 불평등 사회, 가난과 비참함을 숙명으로 받아들이게 했고, 남성 우월주의를 강화했으며, 인종주의와 외국인을 혐오하는 태도를 주입했다. 나아가 앞서 살펴본 프랑코 총통 신화들을 영속화하는 데도 커다란 기여를 했다.[51]

(4) 문화 정책

문화는 한 집단이 하위 집단에 대한 지배를 공고히 하는 장이며, 그람시의 말을 빌리면 그 집단의 헤게모니를 부과하는 장이다.[52] 그람시의 헤게모니 개념에 따르면 권력은 위로부터 폭력에 의해 부과되는 것이 아니라 지배 계층이 문화적인 수단을 통해 대중의 동의를 확보해나가는 협상의 과정에서 주어지는 것이다. 이는 폭력적인 방법이 동원된 경우에도 적용된다. 그 대표적인 경우가 프랑코 체제의 스페인이다.[53] 프랑코 체제는 대중적 형태의 문화 표현에 엄격한 통제를 가했는데, 이는 국민파 지식인들이 국민 통합과 정치적 평화의 수단으로서 문화의 중요성을 잘 인식하고 있었기 때문이다. 히틀러가 구경거리spectacle를 이용해 대중을 팬으로 만들었다는 지적[54]을 1940년대의 스페인에 적용한다면 흥미로울 것이다. 당시 스페인에서도 대중적인 정치 집회 형태는 아니지

---

51) Andrés Sopeña Monsalve, 《꽃이 만발한 정원. 민족 가톨릭 교육의 기억》, 20쪽.

52) Barry Jordan · Rikki Morgan-Tamosunas (eds.), 《스페인 현대 문화 연구Contemporary Spanish Cultural Studies》(London : Arnold, 2000), 2쪽.

53) Helen Graham · Jo Labanyi, 〈서론Introduction〉, Helen Graham · Jo Labanyi (eds.), 《스페인 문화 연구Spanish Cultural Studies》(Oxford : O.U.P., 1995), 4쪽.

54) N. García Canclini, 《문화 혼합 : 근대성으로의 유입 · 유출 전략Cultura híbridas : estrategias para entrar y salir de la modernidad》(Mexico : Grijalbo, 1989), 154쪽. Helen Graham · Jo Labanyi (eds.), 《스페인 문화 연구》, 18쪽에서 재인용.

만 시각적인 구경거리를 통해 정치 교육을 실시했다. 국민파 극작가 토렌테 바예스테르Torrente Ballester는 대중을 코러스로 만들 수 있다는 이유로 그리스의 극을 옹호하기도 했다. 이는 국민파 지식인들이 흔히 생각하는 것보다 더욱 의식적인 문화 정책을 채택했으리라는 것을 암시해준다.

　프랑코 체제가 대중적인 문화 정책을 추구한 주요 수단으로 영화와 축구, 투우, 가판대 문학literatura de quiosco, 라디오, 텔레비전 등을 들 수 있다. 이들은 카Raymond Carr의 표현을 빌리면 일종의 회피 문화culture of evasion로서 사회 현실 문제에 대한 인위적인 침묵을 조장했다. 그래서 전후 세대는 소설가이자 언론인인 안손Luis María Ansón이 말한 대로 침묵의 세대라고 볼 수도 있다.[55]

　프랑코 체제의 영화 제작자들은 내전 이후 역사, 종교, 영웅, 민속, 다큐멘터리라는 5개 장르를 발전시켰다. 〈아메리카의 여명 Alba de Amrérica〉과 〈카스티야의 암사자La Leona de Castilla〉, 〈성(聖) 여왕La Reina Santa〉 같은 역사물과 종교물은 승승장구하는 제국의 과거와 견고한 가톨릭 정체성을 환기시켜주었다. 익명으로이기는 했지만 프랑코 자신이 직접 시나리오를 쓴 〈인종 Raza〉 같은 영화와 〈마드리드 전선Frente de Madrid〉, 〈성에 별다른 일이Sin Novedad en el Alcázar〉 같은 스페인·이탈리아 합작 영화는 내전의 승리를 찬미했다. 1942년에는 노도 프로젝트 project NO-DO를 통해 모든 극장에서 영화를 상영하기 전 프랑코와 그 체제를 찬양하는 다큐멘터리를 보여주게 했다. 이 관행은 프랑코가 사망한 지 1년이 지날 때까지 지속되었다.[56]

---

55) José María Jover Zamora 외, 《19~20세기 스페인의 사회, 정치, 문명Española : Sociedad, política y civilización (Siglos XIX~XX)》(Madrid : Areté, 2001), 723~733쪽.

축구는 1950년대 들어 레알 마드리드 등의 축구단이 국제 대회에서 우승을 하면서 투우를 능가하는 국민적 관심의 대상으로 떠올랐다. 프랑코 체제는 이 축구를 사회적 안정제이자 국민의 긍지를 불러일으키는 자극제로 사용했다. 스페인 사람들은 경기장을 가득 메웠을 뿐만 아니라 축구에 엄청난 돈을 소비했다. 그들은 1963~1975년에 축구 도박에 117억 달러를 걸었고, 축구 전문 신문과 잡지를 구독했다. 이러한 경향은 한편으로는 독재에 대한 저항 세력을 정치적으로 해제시키는 데 일정한 기여를 한 반면, 다른 한편으로는 이데올로기적 통제를 지속시켜나가는 데 이바지했을 것으로 보인다.[57] 이상에서 영화와 축구를 예로 들었지만 다른 분야의 문화 정책도 대중의 침묵 혹은 무관심을 조장하거나 나아가 체제의 지지를 도출해냈을 가능성이 높다. 이에 대해서는 구체적인 연구가 필요한 실정이다.

5. 대중 반응 분석의 중요성

프랑코 체제에 대해서는 일종의 파시즘으로 보는 시각과 권위주의 체제로 보는 시각 등 해석이 분분하다. 프랑코 체제를 파시즘으로 보든 권위주의 체제로 보든 양자의 논리의 초점은 여전히 '위로부터의 독재'라는 시각에 제한되어 있다. 이는 강제와 억압, 그리고 저항에 초점을 맞춘 분석이다. 이런 시각은 20세기의 정치, 경제, 사회, 문화에 출현한 대중의 역사를 담아내기에 역부족이다.

---

56) José Alvarez Junco · Adrian Shubert (eds.), 《1808년 이후의 스페인 역사》, 293쪽.

57) Adrian Shubert, 《근대 스페인의 사회사A social history of modern Spain》(London : Unwin Hyman, 1990), 260~261쪽.

그리고 지배 메커니즘과 대중의 반응 사이의 역동적이고 변증법적인 상호 관계를 포착하는 데 실패하기 쉽다.

이제까지 살펴본 대로 프랑코 체제는 사실 강제와 동의 혹은 강제와 합의의 변증법적 관계를 통해 유지되었다고 볼 수 있다. 프랑코 체제의 연구사를 검토해볼 때 체제를 이해하는 열쇠가 되는 강제와 저항의 차원, 그리고 동의와 합의의 차원 중 그 어느 쪽도 아직 명확히 규명되지 않은 상태임을 알 수 있다. 그 가운데 강제와 억압에 초점을 둔 분석은 날이 갈수록 객관성을 확보해가고 있다. 그러나 프랑코 체제와 대중 간의 관계를 이해하게 하는 또 하나의 차원인 동의와 합의의 차원은 이제 논의가 시작되는 단계로서, 아직 초보적인 수준에 머물러 있다. 앞서 살펴본 대로 프랑코 총통을 둘러싼 신화가 체제를 정당화하는 데 큰 역할을 했음에는 이의가 없다. 그 밖의 다른 신화들과 상징들, 의식들 또한 부지불식간에 대중의 인식과 가치 세계를 파고들어 체제에 대한 그들의 반응에 일정한 영향을 미쳤을 것으로 보인다. 앞으로 이러한 신화와 상징과 의식이 무엇인지를 밝혀내는 작업이 필요하고, 그와 더불어 그것이 체제에 대한 대중의 인식에 어떤 영향을 미쳤는지를 따져보는 것이 주요 과제가 될 것이다. 하지만 하나의 신화나 한 가지 상징이 대중의 인식에 어느 정도 영향을 미쳤는지를 가늠하는 것은 결코 쉬운 작업이 아니다.

민족 가톨릭주의를 분석하는 작업도 마찬가지다. 이는 특히 교육과 결부되어 스페인 대중을 국민화하는 데 주도적인 역할을 했다. 따라서 민족 가톨릭주의를 단순히 가톨릭이라는 하나의 종교 차원에서만 접근할 것이 아니라 대중을 통합하기 위한 이데올로기라는 차원에서도 접근할 필요가 있다. 이는 비록 내용은 다르더라도 틀림없이 이탈리아 파시즘과 독일 나치즘에서 흔히 얘기되는 정치종교와 동일한 기능을 했으리라고 생각된다. 문화 정책의 경우도 마찬가지인데, 이 글에서 잠깐 언급한 영화와 축구 이외에도 투우와 가판대 문학, 라디오와 텔레비전 등이 대중의 체제에 대한 침묵이나 무관심을 조장했을 것으로 생각된다. 이들은 아직도 전문적인 연구가 필요한 주제들이다. 이러한 연구들이 결실을 맺을 때 프랑코 체제의 성격은 더욱 확실히 드러날 것이며 그와 더불어 프랑코 체제가 장기 지속할 수 있었던 이유도 더욱 명백해질 것이다.

독일과 영국의 총력전 체제

스테판 버거 :: 김승렬 옮김

2차 세계대전의 맥락에서 영국과 독일의 사회 전개 양상을 비교 분석할 때 나치 독일의 경우는 가장 사악한 독재라는 인식 틀에 의해, 영국의 경우는 가장 오래되고 건실한 자유 민주주의라는 인식 틀에 의해 각 사회의 변화를 평가하는 것이 과연 적절한가. 임지현 교수가 처음 이 문제에 대한 답을 찾았으면 좋겠다는 제의를 했을 때, (반드시 2차 세계대전은 아닐지라도) 영국과 독일을 주로 연구해온 비교사가인 필자는 흥미를 느꼈다. '총력전'이라는 표현은 1943년 2월 18일 스탈린그라드 전투에서 독일 제6군이 패배한 직후 요제프 괴벨스Joseph Goebbels가 베를린 스포츠 센터에서 한 연설을 통해 잘 알려졌다. 세심하게 선별된 청중에게 "여러분은 총력전을 원합니까?"라고 괴벨스가 질문을 던졌을 때, 그가 의도한 것은 전쟁을 위한 모든 주민의 총동원이었다. 이제 전방과 후방의 구분은 없었다. 민족의 삶, 국가의 삶, 그리고 그 안에 살고 있는 모든 사람의 삶은 완전히 전승(戰勝)을 위한 노력에 종속될 것이었

스테판 버거Stefan Berger는 웨일스 글래모건 대학의 근현대사 교수이자 변경지역 연구센터 공동 소장이다. 현재, 유럽 학술 재단이 5년에 걸쳐 진행하고 있는 '과거의 재현 : 유럽의 국사 서술' 프로그램을 주관하고 있으며, 비교 노동사, 사학사, 역사 이론과 국민 정체성에 관한 여러 편의 저서와 글을 썼다. 최근 출판한 책으로《국민 만들기 : 독일》(Edward Arnold)과 앤디 크롤Andy Croll, 노먼 라포트Norman LaPorte 와 공동편집한 《탄광촌의 비교사를 향하여》(Ashgate)가 있다. 그가 편집한 《유럽의 사회 협의 제도》(한국노동연구원, 2002)가 국내에 번역되어 있다.

다. 총력전이라는 개념 자체가 영국에서 널리 사용된 것은 아니다. 그러나 본질적으로 두 사회는 전승이라는 최고의 목적을 위해 모든 자원을 동원하고 통합과 합의를 성취할 필요가 있었다. 독일과 영국은 이 목적을 달성하기 위해 당근과 채찍이라는 양면적인 정책을 펼쳤다. 전후의 좀더 나은 삶에 대한 약속은 바로 강제적 정책과 연결되어 있었다. 이 두 요소 중 어느 것이 독일과 영국에서 더 지배적이었는가? 이 두 개의 전시 체제는 전쟁을 위한 주민 총동원을 어떻게 성공적으로 달성하였는가? 필자는 본 논문에서 이 문제들을 다루고자 한다. 필자는 특히 세 가지 영역을 살펴보려 한다. 첫째는 전시 정치 체제, 둘째는 전쟁을 위한 경제 동원, 셋째는 주민들의 지지를 이끌어냈던 다양한 수단들이다.

이 세 가지 영역을 논함에 있어 필자는 이 문제를 연구했던 영국과 독일의 역사가들 모두가 제기했던 문제를 염두에 두고자 한다. 즉, 2차 세계대전은 영국과 독일 사회의 근대화에 기여했는가? 그렇다면 전시 근대화는 어떠한 방식으로 성취되었는가? 영국의 경우 전쟁 기간의 역사 분석에 근대화 이론을 의식적으로 활용하는 예가 많지 않다. 왜냐하면 영국 전쟁사 서술은 영국 역사학의 경험적 전통을 고수하며 거대 이론은 불신하기 때문이다. 그러나 2차 세계대전을 다루었던 역사가 중 가장 생산적이고 영향력 있는 역사가들(예컨대 마윅Arthur Marwick)은 그 전쟁이 영국 사회 발전에 있어서 중요한 분수령을 이루며 전후 영국의 전망과 성격을 형성한 사회 변화를 이끌어냈다고 지속적으로 주장하고 있다.[1] 마윅은 영국의 겉모습을 좋게 바꾸는 데 있어 그 전쟁이 미친 영향을 강조한 1950년대, 1960년대의 모든 저술가들을 참조할 수 있었다.

---

1) Arthur Marwick, 《후방. 영국인과 2차 세계대전 *The Home Front. The British and the Second World War*》(London, 1976).

2차 세계대전을 '인민의 전쟁'으로 묘사한 콜더Angus Calder의 견해는 영국 인민이 정치계에 대단히 깊이 포섭되었다는 사실을 시사했다. 티트머스Richard Titmus는 전시의 심화된 사회적 연대가 전후 평등주의적 사회 정책을 채택하는 것을 보다 더 수월하게 해주었다고 주장했다. 영국이 2차 세계대전 시기에 성숙해졌고, 그래서 사회적 조건 개선을 통해 보다 더 통합된 민족을 건설하는 것의 중요성을 인정하게 되었다는 유명한 주장을 한 사람이 바로 악명 높은 테일러A. J. P. Taylor였다.[2]

독일의 경우에는 1960년대의 다렌도르프Ralf Dahrendorf와 쇤바움David Schoenbaum이 민족 사회주의 체제가 전통적인 사회 구조를 해체함으로써 독일 사회를 무의식적으로 근대화했다는 논지를 전개한 핵심 인물들이었다.[3] 1980년대 후반에서 1990년대 초반에 걸쳐 일단의 역사가들은 나치주의자들이 의식적인 근대화주의자들이었다는 점을 강조하였다. 치텔만Rainer Zittelmann은 히틀러를 새로운 사회 질서를 건설하려는 의도를 지녔던 사회 혁명가로 보았다.[4] 또 어떤 학자들은 전통적인 계급 분열을 극복한 소비 사회에 대한 나치의 기여, 모든 구성원에게 좀더 평등한 기회를 제공한 사회 개혁과 교육 개혁, 그리고 보다 합리적이고 개인의 실력에 기초한, 계획된 경제 사회의 하부 체제 구축에 대한 나치의 기여를 강조하기도 했다.[5] 비교사라는 관점에서 볼 때는 민주화

2) Angus Calder, 《인민의 전쟁 : 영국 1939~1945 *The People's War : Britain 1939~1945*》 (London, 1953) ; Richard Titmus, 《사회 정책 문제 *Problems of Social Policy*》(London, 1950) ; A. J. P. Taylor, 《영국사 1914~1945 *English History 1914~1945*》(Oxford, 1965).

3) Ralf Dahrendorf, 《독일 사회와 민주주의 *Society and Democracy in Germany*》(London, 1966).

4) Rainer Zittelmann, 《히틀러. 한 혁명가의 자화상 *Hitler. Selbstverst ndnis eines Revolutionärs*》(Hamburg, 1987).

문제를 논외로 하고 근대화 문제를 다룬 치텔만의 시도를 고찰하는 것이 특히 흥미로울 것이다. 치텔만에 따르면, 근대화란 주로 과학적 · 기술적 효율성의 증가라는 관점에서 평가되어야 한다. 그러한 근대화는 사회 참여의 수준과 구조가 얼마나 민주적인지의 정도와 무관하게 성취될 수 있는 것이다. 전시 영국 사회와 독일 사회의 전개에 대한 필자의 분석이 첫째, 2차 세계대전을 양 사회를 근대화시킨 요소로 볼 수 있는지, 둘째, 이 시기에 영국과 독일이 지나온 근대화의 길에 어떤 차이가 있는지에 대한 해답을 찾는 데 도움이 되기를 바란다.

1. 전시 정치 체제

영국의 긴급방위법Emergency Powers Defence Act(1940년 5월)은 시민의 자유를 심각하게 침해할 수 있는 전권을 국가에 부여했다.[6] 국가는 모든 정보를 통제하고 감시했으며 1만 명이 넘는 감시자가 여론을 통제하기 위해 고용되어 영국 곳곳에서 활동하였다. 잘 알려진 파시스트 추종자들과 '외부의 적'이라고 간주된 사람들(이들의 대부분은 나치즘을 피해 영국으로 도주한 망명객들이었다)이 전쟁 발발 직후 강제 수용되기 시작하였다. 수용소의 상황은 전쟁 포로 규약이 정해놓은 기준을 충족하지 못하는 경우가 많았다. 강제 징발은 1940년 5월 전 산업 부문으로 확대되었다. 노동

---

5) 다음을 참조하라. Michael Prinz · Rainer Zitelmann (eds.), 《국가 사회주의와 근대화 *Nationalsozialismus und Modernisierung*》(Darmstadt, 1991).

6) N. Stammers, 《2차 세계대전 시기 영국 시민의 자유 : 정치적 탐구 *Civil Liberties in Britain During the Second World War : A Political Study*》(London, 1983).

부는 노동자들의 이동, 노동 조건, 임금, 노동 규율을 철저히 통제하였다. 국가는 인민의 희망과 관계없이 자신의 의지를 그들에게 강제할 수 있었다. 그러나 전시 영국의 정치 체제에 있어서 흥미로운 것은 이때 국가가 독재적이지는 않았다는 사실이다. 전쟁을 위한 모든 자원의 국가적 집단 동원은 대개 자발적 동의에 기초한 것이었다.[7] 자율적 시민 사회와 공공 영역의 구조와 조직들을 국가의 뜻에 따라 다시 조직하려는 노력은 없었다.

이것은 바로 2차 세계대전이 발발하기 오래전에 이미 나치가 추구했던 것이었다. 그러나 나치 국가는 본질적으로 다극적 지배 체제의 무질서와 무법으로 특징지어지는 사회였다. 나치 체제의 특징인 행정 체계의 무질서가 전시에는 더욱 심해졌다.[8] 히틀러가 가우Gau 지도자(나치 지구당 위원장)와 독자적인 봉건적 지배 영역을 구축한 나치 친위대SS를 강화함에 따라 나치당은 더욱 강력해지고 국가 행정 체계는 더욱 약화되었다. 실제로 나치 독일은 유사 봉건적 정치 구조를 구축하였으며, 그 구조 안에서 핵심적 인물들은 히틀러로부터만 권력을 부여받았고 히틀러하고만 관계를 맺었다. 전체 체계는 어떤 종류의 국가의 합리적 근대화와도 거의 관계가 없었다. 전시 영국은 전시 독일보다 더욱 중앙집권화된 국가였다. 히틀러 국가에서는 '지도자Führer를 위해 일하는'[9] 이중, 삼중으로 중복된 행정 체계가 정책을 극단적으로 몰고 갔는데, 이는 극단적으로 소모적인 통치 형태이기도 했다. 이 체계는 끊임없는

---

7) David Morgan · Mary Evans,《영국을 위한 전쟁. 2차 세계대전 시기의 시민 세계와 이데올로기 The Battle for Britain. Citizenship and Ideology in the Second World War》(London, 1993).

8) Martin Kitchen,《전쟁기의 나치 독일 Nazi Germany at War》(London, 1995).

9) Ian Kershaw,《히틀러 신화 : 제3제국의 이미지와 현실 The 'Hitler Myth' : Image and Reality in the Third Reich》(Oxford, 1987).

권력 투쟁과 목적 없는 행동주의를 길러낸 반면, 장기 계획은 거의 수립하지 못했다. 정책 결정 과정을 합리화하려는 모든 시도는 실패하였다. 히틀러의 의지가 바로 나치 체제의 궁극적인 정책 결정 제도였다. 나치의 법 이론은 법이 지도자의 의지와 동일하다는 점을 오랫동안 강조해온 것이다.

히틀러의 카리스마적 통솔력은 전시 영국의 지도자인 처칠의 통솔력과는 매우 달랐다. 히틀러의 통솔력은 조금도 의문시되지 않았다. 비록 1943년 이후에는 그가 전면에서 뒤로 물러나 있었고 일상적인 정책 결정을 하지 않으려 했지만, '히틀러 신화'와 지도자 원리Führer principle는 여전히 힘을 상실하지 않았다. 독일인들은 죽음과 전시의 궁핍으로 인한 절망, 특히 공습에 대한 공포 속에서도 히틀러에 대한 충성을 간직하고 있었다. '만약 총통이 안다면'이라는 말은 전쟁 후반기에 독일인들이 가장 자주 쓴 표현 중 하나였으며, 1944년 7월 20일 히틀러 암살 시도에 대한 뉴스를 들은 대다수의 독일인들은 격분하면서 믿기지 않는다는 반응을 보였고, 독재자에 대한 암살 시도를 비난했다.

이와 대조적으로 처칠은 처음부터 모든 사람이 인정하는 영국 국민의 지도자는 아니었다.[10] 실제로 그는 전쟁이 발발했을 때에도 지도자의 위치에 있지 않았다. 수상인 체임벌린Neville Chamberlain이 전쟁 초기에 야인이었던 그를 전시 내각으로 불러들인 것이다. 1940년 5월 체임벌린이 실각한 후 처칠이 그토록 차지하고자 했던 정부 수반 자리를 차지할 수 있었던 것은 오직 핼리팩스 Edward Wood Halifax 경이 수상이 되고자 열정적으로 노력하지 않았기 때문이었다. 특히 1940~1942년에, 즉 전쟁이 영국에 유리

---

10) Andrew Roberts, 《저명한 처칠주의자들Eminent Churchillians》(London, 1994).

하게 전개되지 않았을 때, 처칠은 지속적으로 자신의 지지 세력을 세심하게 돌보아야 했다. 그는 자신의 정당원을 포함하여 각계로부터 심한 비판을 받았으며, 영국군이 독일의 로멜 부대에게 대패한 1942년 6월의 토브루크 전투 이후 의회의 불신임 결의에 대처해야 했다. 그는 또한 크립스Stafford Cripps 경으로부터 대권에 대한 도전을 받기까지 했다. 이 당시 처칠이 선임자인 체임벌린의 전철을 밟을지의 여부는 불확실하였다. 체임벌린은 1940년 5월 노르웨이 공격에 실패한 후 하원에서 벌어진 폭풍우 같은 격론을 계기로 사임해야 했던 것이다. 처칠에게 사임을 강력하게 촉구한 사람은 그의 보수당 동료인 에이머리Leo Amery였다. 그는 다음과 같이 말했다. '당신은 지금까지 해온 훌륭한 일을 앞으로도 계속하기에는 그 자리에 너무 오래 있었습니다. 떠나십시오. 그리고 우리와의 관계를 청산하십시오. 하나님의 이름으로 떠나십시오.'[11] 이와는 대조적으로 독일에서는 어떤 종류가 되었든 히틀러에 대한 공개적 비판은 생각할 수도 없었다. 실제로 사적인 차원에서 가까운 사람에게 히틀러가 사임하는 것이 좋겠다는 이야기를 했더라도, 그것이 경찰에게 알려지면 그는 사형에 처해졌던 것이다.

다수 의견의 존재와 대권을 둘러싼 경쟁 관행은 전시의 영국에서 침해받지 않고 지켜졌다. 전시에는 본격적인 정쟁은 없었다. 그러나 사실 광범위한 공개적 합의의 표면 아래서 사소한 정당 정치적 분쟁이 끊이지 않고 지속되었다. 노동당 소속 정치인들은 계속해서 주요 산업의 국유화를 요구했다. 전시 내내 지속된 경제 계획과 국가의 간섭을 사회주의를 향해 나아가는 현실적인 한 단계로 보아, 그것이 전후에도 지속되어야 한다고 생각하는 사람들이

---

11) Paul Addison, 《1945년으로 가는 길. 영국의 정책과 2차 세계대전 *The Road to 1945 : British Politics and the Second World War*》(London, 1975)에서 재인용.

많았다.[12] 이에 비해 보수당 정치인들은 전후 영국에서 가능한 한 빨리 개인주의와 자본주의가 회복되기를 희망했다. 노동당 장관들은 1942년 베버리지 보고서를 열광적으로 환영한 반면, 보수당 장관들은 전후 사회 개혁의 이 청사진에 그다지 열광적이지 않았다. 1943년 2월 하원이 베버리지 보고서에 대해 논의할 때, 노동당 의원들은 전시 중 처음이자 마지막으로 단 한 번 정부 동의안에 수정안을 제출함으로써 하원의 의견 대립을 초래했다.[13] 일반적으로 거국 내각은 전시 동안만 지속될 것이라고 생각되었다. 1944년 초 노동당 지도부는 연합 정부로부터 자유로운 최초의 전후 선거에서 승리하기 위해 애썼다. 다원 정치와 '정상적인' 정당 정치적 대립 구조로의 복귀는 이미 전시 막바지에 접어들면서 뚜렷해졌다. 민주 정치 체제와 시민적 자유에 대한 완전한 존중은 1940년에 중단되었지만, 이러한 상태가 어려운 시기에 국한된 일시적 현상임을 의심하는 사람은 영국에서 거의 없었다. 이와는 대조적으로 나치 독일은 나치 체제가 혼란한 바이마르 민주주의를 제거하고 대중이 오직 한 가지 일, 즉 순종하는 일만 할 수 있는 '지도자 국가'를 확립하였다는 점을 자랑스럽게 여겼다.

---

12) Steven Fielding · Paul Thompson · Nick Tiratsoo (eds.), 《'영국이여 일어나라!' 1940년대 영국의 노동당과 민중 정책 *'England Arise'! The Labour Party and Popular Politics in 1940s Britain*》(Manchester, 1995).

13) Henry Pelling, 〈노동당에 미친 전쟁의 영향The Impact of the War on the Labour Party〉, Harold L. Smith (ed.), 《전쟁과 사회 변화 : 2차 세계대전 시기의 영국 사회*War and Social Change : The British Society in the Second World War*》(Manchester, 1986), 35쪽 이하.

2. 전쟁을 위한 경제 동원

2차 세계대전의 주요한 참전국들은 그들의 경제를 전시 체제로 전환하는 데 성공했지만, 그들 사이에는 중요한 차이가 존재했다.[14] 전시 독일 정치 체제의 특징인 다극적 지배 체제의 무질서는 경제 영역에까지 확대되었다. 영국에서와 달리 독일에서는 군부가 전시 경제 운영에 중요한 역할을 하였다. 군수청은 1940년에 창설된 군수부와 경제부 사이의 끊임없는 암투에 휘말려 있었다. 전쟁 초기에 독일의 군 전략은 주로 전격전에 기초하고 있었다. 무기 생산에조차 우선 서열이 주어지지 않았고, 전쟁에 그다지 필요한 분야가 아니어서 일시적으로 문을 닫은 수많은 작은 기업들은 의도적으로 유지되었는데, 이는 승리가 확보되면 즉각 다시 운영될 수 있도록 하기 위해서였다. 전쟁 막바지에 이르러서까지도, 슈페어Albert Speer는 경제 정책 결정 과정을 합리화하려는 노력이 실패한 것에 절망해야 했다. 대기업과의 협력에 대한 슈페어의 결정은 소기업의 보호자라는 나치의 전통적인 자기 인식 때문에 잘 추진되지 않았다. 효율적이고 중앙집중적인 군비 생산을 방해한 사람들은 지구당 위원장들뿐만이 아니었다. 나치 친위대 총수 힘러Heinrich Himmler나 나치당 사무총장 보어만Martin Bormann을 위시한 나치 고위층 인사와 히틀러 자신도 군비 생산을 최대화하기 위해, 대기업을 중심으로 경제를 합리화하고 근대화해야 할 시기에 소기업들을 보호하고자 했던 것이다.[15]

---

14) Gyorgy Ranki, 〈경제와 2차 세계대전 : 몇 가지 비교의 대상Economy and the Second World War : a few Comparative Issues〉, 《유럽 경제사 저널Journal of European Economic History》, 17(1988), 303~347쪽.

15) 독일 전시 경제에 대해서는 다음을 참조하라. Richard J. Overy, 《제3제국 시기의 전쟁과 경제War and Economy in the Third Reich》(Oxford, 1994).

1940년 이전 영국의 전시 경제 또한 본격적으로 가동되기까지 많은 시간이 걸렸다. 체임벌린은 국가가 광범위하게 경제에 관여하는 것을 꺼렸는데, 그 결과 전쟁에 매우 중요한 산업들이 심각한 어려움을 겪었다. 처칠 연립 내각에서 영국 전시 경제의 효율적인 운용에 가장 중요했던 인물이 바로 베빈Ernest Bevin이다. 베빈은 영국 최대의 노동조합인 운송 노조Transport and General Workers' Union의 창설자이자 지도자 중 한 사람이었다. 노동부 장관으로서 그는 경제 영역에 간섭하고 조정하는 데 있어 유례없이 막강한 권한을 가졌다. 국가 통제는 공급, 생산, 교역의 모든 부분에 걸쳐 이루어졌다. 1941년 공표된 노동령Essential Work Order을 계기로 약 800만 명에 달하는 노동자들의 직장 이전이 불가능하게 되었다. 1940년 7월 이후 모든 파업은 불법화되었다. 1944년 6월에는 노동력의 55퍼센트가 군비 관련 부문에서 일하고 있었다.[16] 특히 1930년대 말 영국 경제가 독일 경제에 비해 덜 근대화되었고 전쟁 준비도 부족했다는 점을 감안하면, 베빈은 영국 전시 경제를 조직하는 데 괄목할 만한 성공을 거두었다고 평가된다.[17] 경제 상황이 이러했으므로 영국은 미국의 경제 원조에 주로 의존하였다. 그렇지만 베빈의 노력 또한 중요했는데, 그는 생산력 향상과 전쟁 관련 경제 부분의 중앙 집권이라는 목표를 달성하였다. 그의 장관 재임 시기에 6,000개의 생산 위원회가 경영진과 노조의 협력을 이끌어내었다. 경영진, 노조, 국가의 세 주체로 구성되고 베빈이 의장으로 있던 전국 산업생산자문위원회National Production Advi-

---

16) M. Harrison, 〈2차 세계대전의 자원 동원 : 미국, 영국, 소련, 독일, 1938~45Resource Mobilisation for World War II : the USA, UK, USSR and Germany 1938~45〉, 《경제사 리뷰 *Economic History Review*》, 41(1988), 171~192쪽.

17) Coreilli Barnett, 《전쟁 결산 *The Audit of War*》(London, 1986).

sory Committee for Industry가 노동력을 관리하였다. 파업이 일어 났을 때 이를 강제로 탄압하는 일은 없었다. 사실 베빈은 파업을 노동자들의 울분과 스트레스를 해소하는 좋은 수단으로 인식하였 다. 파업으로 인한 손실 노동일은 1941~1945년에 걸쳐 꾸준히 증 가했지만, 전쟁 기간 전체 평균으로 볼 때 이는 낮은 수준이었다. 노조 지도자인 베빈은 정부, 경영진, 노조 간 고도의 효율적인 협 력 관계를 조성하고 운용하는 데 대단히 능숙한 사람이라는 인정 을 받았다. 위의 삼자가 구성한 협력자문위원회Joint Consultative Committee는 매달 두 번 모였고 경제에 대한 유례없는 간접주의 정책을 재가하였다.

전시의 나치 경제 체제는 영국의 경우만큼 잘 조율되지 못했지 만, 전시 경제 체제(권위주의적 코포라티즘)의 장점들을 선전하는 데는 베빈보다 더 열정적이었다. 이러한 선전은 특히 독일노동전 선DAF을 통해서 이루어졌다. 나치는 1933년 모든 독립적인 노조 운동을 분쇄하였고, 나치 경제 계획에 일치하도록 산업계의 구조 조정과 결정 과정 조정을 강제하였다. 경제를 통제하는 주체는 궁 극적으로는 오직 나치 국가뿐이었다. 그렇지만 독일에서는 코포 라티즘 이념이 깊게 뿌리를 내리고 있었기 때문에, 경제에 있어서 사회 협력에 대한 나치의 이상화는 지속적으로 괄목할 만한 이윤 을 내고 있던 경영진에게서뿐 아니라 나치 당국이 기회가 있을 때 마다 극찬한 '노동의 영예'의 주인공들인 노동자들에게서도 공감 을 얻었다.[18] 코포라티즘의 개념 자체는 전후 독일 사회에서 신뢰

18) Alf Lüdtke, 〈'노동의 영예' : 국가 사회주의 시기의 산업 노동자들과 상징의 힘The Honour of Labor' : Industrial Workers and the Power of Symbols under National Socialism〉, David Crew (ed.), 《나치즘과 독일 사회 1933~1945Nazism and German Society 1933~1945》(London, 1994), 67~109쪽.

받지 못했지만, 삼자 협력과 사회 협력이라는 관행은 전후 독일연 방공화국에서 강하게 지속되었다. 이와 대조적으로 영국의 전시 코포라티즘은, 그것을 주도했던 베빈의 머릿속에서도 전쟁 이전에 영국 경제의 관행이었던 자율적인 임금 협상과 계급 대립적 산업 관계 모델에 자리를 내주어야 할 일시적인 조치였다.[19] 전시 코포 라티즘이 1940년대 후반에 형성된 거시 경제 조율에 대한 케인스 주의적 합의 도출에 기여했는지의 여부에 대해서는 여전히 논쟁 이 계속되고 있다.[20] 역설적이게도 나치 독일의 권위주의적 코포 라티즘은 패전 이후에도 오랫동안 영향을 미친 반면, 전시 영국에 서 발전한 강성 자유주의적 코포라티즘은 승리 이후 지속되지 못 했다.

영국 전시 경제는 나치 독일보다 더 합리적으로, 그리고 더 효율 적으로 조직되었다. 또한 나치 독재보다 더 많은 희생을 주저 없이 국민들에게 강요하였다. 나치는 지나치게 과중한 부담을 국민들 에게 부과하기를 회피하였는데, 이는 무엇보다 이 부담으로 인해 국내 전선이 붕괴될 것을 두려워했기 때문이었다. 나치는 1차 세 계대전 말기에 국내에서 어떤 일이 발생했는지 알고 있었다. 그래 서 그들은 적절한 식량을 확보하기 위해 많은 노력을 기울였고, 이 것은 전쟁의 막바지까지 성공적으로 이루어졌다. 1940년 1월, 노 동자들이 불평하자 나치는 1939년 9월 공포했던 전시 경제 법령을

19) Stefan Berger, 〈독일에 대한 역사적 전망 : 이론과 실천의 괴리Germany in Historical Perspective : the Gap Between Theory and Practice〉, Stefan Berger · Hugh Compston (eds.), 《서유럽 국가들의 정책 조율과 사회 협조. 21세기를 위한 교훈Policy Concertation and Social Partnership in Western Europe. Lessons for the 21st Century》(Oxford, 2002), 125~138쪽 ; Chris Williams, 〈영국의 역사적 협약Britain in Historical Contract〉, 《서유럽 국가들의 정책 조율과 사회 협조. 21세기를 위한 교훈》, 51~62쪽.

20) Jim Tomlinson, 〈경제 정책 결정에 있어서 케인스 혁명?A Keynesian Revolution' in Economic Policy-Making?〉, 《경제사 리뷰》, 37(1984), 258~267쪽.

철회하고 휴가 제도와 초과 근무 수당 제도를 부활시켰다. 그들은 국민 대부분에게 부과될 높은 세금을 승인하는 것을 극도로 주저했고, 대신 인플레 정책과 점령 지역에 대한 무자비한 착취를 통해 전쟁 비용을 조달하고자 하였다. 이데올로기적 이유뿐 아니라 후방에서 부정적인 상황을 초래할지 모른다는 우려 때문에, 나치는 전쟁 목적으로 여성을 강제로 동원하지는 않았다. 대신 그들은 약 700만 명에 달하는 (주로 동유럽 출신의) 노예 노동자들과 전쟁 포로들을 활용하였다. 이들은 너무 심하게 착취당한 끝에 종종 죽음에 이르기도 하였다.[21] 이들의 생산성은 대단히 낮았고, 양질의 노동력이 심각하게 부족하다는 것이 전시 내내 나치 경제의 주요한 문젯거리로 남아 있었다. 그러나 이 인종적 하위 계급의 존재 자체가 궁극적으로 나치에게 여성 강제 동원의 필요성을 없애주었다.

영국으로서는 이러한 정책을 취할 수 없었다. 베빈이 주도하는 인력동원위원회Manpower Requirement Committee는 1940년 광범위한 여성 동원 정책을 추진하였다. 1943년 강제 동원 정책이 단행되었다. 불평이 없었던 것은 아니지만, 그것은 전쟁 부담을 공평하게 나누어 지는 길이었기 때문에 대부분의 국민에게 환영받았다. 여성 고용에 있어서, 특히 기혼 여성 고용에 있어서 편견이 존재했는가의 여부는 명확히 밝혀지지 않았다. 분명한 것은 전쟁이 여성에게 새로운 기회를 제공해주긴 했지만, 여전히 많은 불공평이 지속되었다는 사실이다. 정부는 전쟁에 있어서 전통적인 성구별을 다시 강제하고 전시의 여성 고용이 일시적이라는 것과 전후 그들이 다시 본업인 가정과 어머니의 역할로 돌아가야 할 것이

---

21) Ulrich Herbert, 《히틀러의 외국인 노동자. 제3제국 시기 독일의 외국인 강제 노동자 *Hitler's Foreign Workers. Enforced Foreign Labor in Germany under the Third Reich*》(Cambridge, 1997).

라는 점을 강조하는 데 많은 노력을 기울였다.[22] 영국과 독일 모두 전시에 여성 고용 구조의 변화를 겪었다. 여성들은 농업과 가사를 떠나 점점 더 많이 생산직, 사무직, 행정직을 맡는 경향을 보였다. 그러나 양 국가 모두 전후에는 여성들을 사적 영역으로 돌려보내려는 대대적인 시도를 하였고, 좀더 평등한 성 질서를 수립하려는 노력을 회피하였다. 하지만 양국의 차이는 존재한다. 독일에 비해 영국이 전쟁 기간 동안에 여성에게 더 많은 요구를 하였다. 또한 영국은 독일의 노동자들보다 더 많은 시간을 일한 그들의 노동자들에게 독일보다 더 많은 것을 요구하였다. 영국 국민은 전체적으로 볼 때 독일보다 더 많은 세금을 내야 했고, 그래서 영국은 대략 전비의 절반 이상을 세금으로 충당할 수 있었다.[23] 자유 민주주의 국가인 영국은 독일보다 더 효율적으로 전시 경제를 조직하였을 뿐 아니라 시민들에게 더 큰 희생을 요구할 수 있는 더 좋은 위치에 있었다. 이 문제와 연관하여 양국 국민들이 어떻게 전쟁에 동원되었는지 아래에서 살펴보겠다.

3. 국민의 전쟁 동원

좀더 평등한 사회에 대한 약속과 사회 정책은 양국이 국민들에게 그들의 전시 노력이 보상받을 것이라는 확신을 심어줄 수 있는 가장 중요한 수단이었다. 나치는 인종주의 정책에 따라 광범위한

---

22) S. Carruthers,〈'공장 노동력 배치': 여성 고용에 관한 선전과 정책 1939~1947 Manning the Factories': Propaganda and Policy on the Employment of Women, 1939~47〉,《역사 History》, 75(1990), 232~256쪽.

23) D. H. Aldcroft,《영국 경제 1권 : 혼란의 세월 1920~51 The British Economy: The Years of Turmoil 1920~51》(Brighton, 1986), 183쪽.

복지 국가를 기획하였다. 대부분의 계획은 독일노동전선에 의해, 특히 그 부속 기관인 과학적 노동 연구소AWI에 의해 수립되었다. 이 연구소의 주된 관심은 사회 정책과 효율성·생산성 제고를 결합하는 것이었다. 테일러주의와 시간·활동 연구와 같은 미국 경영 이념들이 과학적 노동 연구소의 기획자들 사이에서 인기를 얻었다. 독일노동전선 지도자 라이Robert Ley는 전후에 독일 사회에서 후한 연금과 광범위한 건강 보장 및 대량의 신주택 건설 기획이 실시될 것이라고 자랑하였다. 독일 노동자들은 유럽의 미래 '지배 인종'에 걸맞게 영국의 지주들보다 더 좋은 삶을 누릴 것이라는 점도 라이는 강조하였다.[24] 나치 엘리트 학교인 민족정치교육연구소 Napolas는 민족 공동체Volksgemeinschaft와 게르만 유럽의 미래 지도자를 양성하기 위해 설립되었다. 교육 개혁은 인문주의적 교육을 지향하는 고전적 목표를 버리고 나치 인종 이데올로기 선전자 양성이라는 목표를 설정함으로써 독일의 교육 체제를 혁명적으로 변화시키고자 하였다. 그러나 전시의 나치 사회 정책은 구호로서 우렁차게 외쳐졌지만 실행 면에서는 대단히 취약하였다. 전쟁 기간에 실제로 실행된 것은 거의 없었고, 게다가 1943년 이후 모든 사회 정책은 중단되었다.

광범위한 복지 정책을 위한 독일노동전선의 기획에 상응하는 영국의 정책은 1942년의 베버리지 보고서였다. 이것은 가족 수당, 국민 건강 보험, 고용 정책, 교육 개혁 그리고 광범위한 사회 보장 정책으로 구성되어 있었다. 베버리지 보고서는 그 목표를 다음과 같이 명확하게 요약하였다. "이 사회 보장 계획은 사회 정책의 일반적 기획의 일부분으로 입안되었다. 이것은 커다란 다섯 가지 악의

---

24) Ronald Smelser, 《로베르트 라이. 히틀러의 노동전선Robert Ley. Hitler's Labor Front Leader》(Oxford, 1988), 특히 제9장을 참조하라.

퇴치를 위한 조치 중 일부분이다. 다섯 가지 악이란 이 정책의 직접적 관심 대상인 육체적 결핍, 종종 결핍을 불러오며 다른 많은 문제를 야기하는 병, 어떤 민주주의 체제도 감당할 수 없는 시민들의 무지, 산업과 인구의 임의적인 분포에서 발생하는 사회적 불공평, 그리고 영양 상태가 좋든 그렇지 않든 사람들이 게으를 때 건강을 해치고 부패시키는 나태함이다."[25] 베버리지 보고서는 영국 국민들 사이에서 인기를 얻었으며, 노동당은 이 계획을 신속하게 승인한 덕분에 1945년 선거에서 전국적인 승리를 쟁취하였다.[26] 집산주의Collectivism는 전시 영국에서 유행하였다. 1944년의 전후 건강 문제에 대한 백서, 1943년의 지방정부청 신설, 1943년의 〈교육 재건에 관하여〉라는 백서는 영국 사회에 존재했던 주요한 계급 분열을 극복하고 모든 국민에게 좀더 많은 기회와 사회적 평등이 실현되기를 원했던 강한 정치 세력의 영향이 투영된 기획들이었다. 전시 영국의 몇몇 계획들은 윤리적이거나 도덕적인 고려보다는 실용성에 따라 만들어졌고, 윤리적 근거 내지 목적은 정책을 설명하고 설득하는 공공의 담론에서 특히 두드러졌다. 출생과 사회적 지위라는 우연적 요인에 따른 예외는 존재할 수 없었다. 민주주의의 관념은 전쟁을 통하여 상당히 확장되었다. 민주주의가 권위적이고 독재적이며 인종주의에 기반한 나치의 복지 기획에 대한 매력적인 대안 모델을 영국 정부에 제공하였다는 점이 이러한 민주주의 확장에 적지 않은 역할을 하였다.

하지만 영국에서 전쟁으로 인해 야기된 변화의 정도가 과장되어

---

25) William Beveridge, 《사회 보장과 연합 서비스Social Insurance and Allied Services》 (London, 1942), 170쪽.

26) Kevin Jeffreys, 《전쟁과 개혁 : 2차 세계대전 시기의 영국 정책War and Reform : British Politics During the Second World War》(Manchester, 1994).

서는 안 된다. 전시 나치 독일에서보다 더 많은 활동이 있었지만,
양국 모두에서 처음에 복지와 계획에 대한 구상은 정착되지 않은
현재 진행형의 것이었다. 영국에서는 1930년대에 더 많은 국가 간
섭과 사회 조율을 위한 초당적인 '청년 합의young-men's consen-
sus'라는 운동 단체들이 등장하였다. 그리고 독일의 바이마르 공
화국 시기에는 복지 정책과 관행에 대한 매우 격렬한 논쟁이 있었
다.[27] 그러나 여론은 영국 정치 사상에 거의 반영되지 않았고, 관념
들과 가치들은 전시에 크게 변화하지 않았다. 심지어 진보적인 사
상가들조차 강성 국가에 대한 거부와 복지와 경제 계획의 영역에
대한 더 많은 국가 간섭에 대한 지지 사이에서 왔다 갔다 했다.[28]
결과적으로 볼 때, 복지 · 경제 계획과 고용 정책에 대해서 전시 연
합 정부는 어떠한 합의도 도출해내지 못했다. 왜냐하면 전쟁 기간
동안 정당 정책의 차이들이 뚜렷했기 때문이었다.

물론 이러한 정당 정책의 차이가 나치 독일에서는 허용되지 않
았다. 나치는 아리아 민족 동지Volksgenossen에게는 관대한 권한
을 부여하고 '열등 인간'으로 간주되는 사람들은 박해하고 박멸한
다는 잔인한 정책을 내용으로 하는, 인종주의적 국가에 대한 나름
대로의 비전을 미리 만들어놓았다. 그들의 사회 정책은 장애인과
수백만 명의 유대인 및 슬라브인에 대한 살인과 복잡하게 연결되

---

27) 영국에서 조직된 이러한 청년 그룹 중 하나인 정치경제계획그룹Political and
Economic Planning group에 대해서 다음을 참조하라. M. Nicholson, 〈1930년대의 정치경
제계획그룹 : 성장, 사상 그리고 실천PEP through the 1930s : Growth, Thinking, Perfor-
mance〉, J. Pinder (ed.), 《정치와 경제 계획의 1950년대 : 1931~1981년 재고찰Fifty Years of
Political and Economic Planning : Looking Forward 1931~1981》(London, 1981). 독일의 예에
대해서는 다음을 참조하라. David F. Crew, 《전시의 독일인들. 바이마르 공화국부터 히틀
러 시기까지Germans on Welfare. From Weimar to Hitler》(Oxford, 1998).
28) Jose Harris, 〈영국 : 인민의 전쟁?Great Britain : the People's War?〉, D. Reynolds · W.
Kimball · A. O. Chubarian (eds.), 《전시 연합군 세력Allies at War》(London, 1994).

어 있었다. 미래의 지배 인종이 광범위하고 관대한 복지 기획을 통해 강화되어야 하는 것과 마찬가지로, '가치 없는' 사람들은 제거되어야 했다. 2차 세계대전 당시 나치에 의해 추진된 동유럽의 대규모 인구 이동은 유럽에 인종적 동질성을 구축하고자 하는 나치의 희망에 뿌리를 둔 것이었다. 1943년 괴벨스의 '총력전' 연설은 공동의 투쟁과 고난이 어떻게 계급 분열을 극복하고 조화로운 인종 공동체를 건설할 것인가를 강조하였다. 독일이 이 전쟁에 실패한다면, '열등 인간'인 러시아인과 유대인이 독일을 굴복시키는 것이라는 것이었다.

나치는 게르만 인종의 힘을 극대화하기 위해 전시 독일을 통제하였다. 그러한 인종 담론은 광범위한 사회 계층으로부터 환영받았다. 특히 그것이 사회 진보와 경제 발전을 정당화하는 근거로 활용될 때 더욱 환영받았다. 예컨대 독일 노동자들은 외국 노동력 활용을 통해 이익을 얻었고 종종 이를 사회적 지위 상승의 기회로서 경험하기도 했다. 독일 노동자들은 선임자나 감독으로 승진했는데, 일부 승진한 노동자들은 외국 노동자들을 착취하고 부당하게 다루곤 했다. 특히 공장안전관리부Werkschutz는 외국 노동자들을 잔인하게 다루기로 유명했다. 전쟁 말기와 전후 초기에 자신의 운명을 한탄하는 대다수 독일인들의 처절한 자기 연민은 나치에 의해 희생된 사람들의 고통에 대한 그들의 완전한 무관심과는 너무나 대조되는 것이었다.

그러나, 많은 독일인들이 나치의 인종주의적 이데올로기에 완전히 동조하기는 했지만, 전쟁 말기의 잔혹한 공습, 전후방에서 사랑하는 사람들을 잃은 체험, 그리고 생활 수준의 전반적 하락 등으로 인해 나치 지배에 대해 상당히 많은 비판을 제기하였다. 많은 사람이 나치 선전을 세심하게 숙고하고 불신하게 되었다. 당원들조차 당 행사에 참여하기를 꺼리기도 하였다. 당 간부들은 종종 병역 의무를 회피하는 특권적 위선자들로 보이기도 하였다. 1944년 내내 불일치의 양상이 더욱 중대됨에 따라 지역 공무원들과 당 간부들 간의 대립은 증가했다. 예를 들어, 나치 인사법에 따라 손을 높이 들 때 사람들은 다음과 같이 중얼거리기도 했다. "그것은 똥이 얼마나 높이까지 찼는지 보여주는 거야."

1944년 한 해 동안 매달 약 2,000명의 노동자들이 노동 규율 위반으로 체포되었다. 국민들 사이에서 체제가 신임을 잃을수록 나치는 공개적 테러에 더욱더 의존했다. 나치 친위대 산하 사회안전부에 정보를 제공하는 정보원은 5만 명에 달했고, 나치 게슈타포는 높은 수준으로 감시 체계를 정비함으로써(그리고 많은 독일인들이 문제 있는 이웃을 기꺼이 밀고함으로써) 여론을 감시하였다.[29] 전시범죄특별법 제5조에 의하면 '패배주의'도 범죄에 해당하였다. 가축을 훔친 사람에게도 사형 선고가 내려졌으며, 나치 특별 법정은 체제 비판이라고 해석될 수 있는 것은 경미한 범죄에 대해서도 대부분 엄격한 형을 선고하였다. 전방에서는 1만 3,000명의 군인들이 주로 군기 문란과 불복종으로 교수형에 처해졌는데, 이는 전쟁 기간 내내 단 한 명도 교수형에 처해지지 않았던 영국의 경우와 대조된다.[30] 1944년 9월, 나치는 노인들과 어린이들로 구성된, 군 장비를 갖추지 않은 독일 민족 돌격대Volkssturm를 창설하였다. 나치는 이를 진정한 민족의 군대라고 선전하였지만, 나치 이념에 열광하는 어린이들을 제외한 대부분의 사람들은 이를 냉소

29) Robert Gellately, 《히틀러를 지지하다 : 나치 독일의 합의와 강제Backing Hitler : Consent and Coercion in Nazi Germany》(Oxford, 2001).

30) David French, 〈2차 세계대전 시기 대독일전에서의 영국군 규율과 사형Discipline and the Death Penalty in the British Army in the War against Germany During the Second World War〉, 《현대사 저널Journal of Contemporary History》, 33(1998), 531~545쪽.

적으로 대했다. 전쟁에 지친 독일인들이 더 이상의 파괴를 막고 전쟁을 종식시키기를 원할 때, 독재 정권은 자기 국민들에 대한 테러를 강화하였다.

영국은 나치가 취한 이와 같은 정책을 펼칠 필요가 없었다. 영국군이 유럽 전역에서 승리한 막강한 나치군과 홀로 싸울 때인 1940년에도 그러하였다. 전쟁 기간 내내 영국은 국민들의 자발적인 전쟁 참가에 있어서 적국인 독일보다 훨씬 좋은 조건을 갖추고 있었다. 앞서 언급한 것처럼 영국은 강제 수용에서 확인되듯이 시민의 자유를 침해할 수 있는 막강한 강제력을 갖고 있었다. 검열도 광범위하게 실시되었다. 1940년 11월부터 가장 좌파적인 9개 신문의 수출이 금지되었고, 공산당 기관지 《데일리 워커Daily Worker》는 1941년 1월 폐간되었다가 1942년 8월에야 다시 발행될 수 있었다. 정보부는 적극적으로 전쟁 목적을 선전하는 임무를 수행했으며 필요한 곳에서는 강력한 검열을 실시하였다. 1939년 10월 정보부가 종군 기자들에게 신임장을 부여했을 때, 그 지침이 너무 까다로워서 중립국 출신의 약 100명의 기자들은 전쟁 정보를 취합할 곳으로서 런던보다 베를린을 택했다.[31] 그러나 시민의 자유를 침해하는 모든 조치들은 강한 비판을 받았다. 《데일리 워커》가 폐간되었을 때 의회 안팎의 여러 비판자들은 영국 전시 정책의 민주적 정당성은 언론의 자유를 유지하는 것에 달려 있다는 사실을 정부에게 주지시켰다. 영국 대중은 전쟁 기간 동안 계속 영국 미디어를 신뢰하였다. 남성 5명 중 4명이, 그리고 여성 3명 중 2명이 규칙적으로 전쟁에 관한 신문 기사를 읽은 것으로 추정되는데, 이 수치는 전쟁 이전보다 높은 것이었다. 전쟁이 영국에 유리하게 전개되지

---

31) S. Koss, 《영국에서 정치적 언론의 부상과 몰락 : 20세기 *The Rise and Fall of the Political Press in Britain : The Twentieth Century*》, 2권(London, 1984), 602쪽.

않던 때인 1941년 2월에 영국 국영 방송 BBC의 청취자 3분의 2가 뉴스를 신뢰할 만한 것으로 여겼다. 이것은 최소한의 자율성을 유지하려는 BBC의 노력(이것은 늘 성공적이지는 못했다!)이 반영된 것이었다. 이 방송국은 나치 치하 독일 매체에 대해 사람들이 말할 수 있는 것 이상의 완전히 잘못된 보도를 줄곧 명확히 거부하였던 것이다. 독일에서 신문에 대한 나치의 통제는 전시 내내 너무나 강력하여 거의 모든 신문에 동일한 기사가 실리는 경우가 늘어났다. 단조롭고 정형화된 보도로 독자들은 관심을 잃었고 신문 판매 부수는 급격하게 떨어졌다.

영화에 대해서 살펴보자. 현실 도피적 장르인 영화는 전쟁 기간 동안 양국 모두에서 큰 인기를 누렸다. 그러나 보다 명확하게 정치적 특징을 드러낸 영화들을 살펴보면, 그 안에 담긴 이데올로기적 메시지는 예상대로 아주 다르다. 양국의 영화가 모두 전투와 전우애를 영광스럽게 그렸지만, 나치 영화는 이에서 더 나아가 독일 군인들의 인종적 우월감을 찬양하고 개인의 죽음을 민족을 위한 희생으로 묘사하는 망자 숭배로서 기념했다.[32] 이와 대조적으로 영국 영화는 종종 나치 이데올로기와 자유 민주주의적 가치의 차이를 집중적으로 드러냈다.[33] 물론 영국의 자유를 수호하는 것은 처칠의 유명한 전시 수사(修辭)의 가장 큰 주제이기도 했다. 수상으로서의 첫 번째 연설에서 그는 전쟁의 목적을 다음과 같이 묘사하였다. "승리, 모든 희생을 치르더라도 쟁취해야 할 승리, 어떠한 테러의 위협 속에서도 얻어야 할 승리, 아무리 길고 험난한 길이 놓

---

32) 나치 독일의 죽음 숭배에 대해서는 다음을 참조하라. Sabine Behrenbeck, 《사망한 영웅에 대한 숭배. 국가 사회주의의 신화, 의식 그리고 상징 Der Kult um die toten Helden. Nationalsozialistische Mythen, Riten und Symbole》(Vierow, 1996).

33) R. Hewison, 《문화와 합의 : 1940년 이후의 잉글랜드, 예술, 정치 Culture and Consensus : England, Art and Politics since 1940》(London, 1995).

여 있다 하더라도 반드시 도달해야 할 승리, 바로 그것이다. 왜냐하면 승리 없이는 생존이란 존재할 수 없기 때문이다."[34] 무엇보다 처칠의 대담한 연설이 그를 위대한 전시 지도자로 부상하게 했고 그와 영국 국민 사이에 강한 연대감을 조성해주었다. 그는 나치 독일에 대한 영국의 강력한 저항의 주요 상징이 되었다. 처칠이 거듭하여 방어한 것은 영국 제국이었지만 이 제국은 그에게 있어서 진보, 자유, 의회 정치 체제를 의미했다. 역사가로서 처칠은 모든 역사를 영국의 승리를 위해 활용하였다. 처칠의 역사 해석에 의하면, 독재에 대항하고 자유와 문명의 축복을 전 세계에 전파하는 것이 영국과 그 국민의 사명이며 앞으로도 그러했다.

처칠에게 영국은 이미 완벽하였다. 영국은 변화할 필요가 없었다. 하지만 나치 독일에 대한 처칠의 대담한 입장을 지지하는 많은 사람들 중에는, 전쟁이 히틀러를 무찌르기 위한 것이기도 하지만 영국 사회가 보다 더 정의롭고 평등한 사회로 변화하기 위한 계기이기도 해야 한다고 생각하는 사람들이 많아졌다. 전시 영국을 위해 '봉사'했지만 1939년 이전에는 정당한 대가를 받아보지 못한 사람들에게도 전쟁은 보답을 해야 한다고 이들은 생각하였다. 프리스틀리J. B. Priestley와 오웰George Orwell이 영국 사회의 새로운 시작에 대한 필요성을 대변한 두 인물이었다. 프리스틀리의 라디오 방송 프로그램 〈포스트크립트Postcript〉는 대단한 인기를 누렸는데, 이 방송은 영광스러운 과거(그의 경우에는 대부분 영국의 과거)를 묘사하는 데 전력했지만, 또한 보다 더 큰 사회적 정의와 공동체주의에 대한 헌신을 특징으로 하는 미래를 환기하기도 하였다. 전시 영국에서 가장 영향력 있었던 화보집 《픽처 포스트

---

34) Mark Donnelly, 《2차 세계대전 당시의 영국Britain in the Second World War》(London, 1999), 14쪽에서 재인용.

Picture Post》는 1941년 1월에 '영국을 위한 계획'이라는 이름이 붙은 특별호를 간행하였다.[35] 이것은 공정, 예절, 신뢰와 같은 영국의 전통적인 가치로 여겨지는 것들을 지키기 위한 사회 개혁을 강력히 요구하였다. 이에 따르면, 합리적 계획은 민주적 영역을 확장하고 자유에 대한 영국의 헌신에 실제적 내용을 채우는 데 기여할 것이었다. 오웰처럼 특권과 위계 질서를 한탄한 사람은 없을 것이다. 그는 전체주의에 대항해서 자유를 수호하고자 하지만 이 자유에 도덕적 차원을 부가하기를 원했던 사람들을 전쟁 기간 동안 강력하게 대변하였다. 전간기에 영국을 침울하게 만들고《위건 피어로 가는 길 *The Road to Wigan Pier*》과《파리와 런던의 바닥 생활 *Down and Out in Paris and London*》의 저자 오웰의 극심한 비판의 대상이 되었던 영국 사회의 계급 구조를 새로운 도덕은 일시에 제거할 것이라고 그는 보았다.

4. 총력전 동원과 근대화에 대한 영향

전쟁의 영향을 받으면서 영국은 전통적으로 개인주의를 지향하던 관행으로부터 벗어나, 자유와 민주주의를 수호하고자 하는 열망과 결합된, 종종 모호하고 산만한 집단주의를 승인하였다. 이 메시지는 수백만 명의 영국인을 동원할 수 있는 강력한 혼합물이었음이 입증되었다. 이러한 집단주의는 영국을 2차 세계대전 기간 중에 가장 계획되고 통제된 사회로 만드는 데 일조했다.[36] 그리고

---

35) Stuart Hall,〈픽처 포스트의 사회적 시각 The Social Eye of Picture Post〉, Glenn Jordan (ed.),《픽처 포스트', 1950년대 카디프의 휴머니스트 사진과 이미지 *Down the Bay. "Picture Post", Humanist Photography and Images of 1950s Cardiff*》(Cardiff, 2001), 67~72쪽.

이러한 계획과 통제가 자발적인 토대 위해서 성취되도록 하는 데 큰 도움이 되었다.

전시 영국과 독일에서는 수많은 외관상의 유사점들이 발견되었다. 고통 분담과 강력한 민족주의적 선전의 혼합물은 각각의 공동체에 대한 강한 집착을 생산해냈다. 또한 국가 계획이 괄목할 만큼 증가하였고 광범위한 사회 개혁이 단행되었다. 이러한 유사점의 배후에는 대단히 본질적인 차이가 존재했다. 영국의 경제 조직은 독일의 경제 조직보다 기술적으로 뒤져 있었지만 독일보다 더 합리적이고 중앙집권적으로 조율되었고, 전시 독일의 다극적 지배 체제의 무질서와 큰 대조를 이루었다. 영국의 의회 민주주의가 전쟁 기간 동안 시민의 자유를 제한했지만 여론에 대단히 민감했고, 보다 제한되긴 했지만 지속적으로 다원적인 의견을 허용했던 반면, 독일의 거침없고 잔인한 독재는 인권과 시민의 자유를 완전히 무시하였다. 영국 정부가 국민들에게 보다 많은 희생을 강요할 수 있었던 기반은 영국 정부가 가진 보다 큰 정당성이었다. 자유 민주주의적이며 사회적 정의에 기초한 민족에 대한 비전은 나치의 인종주의적 민족 개념보다 훨씬 더 큰 호소력을 지녔다. 그래서 2차 세계대전은 1차 세계대전과 같이[37] 전체주의적 독재에 대한 자유주의적 정치 문화와 대의제 민주주의의 궁극적인 우월성을 보여주었다. 왜냐하면 그것이 총력전 동원에 있어서 더 효율적이었기 때문이었다.

---

36) R. Cockett, 《상상할 수 없는 것을 생각하라 : 1931~83년 기획자 집단과 경제적 대응 혁명Thinking the Unthinkable : Think Tanks and the Economic Counter-Revolution 1931~83》 (London, 1995), 58쪽.

37) Dieter Baudis, 〈1차 세계대전 시기의 독일과 영국Deutschland und Großbritannien in der Zeit des ersten Weltkrieges〉, 《경제사 연보Jahrbuch für Wirtschaftsgeschichte》(1981), 49~78 · 205~16쪽.

그러면 이 모든 것은 2차 세계대전 동안의 독일과 영국 사회의 근대화에 대한 전쟁의 영향과 관련해 무엇을 말해주는가? 독일에서 소위 '민족 공동체'의 평준화 효과는 매우 제한적이었다. 그래서 몸젠Hans Mommsen과 같은 비판적 역사가들은 나치 독일의 근대화는 '위조된 근대화'라고 보았다.[38] 폭격으로 소실된 도시들에서 총력전이 노동자 계급의 전통적인 이웃 관계의 파괴에 미친 영향과, 스스로를 특정 사회 계급의 소속원이라기보다는 군인으로 생각하게 된 남성 노동자의 정체성에 미친 영향에 대한 논의는 좀 더 진지하게 고려할 필요가 있다. 1943~1948년의 독일 사회의 전환은 (이 논문이 다루고 있는) 정치적 경계선을 분명히 벗어나지만, 1950년대 서독 사회의 급속한 근대화를 이해하는 데 유용할 것이다.[39] 영국에서 전쟁의 파괴적인 영향들은 1944~1945년의 독일에서 확인되는 바와 같은 정도로 총체적이지 않았다. 영국은 '붕괴된 사회'가 아니었고, 전시 영국에서의 전통적 계급 사회의 붕괴에 대해서는 매우 제한된 증거만이 확인된다.[40] 전시 영국에서 새로운 사회적 합의가 부상하기 시작했다는 오래된 주장들은 최근의 연구에 의해 심각하게 의문시되고 있다. 최근의 연구에 의하면, 전시의 영국은 여전히 사회적 분열, 인종적 차별, 그리고 문화적 배제로 가득 찬 사회였다. 더욱 중요한 점은 보수당이 본질적으로 현

---

38) Hans Mommsen, 〈다시 한번 : 국가 사회주의와 근대화Noch einmal : Nationalsozia-listismus und Modernisierung〉, 《역사와 사회 *Geschichte und Gesellschaft*》, 21(1995), 391~402쪽.

39) Martin Broszat · Klaus-Dietmar Henke · Hans Woller (eds.), 《스탈린그라드로부터 통화 개혁까지. 독일 사회 변혁의 사회사에 대하여*Von Stalingrad zur Währungsreform. Zur Sozialgeschichte des Umbruchs in Deutschland*》(München, 1988).

40) 1945년 이후 지속된 계급 문화들에 대한 뚜렷한 증거와 관련해서는 다음을 참조하라. Ross Mckibbin, 《계급과 문화 : 잉글랜드 1918~1951 *Classes and Cultures : England 1918~1951*》(Oxford, 1998).

상 유지를 하기 원했던 사회가 바로 그러한 영국 사회였다는 것이다. 물론 이와 달리 노동당은 구조적으로 개혁된 사회에 대한 그들의 전망에 따라 전시 집단주의를 공고히 하기를 원했고, 이 노력은 결국 성공하였다. 그러나 진정한 변화는 전시에 이루어진 것이 아니라 1945년 이후 노동당 정부가 추진한 정책들에 의해 나타난 것이었다.

전쟁 기간에 나치가 선전한 근대화는 인종적 기준에 의해 규정되었다. 그것은 배타적이며 근본적으로 비민주적이었다. 이와 대조적으로 전시에 영국의 개혁 좌파가 주창했던 근대화된 영국의 비전은 사회의 모든 계급을 포함하는 것이었으며 더욱 개방적이었다. 그것은 평등한 기회의 영역을 확대하고자 하였고, 그래서 근본적으로 민주적이었다. 이러한 점을 감안할 때, 전시 영국의 근대화는 전후 노동당 정부에 의해 열매를 맺은 민주적 근대화였고, 전시 독일의 근대화는 1945년에 중단되었지만 그 유산이 지속되어 1950년대 전후에 서독 사회의 근대화에 영향을 미친(그러나 결정적이지는 않은)[41] 인종적 근대화였다고 정의하는 것이 합리적이다. 전시 독일과 영국의 비교는 민주주의를 사회의 성공적 근대화의 중심적 요인으로 이해하는 기존의 주장을 다시 강화한다고 볼 수 있다.

---

41) Axel Schildt · Arnold Sywottek (eds.), 《재건기의 근대화. 1950년대의 서독 사회 *Modernisierung im Wiederaufbau. Die westdeutsche Gesellschaft der 50er Jahre*》(Bonn, 1998).

II

중유럽 역사에서
나타나는
대중독재

나치의 민족 공동체—새로운 정치 질서

미하엘 빌트 :: 이진일 옮김

1. 1차 세계대전 : 나치즘의 대두와 승리의 배경

나치의 성공 배후에는 이미 19세기부터 비롯된 많은 원인들이 놓여 있었다. 산업화의 도상에서 유럽 사회는 근본적인 변화를 경험했는데, 경제적 원칙으로서의 시장의 관철과 시장 종속적 상인 계급의 형성, 엄청난 인구 증가와 이와 연계된 대대적 이민, 도시화, 과거 지배적 위치에 있었던 농업 분야의 몰락, 교육·교통·통신 제도 등의 확산, 과학의 발달, 세속화와 해방, 정치적 참여 등이 그것이다. 통괄하여 근대화라는 개념으로 요약할 수 있는 이 모든

미하엘 빌트Michael Wildt는 독일 함부르크 사회문제연구소의 연구원이며, 지금까지 주로 독일 나치 정권의 유대인 정책과 제국 보안대와 같은 나치 수하 기구들의 정책 전개 과정 등에 관해 연구해왔다. 《국가 보안대의 유대인 정책, 1935~1938》이라는 사료집을 편집했으며, 그 밖에 영화 〈쉰들러 리스트〉를 다룬 〈상상해낸 것과 실제, 한 영화에 대한 역사 서술적 주석〉, 〈50년대 소비와 근대화〉, 〈'최종 해결책'의 전단계—국가 보안대의 유대인 정책, 1935~1938〉, 〈제국 보안 사령부—한 기구의 과격화〉, 〈아이히만의 우상〉 등의 논문을 발표했다. 최근 저서로는 《무조건의 세대—제국 보안 사령부의 지도층》이 있다.

이진일은 성균관대 사학과에서 석사 과정을 마치고 독일 튀빙겐 대학에서 바이마르 시대 독일 노동조합에 관한 연구로 박사 학위를 받았다. 귀국 후에는 홀로코스트와 그에 대한 전후의 역사적 청산 문제에 관심을 기울여왔으며, 현재 나치즘과 관련하여 독일에서의 기억 문화의 단절과 그 연속성에 관하여 연구하고 있다.

과정들은 전통적 사회 구조를 근본부터 변화시켰으며, 문화적 가치관과 정치적 질서들을 극단까지 자극함으로써 균열에 이르게 했다.

부르주아는 비록 경제적으로는 구체제와의 싸움에서 승리하였지만, 1848년 혁명의 실패 이후 구 엘리트, 토지를 소유한 귀족 계급, 관료, 군인 등에게 남아 있던 결정적인 정치적 역할들을 넘겨받기에는 여전히 너무도 허약한 것으로 판명되었다. 중요한 의미를 지니고 새롭게 등장한 사회층, 즉 노동 계급은 고립되어 있었으며, 어떠한 종류의 사회적·정치적 참여로부터도 배제되어 있었다. 경제는 자본주의적 시장 원칙에 따라 편성되어가고 있었으나, 정치 시스템의 자유화는 여전히 막혀 있었다. 여기에 더하여 사회적·경제적·문화적 발전의 거대한 가속화는 미래에 대한 깊은 불안과 공포를 야기했다. 특히 구 중산층은 궁핍화와 사회적 몰락 앞에서 두려워하고 있었다. 전통은 무너졌고, 과거의 안정과 종교적 결속은 힘을 상실해갔으나, 보편적 정당성을 담보할 수 있는 새로운 확실성은 보이지 않았다.

세계대전 이전, 경제적으로 풍요로웠던 시기에는 이러한 갈등들을 억누를 수는 있었으나 제거하지는 못하였다. '금세기의 근원적 대참화The great seminal catastrophe of this century"(조지 케넌 George F. Kennan)라 불리는 1차 세계대전은 여전히 유럽 세계와 구체제를 연결시키고 있던 끈을 마침내 끊어버렸다. 전쟁은 유럽의 모든 계급과 세대를 포괄하였으며, 이 전쟁으로부터 모든 견해와 경험들이 분열을 일으키기 시작하였다. 1914년 8월, 승리의 확신 속에 크리스마스 전에 다시 집으로 돌아올 수 있으리라 믿었던 사람들도 전쟁 속에 휩쓸려 들자 그 누구도 자신 앞에 무엇이 닥칠지 예측할 수 없었다. 이 전쟁은 영웅적인 기사(騎士)Ritter들의 전쟁이 아니라 적군의 포화와 가스 공격 아래서 살아날 가능성이란 전혀 없는 대량 살생이었으며, 육체의 기계적 도륙이자 수천 명의 집단 학살이었다. 구 유럽은 글자 그대로 전장의 포화에 산산이 부서졌다. 전쟁이 끝나자 어떤 것도 더 이상 과거의 그것이 아니었으며, 사람들이 지나가버린 '좋았던 옛 시절gute, alte Zeit'을 그리워한다 하더라도 그 시절은 영원히 사라져버렸다.

동시에 전쟁을 통하여 다음 수십 년 동안의 정치적 논의를 결정적으로 주도할 '민족 공동체Volksgemeinschaft'라는 신화가 탄생하였다. 신문은 전쟁에 직면하여 독일 민족의 통일과 단결을 맹세하였고, 1914년 여름의 행진을 민족과 황제의 결합으로 표현하였다. 이러한 상황에서 빌헬름 2세는 후일 반복해서 인용되곤 하는 "짐은 어떤 특정한 정파가 아니라 오직 독일인만을 아노라"라는 구절을 생각해냈다. 독일사회민주당SPD이 제국 정부와 맺은 성내 평화Burgfriede는 통일된 국가의 모습을 만들어냈다. 거꾸로 노동 운동의 대표자들뿐만 아니라 독일 국적의 유대인들은 전쟁에 대한 지지를 자신들이 독일 민족의 한 부분으로서 동등하게 존중되리라는 희망과 결부시켰다. 사회 민주주의의 지도자이자 후일 프로이센의 문화장관이 된 콘라트 해니슈Konrad Haenisch가 1916년 표현한 바와 같이 "고난과 죽음 속에서도 민족 공동체와 함께하는 일"은 사회 민주주의자들뿐 아니라 노동조합의 간부들에게 있어서도 마찬가지로 당연한 일이었다.

2. 바이마르 공화국에서의 시민 사회 와해

황제의 퇴위와 뒤이은 네덜란드 망명에서 그 상징성이 드러나

듯, 제국의 군사적 패배와 정치적 몰락은 소위 '민족 공동체'가 이제는 전혀 언급의 대상도 되지 못하는 것으로 여겨지게 했다. 1917~1918년의 파업과 약탈 행위는 독일 사회의 실제적 분열을 극명히 드러냈다. 끊임없이 자신의 모습을 변화시키는 키메라와 같은 특성을 드러냈던 민족 공동체의 개념은 일단 없어지기는 했지만 완전히 사라진 것은 아니었다. 공교롭게도 주권을 가진 국민으로서의 민족, 성숙된 시민의 집합체의 실현이 마침내 손에 잡힐 듯 다가온 순간 1919년 8월의 바이마르 헌법은 제1조에서 '독일 제국은 공화국이다. 국가 권력은 민족으로부터 나온다"라고 규정함으로써, 공화국과 그 민주적 헌법을 향한 모든 비판에 대하여 민족 공동체의 개념을 제시하였다. 여기에서 특히 모순적인 것은 바로 '공동체Gemeinschaft'라는 표현으로서, 이 '공동체'란 현재의 정치적 질서가 무너지고 극복될 때에야 비로소 실현될 수 있다는, 파멸적인 개념을 담고 있었다. 바이마르 공화국의 현실 정치적 질서는 민족 공동체 개념을 통하여 근본적으로 비판되었고, 동시에 민족이 공동체를 이루며 살 수 있도록 만들어나갈 질서를 위하여 미래의 지평을 열어놓았다.

1919년 혁명은 공화국으로의 정치적 변환을 가져오기는 하였으나, 정치적 권력 관계의 근본적인 변화에는 전혀 이바지하지 못했다. 비록 옛 귀족의 지배는 왕국의 몰락과 함께 영원히 사라졌지만, 혁명 이후 국헌을 책임진 사회 민주주의자들이 과거의 경제, 행정, 군 등을 장악했던 권력 엘리트들과 실용적인 타협을 이룸으로써 사회적 갈등은 해결되지 못했다. 바이마르 민주주의 앞에 놓인 변화와 통합이라는 과제는 공화국으로서는 분명 힘에 부치는 일이었다. 베르사유 조약은 전후 독일을 경제적으로 지나치게 혹사시켰지만 그것이 정치 문화에 끼친 부담도 결코 과소평가할 수 없다. 에리히 루덴도르프Erich Ludendorff와 파울 폰 힌덴부르크 Paul von Hindenburg 등의 지휘 하에 있던 군 총사령부는 1918년 가을까지 실전 상황을 불분명하게 발표하였다. 마침내 패배를 피할 수 없음이 분명해지자, 영광스러운 황제군이 패배했다는 충격은 현실을 받아들이기를 거부하는 방향으로 전환되었다. 이에 따라 독일에서는 전장에서 승리한 군대가 고향의 배반자와 모함꾼들, 반란자들과 혁명가들에 의하여 무릎을 꿇어야만 했다는 비수(比首) 신화Legende vom Dolchstoß'가 널리 동의를 얻기 시작한 것이다.

바이마르 공화국은 처음부터 많은 적들을 갖고 있었지만 방어자는 소수에 불과했다. 소수의 좌우 조직들이 일으킨 반란과 폭동 시도, 정치적 암살은 공화국의 질서를 흔들어놓았다. 1920년 초 우파의 국가 전복 기도는 단지 노동조합에 의해 주도된 노동자들의 총파업으로 저항을 받았던 데 비해, 극좌파의 반란은 군대의 잔인한 진압에 의해 좌절되었다는 사실은 주목할 만하다. 이에 따라 공화제 국가에 대한 신뢰가 떨어졌음은 당연한 일이다. 이미 첫 번째 제국 의회 선거가 실시된 지 1년 후 국헌을 책임진 사회민주당, 독일민주당DDP, 가톨릭중앙당Zentrumspartei 등은 과반수를 상실하였고, 이후 바이마르 공화국이 패망하기까지 결코 그 수적 우위를 회복하지 못했다. 1925년 제국 원수이자 자타가 공인하는 반민주주의자였던 힌덴부르크의 대통령 취임은 공화국 정치 문화의 지속적인 와해를 분명히 드러내었다. 사람들은 이제 완전히 공개적으로 난세를 이끌 지도자를 찾기 시작했다.

정치적 내전뿐만 아니라 경제적 어려움도 만연해 있었다. 1923년은 이러한 소용돌이가 절정에 달한 때였다. 프랑스와 벨기에 군대가 라인란트를 점령했으며, 곳곳에서 시민들의 저항과 파업이 일어났고, 분리주의와 테러, 끝없이 심화되는 인플레이션 등이 사회를 더욱 불안하게 하였다. 투기꾼들이 엄청난 재물을 긁어모으는 동안 저축했던 돈은 사라져버렸다. 근면, 검소, 안정된 살림살이와 같은 시민 사회의 정신적 가치들은 인플레이션의 소용돌이 속에 철저히 무너져 내렸다. 1923년 가을, 정치는 어느 정도 안정을 되찾게 되었지만 사회의 안전 보장에 대한 신뢰는 이미 모두 사라져버린 후였다. 따라서 통일과 귀속감, 평온과 질서 등을 추구한 바이마르 공화국에서 왜 '민족 공동체'라는 슬로건이 환영받았는지 이해할 만하다. 민족사회주의 독일노동자당NSDAP뿐 아니라 좌파를 포함한 거의 모든 당들이 민족 공동체를 정치적 주문(呪文)Zauberwort으로 사용하였다. 프리드리히 마이네케Friedrich Meinecke 같은 자유주의적 역사가조차 이 같은 개념을 공화국의 새로운 출발의 기반으로 삼고자 했다. "그러나 이제 모든 것은, 국가 권위와 준법 의식, 공공의 복지 밑에 개개인을 복속시키는 것 등의 고귀한 가치들을 구체제에서 새로운 독일의 체제로 손상 없이 이관시키는 것에 달려 있다. 과거 우리의 옛 세계는 절대 왕정의 가치들에 너무도 구속되어 있었고, 민족 공동체의 사고로부터 충분히 자유롭지 못했다. 이제 새로운 민족국가의 과제는 100년 전 위대한 독일의 이상주의자들과 프로이센의 개혁자들이 요구한 바를 실현시키고, 민족의 가장 깊숙이까지 그러한 국가 윤리 의식을 전파하는 것이며, 이는 개개인의 도덕적 자유로부터 흘러나오는 것이다."[1] 또한 제국 정부의 공식적인 정치 홍보 부서인 향토

---

1) Friedrich Meinecke, 〈신구(新舊) 독일Das alte und das neue Deutschland〉, 《도이체 알게마이네 차이퉁Deutsche Allgemeine Zeitung》(1918년 11월 20일, 1918년 11월 30일) ; F. Meinecke, 《전집Werke》, 2권 《정치 저술과 연설Politische Schriften und Reden》(Darmstadt, 1968), 264~273쪽, 인용 268~269쪽.

봉사중앙회Zentra-le für Heimatdienst'가 발행한 1919년 3월의 한 팸플릿은 혁명 자체를 민족 공동체의 원천으로 규정하기까지 했다. "혁명은 새로운 인간의 시작이다. 혁명은 민족 공동체의 시작이다."[2]

가장 적극적으로 헌법 제정에 기여했던 독일민주당의 자유 민주주의자들 또한 민족 공동체 정신을 유포시켰다. 자유주의자들은 이것으로 계급 투쟁 정신을 극복하려 했고, 민족의 사회적 통일을 이룩하려 하였다. 1924년 이들은 '민주주의란 민족 공동체를 통한 계급 투쟁 정신의 극복을 의미한다'라는 슬로건을 내세우며 선거에 나섰다. 정치적 가톨릭주의의 이념도 마찬가지였다. 1922년 "가톨릭중앙당은 의식적으로 독일 민족 공동체를 지지하며, 국가와 사회, 경제와 문화에서 기독교 정신의 기본 강령을 실현시킬 것을 결의하는 기독교적 민족 정당이다"라고 밝힘으로써, 자유주의자들과 마찬가지로 무엇보다도 계급 투쟁을 벌일 것과 계급 지배에 대항하여 싸울 것임을 분명히 한 것이다. '독일 민족 공동체의 유기적 성장은 모든 계층과 직업 집단들의 연대에 기초한다."

사회 민주주의자들조차 이러한 정치적 슬로건을 포기하지 못하였다. 1921년의 괴를리처 프로그램Görlitzer Programm에서 사회민주당은 자본주의적 착취의 기반과 근거를 없애고 민족 공동체에의 봉사로 나아갈 것을 요구하였다. 1932년 당 기관지 《전진 Vorwärts》은 제국 수상 파펜Franz von Papen의 정부 성명을 '아래로부터의' 요구에 맞서야만 했던 '위로부터의 계급 투쟁 선포'로 규정하였다. '귀족과 민족 간의 투쟁은 일어나야만 한다! 거만한 지배층들이 최종적으로 굴복하여야 비로소 진정한 민족 공동체가

---

2) 《새로운 민족 공동체의 정신. 독일 민족을 위한 건의Der Geist der neuen Volksgemein-schaft. Eine Denkschrift für das deutsche Volk》(Berlin, 1919), 4쪽.

가능하다."

물론 19세기부터 이어져 내려온 정치적 조류들의 사회 윤리적 환경sozialmoralische Milieus을 구성하고 있던 자유주의자, 보수주의자, 가톨릭교도, 사회주의자들은 이미 오래전부터 무너지고 있었고, 1928년 제국 의회 선거 이래 기존의 당 체제는 해체가 임박한 듯 보였다. 이에 반하여 나치당은 자신들이 처한 초기의 주변부적 상황을 이용하여 어떤 특정한 지지자들에 매이지 않았고, 오히려 스스로를 '젊고' 계급을 포괄하는 민족당Volkspartei'으로 드러내었으며, 개별적인 이해들이 아닌 민족 공동체 전체를 대변하려 하였다. 실제로 민족 사회주의자들은 전 사회층 속으로 파고드는 데 성공하였다. 전 민족의 지도자로서의 카리스마가 히틀러에게 집중되었다. 그는 통일과 치유, 분열의 극복뿐 아니라 통합과 안정에의 열망을 미래의 '민족 공동체'라는 약속으로 묶어줄 수 있는 위치에 있었다.

이처럼 좌파와 자유주의자들의 민족 공동체에 관한 언급은 우파의 권위주의적 질서관과 직접적으로 상통한다고 볼 수 있다. 민족 공동체 개념은, 예를 들어 사회 민주주의자들에게서 계급 화해적인 의미로, 즉 한 줌도 안 되는 대자본가들에 대항한 모든 노동자들의 단결에 대한 동의어로서 일정 부분 사용되었다면 우파, 특히 나치에게서는 무엇보다 제한과 배제를 통해 규정되었다. 우파는 누가 민족 공동체에 속할 것인가 하는 문제보다는, 누가 거기에 속해서는 안 되는가——누구보다도 유대인들——하는 문제에 집중하였다. 나치는 민족 공동체를 통합의 의미로만 파악하지 않고 포용과 아울러 배제의 의미를 강조하였으며, 오직 '외부 인종'의 배제를 통해서만 민족 공동체를 이룩할 수 있다고 믿었다. 이러한 믿음은 그들의 민족 공동체 개념을 정치적으로 강렬하고도 급진적인 것으로 만들었다. 우파에게 있어서 반유대주의, 유대계 독일인의 추방은 하나의 독일 '민족 공동체'를 건설하는 데 있어 절대적인 전제 조건이었다.

한 걸음 더 나아가 나치는 인종생물학적 시각에서 모든 '외부 인종'뿐만 아니라 장애인, 정신 장애자, 사회 부적응자, 노동 무능력자들까지도 민족 공동체에서 배제해야 할 대상으로 보았다. 민족 공동체라는 나치의 계획은 깊이 분열되고 불안해하고 겁에 질린 사회를 통합을 통해 치유하는 것이 아니라, 그 사회 내에서의 분명한 경계 짓기와 난폭하고 폭력적인 차별화, 시민 사회의 파괴, 그리고 최종적으로는 새로운 인종차별주의적·민족적 정치 질서의 수립 등을 목표로 하였다.

3. 1933년 혁명

히틀러와 독일노동자당이 1933년 1월 정권을 획득할 수 있었던 것은 민족 사회주의 운동이 강력해서였다기보다는, 공화제적 세력의 약화와, 권력의 뒷자리에서 묘수로 독일을 조정할 수 있기를 원했던, 노쇠한 제국 대통령 힌덴부르크 주변의 정치적 섭정들 Kamarilla이 지녔던 편협한 단견 때문이었을 것이다. 나치당은 단지 소수의 장관들을 새로운 내각에 참여시켰으며, 다수의 보수주의자들은 히틀러가 '포위'되었거나(후겐베르크Hugenberg), 더 나아가 그가 단지 '채용'된(파펜Papen) 것이라는 환상을 갖고 있었다. 나치의 정적들이 새로운 권력자가 호전적인 자신의 예고들을 실천에 옮길 것인지 지켜보고 있는 동안, 수많은 독일인들은 당쟁과 정치적 논쟁이 끝나기를 기대하고 있었다. 무엇보다도 새로운 정부가 질서를 세우고 경제적 위기를 극복하며 정치적 분열을 제거하기를 기대했던 것이다.

1월 30일 이후의 몇 주 동안 뒤따른 것은 획득한 권력을 결단코 포기할 수 없으며 독일을 급격하게 변화시켜야겠다는 분명한 의지였다. 1933년 초의 혁명적 시기에 나치는 폭력에 의지하여——종종 그 폐해를 위장시키는 기술적 개념인 '획일화Gleichschaltung'로 표현되지만——정치적 구조를 탈취하였을 뿐만 아니라 근본적으로 변화시켰다. 이는 노동조합과 노동자 당의 파괴, 당 체제의 단일화, 청소년 조직과 직업 조직, 여가 활동 조직 등의 통합, 지도자 원칙, 반유대인적 직업 금지, 정치적 반대자에 대한 테러, 강제 수용소, 비밀 경찰 등으로 나타났다.

히틀러는 제국 수상으로 임명된 지 3일 후 육군과 해군 사령관 앞에서 다음과 같이 선포한다. "모든 정책의 목표는 오직 하나, 정치 권력의 회복이다……오늘날의 독일 국내 정치 상황의 방향을 철저히 전환시켜야 한다. 목표에 맞지 않는 어떠한 이념의 실천 행위도 금지시켜야 하며(평화주의!), 내적인 변화에 순응하지 않는 자는 굴복시켜야 한다. 마지막까지 철저히 마르크스주의를 박멸하자."[3] 바로 그 다음날 소위 긴급조치Notverordnung가 내려지며 전 제국에 걸쳐 집회와 언론의 자유가 대폭 제한된다.[4] 2월 17일,

---

3) 육군 중장 리프만Liebmann의 메모, 《계간 현대사 Vierteljahrshefte für Zeitgeschcihte》 2(1954), 434쪽 이하 ; 최근 새롭게 발견된 하머슈타인Hammerstein 장군의 메모 참조. Müller, 《히틀러의 군 수뇌부 연설 Hitlers Rede vor der Reichswehrführung》(1933) ; A. Wirsching, 〈오직 땅만을 독일화시킬 수 있을 뿐이다Mann kann nur Boden germanisieren〉.

4) 〈독일 민족의 보호를 위한 제국 대통령 조치Verordnung des Reichspräsidenten zum Schutze des deutschen Volkes〉, 1933년 2월 4일, RGBl. I(1933), 35쪽 이하. 괴벨스는 1933년 2월 2일에 다음과 같이 말했다. "이번에는 적과의 싸움이다. 우리는 결코 용서하지 않을 것이며, 모든 수단을 동원해 이를 관철시킬 것임을 안다." J. Göbbels, 《황제의 궁정에서 제

프로이센의 임시 내무장관이던 헤르만 괴링Hermann Göring은 경찰에 '민족적 선전 활동을 전력을 다해 지원하며, 그에 반해 반국가적 조직들의 준동은 강력한 대응책으로 분쇄할 것"과 "필요하다면 총기의 사용도 고려할 것"을 지시한다.[5] 2월 27일의 제국 의사당 방화 사건을 나치는 즉시 공산당의 반란으로 발표했으며, 바이마르 헌법의 기본권을 사실상 무력화하는 환영할 만한 기회로 삼았다. 1933년 2월 28일[6]의 '민족과 국가의 보호를 위한 제국 대통령의 조치'에 따라 특히 좌익 야당을 겨냥한 대대적인 체포와 탄압의 물결이 이어졌다.[7]

소위 '제국 의회 방화 특별법'은 개인의 자유, 가택의 불가침성, 우편 및 전화 통화의 비밀 보장, 의사 표현과 집회의 자유, 결사권, 사유 재산의 보호 등 중요한 기본권들을 무력화시켰으며, 의도적으로 군사적 비상 조치의 선포를 막았다. 이러한 진압책을 관철시키기 위하여 이 특별법은 그 집행권을 군사령관이 아닌 경찰에 이양했다. '제국 의회 방화 특별법'은 나치 정부에서 경찰의 권력을 강화했으며, 이는 나치 정권이 생각하였던 국가 비상 사태나 포위 상태가 얼마나 전통적 카테고리로부터 벗어난 것이었는지를 보여

국 내각으로 *Vom Kaiserhof zur Reichskanzlei*》(München, 1934), 255쪽 이하.

5) 《제국 내무성 관보 *MBliV*》, I(1933), 169쪽 ; M. Broszat, 《히틀러의 국가 *Der Staat Hitlers*》(München, 1988), 93쪽 참조.

6) 《제국법령집 I*RGBl*》(1933), 83쪽. 특히 바이마르 시기 일련의 비상조치법 속에서의 2월 28일 조치의 비연속성과 연속성에 관한 논의는 Raithel · Strenge, 〈제국 방화 특별법 Reichstagsbrandverordnung〉을 참조하라.

7) Bracher · Sauer · Schulz, 《민족 사회주의의 권력 탈취 *Die nationalsozialistische Machtergreifung*》(Frankfurt, 1974), 82~88쪽. 제국 전체에 걸친 공산당원들과 기타 정치적 반대자들에 대한 체포와 구금을 위하여 설치된 강제 수용소에 관해서는 K. Drobisch · G. Wieland, 《나치 강제 수용소의 시스템 *System der NS-Konzentrationslager*》(Berlin, 1993), 11~182쪽을 참조하라. Orth, 《나치 강제 수용소의 시스템 *System der nationalsozialistischen Konzentrationslager*》(Hamburg, 1999), 23~33쪽.

준다. 결국 문제는 바이마르 헌법 48조에 따른 모든 비상조치법들을 포괄하는 "공공의 안전과 질서의 재건"도, 또는 '제국 의회 방화 특별법'의 서문에 명시된 것처럼 '국가 안전을 위협하는 공산주의자들의 폭력으로부터의 방어"도 아닌, 단지 경찰과 강제 수용소에 주로 의존한 나치 지배의 지속적 확립이었다. 정치 경찰은 이제 사람들을 판사의 체포 영장 없이 무기한 감금시킬 수 있는 권한을 얻었다. 정권의 막바지까지 비밀 경찰은 1933년 2월 제정된 '국가와 민족의 보호를 위한 법규'로써 자신들의 조치나 칙령, 지침 등을 정당화했다.

이와 같은 반대파들에 대한 테러와 폭력에도 불구하고 나치는 제국 의회 선거에서 과반수를 획득하는 데 실패한다. 그러나 그들은 즉시 제국 전체에 걸친 권력의 장악을 위하여 새로운 상황을 이용한다. 정권 인수 후 나치 돌격대SA가 각 지방에서 위협을 받음으로써 제국 정부는 이에 대한 개입을 정당화했다. 나치는 지방 정부에 자신들이 주도하는 행정부의 구성을 강요하면서, 며칠 내에 함부르크, 브레멘, 헤센, 바덴, 뷔르템베르크, 작센, 바이에른 등과 기타 지역에 제국 감찰관Reichskommisar을 파견하였다. 동시에 나치 돌격대는 공산주의자, 사회 민주주의자, 정치적 반대자들과 유대인에게 테러를 가했다. 3월 6일 베를린의 쿠어퓌르슈텐담에서의 충돌은 유혈 사태로 발전하였다. 《맨체스터 가디언Manchester Guardian》지의 독일 특파원은 3월 10일 '많은 유대인들이 '갈색 셔츠Braunhemd'들에게 머리와 얼굴이 피투성이가 되도록 얻어맞았다"고 보도한다. '많은 사람들이 친구들이나 행인들의 부축을 받아 병원으로 실려갈 때까지 기력을 잃고 쓰러진 채 거리에 내팽개쳐졌다.'[8]

정부는 정치적 반대자들과 유대인에 대해 테러 · 축출 · 박해를 시도하는 한편, 비유대인과 비공산주의자들에 대해서 민족 공동체로의 통합을 시도하였다. 히틀러가 2월 10일 베를린 스포츠 센터에서 행한 연설은 라디오를 통하여 전국에 중계되었는데, 여기서 그는 "오늘 우리를 저주하는 수백만 명의 사람들이 우리를 지지하고 우리와 인사를 나눈다면, 위대함과 명예와 힘과 정의가 있는 새로운 독일 제국을 함께 이루고 땀 흘려 쟁취하게 될 것이다. 아멘!"이라는 종교적 열정으로 연설을 끝맺는다.[9] 3월 21일 정부는 새로운 제국 의회의 개회식을 열었으며, 사회 민주주의와 공산주의 의원들이 배제된 채 포츠담의 병영 교회에서 기념 예배와 축포, 그리고 군, 나치 돌격대, 나치 친위대의 행진을 민족 통합의 의미로서 거행하였다. 수상은 노쇠한 제국 대통령에게 공손히 고개를 숙였으며, 일등병 출신과 총사령관의 악수는 연출의 정점을 이루었다.[10]

얼마나 많은 독일인들이 분열을 분리로써 극복하고 '빨갱이Roten'와 유대인, 기타 못마땅한 자들에 대한 탄압과 추방을 통하여 민족 공동체를 이룰 수 있다고 믿었는지는, 이어지는 몇 달 동안 의회와 교회, 각종 협회와 대학 등에서 수많은 사람들이 나치의 정권 탈취의 승리와 나치 정권의 안정을 자발적으로 도운 것에서 드러난다. 프로이센 예술 아카데미Preußische Akademie der Künste 시인 분과는——이에 곧바로 탈퇴를 선언한 유명한 리카

8) 유대인 대표위원회 엮음, 《흑서(黑書)Schwarzbuch》(Frankfurt, 1983), 495~499쪽, 인용은 499쪽. S. Friedländer, 《제3제국과 유대인Das Dritte Reich und die Juden》(München, 1998), 1권, 30쪽 이하 ; P. Longerich, 《말살의 정치학Politik der Vernichtung》(München, 1998), 26~30쪽.

9) 괴벨스는 일기에 다음과 같이 썼다. "히틀러가 환상적인 연설을 하였다. 마르크스주의와는 전적으로 반대였다. 마지막의 거대한 열정. 아멘! 그것은 내려치듯 힘이 있었다. 전 독일이 고개를 들 것이며 대중은 의미 없이 요동한다. 그렇게 지속되어야 한다." J. Göbbels, 《일기Tagebücher》, I, 2권, 371쪽(1933년 2월 11일).

10) Bracher · Sauer · Schulz, 《권력 탈취Machtergreifung》(Köln, 1960), 150~152쪽 참조.

르다 후흐Ricarda Huch의 경우를 제외하면——하인리히 만Hein-
rich Mann, 알프레트 되블린Alfred Döblin, 야코프 바서만Jakob
Wassermann 등의 제명을 충실히 따랐다.[11]

바그너의 도시 뮌헨'은 4월에 토마스 만Thomas Mann이 리하
르트 바그너Richard Wagner에 대하여 외국에서 행한 소위 비방
강연에 대하여 커다란 분노를 표하였다.[12] 유명한 베를린의 개신
교 감독Bischof이며 후일 고백교회Bekennende Kirche(히틀러에게
저항했던 독일 개신교 교회— 옮긴이주)의 적극적 참여자로서 탄압의
대상이 된 오토 디벨리우스Otto Dibelius는 1933년 부활절에 자신
의 구역 목사에게 쓴 한 대외비 회람에서 민족 운동이 일어나는 원
인에 대해 "우리 모두는 이해할 뿐 아니라 전적으로 동의한다. 나
는 이 단어 속에 깊이 깃든 악의적 인상에도 불구하고 늘 스스로를
반유대주의자로 의식하고 있었다. 근대 문명화의 모든 파괴적인
현상에서 유대주의가 선도적 역할을 하고 있음을 간과할 수 없다"
고 적고 있다.[13]

1933년 3월 22일 제국 의회에서 사회 민주주의자들을 포함한 과
반수가 '권력 위임 법안Ermächtigungsgesetz'을 통과시킴으로써
제국 정부는 스스로 법을 제정할 수 있게 되었다. 의회는 유일한
법 제정권자로서의 권한을 자발적으로 포기하였으며 권력을 행정
부에 위임하였다. 5월 1일은 정부에 의하여 '민족 노동의 날'로서
기념일로 선포되었으며(노동조합은 이를 위해 수년 동안 싸워왔

---

11) I. Jens, 《좌·우파 사이에서의 시인 Dichter zwischen rechts und links》(München, 1979).
리카르다 후흐에 관해서는 Bruns, 《리카르다 후흐와 보수 혁명 Ricarda Huch und die
Konservative Revolution》을 참조하라.

12) 이를 둘러싼 커다란 논쟁에 대해서는 Vaget, 《바그너의 그늘 밑에서 Im Schatten
Wagners》, 229~261쪽을 참조하라.

13) S. Friedländer, 《제3제국과 유대인》, 1권, 55쪽.

다!) 대대적인 민족적 축하 행사와 행진이 거행되었다. 괴벨스는 베를린의 집회 연설에서 나치의 의도를 다음과 같이 설명하였다. "오늘 저녁은 계급과 신분, 신앙의 차이를 넘어서 전 독일 민족이 계급 투쟁의 이데올로기를 영원히 부숴버리고 민족 공동체의 새로운 사상을 출범시키기 위하여 함께 모이는 날이다."[14] 다음날 나치 돌격대는 노동조합 사무실을 급습해 조합 간부들을 체포하고 사무실을 부쉈으며, 서류를 압수하고 독일의 자유 노동조합을 파괴하였다. 그 며칠 후 노동자, 사무직 노동자, 기업가들의 강제 공동체로서 '독일노동전선Deutsche Arbeitsfront(DAF)'이 출범한다.

1933년 여름에는 기존 정치 정당들이 모두 해체되고 독일노동자당만이 유일한 합법 정당으로 선포된다. 1933년 12월 1일 '당과 국가의 통일 확보를 위한 법'이 '지도자 국가Führerstaat'를 완벽하게 만든다. 히틀러는 11월 12일의 국민 투표에서 투표자 95퍼센트의 지지를 얻어냈다. 선거의 자유가 없었음은 말할 것도 없는 사실이지만, 나치가 대단히 짧은 시간 내에 정치 질서를 혁명적으로 바꾸어놓았다는 점은 간과할 수 없다. 상징적 통합 대회를 이용한 '독일 민족'으로의 포섭과, 그에 반해 병행한 정치적 반대자들과 유대인들에 대한 잔인한 추방은 국민들에게 성공적인 효과를 거두었다. 테러는 사람들에게 두려움을 주었고, 정치적 반대자들은 몸과 생명에 위협을 느껴야 했다. 동시에 통합의 연출은 모든 계급과 분열, 차이점을 넘어서 고대하던 '민족 공동체'의 출현을 예고하였다. 이제 나치는 공포와 희망을 지속적인 정치적 충성심으로 전환시켜야만 했다.

---

14) N. Frei, 《지도자 국가Führerstaat》(München, 1987), 72쪽 인용.

4. 정치적 실천으로서의 반유대주의

반유대주의는 나치 정권의 실제적인 '민족 공동체 정책'에 있어 중심 가치였다. 독일 사회는 인종 차별적이고 호전적인 약탈과 지배의 공동체로 바뀌었으며, 단지 '지도자 칙령Führererlaß'만으로 이를 이룰 수는 없었다. 민족 공동체의 형성은 정치적인 동시에 실제적이고 테러에 의존하는 과정이었으며, 이를 통하여 독일 사회는 사회적으로뿐 아니라 정치·문화적 측면에서도 변화가 불가피하였다.

현장에서의 정치적 실천은, 사회적 차별을 만들어내며 유대인들을 고립시키고 유대인들에 대한 완전한 법적 권한의 박탈을 선포하기 위하여 그 어떤 피억압자들과의 연대나 동정도 엄금하는 것을 의미하였다. 전쟁 전 독일노동자당 지부들의 지속적인 반유대적 행태에 대한 연구는, 이러한 작은 지역에서 유대인 상인, 시민, 이웃들에 대한 열성적이고 과격한 공격이 있었을 뿐만 아니라, 유대인 가게에서 물건을 사거나 그들과 관계를 유지하는 이들이 '민족의 배반자'로 일컬어지며 공개적으로 탄핵되었음을 보여준다. 이는 한 민족이 민족 공동체로 변화할 때 모욕과 억압, 생존적 위기를 겪었으며 결국 일상 생활에서 육체와 생명까지도 위협받았다는 것을 구체적으로 드러내준다.

1933년 4월 1일의 보이콧 행위는 단지 하루만 행해진 것 같은 인상을 준다. 당 조직과 경찰의 제어가 가능했던 대도시는 지방과 완전히 달랐다. 나치의 공식적인 정책, 구체적으로 제국 경제부는 유대인 상인들의 경제 행위에 대하여 어떤 공격도 하지 않도록 했지만, 지방 유대인 그룹의 보고, 특히 '유대교 독일시민중앙회 Centralverein deut-scher Staatsbürger jüdischen Glaubens' 지부의 보고에서는 유대인 상인들에 대한 지속적인 훼방과 탄압, 그리고 점증하는 폭력적 공격 등이 드러난다. 이들 중앙회의 모든 전국 지부에는 유대교 회당에의 침입과 종교 기물 파괴, 야간의 유리창 파손, 진열장에 반유대적 구호를 부착하는 행위, 낙서 등이 보고된다. "유대인은 우리의 불행", "유대인에게서 물건을 사는 사람은 민족의 배반자", "농민은 유대인의 노예가 아니다, 독일 상인의 상점에서 물건을 사는 것이 옳다", "우리는 우리의 도시에서 유대인들을 보고 싶지 않다" 등이 그 내용이다. 그리고 이는 단지 1934년 4월 유대교 독일시민중앙회의 하멜른 지부가 기록한 반유대주의적 구호 중 일부일 뿐이다.

이것은 특별히 반유대주의에 물든 몇몇 지방의 개별적인 문제가 아니었다. 가톨릭 지역이건 개신교 지역이건, 강력한 반유대교적 전통이 있던 지역이건, 혹은 별다른 반유대적 충돌은 없고 사회적 거리감만 있던 지역이건 간에, 1935년 여름, 독일 제국 어디에서나 집단적 박해의 형태로 유대인 상점에 대한 보이콧 운동이 있었다고 유대교 독일시민중앙회 지부들은 보고한다. 데사우 근처의 쾨텐에서는 5월 초 나치 여성 모임과 나치 돌격대 민족사회주의 기업세포조직Nationalsozialistische Betriebszellenorganisation (NSBO) 등으로 구성된 '폭력적 집회'가 난동을 부렸으며, '기타 군중'은 유대인 상점 앞에서 이와 같은 행위를 벌여, 시장은 폭동 진압을 위하여 경찰을 보내야만 했다. 헤센의 글라덴바흐에서는 유대인 가정에 마스크를 쓴 사람들이 침입하여 주민들을 심하게 폭행하고 기물을 파손하였다. 피해자는 이를 고발했지만, 검찰 취조 후 사람들에게 둘러싸여 폭행을 당했다. 브레멘의 하르프슈테트에서는 기독교 상인들로부터 식료품 구매를 거부당한 유대인들이 빵과 우유 등을 사기 위하여 도심으로 나와야 했고, 이와 비슷한 사건들이 오스터홀츠슈람베크, 라슈테데, 메클렌부르크의 슈타벤하겐 등지에서 보고되었다. 이러한 사건들이 전하는 바는 분명했다. '만일 당신들이 떠나지 않는다면, 우리는 당신들을 굶게 만들 것이다!'

무엇보다 눈에 띄는 것은 유대인 상인들이나 비유대인 구매자들을 향한 공격이 나치 정권 초기에는 나치 돌격대와 나치 친위대에 의해 자행되었다는 점이다. 1933년 11월 뤼겐발데의 한 유대인 상인의 보고에 따르면 모든 당 집회가 그 참가자들에게 더 이상 유대인으로부터 물건을 사지 말 것을 요구하였다. 생선을 파는 어느 여인은 타인들에 의해 상행위가 적발되어 그녀가 일하던 노동 수용소의 소장에 의해 고소당하고 그 즉시 해고되었다. 어느 교사의 부인도 이곳에서 물건을 샀는데, 만일 이러한 행위가 계속된다면 그녀의 남편이 해고될 것이라는 위협을 받았다.[15] 그럼에도 유대인 상점과 거래를 계속한 사람은 종종 사진이 찍혔고, 그 사진은 크고 선명한 붉은색 상자 안에 넣어졌으며, 종종 그 이름과 주소가 내걸렸다.

1935년 여름에는 폭력적 보이콧 행위 이외에도 유대인과 비유대인 간의 애정 관계를 소위 '인종 모독Rassenschande'으로 규정하는 공개 규탄이 늘어난다. 독일사회민주당의 '독일 보고Deutschland-Bericht'는 신문이나 전단을 이용한 공격이나, 특히 유대인 남성과 비유대인 여성 간의 관계일 경우 소위 '가해자'인 유대인 남성의 집 앞에서 시위를 하는 등 과격하고 공개적인 공격을 벌인 수많은 사례들을 지속적으로 언급하고 있다. 많은 경우 군중은 그러한 남성이나 부부를 붙잡으면 그들의 머리카락을 자르고, 외설스

---

15) 유대교 독일시민중앙회 베를린 지부의 1933일 11월 16자 서류, 모스크바 특별 문서 보관소, 721-1-2945, 264쪽.

러운 문구의 포스터를 그들의 몸에 매달아 공개적으로 시내를 통과하게 하였다.[16]

빅토르 클렘페러Victor Klemperer는 자기 주변의 반유대주의적 폭력 행위와 점증하는 집단 박해의 분위기를 다음과 같이 표현했다. "유대인 사냥은 한계를 넘어서 첫 번째 보이콧보다 훨씬 악화되었으며, 집단 박해의 단초가 여기저기에서 보인다. 우리는 다음번에 여기서 맞아 죽게 될 것이다. 이웃들에 의해서가 아니라, 여기저기에 '민족의 혼'으로 심어놓은 청소부들에 의해서 말이다. 프라하 거리의 전차 노선도에는 '유대인에게 물건을 사는 자는 민족의 배반자다'라고 씌어 있으며, 플라우엔의 작은 가게의 진열창에는 온통 과거부터 내려온 격언과 시구들, 마리아 테레지아나 괴테 등과 관련된 욕들이 잔뜩 적혀 있다. 이에 더하여 '우리는 유대인을 보고 싶지 않다. 우리 자그마한 도시 플라우엔'이라고 적혀 있으며, 도처에 섬뜩한 인종 모독의 이야기나 괴벨스의 거친 발언 등을 적은 플래카드가 나붙었고, 곳곳에서 공개적인 폭행이 벌어진다."[17]

5. 민족 공동체의 한계

국민 가운데에는 분명히 폭력을 동반한 이러한 보이콧 행위를 지원하는 것에 대한 유보나 망설임이 여전히 존재했다. 쾨니히스

---

16) Alexandra Przyrembel, 《'인종 모욕'. 나치 시대 순수성의 신화와 말살의 정당화 *"Rassenschande", Reinheitsmythos und Vernichtungslegitimation im Nationalsozialismus*》(Göttingen, 2003).

17) V. Klemperer, 《나는 마지막 그날까지 증언할 것이다*Ich will Zeugnis ablegen*》(Berlin, 1995), 1권, 212쪽.

베르크의 비밀 경찰은 1935년 7월 보고서에 '농촌에서는 여전히 광범위한 계몽 활동이 필요하다. 단순한 농민들뿐 아니라 도시민들에게 있어서도 유대인의 해악에 대한 감정이 여전히 부족하다. 무엇보다 주민들은 유대인 상점에서는 늘 환영받고, 외상과 차별 없는 친절함을 얻을 수 있었던 반면, 독일 상인들에게서는 신분상의 차별과 무관심, 금전적인 정확성 등에 의해 기분이 상하게 된다'라고 적고 있다.[18] 또한 사회민주당 망명 수뇌부의 '독일 보고'는 1935년 여름의 반유대주의적 폭력 행위들에 대해 상세하게 서술하면서, 폭력 행위들이 주민들에게 받아들여지지 않았음을 강조한다.

하지만 그러한 태도가 양면성을 띤 것이었음은 분명하다. 억압적 상황 속에서 유대 상인들은 자신의 고객에게 선뜻 포기하기 힘든 물질적 이점을 제공했으며, 고객들은 특별한 '환영'과 차별 없는 '친절'을 그 원인에 대한 별다른 생각 없이 받아들였다. 그 외에도 폭력은 계속해서 비판에 직면했는데, 이는 그러한 행위들이 '정통성 있는' 국가 기관이 아니라 나치 돌격대, 히틀러 소년단Hitler Jugend(HJ), 나치 친위대와 같은 당 기관에 의하여 행해졌고, 이에 따라 질서의 파괴로 받아들여졌기 때문이었다. 따라서 1935년 여름, 잔인한 폭력 행위를 거부한 모든 주민들은, 비록 실제로는 '아래로부터의' 폭력이 인종법 제정에 커다란 역할을 했고, 이것이 실제로 독일 내 유대인들의 정치적·법적 억압 상황을 더욱 첨예화하기는 했지만, 뉘른베르크법Nürnberger Gesetz에 따른 '법과 질

---

18) 비밀 경찰 쾨니히스베르크 지부의 1935년 7월 보고서. 다피트 방키어David Bankier 역시 1935년 여름의 반유대적 폭력은 오히려 주민들 사이에서 소극적으로 받아들여졌다고 강조한다. David Bankier, 《히틀러 국가 하의 여론, '최종 해결책'과 독일인, 어느 교정Die Öffentliche Meinung im Hitler-Staat, Die "Endlösung" und die Deutschen. Eine Berichtigung》 (Berlin, 1995), 97~105쪽.

서의 재건'에 만족하였다. 따라서 많은 역사가들의 논쟁에서 드러나듯이 참여와 동조, 무관심 등의 태도는 그 경계가 항상 분명했던 것이 아니다.[19] 그보다는 지속적이면서 광범위하게 유대인들이 처했던 각기 다른 상황과 폭력적 정세가 다양한 행동 양식을 가능하게 하였다.

폭력 정책이 경찰과 기타 국가 조직에 의해 앞장서서 실현되었고 이러한 조직들이 대규모적인 폭력 정권의 일부가 되어 전통적인 법치 국가적 폭력 독점을 해체시켰으므로, 비록 겉으로 보기에는 국가가 모든 폭력을 독점하는 보수적 형태로 보일지라도, 다양한 폭력 기관을 거느린 나치 국가는 비합법적 폭력 정책을 인정하고 받아들인 정권이었다. 11월의 대재난November Pogrom 이후 나치 지휘부는 제국 정부의 더 이상의 폭력 행사를 금지하고 그 대신 나치 친위대와 경찰 기구에게 '유대인 문제의 최종 해결책'의 임무를 부여하였다.

법의 파괴와 잘못된 적용이 결국은 억압자 자신들까지도 걸려들게 만들고, 민족의 적들'에 대한 공개적 비난과 함께 인종 차별적 탄압을 통하여 공포감을 부추기는 상황에서 나치는 어떻게 그처

---

19) 커셔Ian Kershaw는 독일 주민들이 유대인 탄압에 대하여 상대적으로 무관심했다는 입장을 보인다. I. Kershaw, 〈유대인 탄압과 독일 제3제국의 여론The Persecution of the Jews and German Popular Opinion in the Third Reich〉,《리오 백 연구서 연감Yearbook of the Leo Baeck Institute》, 26(1981), 261~289쪽. 반면 쿨카Otto Dov Kulka는 독일인의 태도를 소극적 동조로 특징짓는다. O. D. Kulka, 〈나치 비밀 상황 보고서에 비추어 본 뉘른베르크 인종법과 독일 주민Die Nürnberger Rassengesetz und die deutsche Bevölkerung im Lichte geheimer NS-Lage- und Stimmungsberichte〉,《계간 현대사Vierteljahrshefte für Zeitgeschcihte》, 32(1984), 582~624쪽. 또한 다음을 참조하라. Sarah Gordon,《히틀러, 독일인 그리고 유대인 문제Hitler, Germans, and the "Jewish Question"》(Princeton, 1984), 171~174쪽 ; D. Bankier, 《여론Öffentliche Meinung》, 105~111쪽 ; Przyrembel,《'인종 모욕', 나치 시대 순수성의 신화와 말살의 정당화》, 224쪽 이하.

럼 확신을 가지고 민족 공동체에 대해 충성을 다할 수 있었는가? 나치가 얼마나 이러한 모순적 행위를 저질렀는지는 소위 '아리안 화Arisierung'를 통해 드러난다. 이는 분명 유대인들의 재산에 대한 사실상의 강탈이며 수많은 계약에 대한 위반, 즉 시민적 권리의 기본 원칙에 대한 대규모적 침해를 의미하지만, 유대인들이 법치 국가에서의 위법을 법정에 고발하고 빼앗긴 재산을 보상받을 수 있도록 제소하는 일은 불가능했다. 이러한 시민 사회의 핵심, 즉 재산권을 적어도 형식적으로는 건드리지 않기 위하여 나치 정권은 강탈을 매입으로 눈속임하는 계약서를 요구했으며, 그럼에도 이를 감출 수 없게 되자 민법을 무효화함으로써 시민 사회를 내적으로 붕괴시켰다. 유대인들에 대한 조약 체결권이 무너지고 법령이 보편적으로 적용되지 않는다면, 누가 다음번에 강탈과 횡포 앞에서 자신은 아무런 보호 없이도 희생되지 않을 것이라고 확신할수 있겠는가? 이미 1934년 한 강연에서, 그것도 헤르만 괴링이 '민족 공동체의 기반으로서의 법적 보장'에 대하여 언급하였으며, 독일 법학회 회장이자 수백만 명의 폴란드 출신 유대인 학살에 대해 공동 책임이 있는 폴란드 총독이었던 한스 프랑크Hans Frank는——물론 전적으로 '민족 구성원'에게만 적용시킨 것이었지만——1942년 7월 '법적 보장의 완전한 파괴'에 관하여 공개적으로 비판했다. 법 질서의 한계를 정하고 확정하는 것은 나치 정권에 있어 처음부터 내재해 있던 풀 수 없는 문제였다. 1940년까지 하이드리히Reinhard Heydrich의 대리인이었던 베르너 베스트Werner Best에 따르면, '모든 구체적인 국가의 행위가 개개의 폭력 행사자들의 상황에 따라 표준 없이 행사되는 것은 아니다. 그보다는 국가가 다양한 영역에서 목표를 가지고 스스로 자신의 미래의 행위를 정확하게 규정함으로써 이를 예측할 수 있으며, 그 당사자가 예측한 방

향으로 나아갈 수 있는 가능성이 주어지게 된다". 물론 베스트에
의하면 표준화란 단지 국민이 이루어내는 모든 긍정적이고 건설
적인 힘들에 대해서만 의미 있는 일이었다. 오직 이것만이 가능한
한 많은 범위에서 나치 국가의 행위를 미리 예측할 수 있게 할 것
이었다.

그럼에도 현장에서의 폭력 정책이 그 목표를 벗어나지 않았으며
일정한 효과도 거두었음을 '독일 보고'는 다음과 같이 전한다. "인
종 선전이 남긴 여파는 분명하다. 사람들은 유대인에 대하여 편견
없이 대할 수 있는 마음을 상실하였고, 많은 이들은 '사실 나치가
유대인에 대하여 벌인 투쟁은 옳다. 다만 이 투쟁에 대한 과정에
반대한다……'라고 생각한다."[20] 또 1936년 1월 보고는 다음과 같
이 적고 있다. 반유대주의는 "의심할 여지 없이 국민의 넓은 층에
뿌리박고 있으며" 사회 민주주의자들도 비록 "폭력에 대해서는 확
고히 반대하지만, 유대인의 지배적 위치를 영구히 무너뜨리고 유
대인을 특정한 작업 분야로 제한하는 일에는 찬성한다".[21]

6. 권력의 분점과 참여

보이콧 행위의 행동대원으로서 청소년들이 전면에 나선 것도 주
목을 끄는 일이다. 1933~1934년에 대부분 나치 돌격대와 나치 친

---

20) Sopade, 《독일 보고*Deutschland-Bericht*》, 2. Jg., Nr. 8.(1935년 8월)(Nördlingen, 1980),
893~1008쪽, 인용은 922쪽(바이에른에서의 보고).

21) Sopade, 《독일 보고》, 3. Jg., Nr. 1(1936년 1월), 7~149쪽, 인용은 24쪽. B. Stoever,
〈제3제국의 민족 공동체Volksgemeinschaft im Dritten Reich〉,《망명 사회주의자들의 시각
에서 본 독일인의 협력 의지*Die Konsensbereitschaft der Deutschen aus der Sicht sozialistischer
Exilbericht*》(Düsseldorf, 1993), 246~261쪽.

위대 대원들이 유대인 상점 앞에 나서서 사진을 찍거나 행인들에게 시비를 걸었다면, 이후로는 점점 히틀러 소년단 단원과 학생 혹은 일반 청소년들이 상점 앞으로 나와 구호를 외치고 손님들의 구매 행위를 방해했다고 유대교 독일시민중앙회는 보고하고 있다. 청소년들, 특히 학생들은 그들의 형제들이나 아버지가 일이 끝난 후의 시간이나 주말에만 보이콧 운동에 참여할 수 있었음에 반하여, 낮 동안에도 투입될 수 있었다. 유대교 독일시민중앙회의 보고는 보이콧 운동이나 소위 '인종 모독' 차원의 공개적 비난, 혹은 유대인에 대한 정치적 반대자들의 참여가 점점 더 늘어났다고 기술하고 있다. 보고서는 이들을 유니폼을 입은 부대, 확실히 신분을 확인할 수 있는 나치 돌격대, 나치 친위대, 히틀러 소년단과 시민 집단에 가까우나 어느 하나로 분류하기 힘든 복합체로 보고 있다. 무슨 일이 벌어지고 있는지를 보고도 그 일에 말려들지 않기 위해 외면함으로써 결과적으로 폭력 행위를 도운 경우는 제외하더라도, 그 집단의 참가자들이 어느 정도의 적극성으로 사건에 개입하였는지, 적극적 행위자였는지 선동적 참가자였는지, 아니면 그저 수긍하고 그 정당성을 인정하는 구경꾼이었는지, 단지 호기심 많은 행인으로서 방관자적 입장에서 폭력 행사를 가능하게 한 것인지 등에 대해서 사료만으로는 명확히 구분할 수 없는 경우가 종종 있다. 어떻든 여기에서 논의되는 것은 분명한 범법 행위이며, 이는 어느 고립된 정치 집단의 작품이 아니라 행인과 비정치인, 우연적 참여자들까지 낀 강요와 탈취, 신체 손상, 살인과 살해 등의 사건인 것이다.

폭력 행위의 공개는 이에 대한 입장 표명을 강요하였고, 그에 대한 옹호는 범법 행위에 성공을 보장하였다. 나치 정권 초기에서도 확인되는 것처럼, 폭력이란 행위의 실천에 있지 그에 대한 논리적 근거 제시에 있는 것이 아니므로, 폭력의 공개적인 거부는 그 행위력을 약화시켰다. 그럼에도 폭력 행위는 정당화되어야만 했고, 이에 따라 그 근거가 되는 선동적 반유대주의와 이 근거를 인정하는 행위는 다시금 강력한 연계를 맺게 된다. 이는 담론 권력Diskursmacht이 폭력과 언어를 통하여 모든 반대 세력을 배제하는, 그 자체로서 폐쇄된 사이클이다. '민족 구성원들'이 일상에서 권력 이양을 경험하고, 자발적으로 동조하지는 않고 구경만 하던 이들도 공범으로서 권력의 일부를 나눠 가질 수 있었던 동안, 국외자들 즉 '외부 인종들'은 글자 그대로 무력감을 느껴야만 했다. 각각의 동기는 전혀 다를 수 있었지만 실제의 행위는 그들을 한데 묶었으며, 행동을 통하여 이들의 내적인 차이를 극복하게 만들었다. 결국 반유대주의는 단지 물욕이나 복수심에서, 혹은 반드시 반유대적 동기를 갖지는 않고서 행동했던 다른 사람들에게도 단순하고 공개적으로 허용된 정당성을 제공하였다.

그러나 법을 보호하고 범법 행위를 막으려 했던 사람들은 이에 전혀 참여하지 않거나 나중에야 비로소 참여하는 것이 일반적이었다. 이에 반해 경찰은 폭력적 행위들에 대한 금지 명령이 내려지기 전에는 종종 이를 용인하였다. 이미 그 당시에 통용되던 형사법을 위반한 경우에도 경찰은 청소년 폭력 행위자들에 대해 어떤 조치도 취하지 않았으며 오히려 유대인 희생자들을 구금하거나 그들의 상점을 폐쇄하였다. 청소년 주동자들은 이로써 직업상 공공의 질서를 지켜야만 했던 성인들로부터도 어느 정도 공개적으로 동의를 얻어낸 것이다. 문제는 청소년들의 일반적인 행태가 한계를 넘어 기존의 일상적 규칙들을 위반했다는 것이라기보다, 오히려 성인들이 그 한계를 막으려 하지 않았다는 것이다. 유대인들은 청소년들로부터 욕을 먹고 학대당하며 두들겨 맞기까지 했으나,

그에 대한 처벌을 전혀 기대할 수 없었다. 더욱이 청소년들은 겁 없이 행한 자신의 용기 있는 영웅적 행동에 대해 과시하곤 했는데, 그것은 성인들이라면 오히려 비밀스럽게 여겼을 일들이었다.

이처럼 유대인 보호를 거부하고 그들을 폭력 앞에 내줌으로써 유효한 법 질서의 적용을 무력화시킨 현장에서의——어느 정도 은밀한——동업자 의식은 '아래로부터의' 정치로써, 민족 공동체의 형성을 위해 '위로부터의' 허가, 법, 조치 등만큼이나 절대적으로 필요한 것이었다. 어느 한 집단이 갖고 있는 권리가 거부되었음에도 아무런 문제 없이 넘어갈 수 있었던 그 순간, 이미 민족 공동체라는 개념은 그 한계를 넘어섰다고 할 수 있다. 그것은 한편으로는 모두를 민족 구성원으로 포함시키면서 다른 한편으로는 모든 유대인들과 기타 외부 인종들을 공동체의 이방인으로서 제외시켰던 것이다. 이러한 배제의 과정은 '위로부터'의 지도에 따라 발생한 것이 아니었으며, 이는 오직 '아래로부터'도 동일하게 그것이 실현될 때에 효과가 발생하는 일이었다. 여기에서 구체적인 예들이 보여주는 것은 단지 적극적으로 행동한 사람들에게만 주목하는 것은 잘못이라는 점이다. 가해자를 내려진 명령에 따라 그것을 실행한 사람으로 한정할 것이 아니라, 폭력 행위가 이루어진 전체 상황을 통해 정의내려야 하는 것처럼, 구경꾼, 행인, 동조자들도 모두 그 상황을 받아들이거나 승인한 사람이며, 공범으로서 똑같이 기본적 역할을 했다는 사실을 인식해야 할 것이다. 개인적인 모욕과 수모를 넘어 공개적으로 연출된 권리의 박탈은 민족 구성원에게 권력을 위임하는 것에 대한 확인을 희생자들에게까지 부과한 것이었다.

유대인들에 대한 집단적 폭력 행위 속에서 '타인들'에 대한 배제는 잔인한 방법으로 실행되었고 동시에 그 속에서 바로 민족 공동체가 형성되었다. 소위 이들의 민족 공동체란 하나의 적을 가지고 있어, 그들에 대한 억압과 추방이 그 존재의 시금석이 되는 공동체였으며, 법으로서 공동체의 경계를 정의내리지 못하고, 행동을 통하여 경계의 안과 밖을 정의내리는 공동체였던 것이다.

폭력은 지역적·정치적·문화적 질서를 파괴했으며, 이러한 질서의 와해에 대해서는 단지 구경만 했던 이들에게도 일정한 책임이 있었다. 폭력을 통하여 민족 공동체의 '적'은 직접적으로 공격당하고 그 존엄을 강탈당하였으며, 권리를 박탈당하였다. 동시에 가해자는 자신들의 절대적 권력을 느꼈으며, 그로써 폭력적 행위의 순간에 이미 스스로 나치가 추구하였던 인종 차별적 서열 체계를 만들어낸 것이다. 비록 시간적으로나 공간적으로 제한된 형태이기는 했지만, 옛 질서를 무력화하고 인종 차별적 불평등의 새로운 정치 질서를 선취하는 예외적 상황을 대단히 구체적으로, 몸으로 경험하는 순간, 이미 그러한 폭력의 실천으로써 민족 공동체는 실현된 것이다. 알프 뤼트케Alf Lüdtke에 따르면 "사회와 국가의 '지도자적 위치'의 바깥에 있던 적지 않은 사람들에게 있어 폭력 행사는 하나의 '만족을 주는' 정치 형태였음이 증명되었다. 적극적 행위자건 사주를 받은 동조자건 각자 그들 나름의 방식으로 정치적 지배에 참여한 것이었다".[22]

---

22) A. Lüdtke, 〈반복 가능성에 관한 테제, 20세기 살인 폭력의 정상성과 대규모성Thesen zur Wiederholbarkeit, Normalität und Massenhaftigkeit von Tötungsgewalt im 20. Jahrhundert〉, Rolf Peter Sieferle · Helga Breuninger (eds.), 《폭력의 문화, 역사에서의 폭력의 의식화와 상징화Kulturen der Gewalt. Ritualisierung und Symbolisierung von Gewalt in der Geschichte》(Frankfurt/New York, 1998), 280쪽.

7. 포용과 배제— '민족 공동체'의 인종 차별적 질서

민족 공동체의 형성은 의심할 바 없이 많은 부분이 포용의 과정과 시혜를 통한 공동체의 창조, 선동적 자기 연출, 적응에의 강요 등으로 이루어져 있다. 한스 울리히 벨러Hans-Ulrich Wehler는 최근 출간된 저서 《독일 사회사Deutsche Gesellschaftsgeschichte》 제4권에서 민족 공동체의 사회사적 기반을 두 측면에서 설득력 있게 제시하고 있다. 그는 민족 공동체 내에서, 비록 다른 것으로 대체되지 않는 사회적 갈등과 사회적 불평등이 전혀 줄어들지는 않았지만, 과거의 딱딱했던 구조가 무너지고 출세와 소비 지향적이며 업적을 중시하는 '실적 공동체Leistungsgemeinschaft'가 생겨나리라는 기대를 일깨운, 실제적인 나치 사회의 변화에 대해 밝히고 있다.

노동 계급에 있어 가장 중요한 경험은 실업의 급감이었다. 1933년 초에는 실업자가 거의 800만 명에 육박하였고, 특히 그 대부분이 청년들이었다. 거의 모든 노동자 가계들이 궁핍화와 사회적 불안감에 빠져 있었다. 물론 1932년부터 시작된 세계 경기 회복에 힘입기는 했지만, 나치 스스로도 국가 군수 산업에의 대규모 투자를 통하여 고용 정책을 강화하였다. 1933년에는 국민총생산의 4퍼센트를 차지하는 데 불과했던 군수 산업이 1938년에는 58퍼센트를 차지하게 되었다. 같은 시기에 국가 재정 중 군수 분야에의 지출은 23퍼센트에서 78퍼센트로 증가한다! 이처럼 나치 정권은 어느 정도는 케인스적 경제 정책의 군국주의적인 응용을 통하여 1936년에는 완전 고용에 이를 수 있었다. 이러한 일상 생활에서의 빠르고도 지속적인 변화는 노동자 계층으로서는 과소평가할 수 없는 것이었다. 풍요와 완전 고용, 사회적 안전——이것은 물론 비유대 민족에게만 해당되는 것이었지만——등의 느낌은 자유 노동조합의 파괴를 상쇄시키는 것이었고, 분명 대규모적인 제한은 투쟁으로 획득했던 공장에서의 권리들을 포기하게 만들었다. 1936년의 사회 민주주의자들의 보고는 독일의 노동자들이 자유를 안전과 맞바꾸었다고 비난하고 있다. 물론 임금은 국가 감독관들에 의하여 고정되어 있었지만, 성과급이나 고난도 작업에 대한 수당 등을 통하여 수입을 늘릴 수 있었다. 복지 지출과 기업의 보너스는 증가하였다. 예를 들어 나치 정권 하에서 연간 휴가일은 3일에서 12일로 늘었다. 1만 명의 노동자 가족들이 독일노동전선의 주선으로 처음으로 외국 여행을 다녀왔다. 그 외에도 정부는 노동의 가치를 상징적으로 높이고 노동자들에게 사회적 통일감, 즉 '민족 공동체적 통합'의 감정을 주기 위하여 많은 노력을 펼쳤다. 이를 통해 분명 모든 민족 구성원이 평등하다는 느낌이 생겨날 수 있었고 과거의 계급적 울타리의 극복과 사회적 상승의 새로운 가능성에 대한 희망이 생겨났다. 특히 비대해진 관료직 부문에서는 상당수의 화이트칼라 직업이 생겨났고 '아리안화'와 독일 유대인들의 추방으로 1만여 명의 비유대인 변호사, 의사, 교수, 공무원 등이 그 전까지 전혀 기대하지 못했던 새로운 상승의 기회를 얻을 수 있었다.

　그러나 공동체가 형성된 곳에는 경계가 생겨난다. 포용은 불가피하게 배제와 연관되어 있다. 나치의 반유대주의적 정책은 이에 결정적인 역할을 했다. 독일 사회의 인종 차별적이고 과격한 사회로의 변화는 단지 '지도자 칙령'이나 법으로써 생겨날 수 있는 것이 아니었으며, 정치적 계급이나 대도시 내에서뿐만 아니라 지방과 시골 소도시에서도 동일하게 일어나야 하는 정치적 과정이었다. 여기에서 나치는 1933년에 획득한 권력의 유지를 위하여 우선은 싸워야 했다. 민족 공동체의 형성을 위한 나치 중앙부의 정치적 프로젝트는 정치적 적들보다는 오히려 인종 차별적 적들을, 무엇보다 유대인들을 '민족의 적'과 독일 민족의 인종적 적'으로서 탄압하는 것이 필요하였다. 반유대주의적 실행은 중심 목표이자 나치의 '민족 공동체 정책'의 중요한 도구였다.

나치 사회는 자신들의 자본주의적 특성을 변화시키지 않았고 시장과 연결된 사회적 계급이 사라지도록 하지도 않았다. 그러나 전통적인 구조는 무너지고 구 엘리트들의 지배는 사라졌으며, 모든 민족 구성원의 진보를 가능하게 하고 개인적인 복지를 성장시키겠다는 성과와 소비 지향적 사회에 대한 약속은 지평이 보이는 듯했다. 그럼에도 나치의 민족 공동체는 결코 시민적 문명 사회는 아니었다. 경제와 사회에 앞서 정치가 우선권을 쥐고 있었던 것이다. 히틀러와 나치 지도부는 독일을 개혁하고 사회를 반시민 사회적, 반자유주의적, 인종 차별적 사회로 변화시키려 했다. 그들은 결코 농경 사회로의 복귀를 꿈꾸는 반근대주의자가 아니었으며, 산업화와 기술, 사회적 이동을 강화하였다. 그러나 그들의 미래에의 비전은 철저히 반시민 사회적이었으며, 개인의 자유가 아닌 민족 공동체를, 시민적 평등이 아닌 인종 차별적 불평등을 기반으로 한 것이었다.

따라서 나치의 민족 공동체는 '독재'로 특징지을 수 없다. 비록 비밀 경찰과 강제 수용소, 나치 친위대와 경찰 등은 정부가 끔찍한 테러 기구들을 동원하였음을 분명하게 드러냈으나, 정치 경찰의 실제적인 강도는——특히 그 양적인 강도는 결코 동독의 국가 보안 경찰의 강도를 넘지 못하였다——독일 주민들의 자발적 밀고와 부역에 기반한 것이었다. 대부분의 독일인들로부터 나온 광범위한 충성심과 동의, 즉 나치에 대한 적극적인 지원이 없었다면 정권은 그처럼 오랫동안 권력을 쥐지 못했을 것이고, 무엇보다 그러한 집단적 범죄를 감행할 수 없었을 것이다. 민족 공동체는 독재적 억압보다는 동의Konsens를 기반으로 이루어졌다.

　모든 시민들의 평등, 민주적 참여, 법의 지배 등은 결코 나치의 정치적 목표가 아니었다. 그들은 내적으로는 동질적이고, 외적으로는 소위 적으로 불리는 이들에 대한 증오와 폭력으로 가득 찬 인종 차별적 민족 공동체를 희망했다. 유대인이 박해당하고, 집시들이 억압받았으며, 외부 인종, 소위 비사회적 인간인 장애자와 병자, 인종생물학적으로 열등하다고 규정된 무능력한 인간 등에게는 독일 사회 내에서 잔인한 경계가 그어졌고, 새로운 사회적 · 정치적 질서가 만들어졌다. 이러한 경계 짓기는 '위로부터'의 명령에 따른 것이 아니라, 일상에서의 직접적 실천과 수많은 민족 구성원의 동조를 통하여 일어난 것이었다. 민족 공동체는 우월감과 경멸, 치부와 약탈, 공동체와 폭력, 이익을 불러오는 포용과 살인적인 배제 등의 집단적인 실천을 포함하고 있었다.

나치 독재의 정치종교와 전체주의적 대중 만들기

나인호

'독일 민족이 더 이상 어쩔 수 없는 큰 궁지에 몰려 있을 때 그분이 나타났다. 그는 게르만 민족이 육체적으로나 정신적으로, 그리고 영적으로 크나큰 곤궁에 처했을 때 항상 나타나는 위대한 인물 중의 한 분이다. 괴테는 정신적인 영역에서, 비스마르크는 정치 분야에서, 총통은 정치 · 문화 · 군사 등 모든 분야에서 두각을 나타냈다. 게다가 그분은 동쪽 지역에 맞선 싸움을 이끌고 세상의 모든 게르만 민족을 구원할 숙명을 타고 태어났다."

— 하인리히 힘러(1940)

1. 나치 독재의 정치 문화와 대중

근대 독재 체제는 어떠한 방식으로 대중에게 자신을 정당화하고 자신을 적법한 것으로 받아들이게 했으며, 또한 어떻게 대중을 지속적으로 동원하고 통합했을까? 이 글이 나치 독일의 사례를 통해 답하고자 하는 이러한 도발적인 문제 속에는 억압과 폭력의 독재적 지배 체제가 그렇게 지배당하는 대중의 동의 내지 대중의 자발

나인호는 연세대학교 사학과와 동 대학원에서 서양사를 공부하며 '우리는 지금 어떤 시대에 살고 있는가'를 고민했다. 잠시 광고대행사에서 일한 뒤 1990년 독일로 유학을 떠나 보훔 대학교 역사학부에서 근현대사와 역사 이론, 그리고 신학, 철학, 정치학 등 기타 인접 분야를 공부했다. 박사 과정에서 특히 라인하르트 코젤레크의 영향을 받아 역사 연구야말로 문명 비판과 인간학의 중요한 방식임을 경험하게 되었다. 역사 속에서 인간들이 꿈꿔왔던 미래상을 재구성한다는 취지 하에 박사 학위 논문으로 독일 빌헬름 제국기의 자유주의적 근대주의자들의 집단적 미래관을 다룬 〈나우만 서클의 유토피아와 위기에 대한 표상, 1890~1903〉을 썼다. 2001년 귀국한 이후 〈독일 개념사와 새로운 역사학〉을 비롯하여 개념사와 관련된 논문들과 시대사 연구 논문들, 그리고 비평 논문으로서 〈근대적 사회 문화 현상으로서 종교—최근 독일에서의 19세기 종교사 연구〉를 썼으며, 학위 논문에 기초한 《사회개혁이냐 혁명이냐 Sozialreform oder Revolution》를 독일에서 출판했다. 최근에는 정치종교, 기억 문화 및 대중 문화와 같은 20세기 문화사 쪽으로 관심을 넓히고 있다. 연세대, 한양대 등에서 강의했으며 현재 대구대 역사교육과 교수로 있다.

적 순응에 기초하고 있어야 한다는 가정이 전제되어 있다. 그러나 나치 독일의 역사에서 보듯이 이러한 가정은 단순한 가정이 아니라 어느 정도 역사적 사실을 반영하고 있다. 히틀러의 제3제국에서 공공연한 저항이나 체제 전복의 시도는 거의 전무했을 뿐만 아니라, 심지어 많은 평범한 독일인들이——다니엘 골드하겐이 지적했듯이[1]——유대인 대학살과 같은 전대미문의 범죄 행위에서 기꺼이, 때로는 기쁨을 가지고 히틀러를 대리한 사형 집행자가 되었다는 사실이 그것이다.[2]

물론 나치의 반인간적 범죄 행위와 대중의 지지를 직접적으로 연결시키는 것은 자칫하면 대중을 독재 권력이 자행한 테러의 공범자로 몰아가는 과오를 범할 수 있다. 이는 더 나아가 한 민족 전체를 악마시하는 위험을 내포할 수도 있다. 그러나 나치 독재가 상당 기간 안정적으로 유지되었다는 사실만으로도 기존의 전체주의나 파시즘 이론을 통해 보편화된 '테러와 억압의 지배'와 이에 '희생당한 대중'이라는 도식은 이미 설득력을 잃는다. 본질적으로 대중 운동의 성격을 지녔던 나치 독재를 설명할 때 어째서 대중은 논의에서 제외되어야 하는가?

---

1) Daniel Jonah Goldhagen,《히틀러의 사형 집행인. 평범한 독일인들과 홀로코스트*Hitler's Willing Excecutioners. Ordinary Germans and the Holocaust*》(New York : Vintage Books, 1997).

2) 독일의 보통 사람들에게 지대한 영향을 끼친 '반유대주의'를 강조한 골드하겐과는 다른 각도에서, 브라우닝은 유대인 학살에 가담했던 평범한 독일인들의 심리를 분석한다. 그에 의하면, '당시의 정치 규범에 대한 맹목적이고 생각 없는 수용과 순응" 그리고 개인적인 출세지향주의가 이들의 특징이다. Christopher R. Browning,〈요제포우에서의 하루. 대량 학살의 시작One Day in Jozefow. Initiation to Mass Murder〉, David. F. Crew,《나치즘과 독일 사회1933~1945*Nazism and German Society 1933~1945*》(London/New York : Routledge, 1994), 300~315쪽. 그러나 이러한 설명 방식은——이 점에 있어서는 골드하겐도 마찬가지인데——상기한 보통 사람들의 심리 상태가 어떠한 의미 패턴과 문화적 기제를 통해 유발되고 일반화되었는지에 대해 구체적으로 언급하지 못한다. 이 글은 이러한 부분에 착안했다.

또한 독일에서 나치 시기의 과거를 극복하려는 논의들은 이제 이 시기의 역사가 단순히 정상성에서 일탈한 예외로서 취급되거나 전근대적인 야만의 시대로 취급되는 것을 부정하고 있다. 나치 시대의 과거는 일방적으로 청산하기에는 너무나 복잡하고 모순적인 면들로 구성되어 있음이 강조되고 있는 것이다. 이미 68세대가 고통스럽게 지적했듯이 독일에서 대중의 영웅적인 반파시즘 투쟁은 단지 신화에 불과했다. 이처럼 역사적 사실은 윤리적 판단의 저편에 서 있다.

이 글은 나치 체제가 어떠한 문화적 기제를 통해 자신의 전체주의적인 프로젝트와 폭력의 정치를 적법화하였는가, 그리고 이러한 시도는 대중을 동원하고 통합하는 데 어느 정도로 실제적인 성공을 거둘 수 있었는가를 검토하려고 한다. 근래에 들어와 시작된 제3제국의 정치 문화에 대한 연구들은 독재 체제가 갖는 통치 행위의 정당화 및 권력의 적법성이 단순히 테러와 억압만을 통해서는 불가능했다는 사실을 강조하고 있다. 이런 맥락에서 이러한 연구들은 대중의 자발적 지지와, 심지어 폭력적 체제에 대한 대중의 열광 내지 합의마저——잠재적으로나마——이끌어낼 수 있었던 문화적 기제가 무엇이었는가에 주목하고 있다.[3]

제3제국의 정치 문화에 대한 연구들은 무엇보다 '정치의 미학화'[4] 혹은 '히틀러 신화'를 대중의 지지를 이끌어낸 중요한 문화적

---

3) 예를 들면 다음과 같다. Peter Reichel,《제3제국의 아름다운 모습. 파시즘의 매혹과 폭력 *Der schöne Schein des Dritten Reiches. Faszination und Gewalt des Faschismus*》(Frankfurt a. M. : Fischer-Taschenbuch-Verlag., 1994) ; Ian Kershaw,《히틀러 신화. 제3제국에서의 인민의 의견과 선전 *Der Hitler-Mythos. Volksmeinung und Propaganda im Dritten Reich*》(München : Dt. Taschenbuch-Verlag, 2002).

4) '정치의 미학화'는 이미 1930년대에 프랑크푸르트 학파의 문예 이론가 발터 벤야민 Walter Benjamin이 나치의 새로운 대중 문화 Volkskultur를 지칭하기 위해 쓴 표현이다.

기제로서 부각시키고 있다. '정치의 미학화' 현상에 대한 연구에 의하면, 나치는 축제, 대중 행진, 조형물 등과 같은 여러 차원의 대중 미학을 통해 문화 예술 영역, 일상 생활과 공적인 정치 영역을 서로 뒤섞이게 만들어 지속적으로 대중을 매혹했고, 심지어 나치의 폭력마저 미적인 호기심을 불러일으키게 했다.[5] 한편 '히틀러 신화'에 대한 연구는 대중을 나치 지배 체제에 동원시키고 통합시킬 수 있었던 결정적인 동력을 '히틀러 신화'에서 찾는다. 평범한 독일인들은 나치 치하의 일상 속에서 부딪혀야 했던 긴장, 공포, 패배감의 보상을 다양한 내용으로 채색된 '히틀러 신화' 속에서 찾았으며, 심지어 나치당에 대해 반감을 가졌던 사람들조차 히틀러의 카리스마적 지도력에 대해 강력한 신뢰를 가지고 있었다는 것이다.[6]

하지만 '정치의 미학화'나 히틀러의 카리스마적 이미지에 대한 연구들은 이러한 것들을 하나로 통합할 수 있었던 보다 광범위하고도 응집력 있는 문화적 기제에 대해서는 침묵하고 있다. 이러한 문화적 기제가 바로 나치즘의 '정치종교'로서의 역할이라고 할 수 있다. 반유대주의, 인종주의, 민족 공동체와 같은 나치의 정치 이데올로기들은 종교적 언어 상징, 의례 및 경배 의식(儀式) 등을 통해 신성화되었다. 정치의 미학화는 이러한 신성화 과정에 필수적인 현상이었다. 서양 중세에 건축된 웅장한 교회당 및 낭만적인 교회의 조형물, 혹은 바흐나 멘델스존의 종교 음악에서 경험할 수 있듯이 신성성은 아름다움을 통해 감동적으로 체험되기 때문이다. 히틀러 신화 역시 나치의 정치적 메시아주의의 맥락 속에서 파악되어야 한다. 또한 나치의 정치적 메시아주의의 근저에는 새로운

---

5) Peter Reichel,《제3제국의 아름다운 모습. 파시즘의 매혹과 폭력》.
6) Ian Kershaw,《히틀러 신화. 제3제국에서의 인민의 의견과 선전》.

세계에 대한 그들의 종말론적이고 묵시록적인 비전이 자리잡고 있었음이 강조되어야 한다. 히틀러는 단순한 정치 지도자가 아니었다. 그는 예언자로, 심지어 구세주로 묘사되었다. 이 글이 주목하는 바는 '정치의 미학화'와 '히틀러 신화'를 포괄하는 나치의 일관된 문화적 기제, 바로 나치즘의 정치종교로서의 성격이다.

2. 정치종교란 무엇인가

전통적인 세속화 이론에 의하면 서구의 역사는 근대 초기 이후 교회와 기독교의 전통적 헤게모니의 감소, 나아가 모든 전통적인 종교적 심성과 종교적 실행의 약화라는 부단한 탈종교화 혹은 '탈주술화'(막스 베버)의 과정을 겪어왔다. 이러한 탈기독교화와 탈종교화의 과정은 결코 제지할 수도, 되돌릴 수도 없는 일방적인 역사 진행의 법칙이다.

그러나 오늘날 이러한 전통적인 세속화 이론은 종교사회학자들과 역사가들 사이에서 많은 도전을 받고 있다. 종교사회학 연구들이 강조하는 것은 목적론적이고 결정론적인 시각에서 구성된 하나의 단선적이고 일방적인 세속화가 아니라, 다양한 차원의 세속화들이다. 여기에서 이를테면 제도화된 종교가 갖는 사회적 기능의 약화라는 의미의 세속화와 개인의 종교에 대한 무관심의 증대라는 의미에서의 세속화는 개념적으로 분명히 구별되고 있다. 이러한 바탕 위에서 '세속화'란 종교의 '형태적 변화'(토마스 루크만 Thomas Luckmann) 내지 종교의 '기능적 분화'(니클라스 루만 Niklas Luhman) 등으로 재해석되기도 한다.[7]

또한 1980년대에 들어 독일의 19세기 종교사 연구가 새롭게 출발한 이후 오늘에 이르기까지 달성한 성과에 의하면, 아무도 더 이상 서구의 근대, 정확히 말해 19세기 이후의 시대를 단순히 세속화된 시대라고 말할 수 없게 되었다. 일방적이고 단선적으로 진행되는 세속화 대신, 주기적인 재(再)기독교화의 반동 속에 불연속적으로 진행된 탈교회화 내지 탈기독교화, 그리고 개인적인 근대적 종교 및 사적인 종교 문화의 부흥, 세속 이념들의 신성화, 나아가 근대 초기 이후 계속된 종파 의식과 종파 갈등의 아비투스 등 다양한 종교 현상이 독일의 19세기 사회를 특징짓고, 정치, 경제, 세속 문화 등과 함께 근대화의 동력으로서 활발하게 작용했다는 것이 밝혀졌기 때문이다.

물론 이러한 복잡한 현상 자체를 세속화라고 일컬을 수도 있다. 따라서 세속적인 것과 신성한 것, 종교적인 것과 비종교적인 것의 구별 자체가 새롭게 개념화되어야 한다. 이른바 전통적인 '신앙' 대 '미신'의 절대적 구별이 더 이상 설득력이 없는 것처럼, '종교'의 개념 자체도 단순히 내세에 대한 믿음만이 아닌, 세계 내재적인 '믿음' 혹은 '신념' 전반을 지칭하는 것으로 확대되어야 한다.

'정치종교'란 이상과 같은 복잡한 세속화 과정에서 나타난 세속 이데올로기들 및 정치 지배의 '신성화' 현상을 묘사하고 분석하기 위한 하나의 이론적 개념이다.[8] '정치종교'를 근대 서구의 대중 정치 현상을 분석하기 위한 유용한 해석heuristic 틀로서 개념화하려

---

7) 이에 대해서는 다음을 참조하라. Hartmann Tyrell, 〈전위. 종교사회학Transfer, Religionssoziologie〉, 《역사와 사회 Geschichte und Gesellschaft》, 22(1996), 428∼457쪽, 특히 440쪽 이하를 볼 것 ; Karel Dobbelaere, 〈연구 조류 보고. 세속화 : 다차원적인 개념Trend-report, Secularization : A multi-dimensional concept〉, 《현재의 사회학Current Sociology》, 29(1981), 1∼127쪽.

8) '정치종교'라는 개념에 동의하지 않는 사람들도 근대 정치 이데올로기 및 정치적 지배의 '종교적 차원'에 대해서는 인정하고 있다.

는 논의들은 아직 완전한 이론적 합의점을 찾지는 못했지만, 일반적으로——부분적으로는 서로 상충되는——아래와 같은 강조점들을 제시한다.

1) 정치의 신성화 과정은 실제로 계몽주의적 이성과 합리주의가 서구 근대의 역사에서 얼마나 부수적인 역할을 했는가를 잘 보여준다. 특별히 우리가 논의하고 있는 맥락에서 보자면 대중 민주주의의 발달은 부단히 비이성적이고 비합리주의적인 동인에 의해 전개되었다.

여기에 있어서 정치의 신성화 과정은 이론적으로 두 가지 유형으로 구별된다. 미국, 프랑스 등의 경우 정치의 신성화 과정은 이른바 종교와 정치의 분리, 개인의 종교적 자유, 종파의 자유 등에 기초한 '시민종교'로 분류된다. 시민종교는 개인의 기성 종교 내지 종파적 신앙과 정치 공동체에 대한 충성을 매개한다.[9] 반면 독일, 이탈리아, 러시아에서는 동일한 과정이 '정치종교'로서 분류되며, 비이성적이고 전체주의적인 일당 독재 체제와 관련된다. 따라서 하나의 '정치종교'는 본질적으로 다른 형태의 모든 종교에 대한 불관용을 특징으로 한다.

2) 따라서 '정치종교'적인 정치의 신성화 과정은 기독교와 같은 전통적인 종교와 경쟁하고, 나아가 이에 대해 투쟁한다는 점에서 반(反)종교'적인 속성을 갖는다. 그러나 동시에 전통적인 종교의 신앙 내용, 상징, 의례 등을 채용한다는 점에서, 내용상으로나 기능상으로 전통 종교와 절묘하게 결합된 근대적 종교, 혹은 '대체 종교'적 성격을 지닌다. 따라서 실제로는 '정치화된 종교'와 '정치종교' 사이의 구별이 어렵다. 그러나 '정치종교'는 개념적으로 전통

---

9) 이에 대해서는 다음을 참조하라. Andrew Shanks, 《시민 사회, 시민종교Civil Society, Civil Religion》(Oxford UK/Cambridge USA : Blackwell, 1995), 2쪽.

종교의 '정치화'와는 구별되어 파악되어야 한다. '정치종교'의 최종 목표는 인간 삶의 모든 영역에 대한 정치적인 것, 보다 정확히 말해 국가적인 것의 전체적 지배다.[10]

3) '정치종교'는 이미 미국 혁명과 프랑스 대혁명 이후 대중 운동의 발전 과정 속에서 끊임없이 출현했지만, 가장 극적이고 강력하게 등장한 것은 1, 2차 세계대전 시기였다. 이미 1938년 빈의 정치학자이자 철학자인 에리히 피겔린Eric Voegelin이 분석한 것처럼[11] 이 시기를 특징지었던 3대 정치 체제인 볼셰비즘, 나치즘, 파시즘은 모두 효과적인 '정치종교'의 역할을 한때나마 수행할 수 있었다.

4) 전체주의적인 정치를 '정치종교'로만 환원할 수는 없지만, 이러한 지배 체제의 '정치종교'적 성격에 대한 연구는 어떻게 이러한 테러와 폭력의 지배 체제가 (일시적으로나마) 대중의 자발적인 참여와 열광적인 지지를 얻을 수 있었는가에 대한 중요한 단서를 제공한다. 이런 맥락에서 에밀리오 젠틸레Emilio Gentile는 테러와 폭력이야말로 전체주의의 본질적 요소가 아니라, 세계대전, 혁명, 경제 공황 등 위기 상황 속에서 절정에 달한, 대중의 새로운 믿음을 향한 갈망과 삶의 의미 부여에 대한 욕구를 충족시킨 '전체주의의 정치종교적' 설계의 필연적 귀결이었다고 말한다. 그에 의하면 전체주의적 정치종교의 힘과 매력은 신화와 비합리성을 매개로 하였고, 이를 통해 대중을 동원할 수 있었다.[12]

---

10) 특별히 Hans Maier (ed.), 《전체주의와 정치종교. 독재 체제 비교의 개념 *Totalitarismus und Politische Religionen. Konzepte des Diktaturvergleichs*》(Paderborn 외 : Schoningh, 1996) 참조.

11) Eric Voegelin, 《정치종교 *Die politischen Religionen*》(Stockholm : Bermann-Fischer, 1939).

12) Emilo Gentile, 〈정치의 신성화 : 세속 종교와 전체주의의 문제에 관한 정의, 해석 및 성찰 The Sacralization of Politics : Definitions, Interpretations and Reflections on the Question of Secular Religion and Totalitarianism〉, 《전체주의 운동과 정치종교 *Totalitarian*

5) 전체주의적인 '정치종교'는 전통 기독교의 개념, 언어적 상징 및 의례의 차용을 통한 대중 동원 전략이 아닌, 그 자체의 새로운 종교성, 즉 고유한 종교적 신념, 종교적 사고 패턴에 입각해 있다. 특히 로젠베르크Alfred Rosenberg, 힘러Heinrich Himmler, 루덴도르프Erich Ludendorff와 같은 나치 지도부 및 상당수 나치 친위대 대원의 경우 명백히 반기독교적인 '이교'적 신념을 공공연하게 과시하곤 했다.[13] 이들은 새로운 '인종종교ethno-religion'(필리프 뷔랭Philippe Burrin)에 기초하여 전체주의적 유토피아와 전체주의적 정치 행위의 절대화를 추진해나갔다. 아래에서 살펴보겠지만 나치의 '인종종교'는 유전학, 우생학과 같은 근대 과학의 언어들을 동원하여 기존의 민족주의를 독일 민족의 인종적 우월성에 대한 신앙 고백의 차원으로 심화시켰고, 기존의 반유대주의를 인종 투쟁의 원리에 입각한 신화적 역사관 속에 통합시켰다.

3. 독일의 종교 문화와 나치 독재의 신성화

그러면 구체적으로 나치 독재는 어떻게 신성화되었는가? 다시 말해 나치즘은 어떻게 정치종교적으로 설계되고 실행되어갔는가? 이를 살펴보기 위해서는 필리프 뷔랭이 제시한 방법론적 틀이 특

Movements and Political Religions》, 1(2000년 여름), 18~55쪽, 특히 43쪽 이하. 그는 스위스의 아돌프 켈러Adolf Keller를 인용하여 볼셰비즘, 나치즘, 파시즘이란 기독교 문명을 파괴하고, 국가의 신격화에 기초한 새로운 종교적 문명의 창출을 목표로 하는 전체주의적 종교라고 주장한다.

13) 이에 대해서는 다음을 참조하라. Richard Steigmann-Gall, 〈나치즘과 종교를 재고함 : '이교도'들은 얼마나 반기독교적이었는가?Rethinking Nazism and Religion : How Anti-Christian were the "Pagans"?〉, 《중부 유럽사*Central European History*》, 36/1(2003), 75~105쪽.

히 유용하다. 뷔랭에 의하면 정치종교란 정치 운동이나 정치 체제가 정치적인 것을 모든 것을 포괄하는 하나의 우월한 영역으로 승격시키고, 이를 통해 절대적인 사명과 권위를 유지하기 위해서 그것이 속한 사회의 종교 문화를 이용하는 것을 의미한다. 이 과정은 정치적인 것의 신성화와 기독교 전통의 세속화가 서로 겹쳐져 진행되는 과정이다. 그 과정은 세 가지를 축으로 하여 전개된다.[14]

먼저 집단 정체성을 창출해내기 위한 전통의 (재)구성이다. 예를 들어 영웅과 순교자가 만들어지고 공동체의 고난의 스토리가 경전화된다. 가장 대표적인 것이 '전몰 나치 영웅의 숭배 의례'다.[15] 이를 통해 죽은 나치당원들의 정치적 삶이 고통받는 독일 민족을 위한 구원자의 삶으로 신화화되어갔다.

둘째, 한 개인이나 집단이 특별한 가치를 부여받는다. 이때 이러한 개인이나 집단은 선과 악을 정의하고, 보다 좋은 사회를 약속하며, 최종 대의의 시스템을 제공하는 세계관을 구체화한다. 여기에 있어서 나치는 자신의 반유대주의와 '민족 공동체' 이데올로기를 단순히 기독교적 상징과 개념을 채용하여 표현하는 데 그치지 않고, 인종종교적으로 재구성된 자신의 종말론적이고 묵시록적인 세계관 속에 위치시켰다.[16]

---

14) Philippe Burrin, 〈정치종교. 개념의 적절성Political Religion. The Relevance of a Concept〉, 《역사와 기억History & Memory》, 9(1997), 321~349쪽, 특히 330쪽 이하.

15) 대표적인 연구로 Sabine Behrenbeck, 《죽은 영웅 숭배 의례. 민족 사회주의의 신화, 종교 상징Der Kult um die toten Helden. Nationalsozialistische Mythen, Riten und Symbole 1923 bis 1945》(Greifswald : SH-Verlag, 1996)을 꼽을 수 있다.

16) 이에 대해서는 다음을 참조하라. Michael Ley · Julius H. Schoeps (eds.), 《정치종교로서의 민족 사회주의Der Nationalsozialismus als politische Religion》(Mainz : Philo Verlag, 1997) ; Claus-Ekkehard Bärsch, 《민족 사회주의의 정치종교Die politische Religion des National-sozialismus》(München : Fink, 1998) ; Klaus Vondung, 《독일에서의 묵시록Die Apokalypse in Deutschland》(München : Dt. Taschenbuch-Verlag, 1988).

먼저 독일의 국가Reich는 요한계시록의 '천년 왕국'으로, 지도자 Führer는 '치유자 내지 구세주Heilland'로 표현되었다. 또한 '하나의 제국', '하나의 민족', '한 지도자'는 세속화된 삼위일체로 신성시되었다. 또한 히틀러에 대한 기도는 주기도문의 형식을 차용하여 표현되기도 했다.

아돌프 히틀러, 당신은 우리의 위대한 지도자시니,
당신의 이름은 적들을 두려워 떨게 하나이다,
당신의 왕국에 임하옵시고,
당신의 뜻만이 땅 위에서 법칙이 되게 하소서.
우리로 하여금 날마다 당신의 음성을 듣게 하옵시며
또한 우리 삶을 투신하여 복종하길 원하옵는
당신 지도자의 지위를 통해 우리에게 명령하소서.
구세주 히틀러여 이를 언약하나이다.[17]

독일 민족은 한편으로 '빛의 세력', '신의 선민' 공동체 등으로 표현됨과 동시에, 다른 한편으로는 '피의 공동체'로서 인종학적으로 다시 정의되었다. 이 점에 있어서 때로는 '민족 공동체'의 인종 공동체로서의 하나 됨을 강조하기 위해 '인종'과 '민족Volk' 양 개념에 대한 민중주의적인 이데올로기 조작이 이루어지기도 했다. '인종'은 "육체적으로나 정신 및 영혼에 있어서 평등한 인간들의 공동체"로서 평등한 개념인 반면, 이전부터 많이 쓰이던 '민족'은

---

17) G. Hay, 〈발두르 폰 시라흐의 예를 통해 본 나치 시(詩)에서의 유사 종교 의례 Religiöser Pseudokult in der NS-Lyrik am Beispiel Baldur v. Schirach〉, Hansjakob Becker 외 (eds.), 《예배식과 시Liturgie und Dichtung. Ein interdisziplinäres Kompendium》, I(St. Ottilien : EOS-Verlag, 1983), 857쪽.

정신적·육체적 다양성에 기반한 '불평등한 사람들의 공동체"로서 평등하지 못한 개념이라는 것이었다.[18]

이와 유사하게 독일 민족의 부활은 피를 '깨끗이 하는' 것과 동일시되었다. 반면 유대인은 '세계를 파괴하는 자들', '어둠의 세력', '적그리스도', 사탄 '루시퍼' 등으로, 동시에 '더러움' 등으로 표현되었다. 세계사는 독일 민족에게 체화된 '선'과 유대인에게 체화된 '악'의 투쟁이며, 독일 민족이 경험한 현대사의 고난은 이러한 유대인들 때문이었다. 그러나 낡은 세상은 곧 무너지고 유대인과의 최후의 결전을 통해 마침내 새로운 천년 왕국이 도래한다는 것이었다.

셋째, 지속적인 '감정적 공동체'를 만들기 위해 제스처와 사인의 그물망 속에 공동체 구성원들을 묶어줄 수 있는 공격적인 의례화다. 대중 집회에서 의례화된 "승리Sieg!, 구원/치유Heil!", "구세주/치유자 히틀러Heil Hitler!" 등의 구호가 그것이다. 제3제국 당시 나치에 의해 부단히 지속되었던, 일부 개신교의 부흥회를 방불케 하는 대중 집회와 행진, 그리고 축제 문화는 이러한 공격적인 의례화가 대중의 일상 생활 속에서 끊임없이 반복되어 침투되었음을 잘 보여준다.[19] 그러나 여기에 있어 중요한 것은 지금까지 살펴본 나치의 정치종교적 실험이 대중에게 얼마나 실제적 영향력을 발휘할 수 있었는지를 묻는 것이 될 것이다. 그리고 이러한 물음에

---

18) J. W. Baird, 〈자료. 나의 고백(율리우스 슈트라이허의 정치 유언)Dokument. Mein Bekenntnis(Das politische Testament Julius Streichers)〉, 《계간 현대사Vierteljahrshefte für Zeitgeschichte》, 26(1978), 674쪽 이하.

19) 제3제국기의 축제 문화의 종교적 성격에 대해서는 다음을 보라. Werner Freitag (ed.), 《축제 속의 제3제국. 베스트팔렌에서의 지도자 신화, 축제 분위기 그리고 거부Das Dritte Reich im Fest. Führermythos, Feierlaune und Verweigerung in Westfalen 1933~1945》 (Bielefeld : Verlag für Regionalgeschichte, 1997).

답하기 위해서 먼저 나치가 이용했던 독일 사회의 전통적인 종교 문화는 어떠한 구조적 특징을 지니고 있었는지, 그리고 이것이 정치와 어떻게 관계를 맺어왔는지를 보다 장기적인 관점에서 살펴보아야 할 것이다.

앞서 언급했다시피 산업 혁명기 이후로도 계속된 강한 종파 의식과 종파 대립의 전통은 독일인들의 정치적 아비투스를 결정적으로 각인시켰다. 16, 17세기의 종교 전쟁 이후 개신교와 가톨릭의 종파 간 대립 의식은 최소한 19세기와 20세기 초반까지는 독일에서 세대를 거쳐 전승된 집단 기억으로 남아 있었다. 종파적 대립 의식은 타 종파 간의 결혼이 금기시될 정도로 사회적 교류의 단절과 대립을 각인시켰으며, 나아가 타협의 여지가 없는 정치적 대립을 특징으로 하는 "신념 고백과 엄격주의의 정치 문화"(토마스 니퍼다이Thomas Nipperdey)를 낳았다. 개신교와 가톨릭 양 종파 사이의 대립은 기독교인과 비기독교인 사이의 대립보다 훨씬 중요한 것이었다. 이는 심지어 오래전에 전통적인 교회 생활로부터 일탈한 사람들 사이에서도 그러했다.[20]

이와 같이 1900년 전후에 이르러 독일 사회는 개신교와 가톨릭 양대 종파 간의 대립 외에, 각 종파의 상이한 종교적 하위 문화 간의 내적인 대립에 시달렸다. 이러한 대립은 더군다나 자유종교공동체Freireligiöse Gemeinde, 채식주의 생활 개혁 운동, 나체주의 운동, 신지학Theosophie 운동, 인지학Anthrophosophie 운동, 반더포겔Wandervogel 운동, 사회개혁윤리협회, 쇼펜하우어 협회와 같은 잡다한 탈교회화되고 비학문적인 세속 종교들, 나아가 자유사상가Freidenker 운동 내지 일원론자 동맹Monisten Bund과 같은

---

20) 이에 대해서는 다음을 참조하라. Thomas Nipperdey, 《격변 속의 종교Religion im Umbruch》(München : C. H. Beck 1988), 155~157쪽.

무신론적인 대체 종교들과의 경쟁과 대립 속에서 진행된 것이었다. 마침내 1차 세계대전 전야가 되면 독일 사회는 종교 및 종파가 중심이 된 '문화적 블록화'(강골프 휘빙거Gangolf Hübinger) 현상에 의해 특징지어진다.[21)]

나아가 그간 진행된 종교적 하위 문화, 즉 '종교적 환경' 연구에 의하면 그 어떤 세속적 통합 이데올로기도 독일 사회의 문화적인, 그리고 이로 인한 정치적인 블록화 현상을 해소할 수 없었다. 상호 대립하는 종교 및 종파들은 스스로 정치화되면서, 한편으로는 세속적인 정치 이데올로기의 광범위한 신성화에 기여했지만, 다른 한편으로는 그 세속 이데올로기들을 개별 종파의 신조Credo와 결합시켜버림으로써, 그것들의 통합적 기능을 잃게 만들었을 뿐만 아니라 종교적이고 정치적인 대립을 오히려 강화하는 데 기여하였다. 이처럼 독특한 형태의 종교의 정치화와 정치의 신성화의 동시 진행 과정이 1차 세계대전기까지의 독일 사회의 특징이다.

올라프 블라슈케Olaf Blaschke의 가톨릭의 반유대주의에 관한 연구는 당시 모든 사회적 하위 문화를 초월한 보편적 현상이었던 반유대주의 이데올로기가 결코 내용적으로 응집력 있고 통합적 기능을 수행한 이데올로기가 아니었음을 잘 보여준다. 근대적 반유대주의Antisemitismus는 정치적 성격을 지니며 나아가 인종 이데올로기와 결합되었다는 점에서 전통적인 종교적 반유대주의 Antijudaismus와는 다르다. 그런데 블라슈케의 연구에 의하면 가톨릭의 반유대주의에는 이 양자가 절묘하게 뒤섞여 있었다. 가톨

---

21) 이에 대해서는 다음을 참조하라. Gangolf Hübinger,《문화 프로테스탄티즘과 정치. 빌헬름 시대 독일의 자유주의와 프로테스탄티즘의 관계에 대해*Kulturprotestantismus und Politik. Zum Verhältnis von Liberalismus und Protestantismus im Wilhelminischen Deutschland*》(Tübingen : Mohr, 1994), 303~313쪽.

릭은 이른바 '기독교적' 반유대주의와 인종주의적인 '비기독교적' 반유대주의를 구별하였다. 그런데 그들의 '기독교적' 반유대주의는 유대인의 이미지를 전통적인 '신을 죽인 자들'이 아닌 세속적인 근대 물질 문화의 대변자로서 고착시키면서, 한편으로 비자유적이고 반근대주의적인 가톨릭 '환경'의 응집력을 강화하는 정치 이데올로기적인 기능을 수행했다. 이런 맥락에서 볼 때 기존의 견해와는 다르게 반유대주의는 가톨릭의 본질적인 구성 요소였다. 그러나 동시에 그들의 반유대주의는 유대인을 종교적 차원이 아닌 세속 과학으로 구별하는 '비기독교적' 반유대주의와 대립함으로써, 이러한 세속 이데올로기에 맞서 가톨릭 신조를 표현하는 종교적 기능을 수행하고 있었다.[22]

종파 및 종교의 대립이 정치 이데올로기의 통합적 기능을 마비시킨 가장 극적인 사례는 민족주의의 경우에서 찾아볼 수 있다. 민족주의는 근대 정치 이데올로기 중 가장 강한 통합력을 지닌 것으로 인식되고 있다. 이는 계급, 정파, 그리고 종파를 초월하여 대중적 충성을 이끌어낼 수 있는 매우 강력한 통합 이데올로기이며, 심지어 민족이라는 영구불변의 신성한 '상상의 공동체'(베네딕트 앤더슨Benedict Anderson)를 위해 순교할 수 있게 하는 정치종교로 알려져 있다. 이런 의미에서 종교 및 종파와 민족주의 사이의 상호 영향 관계를 주제로 한 연구들의 결론은 무척이나 충격적이다.

미국의 역사학자 헬무트 스미스Helmut Walser Smith는 1871년

---

22) Olaf Blaschke, 《독일 제국의 가톨릭과 반유대주의Katholizismus und Antisemitismus im Deutschen Kaiserreich》(Göttingen : Vandenhoeck & Ruprecht, 1997) ; Olaf Blaschke · Aram Mattioli (eds.), 《19세기 가톨릭의 반유대주의. 비교사적으로 본 그 원인과 전통Katholischer Antisemitismus im 19. Jahrhundert. Ursachen und Traditionen im internationalen Vergleich》(Zürich : Orell Fussli, 2000).

독일 제국 건설 이후 착수된 비스마르크의 문화 투쟁을 종파를 뛰어넘어 하나의 민족을 만들고자 하는 시도로 본다. 그러나 그에 의하면 하나의 민족을 형성하려는 이러한 시도는 개신교도와 가톨릭교도 사이의 역사적 기억과 경험에 바탕을 둔 강한 종파 의식과 종파 대립의 벽을 결코 뛰어넘을 수 없었다. 서로 통혼도 하지 않고, 서로 다른 독서 문화의 전통을 지닌 개신교도와 가톨릭교도들은 각자 고유의 방식으로 민족이라는 공동체를 상상했으며, 그들 고유의 방식으로 민족적 정체성을 구성하였다. 이처럼 '대중 민족주의'는 분열되어 있었다. 이러한 점에서 볼 때 독일의 대중 민족주의는 종파 대립을 오히려 강화하는 기능을 했다는 것이다.[23]

스미스의 결론은 독일 역사학계의 종교와 민족주의 사이의 상호 관계를 주제로 한 연구들에 의해서 수정되기보다는 오히려 강화되고 있다. 이러한 연구들은 민족의 신성화, 즉 민족주의의 정치종교화 과정에서 기성 종교들이 행한 역할을 조명한다. 바르바라 슈탐볼리스Barbara Stambolis의 연구는 가톨릭이 어떤 상징들을 통해 민족 정체성을 형상화했는가를 밝힌다. 이를 통해 그녀는 가톨릭 역시 개신교 못지않게 '대중의 민족화'에 기여했음을 주장한다. 그러나 동시에 그녀의 연구를 통해 알 수 있는 것은 독일의 민족적 상징 역시 종파의 경계를 따라 확연히 구별되었다는 점이다. 가톨릭이 발명한 민족종교적 상징, 예를 들어 '성 보니파키우스', '카를(샤를마뉴) 대제'와 같은 상징들은 개신교의 '헤르만', '루터', '실러' 등의 상징과 서로 공존할 수 없는 것들이었고, 따라서 가톨릭의 민족 정체성 찾기는 종파적 벽을 뛰어넘을 수 없었다.[24]

---

23) Helmut Walser Smith, 《독일 민족주의와 종교 갈등. 문화, 이데올로기, 정치 1870~1914 German Nationalism and Religious Conflict. Culture, Ideology, Politics, 1870~1914》 (Princeton : Princeton Univ. Press, 1995).

디터 랑게비셰Dieter Langewiesche와 하인츠 하우프트Heinz-Gerhard Haupt가 편집한 연구 발표집에 실린 글들은 스미스의 주제를 확대·발전시키고 있다.[25] 이 연구집에는 근대 초에서부터 1차 세계대전 시기까지를 포괄하는 장기적 관점과 보다 다양한 각도에서 '신성한' 독일 민족, 혹은 독일 '선민'의 이미지를 위해 어떠한 종교적 상징들이 사용되었는가, 어떠한 민족적 건국 신화들이 산출되었고 어떠한 숭배 의례들이 재현되었는가, 종파적 특징을 담은 민족 개념이 어떻게 설계되었고 정치적으로 관철되어갔으며, 어떻게 기독교적인 신앙 내용이 민족에 대한 신앙으로 전위되었는가 등이 논의되고 있다. 그러나 이 책에 의하면 개신교와 가톨릭 양대 종파뿐만 아니라 다양한 하위 종파들 및 탈교회화된 종교들은 모두 민족의 신성성 앞에 경배를 표하지만 모두 자신들의 고유한 도그마 및 신조Credo에 따라 각자의 방식대로 민족주의를 종교화하고 있다.

이처럼 최근의 연구 성과에 의하면 독일 사회에는 각 종파 및 종교에 의해 각인된 다수의 민족주의 혹은 민족주의적 시민종교가 서로 경쟁하고 있었다. 조지 모스George L. Mosse가 주장한 바와 같은 나치 독일을 향한 단선적이고 동질적인 '대중의 민족화', 하나의 통일된 정치종교로서의 대중 민족주의의 발전 테제는 독일 사회의 종교 문화가 갖고 있던 이러한 구조적 특징을 도외시한 데서 비롯된 오류임이 명백하다.[26]

---

24) Barbara Stambolis, 〈교황전권주의화에도 불구하고 진행된 민족화 혹은, 모든 것을 독일을 위해 그러나 독일은 그리스도를 위해Nationalisierung trotz Ultramontanisierung oder : Alles für Deutschland. Deutschland aber für Christus〉, 《역사학보Historische Zeitschrift》, 269(1999), 57~97쪽.

25) Heinz-Gerhard Haupt · Dieter Langewiesche (eds.), 《독일사에서의 민족과 종교Nation und Religion in der deutschen Geschichte》(Frankfurt 외 : Campus, 2001).

지금까지 살펴본 바와 같이 전체 독일인들을 통합시킬 수 있는 새로운 정치종교라는 문화적 기제를 창출하려 한 나치의 시도는, 여러 종파 및 다양한 하위 종교 문화 간의 대립과 갈등으로 특징지어진 독일 사회의 전통적인 종교 문화라는 구조적 한계 속에서 출발하였다.

4. 동의의 한계 : 나치즘의 정치종교와 기성 시민종교의 충돌

그렇다면 나치는 지금까지 살펴본 독일 시민 사회의 종교 문화적 한계를 뛰어넘었는가? 나치의 정치종교적 설계와 실행, 즉 반유대주의 및 민족 공동체의 신성화 작업, 종말론적 세계관, 또한 이러한 것들과 관련된 의미 체계, 상징, 개념, 의례 등은 어느 영역에서 어느 정도로 대중의 동원과 통합에 성공하였는가, 그리고 나치에 대한 대중의 지지 내지 동의의 한계는 어느 지점인가?

물론 이러한 물음은 보다 광범위한 경험 연구를 필요로 한다. 여기서는 단지 시론적인 고찰에 머무를 수밖에 없다. 그럼에도 불구하고 동의의 영역과 그 한계점은 비교적 명확해 보인다. 이 글이 지적하고자 하는 바는 한편으로 나치의 반유대주의적이고 민족주의적인 정치종교가 부분적으로는 각 종파 및 종교적 하위 문화들을 초월한 지지, 다시 말해 종파적으로 각인된 여러 반유대주의적이고 민족주의적인 시민종교들을 초월한 지지를 받았다는 점이

---

26) 이에 대해서는 다음을 참조하라. George L. Mosse,《대중의 민족화. 나폴레옹 전쟁에서 제3제국기까지의 독일의 정치 상징과 대중 운동 *The Nationalization of the Masses. Politi-cal Symbolism and Mass Movements in Germany from the Napoleonic Wars Through the Third Reich*》(New York : New American Llibrary, 1975).

다. 그러나 동시에 이 글은 나치의 정치종교가 궁극적으로는 역시 경쟁하는 여러 민족주의적이고 반유대주의적인 종파 내지 하위 종교 문화들 중 하나로 스스로 전락하면서, 종파적 대립으로 특징 지어진 독일의 전통적 종교 문화의 한계를 뛰어넘지 못했다는 것을 강조한다. 이러한 맥락에서 볼 때 우리는 예를 들어 가톨릭과 나치의 서로 다른 반유대주의와 민족주의 버전이 공유되는 지점에서 나치 체제에 대한 독일 대중의 동의 내지 합의의 영역을 발견할 수 있을 것이다. 반면 그 둘이 충돌하는 지점에서 바로 나치 대중 독재의 한계를 읽어낼 수 있을 것이다.

먼저 동의의 영역을 구체적으로 살펴보자. 기본적으로 대다수의 독일 대중은 19세기 이후로 각 종파적 하위 문화의 틀 내에서 종파적 정체성을 강화시키는 여러 형태의 상징들을 통해 세대를 거쳐 부단히 지속된 민족주의적인, 혹은 정도의 차이는 있지만 반유대주의적인 정치적 사회화의 아비투스를 벗어날 수 없었다.[27] 이러한 전통적인 아비투스는 1차 세계대전을 거치면서 오히려 강화된다.[28] 반유대주의의 경우를 보자면, 바이마르 공화국 시기에 들어와서는 더더욱 반유대주의 담론은 국제 자본주의의 위험을 비판하는 기존의 담론에서 국제 공산주의의 위험을 비판하는 담론으로 그폭이 확대되었다. 이제 새로운 신조어가 유행하였다. '유대 볼셰비즘'이라는 표어는 나치당만의 전유물이 아니었던 것이다.

계층과 세대, 그리고——우리의 논의 맥락에서 보다 중요한 의

27) 예를 들어 Barbara Stambolis, 〈교황전권주의화에도 불구하고 진행된 민족화 혹은, 모든 것을 독일을 위해 그러나 독일은 그리스도를 위해〉.
28) '1914년의 이념'이라는 표어가 지녔던 힘에 대해서는 다음을 참조하라. Klaus Vondung, 〈1914년의 독일의 묵시록Deutsche Apokalypse 1914〉, Klaus Vondung (ed.), 《빌헬름 시대의 교양 시민 Das wilhelminische Bildungsbrgertum》(Göttingen : Vandenhoeck & Ruprecht, 1976), 153~171쪽.

미를 지니는――개별 종교적 하위 문화를 초월하여 다수의 독일 대중을 특징지은 민족주의적이고 반유대주의적인 전통적 아비투스야말로 나치의 정치 선전이 주효할 수 있는 최적의 문화적 토대를 구성하였다. 많은 수의 보통 독일인에게 있어서, 나치가 선전한 민족 공동체 및 반유대주의적 이데올로기들, 그리고 이러한 것들이 만들어낸 이미지들은 결코 새로운 것이 아니었을 뿐만 아니라, 이미 오랫동안 정치와 공공의 영역을 넘어서서 일상 생활과 사적인 의식 속에 침잠한 '문화적 코드'(줄라미트 폴코프Sulamit Volkov)였던 것이다.[29]

더군다나 이러한 바탕 위에서 패전과 전후의 인플레이션을 겪으면서――근래에 나온 여러 연구들이 지적하다시피――독일은 계층과 정파, 그리고 종파를 초월하여 온갖 종류의 종말론적 기대와 정치적 메시아주의의 홍수에 휩싸이게 되었다. 대학 교수와 지식인 등 이른바 교양 시민층Bildungsbürger에서부터 평범한 사람들 kleine Leute에 이르기까지 독일인들 사이에서는 서구 연합국에 대한 복수심과 정치, 사회, 경제적 위기 의식이 종말론과 묵시록적 미래 기대라는 시대 정신으로 승화되었다. 많은 사람들이 무신론자, 사회주의자, 자유주의자, 그리고 개신교도들이 보기에 독일 민족의 적'인 교황전권주의 정당(가톨릭중앙당)이 공동으로 다스리는 바이마르 공화국의 몰락을 바랐으며, 이러한 혼돈 속에서 독일 민족을 구원할 '독일의 구세주', '영웅', '지도자'가 언제 올 것인가를 목이 빠지게 기다렸다.[30] 1920년대 나치당 운동은 실의에 찬 보

---

29) Sulamit Volkov, 《문화 코드로서의 반유대주의Antisemitismus als kultureller Code》, 2. Aufl.(München : C. H. Beck, 2000).

30) Klaus Schreiner, 〈독일의 구원자는 언제 올 것인가? 바이마르 공화국의 정치적 메시아주의의 형태와 기능 Wann kommt der Retter Deutschland? : Formen und Funktionen von politischem Messianismus in der Weimarer Republik〉, 《세쿨룸Saeculum》, 49(1998),

통 사람들에게는 수많은 종말론적 신흥 종교 운동의 하나로 여겨졌으며, 히틀러는 수많은 '떠돌이 예언자' 중의 하나로 인식되었다.[31]

1933년 나치가 권력을 잡았을 때 민족주의적이고 보수적으로 정치화된 많은 사람들은 감격의 눈물을 흘렸고, 히틀러라는 새로운 독일의 구세주를 진심으로 환영했다. 개신교도들은 이제 루터 이후 시작된 민족적인 '종교 개혁이 완성되었음'을 고백했다. 얼마 지나지 않아 히틀러와 나치에 대해 실망하게 될 가톨릭 교회의 성직자들마저 당시에는 예외가 아니었다.[32]

그러나 1930년대 중반 이후로는 독일 대중 상당수가 1933년의 감격에서 냉정해지기 시작한 것도 사실이다. 무엇보다 가톨릭교도들이 그러했다. 성직자들과 교회 공동체에 충실했던 평신도들이 나치 체제에 대해 비공식적인 저항의 태도를 견지했음은 잘 알려진 사실이다. 하지만 이 경우에도 전통적인 가톨릭 민족주의 및 이로 인해 당연시되어온 세속 권위에 대한 충성이라는 전통적이고 보수적인 국가관과 가톨릭 반유대주의는 존속되었다. 그리고 더 나아가 가톨릭 하위 문화에 속한 다수 대중 사이에서, 그들이 때때로 나치당에 대해 부정적인 견해를 강하게 피력했음에도 불구하고, 나치당과는 별개로 히틀러의 카리스마적 권위는 계속해서 유지되고 있었던 것이다.[33]

107~160쪽.

31) Ulrich Linse,《떠돌이 예언자들. 20년대의 구세주 Barfüßige Propheten. Erlöser der zwanziger Jahre》(Berlin : Siedler, 1983).

32) Klaus Schreiner, 〈독일의 구원자는 언제 올 것인가? 바이마르 공화국의 정치적 메시아주의의 형태와 기능〉.

33) 이에 대해서는 다음을 참조하라. Werner Freitag (eds.),《축제 속의 제3제국》, 서론 ; Olaf Blaschke · Aram Mattioli (eds.),《19세기 가톨릭의 반유대주의. 비교사적으로 본 그 원인과 전통》.

반면 1930년대 이후 개신교도들의 태도는 편차가 심했다. 나치에 대해 변함없는 짝사랑을 노골적으로 고백했던 급진적 독일 기독교도Deutsche Christen'에서부터 짝사랑이 조금씩 식어갔던 온건파 '독일 기독교도', 그리고 제3제국에 대한 저항의 역사에서 영웅적으로 묘사되는 '고백교회Bekennende Kirche'에 이르기까지 다양한 스펙트럼이 존재했다. 하지만 근래의 연구들은 저항의 대명사로 손꼽히는 고백교회마저 '민족주의적이고 반유대주의적인 아비투스로부터 자유롭지 않았음을 이구동성으로 강조하고 있다. 일례로 고백교회의 영웅 마르틴 니묄러Martin Niemöller 역시 "유대인의 현저한 증대"를 두려워하여 '독일 민족의 깨끗함을 유지하기 위한" 나치의 1935년 뉘른베르크 인종법에 찬성했음은 이제 잘 알려진 사실이 되었다.[34] 여기서 가톨릭 교회나 고백교회가 볼셰비즘의 위험성에 대해 나치 못지않게 민감했음을 지적하는 것은 사족에 불과할 것이다. 한마디로 말해 고백교회에 모인 보수주의적이고 민족주의적이었던 전통적 사회 엘리트들의 태도는 최근의 연구에 따르면 전반적으로 나치 체제에 대한 '동의'와 '저항'의 유기적 결합으로 특징지을 수 있다.[35]

그렇다면 다수의 가톨릭교도와 고백교회는 무엇에 저항한 것인가? 이러한 물음에 대한 답을 통해 우리는 나치 대중독재의 한계점을 명확히 알 수 있다.

비록 체제에 대한 정면 도전은 아니었지만 가톨릭교도와 일부

---

34) Ernst Klee, 〈미션으로서의 박해. 고백교회가 히틀러의 인종 이데올로기를 받아들였다 Verfolgung als Mission. Die Bekennende Kirche akzeptierte Hitlers Rassenideologie〉, 《시대 *Die Zeit*》(1989년 11월10일), 98쪽.

35) Shelly Baranowski, 〈합의와 이의 : 고백교회와 보수주의자들의 민족 사회주의에 대한 대항Consent and Dissent : The Confessing Church and Conservative Opposition to National Socialism〉, 《근대사 학보*Journal of Modern History*》, 59(1987), 53~78쪽.

개신교도들로 하여금 공공연한 저항을 하도록 몰아간 것은 바로 나치의 종파 의식과 종파 대립이라는, 시민 사회의 전통을 깨려는 시도 때문이었다. 민족 공동체의 건설을 위해 모든 이해 대립은 해소되고 정권의 주도 하에 '획일화Gleichschaltung' 되어야 했다. 종교의 영역 역시 예외는 아니었던 것이다. 기성 종교는 모든 공적 영역에서 사적 영역으로 물러나야 했고 궁극적으로는 없어져야 했다. 특히 바이마르 시기까지 독자적 정당을 지녔던 가톨릭 환경 Milieu'은 민족 공동체 건설의 커다란 벽이었다. 독일 민족의 공동체에는 국가가 주도하는 단 하나의 세계관만이 존재해야 했다. 그것이 바로 나치의 정치종교, 즉 인종종교였던 것이다.

상당수의 가톨릭과 고백교회 구성원들, 나아가 다수의 회색 지대에 포진했던 '민족적이고 보수적인 성향'의 전통적인 개신교 성직자와 충실한 신도들이 가졌던 나치 체제에 대한 기본적 입장은 1930년대 중반 이후로는 '수동적 불복종' (케네스 반스Kenneth Barnes)에 가까웠다.[36] 나아가 이들 중 용감한 소수는 이른바 '비공식적 저항'의 태도를 견지했다.[37] 이러한 비동의와 이의의 태도

---

36) Kenneth Barnes, 〈지지, 순응, 혹은 수동적 불복종 : 개신교도들의 사고와 나치 국가 1933~1937Support, Acquiescence, or Passive Disobedience : Protestant Thought and the Nazi State 1933~1937〉, 《종교와 정신사 학보Zeitschrift für Religions und Geistesgeschichte》, 40 (1988), 151~169쪽.

37) 이에 대해서는 다음을 참조하라. B. Hoepfl, 《민족 사회주의 정권기 바이에른의 가톨릭교도들Katholische Laien im nationalsozialistischen Bayern》(Paderborn, 1997) ; Shelly Baranowski, 〈합의와 이의 : 고백교회와 보수주의자들의 민족 사회주의에 대한 대항〉; Thomas Fandel, 《종파와 민족 사회주의. 팔츠 지방의 개신교 및 가톨릭 성직자1930~1939Konfession und Nationalsozialismus. Evangelische un katholische Pfarrer in der Pfalz 1930~1939》(Paderborn : Schöningh, 1997) ; Thomas Fandel, 〈종파주의와 민족 사회주의Konfessionalismus und Nationalsozialismus〉, Olaf Blaschke (ed.), 《갈등 속의 종파들. 1800년부터 1970년 사이의 독일 : 제2의 종파 시대Konfessionen im Konflikt. Deutschland zwischen 1800 und 1970 : ein zweites konfessionelles Zeitalter》(Göttingen : Vandenhoeck & Ruprecht, 2002).

는 나치 체제가 탄압하려 했던 '종파적 이해'(토마스 판델Thomas Fandel, 셸리 배러노프스키Shelly Baranowski)에서 비롯되었다.[38] 이들은 나치를 '이교'라고 생각했고, 나치와 나치의 세계관에 적극 동조한 '독일 기독교도'들의 급진적인 토착화의 신학 및 교회 정책, 그리고 부분적으로 나치의 모험적인 대외 정책을 민족의 이름으로 비판하고 있었다. 가톨릭 성직자들과 고백교회에 모인 전통적인 지배 엘리트들은 기독교의 민족주의적 시민종교로서의 전통적 가치와, 자신들이 지금까지 누려왔던, 독일 민족의 교육과 풍속을 발전시키는 지도자라는 존경받는 역할이 사라지는 것을 원하지 않았다. 그들이 염원한 독일 민족 공동체가 구체적으로 무엇이었는지는 아직 불분명하다. 하지만 이들 보수주의자들이 기본적으로 '왕관과 제단Thron und Altar'의 조화라는 전통적인 이상에 기초했던 독일 제국 시대의 민족국가가 회복되기를 염원했음에는 틀림이 없다.

이처럼 나치의 정치종교는 가톨릭과 개신교 사이의 필연적 갈등을 유발하였다. 제3제국 시기에도 종파 및 종교적 하위 문화는 지속되었던 것이다. 새로운 정치종교를 통한 대중 통합과 적법성의 창출이라는 나치의 시도가 지속적인 성공을 거두기에는 넘어야 할 전통의 벽이 너무 높았다고 할 수 있다.

또한 나치의 정치종교는 자신을 적극적으로 지지했던 '독일 기독교도'들과의 관계에서도 실패했다. 기독교와 나치의 인종 종교를 완벽하게 조화시키려 했던 독일 기독교도들은 바로 이러한 이유 때문에 나치로부터 버림받았다. 전통적인 기독교를 전체주의

---

38) 이에 대해서는 다음을 참조하라. John Seymour Conway, 《민족 사회주의의 교회 정책 1933~1945. 목표, 모순 그리고 실패*Die nationalsozialistische Kirchenpolitik 1933~1945. Ihre Ziele, Widersprüche und Fehlschläge*》(München : Kaiser, 1969).

적인 국가종교로 정치화하려 했던 이러한 행위는 인종종교에 입각한 정치의 절대화라는 나치의 신조에 반대되는 것이었을 뿐만 아니라, 교회 내 투쟁을 격화시키면서 조용히 진행하려던 종파 및 종교적 환경들의 해체 작업을 불필요하게 시끄럽게 만들었기 때문이다. 그러나 나치가 '독일 기독교도'와의 연대를 포기한 것은 통합력 있는 정치종교로서의 나치의 성공 가능성을 희박하게 만든 최대의 자충수였다고 할 수 있다.[39]

5. 매혹과 개종 사이에서

나치 독재는 근대적인 대중 운동의 산물이다. 나치가 권력 장악 후에도 부단히 대중의 지지를 끌어내기 위해 노력했음은 부인할 수 없는 역사적 사실이다. 나치의 폭력적 독재가 노동자들에 대한 착취가 아닌, 무엇보다 팀 메이슨Tim Mason이 '사회적 뇌물 공여'라고 말한 사회 복지 정책에 입각해 있었음은 이제 하나의 상식이 되었다.[40] 테러만이 나치의 독재 체제를 가능케 했다는 종래의 입장은 오늘날 제3제국 시기의 노동 계급을 대상으로 한 일상사 연구를 통해서도 철저히 부정되고 있다. 일상사 연구가 주목하는 것 역시——이 글의 문제 의식과 유사하게——놀라우리만큼 성공적이었던 나치 독재 체제의 대중 운동적인 역동성이다. 그리고 어떻게 이것이 가능했는가, 다시 말해 무엇이 나치 정권에 대한 대중의

---

39) 다음을 참조하라. John Seymour Conwey,《민족 사회주의의 교회 정책 1933~1945. 목표, 모순 그리고 실패》.

40) 이에 대해서는 다음을 참조하라. 팀 메이슨,《나치스 민족 공동체와 노동 계급》, 김학이 옮김(한울, 2000).

기대였으며 나치는 대중의 기대에 어떻게 대응했는가를 묻는다. 일상사 연구가 다각도의 조명을 통해 밝히고 있는 것은 그다지 정치적이지도 영웅적이지도 않았던 다수의 원자화된 대중의 일상과 적극적 동의와 공개적 저항 사이에 위치한 그들의 '수동적 순응', 그리고 그들의 '정상성'을 향한 갈망이다.[41] 그러나 원자화된 사적 공간에 안주한 회색의 보통 사람들의 갈망을 단순히 안정된 일자리와 질서라는 '정상성'을 향한 염원만으로 환원시킬 수 있을까?

이 글이 강조하는 바는 보통 사람들의 일상적 갈망 속에는 신성한 것의 감동적 체험 내지 세계관적인 의미의 추구 및 종교적 위안 같은 것들도 들어 있다는 것이며, 나치 독재 체제의 대중 운동적인 역동성은 단순히 대중의 '정상성'을 향한 염원뿐만 아니라 바로 이러한 종교적 욕구에 대한 나치의 적극적인 대응 위에서 가능했다는 것이다. 그러나 이러한 대응이 실제로 대중을 매혹하는 데 얼마나 성공적이었는가는 또 다른 문제다. 이 글은 이러한 문제를 해명하고자 하였다.

앞서 언급한 바와 같이 일반적인 독일인들은 이미 1차 세계대전 이전부터 다양한 형태로 독일 민족국가를 위한 시민종교의 역할을 수행하고 있던 여러 종교적 하위 문화들 속에서 사회화되어왔다. 이러한 사회화 과정이 가져다준 중요한 결과는, 온갖 형태의 민족주의적이고 반유대주의적인 이데올로기들이 비정치적인 보통 사람들의 사적인 생활 공간과 유리된 정치 이념 내지 공적 영역에서 연출되어야 할 국가적인 그 무엇으로서 다가온 것이 아니라, 보통 사람들의 일상적 의식 속에 자연스럽게 녹아 있던 비정치적 혹은 탈정치적인 개인적 믿음의 신조로서 기능하였고, 따라서 자

---

41) 이에 대해서는 다음을 참조하라. 데틀레프 포이케르트,《나치 시대의 일상사》, 김학이 옮김(개마고원, 2003).

연스럽게 신성성을 부여받았다는 것이다.

이러한 바탕 위에서 국가와 민족 공동체, 그리고 지도자의 신성화, '절대악인 유대인'과의 성스러운 인종 투쟁의 역사에서 주역으로 선택된 독일 민족의 신화화와 같은 나치의 정치종교적 설계는 대중을 충분히 '매혹'할 수 있었다. 그러나 동시에 정치종교로서의 나치 독재는 한계도 명백했는데, 이는 나치가 의도했던 바와 같이 이미 형성되어 있던 기존 종파 및 종교적 하위 문화의 대립을 일소하고 모두를 자신의 정치종교 속으로 '개종'시킬 수는 없었기 때문이다. 오히려 독일의 보통 사람들은 많은 부분에 있어서 나치와 공통적인 믿음을 공유하면서도, 배타적 도그마를 통한 나치의 정치종교적 독점의 시도에는 여러 형태로 거부 반응을 나타냈던 것이다. 과연 정치종교로서 나치는 충분히 성공했는가? 이 물음에 대한 답은 독자들 각자의 몫이다. 반면 이 글은 원자화된 소비자 대중과 무소불위의 현대적 민족국가 시스템으로 구성되는 대중 민주주의 정치는 그것이 갖는 역사적 진보성에도 불구하고 잠재적으로 국가주의적 민족주의의 신성화와 신화화라는 위험성을 내포하고 있다는 사실에 주목하고자 한다. 나치의 전체주의적 독재의 사례는 이러한 위험성이 극단적으로 나타난 경우일 것이다.

대중에 대한 독재 또는 대중에 의한 독재?
─나치 독재의 대중적 기반

김승렬

1. 새로운 연구 시각들

서구 역사학계는 1970년대부터 기존의 파시즘론이나 전체주의 론과 같은 거시적 또는 '위로부터의 독재'라는 시각에서 탈피하여 미시적 또는 '아래로부터의 독재'라는 시각으로 나치 시대를 분석 하고 있다. 또한 기존의 정치사와 사회경제사 중심의 시각에서 문 화사적 또는 일상사적 시각으로의 전환도 확인할 수 있다. 이러한 변화 배후에는, 기존의 인식 틀로는 '왜 독일 내에 나치 체제를 위

김승렬은 판검사가 되고 싶다는 단순한 희망을 품고 1983년 고려대학교 법학과에 입학 했다. 그러나 1980년대라는 암울한 시대와 대학 현실의 중압감으로 판검사직의 사회적·정 치적 기능에 대한 순수한 고민을 하게 되면서 법의 사회성과 우리 사회를 해부할 수 있는 이 론들에 관심을 가지게 되었다. 1987년 전공을 바꾸어 고려대학교 사학과 대학원에 진학하 여 서양사를 공부했고, 1992년 마르크스주의와 소외 문제를 주제로 석사 학위 논문을 제출 함으로써, 의미 있었지만 '지겨웠던' 석사 과정을 마쳤다. 1994년 독일 쾰른으로 유학을 떠 났고, 1950년 서독의 서방 통합 정책을 주제로 박사 논문을 준비했다. 자료 조사차 반년 동 안 파리에 체류했는데, 이 경험은 다자적 관점에서 유럽 문제를 보는 데 큰 도움이 되었다. 2000년 초 귀국한 후 1950년대 유럽 통합에 대한 논문들을 발표했지만, 그가 지향하고 있는 것은 한국 현대사 이해에 도움이 되는 서양사 연구다. 논문 〈나치의 인종 말살 전쟁과 '평범 한' 독일 군인의 역할〉, 〈숙적 관계에서 협력 관계로 : 독일-프랑스 역사 교과서 협의〉와 직 접 번역한 《미래를 건설하는 역사 교육 : 1945~1965 유럽 역사 교과서 개선 활동》, 그리고 이 책에 실린 논문이 이러한 문제 의식에서 나온 결과물들이다. 현재 경상대학교 사학과에 서 서양사를 강의하고 있다.

협할 만한 저항이 존재하지 않았는가'라는 의문을 해결하기 어렵다는 인식이 자리잡고 있다. 기존의 시각들은 일반 독일인들을 독재의 피해자로만 보고 있기 때문이다.

1970년대부터 문화사적 시각에서 파시즘을 연구하기 시작한 모스는, 파시즘을 스스로의 자기 규정 방식과 당시 대중의 인식에 의거해 이해해야 한다는 전제 하에 그동안 간과되었던 나치 정치의 대중적 기반과 미학적 측면을 집중적으로 분석하였다. 모스에게는 사회 구조적, 정치 제도적 현실뿐 아니라 '인식된 현실' 또한 중요했는데, 이는 인식적 요소 역시 나치즘을 지탱해준 한 요소였기 때문이다. 그런데 파시즘은 '민족 신화에 기초한 삶에 대한 태도' 이기 때문에 사회주의나 자유주의와 같은 정치 사상처럼 합리적이지 않으며, 따라서 '합리적이지 않은 것을 어떻게 합리적으로 분석하는가'라는 문제가 관건이 된다는 것이다. 따라서 여러 사상들로부터 스스로를 구성한 잡종의 사상이라 할 수 있는 파시즘을 이해하려면 파시즘이 스스로를 표현했던 방식, 즉 여러 가지 상징들과 연출을 통해 문화사적으로 이해해야 한다는 것이다. 그는 독일사에서 유례없이 대중을 체제 안으로 포섭하여 새로운 주체로 만든 나치 정치를 '신정치new politics' 또는 정치종교라고 정의하였다. 이러한 모스의 정의에 입각하여 젠틸레Emilio Gentile는 파시즘의 '신정치'와 전체주의를 접목해 '새로운' 전체주의론을, 즉 냉전 시기의 분석적 개념으로서의 전체주의론이 아닌 파시스트들이 스스로를 규정했던 방식대로의 전체주의론을 발전시켰다.[1] 젤러틀리Robert Gellately도 나치즘을 스스로의 표현 방식과 대중의 인

1) George L. Mosse, 《파시즘 혁명. 파시즘 일반 이론에 대하여*The Fascist Revolution. Toward a General Theory of Fascism*》(New York : Howard Fertig, 1999), ix~xviii · 1~44쪽 ; George L. Mosse, 《대중의 국민화. 나폴레옹 전쟁부터 제3제국까지 독일의 정치적 상징들

식 방식대로 인식하고자 했다. 나치가 행한 테러, 특히 유대인들에 대한 테러와 폭력이 일반 신문과 방송을 통해 일반 대중에게 알려졌으므로 진정 핵심적인 문제는 독일인들이 그것을 인지했는가가 아니라 어떻게 인식했는가라고 지적하는 젤러틀리는 이 문제의 해결을 위해, 신문과 방송을 통해 재현된 나치의 자기 이미지와 그에 대한 대중의 인식 방식에 대해 분석하였다.[2] 과대 선전이라는 속성을 지닌 정부 기관지의 내용을 근거로 당시의 사회를 분석하는 것에는 문제가 있을 수 있다.[3] 그러나 테러와 폭력의 대상 대다수가 부정적으로 평가돼온 소수자들이었으므로 그 폭력은 일반 대중이 견딜 만한 것이었다. 또한 그 덕에 일반 대중이 바라던 '정상적인 생활'과 '질서' 역시 회복되어가고 있었다는 점을 감안할 때, 신문 보도가 단지 대중을 오도하기만 한 것이 아니라 당시의 일정한 인식 지평을 반영하고 또 그것을 강화하는 기능도 했다고 볼 근거는 충분하다.

일상사적 시각에 기초한 나치 연구는 1960년대에 이미 쇤바움 David Schoenbaum에 의해 시작되었지만, 그것이 의미 있는 방법

과 대중 운동 The Nationalization of the Masses. Political Symbolism and Mass Movements in Germany from the Napoleonic Wars Through the Third Reich》(New York : Howard Fertig, 1975), 1장("The New Politics")과 9장("The Political Cult") ; Emilio Gentile, 〈정치의 신성화 : 세속 종교와 전체주의 문제에 대한 정의, 해석 그리고 재해석 The Sacralization of Politics : Definitions, Interpretations and Reflections on the Question of Secular Religion and Totalitarianism〉,《전체주의 운동과 정치종교 Totalitarian Movements and Political Religions》, 1권, No. 1(2000), 183~155쪽. 필자에게 모스에 대한 상세한 정보를 제공한 박환무에게 고마움을 표한다.

2) Robert Gellately,《히틀러를 지지하다. 나치 독일에서의 동의와 강제 Backing Hitler. Consent and Coercion in Nazi Germany》(Oxford : Oxford University Press, 2001), 특히 제3장 "Concentration Camps and Media Report" 참조.

3) Ulrich Herbert, 〈'히틀러를 지지하다'에 대한 서평 Book Review on Backing Hitler(R. Gellately)〉,《미국 역사학보 American Historical Review》(2003년 2월), 276쪽 이하.

론으로 자리매김되기 시작한 것은 1980년대에 이르러서였다. 이러한 확산에 크게 기여한 인물이 포이케르트Detlev J. K. Peukert, 뤼트케Alf Lüdtke, 헤르베르트Ulrich Herbert, 바르토프Omer Bartov 등이다.[4] 특히 1990년대에 들어서면서 나치에 대한 일상사적 분석은 더욱 각광을 받게 되었는데, 이는 아마도 냉전 종식과 독일 통일 이후 독일을 견제하려는 국제 정치적 고려와도 무관하지 않을 것이다. 일상사적 분석 중 가장 두드러진 것은 평범한 독일 군인들의 유대인 학살 범죄에 대한 관련성을 밝히고자 하는 두 가지 의미 있는 시도다. 하나는 골드하겐Daniel Goldhagen의 테제를 둘러싼 국제적 논쟁이고, 다른 하나는 소위 '독일 방위군 범죄 전시회'를 둘러싼 독일 내부의 대중적 논쟁이었다.[5] 특히 미국의 정치학자 골드하겐의 테제는 많은 논란을 야기했다. 그에 따르면 나치 집권 이전에 이미 대중의 마음속에 뿌리 깊이 자리잡고 있었으나 단지 잠재된 형태로 존재하던 반유대주의가 나치 정권에 의해 폭발적으로 표출되었고, 모든 독일인들이 이에 동조했다는 것이 인정된다는 것이다. 이 같은 단일한 원인에 의한 분석과 세부적인 구분 없이 모든 독일인들을 '히틀러의 자발적 집행자'라고 비판하는 저널리즘적이고 포괄적인 비판에 대한 반비판이 여러 곳에서 제기되었다. 즉, 반유대주의는 나치 집권 초기부터 그렇게 광범위하게 자리잡고 있었던 것이 아니었으며, 반유대주의적 정책을 강력히 추진하는 중심 세력과 무관심, 개인적 욕심과 시기, 경쟁

---

4) David Schoenbaum, 《히틀러의 사회 혁명Hitler's Social Revolution》(New York : W. W. Norton & Company, 1966) ; 안병직, 〈'일상의 역사'란 무엇인가〉, 안병직 외 엮음, 《오늘의 역사학》(한겨레신문사, 1998), 23~78쪽.

5) 이진모, 〈나치의 유태인 대학살과 평범한 독일인들의 책임—골드하겐 테제를 둘러싼 논쟁〉, 《역사비평》, 제42호(1998), 249~268쪽 ; 김승렬, 〈나치의 인종 말살 전쟁과 '평범한' 독일 군인의 역할〉, 《역사비평》, 제56호(2001), 251~271쪽.

관계, 팽창주의적 목적, 공리주의적 합리성 그리고 이데올로기적 확신 등 다양한 동기에서 정부의 인종 정책을 반대하지 않았거나 지지했던 대중 간의 관계 속에서 반유대주의의 결과와 평범한 독일인들의 책임을 세분하여 분석해야 한다는 것이다.[6]

이상의 새로운 연구 시각들과 논쟁들은 그 구체적 내용이 서로 다름에도 불구하고 한 가지 공통점을 가지고 있는데, 이는 그 이전의 연구자들이 중요시하지 않았거나 간과했던 측면, 즉 나치 독재 정권에 대한 대중적 지지 내지 기반을 강조한다는 점이다. '대중 독재의 실험'(마르틴 브로스차트Martin Broszat), '(나치) 체제에 대한 대다수 인민들의 어떤 기본적인 동의'(데틀레프 포이케르트), '(나치 체제에 대한) 합의 준비'(베른트 슈퇴버Bernd Stöver), '서로 착종되어 있는 강제와 동의'의 구조(젤러틀리), '대중적 독재 populist dictatorship'(젤러틀리) 등이 이러한 점을 강조하는 표현들이다.[7]

필자는 어떤 새로운 테제를 주장하기보다 위와 같은 문제 의식에서 진척된 문화사적·일상사적인 연구 업적을 정리하고자 한

6) Ulrich Herbert, 〈절멸 정책 : 홀로코스트 역사에 대한 새로운 문제 제기와 답변Vernich-tungspolitik : Neue Antworten und Fragen zur Geschichte des Holocaust'〉, U. Herbert (ed.), 《나치의 절멸 정책 : 새로운 연구들과 논쟁들Nationalsozialistische Vernichtungspolitik : Neue Forschungen und Kontroversen》(Frankfurt a. M. : Fischer Taschenbuch Verlag, 1998), 9~66쪽 ; Gellately, 《히틀러를 지지하다. 나치 독일에서의 동의와 강제》, 4쪽 이하.

7) Martin Broszat, 《히틀러와 바이마르 독일의 붕괴Hitler and the Collapse of Weimar Germany》, (trans.) V. R. Berghahn(New York : Berlag, 1987), 149쪽 ; Detlev Peukert, 《나치 독일의 내면. 일상에서의 순응, 반대 그리고 인종주의Inside Nazi Germany. Conformity, Opposition, and Racism in Everyday Life》, (trans.) R. Deveson(New Haven/London : 1987), 73쪽 ; Bernd Stöver, 《나치의 민족 공동체 : 망명 사회주의자 보고서에서 바라본 독일인들의 나치에 대한 동의Volksgemeinschaft im Dritten Reich : Die Konsensbereitschaft der Deutschen aus der Sicht sozialistischer Exilberichte》(Düsseldorf : Droste Verlag, 1993) ; R. Gellately, 《히틀러를 지지하다. 나치 독일에서의 동의와 강제》, 2~4쪽.

다. 2절에서는 먼저 나치의 헤게모니 체제를 필요한 범위 내에서 간략하게 살펴보고, 3절에서는 국민의 다양한 대응 방식을 노동자와 여성을 중심으로 분석하겠다. 대중의 반응, 즉 강제와 동의의 정도를 측정하는 방식은 대중의 지지와 저항의 동기들을 분석함으로써 나치가 내세운, 계급적·집단적 이해 관계를 초월한 민족 공동체Volksgemeinschaft'가 과연 의도대로 실현되었는가의 여부를 밝히는 것이다. 노동자는 나치 체제에 가장 저항적일 것이라고 기대되었던 계급이었다는 점에서, 여성은 나치 체제가 관여할 수 없을 것 같은 사적 영역의 대표적 집단이었다는 점에서 위와 같은 문제를 해결하는 데 흥미로운 연구 대상이라고 생각하기 때문에 필자는 이를 다루어보고자 한다. 그리고 결론에서 이러한 새로운 연구 시각의 의의를 평가해보고자 한다.

2. 나치의 헤게모니 체제

(1) 종교적 차원으로 승격된 정치

자유 민주주의의 파시즘 이해 방식에 강한 의문을 제기하고 있는 모스에 의하면, '신정치'는 18세기 후반에 루소가 정초한 '인민 주권popular sovereignty'으로 스스로를 표상하는 대중의 출현으로부터 시작하여 나치 체제에서 절정을 이룬다. '일반 의지'로 자신을 표현하는 주권자 인민들은 자기 자신을 신봉하는 세속 종교의 형태를 취하는데, 신정치는 바로 이러한 인민들을 세속 종교의 형태 속에서 한데 묶는 역할을 한다. 이때 대중의 출현과 정치의 연결 고리는 민족주의다. 시민 사회와 정치의 분리라는 자유 민주주의의 시각에서 보면 '대중의 국민화the nationalization of the mass'에서 강제적이며 인위적인 측면이 부각되겠지만, 인민이 스스로를 민족 구성의 주체로 인식하고 자신들을 통합해내는 정치를 통해 스스로를 신봉했다는 '신정치'의 입론에서 보면 이 과정의 자발성이 강하게 부각된다. 이러한 측면에서 인민의 숭배는 민족의 숭배로 전화되며 이때 민족 상징은 가장 중요한 역할을 한다.[8]

　히틀러는 서술된 글보다는 상징을 더 선호하였다. 그의 저서 《나의 투쟁Mein Kampf》조차 나치즘의 경전이 되지 못했다. 당시의 자유주의자들이나 마르크스주의자들은 히틀러가 구사한 상징들의 중요성을 간과했는데, 이는 그들이 이러한 도구들을 자신의 지배 의지를 숨기고 대중을 호도하고자 하는 나치의 위장 전술, 즉 선전 도구에 불과하다고 보았기 때문이었다. 건축, 기념비, 축제 양식, 깃발, 독일의 전통 오크 무늬 의상 등 독일 민족을 상징하는 것들은 그 자체적 의미를 넘어서서, 대중을 민족주의적 기치 아래 포섭하고 대중이 자발적으로 참여할 수 있게 한 문화 양식으로 이해되어야 한다. 이때 대중의 자발적인 조직이 중요한 역할을 하였는데, 그 대표적인 것이 전국체조연맹, 전국사냥클럽, 전국합창단 등이다. 나치 정치 미학의 본질은, 계급 분열로 원자화된 대중에게 통일된 소속감을 줄 수 있고 법, 질서, 훈련 등으로 상징되는 독일 민족의 우월성을 대중이 감지할 수 있는 형태로 전환시킨 데 있다. 그것은 계급적 이해 관계로 형성된 각종 이익 집단들을 민족 공동체의 한 구성 부분으로 재편성하는 것이며, 이때 독일의 경건주의적 예식을 모방한 대중 집회와 전통적인 기독교를 대체하고자 하는 정치의 신성화가 중요한 역할을 한다.[9]

---

8) Mosse,《대중의 국민화. 나폴레옹 전쟁부터 제3제국까지 독일의 정치적 상징들과 대중 운동》,1~20쪽.

　9) Mosse,《대중의 국민화. 나폴레옹 전쟁부터 제3제국까지 독일의 정치적 상징들과 대중

종교 정책을 통하여 정치를 신성화하고자 했던 나치의 노력을 살펴보자. 히틀러는 정권을 쟁취하기 전까지 친교회적인 전략을 구사했으나, 이는 다만 선거 전략에 불과한 것이었다. 1933년 8월 5일 오버잘츠베르크에서 열린 히틀러 측근들의 비밀 회의에서 나치의 선전책이던 괴벨스Joseph Goebbels는 "우리 스스로가 교회가 되어야 한다"라고 말했다. 기존 교회를 핍박할 것인지, 아니면 자발적으로 나치 국가에 복속하도록 만들 것인지는 차후의 전략적 문제에 불과하였다. 다만 분명한 것은 시민들에 대한 교회의 영향력을 대폭 축소시키는 것이었다. 나치당 사무총장 보어만Martin Bormann은 1941년 각 지구당 위원장들에게 다음과 같이 지시하였다. "기독교와 나치는 조화될 수 없다. 교회가 영향력을 행사하는 모든 수단을 철저히 제거하라. 그러나 전략상 이를 전쟁 승리 이후로 연기하라."[10] 이 인용문을 볼 때 나치주의자들은 스스로 기독교를 대체하고자 하는 목적을 명확히 갖고 있었으며, 기독교를 통해 충족되던 인민들의 욕구를 자신들의 민족주의로 충족시키고자 하였다.

운동》, 21쪽 이하. 민족 공동체는 히틀러가 처음으로 창안한 것이 아니라 1차 세계대전이라는 참혹한 전쟁을 경험한 '1914년 세대'의 '전투 공동체Kampfgemeinschaft'에서 비롯된 신화를 그가 민족 담론으로 재조직한 것이다. 이 '전투 공동체' 안에서는 사회를 분열시키는 이기적이고 개인주의적인 모든 사회적·물질적 구분이 사라지고 공동의 목표를 위해 싸우는 동지들의 운명 공동체만이 존재하며, 이상을 위한 헌신이 존경받는다. B. Hüppauf, 〈랑게마르크, 베르됭 그리고 1차 세계대전 이후 독일 신인간 신화Langemarck, Verdun and the myth of a new man in Germany after the First World War〉, 《전쟁과 사회War and Society》, 6권(1988), 42~84쪽.

10) Ulrich von Hehl, 〈나치 독재 하의 교회들. 순응, 자기 주장 그리고 저항 사이에서Die Kirchen in der NS-Diktatur. Zwischen Anpassung, Selbstbehauptung und Widerstand〉, Karl Dietrich Bracher 외 (eds.), 《독일 1933~1945. 나치 지배 체제에 대한 새로운 연구들 Deutschland 1933~1945. Neue Studien zur nationalsozialistischen Herrschaft》(Bonn : Droste Verlag, 1993), 153쪽 이하.

히틀러는 사회주의와 자신의 민족 사회주의를 대비하면서 다음과 같이 말했다. "우리의 사회주의는 마르크스주의보다 훨씬 심오한 것이다……그것은 외적인 질서를 바꾸려는 것이 아니라……우리는 사람들을 사회화하려는 것이다……민족 사회주의를 단지 정치적 운동으로 이해하는 이들은 그에 대해 아무것도 모르는 이들이다. 그것은 종교 이상이다. 그것은 새로운 인간을 만들어내고자 하는 노력인 것이다."[11] 그러면 나치가 추구한 새로운 인간은 어떠한 것이었는가? 괴벨스는 서유럽의 파편화된 개인주의를 비판하면서 민족 사회주의를 다음과 같이 규정하였다. "우리가 수행하고 있는 혁명은 전체적 혁명이다……우리는 각 개인의 개성을 집단적인 인종 의식으로 바꾸어놓고 있으며……우리는 각 개인의 모든 생활 영역을 포괄할 수 있는 조직을 만들어야 한다. 그렇게 되면 각 개인의 모든 활동과 모든 필요성은 당으로 대변되는 민족 공동체에 의해 규제될 것이다. 자발적인 의지는 더 이상 존재하지 않게 될 것이며, 각 개인에게 속하는 자유 영역은 사라지게 될 것이다."[12] 나치의 인종 이데올로기에 따른 이상화된 독일인, 즉 법과 질서를 준수하고 노동에 숙달되어 있으며, 민족을 위해서 자기를 희생하는 정신 등의 전통으로부터 이상화된 인간상을 민족 공동체를 통해 실현하는 것, 바로 이것이 나치가 추구하는 새로운 인간 개조의 논리였다.

이러한 특성을 지닌 나치 정치의 절대화를 이해함에 있어 커서 I. Kershaw는 기존의 정태적인 '전체주의적 체제'라는 시각을 폐

---

11) Hermann Rauschning, 《히틀러 문집*Hitler Speaks : Political Conversations with Adolf Hitler on his Real Aims*》(London : Gollancz, 1939), 27쪽 ; 유정희, 〈나치 독일의 가족과 인구 정책〉, 《서양사론》, 제65호(2000년 6월), 134쪽에서 재인용.

12) Joachim Fest, 《히틀러*Hitler*》, (trans.) Richard · Clara Winston(New York : Vintage, 1975), 418쪽. 유정희, 〈나치 독일의 가족과 인구 정책〉, 133쪽 이하에서 재인용.

기하고 '전체적 요구totaler Anspruch'라는 개념을 사용할 것을 제
안한다. 파시즘은 "사회에 대해······ '전체적 요구'를 제기했다".
즉, 파시즘은 "조종과 테러를 다양하게 혼합해 국민을 동질화하고
——서로 대립적인——혁명적이고 유토피아적인 목표에 동원하고
자 했다. 이들은 이러한 목표의 실현에 잠재적으로 방해가 될 수
있는 모든 사회적 혹은 제도적 공간을 파괴했다". 파시즘의 '전체
적 요구'는, 한편으로는 권력 장악 이후 국가에 의한 전체적 지배
를 실현하고자 하는 국가주의를, 다른 한편으로는 권력 장악 과정
에서 운동의 역동성과 혁명성을 표현하려는 운동 개념이었지, 냉
전기에 사용되었던 분석적 개념이 아니었다는 것이다.[13]

(2) 노동자 대중 정책 : 인종주의적 노동 복지 정책
　나치의 정치의 신성화와 절대화는 경제사회 정책에서도 확연히
드러난다. 나치는 경제사회 및 복지 정책에 대해 명확한 청사진이
나 이론을 가지고 있지 않았다. 그것은 히틀러의 핵심적인 정치적
이념과 목적에 종속되었다. 그 대표적인 예가 군수 산업과 팽창 정
책이다. 그러나 상징과 담론적 공세로써만 대중을 포섭할 수는 없
었기 때문에 나치는 당연히 물질적 복지의 혜택을 선사했는데, 그
것은 나치당과 국가를 매개로 하는 것이어야 했으며 계급 투쟁이
나 이해 집단의 노력을 통해 성취되어서는 안 되었던 것이다.
　대중의 지지를 획득하기 위한 정책 중 가장 중요했던 것 중 하나
는 바로 실업 문제 해결이었다. 공황으로 인한 대량 실업을 해결하
겠다고 약속한 나치 정권은 고속도로 건설 등 여러 가지 국책 사업

---

13) Ian Kershaw, 《나치 국가. 역사 해석과 논쟁들에 대한 고찰Der NS-Staat. Geschichtsin-
terpretationen und Kontroversen im Überblick》(Reinbek : Rowolt Taschenbuch Verlag, 1994),
79쪽.

을 통해 이를 해결하고자 했다. 이는 어느 정도 실업 문제 해결에 긍정적인 영향을 미쳤지만, 이와 관련해서는 나치 정권 이전의 경제·금융 정책의 결과가 나타난 것이며 나치 정권은 그 수확물을 챙겼을 뿐이라는 견해도 있어 논란의 여지가 있다. 그러나 실업 문제 해결이 궁극적으로 군비 확장 덕분이었고, 군수업이 팽창 정책의 일환이었다는 점에 대해서는 학자들 사이에 이견이 없다.[14]

다음으로는 노동 정책 및 복지 정책이다. 나치의 민족 공동체 이념은 계급으로 대립되는 사회가 아니라 민족 동지Volksgenossen로 구성된 조화로운 민족 사회를 지향하는 것이었다. 다시 말해 나치는 노동자의 계급 정체성을 해체하고 민족 정체성을 확립하고자 했다. 하지만 나치는 현실 사회의 노동-자본의 대립 관계를 해결할 구체적 방안을 미리 규정하지 못했다. 다만 나치즘에 위배되는 노조를 분쇄하여 독일노동전선Deutsche Arbeitsfront으로 대체하고 노동자들의 충성을 담보하기 위한 이념 교육을 확대했을 뿐이다. 그러나 이것만으로는 노동자 대중을 포섭할 수 없기 때문에 나치 정권은 임금, 노동 조건 등과 같은 노동자들의 일상적 요구를 포괄하는 복지 정책을 실시했다. 결과적으로 나치의 노동 정책은 인종 정책과 긴밀하게 결합되었다. 예컨대 나치가 규정한 우수한 노동력을 포함하여 '인종적 가치'를 입증한 노동자들에게는 많은 혜택을 주고 그렇지 못한 노동자들에게는 불리한 대우를 함으로

---

14) Albrecht Ritschl, 〈나치 경제 정책Wirtschaftspolitik im Dritten Reich-Ein Überblick〉, Karl Dietrich Bracher 외 (eds.), 《독일 1933~1945. 나치 지배 체제에 대한 새로운 연구들》, 118~134쪽 ; Andreas Kranig, 〈나치 시기 노동자, 노동 관계 그리고 사회 정책Arbeitnehmer, Arbeitsbeziehungen und Sozialpolitik unter dem Nationalsozialismus〉, Karl Dietrich Bracher 외 (eds.), 《독일 1933~1945. 나치 지배 체제에 대한 새로운 연구들》, 146쪽 ; 양동휴, 〈나치 정권 초기 경기 회복의 과정과 성격〉, 양동휴 엮음, 《1930년대 세계 대공황 연구》 (서울대 출판부, 2000), 327~357쪽.

써 나치는 민족 공동체의 실제적 내용을 규정해갔다. 혜택에는 물질적 보상뿐 아니라 '기쁨을 통한 힘Kraft durch Freude' 프로그램에 따른 유급 휴가, 국민차 소유, 노동의 아름다움Schönheit der Arbeit' 프로그램을 통한 작업 환경 개선 등이 포함되었다. 반면 불리한 대우를 받는 예로는 극단적인 경우 공동체 외부인Volksfremde이나 반사회 인사Asoziale로 분류되어 노동 수용소로 이송되는 경우가 있었다. 이러한 '사회-인종 정책'은 본래 방랑자, 거지, 창녀 등 주변인들에게 적용되다가 점차 모든 노동자들에게 적용되었던 것이다.[15)

(3) 가족 정책 : 인종주의적 여성 정책

나치의 가족 개념은 과거 지향적인 것으로서, 부분적으로는 개인주의나 여성 해방 운동 같은 근대적 경향에 대한 거부에서 비롯되었다. 해방으로부터의 해방'이라는 나치 여성 정책의 대표적 구호는 이러한 특성을 잘 보여준다. 나치의 이상적 가족상은 땅에 기반을 두고, 인종적으로 건강한 아이들을 많이 낳고, 그 아이들의 마음속에 나치 국가에 대한 흔들리지 않는 사랑을 심어주는 가족이었다. 여성은 이러한 가정의 심장이 되어야 했다. 이러한 맥락에서 나치는 히틀러 어머니의 생일(8월 12일)을 국경일인 '어머니 날'로 정하여 대대적인 행사를 치렀고, 자녀 수에 따라 수여되는 어머니 메달을 제정하여 어머니로서의 여성의 이미지를 국민의 마음속에 각인시키고자 했다. 그러나 나치가 단순히 과거의 여성 역할을 복원하고자 한 것은 아니었다. 즉 여성은 가족의 심장으로

---

15) Ulrich Herbert, 〈나치 시기의 노동 관계. 중간 결산과 문제점들Arbeiterschaft im 'Dritten Reich'. Zwischenbilanz und offene Fragen〉,《역사와 사회Geschichte und Gesellschaft》, 15권(1989), 333~336 · 358쪽.

서의 전통적인 역할 이외에 국가의 부름에도 적극적으로 응해야
했다. 다시 말하면, 국가에 충성스러운 자녀를 키울 뿐 아니라, 필
요하다면 예컨대 전시에 군수 공장에서 일도 하는 여성이 되어야
했던 것이다. 이를 가능하게 한 것은 나치즘의 가치를 개인과 가족
의 의사 결정에 침투시킬 수 있었던 나치의 전체주의였다.[16]

그 결과 바이마르 시기에 싹트기 시작한 여성 해방 운동은 탄압
을 받았고, 나치 정권 초기에 많은 여성들이 일터에서 가정으로 돌
려보내졌다. 나치는 우생학적으로 흠이 없는 여성들에게는 출산
장려 정책——결혼 자금 대여 정책, 출산 장려금, 자녀 양육비 지
급, 낙태 금지 등——을, 유전병자·정신질환자 등 흠이 있는 것으
로 평가된 여성들이나 유대인·집시 혈통 등의 '인종적으로 열등
한' 여성들에게는 출산 금지 정책——결혼 금지, 낙태, 불임 수술
등——을 실시하였다. 여성을 우생학적으로 평가하기 위해 나치는
200곳이 넘는 우생학 심사소를 설치하여 나치 정권 기간 동안 약
20만 명의 여성으로 하여금 불임 수술을 받게 하였다. 이와 같은 가
족 및 우생학 정책은 사적인 영역을 정치적 영역에 종속시켜 지배
를 받게 만드는 나치 전체주의 정책의 한 예라고 할 수 있다.

소녀들에 대한 정책에서도 이러한 특성을 확인할 수 있다. 나치
는 나치즘에 충실한 여성을 양성하기 위해 히틀러 소년단에 대응
하는 독일 소녀단Bund Deutscher Mädel을 창설하여 소녀들이 하
이킹, 캠핑, 탐험 등의 공동 체험을 할 수 있도록 하였다. 이러한 활

---

16) Tim Mason, 〈1925~1940 독일의 여성 : 가족, 복지 그리고 노동Women in Germany,
1925~1940 : Family, Welfare and Work〉, Jane Caplan (ed.), 《팀 메이슨의 나치즘, 파시즘
그리고 노동 계급 연구Nazism, Fascism and the Working Class, Tim Mason》(Cambridge :
Cambridge Univ. Press, 1995), 131~211쪽 ; Clifford Kirkpatrick, 《나치 독일 : 여성과 가족
생활Nazi Germany : Its Women and Family Life》(New York : Bobs Merrill, 1939), 100~103쪽
; 유정희, 〈나치 독일의 가족과 인구 정책〉, 134쪽 이하.

동을 통해 소녀들은 단조롭고 틀에 박힌 가정에서 벗어나 조기에 사회 경험을 할 수 있었고, 나치는 소녀들에 대한 부모의 권위에 대해 간섭할 수 있는 계기를 마련하였다. 이 정책의 목적은 나치가 주장했던 전통적인 가족이라는 가치의 부활이 아니라 전혀 새로운 가족, 즉 나치에 충실한 가족의 양산이었다.

3. 모호한 일상의 회색 지대

(1) 노동자 대중의 반응

나치 정권에 가장 위협이 될 것으로 보였던 노동자 계급으로부터는 어떠한 위협적인 저항도 없었다. 다만 작업 규칙 위반, 태업, 허위 병가 신청 등 주어진 조건 아래서 개별적인 불만이 표출되었을 뿐이다. 이러한 현상에 대한 해석들을 먼저 살펴보자.

1960년대에 메이슨Tim Mason은 나치의 '민족 공동체'는 노동자들에게는 성공을 거두지 못했다고 보았다. 노조의 해체, 사회 민주주의자 및 공산주의자 노동자들에 대한 탄압 등으로 노동자들은 집단적 의사 표시 수단을 박탈당했지만, 여러 가지 형태로 표출된 개별적 불만들은 노동자들이 여전히 계급 의식을 지니고 있었고, 계급을 초월한 나치의 민족 공동체를 받아들이지 않았다는 증거라고 메이슨은 평가했다. 더 나아가 1936년 이후 완전 고용이 이루어지고 노동력 부족 현상이 나타나면서 나치 정권은 군비에 필수적인 부분에 대한 노동 시장 통제를 절실하게 필요로 하게 되었다. 그러나 나치는 1918년 패전의 근본적 원인으로 여겨졌던 노동자들의 혁명으로 내부 균열이 재발할 것을 우려하게 되었고, 이로 말미암아 전쟁 준비를 위한 군비 산업을 제대로 촉진시킬 수 없었다고 그는 평가했다.[17] 메이슨은 적극적 저항에서 나치의 실패를 확인한 것이 아니라 나치의 '전체적 요구'에서 실패의 원인을 찾았 다고 볼 수 있다.

그러나 나치 정권이 더러 노동자들에게 양보를 하기는 했지만 그들로 인해 심각한 정치적 위기를 맞았다거나 팽창 정책을 펴는 데 큰 어려움을 겪었다는 증거는 어디에도 없다는 점은 메이슨의 해석에 문제를 제기하게 한다. 이러한 문제 의식에서 1980년대부 터 연구의 무게 중심은 노동자들의 계급 정체성 지속이라는 테제 를 비판하고 그들의 개인적인 순응 내지 사사로운 불만 표출을 강 조하는 방향으로 나아갔다. 하흐트만R. Hachtmann, 헤르베르트 U. Herbert와 치머만M. Zimmermann에 의하면, 노동자들의 불만 표출은 노동 계급의 집단 정체성이 해체되는 징후에 불과한 것으 로 해석해야지 '계급 갈등'이나 '계급 투쟁'의 지속의 증거로 해석 해서는 안 되며, 완전 고용으로 인해 나치의 호소에 노동자들이 저 항할 힘을 더 가지게 된 것이 아니라 그 호소에 덜 저항하게끔 된 것이었다. 다시 말하면, 당시 노동자들은 좋았던 바이마르 시기가 평가 기준이 아니라 대공황의 실업이 평가 기준이었기 때문에 완 전 고용을 나치의 성과로 받아들였다는 것이다. 그리고 나치가 통 치와 전쟁 준비를 위해 이전 시기부터 진행되었던 독일 산업의 근 대화와 합리화 과정을 촉진시킴으로써 노동자들의 개별적·경제 적 이해를 위한 투쟁 능력이 현저히 감소했다는 것이다.[18] 나치 시

---

17) 팀 메이슨,《나치스 민족 공동체와 노동 계급》, 김학이 옮김(한울, 2000) ; T. W. Mason,〈나치 독일 시기의 노동자 계급의 봉쇄The containment of the working class in Nazi Germany〉, Jane Caplan (ed.),《팀 메이슨의 나치즘, 파시즘 그리고 노동 계급 연구》, 231~273쪽. 메이슨은 자신의 이 마지막 글에서 노동자들이 나치 체제의 혜택에 만족하고 그 체제에 순응한 측면을 과소평가했다는 점을 시인하였지만, 기본 테제는 변경하지 않았다.

18) Rüdiger Hachtmann,《나치 시기의 산업 노동. 1933~1945년 독일에서의 임금과 노동

기의 노동자들은 분석 범주로서의 '계급'으로는 존재했을 테지만, 현실적으로는 스스로를 (유능한 노동력을 지닌) 개인으로 또는 다른 비계급적 집단(특정 산업의 일원이나 여성 노동자에 대한 남성 노동자, 또는 비독일인 노동자에 대한 독일인 노동자)의 구성원으로 여기고 행동했다는 것이다. 노동자 계급이 이렇게 분절화됨으로써 나치는 노동자들을 훨씬 쉽게 통제할 수 있었던 것이다.

다음으로 나치의 인종주의적 노동 정책에 대한 노동자들의 반응을 살펴보자. 나치는 대중 집회에서만 독일 민족의 전통적인 상징을 활용한 것이 아니라 노동 정책에 있어서도 이를 활용했다. '노동의 영예', '독일의 우수한 노동'을 표현하여 노동자들이 자신의 직업에 대해 자부심을 느끼게 하는 문화적 상징물들을 잘 활용했던 것이다. 이는 1933년 이전에 나치당에 대해 부정적이었던 노동자들을 포섭하는 데 기여했다.[19]

특히 나치의 인종 정책과 히틀러에 대한 신뢰는 노동자들을 민족 공동체의 일원으로 포섭하는 데 매우 효과적인 도구였다. 히틀러의 외교적 승리, 카리스마적 자기 표현 방식, 포퓰리즘적 연설 내용 등은 나치 체제가 의지하고 있던 대중적 인기의 중요한 한 기

조건에 대한 연구*Industriearbeit im "Dritten Reich". Untersuchungen zu den Lohn- und Arbeitbedingungen in Deutschland 1933~1945*》(Göttingen, 1989), 131 · 302쪽 ; Ulrich Herbert, 〈좋은 때, 나쁜 때Good times, bad times〉, Richard Besel (ed.), 《나치 시기의 삶*Life in the Third Reich*》(Oxford : Oxford Univ. Press, 1987) ; Michael Zimmermann, 《수갱 시설과 광산촌. 1880~1980, 노동자 거주지역의 삶, 노동 그리고 정책*Schachtanlage und Zechenkolonie. Leben, Arbeit und Politik in einer Arbeitersiedlung 1880-1980*》(Essen : Klartext Verlagsgesellschaft, 1987), 191쪽.

19) Alf Lüdtke, 〈노동의 영예 : 민족 사회주의 시기의 산업 노동자들과 상징의 힘The Honor of Labor' : Industrial workers and the power of symbols under national socialism〉, D. F. Crew (ed.), 《나치즘과 독일 사회 1933~1945*Nazism and German Society 1933~1945*》(London/New York : Routledge, 1994), 67~109쪽.

둥이었으며, 나치 체제에 대한 뚜렷한 비판에도 무너지지 않았던 대중적 동의 구조의 주요한 핵심 중 하나였다.[20] 그리고 인종주의 정책에 위배되는 동료 및 이웃의 행위에 대한 노동 대중의 자발적인 고발이 많았던 사실은 노동자들이 나치의 인종주의를 내면화하거나 아니면 최소한 자신의 개인적인 목적에 이용(예컨대 고발 대상자가 경쟁자일 경우)할 정도로, 기본적으로는 그것에 동의하고 있었다는 것을 말해준다.[21] 더군다나 독일 사회에서 대접받지 못했던 노동자들이 외국인 노동자들에 대해 우월감을 느끼도록 만들어준 인종주의적 노동 정책이 노동자들로 하여금 민족 공동체의 일원이라는 것을 긍정적으로 여기게 한 요소였음은 분명하다.[22]

　나치의 인종주의와 히틀러에 대한 노동자들의 우호적 태도는 동부 전선에 투입되었던 노동자 출신의 독일군에게서 확인된다. 이 분야를 집중적으로 연구한 바르토프에 의하면, 상당수가 노동자 출신으로 추정되는 일반 사병들은 영토 팽창과 같은 일반적 전쟁 목적을 넘어서는 인종주의적 목적에도 역시 동의와 지지를 보냈다. 괴벨스는 일기에서 포로가 된 독일군에 대한 적의 보고를 언급하고 있는데, 이에 따르면 포로가 된 독일군들은 "히틀러에 대해 거의 미신에 가까운 신뢰를 가지고 있었고", 괴벨스는 이 보고에 대해 매우 기뻐하면서 바로 이것이 "우리가 지금까지 스스로의 힘으로 서서 계속 싸우고 있는" 이유라고 적고 있다.[23] 바르토프는

　20) Ian Kershaw,《히틀러 신화 : 제3제국에서의 이미지와 실제 The 'Hitler Myth' : Image and Reality in the Third Reich》(Oxford : Oxford University Press, 1987), 247쪽 이하 ; Detlev Peukert,《나치 독일의 내면. 일상에서의 순응, 반대 그리고 인종주의》, 67쪽 이하.

　21) Robert Gellately,《히틀러를 지지하다. 나치 독일에서의 동의와 강제》, 261쪽 이하.

　22) Omer Bartov, 〈잃어버린 세월 : 독일 노동자들과 독일군 The Missing Years : German workers, German soldiers〉, D. F. Crew (ed.),《나치즘과 독일 사회 1933~1945》, 62쪽.

프랑스의 도덕적 부패와 독일의 도덕적 우월성을 비교하며 히틀러에게 감사하는 프랑스군 소속 사병의 편지, 러시아 군인과 유대인들을 열등 인간Untermensch으로 취급하고, 그렇기 때문에 동부전선의 참혹한 전투에 대해 "결코 양심의 가책을 느껴서는 안 되"며 "올바른 목적"을 위해 싸우고 있다고 확신한 동부 전선 사병들의 수많은 편지들을 사병들과 나치의 관계를 판단하는 데 신빙성 있는 자료로 평가한다.[24] 당시 검열은 나치 이데올로기에 비판적인 것을 방지하기 위한 것이지 나치 정책에 대한 찬양을 목적으로 한 것이 아니었기 때문에 굳이 병사들이 윤색된 언어를 사용하여 나치의 이데올로기를 찬양할 필요가 없었는데도 그러한 내용의 편지가 많았다는 것이다. 또한 바르토프는 이러한 분석을 니트하머Lutz Niethammer의 인터뷰 자료에 나타난 노동자 출신의 병사들의 전쟁에 대한 기억으로 보충하였다. 전쟁 전 루르 지방의 광산에서 일하던 하렌베르크Fritz Harenberg는 전장의 경험이 노동의 일상보다 더 좋았다고 술회하였다. 프랑스 점령군으로 근무하던 시절에 대해 그는 이렇게 말했다. "우리는 잘 살았다……저녁에 술집에 가기도 하고 군 전용 극장에 가기도 하였다." 18세에 전쟁에 투입되었던 자물쇠 제조공 폴Gisberg Pohl은 당시 청년으로서 히틀러를 맹신했으며, "열등한 인간들을 절멸하기 위해" 동부 전선에 출정했을 때 "스스로 강한 확신을 가지고 있었다"고 술회하였다.[25]

바르토프는 나치에 대해 가장 저항할 것으로 여겨졌던 노동자

23) Trevor-Roper (ed.), 《괴벨스 일기 : 마지막 날들*The Goebbels Diaries : The Last Days*》 2nd(London/Sydney, 1979), 89 · 95쪽 ; Omer Bartov, 〈잃어버린 세월 : 독일 노동자들과 독일군〉, 52쪽에서 재인용.

24) Omer Bartov, 〈잃어버린 세월 : 독일 노동자들과 독일군〉, 49~55쪽.

25) Omer Bartov, 〈잃어버린 세월 : 독일 노동자들과 독일군〉, 58~60쪽.

계급 출신의 순응 내지 지지를 군대라는 특수한 상황으로만 설명할 수는 없으며, 이들이 전장에 나가기 이전에도 상당 정도 나치 이데올로기에 동조하고 나치의 사회·노동 정책에 만족하고 있었다고 봐야 한다는 조심스러운 주장을 펼친다. 특히 인종주의는 낮은 사회적 지위를 가지고 있던 노동자들에게 우월감을 느끼게 해준 요소로서, 그들을 '민족 공동체'에 편입시키는 데 분명히 기여했다고 그는 평가한다.[26]

나치 시기의 노동자들이 이전에 소유하고 있던 계급 정체성을 상실한 것은 분명하다. 그러나 이 점에 있어 노동자들의 자발성에 의한 측면보다 폭력적 억압[27]과 물질적·문화적·이데올로기적(인종주의적·민족주의적) 회유에 의한 측면이 더 많았다고 볼 수 없는 것은 아니다. 하지만 후자의 회유가 노동자들에게 없었던 욕구를 강요한 것이 아니라 그들에게 강하게 내재되어 있던 욕구를 실현시키는 것이었다는 점을 인정한다면, 1933년 이후의 노동자들의 나치 지지를 단순히 강요된 것으로 볼 수는 없다. 노동자들의 나치 체제에 대한 입장을, 뤼트케의 표현과 같이 적극적 동참이나 지지도, 적극적인 반대나 거부도 아닌 '유보적 수용'으로 본다 하더라도,[28] 분명 나치가 '민족 공동체'를 통한 '전체적 요구'로써 획득할 수 있는 최소한의 것, 즉 노동자 계급에서 나치 체제를 결정적으로 위협할 수 있는 가능성을 제거하는 것——포이케르트의 표현에 의하면 '수동적 동의passive consent'[29]——은 성취했고, 어떤

---

26) Omer Bartov, 〈잃어버린 세월 : 독일 노동자들과 독일군〉, 61쪽 이하.

27) 나치 정권 초기의 노조 세력 파괴가 전례 없는 폭력과 강압에 의한 것이었음은 익히 알려진 사실이다. 그러나 이는 노조와 친노동 정당들의 영향력을 제거하기 위한 초기 조치에 불과했다. Detlev Peukert, 《나치 독일의 내면. 일상에서의 순응, 반대 그리고 인종주의》, 101쪽 이하.

28) 안병직, 〈'일상의 역사'란 무엇인가〉, 59쪽 이하.

면에서는 정치에 있어서 문화의 위력을 입증했다고 보아야 하지 않을까? 히틀러가 희구했던 새로운 아리아 인종의 창출과 계급적 이해 대립 없이 이상을 추구하는 조화로운 민족 공동체의 창출은 실패했지만 말이다.

(2) 여성의 반응

먼저 나치의 가족 정책의 결과를 살펴보자. 나치 정권 시기에 가임 여성의 1퍼센트에 해당하는 약 20만 명의 여성이 불임 수술을 받았다. 이 수치가 나치가 원한 것보다 낮은 수준이었는지는 모르겠지만, 이 일은 역사상 국가의 이름으로 개인 인권을 침해한 대표적인 예로 평가될 수 있을 것이다. 실패했다고는 평가할 수 없는 불임 정책과 달리 '우수한' 아리아인을 늘리기 위한 출산 장려 정책은 실패하였다. 결혼 자금을 대여받은 부부들은 원금 삭감의 혜택에도 불구하고 대부분 한 자녀를 낳은 후 바로 원금을 갚았고, 자녀 양육비 지급 역시 출산율의 증가에 아무런 영향을 주지 못했다. 이는 1933~1937년 결혼한 당 간부들 가운데 18퍼센트가 1939년 현재 자녀가 없고, 42퍼센트가 1명, 29퍼센트가 2명의 자녀를 두고 있을 뿐이라고 나치 인구학자들이 개탄한 데서도 확인된다.[30]

이러한 상황은 전쟁이 임박해 여성 노동력이 필요해지면서 출산 장려금 정책이 바뀌는 등 정책의 일관성이 결여된 것, 그리고 산업화 이후 진행되어온 공동체의 파편화와 개인주의화 탓이기도 했겠지만, 여성 노동 시장의 변화에서도 그 원인을 찾을 수 있다. 나치는 공적 영역에서 여성을 가정으로 돌려보낸다고 했지만, 체신

---

29) Detlev Peukert, 《나치 독일의 내면. 일상에서의 순응, 반대 그리고 인종주의》, 77쪽.
30) 유정희, 〈나치 독일의 가족과 인구 정책〉, 142쪽 이하.

업무, 강제 여성 노동 인력 감독직 등 상당히 많은 영역에서 여성들이 일을 계속하거나 취업하였다.[31] 또한 나치는 사기업의 인사 정책에 대해서는 공적 영역에서만큼 영향력을 발휘할 수 없었다. 결혼한 여성 근로자는(또는 그 남편은) 결혼 및 출산 장려금보다 계속 직장을 다니면서 가계를 돌보는 것을 더 선호했는데, 그 이유는 대공황기 실업의 경험으로 설명할 수 있다. 기업가도 여성 노동자들을 선호하는 경향이 있었는데, 이는 1930년대에 진행된 산업 합리화로 인해 여성의 노동력이 이전보다 더 많이 필요하다고 보았기 때문이었다. 즉, 지루하고 단순한 일관 작업 공정assembly-line work에 여성이 더 잘 어울린다고 판단했기 때문이었다.[32]

그러면 나치 독재 체제 자체에 대한 여성들의 전반적인 태도는 어떠했는가? 대부분의 여성은 체제에 부정적이지 않았다는 것이 나치 시기 여성사 전문가인 프레베르트Ute Frevert의 연구 결과다.[33] 그런데 1980년대부터 서구의 여성사 연구자들 사이에서 나치에 대해 부정적이지 않았던 바로 이 여성들의 역할에 대한 논쟁이 시작되었다. 여성의 적극적 역할을 인정한다면 당시의 나치 체

31) Ursula Nienhaus, 〈여성의 힘(또는 무기력)에 대하여. 우체국 여공무원에 대한 연구 1933~1945Von der (Ohn) Macht der Frauen. Postbeamtinen 1933~1945〉, Lerke Gravenhorst · Carmen Taschmurat (eds.), 《딸 문제. 나치 시기의 여성사Töchterfragen. NS-Frauen Geschichte》(Kore : Verlag Traute Hensch, 1990), 209쪽 이하.

32) Eve Rosenhaft, 〈근대 독일의 여성Women in modern Germany〉, Gordon Martel (ed.), 《근대 독일 다시 읽기 1870~1945Modern Germany Reconsidered 1870~1945》(London : Routledge, 1992), 143쪽 ; Annemarie Tröger, 〈여성 노동자 일관 공정The creation of a female assembly-line proletariat〉, R. Bridenthal 외 (eds.), 《생물학이 운명이 되었을 때 : 바이마르와 나치 시기의 독일 여성When Biology Became Destiny : Women in Weimar and Nazi Germany》(New York : Monthly Review Press, 1984), 237~270쪽.

33) Ute Frevert, 《독일사에 있어서의 여성 : 부르주아 해방부터 성 해방까지Women in Germany History : From Bourgeois Emancipation to Sexual Liberation》, (trans.) S. McKinnon-Evans(New York : Berg, 1989), 250~252쪽.

제에 대해 여성에게도 책임을 물어야 할 것이기 때문에 이는 매우 뜨거운 논쟁이 되었다.

보크Gisela Bock는 여성이 '성차별적-인종적sexist-racist' 남성 정권이었던 나치 정권의 희생자라고 단정한다. 그녀에 따르면 여성들은 그들을 공공 영역으로부터 가정으로 돌려보낸 남성 중심적 노동 정책에 의해 피해를 입은 것은 물론, 인종주의적 우생학에 기초한 나치의 인구 정책——인종적 · 의학적 · 윤리적으로 열등한 자로 판단된 사람들에 대한 강제적 낙태 및 불임 수술 실시 등——에 의해서도 남성보다 더 피해를 보았다. 불임으로 인한 정신적 · 육체적 피해가 남성보다 여성에게서 더 크기 때문이라는 것이다. 반대로, '우수한' 독일 여성의 경우에는 자식을 낳아 키우고 싶은 생각이 없어도 강제적으로 가족을 구성하고 자녀를 낳아 길러야 했는데 이 점에서도 역시 여성을 피해자로 볼 수 있다고 보크는 말한다. 전쟁 발발 이후 나치는 보다 신속한 불임 방법을 찾기 위해 강제 수용소에서 유대인 여성과 집시 여성들을 대상으로 실험을 하였고, 이는 대량 학살에 필요한 기술적 · 심리적 준비를 가능하게 함으로써 1939년 이후 실시된 '열등자 안락사Euthanasi' 프로그램과 홀로코스트——보크에 따르면 이 경우들에서도 여성이 남성보다 더 많이 피해를 보았다——의 중요한 계기가 되었다고 한다. 나치의 '인종 전쟁'은 '남성에 대한 남성의 전투"였을 뿐 아니라 장차 복수를 할 수도 있는 후손을 잉태하는 "어머니로서의 여성에 대한 전투"이기도 했기 때문에, 다른 전쟁에서와는 달리 많은 수의 여성들이 피해를 입었다는 것이다.[34] 다시 말하면 나치 범죄

---

34) Gisela Bock, 〈나치 인종주의에서 출산 억제 정책, 모성 그리고 부성Antinatalism, maternity and paternity in National Socialist racism〉, D. F. Crew (ed.), 《나치즘과 독일 사회 1933~1945》, 110~141쪽, 인용은 132쪽.

에 대한 책임은 결정의 자유를 소유한 남성들의 몫이다. 따라서 나
치 체제는 모든 여성들을 탄압한 '남성' 독재였으며, 반유대주의나
인종주의는 여성적 본성과 어울리지 않는 남성 이데올로기라는
것이다.[35]

보크의 전통적인 나치 여성사 해석에 대한 비판을 살펴보자. 보
크가 여성에게 응용된 인종주의적 우생학의 실상을 상세히 밝힌
것은 의미 있는 작업이었지만, 보크의 해석은 반유대주의와 같은
인종주의적 차별과 남녀 차별은 정도가 다른 것임을 깊이 있게 지
적하지 않았다는 비판을 받고 있다. 그 결과 강제 불임 또는 낙태
금지 조치에 따른 독일 여성의 피해가 같은 조치로 인한 유대인 여
성의 피해와 동일하게 취급되는 우를 범했다는 것이다.[36] 또한 불
임 수술 정책을 통해 남성보다 여성이 더 피해를 보았다는 보크의
주장은 아내와 어머니로서의 정체성만을 정상적이고 유일한 여성
의 정체성으로 인정한 데 따른 것이라는 비판도 제기되었다.[37] 보
크는 여성을 단일한 정체성을 지닌 하나의 집단으로 파악함으로
써 다른 종류의 정체성, 예컨대 인종적 · 계급적 · 문화적 정체성
등을 덜 중요하게 평가하기 때문에 위와 같이 지나치게 단순화된

---

35) Dorothea Schmidt, 〈괴로운 인척 관계들—나치 시기의 여성사 연구Die peinliche
Verwandtschaften—Frauenforschung zum Nationalsozialismus〉, Heide Gerstenberger ·
Dorothea Schmidt (eds.), 《정상성과 정상화. 역사 공방과 파시즘 분석Normalität oder
Normalisierung. Geschichtswerkstätten und Faschismusanalyse》(Münster : Westfälisches
Damptboot, 1987), 50쪽 이하.

36) Adelheid von Saldern, 〈희생자 또는 가해자? 나치 국가에서의 여성의 역할에 대한 논
쟁Victims or Perpetrators? Controversies about the role of women in the Nazi state〉, D. F.
Crew (ed.), 《나치즘과 독일 사회 1933~1945》, 144쪽 ; Claudia Koonz, 〈기젤라 보크의 서
평에 대한 반박Erwiderung auf Gisela Bocks Rezension von Mothers of the Fatherland〉,
《역사와 사회 *Geschichte und Gesellschaft*》, 18권, No. 3(1992), 396쪽.

37) Atina Grossmann, 〈여성과 나치즘에 대한 페미니스트 논쟁Feminist debates about
women and National Socialism〉, 《성과 역사 *Gender and History*》, 3권, No. 3(1991), 355쪽.

주장이 나왔다고 볼 수 있다.[38]

보크의 논리를 따른다면, 오늘날 여성 차별적인 것으로 인식되고 있는 나치의 여성 및 가족 정책에도 불구하고 여성들의 나치 지지율이 높았던──1932년 마지막 선거에서 여성 유권자의 3분의 1이 나치당에 투표하였다──사실을 두고 여성에 대한 나치주의자들의 사기와 조작 때문이었다고밖에 설명할 수 없게 된다. 여러 비판자들은 당시 여성 유권자들의 심성과 인식에 근거해서 이를 설명해야 한다고 주장한다. 나치의 여성 및 가족 보호 정책은 바이마르 시기의 보수당들(가톨릭중앙당, 독일민족인민당DNVP 등)이 내세웠던 전통적인 정책과 다르지 않았는데, 여성들은 그때 보수당들에게 투표했던 것과 같은 보수 성향 때문에 나치당을 지지했다는 것이다. 쿤츠Claudia Koonz에 따르면, 중산층 및 하층 출신 여성들의 대부분은 1920년대의 '신여성'으로 상징되는 여성 해방 운동에 동조하지 않았는데, 그것은 이 새로운 운동이 그들의 심성이나 사회관, 여성관에 어울리지 않았기 때문이었다. 헬렌 복 Helen Boak에 따르면, 나치 운동은 반여성적인 것이 아니라 단지 여성 해방에 반대하는 입장을 취한 것이었는데, 여성 해방은 당시 많은 여성들에게 아내와 어머니라는 전통적인 여성의 위치를 흔드는 것으로 인식되었다. 나치의 여성 정책은 아내와 어머니로서의 여성의 사회적 역할을 강조하고 그 지위를 승격시키는 것으로 인식되었으므로 당시 여성들에게 오히려 긍정적으로 평가되었다는 것이다.[39]

---

38) Adelheid von Saldern, 〈희생자 또는 가해자? 나치 국가에서의 여성의 역할에 대한 논쟁〉, 158쪽.

39) Claudia Koonz, 《조국의 어머니들. 여성, 가족 그리고 나치 정책Mothers in the Fatherland. Women, the Family and Nazi Politics》(New York : St. Martin's Press, 1987), 55쪽 ; Helen L. Boak, 〈우리 마지막 희망 : 히틀러를 지지한 여성의 표에 대한 재평가Our last

보크의 주장을 둘러싼 논쟁 중 가장 중요한 것은 바로 공적 영역과 사적 영역의 관계에 대한 것이다. 보크와 전혀 다른 해석을 하고 있는 쿤츠에 의하면, 여성은 나치 체제의 희생자라기보다는 공범자였다. 왜냐하면 가족이라는 사적 영역에서 수행한 그들의 정서적 활동이──의도적이었든 아니든 결과적으로 그들의 자식이나 남편이 사회에서 나치 체제에 충성하게 되는 결과를 초래했다는 점에서──나치 체제의 안정에 기여했기 때문이라는 것이다. 이에 대해 보크는, 가정에서의 전통적인 여성의 역할, 즉 임신, 자녀 양육 등이 여성의 나치 범죄 공범성의 핵심이라면 이를 받아들일 수 없다며 재비판한다. 왜냐하면 나치의 인종 정책이 전통적인 여성 영역의 규범과 혼동되어서는 안 되며, 여성이 나치의 공범자인 경우는 가정 이외의 영역에서 적극적인 나치 활동을 했을 경우에만 해당되기 때문이라는 것이다.[40]

여성을 나치 정책의 피해자나 공범자로만 보는 이 두 대립되는 해석에 대해 잘던Adelheid von Saldern은 두 측면을 동시에 가지고 있었던 여성들의 실제 모습에 주목할 것을 주문한다. 우선 일반적으로 남성에 대해 여성 일반을 하나의 범주로 설정하고 관찰할 수 없는 것은 아니지만, 나치 체제와 여성의 관계를 다룰 때는 성정체성과 함께 인종적·계급적·지역적 정체성도 고려해야 한다. 같은 여성이라 해도 가해자와 피해자가 있다는 것은 너무도 당연

hope : Women's votes for Hitler—A Reappraisal〉,《독일 연구 *German Studies Review*》, 12권, No. 2(1989), 303쪽.

40) Claudia Koonz,《조국의 어머니들. 여성, 가족 그리고 나치 정책》, "여성은 나치의 악에서 떨어져 있었던 것이 아니라 그 중심에 있었다"(6쪽). 예컨대 "나치 친위대원인 남편이 일을 마치고 집에 돌아오면 그가 밖에서 행했던 악행들을 잊을 수 있는 선량한 사랑스러운 아내의 품안에서 대리 충족을 느낀다"(420쪽). G. Bock, 〈여성 역사가 논쟁Historikerinnenstreit〉,《역사와 사회 *Geschichte und Gesellschaft*》, 15권(1989), 401·404쪽.

하며, 한 사람이 가해자이면서 피해자일 수도 있고, 가해자냐 피해자냐를 가릴 수 없는 애매한 일상의 회색 지대도 존재하기 때문이다. 보크와 쿤츠가 뜨겁게 논쟁하고 있는 이 후자의 문제는 공적 영역과 사적 영역의 연관 구조를 밝히고 구조적 문제와 개인의 책임 문제를 구분해서 보아야 하는 시각과 관계된다.

잘던은 프랭켈Ernst Fraenkel의 '명령 국가Massnahmenstaat(나치의 불법적 규제와 조정의 영역)'와 '규범 국가Normenstaat(나치 시기 이전 부르주아 사회의 규범이 유효한 영역)'의 구분을 적용할 것을 제안한다. 프랭켈에 의하면 이 두 영역은 위계에 의해 서로 긴밀하게 연결되어 있어서 '명령 국가'가 '규범 국가'를 조정할 수 있지만, 실제에 있어서는 오직 부분적으로만 조정할 수 있을 뿐이다.[41] 프랭켈이 여성 및 가족 문제에까지는 적용하지 않은 이 구분 틀을 이용하여 잘던은 공적 영역과 사적 영역의 관계를 다음과 같이 설명한다. 여성은 명령 국가 영역의 영향을 더 많이 받고 살고 있지만, 규범 국가인 가족 공간은 이 명령 국가의 조율을 받고 있기 때문에 여성의 가족 생활은 여성의 의식과 관계없이 명령 국가의 영역에 편입되는 경우가 많다. 예컨대 전통적인 가족 관념과 관습 등이 여전히 정상적으로 작동하는 가족에 있어서도 유대인 상점에 대한 보이콧, 밀고, 자녀 교육 등에서부터 출산과 같은 아주 내밀한 영역에 이르기까지 명령 국가가 간섭하고 있다는 것이다. 다시 말하면 가족은 여전히 사적인 영역으로 비치지만, 사실은 정치화된 사적 영역이라는 점을 인식하는 것이 중요하다고 잘던은 지적한다.[42] 그리고 이것은 정치종교의 특징 중 하나라고 볼 수

---

41) Ernst Fraenkel, 《이중 국가 Der Doppelstaat》(Frankfurt a. M. : Europäische Verlagsanstalt, 1974). 제1판은 1940년에 미국에서 출간되었다.

42) Adelheid von Saldern, 〈희생자 또는 가해자? 나치 국가에서의 여성의 역할에 대한 논

있다!

바로 이러한 구조적 연관성 때문에 정치화된 사적 영역은 여성들에게 이전부터 존재했던 정상적인 형태로 인식되었고, 국가의 간섭으로 인해 다소 변한 일상도 최소한 남편이나 아들 또는 아버지 등 가장 가까운 남자 가족들이 전장에서 부상을 입거나 사망하지 않는 한 정상적인 삶에 비추어 견딜 만한 것으로, 즉 적응할 수 있는 것으로 받아들여졌다. 바로 이러한 점이 야만적인 나치 체제를 여성들이 용인했던 이유이며, 따라서 그 체제는 대다수 독일 여성들의 '수동적 용인'에 의해 유지되었다고 잘던은 해석한다.[43] 이 해석을 따른다면, 쿤츠의 주장처럼 가장 정상적인 가정 생활을 유지하기 위한 아내나 어머니로서의 여성이라는 역할도, 의도하지는 않았지만 결과적으로는 나치 체제 유지에 기여한 것으로 볼 수 있다.

그러나 이것을 나치 범죄에 대한 여성들의 공범성과 연결지을 수는 없다고 잘던은 주장한다. 선택의 자유가 있을 경우에 한하여 개인적인 책임을 물을 수 있다는 원칙에 따라, 가정 이외에서의 활동, 예컨대 강제 수용소에서의 활동, 인종주의적 정책에 협조한 위생 및 여성 복지 분야에서의 활동, 나치 여성 조직들에서의 지도적 활동 등은, 그 동기가 나치 이데올로기 추종이건 지위 상승 등의 개인적인 이유이건 상관없이, 선택의 여지가 주어진 활동이었다는 점에서 개인적 책임을 피할 수 없다. 그리고 가정 내에서의 의도적인 나치 협력 활동, 예컨대 자녀를 나치 이데올로기에 따라 교육하거나 반체제적 발언을 하는 남편을 밀고하는 등의 행위도 면책되기 어렵다. 이와 달리 평온한 가정을 유지하기 위한 전통적인 활동

쟁〉, 147쪽 이하.

43) Adelheid von Saldern, 〈희생자 또는 가해자? 나치 국가에서의 여성의 역할에 대한 논쟁〉, 150쪽.

에 대해서는 그것이 아무리 결과적으로 나치 체제 유지에 기여했다고 하더라도 개인적인 책임을 물을 수 없다고 잘던은 주장한다. 여성의 공범성이 인정된다고 하더라도, 남성과 비교했을 때 여성의 공범성은 적극적 활동보다는 범죄적 사실의 인지, 소극적 용인 등의 수동성에서 찾아야 한다. 왜냐하면 남성이 여성보다 훨씬 더 많은 영향력을 가지고 있었기 때문이다. 그러나 구조적인 측면과 개인적인 측면을 명확히 구분하는 것은 매우 어렵다고 잘던은 말한다.[44]

4. 대중(국민)독재

이상에서 분석된 노동자들과 여성의 나치에 대한 태도로 판단할 때, 나치의 '민족 공동체' 이상은 실현되지 않았다. 아니 그것은 모든 이상주의적인 주장들과 마찬가지로 처음부터 실현될 수 없는 것이었다고 보아야 할 것이다. 그러나 나치즘을 끊임없이 무언가를 지향하는 운동이라고 본다면, 그 실현 가능성에 대한 희망이 존재했는가를 기준으로 그 성과를 측정해야 할 것이다. 이러한 희망이 존재할 때 나치 선전은 내부 분열을 최소화할 수 있는 강력한 무기로 기능할 수 있었을 것이며 이러한 점에서 나치는 어느 정도 성공했다고 판단된다.

본문에서 묘사된 대중의 태도는 독재에 저항하고 투쟁하는 민중이라는 관념과는 정면으로 배치되는 것이다. 그러면 '아래로부터의 독재'라는 시각은 대중의 보수성만을 드러내기 위한 것인가?

---

44) Adelheid von Saldern, 〈희생자 또는 가해자? 나치 국가에서의 여성의 역할에 대한 논쟁〉, 144쪽 이하, 155쪽 이하.

그렇지는 않다. 독재에 저항하는 신화화된 단색의 민중관에서 벗어나 이러한 요소를 포함하면서 동시에 독재 권력에 갈채를 보내는 또 다른 요소를 지닌, 보다 현실에 가까운 다색의 민중을 포착하고자 하는 것이다. 다양한 이해 관계를 갖고 있는 대중을 한데 묶고 그들의 동의를 이끌어낼 수 있는 가장 중요한 도구는 인종주의 및 민족주의였다. 바이마르 시기에 표류하던 대중은 나치 체제에 의해 국민화되었고, 국민화된 대다수의 대중은 나치 독재의 폭력과 억압을 용인하고 지지하기까지 하였다. 만약 민족주의를 매개로 용인된 강제에 의한 동의가, 다시 민족주의를 매개로 자유롭지는 않지만 최소한 자발적인 동의로 전화되었다는 논리를 인정한다면, '대중독재mass dictatorship' 또는 '국민독재national dictatorship'라는 개념이 충분히 가능하지 않을까, 또한 이 독재 개념들이 다양한 대중의 모습을 보여주지 않을까.

그러면 이러한 인식 전환의 의미는 어디에 있는가? 그 의미는 이러한 인식 전환이 독재의 과거를 보다 적극적으로 극복하기 위한 한 방편이라는 데 있다. 2차 세계대전 이후 서독은 진퇴를 거듭했지만 전체적으로 보아 꾸준하게 나치 과거의 극복을 위한 노력을 해왔다. 나치 과거를 극복하는 것은 단순히 개인적인 도덕적 성찰의 문제가 아니기 때문에 극복되어야 할 나치 시기에 대한 연구의 진척에도 크게 의존할 수밖에 없다. 연구의 초점이 주로 정치 및 경제 엘리트, 정치 체제나 경제 구조에 맞추어져 있던 거대 담론적 연구 시각에서는 엘리트들만이 성찰의 주체가 되었고 일반 국민은 '엘리트의 말을 맹목적으로 추종하면 안 된다'라는 도덕적 결단만으로 족할 수 있었다. 이러한 시각에 의한 과거 극복의 문제점은 구동독의 사례가 여실히 보여주고 있다. 소수의 엘리트와 구조에 대한 개혁을 단행한 동독 초기 정권은 형식적으로는 과거를 완전히 청산했다고 선언했지만, 유대인 문제에 대한 민중의 철저한 자기 성찰이 없었기 때문에 문제는 여전히 남아 있었고, 이는 동독이 붕괴된 이후 새로운 인종주의적 표현으로 드러났던 것이다. 이에 반해 대중을 나치 권력의 한 구성적 요소로 파악하는, 일상사나 문화사적 시각에서는 일반 국민들도 자기 성찰의 주체가 될 수 있다. 그리고 이렇게 될 때 극복되어야 할 과거의 짐을 지고 있는 한 사회가 보다 튼튼한 자기 성찰의 기반을 닦을 수 있을 것이다. 즉 일반 국민들은 일상에서 벌어지고 있는 일에 더욱 예민해야 하고 또 여러 가지 문제들, 예컨대 생명에 대한 존중, 다양성과 모순적인 경향들의 조화를 통해 풍부함을 누리는 것, 낯선 것에 대해 개방적이며 그 가치를 인정하고 배우는 것, 바람직하지 않은 것에 대한 관용 등의 문제에 대해 스스로를 점검해볼 수 있어야 할 것이며, 그것은 보다 건강한 사회 건설의 기반이 될 것이다.[45]

---

45) Detlev Peukert, 《나치 독일의 내면. 일상에서의 순응, 반대 그리고 인종주의》, 244쪽 이하.

강제와 동의—동독

마르틴 자브로 :: 최승완 옮김

1. 머리말

(1) '동의': 금기시된 주제

동독이 민주 정치로 이행한 이후에도, 독재 체제에서의 대중 동의의 문제는 역사 교육 정책은 물론 학문적 역사 서술에 있어서조차 금기로 여겨졌다. 1945년 이후 수십 년 동안 독일 사회의 관심은 붕괴된 나치 체제와는 거리를 두면서 독일인을 희생자로 부각시키는 데 있었다. 독일인들은 나치 정권의 선전과 폭력, 그리고 히틀러의 불가사의한 카리스마로 인해 타의적으로 나치 정권을 추종할 수밖에 없었다는 것이다. 1989∼1990년 이후 전체주의 패러다임의 부활과 함께 동의와 결속력 대신 강제와 부패에 초점을 맞추는 이론적 구도가 동독 체제에 대한 연구에서도 한층 강화되

마르틴 자브로Martin Sabrow는 역사학자로 1954년생이다. 현재 포츠담 현대사연구소에서 진행되고 있는 프로젝트 '지배, 정당성, 역사적 자기 이해'의 팀장을 맡고 있다. 주요 연구 분야는 독일 현대사, 동독사, 독재 비교사, 사학사다. 대표적 저서로 《라테나우의 암살Der Rathenaumord》, 《동의의 명령Das Diktat des Konsenses》 등이 있으며, 그 밖에 《논쟁사로서의 현대사Zeitgeschichte als Streitgeschichte》(공동 편집), 《지배 담론으로서의 역사Geschichte als Herrschaftsdiskurs》(공동 편집), 《연구 과제로서의 동독 역사학Die DDR-Geschichtswissenschaft als Forschungsproblem》(공동 편집) 등 많은 책을 편집 출판했다.

었다. 이러한 시각들은 서독에 비해 상대적으로 현저히 열악했던 동독의 일상 생활을 경험적 증거로 제시했다. 이 글에서는 동독 사회주의 독재 정치 문화에서의 동의의 역할 및 동의와 강제의 관계에 대한 몇 가지 가설을 제시하고자 한다.

(2) 경험적 현실과 문화적 목표로서의 동의

우선 강조하고 싶은 것은 '동의'의 문제는 최소한 두 가지 상이한 방법으로 연구될 수 있다는 점이다. 하나는 동의를 경험적 현실로 파악하는 것이고, 다른 하나는 이를 단순히 정치 문화적 목표로 간주하는 것이다. 동독 체제와 통합사회당SED 및 그 지도자들의 일당 통치에 대한 지지가 체제 존속 기간 동안 점차적으로 늘어났다는 가정을 뒷받침하는 경험적 근거는 충분하다. 예컨대 구동독 라이프치히 청소년 연구소의 조사 결과에 따르면 최소한 울브리히트Walter Ulbricht의 하야(1971)로부터 비어만W. Biermann의 국적 박탈(1976)에 이르는 1970년대 전반에는 동독인 대다수가 국가가 제시하는 규범과 가치관을 받아들였다. 단지 1985년 이래 전개된 마지막 위기의 시기 동안 현실 사회주의의 가치 체계에 대한 확신과 통합사회당 지도부에 대한 충성심을 상실한 동독인들이 점점 더 늘어나게 되었을 뿐이다. 물론 이러한 연구 결과가 얼마나 정확한 것인지에 대해서는 논의의 여지가 있다. 다시 말해 이 문제는 엘리트와 일반 대중, 사회적 신분 상승 집단과 전통적 환경에 머무른 여타 동독인, 그리고 동독 사회를 건설한 3세대 등 조사 대상자에 따라 구분하여 연구되어야 할 것이다. 나아가 체제에 대한 규범적인 정통성의 인정과 실리적 이유로 표명된 충성심 사이의 경계 역시 논의되어야 할 주제며, 1950년대 초에 강압적으로 추진된 산업화가 체제의 정당성을 약화시켰다는 사실과 호네커Erich

Honecker 통치 초기에 시행된 사회 정책과 경제 정책의 통합이 야기한 정당성의 강화 효과도 고려되어야 할 것이다.

그러나 이 글의 목적은 정치적 신뢰와 불신 사이의 일상적 넘나들기에 대한 경험적 논거를 제시하는 것이 아니라 동독인들의 정신적 · 문화적 틀과 그 가치 체계가 합의에 토대를 둔 것임을 밝히는 것이다. 영어에서는 동의와 합의가 구분된다. 임지현 교수는 이를 적극적 합의와 소극적 동의로 구분하고 있는데, 필자는 이와 조금 달리 성명서 · 서명 · 선거 등 정치적 실행의 범주에 속하는, 공개적이고 밖으로 표명되는 동의consent와 정치 체제로서의 동독 사회의 내적 작동 방식과 지배 담론의 범주로 파악되는 구조적 합의consensus로 구분할 것을 제안한다. 후자는 지금까지 학술 연구 주제로서 타당성을 인정받지 못했거나, 아니면 단지 의식(儀式)의 성격을 띤 통합사회당 정권의 자기 표상과 자기 과시로 잘못 이해되어왔다. 이 글에서는 동의가 아니라 합의의 이상이 의식(儀式)의 차원을 넘어 동독 공산주의 정치 문화에 중요한 영향을 미쳤다는 것과 동독 독재의 내적 붕괴 및 내적 안정성의 원인을 모두 동의의 구조 속에서 찾을 수 있다는 두 개의 가설을 논증해보고자 한다.

2. 문화 현상으로서의 합의

(1) 두루 존재하는 동의

첫 번째로 주장하고 싶은 바는 동독의 정치 문화와 사회 생활의 다양한 영역에 놀라울 정도로 합의가 두루 존재하고 있었다는 사실이다. 국가안전부 초대 장관인 볼베버Ernst Wollweber는 발터 울브리히트에 대해 설명하면서 울브리히트 정권기에 동의와 만장

일치가 얼마나 중요한 역할을 했는가를 떠올렸다. '동독의 28개 회사에서 직장 위원회를 구성하기 위한 선거가 실시되었고, 그것은 분명히 자유 선거였다. 우리 가운데 몇몇은 이 선거에서 통합사회당원들이 현저히 탈락할 것이라고 우려했다. 그러나 결과는 그렇지 않았다. 우리 당 소속 직원들은 평균 70~80퍼센트의 득표율을 보였다. 이는 대단히 성공적이었다. 어쨌든 점심 식사를 하면서 나는 울브리히트에게 선거 결과를 설명하고 노동 위원회 총선거 실시에 찬성한다고 말했다. 그러나 그는 70~80퍼센트의 득표율은 너무 낮으며 우리가 세운 목표에 상응하지 않는다고 대답했다. 그리고 이 위원회들은 조직된 지 얼마 되지 않아 다시 완전히 사라졌다."[1]

주지하듯이 지배자와 피지배자 간의 완벽한 조화에 대한 숱한 표명과 과시는 공산주의 국가의 정치 권력이 만들어낸 자기 이미지였다. 항상 99.9퍼센트의 지지율을 보인 정규 선거와 당 노선에 대한 대중의 동조를 표현하기 위해 계획된 대규모 시위들, 혹은 동독 지도부의 정치적 결정에 대한 노동자들의 지지를 입증하는 많은 정치적 캠페인들이 바로 이러한 종류의 의식들에 속한다. 주기적으로 실시된 선거에서 확인된 통합사회당 정책에 대한 지지율은 인민과 지도부의 완전한 융합 의지를 증명하는 것이나 다름없다. 당 간부들은 동독 시민들의 자부심과 평화 및 사회주의 정책에 대한 동의를 이에 상응하는 선거 결과를 통해 표명하기 위해서는' 인민 의회 선거에서 완전한 동의를 창출해야 한다고 끊임없이 강조했다. 1986년 6월 8일 시행된 선거의 목표는 그때까지 동독에서 시행된 총 15차례의 선거 가운데 최상의 결과──1961년 이후

---

1) E. Wollweber, 〈발터 울브리히트에 대한 회상Aus Erinnerungen. Ein Porträt Walter Ulbricht〉,《역사학 논고BzG》, 3/1990, 370~371쪽.

최고의 지지율은 99.6퍼센트였다——에 도달하는 것이었다.

합의의 이상은 정치 단체의 내부 생활과 지배 계급 내의 제 관계 형성에도 결정적 영향력을 행사했다. 우방국들로의 친선 방문은 친밀한 입맞춤과 포옹으로 시작되고 끝났다. 각 단계별로 내려진 정치 관료들의 결정은 합의를 도출하기 위한 것이었으며, 소위 민주적 중앙집권주의는 '분파주의'라는 비난을 피하기 위해 결정이 내려지는 순간부터 어떠한 반대도 미룰 것, 그리하여 국가와 당내 정치 조직체들이 항상 하나로 보이게 할 것을 요구했다. 심지어 패자들도 합의의 요구에 부응하여 투표하는 경향이 있었다. 완전한 합의에 대한' 공산주의의 열정(프리드리히Carl Friedrich)은 사회주의 세계의 모든 가치 체계가 전면적으로 붕괴된 1989년 가을의 몰락 과정에서도 여전히 강력했다. 이는 당시 통합사회당 정치국 임원들이 자신들이 비난받고 있던 상황에서도 여전히 타 정당 노선에 대한 지지 투표는 일치와 단결의 원칙에 대한 위반으로 간주될 것이라고 주장한 것을 통해 확인할 수 있다.

1989년 10월 16일 통합사회당 정치국이 호네커의 하야를 결정했을 때 호네커 자신이 이 결정에 동의한 것은 놀라운 일이 아니었다. 당 노선 이탈자였던 헤른슈타트Rudolph Herrnstadt와 차이서 Wilhelm Zaisser도 1958년에 동일한 방식으로 반응한 바 있다.

합의의 이상은 공개적인 정치적 사건만을 지배했던 것은 아니다. 이른바 '전체성의 의미론Ganzheitssemantik'이 동독의 대중 매체를 지배했다. 마르텐 피니스Susanne Marten-Finnis에 의하면, 이는 '자기 진영의 단결', '기관과 인민 간의 합의', 그리고 '이데올로기적 공동체'의 차원으로 구성된다. 문학 분야에서는 편집자, 출판인 그리고 통합사회당 관료들이 '심사'로 불리는 검열을 통해 작가와의 합의가 도출될 수 있도록 통제했다. 단어와 문장, 그리고 등장 인물의 프로필에 대해 의견 대립이 있다 해도 검열을 거치며 최소한 표면상으로는 합의를 이룬 것처럼 보였다. 뢰스트Erich Röst는 그의 대표작 《그대로 나갈 것인가 아니면 자신의 길을 모색할 것인가*Es geht seinen Gang Oder Mühen in unserer Ebene*》를 출판한 후 출판 과정에서 그와 자주 의견 충돌을 일으켰던 편집자로부터 공동 작품의 출판을 축하하며 앞으로도 그와 함께 많은 책을 만들어낼 것이라는 내용의 편지를 받았다. 편집자나 출판인이 타협의 과정 없이 문학 작품의 출판을 금지하는 것은 드문 경우다. 출판하기로 계획된 작품들 대부분은 일련의 논의를 거쳐 최종적으로 다소 수정되게 마련이지만 이는 어디까지나 합의에 의한 출판이 된다.

이처럼 주된 패러다임으로서의 합의는 검열뿐 아니라 시(詩)의 내용에 미친 정치적·사회적 영향에도 적용되었다. 노동 운동사를 다루는 어떤 소설도 통합사회당 마르크스-레닌주의 연구소의 승인 없이 출판될 수 없었고, 그 어떤 영화도 관련 사회 집단들의 동의 없이 제작될 수 없었다. 한 관계자의 말을 인용해보자. "영화 제작자들은 영화와 관련된 사람들, 예컨대 어부에 관한 영화라면 어민 연맹과, 축구에 관한 영화라면 축구 연맹과 교류를 가져야만 했다."[2]

필자의 동료 마르코비츠Inge Markovits는 지방 법원의 관행에 대해 오랫동안 심혈을 기울여 연구한 결과 민사 소송의 80퍼센트 이상이 타협으로 매듭지어졌다는 것을 밝혀냈다. 즉 판결 대신에 합의가 동독 민사 재판소의 지도적 원칙이었다는 것이다. 심지어 형사·정치적 소추의 경우에도 합의의 이념은 중요한 위치를 차

---

2) E. Löst, 《양의 분노*Der Zorn des Schafes*》(Künzeslau/Leipzig : Linden-Verlag, 1990), 61쪽.

지하고 있었다. 작가 뢰스트는 자서전에서, 1958년 자신에게 내려진 징벌에 대해 자신이 동의하기를 거부한 것은 드물게 용기 있는 행동이었다고 강조했다.[3] 반면에 헝가리 봉기 이후 수정주의적 강령을 작성했다는 이유로 기소된 마르크스주의 철학자 하리히Wolfgang Harich는 국가안전부 장관에게 젊은 야생마와 같은 자신이 더 큰 실수를 하기 전에 길을 들여준 것에 감사함으로써 합의의 중요한 문화적 역할을 형사 재판에까지 이용했다.

그런가 하면 포츠담 연구소의 또 다른 동료 휘브너Peter Hübner 역시 갈등이라는 것이 결코 인정되지 않았던 동독 노동 세계에 대한 연구를 통해 합의의 중요성을 발견했다. 자유독일노조연맹 FDGB 의장 바른케Warnke는 1960년 1월 다음과 같이 공표했다. "그러한 갈등들은 신뢰의 결핍, 계급 의식의 결여 그리고 노동 계급이 정치 권력을 장악했음을 제대로 인식하지 못했다는 것을 의미한다. 갈등은 적대 계급을 유리하게 하므로 노동조합 조종 위원회들은 그러한 갈등을 신속히 해결해야 한다." 물론 그러한 접근이 지속적으로 성공을 거두기는 어려웠다. 노동자와 정권 사이의 대규모 사회적 갈등은 이해 관계의 균형이 매우 깨지기 쉽게 만들었다. 이는 다시 한번 합의의 지배 문화와 갈등과 이의를 내포하고 있는 현실 사이의 차이를 보여준다.

합의는 학문 분야에서도 중요한 영향력을 행사했다. 필자의 전문 분야가 동독 사학사인 만큼 이 분야를 중심으로 논의하고자 한다. 필자는 동독 역사 서술을 자체의 규칙과 틀을 가진 학문 체제, 예컨대 객관성과 당파성의 전통적인 대립이 학문적 기준을 손상시킴 없이 조화를 이룰 수 있는 체제로 묘사했다. 학문의 기준이

---

3) "……나는 내가 그 판결을 받아들이지 않았다는 것을 숨기지 않았다."《양의 분노》, 49쪽.

주로 상호 주관적인 신빙성, 내적 설득력, 확증에 대한 회의와 같은 요소를 내포하고 있다면, 출판된 동독 역사 문헌들은 동의를 최상의 가치로 여기는 다른 규범 체제에 기초하고 있다. 예를 들어보자.

1950년대 말에 1945~1949년의 동독사를 기술한 한 동독 역사가는 그 책의 편집자였던 그로스바일러Kurt Großweiler가 제기한 이의에 대해 다음과 같이 항의했다. '나는 전문가가 제시한 의견에 따라 나의 분석, 테제 그리고 평가를 어떠한 방식으로든 수정할 수 없다. 왜냐하면 이 주제에 대해 글을 쓴 사람은 나 자신이지 내 동료 그로스바일러가 아니기 때문이다.' 이 저자의 완강한 고집은 그가 아직 동독 역사 담론의 토대인 동의의 규칙을 충분히 이해하지 못했다는 것을 드러낼 뿐이었다. 완고한 저자와 그로스바일러 양자에게 이 규칙을 상기시킨 것은 바로 편집 책임자의 다음과 같은 지적이었다. '마르크스주의자들은 주요 문제에 있어 하나의 결론에만 도달해야 한다. 그렇지 않을 경우에는 논쟁이 발생할 뿐이다!'

사회주의 역사 담론에서 동일한 과거에 대해 상이한 시각이 대등한 입장에서 공존할 수 있다고 생각하는 것은 있을 수 없는 일이었다. 동독의 공식적 역사학은 연구 결과물의 질과 설득력을 '옳다', '그르다'의 엄격한 흑백 논리식 기준에 따라 평가했고, '우리의 역사관과 관련된 모든 문제들에 있어 통일된 외양을 갖추는 것'을 주요 목표로 삼았다. 따라서 '많은 문제들이 여전히 논쟁의 대상이 된다는 것은 용납될 수 없는' 상황이었다. 1957년 수정주의에 대한 투쟁이 시작될 때 통합사회당 중앙 위원회 학술 분야 담당 간부는 다음과 같이 불만을 토로했다. "11월 혁명의 기원과 성격에 대한 현재의 평가 상황은 더 이상 용납될 수 없다. 모든 사람들이 이 중요한 문제에 대해 제각기 개인적 견해를 제시하고 있다.

특별히 혁명 40주년(1958)을 맞이하여 앞으로 몇 달 동안 이 문제에 대한 통합적이고 통일된 견해에 도달해야 할 것이다." 여기서 '토의', '토론'과 '논증' 혹은 '논쟁'과 같은 용어들은 특별한 의미를 지니고 있었다. 이들은 학술적 문제들을 규명하고 해결하기 위한 일반적 노력이 아니라 분파적 입장들을 제거함으로써 역사 서술에 있어 동의를 구축하기 위한 것이었다.

분명 동의에 대한 열망은 통합사회당 정권이 지배한 동독 사회에서 중요한 역할을 했고, 현실 정치 영역을 넘어 그 영향력을 행사하고 있었다. 심지어 통일된 지 10년이 지난 현 시점에서조차 문화 비평가들은 서독인들의 차별적 정체성과 동독인들의 본질주의적 정체성 사이에 큰 차이가 있음을 지적하고 있다. 이는 동의에 대한 다음과 같은 양자간의 다른 태도로 특징지을 수 있다. "동독인들은 공동체적 성격을 강조하는 경향이 있고, 만들어진 동의에 복종하는 것을 좋아하며, 남들 또한 그러기를 기대한다."[4]

3. 합의의 구조

(1) 합의의 제 조건

이상에서의 논의가 동독의 정치 문화와 일상 생활에서 다양하게 나타난 합의의 역할에 대한 충분한 설명이 되었기를 희망한다. 덧붙이면 통일 후 사회학자들이 서독인의 논쟁 문화와 동독인의 통

---

4) T. Ahbe, 〈민주화의 난제. 서독인의 동독에 대한 인식Nicht demokratiesierbar. Westdeutsche Bilder vom Osten (II)〉, 《독일 아카이브*Deutschland Archiv*》, 35권(2002), 112~118쪽 ; W. Wagner, 《문화적 충격에 빠진 독일*Kulturschock Deutschland*》(Hamburg : Rotbuch, 1999), 143쪽 이하.

합 문화, 차별적 정체성과 본질주의적 정체성 간의 차이를 주요 문화적 격차 중의 하나로 지적할 만큼 동독 사회에서 합의의 역할은 지배적이었다.

이제부터는 합의의 성격과 조건들에 대해 논의해보고자 한다. 이를 위해서는 우선 통합사회당의 권력 독점과 직접적 탄압, 지속적 선전 및 비밀 감시 체제를 통해 이탈적 의견과 행위를 억압하고자 한 당의 물리적 강제력이 고려되어야 한다. 나치 정권과 달리 동독은 합의 사회가 아닌 합의독재로 정의될 수 있다. 나치의 제3제국이 추구한 목표와 정책의 점증적인 극단화는 사회 중심부 자체로부터 나온 것이었다. 반면에 동독에서 합의는 기본적으로 국가적 차원에서 인위적으로 만들어졌으며, 강제의 지속적 행사 없이는 불가능했다.

그러나 동독에서는 강제조차 사회·정치적 합의의 자기 이미지에 편입될 수 있었다. 즉 강제와 합의는 하나의 통일체를 이루고 있었던 셈이다. 자국 시민들에게 강제를 행사하기 위해서는 타당한 근거가 제시되어야 하는데, 동독에서 이는 합의에 대한 총체적 요구를 통해 정당화되었다. 심지어 통합사회당 감독 위원회가 당원들을 무자비하게 기소할 때도 내적 합의의 요구와 적대 계급을 배제하려는 공동 의지를 따르는 것처럼 가장하였다. 인민 경찰이 사회의 안정과 질서를 지키고 동독 시민들의 제 문제를 해결하기 위한 계획을 세운다고 주장할 때도 마찬가지였다.[5] 사회주의로의 변혁 과정에서 가장 잔인하게 시행된 것으로 평가되는 농업 집단

---

5) T. Lindenberger, 〈농민으로서의 구역 담당 경찰. 독일 인민 경찰의 농업 집단화에 대한 협력Der ABV als Landwirt, Zur Mitwirkung der Deutschen Volkspolizei bei der Kollektivierung der Landwirtschaft〉, T. Lindenberger (ed.), 《독재하에서의 지배와 고집 Herrschaft und Eigen-Sinn in der Diktatur》(Köln : Böhlau, 1999), 189쪽.

화 과정도, '나로부터 우리로'의 전환에 마음이 움직인 농부들이 신념에 입각해 자발적으로 수행했다고 주장되는 동의 서명을 토대로 전개되었다. 그리고 가장 폭력적인 물리적 억압조차 집단화 캠페인 기간 동안 각 지역 담당 경찰에 의해 조직된 소위 농민 회의들을 통해 합의를 연상시키는 토론과 의견 개진의 과정을 거침으로써 은폐되었다.[6]

동독의 합의 문화는 또 다른 일반적·구조적 조건들에 의해 성립할 수 있었다. 합의는 어떤 측면에서는 상당한 사회적·문화적 동질성을 전제로 한다. 생활 환경의 광범위한 획일성, 임금과 명예에 있어 직업상의 차별 제거, 중간 조직의 해체, 차별성의 전반적인 와해 과정은, 사회학자 렙시우스Mario Rainer Lepsius가 지적했듯이 구조적 동질성의 틀을 형성했고, 이로 인해 대중 동의의 체험이 가능하게 되었다. 이는 문화 영역에서도 마찬가지였다. 문학 분야에서 사회주의 리얼리즘이 자리를 잡은 후에야 억압적 검열은 비평을 촉진하고 평론을 지원 및 장려하는 형태를 띠었다. 소위 부르주아적·비(非)마르크스주의적 역사 서술이 축출된 후에야 합의의 이상이 역사적 사실을 확립하는 잣대가 될 수 있었다.

국내적·내부적 결속력은 이방인의 적대화로 표현되었다. 이의를 상징하는 타자 없이 동의에 기반한 정체성을 수립하는 것은 불가능하기 때문이다. 따라서 합의의 규칙은 외부적으로는 적대 계급의 형태로, 내부적으로는 반역자의 형태로 사회를 위협하는 적이라는 개념의 존재와 불가분의 관계에 있다. 이러한 '공공의 적'의 존

---

6) 농민 회의에 대해서는 T. Lindenberger, 〈독일 인민 경찰을 통해 본 국가 사회주의적 지배Creating State Socialist Governance. The Case of the Deutsche Volkspolizei〉, K. H. Jarausch (ed.), 《경험으로서의 독재Dictatorship as Experience》(New York/Oxford : Berghahn Books, 1999), 125~141쪽 참조.

재(아렌트Hannah Arendt의 표현)는 동의를 창출할 수 있다. 왜냐하면 이를 통해 모든 행위는 우리 편인가 적인가의 양자택일 구도로 판단되기 때문이다. 이러한 적의 개념은 거리 두기와 중립적 태도를 반대와 적대감[7]으로 규정하게 만들었고, '비판적 연대'를 적대적 입장으로, '솔직한 의견 교환'을 이탈 행위로 바꾸는 경계선이 되었다.

(2) 합의와 갈등

당과 전문 엘리트들의 일상 생활까지도 특징지은 수많은 갈등만큼 공산주의 문화에서 강요된 합의와 그 강제력을 잘 연구할 수 있는 분야는 없다. 동독을 폐쇄된 혹은 정지된 사회로 본 모이셸Sigrid Meuschel의 해석과는 달리 동독은 갈등적 상황에 의해 '동조와 불평'(풀브룩Mary Fulbrook)의 끊임없는 긴장 관계 속에서 조형되었다. 이는 표면적으로는 모든 사회 활동 영역에서 동의를 확보하기 위해 전개되는 부단하고 강요된 노력으로 나타났다. 역사 서술 및 학술 문화 분야의 학자, 예술가, 심지어 당 간부 가운데 불분명한 입장을 가진 이탈자로 간주되었다가 당 노선에 대해 다시 충성을 표명하고 자신의 실수를 고백해야만 했던 경험을 해보지 않은 자는 없었다.

합의 문화의 규율을 노련하게 이용한다면, 갈등의 상황에서도 가장 유리한 입장을 취할 수 있었다. 이에 대한 가장 흥미로운 예는

---

7) 참고로 레닌은 진리의 계급적 의존성에 대해 다음과 같이 강조했다. "중간은 있을 수 없다. (왜냐하면 계급 대립으로 인해 계급 외적 혹은 계급을 초월한 이데올로기가 결코 있을 수 없을 만큼 분열된 사회에서 인간은 제3의 이데올로기를 만들지 않았기 때문이다.) 그러므로 사회주의 이데올로기를 상대화하거나 수정하려는 모든 시도들은 곧 부르주아 이데올로기를 강화시키는 것이다." W. I. Lenin, 〈무엇을 할 것인가?Was tun?〉, 《레닌 전집 Werke》, 5권(Berlin : Dietz, 1955), 396쪽.

공산주의 지식인이자 역사가인 쿠친스키Jürgen Kuczynski다. 1957~1958년 해빙기가 종식된 후 이데올로기적 변절자로 고발된 쿠친스키는 당 기관지인《신독일Neues Deutschland》에 실린 자아 비판 성명에서 자신의 이의 제기는 동독의 현 상황과 통합사회당 체제 하에서 합의적 정치·이데올로기 질서 수립에 최상으로 기여할 수 있을 것이라고 표명했다. "지난해 동안 그리고 직접적으로는 제35차 통합사회당 중앙 위원회 회의에서 당 지도부는 이데올로기 영역에서의 우리의 과업이 얼마나 진지하고 광범위하며 위대한 것인가를 보여주었다……이러한 상황 속에서 모든 교사 동지들은 이중적 방식으로 이 과업을 실현하는 데 전념해야 한다. 먼저 일단 잘못을 저질렀다면 이 실수를 철저하게, 그리고 전적으로 솔직하게 만회해야 한다. 이것이 당과 우리의 사회적 교의인 마르크스-레닌주의에 대한 연구와 교육에 보탬이 되는 길이다. 둘러대기나 잘못과 실수 드러내기를 회피하는 비겁함에 철저히 맞서 싸워야 한다. 그러나 동료들과의 학문적 의견 교환에서는 마찬가지로 솔직하고 철저하게 자신의 의견을 고수해야 한다. 물론 의견 교환은 마르크스-레닌주의의 핵심 문제들이나 당 지도부의 결정이 아닌 세부적 문제들에 대해서만 가능하다. 평화를 위해 혹은 직업적 성공을 위해 침묵하거나 뒤로 물러서는 것은 당에 피해를 주는 것이다."[8]

발터 울브리히트의 당내 반대자였던 유스트Gustav Just 역시 합의적 비판의 논리를 잘 이용하였다. 그는 40년이 지나서도 '통합사회당 중앙 위원회와 지구당 위원회에 토론의 토대로" "수정주의적 강령"을 보낸 것을 정당하게 여겼다.[9] 유스트는 이 강령에서 최

---

8) J. Kuczynski,《해빙 후의 혹한Frost nach dem Tauwetter》(Berlin : Elefanten Press, 1993), 103~104쪽에서 인용.

소한 울브리히트를 퇴진시킬 것을 요구했다. 유스트를 기소한 검찰총장 멜스하이머Ernst Melsheimer도 합의와 갈등의 동일한 구도에 맞추어 움직였다. 멜스하이머는 체포되어 온 유스트에게 부르주아 시민처럼 자신의 죄를 축소할 것이 아니라 자기 운명을 생각지 말고 사건 해결에 일조해야 한다고 외쳤다.

이러한 상황에서 동의와 합의의 차이가 드러난다. 합의의 이상은 결코 사회적 현실에 부합되지 않았다. 타Wilfrid Thaa의 말을 인용하면 합의는 '목표 문화'에 불과하다. 합의독재의 사회적 현실은 감정적인 수용에서부터 성찰 없이 당연시하는 태도, 편의대로 자신의 이익에 부합되는 정치적 요구를 하는 방식으로 나타났다. 그러한 완강한 전략들조차 매우 많은 용기를 필요로 했다. 코드를 바꾸고 이중적으로 말하는 것은 동독 사회의 일상에 속했다. 이러한 관점에서 볼 때 동독의 전체 생활 여건에 대한 불만에도 불구하고 4년마다 시행된 인민 의회 선거에서 통합사회당이 제시한 후보자 통합 리스트에 대한 지지율이 거의 100퍼센트에 가까웠다는 것은 이상한 일이 아니다.[10] 수정주의자로 기소된 하리히가 중죄를 범하기 전 그를 제지한 국가안전부에 감사를 표명했을 때 그가 합의독재의 규율을 진정으로 믿은 것인지 아니면 합의의 문화적 규율을 이용한 것인지를 누가 판단할 수 있겠는가?[11] 합의의 원

---

9) G. Just, 《1921년생 독일인Deutsch. Jg. 1921.》(Potsdam : Verlag für Berlin-Brandenburg, 2001), 96~97쪽.

10) 슈테판 볼레의 다음과 같은 해석은 타당하다. "단지 탄압에 대한 두려움 때문에 동독인들이 투표를 한 것은 아니다. 왜냐하면 투표 행위 자체만으로는 아무도 고소당하지 않았기 때문이다. 선전······역시 동독인들에게 그리 큰 영향을 미치지 못했다. 그럼에도 불구하고 일부 동독인들은 마지못해 투표에 임했고, 일부는 기꺼이 동의를 표명했으며, 상당수는 별 생각 없이 2년에 한 번씩 투표장에 가서 어차피 당선이 확실한 후보들에게 표를 던졌다." S. Wolle, 《독재가 침범하지 못한 세계Die heile Welt der Diktatur》(Berlin : Links, 1999), 120~121쪽.

칙은 항상 정치 문화 저변에 깔려 있었고, 항의와 이의 제기가 표명될 수 있는 토론의 틀과 방식을 사전에 결정했다. 심지어 동독에서 널리 시행된 당 고위 간부와 관계 당국에 대한 청원 제도조차 불만을 가진 자나 청원자가 청원 제도의 보호막 아래서 그들의 개인적 이해 관계를 표명하기 전에 먼저 통합사회당과 당 정치 노선에 동의한다는 것을 밝힐 것을 요구했다.

4. 동독 합의 문화의 시기적 차이

끝으로 동독 공산주의 40년 동안 수차례에 걸쳐 성격이 변화된 합의 문화의 시기적 단계와 상황에 대해 논의해보고자 한다. 1950년대에는 합의를 형성하는 데 있어 테러와 유토피아가 교묘하게 결합된 스탈린주의적 형식이 지배적이었다. 과학과 인문학 분야에서 완전한 동의의 창출이라는 유토피아적 꿈은 부르주아적 학계가 축출되고 나면 자동적으로 학문적 합의가 출현할 것이라는 확고하고 완강한 믿음을 담고 있었다. 예컨대 동독 역사 연구소의 지도적 역사가들은 독일사 개설서를 출판하여 공개적인 논의를 진전시키고 결국에는 '올바른' 역사관과 '올바른' 시대 구분에 대한 전반적인 동의를 얻을 수 있을 것으로 생각하였다. 사회주의 도덕 십계명과 '새로운 인간'관 혹은 사회주의 인간 공동체에 대한 유토피아적 희망 등 울브리히트의 개인적 야심에서 비롯된 이 모

---

11) 하리히는 1958년에 그를 기소한 자가 당시 함께 기소되었던 얀카Janka, 유스트Just, 최거Zöger와는 다르게 자신을 취급해준 것에 대해 열렬한 감사를 표했다. 1989년 이후 하리히는 과거의 이 행동이 당시 그가 취할 수밖에 없었던 생존 전략의 일부였다는 것으로 이해되기를 바랐다. 이러한 사실을 필자에게 알려준 함부르크의 빙클러W. Winkler에게 감사의 말을 전한다.

든 것들도 같은 맥락에서 이해될 수 있다. 울브리히트 집권 후반에는 완전한 동의의 실현이라는 목표는 진보와 미래에 대한 관념을 지배하던 본래의 감정적 성격을 상실하고 보다 과학적으로 접근하려는 성향이 강화되었다. 그럼에도 불구하고 동의가 전제로 하는 전체적, 혹은 전체주의적 요구는 사라지지 않았다.

울브리히트의 뒤를 이은 호네커 통치기에 유토피아적 사회주의가 현실 사회주의로 전환되고 나서야 완전한 동의라는 유토피아적 희망은 점차 절차상의 합의를 이루는 실용적 성격으로 변화했다. 1970년대 초부터 나타나는 일상적이고 실용적인 절차상의 합의는 프롤레타리아적 일체감 형성의 자명함에 대한 이전의 믿음이 상실되었음을 보여준다. 이 시대의 자료들은 웅변력을 상실하였고 초창기 동독에서 진행되던 논의들은 더 이상 눈에 띄지 않는다. 역사 서술에 있어서도 공개 토론을 통한 동의의 창출이라는 유토피아적 관념은 사라지고 원고 작성, 비공개 토론을 거쳐 문서를 통한 합의에 이르는 일련의 잘 계획된 절차를 행정적으로 조직하는 일이 이를 대신하게 되었다.

각기 속도는 달랐지만 늦어도 1980년대 중반부터 동독 사회의 여러 분야에서 이러한 절차상의 합의는 점차 단순히 지지를 상징하는 의식(儀式) 문화로 성격이 변화되었다. 겉으로는 온전한 합의 사회처럼 보였지만 그 이면에서는 단지 인위적인 합의 질서로의 쇠퇴가 진행되고 있었던 것이다. 1989년 5월 1일의 노동절 행진에서 춤추고 노래하며 작은 깃발들과 함께 행진하며 지나가는 자유독일청년단FDJ을 맞이했던 호네커의 유쾌한 듯하면서도 공허한 모습이 바로 이를 상징했다. 그가 몰랐거나 아니면 알기를 원치 않았을 수도 있지만, 이들은 호네커가 서 있던 특별 관람석 뒤 100미터 지점에서 흩어졌다가 관람석 앞쪽에서 다시 모여 이 늙은 독재자 앞으로 행진해 갔다.

　이상의 논의를 통해 볼 때 동독 합의 문화의 세 가지 다른 모습은 근대 독재의 내적 작동 방식에 대한 이해를 도와준다. 또한 이들은 테러와 매력을 결합한 스탈린주의적 단계, 독재의 '황금기' 동안의 정상화 단계, 그리고 마지막으로 공산주의 체제의 갑작스러운 붕괴——이러한 붕괴는 수년간 화려한 의식(儀式)으로 표현된 동의의 외관에 가려져 있었다——를 이해하는 데 도움이 될 것이다.

'강제와 복종'에서 '강제와 동의'로
—동독 현실 사회주의와 대중

최승완

1. 독재의 대중적 기반 연구를 위한 제언

통일 후 독일 학계에서 활발히 논의되어온 문제 가운데 하나는 동독 현실 사회주의 독재의 성격을 어떻게 정의할 수 있는가 하는 것이다. 잘 알려졌듯이 큰 위기 없이 안정적으로 유지되던 동독 체제가 시민들의 비폭력 시위에 의해 예상외로 쉽게 붕괴했기 때문에 이 문제에 대한 관심은 더욱 각별하다. 그러나 동독 체제의 성격에 대한 해석은 이미 1950년대에 전체주의론자들에 의해 시도되었다. 동독을 집권 통합사회당이 정치 권력을 장악하고 테러와 폭력에 의존해 체제를 유지하는 일당 독재 국가로 규정한 이 시각은 1960년대까지 서독에서의 동독 연구 경향을 대표했다. 특히 냉전의 소산인 반공주의가 팽배해 있던 이 시기에 동독은 전체주의

최승완은 이화여대와 동 대학원을 졸업한 후 독일 빌레펠트 대학 역사학부에서 동독 체제 비판 세력에 관한 논문으로 박사 학위를 취득했다. 저서로는 독일에서 출판된 《단일 이슈 그룹으로부터 민주화 세력으로 : 동독 체제 비판적 정치 그룹 연구 1978~1989 Von der Dissidenz zur Opposition. Die politisch alternativen Gruppen in der DDR von 1978 bis 1989》가 있고, 논문으로는 〈소련 점령 지역/동독에서의 나치 과거 청산 작업에 대한 비판적 검토〉, 〈동독 사회주의 체제에 대한 거부 : 동독 시민의 탈동독 행렬 1949~1989〉 등이 있다. 최근에는 동독사를 넘어 동서독 관계사적 측면으로 관심 분야를 확대하고 있다. 현재 이화여대에서 강의하고 있다.

이론가들에 의해 나치즘과 동일한 성격의 독재 체제로 간주되었다.

그러나 냉전의 무기 역할을 했던 전체주의론은 1960년대 말 이래의 긴장 완화와 화해의 분위기에 발맞추어 일군의 진보적 연구자들에 의해 도전받게 되었다. 그 선두 주자였던 루츠Peter Christian Ludz는 통합사회당 초대 총서기인 울브리히트가 1960년대에 '과학적 · 기술적 혁명'이라는 모토 하에 시행한 근대화 정책에 주목하여 새로운 연구 관점을 제시했다. 요컨대 경제적 근대화를 위해서는 체제의 효율적 운영이 필요하기 때문에 통합사회당 정권도 억압적 체제 운영을 완화하고 부분적으로 사회적 개방을 도모하게 되었다는 것이다. 특히 루츠는 동독 근대화 과정에서 구 지도 세력에 대비되는 전문적인 기술 관료들이 등장함으로써 동독 체제가 전체주의적 성격에서 '협의적 권위주의konsultativer Autoritarismus'의 형태로 변화하고 있다고 해석하고, 독재하에서의 권력 행사도 내적 동인에 의해 보다 유연한 형태로 변화할 수 있다고 전망했다.[1]

한동안 주춤했던 전체주의론은 동독 붕괴 후 르네상스를 맞게 되었다. 동독 체제에 대한 논의의 초점은 다시 '위로부터의 강제에 의한 독재'에 맞추어졌고, 그 과정에서 동독은 '불법적 국가 Unrechtsstaat'로 규정되기도 했다. 특히 국가안전부MfS 문서 공개와 독일 연방 의회가 조직한 '통합사회당 독재 조사 위원회Enquete-Kommission'의 활동을 통해 밝혀진 동독 정권의 정치적 음모와 억압의 충격적 진상은 이러한 해석에 힘을 실어주었다. 물론 통일 후의 전체주의론적 논의는 동독 체제를 '붉은 파시즘'으로 보는 이데올로기적 경직성은 벗어났지만 여전히 지배 정권의 권력 장악

---

1) P. C. Ludz, 《변화하는 당 엘리트*Parteielite im Wandel*》(Köln : Westdeutscher Verlag, 1968)를 참조하라.

과 전 사회 영역으로의 지배 권력의 침투를 강조하고 있다.[2] 일군의 동독 출신 연구자들은 억압적 측면만을 강조하는 이러한 해석이 서독식으로 정비된 통일 독일의 현실을 정당화하려는 책략이라는 의구심을 표출하고, 이러한 접근 방식은 동독인의 삶의 현실을 지극히 단순화하는 위험을 내포하고 있다고 비판한다.[3]

오늘날의 관점에서 볼 때 루츠의 해석은 근대화 노력에 따른 동독 체제의 변화 가능성을 지나치게 낙관적으로 전망한 것이었다. 정권 유지에 집착했던 울브리히트는 궁극적으로 경제 논리보다 정치 논리를 우선시했기 때문에 동독의 근대화 노력은 체제의 민주화, 다원화로 귀결되지 못했다. 그러나 통합사회당 정권의 물리적 억압, 전 사회 영역의 통제에 따른 획일화, 압제와 이에 수동적으로 복종하는 대중이라는 측면을 강조하는 전체주의론적 해석 역시 동독 사회주의 독재의 성격을 올바로 설명해내기에는 역부족이다. 예컨대 동독 사회가 강압에 의해서만 유지되었다면 통합사회당 정권은 왜 동독 시민의 비폭력 시위에 그토록 무력했을까? 독재하에서 대중이 단지 무력하게 순종할 수밖에 없는 존재라면

---

2) B. Marquardt, 〈전체주의론과 통합사회당 독재의 청산Totalitarismustheorie und Aufarbeitung der SED-Diktatur〉, Der Deutsche Bundestag (ed.), 《통합사회당 독재의 역사와 결과의 조명'을 위한 독일 연방 의회 조사 위원회 자료집Materialien der Enquete-Kommission "Aufarbeitung von Geschichte und Folgen der SED-Diktatur in Deutschland"》, 3권/3(Baden-Baden : Nomos, 1995), 1530~1549쪽 ; S. Meuschel, 〈동독 지배의 역사와 사회사에 대한 고찰Überlegungen zu einer Herrschafts—und Gesellschaftsgeschichte der DDR〉, 《역사와 사회Geschichte und Gesellschaft》, 19권(1993), 5~14쪽 ; K. D. Bracher, 〈역사와의 비판적 대면과 민주주의의 실태Aufarbeitung der Geschichte und Bestand der Demokratie〉, 《독일 논총Deutschland Archiv(DA)》, 27권(1994), 1004~1007쪽을 참조하라.
3) 대표적으로 A. Kutter, 〈통일 정책에서의 선택적 역사 해석이 갖는 배제적 성격—독일 연방 의회 조사 위원회를 중심으로Geschichtspolitische Ausgrenzungen in der Vereinigungspolitik. Der Beispiel der Enquete-Kommission〉, S. Bollinger · F. Vilmar (eds.), 《동독은 이렇게 달랐다Die DDR war anders》(Berlin : Das Neue Berlin, 2002), 25~57쪽을 참조하라.

1989년 민주화 시위의 주역들은 어디에서 왔는가? 대다수 동독인의 순응적 행위가 동독 정권의 억압에 대한 반응에 불과했다면 통일 후 구동독인들이 동독을 보다 평등하고 사회적 안전이 보장된 사회로 평가하는 것은 어떻게 설명할 수 있을까?

이러한 질문들은 공통적으로 동독사를 일방적으로 통합사회당 지배의 역사로만 볼 수는 없다는 것을 시사한다. 오히려 전체주의론에서 수동적 존재로 규정된 대중의 동의 역시 독재 체제를 유지하는 한 요소이며, 이는 위로부터의 강제에 의해서만이 아니라 부분적으로는 자발적으로도 생성될 수 있다는 가정을 하게 한다. 물론 동독인들의 체제에 대한 동의는 민주주의 사회와는 다른 배경에서 이해해야 할 것이다. 이들에게 사회주의는 2차 세계대전의 결과로 선택의 여지 없이 주어진 것이었으며, 통합사회당 정권은 이에 대한 어떠한 대안적 모색도 허용하지 않았다. 이 점에서 체제에 대한 동독인들의 동의는 강요된 것으로 볼 수 있다.

그러나 강요된 동의 역시 일상에서의 긍정적 체험을 통해 부분적으로 변화될 수 있지 않을까? 국가안전부 문서가 공개되면서 상세히 밝혀진 동독 정권의 테러와 탄압, 조지 오웰의 《1984년》을 연상시킬 만큼 광범위하게 구축된 감시 체계 등은 동독 체제의 억압적 성격을 적나라하게 보여준다. 그러나 동독인들의 삶의 여건이 모든 면에서 견디기 어려울 정도로 열악했던 것만은 아니다. 20세기 근대 국가의 시스템 속에서 대중은 결코 무시할 수 없는 존재로 등장했고, 국가의 동원 체제에 대한 이들의 지지와 호응은 근대 국가 체제의 효율성을 보장하고 국가적 경쟁력을 강화하는 전제 조건이 되었다. 독재 체제 역시 이 점에서 예외일 수 없었다. 더욱이 대중의 끊임없는 정치적 동원을 통해 지배의 정당성을 확보해야 하는 독재의 성격상 지배 정권은 이들의 요구를 파악하고 충족시키는 것을 간과할 수 없었을 것이다. 이는 통합사회당 정권이 사회 보장을 비롯해 동독인을 체제에 통합시키기 위해 행한 다양한 노력을 통해 확인할 수 있다. 억압과 더불어 시행된 이와 같은 통합 정책이 일상 속에서 동독인들에게 긍정적으로 체험되었다면, 강요된 동의라는 의식은 상대적으로 희석되고 부분적으로나마 체제에 대한 자발적 동의가 형성될 수 있지 않을까?

이러한 맥락에서 볼 때 동독 사회주의 독재의 성격을 올바로 규명하기 위해서는 독재의 강제적 성격만 강조할 것이 아니라 종래의 연구에서 간과되어온 독재의 대중적 기반에 대한 분석도 행해져야 할 것이다. 본 논문은 이를 위한 첫걸음으로서 기존의 연구 경향에 대한 검토를 바탕으로 통합사회당 정권과 동독 시민의 관계를 비판적으로 재조명하고 앞으로의 연구 방향을 모색해보고자 한다.

이는 세 가지 문제에 대한 논의를 통해 시도될 것이다. 첫째, 동독인들의 동의를 유도하기 위해서는 이들의 의식에 깊이 침투하여 일상적 사고와 행위를 지배할 수 있는 지배 담론이 필요한 만큼, 통합사회당 정권이 설파한 지배 이데올로기의 내용 및 그 정치적 기능이 분석되어야 할 것이다. 둘째, 대중의 지지는 지배 담론이 이데올로기에 머물지 않고 제반 정책으로 구체화되어 이들의 기대와 욕구를 충족시킬 때 지속적으로 확보될 수 있으므로 동독 정권의 지배 담론은 정책적으로 어떻게 구체화되었는지 살펴보고자 한다. 끝으로 체제에 대한 동독인의 반응 양식을 분석하고자 한다. 근래에 이르기까지 이 문제는 주로 '절대 다수의 복종'과 '체제에 대한 극소수의 가망 없는 저항'이라는 이분법적 구도로 이해되어왔다. 그러나 미시사적 관점에서 동독인의 일상을 살펴보면, 이들이 보다 다양한 형태로 체제에 반응했음을 알 수 있다. 독재하에서 표면적으로 잘 드러나지 않는 이러한 반응 양식을 포착하여 분석하는 것 역시 동독 현실 사회주의의 지배 메커니즘을 이해하는데 빼놓을 수 없는 작업일 것이다.

2. 지배 담론으로서의 반파시즘과 사회주의

20세기 독재의 특성 중 하나는 독재 정권이 피지배자의 체제에 대한 도전은 철저히 억압하면서도 다른 한편으로 이들을 적극적으로 포섭하여 체제 내에 통합시키려고 했다는 것이다. 이 점에서 20세기 독재는 전제 정치와 구분되는 근대적 성격을 보여준다. 이와 같은 보다 체계화된 지배의 행사에 있어 기본이 되는 것은 지배 담론이다. 이는 지배 정권이 지배의 정당성을 납득시키고 체제가 지향하는 정치적 목표를 위해 대중을 동원할 때 표방되는 이데올로기다. 따라서 지배 담론이 갖는 정당성과 설득력은 대중의 동의를 이끌어내는 일차적 근거가 될 수 있을 것이다.

과거 동독에서 이러한 역할을 담당한 것은 반파시즘과 사회주의였다. 통합사회당 정권은 공식 사회화 시스템과 매스 미디어를 통해 반파시즘과 사회주의를 집중적으로 전파했고, 이에 대한 어떠한 비판적 논의도 허용하지 않았다. 이러한 맥락에서 킬만제그Peter Graf Kielmansegg는 동독 체제를 '교화독재Indoktrinationsdiktatur'로 정의하고 있다.[4] 이를 전적으로 수용한다면 지배 담론은 위로부터 주입 혹은 강요된 것에 불과하다. 그러나 시기에 따라 차이가 있지만 반파시즘과 사회주의는 이데올로기적 강제라는 측면

---

4) P. G. Kielmansegg, 《파국 이후—분단 독일의 역사Nach der Katastrophe. Eine Geschichte des geteilten Deutschland》(Berlin : Siedler, 2000), 566쪽.

과 함께 동독인들이 이를 수용할 수 있을 만큼 호소력을 갖고 있기도 했다.

이는 우선 담론의 내용을 통해 살펴볼 수 있다. 기존의 연구 성과에 따르면 반파시즘은 동독 체제에 '반파시즘적 민주주의 국가'로서의 도덕적 정당성을 부여했다. 요컨대 반파시즘은 동독이 탈나치화를 통해 나치 인력을 철저히 축출했음은 물론 파시즘의 토대인 자본주의 체제를 폐지하고 그 유일한 대안인 사회주의 체제를 수립했다는 점을 강조함으로써 동독을 진정한 민주주의 국가이자 파시즘으로부터의 성역으로 강조할 수 있었다.[5]

반파시즘이 나치 과거와의 단절을 강조함으로써 체제에 대한 정체성을 형성하는 요소였다면, 사회주의 담론의 핵심은 진보의 신념에 입각한 더 나은 미래에 대한 약속이었다. 사회주의는 19세기 이래 보다 정의롭고 인간적인 사회에 대한 희망 및 동경과 결부되어 이해되어왔다. 통합사회당 정권도 이 전통을 이어받아 시장 논리가 아닌 개인의 필요에 따라 이루어지는 생산과 분배, 각 계급 간의 사회적 대립의 철폐, 전 사회 구성원에게 보장되는 사회적 안정과 기회의 평등, 구성원들 간의 연대 의식에 입각한 공동체의 실현을 동독의 미래로 부각시켰다.[6]

나아가 지배 담론으로서 사회주의는 미래에 대한 장밋빛 약속뿐

---

5) R. Badstübner 외, 《동독의 성립과 발전DDR. Werden und Wachsen》(Frankfurt : Marxistische Blätter, 1975), 27~66쪽 ; H. Münkler, 〈동독 건국 신화로서의 반파시즘 Antifaschismus als Gründungsmythos der DDR〉, M. Agethen 외 (eds.), 《왜곡된 반파시즘 Der missbrauchte Antifaschismus》(Freiburg : Herder, 2002), 79~99쪽 ; R. Zimmering, 《동독 정치의 신화Mythen in der Politik der DDR》(Opladen : Leske+Budrich, 2000), 37~55쪽을 참조하라.

6) W. Krolikowski, 《사회주의가 강해질수록 평화는 보장된다. 크롤리코프스키 연설 및 논문 선집Je stärker der Sozialismus- desto sicherer der Frieden. Ausgewählte Reden und Aufsätze》 (Berlin : Dietz, 1988) ; D. Langewiesche, 〈사회주의적 희망으로서의 진보Fortschritt als

아니라 인민주권론을 표방했다. 동독 정권은 독재 권력을 행사하면서도 모든 국가 권력은 인민으로부터 유래하며, 모든 국가 정책은 인민의 뜻에 입각한 것이라고 강조했다. 이를 통해 동독인 개개인은 인민이라는 사회적 집합체로 추상화되어 권력의 원천으로 상정되었다. 이는 대중을 권력의 주체로 강조함으로써 권력의 의지를 동독 시민의 의지로 내면화시켜 정치적 동원에 대한 이들의 자발적 지지를 획득하고자 한 것으로, 20세기에 역사 전면에 등장한 대중의 역할에 대한 인식을 바탕으로 한 것이다. 이 점에서 동독 사회주의 담론은 근대적 성격을 내포하고 있다고 평가할 수 있을 것이다.

그렇다면 지배 담론은 어떤 측면에서 동독인에게 호소력을 가질 수 있었을까? 담론의 호소력은 그것이 얼마나 대중의 기대와 욕구에 부응하는가에 달려 있다. 기존의 연구들은 대체로 담론 수용에 있어 동독 초반기, 특히 1950년대의 역사적 상황이 갖는 중요성을 강조하고 있다. 요컨대 나치 독재와 패전으로 인한 파국을 겪고 난지 얼마 안 된 이 시기에 동독인들은 대부분 새로운 시작의 필요성을 느끼고 있었기 때문에 나치 과거와의 단절을 강조하고 미래 사회의 비전을 제시하는 두 담론이 호소력을 가질 수 있었다는 것이다.[7] 나아가 반파시즘이 나치즘을 자본주의의 문제로 국한시켜 개인적 차원의 책임 문제를 배제함으로써 과거 나치즘에 동조했던 동독인들을 사면하는 성격을 갖고 있었다는 것 역시 이들의 반파

---

sozialistische Hoffnung》, K. Schönhoven · D. Staritz (eds.), 《변화하는 사회주의와 공산주의Sozialismus und Kommunismus im Wandel》(Köln : Bund-Verlag, 1993), 33~55쪽을 참조하라.

7) P. G. Kielmansegg, 《파국 이후—분단 독일의 역사》, 566쪽 ; M. Gibas, 〈근로자의 사회주의 조국 동독!Die DDR—das sozialistische Vaterland der Werktätigen!〉, 《정치와 현대사의 문제들Aus Politik und Zeitgeschichte(APuZG)》, 49권(1999), 24~25쪽을 참조하라.

시즘 수용에 적지 않은 영향을 미쳤다고 해석되고 있다.[8]

지배 담론이 동독 초기의 역사적 상황과 맞물려 호소력을 가질 수 있었다는 주장은 분명 설득력이 있지만 이러한 상황이 계속된 것은 아니었던 만큼 보다 일반적인 담론의 수용 배경에 대한 설명도 요구된다. 이와 관련하여 프리체Lothar Fritze는 사회주의 담론의 호소력을 근대 사회에서 인간들이 겪는 결핍 상황과 결부시켜 해석하고 있다.[9] 이에 따르면, 근대 사회가 소규모 집단 사회로부터 익명적 대중 사회로, 폐쇄적 사회로부터 개방적 사회로 발전함에 따라 인간은 전통, 종교적 신념 등 인간을 구속하는 여러 굴레로부터 자유로워졌다. 그러나 그 과정에서 야기된 인간 상호간의 긴밀한 접촉 및 종교적 가치에 대한 믿음의 상실은 고립감과 더불어 집단적 정체성의 결핍을 가져다주었다. 그 결과 근대 사회의 인간은 잠재적 불안감 속에서 미래에 대한 확실성, 더 큰 전체에 대한 소속감 등을 동경하게 되었다. 사회주의 이데올로기는 바로 이러한 결핍을 채워줄 수 있다는 점에서 호소력을 가질 수 있었다. 요컨대 과거, 현재, 미래의 구조로 세계사의 발전 법칙을 설명하고, 공산주의의 도래를 최종 목표이자 역사의 필연으로 설정한 사회주의 담론은 확실성에 대한 대중의 욕구에 부합했다. 또한 사회주의는 인류의 진보와 자기 해방을 위해 공동으로 투쟁할 것을 강조하고 사회주의 체제를 '모든 근로자의 조국'으로 상징화함으로써 집단적 정체성, 혹은 '우리'라는 동질감을 갖게 할 수 있다는 점에서도 매력적이었다.

동독인들이 지배 담론을 수용하고 내면화하는 데는 담론의 내용

---

8) H. Münkler, 〈동독 건국 신화로서의 반파시즘〉, 84~86쪽을 참조하라.

9) L. Fritze, 《양심에 거리끼지 않는 가해자 *Täter mit gutem Gewissen*》(Köln : Böhlau, 1998), 33~39쪽.

과 수용 배경뿐 아니라 그 전파 방식도 중요했다. 담론의 내용 분석은 그것이 동독인들에게 실제로 영향을 미쳤는가를 설명하는 것보다는 오히려 지배자의 정치적 의도를 파악하는 데 더 유용하다. 독재하에서 지배 담론은 흔히 위로부터 주입되는 것으로 가정된다. 그러나 담론이 이데올로기적 강제를 통해 대중의 의식 깊숙이 침투할 수 있을 것으로 기대하기는 어렵다. 그보다는 담론이 설득력 있는 방식으로 전달될 때 대중을 움직이게 할 수 있을 것이다. 이는 우선 담론의 내용에 대한 합리적 토론을 통해 성취될 수 있겠지만 소위 '대중의 시대'에 이 방법은 그리 유용하지만은 않다. 많은 사람을 상대로 합리적 토론을 행하기도 어렵고, 이들 모두가 그 내용을 이해할 수 있는 것도 아니기 때문이다. 예컨대 통합사회당 지도자들조차 제대로 이해하지 못한 복잡한 사회주의 이론을 일반 국민들에게 이해시켜 이들을 동원한다는 것은 어려운 일이다. 인간은 합리적 판단 능력을 가진 존재이면서도 신화, 종교와 같은 비합리적 요소에 의해 영향을 받는 존재이기도 한 만큼 동독인들의 감정, 의식 및 행위 속에 익숙하게 자리잡고 있는 관습적 요소에 호소하는 것이 보다 효과적일 수 있을 것이다.

그러나 이러한 관점에서 통합사회당 정권의 정치 교육, 선전 등을 심층적으로 분석한 연구는 아직 소수에 불과하다. 기존 연구들은 주로 담론의 내용 분석에 치중해 있을 뿐 담론의 전파 방식에 대한 연구는 아직 초기 단계에 머물러 있다. 그럼에도 불구하고 기존의 연구 성과를 통해 볼 때 통합사회당 정권은 위로부터의 주입만이 아니라 자연스럽게 동독인의 의식을 파고들어가는 방식으로 담론을 전파하는 데 의미를 두고 있었음을 알 수 있다. 동독 정권이 보기에 국민을 포섭하기 위한 정치 교육은 합리적인 것과 감정적인 것의 상호 작용을 통해 이루어져야 하고, 이데올로기의 내면화는 동독인들이 어떤 형태로든 반드시 이를 직접 체험하도록 해야 가능한 것이었다.[10] 이에 따라 지배 담론은 상당 부분 비이성적 요소인 감정에 호소하고, 정치적 상징을 적절히 사용하는 방식으로 전파되었다.

이는 지배 담론이 흔히 종교적 양식을 빌려 전파되었다는 것을 통해 확인할 수 있다. 예컨대 반파시즘의 정치 교육은 반나치 투사의 영웅적 행위 및 비극적 희생의 신화화, 이들에 대한 순교자적 의미 부여, 성대한 추모 예식의 시행 및 추모지 건립 등 종교적 메타포를 매개로 시행되었다.[11] 또한 동독 사회주의에 대한 충성을 맹세함으로써 사회주의 사회에서 성인으로 인정되는 성년식 Jugendweihe 역시 기독교 의식과 유사한 방식으로 거행되었다.[12] 요컨대 14세가 된 청소년들이 사전에 받아야 했던 사회주의에 대한 학습, 식이 절정에 달한 순간 행하게 되는 사회주의자로서의 충성과 의무에 대한 맹세, 그리고 식이 끝난 후 가족들에게 받는 축하 선물과 축하 잔치 등 사회주의 성년식은 기독교의 입교식과 유사한 절차에 따라 진행되었다. 1954~1955년에 18퍼센트에 불과했던 동독 청소년의 참여율이 1960년 이래로 대략 90퍼센트를 꾸

---

10) H. W. Vahlefeld, 《독일의 전체주의 전통 Deutschlands totalitäre Tradition》(Stuttgart : Klett-Cotta, 2002), 82쪽.

11) G. Fippel, 〈통합 이데올로기와 지배 도구로서의 반파시즘 Antifaschismus als Integrationsideologie und Herrschaftsinstrument〉, Der Deutsche Bundestag (ed.), 《통합 사회당 독재의 역사와 결과의 조명'을 위한 독일 연방 의회 조사 위원회 자료집》, 3권/1, 106쪽.

12) A. Meier, 《사회주의 성년식—청소년 축제 Jugendweihe—JugendFEIER》(München : DtV, 1998) ; A. Döhnert, 〈사회주의 성년식. 통합사회당 교회 정책 분야로서의 가족 Jugend- weihe. Die Familie als Feld der SED-Kirchenpolitik〉, D. Vorsteher (ed.), 《당의 명령 : 새로운 독일 Parteiauftrag : ein neues Deutschland》(München : Koehler & Amelang, 1997), 274~286쪽을 참조하라.

준히 유지할 수 있었던 것은[13] 비민주적 체제가 행사한 무언의 압력뿐만 아니라 통합사회당 정권이 동독인들에게 익숙한 방식으로 참여를 유도한 것도 주효했기 때문이었다.

그뿐만 아니라 자유독일청년단 초대 단장이자 울브리히트에 이어 통합사회당 총서기가 된 호네커는 '청소년은 가슴으로도 듣는다'는 모토 아래 청소년들에게 유니폼, 스카프, 적색 깃발, 북 등 지배 담론과 관련된 다양한 정치적 상징을 부여했다. 이는 무엇보다 이러한 정치적 상징이 감수성 예민한 청소년들의 상상력을 자극하고 그들에게 감정을 이입시킴으로써 지식이나 이성의 코드로는 전달할 수 없는 메시지를 가슴 깊이 새기게 할 수 있다는 인식에서 비롯되었다.[14]

또한 통합사회당 정권은 대규모 정치 의식을 통해 동독인에게 집단적 정체성을 심어주고자 했다. 예컨대 매년 거행된 노동절 행사 때는 각 생산 분야에서 달성된 성과가 널리 선전되었고, 각 분야 대표자들의 대대적 행진이 이어졌다. 동독 정권은 행사에 참여한 동독인들을 항상 작업장, 구역, 직종별로 무리지어 행진하게 함으로써 이들에게 소속감과 더불어 집단적 정체성을 고취시키고자 했다.[15] 또한 행진 대열은 중앙 무대에 집결해 있던 당 고위·국가 지도자 앞을 지나감으로써 이들과 동독 시민 간의 합의적 관계를 연출했다. 이는 기바스Monika Gibas가 지적하듯이, 동독인들은 그들에게 부과된 계획 경제상의 의무를 충실히 수행하고 통합사

---

13) R. Rytlewski · D. Kraa, 〈소련과 동독의 정치 의식Politische Rituale in der Sowjetunion und der DDR〉, 《정치와 현대사의 문제들》, 37권(1987), 44~45쪽.

14) H. W. Vahlefeld, 《독일의 전체주의 전통》, 83쪽을 참조하라.

15) J. Danyel, 〈소련제 수입품으로서의 정치 의식Politische Rituale als Sowjetimporte〉, K. H. Jarausch · H. Siegrist(eds.), 《독일의 미국화와 소련화 1945~1970Amerikanisierung und Sowjetisierung in Deutschland 1945~1970》(Frankfurt/New York : Campus, 1997), 75쪽.

회당 정권은 그 대가로 안정과 번영을 보장한다는 의미를 함축하고 있었다.[16] 일종의 '가부장적 교환' 관계의 성격을 띠고 있던 노동절 의식은 통합사회당 정권과 동독 '인민' 간의 합의를 상징화하고 정치 의식을 통해 이를 체험케 함으로써 실제로는 다양한 형태로 존재하고 있던 양자간의 괴리를 희석시키는 정치적 의미 역시 내포하고 있었다.

이와 같은 담론의 전파 방식을 통해 동독인들에게 정치는 신화, 의식, 상징을 통해 인식되고 경험되었으며, 이는 공동체에 대한 헌신, 전투적 정신과 희생 정신, 공동체 의식 등을 조장함으로써 동독인들의 체제에 대한 지지와 동의를 창출하는 데 기여했다. 이런 맥락에서 젠틸레Emilio Gentile와 마이어Hans Maier 등에 의해 정치종교로 개념화된 정치의 신성화는 동독 사회주의 독재의 대중적 기반을 밝히는 데 중요한 열쇠를 제공할 것이다.[17] 그러므로 지배 담론에 대한 앞으로의 연구는 담론의 내용 분석을 넘어 미시사적 관점에서 종교적 매체나 다양한 정치적 상징을 통한 담론의 전파 과정을 보다 심층적으로 분석하는 데 초점을 두어야 할 것이다. 이를 위해서는 동독의 정치 의식, 축제, 정치적 상징물, 영화와 라디오 프로그램과 같은 대중 매체의 역할에 대한 분석은 물론, 동독인들과의 인터뷰에 입각한 구술사적 방법으로 동독인들이 이를 일상에서 어떻게 체험했고, 이것이 어떻게 내면화되었는지 규명해

---

16) M. Gibas, 〈노동절을 위한 제안 : 인민이 당 지도부를 사열한다Vorschlag für den Ersten Mai : die Führung zieht am Volk vorbei〉,《독일 논총》, 28권(1995), 488~489쪽.

17) E. Gentile, 〈정치의 신성화. 세속 종교와 전체주의 문제에 관한 정의, 해석과 성찰The Sacralization of Politics : Definitions, Interpretations and Reflections on the Question of Secular Religion and Totalitarianism〉,《전체주의 운동과 정치종교Totalitarian Movements and Political Religions》, 1권(2000), 18~55쪽 ; H. Maier, 〈전체주의와 정치종교Totalitarismus und Politische Religion〉,《계간 현대사Vierteljahrshefte für Zeitgeschichte》, 43권(1995), 387~401쪽.

야 할 것이다.

3. 사회적 평등화와 사회 보장을 통한 체제 안정

통합사회당 정권은 반파시즘을 통해 과거로부터 정권의 정당성을 도출했고, 사회주의를 통해 미래 사회의 비전을 제시함으로써 동독 시민의 지지를 확보하려고 했다. 그러나 인간에게는 이상 못지않게 일상적 삶 또한 중요하기 때문에 체제 유지를 위해서는 동독인들에게 지배 담론의 실현 가능성을 인식시키는 것뿐 아니라 이들의 현실적 욕구를 충족시키는 것도 필요하다. 이를 간과하지 않은 통합사회당 정권은 체제 비판 세력을 탄압하고 동독인들의 정치적 자유를 제한하면서도, 다른 한편으로 동독인들의 일상적 요구와 기대를 충족시켜 이들을 포섭하는 이원적 메커니즘에 의한 지배를 행사했다. 더욱이 서독과 체제 경쟁을 벌여야 하는 분단 상황 때문에라도 통합사회당 정권은 후자를 소홀히 할 수 없었다.

이는 우선 동독의 사회적 평등화 정책을 통해 살펴볼 수 있다. 통일 후 구동독인들은 동독 체제의 비민주적 성격을 비판하면서도 긍정적 측면 또한 인정하고 있다. 동독을 기회 균등이 보장되는 평등한 사회이자 상·하층 간에 전통적으로 존재했던 사회적 차별과 남녀 간의 성 차별이 지양된 사회로 기억하는 것이 대표적 예다. 기존의 연구 성과를 종합해보면 실제로 이러한 사회적 불평등은 하층민과 여성에 대한 통합사회당 정권의 정책적 지원을 통해 상당 부분 해소되었음을 알 수 있다.

우선 건국 초부터 실시된 교육 정책을 통해 상류층의 전유물이었던 교육의 문이 노동자와 농민의 자녀들에게 개방되었음은 물론 이들에게 고등 교육의 기회가 우선적으로 부여되었다. 또한 각 대학에 노동자-농민 학부를 설치해, 대학 입학을 위해 요구되는 기본 학력을 갖추지 못한 동독인들이 대학에 진학할 수 있는 길도 마련했다.[18] 독일 역사상 전례가 없는 이러한 정책적 뒷받침을 통해 노동자 집안 출신의 대학 교수, 공장장, 고위 행정 관료 등이 다수 배출되었다. 이러한 사회적 신분 상승은 동독 건국 후 시행된 부르주아 엘리트의 축출과 1950년대 대규모 탈동독 행렬로 야기된 빈 자리에 하층 출신의 동독인을 우선적으로 기용한 통합사회당 정권의 충원 정책에 의해 뒷받침되었다.

여성 정책에 대한 연구 역시 동독 여성들의 사회적 지위의 개선을 강조하고 있다.[19] 동독에서는 여성의 사회적 진출이 활발했고, 헌법에 명시된 여성의 노동권도 현실에서 보장되었다. 취업 연령에 속하는 여성의 취업률이 78.1퍼센트에 달했다[20]는 사실이 바로 이를 반영한다. 동독의 여성 정책은 기본적으로 노동 운동의 노선을 계승한 것이었다. 즉 여성 해방은 노동을 통해 여성의 경제적 독립이 이루어질 때 비로소 실현될 수 있다는 것으로, 남녀 평등

---

18) 노동자-농민 학부에 대한 연구 문헌들에 대한 상세한 정보는 H.-J. Lammel, 《동독 종합·단과 대학의 노동자-농민 학부에 대한 주요 연구 문헌 목록Arbeiter-und Bauern-Fakultäten der Universitäten und Hochschulen der DDR : Auswahlbibliographie》(Berlin : Zentralinstitut für Hochschulbildung, 1989)을 참조하라.

19) 이에 대해서는 다음을 참조하라. G. Helwig·H. M. Nickel (eds.), 《독일 여성사 1945~1992Frauen in Deutschland 1945~1992》(Bonn : Bundeszentrale für politische Bildung, 1993) ; H. Trappe, 《해방인가 구속인가?Emanzipation oder Zwang?》(Berlin : Akademie Verlag, 1995).

20) M. Beyer, 〈동독 여성 해방의 주장과 현실Anspruch und Realität der Emanzipation der Frauen in der DDR〉, Der Deutsche Bundestag (ed.), 《독일 통일 과정의 일환으로서 통합사회당 독재의 유산 극복'을 위한 독일 연방 의회 조사 위원회 자료집Materialien der En-quete-Kommission "Überwindung der Folgen der SED-Diktatur im Prozeß der deutschen Einheit"》, 5권(Baden-Baden : Nomos, 1999), 224쪽.

역시 사회적 생산에 참여할 수 있는 기회의 균등으로 파악했다. 이에 따라 동독에서는 항상 '일하는 여성' 혹은 '일하는 어머니'의 이미지가 강조되었고, 경제 근대화를 추구하던 1960년대에는 여성이 전문 기술 분야로 진출하는 것도 장려되었다.[21] 이를 뒷받침하기 위해 여성의 노동권을 보장하는 법규가 제정되었음은 물론, 일과 육아의 병행이 가능하도록 여성에 대한 광범위한 지원이 이루어졌다. 물론 이는 수백만 동독인의 동독 이탈로 야기된 노동력 부족, 1960년대 근대화 정책에 따라 대두된 인적·물적 자원의 총동원 요구에 따라 여성을 생산 활동으로 이끌어야 할 경제적 필요성에서 비롯된 것이기도 하다.[22]

하층민과 여성에 대한 이와 같은 정책적 지원은 시기에 따라 차이는 있지만 동독인들이 체제에 대해 부분적으로 긍정적 정체성을 갖게 하는 데 기여했다.[23] 그러므로 구동독인들이 동독을 사회적 평등이 보장된 사회로 기억하는 것을 단지 통일 후의 불만스러운 상황 때문에 야기된 반발적 정체성으로만 인식하는 것은 일면적이자 비역사적인 해석이다.

물론 하층민과 여성에 대한 통합사회당 정권의 정책적 지원은 한계성을 지니고 있었다. 사회적 유동성에 대한 연구[24]가 말해주듯이 호네커 시기에 이르면 인적 정체가 야기되어 사회적 유동성

---

21) M. Gibas, 〈여성, 평화 그리고 사회주의. 교육용 선전인가 해방의 캠페인인가?Die Frau, der Frieden und der Sozialismus. Erziehungspropaganda oder Emanzipationskampagne?〉, G. Diesener (ed.),《독일과 선전*Propaganda in Deutschland*》(Darmstadt : Primus, 1996), 164~165쪽.

22) M. Gibas, 〈사회주의 조국과 그 딸들. 동독의 공식 여성상과 이것이 사회화에 미친 영향Vater Staat und seine Töchter. Offiziell propagierte Frauenbilder der DDR und ihre Sozialisationswirkungen〉, D. Vorsteher (ed.),《당의 명령 : 새로운 독일》, 314쪽을 참조하라.

23) T. Ahbe · M. Hofmann, 〈우리의 전성 시대Eigentlich unsere beste Zeit〉,《정치와 현대사의 문제들》, 52권(2002), 20쪽을 참조하라.

이 둔화되었다. 따라서 상대적으로 연구가 부족한 호네커 시기의 사회적 유동성과 이에 대한 동독인의 반응은 앞으로 보다 상세히 연구되어야 할 것이다. 이를 통해 사회적 유동성의 정체와 호네커 정권 후기에 심화된 동독인들의 체제에 대한 불만 사이의 상관 관계를 분석한다면, 독재하에서 대중의 욕망에 부응하는 국가 정책이 창출하는 지지와 충성의 기제를 보다 구체적으로 설명할 수 있을 것이다.

여성 정책의 경우에는 남녀 평등의 문제가 사회적 생산의 측면에만 국한되어 가부장적 남녀 관계 및 사회 요직 진출에 있어서의 여성 차별과 같은 문제가 간과되었다는 점에서 비판적으로 검토되고 있다.[25] 그러나 가부장적 남녀 관계의 문제가 도외시되었음에도 불구하고 여성 정책의 어떤 요소가 동독 여성들로 하여금 이러한 구조를 수용하게 했는지, 불평등 구조의 존속에도 불구하고 여성들의 체제에 대한 만족도가 남성보다 더 높았던[26] 이유는 무엇인지 등에 대해서는 아직 구체적인 설명이 부족하다. 이 문제에 대한 연구가 보다 심화된다면 여성 정책이 동의를 창출하는 기제에 대해 좀더 구체적이고 흥미로운 논의가 전개될 수 있을 것이다.

---

24) 대표적으로 H. Solga, 〈사회적 유동성과 정당성Mobilität und Legitimität〉,《쾰른 사회학·사회심리학보Kölner Zeitschrift für Soziologie und Sozialpsychologie》, 46권(1994), 193~208쪽을 참조하라.

25) L. Ansorg·R. Hürten, 〈여성 해방의 신화와 여성의 실제 삶에서 나타나는 모순The Myth of Female Emancipation : Contradictions in Womens Lives〉, K. H. Jarausch (ed.),《경험으로서의 독재Dictatorship as Experience》(New York : Berghahn Books, 1999), 163~176쪽 ; H. Steiner, 〈동독 정치 지도부의 여성들Frauen in der politischen Leitung der DDR〉,《논쟁 Das Argument》, 43권(2001), Nr. 239, 87~91쪽을 참조하라.

26) S. Grundmann, 〈동독인들의 불만과 만족에 대한 조사 연구Zur Un-Zufriedenheit der DDR—Bevölkerung〉, H. Timmermann (ed.),《몰락한 국가 동독에 대한 회상Die DDR - Erinnerungen an einen untergegangenen Staat》(Berlin : Duncker & Humblot, 1999), 288쪽을 참조하라.

사회적 평등의 문제도 중요하지만 동독인들의 지지를 확보하는
데 있어 빼놓을 수 없는 요소는 물질적 욕구의 충족이다. 이러한
맥락에서 일차적 관심 대상은 사회 정책이다. 기존 연구들은 대체
로 동독의 사회 정책이 동독인들에게 사회·경제적 안정감을 부
여했고, 이것이 체제에 대한 부분적 동의를 창출하는 데 중요한 역
할을 했다고 평가하고 있다.

물론 동독의 사회 정책은 시기에 따라 상이한 성격을 보여준다.
사회 정책이라는 말은 1950년대까지 이데올로기적 제약으로 인해
공적 논의에서 언급이 회피되었다. 사회 정책을 자본가 계급이 물
질적 개선을 통해 노동자들의 혁명 열정을 무력화하기 위한 수단
으로 파악하는 사회주의 이론에 비추어 볼 때 자본주의가 폐지된
동독에서 사회 정책은 존재의 의미를 상실했던 것이다. 이에 따라
통합사회당 정권은 계획 경제를 토대로 완전 고용이 보장되면 동
독인의 물질적·문화적 욕구를 충족시킬 기반이 마련될 것이라고
강조하면서 별도의 사회 정책을 시행할 필요성을 부정했다.[27] 그
럼에도 불구하고 질병, 사망, 산업 재해 등 예측하지 못한 상황에
대한 사회 보장적 차원의 사회 정책은 건국 이래 꾸준히 시행되었
다. 1960년대에 이르러 울브리히트는 동독인들의 생활 여건 개선
의 필요성을 보다 적극적으로 인식하고, 사회 보장 분야도 확대함
으로써 사회 정책에 대한 종래의 입장을 수정했다. 그러나 보이어
Christoph Boyer가 강조하듯이 이 시기의 사회 정책은 무엇보다
경제적 근대화를 뒷받침하고 그 후유증을 완화한다는 의미를 지

---

27) M. G. Schmidt, 〈동독 사회 정책의 원리Grundlagen der Sozialpolitik in der
Deutschen Demokratischen Republik〉, Bundesministerium für Arbeit und Sozialordnung
und Bundesarchiv (ed.), 《1945년 이후의 독일 사회 정책의 역사 제1권 : 사회 정책의 원리
Geschichte der Sozialpolitik in Deutschland seit 1945 : Vol. 1 Grundlagen der Sozialpolitik》(Baden-
Baden : Nomos, 2001), 695쪽.

니고 있었다. 요컨대 합리화 내지 자동화에 따른 임금 하락과 직장 변동으로 야기된 갈등적 상황을 무마하고, 경제 근대화에 따라 요구되는 인적 자원의 효율적 동원을 위해 동독인들의 심신 상태를 최적으로 만들 여건을 조성하고자 했다는 것이다.[28] 이에 따라 의료 혜택이 대폭 개선되었고, 생산 외적인 일에 쓰이는 에너지를 절약하기 위한 인프라가 구축되었으며,[29] 노동의 피로를 신속히 회복할 수 있도록 스포츠, 문화 생활 및 여가 활동을 알선해주는 담당 부서도 설치되었다. 이처럼 사회 정책은 경제적 목적에 종속되는 성격을 갖고 있었지만, 1950년대와 비교해 보다 개선되고 체계화된 복지를 약속함으로써 동독인들에게 동독을 정의, 평등, 인간적 온정, 물질적 복지를 구현하는 체제로 연출하는 효과가 있었다.[30]

그러나 호네커 정권기에 이르러 물질적 욕구 충족을 통해 대중의 지지를 확보하는 것이 주목표가 되면서 사회 정책은 큰 변화를 겪게 된다. 호네커는 울브리히트와 달리 동독인들을 더 이상 근대화의 희생양으로 삼지 않을 것이며, 미래가 아닌 지금 당장 생활 수준을 향상시키겠다고 공표했다. 이러한 변화는 우선 울브리히트가 추진한 경제 개혁이 기대한 만큼의 성공을 거두지 못한 것에 기인했다. 경제 개혁을 통해 서독을 추월할 수 있다는 동독 정권의

28) C. Boyer, 〈1960년대 동독 사회 정책과 소비 정책에 대한 이론적 고찰Die Sozial- und Konsumpolitik der DDR in den sechziger Jahren in theoretischer Perspektive〉, C. Boyer · P. Skyba (eds.), 《억압과 복지에 대한 약속Repression und Wohlstandversprechen》(Dresden : Hannah-Arendt-Institut für Totalitarismusforschung, 1999), 41~42쪽.

29) 예를 들면 작업장 내에 상점, 수선 코너 및 탁아소가 설치되었고, 야간 작업조를 위한 식당이 운영되었으며, 통근 버스가 운행되었다. C. Boyer, 〈1960년대 동독 사회 정책과 소비 정책에 대한 이론적 고찰〉, 42쪽.

30) C. Boyer, 〈1960년대 동독 사회 정책과 소비 정책에 대한 이론적 고찰〉, 44쪽.

거듭된 약속과 달리 서독과의 경제 및 생활 수준의 격차는 갈수록 심화되었다. 이는 자연히 동독인들에게 사회주의 프로젝트에 대한 회의를 불러일으켰고, 위기 의식을 느낀 호네커는 동독인들의 현실적 욕구를 정책적으로 더 많이 고려함으로써 이들의 동의와 충성을 확보하고자 했던 것이다.[31] 이러한 맥락에서 호네커 정권은 울브리히트 정권보다 직접적 탄압을 자제하고, 사회적 안전의 보장을 통해 동독인들을 포섭하는 보다 유연한 지배 메커니즘에 좀더 의존했다고 해석할 수 있을 것이다.

호네커의 새로운 노선은 소위 '경제 정책과 사회 정책의 통일'이라는 모토 아래 다양한 정책을 통해 구체화되었다. 우선 국가 보조를 통해 주요 생필품 가격과 기본 세금, 교통 요금, 주택 임대료가 모두 염가로 책정되었고, 여성의 사회 활동에 대한 국가적 지원이 더욱 확대되었다.[32] 나아가 통합사회당 정권은 자유독일노조연맹 FDGB이나 각 기업체를 통해 동독인들에게 단체 연극 관람을 주선해주는가 하면, 저렴한 가격으로 휴가를 보낼 수 있는 피서지를 제공했다. 특히 청소년들에게는 자유독일청년단FDJ을 통해 다양한 문화 행사와 프로그램——콘서트와 댄스 파티, 영화나 예술에 대한 토론 및 합창 클럽——을 제공했다.[33] 이러한 문화적 복지의 측면은 통일 후에도 많은 구동독인들에게 즐거운 경험으로 기억

31) C. Boyer·P. Skyba, 〈안정화 전략으로서의 사회 정책과 소비 정책Sozial-und Konsumpolitik als Stabilisierungsstrategie〉, 《독일 논총》, 32권(1999), 583쪽을 참조하라.

32) 예컨대 산후 휴가 외에도 별도의 육아 휴가가 부여되었고, 출산 지원금이 인상되었으며, 이미 잘 갖추어진 탁아 시설이 개선 및 확충되었다.

33) J. Weyer, 《동독의 청소년Jugend in der DDR》(Berlin : Holzapfel, 1974), 40~48쪽 ; B. Hertrampf·C. Rüter, 〈동서독 청소년의 여가 생활 1970~1990Jugendfreizeit in der DDR und BRD von 1970 bis 1990〉, 《사회사 논총Archiv für Sozialgeschichte》, 33권(1993), 409~414 쪽 ; L. Kirchenwitz, 〈자유독일청년단과 노래 부르기 운동Die FDJ und 'ihre' Singebewegung〉, H. Gotschlich (ed.), 《좌로 좌로 행진하다···Links und links und Schritt

되고 있다. 자유독일청년단이 구동독인들에게 단지 교조적 이데 올로기만을 강요했던 억압적 청소년 조직으로 기억되지 않는 것[34] 도 이와 무관하지 않을 것이다.

동독의 여론 조사 결과에서 나타나듯이, 이러한 호네커의 정책 은 1970년대 중반까지 체제에 대한 동독인의 지지를 끌어올렸 다.[35] 동독인들은 사회 보장 제도로 인해 어떤 경우에도 생존 자체 가 위협되는 일은 없을 것이라는 안정감 속에서 살았다.[36] 물론 이 러한 혜택은 반대 급부를 전제로 한 것이었다. 즉 통합사회당 정권 은 근로 여건, 의료 혜택, 여가 선용 등 모든 것을 주관하며 동독인 들에게 사회·경제적 안전을 보장하는 대신, 이에 대한 반대 급부 로 지지와 충성을 요구한 것이다. 이러한 맥락에서 폴라크D. Pollack와 호커츠Hans Günther Hockerts는 체제에 대한 동의와 '복지 혜택의 부여'의 상호 교환 관계에 입각해 동독 체제가 안정적 으로 유지될 수 있었다고 해석하고 있다.[37] 한편 야라우슈Konrad H. Jarausch는 한발 더 나아가 동독 사회주의 체제를 권위주의적

gehalten…》(Berlin : Metropol, 1994), 326~333쪽을 참조하라.

34) H.-J. v. Wensierski, 〈자유로운 독일 청소년?Freie deutsche Jugend?〉, 《독일 청소년 *Deutsche jugend*》, 46권(1998), 170쪽.

35) H. Niemann, 《동독의 여론 조사*Meinungsforschung in der DDR*》(Köln : Bund-Verlag, 1993), 48쪽 ; P. Skyba, 〈지배 유지 수단으로서의 사회 정책Sozialpolitik als Herrschaftssi-cherung〉, C. Vollnhals·J. Weber (eds.), 《외관상의 정상*Der Schein der Normalität*》(München : Olzog, 2002), 72쪽.

36) L. Fritze, 《동독 붕괴에 대한 내적 조명*Innenansicht eines Ruins*》(München : Olzog, 1993), 95쪽을 참조하라.

37) D. Pollack, 〈체제 이론을 통해 본 동독 사회 변혁의 원인Ursachen des gesellschaft-lichen Umbruchs in der DDR aus systemtheoretischer Perspektive〉, W.-J. Grabner 외 (eds.), 《라이프치히 10월*Leipzig im Oktober*》(Berlin : Wichern, 1990), 15쪽 ; H. G. Hoc-kerts, 〈사회주의의 업적? 동독 독재의 사회정치적 정당성에 관하여Soziale Errungen-schaften? Zum sozialpolitischen Legitimitätsanspruch der zweiten deutschen Diktatur〉, J. Kocka 외 (eds.), 《노동 운동으로부터 근대적 사회 복지 국가로*Von der Arbeiterbewegung zum*

성격의 복지독재Fürsorgediktatur[38]로 정의했다. 그러나 울브리히트 정권기의 사회 정책은 경제 정책에 종속된 의미가 컸고, 동독 시민의 물질적 욕구 충족을 통한 지배의 정당성 확보에 주력한 것은 어디까지나 호네커였다. 따라서 복지독재의 개념은 호네커 시기에 적용하는 것이 타당할 것이다.

이상에서 살펴본 사회적 평등화 및 사회 정책은 흔히 독재 체제를 위로부터의 일방적인 강제에 의해 운영되는 것으로 보는 통념을 상대화한다. 즉 동독 정권은 위로부터의 강제뿐 아니라 동독인의 다양한 욕망을 고려하여 이들의 지지와 동의를 확보하는 일에도 노력을 기울였으며, 이는 독재 체제도 부분적으로 지배 정권과 동독 시민 간의 상호 작용을 통해 유지될 수 있다는 해석을 가능하게 한다.

동독사에 대한 본격적 연구의 역사가 짧은 만큼 이러한 시각에서 연구해볼 주제는 다양하다. 예컨대 동독의 소비 정책에 대한 연구는 많은 것을 시사해줄 수 있을 것이다. 취약한 경제력 때문에 만족할 만한 소비재를 제대로 공급하지 못한 통합사회당 정권은 동독인들의 끊임없는 불만에 직면했고, 이에 대한 대책 마련에 고심해야 했다. 이 점에 주목하여 근래에는 동독의 소비 정책과 소비 문화에 대한 연구가 진행되고 있다. 이를 통해 소비 정책의 발전 과정에 대한 윤곽과 더불어 소비 정책이 동독 경제의 취약성으로 인해 언제나 현실 혹은 동독인들의 기대 수준과 괴리되었음이 밝혀졌다.[39] 이를 토대로 앞으로 열악한 소비 수준에 대한 동독인들의 불만이 구체적으로 통합사회당 정권의 소비 정책에 어떤 영향

---

modernen Sozialstaat》(München : Saur, 1994), 798쪽을 참조하라.

38) K. H. Jarausch, 〈복지독재로서의 현실 사회주의Realer Sozialismus als Fürsorgediktatur〉, 《정치와 현대사의 문제들》, 48권(1998), 33~46쪽을 참조하라.

을 미쳤는지를 분석한다면, 독재하에서도 지배 정권만이 대중의 삶의 양식을 규정하는 것이 아니라 대중의 욕망 또한 지배의 형식과 내용에 영향을 미칠 수 있다는 것을 밝힐 수 있을 것이다.

호네커 정권기의 사회 정책과 경제 정책의 관계 역시 보다 심층적으로 연구되어야 할 문제다. 호네커의 사회 정책은 체제 안정화의 기능을 행사했지만 장기적으로는 체제를 붕괴시킨 요인이기도 하다. 사회 정책으로 인한 무리한 재정 지출과 그로 인한 생산 시설 및 기술 개발을 위한 투자의 부족은 결과적으로 동독 경제를 파국으로 몰아갔고, 경제 관료들은 이 문제를 해결하기 위해 사회 정책의 시행 범위를 축소할 것을 건의하기도 했다. 그럼에도 불구하고 호네커가 경제 논리가 아닌 정치 논리에 따라 기존 노선을 고수하게 된 배경을 심층적으로 분석하면, 결코 지배자의 논리로만 작동될 수 없는 독재의 지배 메커니즘의 성격에 대한 논의를 보다 심화시킬 수 있을 것이다.

4. 동의와 저항 사이에서

동독인들은 독재의 일상에서 체제에 대해 어떻게 반응했을까? 이 문제에 대한 분석 역시 지배 정권과 동독인의 관계를 새로운 시각으로 조명할 수 있는 기회를 제공한다. 독재의 강제적 성격을 강조하는 관점에 의하면 동독인들의 반응은 억압에 의한 대다수의 동의와 극소수의 저항으로 이분화된다. 그러나 미시사적 시각으

---

39) A. Kaminsky, 《동독 소비 소사*Kleine Konsumgeschichte der DDR*》(München : C. H. Beck, 2001) ; I. Merkel, 《유토피아와 욕망. 동독 소비 문화사*Utopie und Bedürfnis. Die Geschichte der Konsumkultur in der DDR*》(Köln : Böhlau, 1999)를 참조하라.

로 동독인의 일상을 살펴보면 이들의 반응은 훨씬 다양했음을 알 수 있다.

우선 동독인 가운데 일부는 자발적으로 동독 체제를 적극 지지했다. 이들은 대체적으로 당과 국가 기관의 간부 등 지도층에 속하는 동독인들로, 지배 담론을 기꺼이 수용하고 체제 유지에 적극적으로 동참했다. 통합사회당 정권은 사상적 검증을 비롯한 체계적인 관리 시스템을 통해 이들을 육성한 후 사회 요직에 포진시켰기 때문에[40] 체제에 대한 이들의 충성심은 대체로 일반 동독 시민보다 강했을 것이다.

두 번째 반응 양식으로 들 수 있는 것은 체제에 대한 적극적 저항이다.[41] 이는 통합사회당 정권의 탄압을 감수하고 체제를 비판하고 개혁을 요구한 행위를 가리킨다. 동독 초기에는 부르주아 정당들과 독일사회민주당SPD, 기독교 세력 등 다양한 사회 · 정치 세력이 동독 체제에 전면적으로 저항하는 성격이 강했다.[42] 이는 주로 스탈린주의적 사회주의 체제로의 변혁에 따른 사회 · 정치적

---

40) R. Schwarzenbuch, 《통합사회당의 국가 행정 간부 양성 정책*Die Kaderpolitik der SED in der Staatsverwaltung*》(Köln : Wissenschaft und Politik, 1976) ; H. Zimmermannm, 〈소련 점령 지역/동독의 간부 및 간부 양성 정책의 역사Überlegungen zur Geschichte der Kader und der Kaderpolitik in der SBZ/DDR〉, H. Kaelbe 외 (eds.), 《동독 사회사*Sozialgeschichte der DDR*》(Stuttgart : Klett-Cotta, 1994), 322~356쪽을 참조하라.

41) 대표적으로 E. Neubert, 《동독 체제 비판 세력의 역사*Geschichte der Opposition in der DDR 1949~1989*》(Berlin : Links, 1997) ; U. Poppe 외 (eds.), 《자기 주장과 순응 사이에서*Zwischen Selbstbehauptung und Anpassung*》(Berlin : Links, 1995)를 참조하라.

42) U. Poppe 외, 〈동독 체제에 대한 저항, 저항 행위. 연구 성과와 연구 방향 및 과제Opposition, Widerstand und widerständiges Verhalten in der DDR. Forschungsstand—Grundlinien—Probleme〉, Poppe 외 (eds.), 《자기 주장과 순응 사이에서》, 16쪽 ; T. Ammer, 〈동독 초기에서 1961년 베를린 장벽 축조 때까지 전개된 동독 체제에 대한 저항Opposition und Widerstand von den Anfängen bis zum Mauerbau 1961〉, H.-J. Veen (ed.), 《통합사회당 독재에 대한 저항 사전*Lexikon Opposition und Widerstand in der SED-Diktatur*》(Berlin : Propyläen, 2000), 22~23쪽을 참조하라.

갈등과 그에 따른 거부감에서 비롯되었다. 한편 베를린 장벽이 축조된 후에는 동독인들이 사회주의를 기정 사실로 받아들임에 따라 체제 비판 세력의 활동은 사회주의 자체에 대한 반대보다는 민주적 사회주의로의 개혁을 요구하는 데 초점이 맞추어졌다.

주지하듯이 통합사회당 정권에 대한 동독인의 조직화된 적극적 저항은 미약했다. 1953년 6월 과중한 작업량 부과와 열악한 생활수준에 대한 불만으로 야기된 노동자 봉기[43]를 제외하고는 체제를 근본적으로 위협할 만한 대규모 저항 운동도 없었고, 체제 비판 세력의 활동도 주로 비판적 지식인들에 의한 개인적 저항의 형태가 주를 이루었다. 1970년대 후반에 이르러서야 개신교 교회 내부에서 형성된 평화·환경·인권 문제 그룹 등에 의해 체제 비판적 활동이 보다 공개적이고 조직화된 형식으로 전개되었다.[44]

이처럼 동독에서 조직화된 저항 세력이 약했던 이유는 우선 형사 처벌에서 사회적 탄압에 이르는 억압이 저항 세력의 형성 및 조직화를 저지했다는 데서 찾을 수 있다.[45] 그러나 이는 다른 한편으로 동독 체제 비판 세력의 사회주의에 대한 신념과도 관계가 있다.

---

43) T. Flemming, 《1953년 6월 17일 Der 17. Juni 1953》(Berlin : be-bra Verlag, 2003) ; A. Baring, 《1953년 6월 17일 Der 17. Juni 1953》(Stuttgart : Deutsche Verlags-Anstalt, 1983)을 참조하라.

44) 이들은 1980년대를 대표하는 체제 비판 세력으로 개신교 교회 영역을 중심으로 활동했다. 이들은 이데올로기적 대립에 가려져 있던 핵전쟁의 위험, 환경 파괴, 제3세계의 빈곤 문제 등에 대한 관심을 촉구했다. 처음에는 단일 이슈 그룹의 성격을 보이다가 고르바초프 개혁 정책의 영향과 동독 사회의 내부적 위기의 심화에 따라 체제의 민주적 개혁을 요구하는 급진적 정치 활동을 전개했다. 이에 대해서는 최승완, 〈동독의 민주화 세력 연구—1980년대 체제 비판적 그룹들을 중심으로〉, 《서양사론》, 57권(1998), 55~94쪽을 참조하라.

45) K. Havemann · J. Widman, 《로버트 하베만과 동독의 붕괴 Robert Havemann oder wie die DDR sich erledigte》(München : Ullstein, 2003) ; R. Chotjewitz-Häfner 외 (eds.), 《비어만의 시민권 박탈과 동독의 문인들 Die Biermann-Ausbürgerung und die Schriftsteller》(Köln : Wissenschaft und Politik, 1994)을 참조하라.

1950년대에 비판적 지식인들이 동독의 건국 이념인 반파시즘의 이미지가 퇴색될 것을 우려해 스탈린주의를 철저히 비판하지 못한 것처럼, 기본적으로 사회주의 체제를 정당한 것으로 본 이들은 동독 체제를 근본적으로 부정하기를 주저했다. 체제 비판 세력의 활동에서 통합사회당 정권에 대한 전면적 도전보다는 통합사회당 정권에 의한 민주적 개혁을 주장하는 도덕적 호소의 성격이 강했다는 것도 이와 무관하지 않을 것이다.

나아가 동독 저항 세력의 취약성은 동독 정권의 유연한 통제책의 결과로도 해석할 수 있다. 이는 주로 문호 개방 후 변화된 국내외 정세에 맞추어 직접적 탄압을 자제한 호네커 정권기에 해당되는 얘기다. 일례로 통합사회당 정권은 교회를 중심으로 활동한 소규모 체제 비판적 정치 그룹의 활동이 교회 내부에서 이루어지는 한 상당 부분 이를 용인했다. 이는 탄압을 통해 야기되는 국내외적 갈등을 감수하기보다 이들의 활동을 사회적 영향력이 미비한 교회 영역에 국한시키고, 교회 지도부로 하여금 이들의 활동을 통제하게 하여 비판적 에너지를 내부적으로 해소시킨다는 전략이었다. 실제로 이는 교회와 국가, 교회와 이들 그룹 간의 관계에 대한 연구[46]를 통해 알 수 있듯이 1980년대 중반까지 나름대로 실효를 거두었다. 이는 동독 정부와의 마찰을 피하려고 했던 교회 지도부의 간섭 때문만은 아니었고, 유일하게 교회 영역 안에서 누리고 있던 활동 공간을 위태롭게 하지 않기 위해 체제 비판적 정치 그룹들이 스스로 급진적 행동을 자제한 데 따른 것이기도 했다.

이러한 사실들은 종래의 해석에 대한 재검토를 요구한다. 개혁

---

46) 대표적으로 H. Findeis 외,《정치의 탈주술화 *Die Entzauberung des Politischen*》(Leipzig : Evangelische Verlags-Anstalt, 1994) ; D. Pollack,《조직화된 사회의 교회 *Kirche in der Organisationsgesellschaft*》(Stuttgart : Kohlhammer, 1994), 252~372쪽을 참조하라.

의 가능성을 믿으면서 동독 체제를 단호하게 부정하지 못한 것은
체제 비판 세력의 일부가 기본적으로 동독 사회주의 체제를 받아
들였다는 것을 의미하는 것은 아닐까? 호네커 정권과 체제 비판적
소규모 정치 그룹 간의 관계는 독재하에서 지배 세력과 저항 세력
의 관계가 반드시 탄압과 적극적 대항의 구조를 취하는 것이 아니
며, 부분적으로 상호 작용의 관계로 파악할 수 있는 것임을 의미하
는 것은 아닐까? 만약 그렇다면 독재하에서 저항은 권력이 만든
지배 담론에 포섭된 상태로 전개될 수 있고, 이것이 체제에 대한
도전적 행위를 약화시킬 수 있다고 해석할 수 있지 않을까? 저항
세력에 대한 연구는 앞으로 이 문제들에 대한 분석으로 확대되어
야 할 것이다.

　체제에 대한 적극적 동의와 저항이 스펙트럼의 양극을 형성한다
면 이 양자 사이에는 적극적으로 동조하지도, 저항하지도 않은 무
수히 많은 동독인들이 위치하고 있었다. 이러한 반응은 스스로의
행동을 자제하고 동독 사회에서 통용되는 규칙과 통제를 따르는
것으로, 넓은 의미에서 순응이라고 볼 수 있을 것이다. 순응이 대
다수 동독인의 반응 양식이었던 만큼 독재의 대중적 기반을 살펴
보기 위해서는 이 범주의 행위 양식이 상세히 분석되어야 할 것이
다. 그러나 이에 대한 연구는 생활 세계에 대한 세부적 관찰을 요
구하는 만큼 자료 및 방법론상의 많은 어려움을 안고 있기 때문에
아직 시작 단계에 머물고 있다.

　일군의 연구자들은 동독 시민의 순응적 행위를 단지 위로부터의
억압에 의한 수동적 복종으로 해석하지 않는다. 이와 관련해 프리
체는 독재의 성격상 순응은 기본적으로 강요된 것이지만 부분적
으로나마 자발적 동의로 변할 수 있다고 보고 있다. 요컨대 동독인
들의 현실적 욕구가 통합사회당 정권의 정책을 통해 충족된다면

순응은 체제에 대한 부분적 동의에도 기초할 수 있다는 것이다.[47] 그러나 순응이 전적으로 강제에 의한 동의가 아니듯이 체제에 대한 전적인 동의를 의미하는 것도 아니다. 순응은 기본적으로 생존 전략의 성격을 가지기 때문에 잠재적으로 거부와 소극적 저항의 가능성도 내포하고 있다. 예컨대 순응적 동독인도 지배 정권의 정치적 요구를 무조건 받아들이지는 않았다. 이들은 때로는 교묘한 방식으로 정권의 정치적 의지가 자신의 영역으로 침투하는 것을 거부했고, 때로는 그들 나름의 방식으로 체제에 대한 불만을 표출하기도 했다.

이는 우선 동독인이 사생활 영역에 몰두한 것을 통해 확인할 수 있다. 많은 동독인들이 공적 영역에서는 사회가 요구하는 규준에 따라 행동했지만, 대체로 정치적 문제에는 관심을 갖지 않고 가정 및 취미 생활에 몰두했다. 이는 생존에 필요한 만큼의 순응을 행하되 독재하에서 제약되는 개인적 자율성을 확보하려는 전략이기도 했다.[48]

동독인들은 사생활 영역에의 몰두, 정치적 모임에의 소극적 참여와 같은 방어적 성격의 '체제에 대한 거리 두기' 외에 이탈적 행동을 보여주기도 했다. 예컨대, 공공 건물에 스프레이로 비판적 문구를 쓰거나 화장실에 낙서를 하거나 혹은 정치 유머를 유포하는 것으로 동독의 현실을 비판했다. 또한 그들은 공식적인 사회 조직과는 다른 사적 독서·토론 서클 혹은 음악 감상 모임 등을 만들어 공적 영역에서 제한되었던 자유로운 대화를 나누기도 했으며,[49] 그런가 하면 국가 기관에 대한 청원을 통해 불만을 토로하기도 했

47) L. Fritze,《동독 붕괴에 대한 내적 조명》, 40~43쪽.

48) L. Fritze,《동독 붕괴에 대한 내적 조명》, 285쪽을 참조하라.

49) W. Rüddenklau,《평화 교란자. 동독의 체제 비판 세력 1986~1989 *Störenfried. DDR-*

다. 청원은 헌법에 보장된 권리였기 때문에 합법적으로 문제를 제기할 수 있는 기회였다. 동독인들은 청원을 통해 일상에서 겪는 불편 사항을 지적하고 개선책을 제시했으며, 익명으로 보내는 청원서에는 정치적 비판도 포함되어 있었다.

이처럼 동독인의 정치적 무관심, 이탈적 혹은 비판적 행동이 가능했던 것은 흔히 지배 정권에 의해 전 사회 영역이 통제되었다고 보는 전체주의론적 해석과 달리 동독인들이 미흡하게나마 자율적 · 비판적 의사 표현의 공간을 확보할 수 있었다는 것을 의미한다. 독재의 특성상 지배의 정당성을 확보하기 위해 끊임없이 대중을 동원해야 하는 동독 정권의 입장에서 볼 때 동독인들의 정치적 무관심, 정치적 동원에 대한 회피, 사적 서클의 활성화는 분명 이들의 정치 목적에 위배되었고, 이 점에서 브로스차트Martin Broszat가 나치 연구에 적용했던 거부 혹은 소극적 저항의 개념을 적용할 수 있을 것이다. 청원이 합법적 권리라 하더라도 이 권리를 행사하는 것 자체가 비판의 의지를 내포하고 있기 때문에 청원 역시 이 범주에 넣을 수 있을 것이다.

그런데 달리 생각하면 이러한 행위들은 통합사회당 정권이 용인한 것이기도 했다. 체제에 대한 위협적 저항이 아닌 한 동독인들의 이탈 행위를 허용하는 것은 이들의 불만을 해소시키는 배출구의 기능을 할 수 있었다. 예컨대 졸단Angelika Soldan의 연구[50]가 보여주듯이 비판적 정치 유머는 일상에서 축적된 좌절감과 불만을 웃음을 통해 해소함으로써 불만족스러운 현실을 지탱하는 것을

Opposition 1986~1989(Berlin : Basis Druck, 1992), 18~19쪽 ; C. Lemke,《1989년 동독 붕괴의 원인*Die Ursachen des Umbruchs 1989*》(Opladen : Westdeutscher Verlag, 1991), 155~167쪽을 참조하라.

50) A. Soldan, 〈구동독인들에게 웃음은 사라졌는가?Ist dem 'Ossi' das Lachen vergangen?〉,《독일 연구*Deutsche Studien*》, 29권(1991/92), 270~279쪽.

보다 용이하게 만들 수 있었다. 사생활 영역에의 몰두를 묵인하는 것은 동독인들의 정치적 무관심을 용인하는 것이었지만, 대신 이를 통해 최소한 체제에 대한 도전적 행동은 막을 수 있다는 반대 급부가 있었다. 찰틴Jonathan R. Zaltin의 연구[51]를 통해 볼 때 청원 제도 역시 같은 맥락에서 이해할 수 있다. 이는 우선 동독인들에게 합법적 비판의 기회를 부여함으로써 잠재적 저항 에너지를 해소하는 역할을 할 수 있었다. 또한 국가 기관 혹은 고위 지도자와의 일대일 대응을 통해 이루어지는 청원은 동독인들에게 자신의 견해가 진지하게 고려된다는 인상을 줌으로써 통합적 기능도 행사할 수 있었다. 이는 통합사회당 정권의 지배 메커니즘이 강제와 억압을 넘어서는 보다 고차원적 성격을 띠고 있었음을 말해준다.

이처럼 체제를 적극적으로 지지하지도, 위험을 무릅쓰고 저항하지도 않은 대다수 동독인들의 반응에 대한 연구는 대중의 행위를 동의냐 저항이냐의 이분법적 구도로 파악하는 종래의 시각에 대한 수정이 필요함을 인식하게 한다. 동의와 저항은 어디까지나 동독인들의 행위의 스펙트럼의 두 극점을 형성할 뿐이다. 양 극점 사이에는 부분적 동의, 정치적 무관심, 소극적 저항, 체제에 거리 두기, 거부, 비판적 청원 등 다양한 형태의 반응이 자리잡고 있었다.

이는 통합사회당 정권이 동독인의 일상 영역까지 완전히 통제할 수 없었다는 것과 더불어 정권과 동독인의 관계를 일방적으로 지배와 복종의 관계로만 파악할 수 없다는 것을 말해준다. 양자의 관계는 부분적으로는 암묵적 합의를 토대로 하고 있었다. 요컨대 동독 정권은 동독인들에게 이탈 행위를 어느 정도 용인했고, 이를 통해 최소한의 자율 공간을 확보한 동독인들은 스스로 행동을 자제

---

51) J. R. Zaltin, 〈청원과 답변Ausgaben und Eingaben〉, 《역사학보Zeitschrift für Geschichtswissenschaft》, 45권(1997), 902~917쪽.

하고 주어진 한계 내에 머무르기도 했다. 그러므로 동독인들의 일상에서의 반응 양식을 포착하여 이러한 양자간의 상호 작용을 보다 심층적으로 분석한다면, 강제와 동의의 동시성을 보여주는 동독 현실 사회주의의 이원적 지배 메커니즘의 성격에 대해 보다 구체적으로 논의할 수 있을 것이다. 물론 이러한 작업은 동독인의 일상적 행위를 대상으로 하기 때문에 문헌 자료의 확보 문제 등 여러 가지 어려움이 따를 것이다. 일상적 행위를 다루는 것인 만큼 연구를 위해서는 무엇보다 체계적 인터뷰를 통한 구술사적 접근이 유효할 것이며, 동독인들이 일상 생활 속에서 남긴 다양한 흔적들에 대한 분석도 필요할 것이다.

5. 전체주의론을 넘어 열린 시각으로

통일 후 전개된 동독사 연구는 한동안 동독 붕괴 후 르네상스를 맞은 전체주의론적 관점에 입각해 통합사회당의 지배 구조와 권력 행사 방식을 밝히는 데 집중되었다. 이에 따라 동독 체제의 억압적 성격이 주된 논의의 대상이 되었고, 동독 현실 사회주의는 기본적으로 위로부터의 강제와 탄압을 통해 유지된 것으로 간주되었다. 그러나 통합사회당 정권의 지배 담론과 이를 구체화한 제반 정책, 그리고 체제에 대한 동독인의 반응이라는 세 개의 범주 하에 기존 연구 성과를 검토해본 바에 의하면, 동독 현실 사회주의는 이와는 다른 해석의 가능성을 보여준다. 통합사회당 정권은 소위 대중의 시대인 20세기에 억압만으로 동독 체제가 안정적으로 유지될 수는 없다는 것을 파악하고 있었다. 이에 따라 필요할 경우 강제와 억압을 행사하면서도 다른 한편으로 동독인들에게 지배 권력의 정치적 목표를 납득시키고 동의를 획득하려는 시도 또한 병행했다. 이를 위해 동독 정권은 정치의 신성화, 미학화를 통해 동독인들의 감정과 정서에 호소했고, 물질적 혜택과 사회적 안정을 통해 이들을 포섭하고자 했으며, 때로는 이들의 이탈적 행위를 일정 선까지 허용하기도 했다. 이는 독재의 현실을 견딜 만하게 만들었고, 부분적으로는 체제에 대한 동의도 유도할 수 있었을 것이다.

기존 연구 성과의 검토를 통해 파악하게 된 이러한 사실들은 동독 사회주의 독재의 지배 메커니즘이 우리가 알고 있던 것보다 훨씬 복잡할 뿐 아니라 독재의 일상 역시 다양한 측면을 갖고 있었음을 인식하게 한다. 이를 통해 볼 때 동독 현실 사회주의는 전체주의론이 통상적으로 강조해온 대로 '강제와 복종'이 아닌 '강제와 동의'의 이원적 구조에 입각해 유지된 것으로 파악할 수 있을 것이다. 이에 따라 동독 체제의 성격을 규명하는 작업도 '위로부터의 역사의 관점'에 입각해 통합사회당 정권의 권력 행사에 초점을 맞추기보다, '아래로부터의 역사'의 관점에서 미시사적 연구 방법을 적극적으로 활용하여, 독재 체제를 유지하는 데 있어서의 대중의 역할에 대한 연구로 확대되어야 할 것이다. 이는 무엇보다 전체주의론적 해석이 빠지기 쉬운 단순화 혹은 일반화로 인해 지금까지 가려져 있던 많은 새로운 사실을 밝힐 수 있는 기회가 될 것이며, 동독 사회주의 독재를 보다 현실에 가깝게 이해하는 데 도움이 될 것이다. 또한 이러한 관점에서의 동독사에 대한 접근은 동독 현실 사회주의가 어떻게 이렇다 할 위기 없이 오랫동안 유지될 수 있었는가, 그럼에도 불구하고 왜 갑작스러운 붕괴를 맞았는가 하는 패러독스의 원인을 밝히는 데 보다 기여할 수 있을 것이다.

그뿐 아니라 전체주의론에서 벗어나 독재의 대중적 기반을 밝히는 작업은 학문적 지평을 넓히는 차원을 넘어 과거 청산에도 기여할 수 있을 것이다. 현재 독일은 아직도 논쟁을 거듭하고 있는 나치 과거 청산에 이어 사회주의 독재의 청산이라는 이중적 과제를 안고 있다. 주지하듯이 통합사회당 정권은 40여 년간 동독이 나치 과거를 성공적으로 극복한 반파시즘적 민주주의 국가임을 강조했다. 그러나 동독에서 파시즘은 오로지 자본주의의 문제로 규정되었기 때문에 나치 과거에 대한 모든 책임은 소수의 독점 자본가에게 돌려졌다. 이에 따라 대다수 독일인들이 나치 정권을 지지한 것도 대자본가의 사주를 받은 나치 정권의 유혹 혹은 위로부터의 강제에 기인한 것으로 해석되었다. 그 결과 동독에서는 나치 독재의 대중적 기반에 대한 비판적 성찰이 생략되었고, 이는 나치 과거 청산 작업의 공백으로 남게 되었다. 통일 후 사회주의 독재의 청산 작업에 직면해 있는 현 독일 상황에서 동독 현실 사회주의를 또다시 위로부터의 강제에 의거한 체제로만 파악한다면 동독의 역사 역시 소수 공산당 지도 세력의 지배사로 축소될 뿐이다. 이러한 맥락에서 강제와 동의의 코드로 동독 체제를 분석하는 연구 시각은 대중이 독재 권력에 의해 포섭되는 메커니즘을 밝혀줌에 따라, 인적·제도적 변혁에 치우치기 쉬운 과거 청산 작업에 대중의 역할이라는 새로운 차원의 문제를 제기함으로써 과거의 역사적 부담과의 보다 철저한 비판적 대면으로 이끌 수 있을 것으로 기대된다.

'희생된 사람들'에서 '국민화된 희생자들'로?—오스트리아 민족 사회주의와 민족 기억문화[1)]

미즈노 히로코 :: 황보영조 옮김

오스트리아는 제3제국이 붕괴되기 직전인 1945년 4월 연합군의 도움으로 해방을 맞이했다. 1938년 3월 히틀러의 독일이 오스트리아를 합병한 지 7년이 지난 뒤의 일이었다. 1918~1919년에 수립된 제1공화국의 초대 총리를 지낸 레너Karl Renner가 다시금 임시 정부를 구성할 기회를 얻었다. 임시 정부는 (더 이상 독일 국가가 아닌) 오스트리아인을 위한 독립된 국민-국가 재건이라는 사명을 띠고 있었다. 그러나 이는 '오스트리아'라는 확고한 민족 의식 없이는 매우 힘든 과제였다. 제2공화국의 기초를 견고히 하기 위해 오스트리아는 서둘러 민족 의식을 고취할 필요가 있었고, 동일한 목적을 위해 지역 간의 격차를 줄이고 이전의(나치의) 독일 주민

미즈노 히로코Mizuno Hiroko는 오사카 대학 언어문화연구소 조교수다. 오스트리아와 유럽 현대사를 전공했고, 오스트리아 그라츠 대학교에서 박사 학위를 받았다. 현재는 1945년 오스트리아에서 나치 과거와 2차 세계대전이 어떻게 기억되고 있었는지에 초점을 맞춘 오스트리아의 기억 문화에 관한 연구를 진행하고 있으며, 오스트리아에서 '과거와의 대면'이라는 문제와 관련하여 20세기 독일의 소수 인종 문제에 대해서도 연구하고 있다.

1) 이 글은 한양대학교가 주최한 '대중독재' 연구 국제 학술 대회에서 발표한 내용을 기초로 쓴 것이다. 필자는 이를 위해 3년간의 연구비를 제공해준 일본 재단에 감사의 마음을 전한다.

을 '오스트리아' 민족의 틀 안에 통합해야만 했다. 민족 통합의 새로운 개념으로 부상한 것은 이른바 '오스트리아 희생론'이었다. 이는 1943년 11월 소련·미국·영국의 3개국 외무장관이 모스크바 회담 결과 공포한 '오스트리아에 관한 모스크바 선언'을 바탕으로 한 것이었다. 모스크바 선언은 오스트리아를 "히틀러의 공격 정책에 희생된 최초의 자유 국가"로 규정하고 이를 '독일 통치에서 해방시켜야 한다"라고 주장했다.[2]

그러나 이는 현실과 부합하지 않았고 관련된 두 개의 서로 다른 문제를 안고 있었다. 첫째로, 비록 다양한 이유와 상황으로 말미암은 것이긴 했지만 합병 기간 동안에 오스트리아 국민들 다수는 민족 사회주의를 지지했다는 사실이다. 그러나 전후 오스트리아는 민족 의식을 열렬히 추구했으며 희생론을 사실상 일종의 민족 신화로 탈바꿈시켰다. 이는 오스트리아가 전쟁뿐만 아니라 나치의 폭력과 대량 학살에 대한 자신의 책임을 회피하는 데 도움을 주었으며 다수의 일반 국민들로 하여금 전쟁과 나치의 각종 기억들을 민족적인 '희생'의 기억으로 전환할 수 있게 해주었다.

둘째로, 오스트리아 국민이 부분적으로는 1945년 이전에 이미 '민족'으로서의 눈을 떴을지 모르지만 이들은 자신들이 오스트리아 민족의 일부라기보다는 (대)독일 민족의 일부라는 의식을 훨씬 더 강하게 지니고 있었다는 사실인데, 이 점에 대해서는 오늘날까지 거의 아무도 관심을 보이지 않은 것 같다. 따라서 '오스트리아'와 '민족국가'를 동일시하면서 우리의 논의를 1945년에 다시 수립

---

2) 《적-백-적-서 : 오스트리아를 위한 정의. 오스트리아 점령사에 대한 기술과 사료와 증거 Red-White-Red-Book : Justice For Austria. Descriptions, Documents and Proofs to the Antecedents and History of the Occupation of Austria》(Vienna : Austrian State Printing House, 1947), 제1부 "From Official Sources", 207~208쪽.

된 '오스트리아 민족국가'에서부터 시작한다면 이는 아마도 모순적인 것으로 생각될 것이다. 이런 의미에서 오스트리아에 관한 최근의 역사 연구에서 자주 (민족) 정체성과 상징, 문화적 전통, 문화적 기억 등과 같은 문화 문제들이 강조된 것은 이해할 만하다. 많은 역사가들은 근대의 정치적인 민족국가의 형성 과정에서 오스트리아가 '오스트리아'(민족)국가로 건설되었는지 아니면 '독일' 국가로 건설되었는지의 여부에 관심을 집중시킨 반면, 훗날 오스트리아 국가 수립의 기초가 되는 '민족'의 형성에 대해서는 별다른 관심을 보이지 않았다. 오스트리아 민족의 틀 내에서 한발 떨어져서 보지 않고는 오스트리아에서 '민족'이 만들어진 역사적 과정 전체를 볼 수 없으며, 그 결과 역사가들이 왜 제2공화국을 새로운 오스트리아 민족 건설의 '성공담'이라 서술하는지를 제대로 설명할 수 없다.

이 글에서는 이러한 관점에서 오스트리아의 전쟁, 나치의 과거와 그 결과에 대한 연구 동향을 살펴보고자 한다. 1절에서는 근대의 계급 사회와 나치 주도의 새로운 '민족' 사회가 뒤섞인 상황에 초점을 맞추면서 오스트리아 민족과 민족 사회주의에 관한 역사 서술을 살펴본다. 이런 상황에서는 오스트리아 민족을 마냥 나치의 '희생자'로만 볼 수는 없을 것이다. 2절에서는 나치와 전시의 다양한 기억들을 살펴볼 것이고 3절에서는 과연 오스트리아 민족을 서로 다른 지역과 서로 다른 사회적 기억들을 아우르는 통합의 개념으로 볼 수 있는지를 다룬 후 오스트리아 '대중독재'의 새로운 역사적 분석 틀을 제시해보고자 한다.

1. 오스트리아 민족과 민족 사회주의

(1) 1938년 '합병'과 오스트리아 주민

오스트리아 현대사의 주요 사건 가운데 하나는 이른바 1938년의 '합병' 혹은 나치 독일의 오스트리아 병합이다. 이에 관한 수많은 저작들은 그 과정이 얼마나 복잡했는지를 보여주며, 실제로 그 과정은 다양한 측면을 지니고 있었던 것으로 보인다.

오스트리아 역사가인 보츠Gerhard Botz에 따르면 1938년 3월의 '합병'은 세 가지 측면을 지니고 있다. 그 가운데 하나는 나치의 가두 시위와 신속한 국가 기구 장악을 수반한 '아래로부터'의 의사 혁명적 권력 탈취다. 예를 들어 기독사회당 소속이었던 빈 시장 슈미츠Richard Schmitz는 나치 운동으로부터 관공서 건물을 지켜내려고 안간힘을 썼지만 공공 건물에 '하켄 크로이츠(갈고리십자)' 깃발을 게양하는 것을 막을 수도 없었으며 자신의 자리를 지켜낼 수도 없었다. 그는 결국 투옥되어 곧바로 뮌헨 근처의 다하우 수용소로 이송되었다.[3] 슈타이어마르크와 특히 그라츠에서는, 제3제국 시대의 이 지방에 대한 카르너Stefan Karner의 초기 저작이 보여주듯이 나치 당원들이 과격한 집회를 개최했다. 실제로 베르히테스가덴에서 히틀러와 슈슈니크Kurt von Schuschnigg의 협정이 체결되자마자 크니텔펠트와 뮈르츠추슐라크 집회에 2,500명이 참가했으며 알프스산철강회사가 있는 민족 사회주의의 요새 레오벤에서는 나치당 집회에 7,000명 이상이 모여들었다. 그라츠에서는 상당수의 사람들이 "히틀러 만세"를 연호하며 시위 행진을 벌였다.[4] 린

---

3) Gerhard Botz,《빈의 민족 사회주의 : 권력 계승과 지배권 확립 1938/1939 *National-socialismus in Wien : Machtübernahme und Herrschaftssicherung 1938/1939*》, 3. 수정판(Wien : Druck und Verlag Obermayer, 1988), 51~52쪽.

츠의 상황도 크게 다르지 않았다. 부키Evan B. Bukey가 지적한 대로 "2월 18일 '제복을 착용한 돌격대가 거리를 행진하고 거대한 하켄 크로이츠 기를 단 자동차를 몰고 다니는' 거대한 의식이 거행되었다".[5] 그들은 '병합' 이전에 이런 식으로 지방에서 권력을 장악하는 데 성공을 거두었다.

민족 사회주의는 슈슈니크 내각의 친(親)나치 내무장관인 아르투르 자이스 인크바르트Arthur Seyß-Inquart와 더불어 '위로부터' '오스트로파시즘'의 국가 기구 속으로 이미 침투해 들어갔다.[6] 따라서 1938년 3월 13일에 갑작스럽게 슈슈니크가 24세 이상의 모든 오스트리아인들을 대상으로 "자유로운 독일 오스트리아와 독립적인 사회주의 오스트리아, 기독교적인 통일 오스트리아에 대한 지지를 호소하는" 국민 투표를 실시한 것은 아무런 도움도 되지 않았다. 그는 국민 투표를 포기하고 "오스트리아에 신의 가호가 있기를!"이라는 유명한 메시지를 남기며 총리직을 사임해야만 했다.[7] 자이스 인크바르트는 연방 대통령 미클라스Wilhelm Miklas에 의해 임명된 직후 권력을 장악했다. 미클라스는 나치의 강력한 압력에 못 이겨 결국 권좌에서 물러나고 말았는데, 이미 많은 나치 당원들이 국가 기구 속으로 침투하여 정치 · 경제 · 문화 부문에 영

---

4) Stefan Karner, 《1938~1945년 제3제국 시기의 슈타이어마르크. 정치 · 사회 · 경제 · 문화적 발전Die Steiermark im Dritten Reich 1938~1945. Aspekte ihrer politischen, wirtscha-ftilich-sozialen und kulturellen Entwicklung》, 3. 교정판(Graz : Leykam, 1994), 44쪽.

5) Evan Burr Bukey, 《히틀러의 오스트리아. 1938~1945년 나치 시대의 대중 정서Hitler's Austria. Popular Sentiment in the Nazi Era, 1938~1945》(Chapel Hill · London : University of North Carolina Press, 2000), 25쪽.

6) Gerhard Botz, 《빈의 민족 사회주의 : 권력 계승과 지배권 확립 1938/1939》, 107~111쪽.

7) Dokumentationsarchiv des Österreichischen Widerstandes (DÖW) (ed.), 《1938년 '합병' : 사료"Anschluß" 1938 : Eine Dokumentation》(Wien : Österreichischer Bundesverlag, 1988), 260쪽.

향력을 행사하고 있었다.[8]

보츠의 분석은 '병합'이 결국 외부, 곧 독일의 침략으로 완수된 것임을 보여주었다. 독일은 이를 통해 독일 경찰과 주요 기관의 대표자들뿐만 아니라 민간 경제 지도자들을 이주시켜 오스트리아를 제국의 통제 아래 두었다.[9] 히틀러는 오스트리아 나치의 뜻과는 달리 오스트리아에 독일군을 파병한다는 결정을 내렸다. 독일군은 화환과 하켄 크로이츠 기를 들고 환호하는 군중의 열렬한 환영을 받았는데, 한 참모 장교는 행진 가도를 따라 전개되는 상황이 이루 말로 표현할 수 없을 정도였다고 전했다. 3월 12일 오후 7시 30분 히틀러가 린츠에 도착하여 시청 발코니에서 연설을 할 때 몰려든 오스트리아인 환영 인파는 6만 명에서 8만 명에 달할 정도였다.[10] 히틀러는 이틀 후 빈으로 가, 영웅 광장에 모인 20만 명이 넘는 빈 시민들 앞에서 '독일인들이 거주하는 태고의 오스트마르크가 이제부터 독일 민족과 독일 제국의 가장 참신한 보루가 될 것"이라며 오스트리아에 대한 "새로운 사명"을 선포했다.[11] 케른텐의 나치들도 '국경 지대'라는 특수한 상황 속에서 '병합'을 환영했다.[12]

---

8) Gerhard Botz,《빈의 민족 사회주의 : 권력 계승과 지배권 확립 1938/1939》, 108쪽.

9) Gerhard Botz,《빈의 민족 사회주의 : 권력 계승과 지배권 확립 1938/1939》, 110쪽.

10) Evan Burr Bukey,《히틀러의 오스트리아. 1938~1945년 나치 시대의 대중 정서》, 28~29쪽.

11) 〈헤덴 광장의 지도자 선언. 제국의 부활Führerproklamation auf dem Hedenplatz. Das Reich ist wiedererstanden〉,《빈 시사 신보Wiener Neueste Nachrichten》, 16(1938년 3월), 1쪽. 또한 Evan Burr Bukey,《히틀러의 오스트리아. 1938~1945년 나치 시대의 대중 정서》, 31쪽을 보라.

12) Ulfried Burz, 〈케른텐 나치당 지부를 통한 권력 장악Die Machtergreifung durch die NSDAP in Kärnten〉, Helmut Rumpler (ed.),《1938년 3월의 케른텐. 합병'의 과정에 대한 연구와 사료März 1938 in Kärnten. Fallstudien und Dokumente zum Weg in den "Anschluß"》(Klagenfurt, 1989), 81~96쪽, 94~95쪽.

'병합'은 이처럼 3월 13일 자이스 인크바르트가 체결한 '병합법'을 통해 이루어졌고,[13] 한 달 뒤의 국민 투표는 이를 공식적으로 확인하기 위한 것일 뿐이었다. 국민 투표는 '병합'에 대한 만장일치에 가까운 승인을 보여주었다. 이니처 추기경과 카를 레너의 보증은 이에 영향을 미쳤음에 틀림없다. 물론 상당수의 오스트리아인들이 '병합'을 환영했다고 섣부른 결론을 내리는 것은 잘못이다. 그렇다 하더라도 소수의 오스트리아 나치들만이 '병합'을 환영했으며 대부분의 오스트리아인들은 히틀러 침략의 희생자에 불과했다고 보기는 어렵다. '아래'로부터의 '병합'은 1938년 사건에 대해, 오스트리아 주민들 다수가 합의한 결과라고 할 수 있다.

(2) '병합' 체제와 오스트리아 노동 계급

이른바 1986년의 발트하임Kurt Waldheim 사건과 1988년의 병합 50주년 기념 이후 민족 사회주의와 2차 세계대전에 대한 오스트리아인들의 책임이라는 문제가 점차 널리 수용되고 있다. 냉전의 종식 또한 이러한 새로운 역사 의식에 영향을 주었다. 콘라트Helmut Konrad는 이러한 오스트리아 현대사 속에서 노동 계급이 1938년 이전에 민족 사회주의로 전환한 것을 고려하면서, 일반인들이 민족 사회주의와 오스트리아 합병에 대응한 방식에 대해 지역적 특수성의 관점에서 살펴볼 필요가 있다고 지적했다.[14] 예를

---

13) '오스트리아와 독일 제국의 재통합을 위한 연방 헌법 규정Bundesverfassungsgesetz über die Wiedervereinigung Österreichs mit dem Deutschen Reich', 〈병합이 실현되다! 오스트리아가 독일 제국의 한 주로Der Anschluß vollzogen! Österreich ist ein Land des Deutschen Reichs〉,《빈 시사 신보》(1938년 3월 14일), 1쪽.

14) Helmut Konrad, 〈1938년 이전 사회 민주주의의 나치즘 표류Social Democracy's Drift toward Nazism before 1938〉, F. Parkinson (ed.),《과거의 정복 : 오스트리아 나치즘의 어제와 오늘Conquering the Past : Austrian Nazism, Yesterday and Today》(Detroit : Wayne State University Press, 1989), 110~124쪽.

들어 빈 외부의 노동자들이 보인 나치에 대한 반응은 산업 지역의 상황뿐만 아니라 산업화의 진전과 그 문화의 내용에도 달려 있었다. 특히 "구조적인 면에서는 산업 거주지가 폐쇄된 산업 지역보다 더욱 중요했다". 주변이 (전통적으로 기독사회당의 세력이 강한) 농촌의 농업 환경으로 둘러싸인 고립된 산업 지역의 경우 '노동 계급의 통근 비율이 높아' 부분적으로 서로 다른 문화에 노출되는 경우가 많았다. 노동자들이 농촌의 생활 근거지에서 작업장으로 매일 출퇴근하면서 정체성 문제로 고민하게 되기 때문이다. 따라서 다수의 사회민주당 노동자들이 나치당으로 돌아서게 되었다.[15]

콘라트에 따르면 사회 민주주의와 나치즘 간의 이념적 유사성이 많은 사회민주당 노동자들로 하여금 쉽게 나차당원으로 변신할 수 있게 해주었다고 한다. 사실 나치당은 사회주의가 "우리 민족사회주의자들을 통해서……살아 있음"을 강조하면서 1934년 이후 사회민주당 노동자들을 끌어들이려는 시도를 했다.[16] 더욱이 케른텐이나 티롤 같은 국경 지방은 국경에 인접하지 않은 지역에 비해 (독일의) 민족적 성향이 강했다.[17] 나치당에는 오스트리아 노동 계급의 대표가 없었다. 오히려 나치당은 특정한 계급 의식을 지닌 정당이 아니었기 때문에 서로 다른 계급을 포용할 수 있었다는 점이 중요하다.[18] 달리 말하면 나치당이 서로 다른 지역과 다양한 계층의 오스트리아인들을 '민족' 공동체로 통합시키는 정치 기구 역할

---

15) Helmut Konrad, 〈1938년 이전 사회 민주주의의 나치즘 표류〉, 113쪽. 또한 Evan Burr Bukey, 《히틀러의 오스트리아. 1938~1945년 나치 시대의 대중 정서》, 84~86쪽을 보라.

16) Helmut Konrad, 〈1938년 이전 사회 민주주의의 나치즘 표류〉, 120쪽에서 재인용.

17) Helmut Konrad, 〈1938년 이전 사회 민주주의의 나치즘 표류〉, 115쪽.

18) Anton Pelinka, 〈억압된 내전Der verdrängte Bürgerkrieg〉, Anton Pelinka · Erika Weinzierl (eds.), 《위대한 금기 : 오스트리아의 과거로의 회귀Das grosse Tabu : Österreichs Umgang mit seiner Vergangenheit》, 2판[Wien : Verlag Österreich, 1997(1987¹)], 143~153 · 145쪽.

을 했다고 볼 수 있다. 따라서 우리는 오스트리아 사회의 '근대적인' 계급 사회에서 (나치 성향의) '더욱 근대적인' '민족' 사회로의 전환을 살펴보아야 한다.

예를 들어 '병합' 이후 나치의 산업 및 주택 정책으로 오스트리아(혹은 오스트마르크)의 사회 구조가 바뀌었다. 케플링거Brigitte Kepplinger는 슈타이어마르크[고지(高地) 오스트리아] 뮈니히홀츠의 신규 정착에 대한 좋은 예를 제공해주었다. 이곳에는 2만 명의 주민을 위해 4,500호의 신규 주택이 건설되었다. 이 계획은 나치의 전시 산업 확대와 연결되어 주택난을 해소하는 데 별다른 도움을 주지는 못했다. 사실은 일부 슈타이어마르크 출신 노동자들만이 새로운 주거 지역으로 이주할 수 있었고, 특히 숙련 노동자들이 우선적인 혜택을 받았다. 이른바 '제국 독일인들'의 일부와 남부 티롤인들의 일부도 뮈니히홀츠로 이주했다.[19] 이곳 아파트에 입주하기 위한 가장 중요한 전제 조건은 "철저한 나치즘 고백"이었다.[20] 한편 노동자들 세계에서는 슈타이어마르크 사회 민주주의 연대가 거의 그대로 유지되었다고 한다.[21] 신규 정착민들의 대부분은 콘라트가 이야기한 대로 1945년 이후 사회 민주주의의 새로운 잠재적 지지자들이 된다.[22]

광업과 철강 산업이 주종을 이루는 고지의 대규모 산업 지역인

19) Brigitte Kepplinger, 〈나치의 고지 오스트리아 주택 정책Nationalsozialistische Wohnbaupolitik in Oberösterreich〉, Rudolf G. Ardelt · Hans Hautmann (eds.), 《오스트리아 노동 계급과 민족 사회주의 : 카를 R. 슈타들러를 기리며Arbeiterschaft und Nationalsozialismus in Österreich : in memoriam Karl R. Stadler》(Wien/Zürich : Europaverlag, 1990), 265~287 · 281~282쪽.

20) Helmut Konrad, 〈1938년 이전 사회 민주주의의 나치즘 표류〉, 122쪽.

21) Evan Burr Bukey, 《히틀러의 오스트리아, 1938~1945년 나치 시대의 대중 정서》, 85쪽.

22) Helmut Konrad, 〈1938년 이전 사회 민주주의의 나치즘 표류〉, 122쪽.

슈타이어마르크에서도 나치를 지지하는 것이 드문 일은 아니었다. 그 전까지 '하임베어'당을 지지해온 알프스산협회가 1932년 나치당을 지지하기로 결정함에 따라 슈타이어마르크의 나치 당원 비율은 불법 기간(1933~1938) 동안에도 다른 지방에 비해 높았다.[23] 그뿐 아니라 나치의 산업화 및 주택 정책 덕분에 뮈르츠-푸르헤 지구(브루크, 유덴부르크, 크니텔펠트, 레오벤, 뮈르츠추슐라크, 고지 슈타이어마르크의 무라우)에서는 실업 노동자들을 위한 공동 주택이 1939년 약 6만 2,500호에서 1945년 8만 2,700호로 증가했다. 이는 고지 오스트리아에 도입된 나치의 '사회 정책'과 매우 유사했다. 가족 생활 구조의 관점에서 본다면 고지 슈타이어마르크 등지의 구직은 고용주들이 제공하는 생활 공간 확보와 밀접한 관련이 있었다. 다시 말하면 실직은 곧 생활 공간의 상실을 의미했기 때문에 실직을 하게 되면 생활이 매우 힘들었다. 실업자는 거리로 내몰릴 수밖에 없었다.[24] 나치당은 이처럼 '병합' 이전에도 중산 계급뿐만 아니라 적지 않은 수의 노동 계급 속으로도 침투해 들어갔다.

이러한 고도로 발전한 산업 지역과는 반대로 빈에서는 사회민주당 노동 계급이 상대적으로 확고한 결속을 유지하고 있었다. 이는 부분적으로는 기독사회당에 비해 사회민주당의 하위 문화가 견고

23) Stefan Karner, 〈1938~1945년 제3제국 시기 제국 남부의 케른텐과 슈타이어마르크 Des Reiches Südmark' : Kärnten und Steiermark im Dritten Reich' 1938~1945〉, Emmerich Tálos · Ernst Hanisch · Wolfgang Neugebauer · Reinhard Sieder (eds.), 《나치의 오스트리아 지배 : 안내서 NS-Herrschaft in Österreich : ein Handbuch》〔Wien : öbv und hpt, 2001(Nachdruck) (2000¹)〕, 292~324 · 293쪽.
24) Stefan Karner, 《1938~1945년 제3제국 시기의 슈타이어마르크. 정치 · 사회 · 경제 · 문화적 발전》, 287쪽. 이 점과 관련해서는 히로아키 오사와 교수의 유용한 조언에 감사를 표한다. 그는 주 13의 참고 문헌도 소개해주었다.

했기 때문이다. 그러나 양대 정치 진영 간의 계급 투쟁 속에서 특히 트롤리와 운송 노동자들 중심의 빈 노동자들은 '병합'이 기독교 조합의 독재를 종식시켜주었기 때문에 이를 환영했다. 이들은 정치적으로는 대체로 사회 민주주의에 충실했다고 이야기되곤 하지만, 우리는 민족 사회주의가 빈의 노동 계급을 어떻게 나치 민족 공동체로 개조하려 했는지 그 방식 또한 살펴보아야 한다. 일부 사회민주당 지도자들이 나치의 테러 때문에 강력한 반체제 저항을 계속하지 못하고, 지지자들의 작업장을 유지해주고 그들을 보호하기 위해 나치당 조직 내로 들어간 것은 사실이다. 부키는 이러한 적응 정책이 "도덕적 희생을 강요했다"고 적절히 지적했다.[25] 그러나 이보다 훨씬 중요한 것은 이러한 전략이 결국 계급 사회를 민족 사회로 전환시킴으로써 나치의 오스트리아 노동 계급 통합을 가속화했는가의 여부를 알아보는 것이다. 사회 개조가 강력하게 전개될수록 오스트리아인들은 나치 범죄와 '총력전 체제'에 더욱 직접적으로 연루되었다.

(3) 오스트리아 가톨릭 교회와 민족 사회주의

오스트리아 가톨릭 교회의 반응은 양면적으로 나타났다. 이니처 추기경이 나치 정부와의 적절한 관계를 희망하며 4월 10일로 계획된 '병합'을 위한 국민 투표에서 찬성표를 던지겠다고 밝혔음은 앞서 지적한 바와 같다. 그러나 그의 바람과는 반대로 정권은 1,400개 이상에 달하는 교구 학교를 폐쇄하고 가톨릭의 상징과 휴일을 금하는 등 교회에 엄청난 맹공격을 가하기 시작했다. 자발적인 십일조 제도를 도입한 것도 교회에 대한 공격이었다. 왜냐하면 이는

25) Evan Burr Bukey, 《히틀러의 오스트리아. 1938~1945년 나치 시대의 대중 정서》, 78~82쪽.

가톨릭 교회로부터의 이탈을 어느 정도 조장했을 것이기 때문이다. 이러한 일은 슈타이어마르크와 케른텐 그리고 빈에서 매우 현저하게 나타났다. 빈에서 개최된 1938년 10월의 '로자리오 축제'는 가톨릭 청년 단체가 표명한 명백한 반대의 좋은 예로, 6,000~8,000명의 열광적인 젊은이들이 참여했다. 그래도 나치 정책에 대한 어느 정도의 동의가 없었던 것은 아니다. 특히 이혼뿐만 아니라 재혼도 허용하는 결혼 제도의 세속화에 대해서는 광범위한 지지가 있었다.[26] 이러한 점에서 나치당은 기독사회당이 정치적 가톨릭주의의 특성을 지닌 것에 비하면 전통적 세계관의 특성을 훨씬 덜 지니고 있었다.[27] 오스트리아 가톨릭 교회는 나치의 인종적 반유대주의를 승인하지도 않았으며, 가톨릭교도의 일부가 나치의 핍박을 받기도 했지만 이에 대해 외면하였다.[28] 가톨릭 교회는 이처럼 민족 사회주의보다 민족 통합력에 있어서 뒤떨어졌다.

(4) 나치 체제 하의 오스트리아 농민

오스트리아 농민은 민족 사회주의에 대해 상대적으로 '미온적인' 반응을 보였다.[29] 나치의 농업 정책이 오스트리아 농업을 근대화한 것은 사실이지만 그것은 오스트리아 농촌의 농민들에게서 깊은 분노를 자아낸 부정적인 측면도 포함하고 있었다. 이를테면 7.5헥타르에서 125헥타르까지의 면적만 상속을 허용하는 강제적

---

26) Evan Burr Bukey, 《히틀러의 오스트리아. 1938~1945년 나치 시대의 대중 정서》, 101~108쪽.

27) Anton Pelinka, 〈억압된 내전〉, 145쪽.

28) Evan Burr Bukey, 《히틀러의 오스트리아. 1938~1945년 나치 시대의 대중 정서》, 104~105쪽.

29) Evan Burr Bukey, 《히틀러의 오스트리아. 1938~1945년 나치 시대의 대중 정서》, 117쪽.

인 한정 상속, 인플레이션과 임금 인상에도 불구하고 가격을 고정시킴으로써 재정상의 곤경뿐만 아니라 전통적인 협동조합 집단과 이익 집단을 일소시킨 제국식량세Reich Food Estate의 부과 등이 그것이다. 유급 노동 인구가 농업 지역에서 산업 지역으로 유입되면서 어려움은 가중되었다. 당시 상당수 농촌 지역에서 주민 수가 감소했고(극단적인 경우는 슈타이어마르크의 브뤼크안데어무어로, 1934~1939년에 12.8퍼센트가 감소했다) 특히 젖 짜는 여자들, 농장 노동자들, 농민 자녀들의 농장 노동력이 줄어들었다.[30] 이들 노동력의 부족은 결국 '강제' 노동자들로 보충되었다.[31]

동시에 임금 인상이 농장 노동자들의 수입을 증가시킴으로써 농촌 지역 농민들의 전통적인 가부장적 관계는 무너지게 되었다. 많은 임금 농업 노동자들은 이렇게 나치당 참여의 동기를 부여받았다. 특히 티롤포어아를베르크에서는 대략 15퍼센트 정도가 나치당 당원이 되었다. 그러나 일부 가톨릭 지역이나 마을과 같이 전통적 정서가 거의 변하지 않은 지역에서는 나치당 지지자들이 그렇게 많이 증가하지는 않았다.[32]

오스트리아 농민들 모두가 나치에 대항한 것은 아니었다. 그들은 자신들의 삶을 기존의 환경에서 평상시와 같이 영위할 수 있는 한 기본적으로 나치의 통치를 견딜 수 있었다. 그러나 일단 그것이

30) Ernst Langthaler, 〈고집스러운 식민지 : 1938~1945년 나치의 농업 제도와 농민의 생활 세계Eigensinnige Kolonien : NS-Agrarsystem und bäuerliche Lebenswelten 1938~1945〉, Tálos 외 (eds.), 《나치의 오스트리아 지배 : 안내서》, 348~375 · 362쪽.

31) Ernst Langthaler, 〈고집스러운 식민지 : 1938~1945년 나치의 농업 제도와 농민의 생활 세계〉, 363~367쪽.

32) Ernst Hanisch, 〈고산 지대의 노동자 · 농민 세계 : 역사적 비교Bäuerliches Milieu und Arbeitermilieu in den Alpengauen : ein historischer Vergleich〉, Ardelt 외 (eds.), 《오스트리아 노동 계급과 민족 사회주의 : 카를 R. 슈타들러를 기리며》, 583~598 · 588쪽.

침해당하기 시작하자 부정적인 반응을 보였으며 자신들의 일상적인 문화를 보호하고자 했다. 이는 하니슈Ernst Hanisch가 언급한 예에서 매우 분명하게 나타난다. 예를 들면 나치의 세속화 정책 가운데 학교의 십자가상을 제거시키는 것이 있었는데, 이미 볼셰비즘에 대항하는 "'십자군'에서 아들을 잃은 적이 있는" 잘츠부르크 근교의 일부 어머니들은 십자가상들을 되돌려달라는 요구로 이러한 조치에 맞섰다. 그들과 그 자녀들이 '조국과 총통'의 축복을 비는 데 그 십자가상들이 필요하다는 것이었다.[33] 전쟁 때문에 오스트리아인들의 불평과 두려움은 점증했지만 대부분의 오스트리아인들은 여전히 히틀러에게 충성을 바쳤다.[34]

아무튼 이 어머니들은 나치 정권에 결코 저항하지 않았다. 그러나 일상 생활을 하는 데 지장을 받았으므로 괴로워하기는 했다. 어쨌든 그들도 히틀러 독일 국민의 일부였다. 이들은 나치 시기에 이미 '민족적으로' 상당히 각성된 상태에 있었다. 이러한 의미에서 우리는 여기서 '합의독재'라는 말을 쓸 수 있을 것이다. 오스트리아의 이러한 특수한 상황을 고려한다면 전후 구분지어진 가해자와 희생자의 경계가 얼마나 불명확한 것인가를 알 수 있다.

(5) 오스트리아의 저항

흔히 오스트리아의 가장 적극적인 저항은 공산주의자들로부터 나왔다고 알려져 있다. 이들은 게슈타포로부터 심한 박해를 받았지만 사회 민주주의자들은 대체로 충돌을 피했다.[35] 가톨릭 보수

---

33) Ernst Hanisch, 〈고산 지대의 노동자 · 농민 세계 : 역사적 비교〉, 589~591쪽.

34) Evan Burr Bukey, 《히틀러의 오스트리아. 1938~1945년 나치 시대의 대중 정서》, 193쪽.

35) Evan Burr Bukey, 《히틀러의 오스트리아. 1938~1945년 나치 시대의 대중 정서》, 217쪽.

주의자들은 오스트리아의 애국적 민족 정체성을 확산시키는 네트
워크를 다소 발전시켰지만 그 지도부의 대부분은 투옥·처형되거
나 정치범 수용소로 보내졌다. 일부 분열된 저항 그룹들이 이른바
'O5'로 뭉친 것은 1944~1945년에 들어서였다. 'O5'는 오스트리
아를 상징했고 그 지도자는 애국전선의 전(前) 관료 베커Hans
Sidonious Becker였다.[36]

실제로 오스트리아 재건에 참여하게 될 많은 정치인들은 마우타
우젠 정치범 수용소에서 공동의 경험을 했는데 이것이 바로 전후
오스트리아 사회를 민족 사회주의의 희생자로 규정하는 근거가
된다. 하지만 오스트리아의 저항 운동은 매우 제한되어 사회에는
실제로 거의 아무런 영향을 미치지 못했다. 그럼에도 불구하고 저
항에 관한 역사 연구는 오스트리아 초기 현대사 역사 서술의 주류
를 이루었다. 저항에 관한 연구는 '또 다른 오스트리아'를 발견하
기 위한 시도였다.

(6) 연합군의 대(對) 오스트리아 폭격

연합군이 오스트리아에 폭격을 가하지 않을 것이라고 믿고 있던
오스트리아인들은 빈과 비너노이슈타트, 린츠, 슈타이어마르크,
인스부르크, 그라츠, 빌라흐 등의 도심지가 몇 차례 연합군의 폭격
을 당하고 나자 그것이 사실이 아님을 알게 되었다.[37] 연합군의 공
습으로 인한 사망자는 2만 4,000명을 넘어섰다.[38] 이러한 기억은

---

36) Evan Burr Bukey, 《히틀러의 오스트리아. 1938~1945년 나치 시대의 대중 정서》,
218쪽.

37) Evan Burr Bukey, 《히틀러의 오스트리아. 1938~1945년 나치 시대의 대중 정서》,
216쪽.

38) Peter Malina, 〈전쟁 이후Nach dem Krieg〉, Dokumentationsarchiv des Österrei-
chischen Widerstandes(DÖW)·Bundesministerium für Unterricht, Kunst und Sport (eds.),

아직 필자의 추측에 불과해 역사적인 증명이 필요한 것이기는 하지만, 1949년 출판된 오스트리아 재건에 관한 소책자가 보여주듯이 일반적으로는 1945년 이후 오스트리아 '희생' 이야기의 주요 부분을 구성했을 뿐만 아니라 빈에서 포어아를베르크에 이르는 전후 오스트리아 복구 이야기의 출발점을 이루었다.[39] 이러한 기억은 대개 탈나치화 정책의 저항이나 '희생'의 기억에 비해 개인적 영역의 문제나 혹은 사회경제적 이해 관계의 문제로 남기 쉬운 것이다.

(7) 홀로코스트와 전쟁의 가해자로서의 오스트리아인들

오스트리아인들은 그들이 오랫동안 생각해온 것처럼 희생자이기만 했던 것이 아니라 가해자이기도 했다는 사실을 우리는 잘 알고 있다. 오스트리아인들은 독일군Wehrmacht의 일원으로 히틀러 전쟁을 위해 싸웠다. 80만 명 혹은 100만 명 이상의 오스트리아 장병들이 2차 세계대전에 동원되었다. 그 가운데 많은 사람들이 유고슬라비아와 그리스에서의 수많은 전쟁 범죄에 책임이 있다.[40]

더욱이 많은 오스트리아인들이 홀로코스트와 그 밖의 나치 학살과 범죄에 대해서도 책임이 있다. 실제로 1938년 20만 명 이상에 달하던 오스트리아의 유대인들이 박해와 추방을 당하거나 아니면

《오스트리아와 2차 세계대전Österreicher und der Zweite Weltkrieg》(Wien : Österreicher Bundesverlag, 1989), 145~169 · 151쪽.

39) 《4년간의 재건Vier Jahre Wiederaufbau》(Wien : Druck und Verlag der Österreichischen Staatsdruckerei, 1949).

40) Ela Hornung, 〈'페넬로페'와 '오디세우스' Penelope' und Ödysseus'〉, Ulf Brunnbauer (ed.), 《기억의 빙하 시대 : 자기 책임의 망각으로부터Eiszeit der Erinnerung : Vom Vergessen der eigenen Schuld》(Wien : Promedia, 1999) ; Peter Malina, 〈전쟁 이후〉, 145쪽 ; Hans Safrian, 〈오스트리아의 국방력Österreicher in der Wehrmacht〉, DÖW · Bundesministerium für Unterricht, Kunst und Sport (eds.), 《오스트리아와 2차 세계대전》, 39~57쪽.

정치범 수용소와 죽음의 수용소에 이송되어 불과 몇천 명만이 살아남았다. 한편 오스트리아인들은 마우타우젠 수용소와 50여 개에 달하는 부속 수용소에서 실제로 일어났던 일들에 대해 이야기하거나 그 일들을 떠올리지 않을 수 없었을 것이다. 수많은 강제 노동자들이 도시와 마을을 지나 수용소로 들어갔을 뿐만 아니라 1944~1945년 무렵 상당수의 헝가리 출신 유대인들이 '죽음의 행진'을 강요당했기 때문이다. 평범한 오스트리아인들 대부분은 이처럼 독일의 나치 테러 체제의 단순한 희생자라기보다는 나치 정권에 적응하고 이를 지지한 면이 있다. 비록 결정적인 테러를 자행한 것은 나치 정권이었다 하더라도 많은 오스트리아인들이 보여준 이러한 태도는 이들이 하나의 국민이라는 의미에서 제3제국에 상당히 통합되어 있었음을 암시해준다. 그리하여 체제에 대한 광범한 합의가 도출되었던 것이다.

우리는 몇 가지 중요한 역사 연구의 결과를 토대로 나치 사회의 실상을 파악하려는 시도를 했다. 여기서 두 가지 서로 다른 점을 고려해야 할 것이다. 첫째는 오스트리아인들이 결코 민족 사회주의의 단순한 희생자들이 아니라 그들 가운데 상당수가 그 체제를 지지했다는 사실이다. 그리고 둘째로 이러한 일이 오스트리아의 계급 사회를 나치의 근대성을 중심으로 하는 국민 사회로 개혁하는 가운데 나타난 것임을 고려해야 한다. 이러한 변혁이 1945년 이후 오스트리아 국민 사회의 기틀이 된다. 다음 절에서는 나치와 전시의 다양한 기억을 통한 오스트리아 국민의 재통합 과정을 보게 될 것이다.

2. 나치와 전시의 다양한 기억의 유형

과거란 흔히 그 결과의 영향과 현재의 상황 속에서 재구성된다. 전후 오스트리아에서도 전후 사회에 적응하기 위해 오스트리아인들이 지니고 있던 나치와 전시 경험에 대한 수많은 기억의 편린들이 재배치되었다. 이 장에서는 오스트리아가 '희생자'라는 신화의 틀 속에 재편된 나치와 전시의 다양한 기억 유형을 살펴볼 것이다.

(1) 신(新) 오스트리아 민족의 얼개로서의 희생자들의 기억

이 글을 시작하면서 인용했다시피 1943년 11월 연합국 세 나라가 공포한 '오스트리아에 관한 모스크바 선언'은 오스트리아를 "히틀러의 공격 정책에 희생된 최초의 자유 국가"로 규정하고 이를 '독일 통치로부터 해방시켜야 한다"고 주장했다. 이것이 1980년대 중반 이후 오스트리아의 비판적 역사 서술이 역사적 실제와 상반된다고 언급하는 제2공화국에 대한 근본 테제였다.

비쇼프Günter Bischof가 밝혀냈다시피 이 조항은 본래는 사실상 매우 제약을 받아온 오스트리아 저항 행동대원들을 지원함으로써 나치 독일을 내부로부터 붕괴시키고자 한 연합국의 전략에 따른 것이었다.[41] 그러나 그와 동시에 '오스트리아에 관한 모스크바 선언'은 "오스트리아가 히틀러의 편에서 전쟁에 가담한 책임을 피할 수 없으며 책임 소재에 대한 최종적인 결산을 내릴 경우 오스트리아가 해방에 얼마나 기여했는지를 고려하는 것은 불가피한 작업이다"라고 주장했다.[42] 3대 민주 정당인 오스트리아인민당

---

41) Günther Bischof, 〈2차 세계대전 이후 모스크바 선언의 활용Die Instrumentalisierung der Moskauer Erklärung nach dem 2. Weltkrieg〉,《계간 현대사Zeitgeschichte》, 20. Jg(1993년 11~12월), H. 11/12, 345~365쪽.

ÖVP, 오스트리아사회당SPÖ, 오스트리아공산당KPÖ이 독립 오스트리아를 재건하는 데 견고한 기초를 놓을 수 있었던 것은 절반 정도는 바로 이러한 연합국의 정책에 기반을 두었기 때문이었다. 여기서 절반 정도라고 한 것은 오스트리아 정부가 오스트리아인들의 전쟁 참여를 두고 "어느 오스트리아인도 원하지 않았던 의미 없고 가망 없는 정복 전쟁"을 강요당한 것일 뿐이며 해방을 위한 기여도 제한적이고 "약소한 것"이었다고 설명했기 때문이다.[43] 이렇게 하여 평범한 사람들의 대부분이 제2공화국 초기부터 '두 가지 실제' 중 하나에 기초해 연합국에 의해 나치 지배로부터 최종적으로 해방된 '희생자들'로 보일 수 있게 되었다.[44]

이러한 비판적인 자기 이해는 다양한 지역의 '탈나치화'와 전후 오스트리아의 전범 정의, 혹은 전(前) 나치 당원들을 전후 오스트리아 사회에 가능한 한 빨리 재통합하고자 한 오스트리아 정부의 사면 정책에 대한 다방면의 연구를 촉발했다. 이에 대한 주요 시사점은 바일러Brigitte Bailer의 배상금 연구에서 비롯되었다. 바일러의 연구는 오스트리아가 나치 박해의 '진정한' 희생자들을 어떻게 다루어야 하는지를 명백히 보여주었다.[45] 오스트리아 역사 연구에 나타난 이러한 변화를 통해 최근 들어, 조국 해방에 거의 아무런

---

42) 《적-백-적-서 : 오스트리아를 위한 정의. 오스트리아 점령사에 대한 기술과 사료와 증거》, 208쪽.

43) 〈오스트리아 독립 선언Proclamation über die Selbständigkeit Österreichs〉, 《오스트리아 공화국 국법Staatsgesetzblatt für die Republik Österreich》(1945년 5월 1일).

44) Anton Pelinka, 〈1938~1988〉, Veronika Ratenböck · Elisabeth Marawek · Sirikit M. Amann (eds.), 《두 가지 진실. 1988년 시대사 학과 프로젝트 자료Die zwei Wahrheiten. Eine Dokumentation von Projekten an Schulen zur Zeitgeschichte im Jahr 1988 》(Wien : Löcker Verlag, 1989), 25~27쪽.

45) Brigitte Bailer, 《보상. 무제Wiedergutmachung. Kein Thema》(Wien : Löcker Verlag, 1996).

기여도 하지 않은 오스트리아 일반 대중의 대부분을 나치 지배의 '희생자'로 여기는 것은 오스트리아가 만들어낸 민족 신화라는 비판이 일고 있다.

(2) 전후 오스트리아의 나치 문제에 대한 지역적·정치적 견해 차이

오스트리아의 '희생' 신화에 대한 비판적인 견해는 이를 마치 오스트리아 전 지역에 적용할 수 있는 것처럼 보이게 한다. 이 문제를 국내의 정치적 차원이나 혹은 국가 간의 외교적 차원에서 본다면 그렇다고 말할 수 있다. 하지만 그것이 정말 전국적으로 받아들여졌는지를 따져볼 필요는 없다. 그것이 전국적으로 받아들여졌다 하더라도 우리가 다룬 나치 시기의 지역적 차이는 어떻게 극복할 것인가.

사실 레너 정부는 종전 직후 연합국이 설정한 경계선으로 분할된 국가를 통합해야만 했다. 이를 위해 1945년 연방 회의Länder-konferenz를 개최하기로 결정하게 된 것이었다. 제1차 회의는 9월에 개최되었고 제2차 회의는 10월에, 제3차와 최종 회의는 11월에 각각 개최되었다. 제1차 회의에서는 각 주의 대표자들이 장시간의 열띤 논란 끝에 비로소 국가를 통일하는 데 합의했다.

지역적 차이가 표면화된 것은 사면 정책을 다룬 제2차 회의에서였다. 특히 빈 이외의 주에서 사회주의자들은 소수의 전직 나치 당원들을 사회당 내에 재통합하고자 했다. 여기서 '재통합'은 이중적인 의미로 사용된 것이다. 첫째로 그들은 다수의 전직 나치 당원들과 동조자들이 자신들의 정치 진영에 소속되어 있었다고 알고 있었고, 둘째로 그들은 이들을 오스트리아 사회에 재통합하여 '오스트리아 국민'으로 만들어야만 했다. 그래서 1945년 11월 전국

및 지방 선거가 실시된 지 한 달이 지난 뒤에 사회당의 고지 슈타이어마르크 지부장 린하르트Erwin Linhart는 선거 결과를 돌아보며 전 나치 당원 대부분이 투표권을 상실해야만 한다는 오스트리아사회당 지도부의 최종 결정을 격렬히 비난했던 것이다.[46] 한편 사회민주당의 하위 문화가 상대적으로 안정된 빈의 사회당 지부는 이전 나치 당원들의 선거권 박탈 작업을 밀고 나갔다.

인민당 내부에는 소수의 나치 전범자들을 제외한 이전의 나치 당원들에게 선거권을 부여하는 데 대한 일반적인 합의가 있었다. 그것은 아마도 이니처가 합병을 지지함으로써 가톨릭 교회가 나치 체제뿐만 아니라 반유대주의와도 야합했던 어두운 과거 때문이기도 했을 것이다. 더욱이, 앞서 살펴보았다시피 농촌의 가톨릭 지역에서는 한편으로는 나치 체제를 지지하고 다른 한편으로는 계속 가톨릭교도로 존재하는 것이 일반 대중에게는 크게 모순되는 일이 아니었다. 인민당 지도자들은 이처럼 이전의 나치 당원들과 화해하고 그들을 자신들의 진영으로 끌어들이는 것이 훨씬 더 중요한 일임을 알고 있었다. 그들은 이전의 나치 당원들이 일관되게 나치 이데올로기를 받아들인 것은 결코 아니라고 주장했다.[47] 이러한 맥락에서 전후 농촌 지역에 좀더 초점을 맞추어야 할 것이다.

공산당은 아마도 전직 나치 당원들을 엄격히 다루어야 한다고 주장한 유일한 정당일 것이다. 그런데 공산주의자들은 어느 정도는 실제로 그렇게 했지만 그들 역시 재통합 전략이나 혹은 2차 세계대전 이전 공산당의 약체를 고려하여, 좀더 정확하게 표현한다면 '통합' 전략을 선호했다. 그들은 이런 전략을 통해 이들을 공산

---

46) Hiroko Mizuno, 〈1945년 연방 회의와 나치 문제Die Länderkonferenzen von 1945 und die NS-Frage〉, 《시대사》, 28(2001년 9 · 10월), H. 5, 241~253 · 247쪽.

47) Hiroko Mizuno, 〈1945년 연방 회의와 나치 문제〉, 248쪽.

주의적인 의미에서 '오스트리아 국민'으로 만들고자 했다.

결국 전직 나치 당원들의 대부분은 제1대 전국 및 지방 선거에서 선거권을 박탈당했다. 그러나 사면 정책이 진행되면서 이들도 더욱 공개적으로 (엄격한 탈나치화 입법뿐만 아니라 나치 체제의) '희생자들'의 범주에 포함되었고 정당과 오스트리아 국민의 일원으로 재통합되었다.[48] 대신 반파시스트 정신의 본보기를 보여준다는 차원에서 나치의 일부 저명 인사들만 엄격하게 처벌된 것으로 보인다.

어쨌든 1945년 새로 출범한 오스트리아의 3대 정치 진영 모두가 전직 나치 당원들을 자신들의 진영으로 (재)통합하고자 했다는 데 대해 최근의 연구는 별다른 이의가 없다.

(3) 나치 테러의 '희생자'와 오스트리아 민족 영웅으로서의 저항 투사들

오스트리아가 '해방된' 국가라면 문제가 복잡하지 않을지 모르겠지만 실제는 그렇지 않았으며 훨씬 더 양면적인 성격을 지니고 있었다. 오스트리아는 연합국의 점령을 받아 1955년까지 그 상태로 지속되게 된다. 1945년에는 아무도 이를 상상하지 못했을 것이다. 오스트리아인들은 연합국의 점령을 가능한 한 빨리 종식시키기 위해서 조국의 해방을 위해 기여했다는 것을 보여주어야만 했다. 하지만 그 증거는 거의 없었으며, 더욱이 전직 나치 당원들을 엄격히 다루려는 의지도 없었다. 그래서 오스트리아 정부는 수적

---

48) 오스트리아의 사면 정책에 대해서는 다음을 보라. Hiroko Mizuno, 〈오스트리아의 과거 청산 : 과거는 잊혀졌다'. 1945~1957년 오스트리아의 사면 정책과 민족 사회주의자들의 재통합 *Die "Vergangenheitsbewältigung" in Österreich : "Die Vergangenheit is vergessen".* Die österreichische Amnestiepolitik und die Reintegration der ehemaligen Nationalsozi-alisten 1945~1957〉 phil. Diss. (Graz, 1999).

으로 극히 제한된 저항 투사들을 민족 사회주의에 글자 그대로 '희생'된 오스트리아 민족 영웅으로 찬미할 필요를 느끼게 되었다.

오스트리아의 민족적인 '자유의 투사' 기념 장소는 무엇보다도 고지대에 위치한 마우타우젠 정치범 수용소였다. 이 수용소는 희생과 저항을 통한 오스트리아 민족 독립 운동을 상징하는 것으로 생각되었다.[49] 마우타우젠은 처음 미군에 의해 해방되었고 점령지 협정이 체결된 직후에는 적군(赤軍)의 수중으로 들어갔다. 2년 뒤 1947년에는 오스트리아 정부로 넘어와, 기념물 반환식을 위해 발행된 기념 우표에 기록된 것처럼 '오스트리아 영웅'과 '저항의 희생자'를 기념하는 장소가 되었다. 마우타우젠에 억류되었던 사람들의 수는 20만 명에 달하는 것으로 추정되며, 그 가운데 절반가량이 목숨을 잃었다고 한다. 여기서 중요한 것은 이들 '희생자들' 가운데 소수만이 오스트리아의 저항 투사들이었고, 나머지 대부분은 비오스트리아인 전쟁 포로와 박해당한 자들이었다는 사실이다. 이들 희생자들의 기억은 '오스트리아의 민족 희생'이라는 담론에서 '자유 투사들'의 기억에 비해 무시되었다. 이러한 기억의 장소는 짧은 반(反)파시즘' 기간에 이은 냉전 시기에는 거의 완전히 망각되고 1970년대 이전까지는 발견되지 않는다.

---

49) 이 밖에도 2차 세계대전 직후에 다수의 저항 투사 기념물이 세워졌다. Heidemarie Uhl, 〈기억과 망각 : 그라츠와 슈타이어마르크의 나치 독재 희생자들과 2차 세계대전 전몰자들에 대한 기념물Erinnern und Vergessen : Denkmäler zur Erinnerung an die Opfer der nationalsozialistischen Gewaltherrschaft und an die Gefallenen des Zweiten Weltkriegs in Graz und in der Steiermark〉, Stefan Riesenfellner · Heidemarie Uhl (eds.), 《죽음의 징후 : 19세기 말부터 현재까지 그라츠와 슈타이어마르크의 기념 문화사 Todeszeichen : Zeitgeschichtliche Denkmalkultur in Graz und in der Steiermark vom Ende des 19. Jahrhunderts bis zur Gegenwart》, Kulturstudien Bibliothek der Kulturgeschichte, herausgegeben von Hubert Ch. Ehalt und Helmut Konrad, Sonderband 19(Wien/Köln/Weimar : Böhlau Verlag, 1994), 111~195쪽을 보라.

아직까지도 기억의 장소로서의 마우타우젠에 관한 연구는 거의 없다. 퍼즈Bertrand Perz(퍼즈의 논문은 아직 출간되지 않아서 참고할 수 없었다)나 피레더Helmut Fiereder 같은 일부 역사가들이 이에 천착해왔다.[50] '기억의 장소'와 관련하여 마우타우젠 기념물이 오스트리아 국민을 형성하는 데 어떠한 역할을 했는지를 따져보는 것은 중요한 일이다.[51]

저항을 기념하는 기념물의 지역적인 상황도 민족 기억의 양면적인 문화를 보여준다. 울Heidemarie Uhl은 1945년 이후 슈타이어마르크의 기념비와 기념관 사례 연구에서, 저항을 기리는 기념관이 종전 직후 잘 조직된 사회민주당 철도 노동자들이나 산악 노동자들이 우세했던 고지 슈타이어마르크 같은 지역에 세워졌음을 보여주었다. 이러한 상황 속에서 레오벤과 브뤼크, 뮈르츠추슐라크 같은 도시들과 기타 도시들, 혹은 고지 슈타이어마르크 도시들에 거주하는 일군의 지역 주민들은 종전 직후 자신들을 나치 박해의 희생자로 동일시했다. 이들은 흔히 고향을 수호하다 죽은 '영웅들'로 간주되었다.[52] 그러나 이는 다른 한편으로는 앞서 살펴본 것처럼 '불법적인 나치 당원들'의 수가 평균 이상인 지역에서도 마찬가지였다. 저항 기념관 건립은 이처럼 국민적인 희생의 틀 속에서 해당 지역들의 반파시즘적인 측면을 드러내기 위한 정치적 시도였을 뿐만 아니라 기념비를 통해서는 감지될 수 없는 양면적인 기

---

50) Helmut Fiereder, 〈마우타우젠의 KZ-기념관의 역사Zur Geschichte der KZ-Gedenkstätte Mauthausen〉, Fritz Mayrhofer · Walter Schuster (eds.), 《린츠의 민족 사회주의Nationalsozialismus in Linz》, 2권(Linz : Archiv der Stadt Linz, 2001), 1563~1590쪽.

51) Peter Reichel, 《기억의 정치 : 나치 과거와 투쟁에 대한 기억Politik mit der Erinnerung : Gedächtnisorte im Streit und die nationalsozialistische Vergangenheit》(Frankfurt : Fischer Taschenbuch Verlag, 1999).

52) Heidemarie Uhl, 〈기억과 망각 : 그라츠와 슈타이어마르크의 나치 독재 희생자들과 2차 세계대전 전몰자들에 대한 기념물〉, 130쪽 이하.

억 문화의 단면을 상징하기도 한다. 이런 현상은 아마도 펠린카 Anton Pelinka가 한때 나치 체제 하의 오스트리아 상황을 가리켜 말했던 '(억압된) 내전der verdrängte Bürgerkrieg'의 첫 결과라고 이해할 수 있을 것이다.[53]

(4) '후방'의 '희생자'인 여성들?

오스트리아 후방의 일반 대중의 기억은 그것이 전후 시대에, 특히 오스트리아 국민을 구성하는 정치에 무관심한 생활과 이야기 속에서 나치즘과 전쟁 경험의 국민적 기억을 형성하는 데 틀림없이 중요한 역할을 했음에도 불구하고, 1940년대 후반 나치즘의 희생자로서의 자유 투사에 대한 국민적 기억에 비해 별다른 중요성이 부여되지 않은 것처럼 보인다. 피난뿐만 아니라 폭격과 결핍, 기아에 관한 이야기도 보다 면밀히 검토할 필요가 있다. 물론 여성들이 대부분을 차지하는 후방의 대중들이 전시에 전쟁 경험을 한 남성들과는 달리 거의 아무런 공통의 경험을 갖고 있지 않다는 주장의 역사적 타당성을 의심할 이유는 없다. 그리고 반트하우어 쇠프만Irene Bandhauer-Schöffmann과 호르눙Ela Hornung이 젠더 연구를 통해 밝혔다시피 전쟁 말기에 출생한 여성들의 연대는 곧 무너지고 가족의 영역에만 국한되게 된다.[54] 그러나 이러한 단편적인 기억을 연구하는 것도 중요하다. 왜냐하면 그것이 때로는 국

---

53) 주 17을 참조하라.

54) Irene Bandhauer-Schöffmann · Ela Hornung,〈전쟁과 젠더 정체성 : 1945~1950년 오스트리아 여성들의 경험War and Gender Identity : The Experience of Austrian Women, 1945~1950〉, David F. Good · Margarete Grandner · Mary Jo Manes (eds.),《19세기와 20세기의 오스트리아 여성들 : 학제 간 접근Austrian Women in the Nineteenth and Twentieth Centuries : Cross-Disciplinary Perspectives》(Providence/Oxford : Berghahn Books, 1996), 213~233 · 219쪽.

민적인 '희생'의 기억에 어울리지 않는, 기억을 침묵하게 만드는 공적인 전쟁 이야기의 구멍들을 메우는 데 사용될 수도 있기 때문이다. 정치적으로 본다면 이러한 기억들은 '정치에 무관심'한 성격 때문에 문화 기억의 변두리로 밀려날 수도 있다. 그러나 정치에 무관심하다는 것이 언제나 비정치적인 것을 의미하는 것은 아니다. '총력전'뿐만 아니라 민족 사회주의도 대중적인 일상 생활과의 연계를 필요로 했다. 그리고 그 결과 또한 매우 더딘 속도로만 극복될 수 있을 뿐이다. 우리는 사실 흔히 오스트리아를 연합국의 전쟁과 폭격에 의한 희생자로 표현하는 수많은 이야기를 듣는다. 그들은 당시 돈이 없었으며 극히 불안한 상황 속에서 어린아이들을 데리고 살았다. 그들은 자신들과 민족 사회주의와의 관계에 대해 대개는 침묵을 지켰다. 이처럼 정치에 무관심한 가정 영역이 때로는 국민적 집단 기억의 일부가 되는 정치적 의미를 지니게 된다.

(5) 전쟁과 그 '희생자'인 귀환병들

연합군의 점령 하에서는 독일군 소속 오스트리아군을 전쟁과 나치즘의 '희생자'로서의 오스트리아라는 새로운 국민적 틀 안에 배치하기가 어려웠다. '오스트리아에 관한 모스크바 선언'은 이미 선포되었고 오스트리아는 히틀러와 독일의 편에서 참전한 책임을 지고 있었다. 결과적으로 포로가 된 다수의 병사들은 전쟁 후에도 적군 취급을 당했다. 따라서 오스트리아의 전몰 군인들을 애도하고 기리는 것이 전쟁 직후에는 가족의 문제였지 오스트리아의 공적(公的) 기억의 문제가 아니었다는 것은 수긍이 가는 일이다. 실제로 이들은 오스트리아 나치와 전쟁의 어두운 측면을 보여준 것임에 틀림없다. 왜냐하면 그들은 저항 투쟁의 희생자들과는 물론 나치 테러의 희생자들과도 양립할 수 없었기 때문이다. 그들은 '희

생자들'로 기념되어야 하기도 하지만 그들 가운데는 1949년 추도
회에 관한 한 논평이 언급하고 있다시피 "자신들의 의무를 양심적
으로 완수하여 위대한 용기를 보여준 독일군 전체의 영웅들도 있
었다".[55] 반면 다수의 독일군은 전쟁 범죄에 연루되어 있었다. 오
스트리아는 '희생자'의 지위를 확립하기 위해 전범에 대해 침묵하
는 전략을 선택했지만, 몇 년 뒤에는 전몰 군인에 대한 기념이
1950년대 오스트리아의 공적인 기억 문화를 지배하게 되었다.

공공 분야와 지역 범위에서는 공적인 기억이 별로 남아 있지 않
은 것으로 보였다. 전국적인 차원에서도 전(前) 독일군 병사들의
지위를 둘러싼 논란이 벌어졌다. 특히 1951년에는 이른바 '늦게
귀환한 병사들Spätheimkehrer' 문제가 논의되었다. 이 논의에서
오스트리아 연방 정부는 이들이 탈나치화 조치의 면제를 받을 수
있는지의 여부를 따졌다. 왜냐하면 어쩔 수 없이 독일군으로 복무
했던 오스트리아인들이 해방된 오스트리아 국민의 일원이 아니라
적국의 일원으로 취급되었기 때문이다. 그래서 이들은 일찍 귀환
할 수 없었다. 이 논쟁은 1951년 12월 17일 국회에서 한 의원이 주
장한 대로 "정당성 없는 장기 투옥"으로 결론이 났다.[56] 후에 연방
총리가 된 고르바흐Alfons Gorbach는 이들이 자신들의 죄를 사죄
한 것으로 간주해야 한다고 주장했으며 아울러 그 가족들의 처지

55) Heidemarie Uhl, 〈기억의 정치 : 오스트리아의 2차 세계대전과 나치 시기에 대한 인식
The politics of Memory : Austria's Perception of the Second World War and the National
Socialist Period〉, Günter Bischof · Anton Pelinka (eds.), 《오스트리아의 역사 기억과 민족
정체성Austrian Historical Memory and National Identity》, Contemporary Austrian Studies, 5권
(New Brunswick/London : Transaction Publishers, 1997), 64~94 · 75쪽에서 인용.

56) Nationalratsprotokolle, Nr. 77(1951년 12월 17일), 3010쪽 ; 또한 Hiroko Mizuno, 〈오
스트리아의 과거 청산 : 과거는 잊혀졌다'. 1945~1957년 오스트리아의 사면 정책과 민족
사회주의자들의 재통합〉, 241쪽을 보라.

가 얼마나 비참한가를 지적했다. 이들은 이런 식으로 '희생자' 오
스트리아 국민을 구성하는 데 포함되었다. 잠잠히 후방에 있던 그
가족들은 이중적인 '희생자들'이 되었다. 어쨌든 이 사면법은 연
합국의 최종 인가를 받은 1953년에야 발효되었다.

이러한 방식으로 전국과 지역의 공적 기억들 사이의 차이와 상
호 작용을 면밀히 연구하는 것은 중요하다. 이를 통해 2차 세계대
전 이후 오스트리아 국민의 '성공 이야기'를 해체할 수 있을 것이
다. 더 나아가 (유죄를 선고받은 자들뿐만 아니라 이름만 걸어놓
은 그 밖의 자들까지 포함한) 전직 나치 당원들과 여성들, 귀환자
들이 어느 정도로 민족적인 각성을 했으며 오스트리아인들이 일
상 생활에서 얼마나 민족 의식을 느꼈는지를 생각해보아야 한다.
이는 오스트리아에서 민족에 기반하여 '희생자들'을 오스트리아
국민으로 '(재)국민화'하는 작업을 용이하게 해준 구조가 언제 수
립되었는가 하는 문제로 연결된다.

3. 각 지역과 사회 기억들을 묶어주는 통합 개념으로서의 오스트
리아 민족?

(1) '위로부터의 희생'에 대한 자기 이해
반파시스트 자유 투사와 같은 오스트리아 건국 조상들의 관점에
서 본다면 저항 운동과 나치 테러의 희생자들을 기념하는 것이 정
당한 것임에 틀림없다. 이러한 정치적 입장을 견지한다면 이제 독
일인들이나 나치 당원들과 구분되어야 하는 '오스트리아 민족'을
건설하는 작업도 이해할 수 있다. 이는 처음에는 전국적인 차원에
서 이전의 마우타우젠 정치범 수용소에 나치 희생자들의 기념관

을 건립하고, 지역적인 차원에서 다양한 기념관과 기념비를 세우는 것으로 나타났다. 그러나 이러한 오스트리아 민족 정체성은 제한적인 방식으로밖에 수용될 수 없고 기껏해야 전통적으로 오스트리아인들 사이에서 인기가 없었던 오스트리아 공산주의자들에 의해 대표되는 것일 뿐임이 곧 명백히 드러났다. 저항 투사를 기념하는 작업은 이처럼 주민들을 '오스트리아 민족'으로 통합시키는 데 주변적인 역할을 했을 뿐이다. 오스트리아 건국 조상들은 한편으로는 (연합국에 의해 나치 점령으로부터) '해방되어야' 하는 반파시스트 국가로서의 정치 운동과, 다른 한편으로는 갈수록 심각하게 나치와 2차 세계대전에 대한 상당한 책임을 져야 하는 사회의 실제 사이의 간극과 씨름해야만 했다. 그들은 냉전과 더불어 오스트리아 민족의 '희생'을 강조하기 시작했다. 이 희생은 그 용어의 모호함과 거의 무제한적인 해석 가능성 때문에 전직 나치 당원들(그리고 나중에는 전범자들조차)과 전몰 군인들, 귀환자들에게로까지 확대될 수 있는 것이다.

전략적으로는 연합국의 점령이 왜 가능한 한 빨리 종식되어야 하는지를 설명하는 것이 유일한 최상의 방법이었을 것임에 틀림없다. 하지만 동시에 다수의 주민들이 스스로를 민족 이론이 정의하는 '희생자들'로 입증할 역사적 타당성을 지니고 있지 못했던 것도 사실이다. 많은 사람들에게 있어 그것은 오히려 '위로부터' 주어졌다. 국가를 재구성하는 가운데 한때 (나치) 독일의 일원이었던 다수의 국민들이 이제 '오스트리아인'이 되었고, 그에 따라 '오스트리아 민족'은 (오스트리아) 국민국가에 필적하는 것이 되었다. 이는 마침내 1955년 국가 조약State Treaty에 의해 국제적으로 공인 및 수용되었다. 이 조약에서 오스트리아의 참전 책임은 결국 삭제되었다.

(2) 조국을 위해 희생된 전몰 군인들을 위한 공공 기념물과 오스트리아 국민 통합의 상징인 재향군인회

전후 오스트리아에서 다수의 일반 대중은 어떤 인물이나 이미지를 자신과 동일시할 수 있었을까? 오스트리아 민족 정체성을 수립하는 가장 중요한 요인 가운데 하나는 2차 세계대전의 전몰 군인과 재향 군인이었다. 오스트리아에서는, 대개 남성들을 위한 것이기는 했지만, 1940년대 말에서 1950년대 초에 설립된 재향군인회가 정치적 성향에 관계없이 이들을 통합하는 중요한 역할을 했다.[57] 그 좋은 도구 중 하나가 새로 건립되거나 아니면 기존의 전쟁 기념관을 확장한, 전몰 군인을 위한 전쟁 기념관이었다. 울에 따르면 이들은 '1939~1945년'이라는 표시를 통해 나치의 과거와는 구분된 역사적 이해를 대변했다. 그 결과 2차 세계대전은 다양한 전쟁 배경과 민족 사회주의로부터 분리될 수 있었다. 그 대신 전쟁은 폭격과 적군(赤軍)의 침입으로 고통받은 후방의 시민들과 전선의 병사들, 곧 전체 주민의 공통된 역경으로 이해되었다.[58] 인터뷰에 응한 한 사람이 침입(1938년의 독일군의 진주Einmarsch)을 적군의 그것으로 오인했듯이 적군의 침입에 대한 기억이 오스트리아의 나치와 전쟁 기억의 근간을 이루는 것처럼 보이는 것은 흥미로운 일이다.[59]

57) Heidemarie Uhl, 〈화해로서의 기억 : 제2공화국의 기념 문화와 역사 정책Erinnerung als Versöhnung : Zur Denkmalkultur und Geschichtspolitik der Zweiten Republik〉, 《시대사》, Hefte 5/6~23(1996년 5/6월), 146~160 · 152쪽.

58) Heidemarie Uhl, 〈기억과 망각 : 그라츠와 슈타이어마르크의 나치 독재 희생자들과 2차 세계대전 전몰자들에 대한 기념물〉, 147쪽.

59) Meinrad Ziegler, Waltraud Kannonier-Finster unter Mitarbeit von Marlene Weiterschan, 《오스트리아의 기억 : 나치 과거에 대한 기억과 망각Österreichisches Gedächtnis : Über Erinnern und Vergessen der NS-Vergangenheit》, Mit einem Beitrag von Mario Erdheim (Wien/Köln/Weimar : Böhlau, 1993), 136쪽.

울이 슈타이어마르크 기념관 연구에서 지적했다시피 전몰 군인들은 전쟁 기념관을 통해 대개 '희생자들'이나 혹은 더 좋게 말하면 "자신들의 의무를 이행"하다가 "조국을 위해 희생한 자들"을 대표했다.[60] 재향 군인들은 조국이 자신들의 고향과 일치되는 한 전몰 군인과 자신들을 국가와 동일시할 수 있었다. 이러한 점에서 그들이 실제로 어떤 종류의 조국, 혹은 고향을 위해 싸웠는지는 재론의 여지 없이 분명하다.

1차 세계대전 전몰 군인들을 위한 전쟁 기념관의 주요 특징들을 돌아보면 1945년 이후 설립된 것들과 일부 공통점과 유사점들이 있다. 실제로 '의무 이행'이나 '조국을 위한 희생', 더 나아가 '영웅들'과 같은 관점은 이미 1차 세계대전 전몰 군인에 대한 숭배에서 나타났다. 예수의 운명과 유사한 기독교적 수사(레토릭)가 그 숭배의 특징이었다.[61] 더욱이 대전 기간의 대량 사망으로 인해 마을마다 도시마다 전쟁 기념관이 건립되어야 한다는 폭넓은 합의가 있었다.[62] 따라서 전쟁 기념관이 대개 주 광장이나 교회 근처의 도심에 건립되었다고 해서 그리 놀랄 일은 아니다.

대다수의 주민들이 이러한 전통을 쉽게 받아들였음에는 틀림없지만 그것들은 효과적인 통합의 수단이 되고 말았다. 그러나 숭배라는 것이 전통적인 것인 한 이번에도 그들이 어떤 조국을 위해 싸웠는지를 물어볼 필요는 없었다는 사실을 염두에 두어야 한다. 이

60) Heidemarie Uhl, 〈기억과 망각 : 그라츠와 슈타이어마르크의 나치 독재 희생자들과 2차 세계대전 전몰자들에 대한 기념물〉, 151~152쪽.

61) Stefan Riesenfellner, 〈죽음의 징후. 1867~1934년 그라츠와 슈타이어마르크의 기념 문화사Todeszeichen. Zeitgeschichtliche Denkmalkultur am Beispiel von Kriegerdenkmälern in Graz und der Steiermark von 1867~1934〉, Riesenfellner · Uhl (eds.), 《죽음의 징후 : 19세기 말부터 현재까지 그라츠와 슈타이어마르크의 기념 문화사》, 1~75 · 31~32쪽.

62) Stefan Riesenfellner, 〈죽음의 징후. 1867~1934년 그라츠와 슈타이어마르크의 기념 문화사〉, 17쪽.

러한 점에서 재향군인회는 정치성을 띠고 마을과 도시의 주민들을 통합하는 역할을 했다. 이들은 거의 모든 사회 계층의 남성들(그리고 그 가족들)이 관련된 전쟁 기념관 건립과 같은 다양한 행사들뿐만 아니라 (오스트리아에서는 아직도 흔한) 무도회 조직과 같은 비정치적인 영역들에서도 중요한 역할을 할 수 있었다.[63] 평화 순례도 정기적으로 조직되었다. 재향군인회는 지부 사무실을 통해 이전 독일군 병사들을 전국적으로 조직하여 지역 간 차이를 극복할 수 있었다. 비슷하기도 하고 공통적이기도 한 전선 병사들의 이야기가 지역 간의 유대 관계를 형성하는 데 기여했을 것이다. 바로 이러한 목적을 위해 회보와 신문이 이들 단체들의 주요 통합 수단으로 사용되기도 했다. 재향 군인들은 이런 식으로 고향과 국가 속으로 점차 통합될 수 있었다.

이런 의미에서 재향군인회는 단체의 연구에 포함될 수 있다. 그러나 오스트리아에서는 이에 대한 연구가 거의 없는 실정이다. 재향군인회와 같은 하위 문화 조정자들이 각 지역과 다양한 사회 계층의 기억들을 동시에 국민화하는 데 어떤 역할을 했는지 이해할 필요가 있다. 재향군인회와 관련해서는 그들의 민족적 성격을 살펴보아야 한다. 그래야 오스트리아 근현대사의 어떤 시점이나 맥락보다 (독일 혹은 오스트리아의) 민족적인 것이 더욱 중요하다고 얘기할 수 있다. 전후 오스트리아에서 '오스트리아 민족적'인 것이 오스트리아 국민국가를 수립하는 유일한 길이었음은 물론이다. 따라서 오스트리아인들은 '오스트리아 민족'이 되기 위해 먼저 희생되어야만 했던 것이다.

---

63) Reinhold Gärtner · Sieglinde Rosenberger, 《전쟁 기념 : 현존하는 과거 Kriegerdenkmäler : Vergangenheit in der Gegenwart》, Vorwort von Anton Pelinka (ed.)(Innsbruck : Österreichischer Studien Verlag, 1991), 119쪽.

(3) 집단 사면의 도구인 마우타우젠과 그 부속 수용소들

재향군인회와 같은 전국 단체와는 달리 오스트리아의 실제 희생자들을 위한 국제 기념관이 있다. 이전의 마우타우젠 정치범 수용소가 그것이다. 이는 나치 테러 체제에서 살아남은 생존자들이 자신들의 역경과 그 희생자들을 기리는 장소였다. 이는 1970년대 이래 국제 기념관을 갖춘 잘 조직된 기념 박물관이다. 그러나 그것이 기념한 역사는 주로 오스트리아인 희생자들의 역사였다. 이곳은 비록 기리는 대상이 냉전 시기에 '공산주의자들'로 불렸던 사람들이라 할지라도 '국제적인 희생자들'을 기억하는 장소인 것으로 보인다.

그러나 한편, 이러한 기억의 장소가 존재한다는 사실은 오스트리아의 일반 대중으로 하여금 그들의 어두운 과거를 망각하게 만든 것처럼 보인다. 이러한 점에서 집단 사면을 통해 국가를 '채국민화(혹은 오스트리아화)'하는 작업이 필요했다. 마우타우젠의 대표적인 지위 때문에 다른 부속 수용소와 나치 테러들의 기억은 오랫동안 잊혀졌다. 고지 오스트리아의 에벤제에 위치한 부속 수용소가 그 좋은 예일 것이다. 이곳은 주민들의 평범한 일상 생활의 장소다. 도로 끝에 위치한, 관리가 거의 되지 않은 조그만 기념관을 제외하고는 한 가지 유일한 역사적 기념물, 즉 도로를 향해 난 수용소의 옛 문이 있을 뿐이다.

오스트리아의 역사적 풍경은 1980년대 말 이래 급격히 바뀌어 이제는 다수의 기억 장소가 존재한다. 그러나 각 지역들의 '채국민화'의 역사와 전후 오스트리아의 기억 역시 고려해야 한다고 생각된다. 우리는 현재의 정치적 맥락에서 다양한 역사적 기억이 '오스트리아 민족'을 위해 '전유되는' 민족적인 경향에 더욱 비판적이어야 한다. 이는 흔히 '서유럽식의' 역사 표준을 구성하는 틀 속에

서 일어난다. 당시에 무슨 일이 일어났는가를 보여주는 것은 물론 매우 중요하지만, 라이헬Peter Reichel이 지적했듯이 기억이란 것은 거짓일 수도 있고 기억 장소가 당시의 것과 동일하지 않을 수도 있다는 사실을 지적하는 것도 필요하다.[64] 사람들은 오스트리아라는 민족의 영역 속에서 살고 있다.

더욱이 (서)유럽 역사 이해의 표준화는 양날을 가진 검의 한쪽 날과 같다. 타자에 대한 관용(헬무트 콘라트)과 어두운 과거에 대한 비판적 접근이 유럽 민주주의의 중요한 일부일 수 있지만 오스트리아자유당과 같은 '신(新) 우파' 또한 그 일부여야 한다. 비판적인 역사 연구 작업이 오스트리아의 최근 정치 지형을 얼마나 변화시킬 수 있을지 주의 깊게 지켜보아야 할 것이다.

4. 결론

오스트리아인들은 아마도 지역과 사회 환경, 사회 집단이 다양한 만큼 전쟁과 나치의 경험도 다양하게 느꼈을 것이다. 그러나 우리가 다루는 시기에 관한 이야기들의 내용은 대체로 동질적이며, 그 특징은 민족의 '희생'이다. 그러나 비판적인 역사 연구조차 오스트리아의 희생이라는 신화의 관점에서 출발한다면, 1945년 이후 다양한 방식과 다양한 맥락에서 오스트리아 국민의 틀 속으로 통합되었을 각 지역의 차이들을 고려하기 어렵다. 따라서 사람들이 어떤 순간에 어떤 민족 정체성을 선택했고 그 선택이 어떤 조건 하에 이루어졌는지에 관심을 기울여야 한다. 이러한 점에서 우리는

---

64) Peter Reichel, 《기억의 정치 : 나치 과거와 투쟁에 대한 기억》, 30쪽.

오스트리아 현대사를 오스트리아 민족 형성의 후발 과정으로서뿐만 아니라 결국 1945년 이후 오스트리아 국민에 속하게 될 사람들의 기나긴 '국민화' 과정으로서도 이해해야 한다. 폭격은 전후 오스트리아 여성들의 집단 기억의 한 부분을 차지했을 것이다. 연합국에 점령당한 경험은 아마도 지역들을 결속시키는 데 도움을 주었을 것이다. 더욱이 희생된 사람들조차 '국민화' 되지 않고서는 국민이 될 수 없었다. 오스트리아에 관한 한 대중독재에 대한 논의는 이러한 희생화와 국민화의 정치 과정 속에서 진행되어야 한다. 마지막으로, 오스트리아인들은 1945년 이후 자신들을 희생시키면서 스스로를 재국민화했다. 이것은 독일 민족의 일원과 오스트리아 민족의 일원 사이를 오가면서 이루어진 것이다. 결국 지금 우리가 직면해야 하는 문제는 이런 재국민화 과정이 가져온 다양한 여파가 강하게 존속할 것으로 보인다는 점이다. 그리고 이러한 상황이 심지어 독재 후 사회의 기억 문화조차 지배할 수 있다는 점이다.

III
동유럽 역사의
경험을 통한
대중독재

스탈린 체제에 대한 대중의 지지와 저항

박원용

1. 이분법적 분석의 지양

요즘이라면 미국이 '악의 축'으로 지목했을 법한 소련 제국이 사라진 지도 한 세대 이상의 시간이 흘렀다. 그러한 시간이 경과하는 동안 역사가들과 사회학자들은, 이데올로기적인 대결 구도에서 미국이 우려해왔던 구소련 사회의 작동 방식에 대해 다양한 설명을 제시해왔다. 초기의 설명 방식은 역시 이데올로기적인 입장이 강하게 반영된 것이었다. 러시아는 미국이 무찔러야 하는 적대적 사회 구조를 가지고 있었기 때문에 그러한 체제의 출발은 애초부터

박원용은 서울대학교 인문대학에 입학한 뒤, 역사를 공부하면 한국 사회뿐만 아니라 세계에 대한 인식이 가능할 것이라는 생각으로 서양사학과를 선택했다. 대학원에 진학하여 구체적 전공 분야를 모색하던 중 러시아의 개혁 · 개방 정책을 접하게 되었고, 이를 통해 당시까지 접근이 쉽지 않았던 러시아사 연구의 가능성을 발견하여 본격적 연구를 시작하게 되었다. 혁명 후 사회주의 국가 체제의 경제 관리 기구였던 '국가 경제 최고 회의'에 관한 석사 논문을 마무리한 후 1993년 미국 인디애나 대학교로 유학을 떠났다. 스탈린 체제의 등장을 고등 교육 개혁의 시도와 관련시켜 해명하고자 〈고등 교육의 탈계급화 : 노동자예비학교를 중심으로〉라는 박사 학위 논문을 썼다. 한국에 돌아온 후 러시아 혁명과 스탈린 시대에 대한 연구사 및 1920년대 러시아 사회 고등 교육 기관 학생들의 생활 양태에 관한 논문 등을 발표하였다. 현재 부경대 사학과에 재직하면서 혁명 후 러시아 사회에 관한 다방면의 연구를 진행하고 있다.

비난받아야 하는 것이었다. 그리하여 사회주의 혁명을 경험하게 된 러시아의 정치적 · 사회적 조건은 무시되고, 러시아 혁명이 정권 획득의 야욕을 가진 '소수의 쿠데타'였다는 규정이 등장하였다. 사회주의 혁명 이후 등장한 1930년대의 스탈린 사회도 같은 선상에서 분석될 수 있었다. 쿠데타와 같은 비합법적 방법으로 권력을 장악한 볼셰비키로서는, 권력을 유지하기 위해 애초부터 비밀 경찰을 통한 정치적 테러라든가 일당 독재 체제를 강화하고 우상 숭배에 가까운 지도자에 대한 절대적 복종을 강조하는 통치 방식을 취하지 않을 수 없었다는 것이다. 사회는 위로부터 철저히 감시되고 통제되면서 유지되어갔다. 이러한 시각에서, 1930년대라는 시대적 조건 하에 삶을 유지해가고 있던 민중의 주체성 내지 국가 권력에 대한 영향력 여부는 당연히 고려의 대상이 될 수 없었다.

혁명 이후의 러시아 사회, 특히 스탈린 시대를 위로부터의 의지가 전체적으로 관철된 사회로 바라보았던 시각은 한동안 강력한 영향력을 발휘했던 것이 사실이다. 그러나 1956년 제20차 당 대회를 통한 흐루시초프의 스탈린 개인 숭배 비판과 스탈린 시대의 과오에 대한 부분적 인정은, 스탈린으로 대표되는 러시아의 독재 체제를 내부적 역동성이 전혀 존재하지 않았던 시기로 규정하는 그때까지의 관행에 의문을 제기하기에 충분했다. 왜냐하면, 사회주의 체제의 러시아가 위로부터의 전면적 통제와 감시가 정착된 사회였다면, 이러한 내부로부터의 비판 등은 일어날 수 없는 것이었기 때문이다. 냉전의 첨예한 대립 의식이 조금씩 누그러지는 상황에서, 이런 움직임과 더불어 이데올로기적 편향을 지나치게 강조했던 과거의 연구 경향에 대한 자성의 목소리도 설득력을 가질 수 있었다.

1930년대의 스탈린 체제를 이데올로기, 전면적 관료화, 테러 등을 주요 수단으로 하는 '전체주의 체제'로 규정하지 않고 새롭게 바라본다고 할 때 무엇보다 문제가 되었던 것은, 과연 그러한 체제를 가능하게 했던 사회적 조건이나 작동 방식에 '아래로부터의 지지'가 존재했는가의 여부였다. 스탈린 독재 체제는 단순히 개인적 의지만으로는 가능하지 않았을 것이라는 전제가 새로운 연구 경향에 나타나는 특징이었던 것이다. 그리하여 스탈린 체제의 등장을, 교육 제도의 개혁으로 사회적 지위 상승의 기회를 하층 계급에게 제공함으로써 형성된 '신 엘리트층'을 통해 설명하려는 연구라든지, 1928년부터 1932년에 걸친 스탈린의 대대적인 사회 개편이 '위로부터의 혁명'이었다는 모호한 개념 대신, 노동 계급이라든가 농민 계급으로부터 급격한 전환에 대한 지지를 확보했기 때문에 그러한 개편이 가능했다는 시각이 제시되기에 이르렀다.[1]

스탈린 시대를 둘러싼 '수정주의적 해석'과 '전체주의적 해석'의 세세한 논쟁점은 이미 여러 지면을 통해 소개되었기 때문에 여기서 그것을 재차 거론할 생각은 없다.[2] 이 글의 목적은, 스탈린 체제를 지지하는 구체적 사회 세력의 존재를 강조했던 수정주의적 해석이나 위로부터의 선전과 강제에 의해 세뇌당한 러시아의 대중이 묵묵히 독재 정권에 순종했다는 전체주의적 해석 모두 1930년

---

1) Sheila Fitzpatrick, 《소련에서의 교육과 사회적 유동성 1921~1934 Education and Social Mobility in the Soviet Union, 1921~1934》(Cambridge : Cambridge University Press, 1979) ; Hiroaki Kuromiya, 《스탈린의 산업 혁명 : 정치와 노동자 1928~1932 Stalin's Industrial Revolution : Politics and Workers 1928~1932》(Cambridge : Cambridge University Press, 1988) ; Lynne Viola, 《조국의 훌륭한 아들들. 소련 집단화의 선봉에 선 노동자들 The Best Sons of the Fatherland. Workers in the Vanguard of Soviet Collectivization》(Oxford : Oxford University Press, 1987).

2) 조호연, 〈스탈린주의의 해석 문제〉, 《하곡 김남규 교수 정년 기념 사학논총》(경남대학교, 2000), 769~788쪽 ; 박원용, 〈사회주의 붕괴 이후 스탈린주의 해석의 동향〉, 《역사 문화 연구》, 16집(2002), 181~209쪽.

대 러시아 사회의 복잡한 실체를 제대로 드러낼 수 없음을 보여주려는 데 있다. 특히 아래로부터의 지지를 강조한 수정주의적 해석에 집착할 경우, 페레스트로이카 이후 러시아 민중에게 상대적 자율성이 부여되기 시작하면서 공식 이데올로기의 해체가 급격히 진행된 현상을 설명하기가 더욱 어려워진다. 민중의 지지가 진정한 것이었다면 체제를 유지시키려는 의지 또한 표출되었을 것이기 때문이다. 결국, 1930년대의 러시아 사회는 독재 체제라는 외형을 가지고 있었지만, 거기에는 그것을 단순히 '위로부터의 강제'라든가 '아래로부터의 지지'라는 이분법적인 구도만으로는 파악할 수 없게 하는, 다양한 계기들이 작용했음을 인정할 수밖에 없는 것이다. 이 글은 최근의 연구 성과를 기반으로, 바로 이러한 다양한 계기들을 구체적으로 제시하려는 것이다.

2. '우리' 와 '저들' 의 이분법에 대한 재고

스탈린은 권력을 장악하는 과정에서 자신의 잠재적 경쟁자들을 제거해야만 했다. 이 과정에서, 레닌과 더불어 사회주의 체제의 출범에 기여했던 혁명 1세대가 권력 핵심부로부터 멀어진 것은 널리 알려진 사실이다. 이와 같이 스탈린 체제의 출범이 적대적인 인물들의 제거와 밀접하게 연결되어 있었기 때문에, 체제 출범 이후에도 스탈린의 과거 정적들을 지지하는 잔당들이 남아 있으리라는 의구심은 정책 결정 과정에서 여전히 중요한 요소로 작용하였다. 따라서 스탈린 체제의 본질적 특성은 체제의 이념과 정책을 지지하는 '우리'와 이에 적대적인 '저들'과의 싸움에 있었다는 생각이 오랫동안 의심 없이 받아들여져왔다. 특히 트로츠키로 대표되는 스탈린 체제의 직접적인 피해자들은 스탈린 체제를 이와 같이 두 적대적 진영의 이해 관계가 대립하고 있는 체제로 파악하였다. 이들이 파악하는 소비에트 사회의 실체는, 노동 계급과 노동자들의 이익에 반하는 '신 특권 계급'이 자신들의 사욕을 채워나가는 타락한 체제였다. 따라서 스탈린 시대의 관료 집단은 노동 계급의 이름으로 노동자들을 지배하는 착취자에 다름 아니었다.[3] 이러한 '혁명의 배반자'들은 권력에 동조하는 '우리'와 그에 반하는 '저들'로 사회를 양분하여 바라보면서 '우리'에 속하는 집단의 체제 결속력을 다지려 했던 것이다.

그러나 이렇듯 명확한 계급적 구분에 의한 설명이 1930년대 러시아 사회의 실체를 얼마나 진실에 가깝게 반영하고 있는지는 쉽게 판단할 수 없다. 먼저 우리가 고려하지 않을 수 없는 것은, 이러한 시각에서 별 반성 없이 분석의 기본 수단으로 사용되어온 '계급' 개념의 적용 가능성이다. 일찍이 서구 노동사 연구에서 획기적인 전기를 마련했던 톰슨E. P. Thomson은, 계급을 '개개인의 고정적인 속성'으로 인식하지 않고 학습될 수 있는, 혹은 얼마든지 벗어던질 수 있는 정체성으로 파악할 것을 주장한 바 있다. 톰슨의 이러한 시각은 계급을, 정통 마르크스 사관에서와 같이 생산 수단의 소유 관계에 의해 규정되는 고정적인 것이 아니라, 구체적인 사회적 조건, 예를 들어 만성적인 생필품 부족 상황에서 맺게 되는 국가 권력과의 관계 형태, 사회적 위계에 따라 달라지는 소비의 양태 등에 따라 만들어질 수 있는 가변적인 것으로 규정할 수 있는 가능성을 제시하였다. 이러한 가능성을 적극적으로 활용하여 소비에트 사회에서 계급 개념을 새롭게 정립한 것을 주장한 이가 사

---

3) Milovan Djilas,《신계급 : 공산주의 체제의 분석 The New Class : An Analysis of the Communist System》(London : Praeger, 1966), 41쪽.

회사가(社會史家)의 선두 주자였던 피츠패트릭Sheila Fitzpatrick이다. 그녀는 소비에트 체제의 분석에서, 계급을 유럽 사회의 경우처럼 사회적 · 경제적 지위를 규정하는 개념으로 사용할 것이 아니라, 개개인의 권리와 특권 그리고 국가에 대한 의무 등을 규정할 수 있도록 하는 후천적 획득물로 바라볼 것을 주장하였다. 그녀는 계급을, 제정 러시아의 '신분status' 개념이 어느 한 집단의 특권을 상징적으로 포괄했듯이, 그러한 특권을 얻기 위해 소비에트의 민중이 '귀속시킨' 개념으로 파악하였다. 소비에트 시기의 민중은 여러 특권과 혜택이 약속되는 '노동 계급'에 속한다는 것을 증명하기 위해, 자신들의 출신 성분을 감추고 스스로를 노동 계급에 귀속시키기 위해 다양한 전략과 행동 등을 동원했다는 것이다.[4] 이러한 주장을 받아들인다면, 소비에트 사회는 '신 특권 계급'이 일방적으로 민중을 착취했던 사회가 아니라, 민중도 소비에트 사회에서 계급 개념이 갖는 함의를 이용하여 자신들의 이익을 도모해나갔던 사회로 제시될 수도 있는 것이었다.

1930년대의 스탈린 사회를 이야기할 때 공식적 언술(공식 이데올로기) 분석의 차원에서 접근하지 않고 민중의 구체적 일상에 관심을 집중시킨다면, 우리는 지금까지 생각해왔던 것과는 다른 사회상을 그려낼 수 있다. 즉 러시아 민중은 '비정상적인 시기'에 '정상적 생활'을 꾸려나가기 위해 공식 이데올로기가 강조했던 것처럼 노동 계급 혹은 농민 계급의 선도적 역할에 부합하는 이상적인 행동만을 보였던 것은 아니었다. 공식 이데올로기에 따르면 노동 계급이나 농민 계급은 '우리'의 범주에 묶일 수 있는 사회 집단

---

4) Sheila Fitzpatrick, 〈'귀속 계급' : 소비에트 러시아에서의 사회 정체성의 구축 'Ascribing Class' : The Construction of Social Identity in Soviet Russia〉, 《근대사 잡지Journal of Modern History》, 65권, 4호(1993), 745~770쪽.

이었지만, 그들의 일상적 생활이 체제의 요구에 부합하지는 않았던 것이다. 그들은 공식 생필품 구매 장소인 상점의 진열대가 비어 있는 상황에서 그들 가정의 냉장고를 가득 채우기 위해 여러 수단을 동원하였다. 하지만 그들은 '우리'의 범주에 속하는 집단이 사용할 것이라고 기대되는 수단에만 의존하지는 않았다. 사회주의 헌법에 의하면 모든 필요 물품은 중앙집권적 계획 경제에 의해 효과적으로 분배될 것이었지만, 현실은 그렇지 못했으므로 보통 사람들은 공식 영역 외부에 존재하는 암시장이라든가, 상대적으로 그러한 생필품을 쉽게 확보할 수 있는 국가 고위 관리들과의 친분 관계를 이용하여 원하는 물건을 확보하려고 했다.[5] 이러한 맥락에서 1930년대의 스탈린 사회를 '계급적 위치'에 따라 생활 양태가 구별되는 사회로 규정하기란 어려워진다. 개인적인 친분 관계가 생활의 질을 좌우할 수도 있었기 때문이다.

경제적인 영역에서 명확한 이해 관계의 대립을 단순히 계급적인 척도로써 규정할 수 없는 것과 마찬가지로, 문화적인 영역에서도 체제에 대한 지지 여부에 따라 생활 방식의 명확한 구분선을 확정하기는 어려웠다. 이러한 점은 소비에트 정권의 '사회주의적 신인간형' 양성과 관련하여 시도된 여러 문화 정책에서 찾아볼 수 있다. 볼셰비키 정권은 혁명을 성취한 초기부터 사회주의 체제에 부합하는 새로운 인간형 양성의 필요성을 강조하고 있었다. 사회주의 체제가 러시아 사회에 확고히 뿌리내리지 못한 상태에서는, 개인의 편안함이나 물질적 이익을 추구하는 소시민보다는 소비에트

---

5) Елена Осокина, 《'스탈린 시대의 풍요'의 이면 : 산업화 시기 주민들에 대한 공급에 있어서의 배급과 시장 1927~1941 За фасадом "сталинского изобилия": Распределение и рынок в снабжении населения в году индустриализации, 1927~1941》(Москва : РОСС, 1999).

체제의 우월성에 대한 신념을 지닌 새로운 세대를 양성하는 것이 체제 유지의 문제와 직결되기 때문이었다. 그러나 구체적인 생활 양식에 눈을 돌려볼 때 드러나는 실상은 정권 담당자들에게 많은 우려를 안겨주었다. 많은 여성들이 사회주의적 가치를 선전하는 신문이나 잡지보다는 화려한 패션 잡지를 선호했으며, '부르주아 지의 타락'을 드러내는 선정적 옷차림으로 댄스 파티에 나가기를 즐겼다. 또한 청년들 중에는, 조직 활동을 통해 사회주의적 인간형 으로 스스로를 변형시키려고 노력하기보다는 염세주의적 세계관 에서 벗어나지 못한 채 방탕하게 살아가는 이들도 있었다.[6] 물론 그렇다고 해서 사회주의적 가치관으로 무장하고 '소비에트적 인 간형'의 모범을 제시하기 위해 노력하는 신세대가 없었다는 것은 아니다. 청년층의 이러한 구체적 삶의 모습에서 필자가 강조하려 고 하는 바는, 적어도 1920년대 말까지의 체제에 대한 그들의 순응 과 저항을 구체적 삶의 양식과 연관시켜 고찰할 때 명확한 구분선 을 찾기 어렵다는 것이다. 즉 사회주의적 가치를 받아들였다 하더 라도 일상적인 생활의 차원에서 정권이 제시하는 기준을 만족시 키지 못하는 경우가 많았고, 반대의 경우 그러한 일탈 행동을 정권 에 대한 노골적 저항으로 해석하기에는 무리가 있었다. 지배적인 삶의 방식으로 제시된 '소비에트적' 생활 방식과 이에 대비되는 하 위 문화 사이의 갈등, 투쟁, 타협 등이 구체적인 삶의 영역에서는 지속적으로 일어나고 있었던 것이다.

볼셰비키 정부의 일부 지도적 인사들은 사회주의 정부가 출범했 음에도 이러한 가치 대립의 상황을 용인하는 것에 대해 우려를 표 시하였다. 1928년부터 시작된 스탈린의 문화 혁명은 이렇듯 강경

---

6) Anne E. Gorsuch, 《혁명기 러시아의 청년들Youth in Revolutionary Russia》(Indiana : Indiana University Press, 2000).

한 공산주의자들의 우려를 등에 업고 위로부터 단행된 대변혁이라고도 규정할 수 있다. 스탈린을 위시한 이들 강경론자들은 1920년대와 같은 다양한 생활 양식을 사회주의적인 것으로 단일화하는 것이 위로부터의 강제 없이는 불가능하다고 생각했다. 그리하여 그들은 사회의 모든 영역에서 구시대의 잔재를 일거에 몰아내는 대대적인 변혁을 감행하였다.

'대변혁' 혹은 '위로부터의 혁명'의 과정을 거쳐 확립된 1930년대의 스탈린 사회 역시 개개인의 구체적 삶의 영역에서 사회주의적인 생활 형태가 주도적인 것으로 자리잡지는 못했다. 체제 수립 과정에서 나타났던 격렬한 열정이 조금씩 퇴색되어가면서, 생활의 여러 부문에서 국가 권력이 일소하려 했던 부정적 양태들이 다시금 고개를 들기 시작했던 것이다. 노동자들의 음주 문화를 예로서 살펴보자. 러시아인들에게 음주가 삶의 밀접한 한 부분이라는 것은 널리 알려진 사실이다. 제정 러시아 시대 농민들의 삶에서 보드카는 아이의 출생, 성인식, 결혼식과 같은 특별한 날을 기념할 때 반드시 필요한 것이었다. 물론 이러한 풍습이 러시아에 국한된 것은 아니었지만, 러시아의 술 문화에서 문제가 되는 점은 특별한 경우가 아닌 일상 생활에서도 술이 커다란 부분을 차지한다는 것이었다. 게다가 전제 정부는 지나친 보드카 소비의 폐해를 인식하고 있었음에도 불구하고 그것이 국가 재정에 기여하는 바 때문에 보드카 소비를 줄이기 위한 적극적인 정책을 채택하지 못하였다.[7]

볼셰비키 사회주의 정권에 있어 보드카 소비는 비록 국가 재정에 도움을 줄 수는 있지만 바람직한 사회주의 문화 창조를 위해 마

---

7) David Christian, 《'살아 있는 물' : 농노 해방령 전야의 보드카와 러시아 사회 *Living Water' : Vodka and Russian Society on the Eve of Emancipation*》(Oxford : Oxford University Press, 1990).

땅히 근절되어야 할 것이었다. 특히 급격한 정책 전환을 통해 빠른 시일 내에 사회주의 체제의 공고화를 달성하려는 스탈린의 문화 혁명 이후, 음주는 공식적으로 체제를 위태롭게 하는 적으로 규정되었다. 그러나 실제 노동자들 사이에서의 음주 문화는 그러한 공식적 입장과는 무관하게 흘러가고 있었다. 러시아의 급속한 산업화 과정에서 숙련 노동자들의 중요성이 부각되기도 했지만 농촌으로부터 다수의 비숙련 노동자가 충원된 것도 사실이다. 체제 지도부가 원했던 것은 숙련 노동자들이 비숙련 노동자들을 선도함으로써 건전한 사회주의 문화를 정착시키는 것이었다. 그러나 음주 문화와 관련하여 이러한 바람은 헛된 것임이 드러났다. 숙련 노동자들은 작업장에서의 그들의 우월한 지위를 이용하여 공장에 막 편입된 신참 노동자들에게 보드카 상납을 요구했고, 그러한 요구를 들어주지 못하는 노동자를 차별하였다. 또한 음주 문화가 개선되지 못하는 것에 대해 위로부터의 질책이 있을 경우, 숙련 노동자들은 이들 비숙련 노동자만을 희생양으로 처벌하고 자신들은 그러한 위로부터의 압력과 무관하게 전과 같이 계속 음주 문화를 즐기는 경우도 있었다.[8] 이는 결국 당시의 러시아 민중이 체제에 대한 지지와 그러한 체제의 가치를 사적인 생활 영역에서까지 구현하는 것을 별개의 문제로 받아들이고 있었음을 암시한다. 즉 스탈린 체제에서 숙련 노동자층은 상대적으로 나은 혜택을 받고 있었지만, 체제가 그들의 일상적 생활 방식을 급격히 변화시키려고 할 때에는 그들 역시 묵묵히 순종하지만은 않았던 것이다. 그들은 체제가 부여하는 상대적으로 우월한 지위는 받아들이되 그에 따

---

8) Kate Transchel, 〈유동 자산 : 초기 소비에트 공장에서의 보드카와 음주Liquid Assets : Vodka and Drinking in Early Soviet Factories〉, William B. Husband (ed.), 《근대 러시아의 인문적 전통The Human Tradition in Modern Russia》(Delaware : SR Books, 2000), 129~141쪽.

르는 선도 집단으로서의 책임 의식은 전면적으로 수용하지 않는, 이중의 전략을 구사했다.

이와 같이 1930년대의 러시아 사회를 사회 구성원의 구체적 생활 방식과 연관시켜 고찰해보면, 그들의 체제에 대한 관계를 '전면적 지지 혹은 반대'로 규정하기는 어렵다는 것이 드러난다. 혁명으로 새로운 체제가 출범한 직후 사회주의 문화를 정착시키기 위한 다양한 실험이 행해지고 있는 상황에서, 사회 구성원들이 과거의 생활 유형에 비해 획기적으로 달라진 모습을 보이지는 않았다. 스탈린은 '위로부터의 혁명'을 통해 지지부진한 사회주의적 문화의 정착을 달성하고자 했다. 그러나 중앙 권력의 영향력이 이전 시대보다 상대적으로 증가한 1930년대에 들어와서도 러시아 대중은 수동적으로 대응하지 않았다. 그들은 체제의 입장에서 부정적으로 여겨지는 구시대 생활 방식의 청산에 한편으로는 협력하는 듯 행동했지만, 다른 한편으로는 자신들의 기존 관행을 강화하는 방식으로 대응하였다. 이러한 맥락에서 스탈린 시대의 사회를 '우리'와 '저들'의 이분법적인 범주로 재단할 수는 없을 것이다. 체제 지도부에 의해 '우리'의 범주에 포함된 다수의 사람들에게서 체제가 버리라고 요구한 생활 양식을 고수하면서 자신들의 사익을 추구하려는 모습도 찾을 수 있는 것이다. 이렇듯 단선적인 구분을 거부하는 스탈린 사회의 복잡한 모습을, 체제에 대한 대중의 구체적 대응을 통해서도 살펴볼 수 있다.

3. 체제에 대한 충성과 저항 : 회색의 영역

스탈린 시대 사회를 전체주의적으로 바라보는 과거 냉전 시대의 시각에 대해 소위 수정주의 사가들이 '아래로부터의 지지'와 체제를 정착시키는 데 기여한 '신 엘리트층'의 형성을 강조했음은 널리 알려진 사실이다. 이러한 시각은 분명 1930년대의 러시아 사회가 단순히 위로부터의 지시와 체제에 의해 강요된 이데올로기를 수동적으로 받아들인 것이 아니라 체제를 작동하게끔 한 세력들이 존재했다는 것을 보여줌으로써 스탈린 시대를 다른 맥락에서 이해하도록 했다. 그러나 이러한 수정주의적 연구 성과를 극단으로 몰고 간다면 우리는 또한 스탈린 시대의 복잡한 실체를 놓쳐버릴 수 있다. 예를 들어 수정주의적 경향의 한 역사가는, 1930년대에 러시아의 보통 사람들은 테러가 극에 달한 1937년의 경우를 제외하고는 테러에 대한 공포감을 갖지 않았으며, 제한적이기는 했지만 의사 표현의 자유와 비판과 청원의 권리를 향유하고 있었다고 주장하였다. 그는 그렇기 때문에 다수의 노동자가 체제에 충성을 다하고 있었다고 결론을 내린다.[9] 그러나 그의 주장을 받아들여 노동자들이 테러에 대한 공포감을 느끼지 않았고 공장 지배인을 비판할 권리를 누렸음을 인정한다 하더라도, 그것이 그들 모두가 체제 혹은 그 정책에 대해 언제나 만족하고 있었다고 단정할 근거가 되지는 못한다. 체제에 대한 노동자나 농민의 반응 속에는, 외견상으로는 체제에 대한 수용을 의미하는 것으로 비친다 하더라도 실은 체제에 대한 진정한 지지에서 나온 것이라기보다는 살아가기 위해 어쩔 수 없이 선택한 것인 행동도 있었다. 반대의 저항적인 행동도 체제를 타도한다는 적극적인 의미를 지닌 것이라기보다는 자신들의 이익이 침해받는 것에 대한 단순한 반응일 수

---

9) Robert Thurston, 〈소련의 '대숙청'에서의 공포와 믿음. 1935~1939년의 검거에 대한 반응Fear and Belief in the USSR's 'Great Terror'. Response to Arrest 1935~1939〉, 《슬라브학보Slavic Review》, 45권, 2호(1986), 213~234쪽.

있었다. 여기서 필자는 사회 구성원들의 체제에 대한 이러한 태도가 충성과 저항의 대립적 개념으로만 단순하게 대별될 수는 없는 것임을 밝히려고 한다.

1930년대에 러시아의 중앙 일간지에 가장 빈번하게 등장한 제목들은 "우리에게 행복한 유년을 선사한 스탈린 동지에게 감사를", "친애하는 장군님, 우리의 자유, 우리 아이들의 행복, 우리의 삶, 이 모든 것에 감사드립니다"[10]와 같은 것들이었다. 당의 공식 대변지 역할을 하던 중앙 일간지에서 이러한 지도자 숭배와 체제 찬양조의 글들이 발견되는 것은, 자유로운 여론 형성이 불가능했던 1930년대 러시아 사회의 분위기를 고려할 때 당연한 현상으로 간주될 수도 있다. 그러나 스탈린에 대한 찬가와 영웅적 이미지를 끊임없이 생산해내는 당시의 '공식적 문화'에 대해 보통 사람들은 이를 더욱 발전시키고 강화시키기 위한 아무런 노력도 하지 않았을까?

농업 집단화와 경제 개발 5개년 계획을 통해 스탈린은 러시아 대중에게 유토피아적 전망을 제시했고, 그에 대해 많은 이들이 열광했다는 사실을 당시의 신문 기사나 잡지 기고문 등을 통해 알 수 있다. 이에 따르면 스탈린 체제는 지금까지 없었던 '선물'을 러시아 인민들에게 제공한 셈이며, 러시아 인민들이 아무리 애를 써도 그러한 선물에 대해 보상할 수 없다는 식이었다.[11] 그렇지만 예외적으로 인민 대중, 특히 노동자들 중에서는 할당된 작업량을 훨씬 초과하여 달성하는 돌격대 역할을 완수함으로써 체제의 가속적 발전에 기여하는 집단들도 등장하였다. '스타하노프주의자'라고

---

10) Jeffrey Brooks, 《감사합니다, 스탈린 동지! 혁명에서 냉전까지의 소비에트 공식 문화 *Thank you, Comrade Stalin! Soviet Public Culture from Revolution to Cold War*》(Princeton : Princeton University Press, 2000).

11) Jeffrey Brooks, 《감사합니다, 스탈린 동지! 혁명에서 냉전까지의 소비에트 공식 문화》, 83∼89쪽.

불린 이러한 노동자 집단의 경제 발전에 대한 실제 기여도는 일단 논외로 치더라도, 스탈린 체제가 그러한 적극적인 협력 의지를 보이는 선도 집단에게 보통의 노동자들에게 지급되는 것보다 많은 임금과 주택, 자동차 등을 제공함으로써 그들을 체제에 대한 확실한 지원군으로 육성하려는 의지를 가지고 있었음은 부인할 수 없다.[12] 또한 스탈린 체제는 노동자·농민의 하층 계급으로 하여금 특별 교육 기관을 통해 속성 중등 교육 과정을 이수하게 한 후 이들을 고등 교육 기관에 입학시켜줌으로써 이들을 사회주의 체제의 핵심 일꾼으로 활용하려 했다.[13] 이들 중 많은 수가 '신 엘리트층'으로 성장하여 소비에트 체제의 중요 버팀목으로 활약한 것을 보면, 체제에 대한 헌신과 봉사를 단순히 '허구의 신화'라고 치부할 수만은 없다.

그렇다면 스탈린 시대에는 이와 같은 체제에 대한 뜨거운 열정만이 존재했고, 위로부터의 견고한 통제 때문에 어떠한 형태의 저항도 불가능했는가? 위로부터의 가치가 사회 곳곳에 침투되어 있었다고 보는 전체주의적 시각이 옳다면 체제에 대한 저항의 예는 발견되지 않아야 할 것이다. 그러나 소련 붕괴 이후 비약적으로 늘어난 사료 공개에 의해 1930년대의 러시아 민중은 급격한 사회 변동에 대한 수동적인 희생자들이 아니었음이 밝혀졌다. 특히 러시아 민중의 대다수를 차지하는 농민들의 삶을 근본적으로 뒤바꾸어놓을 농업 집단화가 단행되었을 때, 정부의 강제력에도 불구하고 농민들이 이를 묵묵히 따르기만 했다고 보기는 어려운 것이다.

---

12) 스타하노프주의에 대한 보다 상세한 설명은 L. Siegelbaum, 《스타하노프주의와 1935~1941년 소련의 생산성의 정치 *Stakhanovism and the Politics of Productivity in the USSR 1935~1941*》(Cambridge : Cambridge University Press, 1988)를 참조.

13) 박원용, 〈소비에트 정권 초기 고등 교육 개혁과 신인간형 창출의 딜레마〉, 《서양사 연구》, 74집(2002), 117~145쪽.

실제로 농업 집단화의 파고가 정점에 달했던 1930년에 농민들은 집단화 정책에 노골적으로 저항했다. 1930년 한 해만 해도 농민들이 1만 3,754회의 집단 소요를 일으켰고, 이 과정에서 집단화에 관계된 수천 명의 정부 관리들이 농민들에게 살해되었다. 또한 농민들은 집단화를 결정하기 위한 촌락 회의에서 폭력을 행사하거나 집단화를 찬성하는 촌락의 유력자 집에 불을 지르기도 했다.[14]

노동자들의 경우도 예외는 아니었다. 제1차 경제 개발 5개년 계획이 거의 마무리될 무렵인 1932년 4월, 스탈린 정부는 이바노보 지역을 포함한 러시아 중심 산업 지대의 노동자들에게 식품 배급양을 줄이는 조치를 단행했는데, 이는 집단화를 통한 식량 확보의 어려움에 대한 대응이었다. 노동자들의 입장에서 이러한 조치는 사회주의 체제가 그들에게 약속했던 풍요한 삶과는 명백히 반대되는 것이었다. 그들은 기계 작동을 거부하고 파업과 태업을 조직함으로써, 자신들을 굶주림과 가난으로 몰고 간 정책을 받아들일 수 없음을 분명히 했다. 스탈린이 파견한 군대에 의해 시위는 진압되었지만, 이 사건은 당 지도부의 우려를 자아내기에 충분했다. 카가노비치Kaganovich는 신참 노동자들의 '프티 부르주아적' 태도와 고참 노동자들 사이의 '부르주아적 영향력'을 위기의 근원으로 간주했으며, 비밀 경찰의 보고서에는 반정부 정서가 모든 노동 계급에 확산되어 있다는 우려가 기록되어 있다.[15]

---

14) Lynne Viola, 《스탈린 치하에서의 농민 봉기 : 집단화와 농민 저항의 문화Peasant Rebels under Stalin : Collectivization and the Culture of Peasant Resistance》(Oxford : Oxford University Press, 1996), 특히 105쪽 이하와 136쪽 이하 참조.

15) Jeffrey J. Rossman, 〈스탈린 러시아에서의 노동자 파업 : 1932년 4월의 비추가 봉기A Workers' Strike in Stalin's Russia : The Vichuga Uprising of April 1932〉, Lynne Viola (ed.), 《스탈린주의와의 논쟁 : 1930년대 소비에트의 권력과 대중 저항Contending with Stalinism : Soviet Power & Popular Resistance in the 1930s》(Ithaca, New York : Cornell University Press, 2002), 44~83쪽.

여기까지만 보면 스탈린 시대의 노동자와 농민은 농업 집단화나 산업화에 대해 아무런 반응 없이 침묵하지는 않았으며, 스탈린의 정책을 지지하지도 않았다는 인상을 갖게 된다. 그러나 이렇듯 명백하게 적대적인 행동을 통해 체제에 대한 입장을 드러내는 것은 대다수의 보통 러시아인들 사이에서 예외적인 일이었다. 대부분의 사람들은 변화하는 상황 속에서 때로는 침묵하고 때로는 수동적으로 저항하며 일상 생활을 이끌어나가려고 하였다. 스탈린의 독재 체제는 대부분의 보통 사람들로 하여금 '전면적인 저항'도 '전면적인 수용'도 아닌 불분명한 태도를 갖게 했던 것이다.

농민들에게는 집단화가 미래를 위한 도약이라기보다는 과거로 되돌아가는 퇴보로 비치는 경우가 많았다. 그러나 농민들이 체제에 대해 전면 투쟁을 벌인다는 것은 생각하기 힘들었다. 이러한 상황에서 농민들이 택한 전략은 다양하게 표출되었다. 집단 농장에 귀속되는 가축을 도살하고 농기구를 숨기는 것은 단순한 전략이었다. 농민들은 집단 농장의 토지를 의무적으로 경작해야 했지만 그들에게는 집 주위에 약간의 땅 뙈기를 소유하는 것이 허용되기도 했다. 농민들로서는 국가에 징발당하는 집단 농장의 생산물을 위해 노동을 투여하는 것보다, 비록 적은 양이지만 자신들의 텃밭에서 자가 소비 생산물을 위해 노동하는 것이 훨씬 이로운 일이었다. 따라서 스탈린 체제가 약속했던 '행복한 생활'을 영위하기 위해 농민들은 집단 농장에서 일하는 시간보다 텃밭에서 일하는 시간을 더 많이 확보하기 위해 노력하였다. 또한 쿨라크(부농)로 낙인찍혀 시베리아와 같은 변방 지역으로 추방당하기 전에 '자발적인 탈쿨라크'의 전략, 즉 자신의 고향을 떠나 대도시 노동자로 신분을 전환하여 생활을 유지해나가는 방법을 모색하기도 했다.[16] 이와 같이 1930년대에 러시아 농민들은 체제의 즉각적인 대응을 불러올 수 있는 노골적인 저항에 나서기보다는, 집단 농장 체제라는 새로운 조건 하에서 생활을 유지해나갈 수 있는 그들만의 생존 양식을 터득하고 있었다.

노동자들에게서도 생존을 위한 다양한 대응 전략을 발견할 수 있다. 노동자들은 앞서의 예와 같이 집단 행동을 통해 체제에 대한 불만을 드러내기도 했지만, 다수의 대응 방식은 그들의 일상 생활과 관련된 다양한 불만들을 개별적으로 표출하는 것이었다. 즉 그들은 상점에 많은 물건이 쌓이기 시작했지만 가격이 지나치게 상승해 대부분의 노동자들은 구입할 수 없다는 내용의 편지를 중앙 신문 편집국에 보냄으로써 시정을 촉구하였다. 이러한 편지들에는 물이 새는 숙박소 지붕, 불결한 매점, 임금 체불에 대한 불만 등과 같이 실제 생활에서 경험할 수 있는 고충들이 구체적으로 열거되어 있었지만, 정치적으로 민감한 사항인 낮은 임금이나 굶주림 같은 문제에 대한 언급은 결코 없었다.[17] 노동자들은 체제에 정치적 위기감을 제공하지 않으면서 자신들의 요구를 극대화하려는 전략을 사용했다고 말할 수 있을 것이다.

일부 노동자에게서 스탈린 체제에 대한 강한 협력의 계기가 되었던 스타하노프 운동에 대해서도 노동자들의 반응이 한결같은 것은 아니었다. 보통의 노동자에게 스타하노프 운동의 수혜자는 부러움의 대상이기도 했지만 시기와 증오의 대상이기도 했다. 특히 신참 노동자들에 비해 이 운동의 혜택을 누릴 가능성이 상대적

16) Sheila Fitzpatrick, 《스탈린의 농민 : 집단화 이후 러시아 농촌에서의 저항과 생존 Stalin's Peasant : Resistance & Survival in the Russian Village after Collectivization》(Oxford : Oxford University Press, 1994).

17) Sarah Davies, 《스탈린의 러시아에서의 여론 : 숙청, 선전과 불만, 1934~1941 Popular Opinion in Stalin's Russia : Terror, Propaganda and Dissent, 1934~1941》(Cambridge : Cambridge University Press, 1997), 23~31쪽.

으로 적었던 고참 노동자들의 불만은 대단했다. 44년 동안 공장에서 일해온 한 고참 노동자는 스타하노프 운동을 통해 명성을 얻은 1~2년 경력의 신참 노동자가 자신보다 높은 봉급을 받으면서 스탈린 동지를 알현할 기회도 얻었다고 불평하였다. 또 다른 각도에서의 스타하노프 운동에 대한 반감도 노동자들 사이에서 자주 언급되었다. 그들에 따르면 운동의 혜택을 개별 노동자가 누리는 것이 문제가 아니라, 체제가 생산성을 높인다는 구실로 노동자를 착취하는 것이 문제라는 것이었다. 생산 할당량을 점진적으로 올림으로써 사회주의 체제가 자본주의에서와 같은 착취의 기술을 도입하고 있다고 노동자들은 불평하였다.[18)

이와 같이 구체적 삶의 영역과 연관시켜 살펴보면 스탈린 체제에 대한 일반 민중의 반응을 극단적인 저항과 협력이라는 양분법으로 재단하는 것이 어려워진다. 그들은 경우에 따라서는 정책을 시행하려는 지역 관리들에 대한 직접적 폭력이라든가 생산 활동의 중지 같은 방법을 동원하기도 했지만, 그러한 방식은 또한 많은 희생을 불러올 수도 있는 것이었다. 그들은 체제에 전면적인 위기감을 불러일으키지 않으면서 자신들의 이익을 충족시킬 수 있는 다양한 전략을 구사하였다. 이러한 전략은 대부분 체제에 대한 조직적 혹은 직접적 불만으로 표현되기보다는 개인적 삶의 조건에 맞는 다양한 방식들로 표현되었다. 이렇게 볼 때 스탈린 시대의 러시아 사회를, 겉으로 보이는 위로부터의 통제가 곳곳에 구현되어 그 안의 민중은 묵묵히 국가의 지시를 따르기만 했던 그런 사회로 보기는 어렵다. 비록 개별적인 수준이기는 했지만, 당시의 러시아 민중은 체제에 대한 지지와 불만의 정도를 다양한 방식으로 표출

---

18) Sarah Davies,《스탈린의 러시아에서의 여론 : 숙청, 선전과 불만, 1934~1941》, 31~34쪽.

하였다. 스탈린 체제는 결국 복잡한 양상으로 얽혀 있는 이러한 개별적 차원의 지지와 불만을, 체제를 공고히 하는 데 도움이 될 경우에는 효율적으로 조직하고 반대의 경우에는 억제하면서 유지했던 것이다. 1930년대 러시아 사회 구성원들의 체제에 대한 관계는 '지지'와 '저항'이라는 단순 이분법으로 규정할 수만은 없는 것이었다.

4. 정치 테러에서 나타난 지지와 협력

우리는 스탈린 시대의 국가 권력과 민중 간의 관계를 일방적으로 규정하기 어렵게 만드는 또 하나의 계기를 그 시대의 가장 큰 치부라고 할 수 있는 정치 테러의 진행 과정에서 찾아볼 수 있다. 스탈린 시대에 그토록 많은 희생자를 낳았던 정치 테러는, 어떤 의미에서는 스탈린 체제의 핵심적 구성 요소로 간주될 수도 있으므로 여러 각도에서 이를 설명하기 위한 연구가 진행되어왔다. 많은 연구자들은 '무엇이 대숙청을 야기하였는가'라는 기본적인 문제에서부터 '누가 비난받아야 하는가'라는 책임론에 이르기까지 결코 쉽지 않은 문제를 풀기 위해 씨름해왔다.

전체주의론적 시각에서 숙청은 체제가 가지고 있는 이데올로기적 속성에 비추어 볼 때 필연적인 것이었다. 레닌주의 혹은 볼셰비즘은 애초에 숙청으로의 길을 예견하고 있었다는 것이다. 이에 따르면, 인민을 대표하는 당 지도자는 결코 오류가 없는 절대자와 같기 때문에 그에 대한 반대는 곧 당과 지도자를 동일시하는 볼셰비즘의 이념과 배치될 수밖에 없다. 레닌의 분파 활동에 대한 금지, 반대자를 제거하기 위해 내전 기간부터 성장하기 시작한 경찰력의 확대 등도 이미 당의 독재를 공고히 하려는 볼셰비즘의 의도에서 비롯된 것이었다. 레닌보다 훨씬 무리한 방법으로 권력을 장악한 스탈린은 이러한 이데올로기적 뒷받침과 경찰 기구들을 이용하여 테러의 전 과정을 지휘한 중심 인물이자 엄청난 희생을 초래한 장본인이다. 스탈린이야말로 테러로 인한 막대한 인명 손실의 책임을 회피할 수 없는 인물인 것이다.[19]

그러나 스탈린의 정치 테러가 사회적 조건과는 아무런 관계 없이 그의 개인 의지에서 비롯된 것이라는 설명은 테러의 규모와 기간 등을 고려할 때 많은 반론을 야기할 수밖에 없었다. 스탈린 개인에게 모든 책임을 덮어씌우기보다는 그러한 대규모 숙청을 가능하게끔 한 사회적 배경을 찾아야 한다는 주장이 제기되었던 것이다. 스탈린의 '위로부터의 혁명' 이후 달라진 사회적 조건 위에서 스탈린의 정치적 테러를 설명하려는 것은 이러한 맥락에서 시도되었다. 이에 따르면 집단화와 산업화라는 러시아 사회의 구조적 개편에도 불구하고 많은 급진적 노동자들은 여전히 사회주의적 이상과는 동떨어진 현실에 낙담하고 있었다. 그들은 이러한 좌절감을 네프 시기의 사회 분위기에 편승하여 성장한 전문가들과 구체제의 관리자 집단들에 대한 공격으로 해소하려 했으며, 당 지도부는 이러한 기층 민중의 불만을 구 엘리트층을 제거하는 데 이용했다는 것이다.[20] 따라서 스탈린의 테러가 일정 정도의 지지층을 확보하고 있었다는 주장이 가능해진다.

---

19) A. Solzhenitsyn,《수용소 군도 1918~1956 *The Gulag Archipelago 1918~1956*》(London : Smithmark Publishing, 1973) ; Robert Conquest,《대숙청 *The Great Terror*》(Oxford : Oxford University Press, 1971).

20) J. Arch Getty,《대숙청의 기원 : 소련 공산당에 대한 재검토, 1933~1938 *The Origins of the Great Purges : The Soviet Communist Party Reconsidered, 1933~1938*》(Cambridge : Cambridge Universtiy Press, 1985).

테러가 가능했던 사회적 조건이 존재했을 뿐만 아니라 지도부 내에도 테러를 추진하게끔 한 동력이 있었다는 주장 역시 테러가 스탈린 개인의 의지만은 아니었음을 밝혀주었다. 이에 따르면 테러의 기원을 설명함에 있어서 핵심적인 것은 중앙의 정치 기구, 즉 정치국의 운영 기제를 밝히는 것이다. 정치국 지도자들은 '우리가 곧 국가'라고 언명할 정도로 국가 운영에 관한 모든 실권을 장악하고 있었기 때문에, 이에 대한 분석은 1930년대의 소비에트 러시아 정치 과정의 핵심을 이해하는 첩경이다. 정치국 자체의 작동 원리에 대한 분석과 더불어 정치국원들과 최고 권력자인 스탈린 사이의 다양한 권력 관계를 제시한다면 스탈린 시대를 보다 올바르게 이해할 수 있다. 1930년대에 정치국 내에서는 두 분파, 즉 급진파와 온건파의 대립이 지속되고 있었는데, 이러한 대립의 해결은 스탈린의 최종 선택에 의해 좌우되었다. 테러가 상승 작용을 일으키며 확대될 수 있었던 것도 결국 스탈린이 정치국 내 급진파의 손을 들어주었기 때문이었다.[21] 이러한 해석에 따르면 테러는 최고 정치 기구로부터의 지지를 어느 정도 확보하고 있었다.

테러의 조건을 중앙 기구 내의 갈등뿐만 아니라 지방과 중앙 간의 갈등 차원으로 확대할 경우에도 테러의 동력을 발견할 수 있다. 1930년대에 경제 개발 계획을 추진해나가는 과정에서 지방 지도자들은 중앙으로부터의 원조를 지속적으로 확보하기 위해서라도 중앙이 책정한 목표 수치를 달성한 것처럼 경제 지표를 작성해야 했으며, 실제 경제 수치는 은폐하려 했다. 그러나 이러한 자기 보호적인 지방 정치 지도자들의 행동이 중앙에 알려지게 되면서 중앙당 지도자들은 지방의 정치 파벌들이 모스크바를 속이기 위한

---

21) О. В. Хлевнюк, 《정치국. 1930년대 정치 권력의 기제 *Политбюро. Механизмы полит-ической власти в 30-е годы*》(Москва : РОСС, 1996).

대규모 음모에 가담하고 있다고 생각하기 시작했으며, 그 결과 지방 지도부에 자리잡고 있다고 생각되는 '인민의 적들'을 제거하기 위한 대대적인 숙청에 착수하였다. 이러한 설명에 따르면 1930년대의 테러는 내무인민위원부NKVD만의 독자적 행동에 의한 것이 아니라, 성취 불가능한 무리한 경제 개발 계획으로 야기된 관료제 내의 '긴장의 폭발'에서 동력을 얻은 것이었다.[22] 따라서 여기에서도 스탈린의 테러가 스탈린 개인만의 의지에 기인한 것이라기보다는, 이를 통해 주도권을 확보하려는 집단의 존재에 힘입은 것이었음이 강조된다.

테러 감행의 계기를 지금까지 설명한 바와 같이 국가 기구 내의 갈등을 통해서만 파악할 수 있는 것은 물론 아니다. 소비에트 체제의 몰락 이후 접근 불가능했던 사료들이 속속 공개되면서 스탈린 체제를 연구하는 역사가들은 테러를 다른 각도에서 바라보기 시작했다. 즉 스탈린 시대의 테러를 특정 국가 기구나 지도적인 인물들 간의 세력 다툼으로 바라보는 방식에서 벗어나, 테러를 주도한 비밀 경찰 같은 기구와는 아무런 관련이 없는 보통 사람들이 테러에 기여한 바에 대해 눈을 돌리게 된 것이다. 그동안의 시각이 스탈린 시대의 정치 테러를 '위에서부터 아래로'의 차원에서 바라보는 것이었다면, 이러한 시각은 그 테러를 '아래서부터 위로'의 작용으로 설명하려는 시도였다. 이러한 맥락에서 중요하게 부각될 수 있었던 것은 보통 사람들의 고발 행위였다.

스탈린 통치 하의 러시아 사회에서 어느 개인을 권력 기관에 고발한 사례들을 우리는 몇 가지 유형으로 분류할 수 있다. 첫 번째

---

22) James R. Harris, 《대(大)우랄 : 지역주의와 소비에트 체제의 진화 The Great Urals : Regionalism and the Evolution of the Soviet System》(Ithaca, New York : Cornell Universtiy Press, 1999).

는 체제의 유지에 위협이 될 수 있다고 생각되는 '반소비에트적' 언행을 한 사람에 대한 고발이다. 이러한 고발 행위에 참여한 사람들은 피고발인들의 반체제적인 언사, 즉 트로츠키, 지노비예프, 부하린 등을 옹호하는 발언을 듣고도 이를 고발하지 않으면 소비에트 사회의 충성스러운 성원으로서 책임을 다하지 못하는 것이라며 자신들의 행위를 합리화했다. 부모라 하더라도 그들의 언행이 소비에트 체제의 발전에 유해한 영향을 끼칠 만한 것이라면 고발의 대상에서 제외될 수 없었다. 쿨라크를 보호해준 아버지를 고발하여 결국 죽음에 이르게 한 모로조프Pavlik Morozov는 가장 극단적인 사례가 될 것이다.[23] 또한 당과 국가 기관의 요직에 '이질적 계급 출신 성분'을 가진 이가 임명되어 있는 경우도 고발의 대상이었다. 그들의 숨겨진 출신 성분을 폭로함으로써 고발인들은 당과 국가 기구의 '정화' 기능을 수행한다고 생각했다. 마지막으로 스탈린 시대에 고발의 표적이 되었던 인물들은 집단 농장의 책임자 혹은 지방 행정 조직의 관리들이었다. 특히 당시의 어려운 경제적 상황에서 집단 농장 책임자에 대한 불만이 농민들의 편지에서 두드러지게 나타난다. 이러한 편지에 따르면 집단 농장 책임자들은 곡물 조달의 책임량을 완수하지도 못했고, 굶주린 농민들이 집단 농장에서 떨어져 나가는 것을 막지도 못했다.[24] 결국 이러한 고발

---

23) 파블리크 모로조프의 일화에 관한 설명은 다음을 참조. Robert Conquest, 《비탄의 수확 *Harvest of Sorrow*》(Oxford : Oxford University Press, 1986), 293~296쪽 ; Sheila Fitzpatrick, 《스탈린의 농민 : 집단화 이후 러시아 농촌에서의 저항과 생존》, 254~256쪽.

24) Sheila Fitzpatrick, 〈아래로부터의 신호 : 1930년대 소련에서의 고발 편지Signals from Below : Soviet Letters of Denunciation of the 1930s〉, Sheila Fitzpatrick · Robert Cellately (eds.), 《고발의 관행 : 근대 유럽사에서의 고발, 1789~1989 *Accusatory Practices : Denunciation in Modern European History, 1789~1989*》(Chicago : University of Chicago Press, 1997), 85~120쪽.

행위를 통해 1930년대 러시아 민중은 그들이 의도했든 안 했든 간에 스탈린 체제의 국가 기구만으로는 추진할 수 없었던 '가상의 적'을 몰아내는 데 일조했던 것이다. 스탈린 시대의 숙청은 이러한 아래로부터의 자율적인 정화와 위로부터의 정치적 의도가 맞물리면서 광범위하고 단호하게 추진될 수 있었다.

스탈린 시대의 테러는 이렇듯 광범위한 기제 아래에서 전개되었다. 그것은 단순히 지도자 개인의 의지만으로 진행되지 않았다. 거기에는 중앙 정치 기구에서 있었던 세력 확대를 위한 투쟁뿐만 아니라 지방과 중앙 관리들 간의 긴장 관계를 적절히 활용한 스탈린의 책략이 개입돼 있었다. 여기에 사회를 구성하는 보통 사람들 사이에서 일어난, 체제에 해가 될 만한 인물들을 권력 기관의 도움을 얻어 배제하려는 시도까지 결합되면서 테러는 강력한 추진력을 갖게 되었다. 물론 테러를 가능케 한 이러한 사회적 동력을 강조한다 해서 스탈린 시대의 인민들이 이를 열렬히 지지하면서 살아갔다는 의미는 아니다. 테러는 그들의 삶을 공포에 사로잡히게 하면서 체제의 잔혹성을 느끼게 하는 사건이기도 했다. 그러나 이를 저지할 만한 아무런 힘도 가지고 있지 못한 상황에서 보통 사람들은 체제에 대한 순응을 과시할 필요도 있었다. 결국 테러의 진행 과정 속에 일방적인 강제뿐만이 아니라 자발적인 순응도 존재했다는 것은 1930년대 스탈린의 독재 체제를 단일한 색채로 그리는 것을 불가능하게 한다. 거기에는 명확한 단정을 어렵게 만드는, 체제에 대한 다양한 태도가 복잡하게 얽혀 있었던 것이다.

5. 이원적 분석 시각을 거부하는 체제의 작동 기제

1930년대 스탈린 체제를 바라봄에 있어 우리의 시각을 정부 상층부나 국가 기관에만 한정하지 않고 그 안에 살았던 구체적인 사람들로까지 확대할 경우, 우리는 체제의 작동 방식에 대한 일면적 시각에서 벗어날 수 있는 가능성을 발견한다. 체제의 목표와 행위를 적극적으로 받아들인 사람들이 있었는가 하면, 체제를 주어진 것으로 받아들이면서 자신의 일상의 의무를 수행하려는, '수동적 합의'의 태도를 취한 사람들도 존재했던 것이다. 체제에 대해 수동적 합의의 전략을 취했던 많은 사람들은 자신들의 이해 관계가 직접적으로 침해받지 않는 한 체제에 대한 조직적 저항의 필요성을 느끼지 않았다. 이러한 수동적 합의를 거부하고 체제에 대한 적극적 저항 의지까지 표출한 사람들도 일부 있었지만, 이러한 경우를 체제에 대한 주류적 대응 양식으로 규정하기는 어려울 듯하다.

여기서 우리가 1930년대 러시아 사회를 구성하고 있던 사람들로부터 '수동적 합의'의 모습을 발견할 수 있다고 할 때 그것은 체제의 특성을 다분히 반영하고 있는 규정이다. 체제 구성원들은 중앙 기관지에 보내는 편지 등을 통해 살아가면서 경험한 불만 사항들을 시정해줄 것을 요구하기는 했지만, 그러한 불만의 해소를 위해 자신들을 극단적 행동으로 내몰지는 않았다. 체제의 폭력성과 억압의 존재를 어느 정도 느끼고 있는 상황에서 자신들의 요구를 끝까지 관철하기 위해 행동할 경우의 위험성을 보통 사람들은 자각하고 있었기 때문이다. 적극적으로 저항 의지를 표출할 경우 체제로부터 받을 위협을 예견할 수 있는 상황에서 그들의 '수동적 합의'는 어떤 면에서 가장 합리적인 선택이었던 것으로 보인다.

'수동적 합의'의 개념은 분명 1930년대의 스탈린 사회가 단일

체제'로서 위로부터의 명령만을 주된 동력으로 삼아 움직이는 사회가 아니었다는 것을 보여준다. 그러나 1930년대 러시아 사회의 복잡한 측면을 이것으로 모두 이해했다고 단정할 수는 없다. 왜냐하면 우리는 아직 '수동적 합의' 안에 내재되어 있는 보다 정교한 부분에 대해서는 알지 못하기 때문이다. 즉 보통 사람들의 체제에 순응하는 듯한 태도 중 얼마만큼이 그들의 자발적 의지에서 비롯된 것이었는지, 그리고 또 얼마만큼이 체제의 폭력성을 감안한 수동적인 선택이었는지를 확정하기가 어렵기 때문이다. 체제에 대한 합의의 의사를 가지고 있지는 않았지만 체제의 폭력성이 두려워 합의할 수밖에 없었을 때, 그것을 체제에 대한 진정한 지지로 규정하기는 어려울 것이다. 테러의 과정을 용이하게 만든 측면이 있다고 지적된 구성원들의 고발 행위에서도 문제는 남는다. 대다수의 고발자들은 체제의 발전과 존속을 위한 '충성의 발로'라는 점을 강조했지만, 주변 사람을 권력 기관에 고발한 이면에 개인적인 사심의 작용이 전혀 없었다고 얘기할 수는 없다. 사회적 신분 상승을 위해, 또는 단순한 시기심으로, 체제의 안정적 유지에 해가 되지 않는 사람들을 권력 기관에 고발함으로써 피해를 입힌 경우도 발견되기 때문이다. 체제의 발전에 대한 고려 없이 개인적 사욕을 채우기 위해 행하는 고발은 무고한 개인을 희생시킴으로써 체제의 발전에 해를 입힐 수도 있는 것이었다. 따라서 우리는 고발 행위가 체제에 해로운 요인들을 제거한다는 숙청의 명분을 '아래로부터' 얼마나 강화시킬 수 있었는지 면밀히 검토해보아야 한다. 이러한 문제의 해결은 결국 아직도 묻혀 있는 많은 비밀 자료들, 즉 국가 비밀 경찰의 심문 자료들이라든가 개인적 서한들을 역사가들이 얼마나 자유롭게 활용할 수 있는가에 달려 있을 것이다.

스탈린 체제는 히틀러의 체제와 더불어 전체주의적 운영 기제를 대표하는 체제로 오랫동안 거론되어왔다. 그러나 최근 들어 그것의 '전체주의적' 성격에 대한 의문이 여러 각도에서 제기되고 있다. 체제에 반대하는 '적'과 체제에 협력하는 '아군'이라는 뚜렷한 대립 전선이 존재하여 '적'에 대한 일방적 탄압이 체제에 의해 자행된 것만은 아니라는 것이 여러 형태의 실증적 연구를 통해 확인되고 있다. 다수의 보통 사람들은 뚜렷한 입장을 유보한 채 당시의 조건에 적합한 생존 전략을 모색하고 있었던 것이다. 그들의 태도를 진정한 협력이라고 부를 수 있는지의 문제는 여전히 남지만, 그럼에도 불구하고 스탈린 체제는 그 내부에서 강요와 억압만으로는 유지되기 힘들 정도로 복잡한 작동 기제를 키워나갔던 셈이다.

스탈린주의와 소비에트 사회

알렉산드르 골루베프 :: 이종훈 옮김

1. 근대화와 복지 국가

'스탈린주의와 사회'라는 문제는 복합적인 것이어서 가장 포괄적인 문헌에서도 완전한 논의를 기대할 수 없다. 그럼에도 필자가 생각하기에 가장 중요한 몇몇 측면을 개괄해보고자 한다.

1920년대에 최종적으로 성립된 소비에트 정치 체제는 빈번히 전체주의적이라고 규정된다. 이 체제는 시각에 따라, 러시아 근대화의 최초 단계에서 나타난 위기의 '결과'로도 보이고, 다른 한편으로는 제2단계, 즉 러시아 역사상 전간기(戰間期)의 본질을 특징짓는 스탈린 근대화 단계를 수행한 하나의 '수단'으로도 보인다. 이 체제는 독일 및 이탈리아의 체제처럼 두 가지 특징적 면모를 지니고 있었다.

알렉산드르 골루베프Aleksandr V. Golubev 박사는 러시아 학술원 산하 러시아사 연구소(IRI RAN)에서 선임 연구원으로 활동하고 있으며, 같은 연구소에 속한 국민문화연구센터를 책임지고 있다. 《러시아와 서구. 20세기 전반 러시아 대중 의식 속에 형성된 정치적 고정 관념Russia and the West. Formation of political stereotypes in Russian public consciousness in the first Half of the Twentieth century》(공저), 《'약속의 땅을 바라보며'. 1920년대와 1930년대 소비에트 문화 외교사로부터 "Looking at the Promised Land." From the history of soviet cultural diplomacy in 1920~30s》 등의 저서를 냈다. 이 밖에도 소비에트 정치사, 문화사, 망탈리테사, 이미지 만들기 기술에 관한 여러 편의 글을 발표했다.

첫째로, 전체주의 체제를 특징지은 것은 정치 생활과 개인 생활에서 전 주민의 행동뿐만 아니라 그 감정과 생각까지도 통제하려 하는 권력의 욕망이다. 물론 모든 정치 체제는 이러한 기능의 획득을 추구한다. 차이가 있다면 욕망하는 통제의 '수준'과 이를 달성하기 위해 동원하는 '수준'이다.

역사적 경험에 따르면, 대규모 테러를 포함한 가장 엄격한 수단이라 할지라도 사회를 완벽히 통제할 수는 없다. 그렇지만 전체주의 체제가 실제로 장악한 권력의 수준은 평균을 훨씬 상회한다.

둘째로, 이러한 유형의 체제는 통상적으로 대중 운동의 결과로 등장하며, 국가적 중요성을 지닌 하나의 '전체적' 목표를 위해 사회나 그 일부를 동원하면서 일정 기간 동안, 경우에 따라서는 상당 기간 동안 대중적 지지를 누린다. 소비에트 사회의 목표는 인류 역사상 최초로 공평하고 행복하며 번영하는 사회주의 사회의 건설, 그 다음으로는 공산주의 사회의 건설이었다. 이 목표는 비현실적이고 실현 불가능한 것일지 모르지만 여전히 호소력을 지니고 있었다.

동시에 유토피아를 추구함에 있어 체제는 소련에 산업 사회를 건설하기 위한 막대한 노력을 기울였다. 이는 '스탈린 근대화'와 통상적으로 결부된 '중공업'의 발전만을 의미하는 것이 아니라, 모든 형태의 사회 조직의 교체와 아울러 문화, 철학, 시민의 인간 유형 등 사회의 모든 기본 요소에 대한 파괴를 의미한다. 사실상 이 체제는 이전의 차르 체제가 실패한 근대화의 문제들을 해결하고자 했다.

소비에트 근대화의 중대한 한 요소는 독특한 소비에트식 '복지 국가'의 발전이었다. 오늘날 근대화 과정에서 '복지 국가'의 발전이라는 개념은 거의 보편적으로 인정된다. 이 과제는 일률적으로 성공을 거둔 것은 아니지만, 20세기 민주주의 체제와 대중독재 둘 다에 의해 해결되었다. 그런데 소련에서의 상황은 독특했다. 근대화의 공통적 특징과 아울러 새로운 사회주의 국가의 형성은, 한편으로는 마르크스주의 지배 이데올로기에, 또 한편으로는 소비에트 체제의 독특한 기원에 기반을 두었다. 체제는 혁명의 결과 수립되어 (내전의 과정과 그 결과에서 드러났듯이) 대중적 지지를 누렸으며, 천명했던 이상들을 추구해야 했다.

사회 정책은 체제에 대한 대단한 지지를 가져왔다. 이를 입증할 만한 자료는 충분한데, 그 중에는 이른바 '하버드 프로젝트 Harvard Project'의 자료가 있다. 하버드 프로젝트란 1950~1951년 하버드 대학교 연구원들이 '이주자들', 즉 2차 세계대전이 끝난 후 자의든 타의든 이런저런 이유로 서방에 머물게 된 소련인들을 대상으로 실시한 여론 조사를 말한다. 조사는 수천 명을 대상으로 소련 생활의 여러 가지 측면에 대한 태도를 다루었다. 이 프로젝트 자료는 이 글과 관련하여 특별한 흥미를 유발하는데, 그것은 이 자료가 권력의 특별 조치 중 어떠한 것이 체제 일반에 비판적인 인물에게서까지도 열성을 불러일으켰는지를 보여주기 때문이다.

이주자들의 다수는 소비에트 체제가 보건, 문맹 퇴치, 영농 기계화 영역에서 상황을 개선시켰다는 데 동의했다('보건'의 경우 집단 농장 일꾼의 68퍼센트와 지식인의 90퍼센트가, '문맹 퇴치'의 경우 집단 농장 일꾼의 83퍼센트와 지식인의 97퍼센트가, '영농 기계화'의 경우 공업 노동자의 78퍼센트와 집단 농장 일꾼의 80퍼센트와 지식인의 96퍼센트가 동의했다). 조사 대상자의 다수 (76~93퍼센트)가 국가의 고용 보장제에 대해 긍정적이었다. 소비에트 체제에서 체제 변화 이후에도 존속되어야 하는 요소는 무엇인가 하는 질문에는 응답자의 50~60퍼센트가 교육 및 보건 제도를 꼽았다. 더욱이 소련과 미국의 보건 시스템을 비교하면서 이주자들은 2대 1의 비율로 소련 쪽을 선호했다.[1]

따라서 이미 1930년대에 '복지 국가'는 소비에트 권력의 진정한 업적 중 하나였으며, 더 나아가 이는 체제의 사회적 · 정치적 기반을 공고히 하는 데 충분한 영향을 주었다고 결론지을 수 있다. 비(非)이주자, 즉 소련에 머물러 있었고 개념 규정상 체제에 덜 비판적이었던 사람들을 대상으로 비슷한 조사가 이루어졌다면 권력에 좀더 호의적인 결과가 나왔으리라는 데는 의심의 여지가 없을 것이다.

2. 대중의 동향과 권력

근대화는 전통 사회의 특징적인 사회적 관계들이 부분적으로 파괴된, 이른바 '대중' 사회의 출현과 관련되어 있다. 전통 사회의 관계들은 새로운 관계들로 교체된다. 새로운 관계들은 전체적으로 이른바 시민 사회를 형성한다. 러시아에서 그 과정은 완만하게 진행되고 있었다. 시민 사회의 해체, 또는 나치 독일의 경우와 같은 지배 체제에 대한 완전한 종속은 전체주의 체제의 한 요건이다. 혁명 이후 러시아에서 사회의 이러한 해체는 점진적이었으며, 전체주의로 가는 길에서 특별한 이정표로 나타난 몇몇 단계를 거쳤다. 첫 단계에서 권력은 자유 언론, 다당제, 대규모 사유 재산을 일소했다. 그러나 1920년대에도 시민 사회는 매우 제한된 형태로나마 존속했다. 체제에 충성하기는 하지만 체제로부터 독립된 비정부

---

1) 이 글에서 계속 언급되는 '하버드 프로젝트' 자료는 E. Kodin, 《하버드 프로젝트 *Havard Project*》(Moscow, 2003), 109~144쪽에서 인용.

기구들이 있었으며, 다양한 소유 형태가 존재했다.

이 모든 것이 1920년대 말에서 1930년대 초 악명 높은 '대전환'의 과정에서 파괴되었다. 정권뿐만 아니라 사회의 일부가 신경제정책NEP의 일소에 관심을 갖고 있었다는 점이 지적되어야 한다. 대도시에는 우선 공업 노동자들이 있었다. 그들은 악화 일로의 보급 시스템, 대량 실업, 사회적 불평등으로의 회귀에 좌절했으며, 동시에 사회주의 이데올로기와 혁명이 천명한 목표를 진정으로 옹호했다. 그리고 사회적 지위 상승을 지향하고 유토피아 사상을 공유하는 청년들이 있었다. 또한 그때까지 이미 수적인 증가를 이루었고 점차 체제의 주된 사회적 기반이 되어가고 있던 신흥 관료 집단이 있었다. 농촌에는 빈농, 날품팔이, 하층 활동가 및 관료, 그리고 청년층이 있었다. 1920년대에 정부 정책의 목표가 전통적인 농촌 사회 제도를 파괴하고, 의식적으로 계급 투쟁을 불러일으키며, 당시 지위에 가장 불만족스러워하는 사회 집단에 의지하여 지지기반을 구축하는 것이었다는 점은 우연이 아니다.

스탈린의 '대전환'은 다른 것들과 함께 '사회적 유동성'의 대규모적 증대를 의미했다. 그것은 많은 사회 집단의 이해 관계를 의미했으며, 따라서 체제의 사회적 기반을 강화했다.

전체주의 체제는 전통적인 독재와는 달리, '정치로부터 대중을 떼어놓으려는' 어떠한 시도도 하지 않았으며, 오히려 적합한 분위기 속에서 대중을 정치화하고자 최선을 다했다. 정치로부터 거리를 두려는 개인들의 시도는 은근한 불충의 한 형태로 간주되었다.

이에 더하여 언급되어야 할 것은 볼셰비키들이 이데올로기 지향적이었다는 점이며, 그래서 그들 다수가 이데올로기적으로 현실과 분리되어 있기는 했지만 일반적으로 하나의 분리된 파벌을 결성하지는 않은 상태였고, 그들의 강점이라고 할 수 있는 대중과 함께 일하는 기본적인 자세를 상실하지 않고 있었다는 것이다. 그들은 여전히 사회로부터의 피드백을 구축하고 있었다. 더욱이 그들은 점점 더 주의를 기울여가며 진행 중인 과정을 '분석'하려고 노력했다. 볼셰비키들이 구축한 '피드백' 시스템은 다중 채널을 형성하고 있었다.

그들은 이전의 지배 체제로부터 물려받은 검열 시스템에 숙달하여 그것을 전례 없이 광범위한 규모로 활용하였다. 이러한 메커니즘을 통해 얻은 정보는 정기적으로 국가 고위 기관에 제출되었다. 이러한 관행은 레닌이 도입하였다.

1921년에 설치된 통합정치운영부OGPU 특별정보국은 사회의 심리 상태에 관한 자료 준비를 담당하였다(1931년 이 정보국은 비밀 경찰의 구성 기관이 되었다).[2]

무수한 정보 제공자 조직망이 존재했다. 공산주의자들은 이른바 자발적인 '정치운영부GPU 지원국'을 결성하였다. 조직원들은 모든 종류의 반소비에트적 분위기와 사건에 관한 정보를 수집하고 정치적 분위기와 각종 조직 및 기업 구성원들의 태도에 관한 검토 결과를 제공해야 했다.

공안 기관들과 더불어 사회 분위기에 대한 두 번째로 중요한 정보 출처는 당의 여러 조직이 준비하는 검토 및 보고 자료다.

공산당VKP(b) 중앙 위원회에는 소비에트 정권에 대한 주민들의

---

2) 최근에 공안 기관의 문서 및 자료가 간행되고 있다. 대표적인 것은 다음과 같다.《'특급 비밀' : 루뱐카(루뱐카는 역대 공안 기관의 본부가 자리한 모스크바 중심가를 말한다 — 옮긴이주)에서 스탈린에게 나라 정세에 관하여(1922~1934년) "Совершенно Секретно" : Лубянка - Сталину о положении в стране (1922~1934 гг)》, 전6권(Москва , 2001~2003). 농촌 정세 보고 자료집의 대표적인 것은 다음과 같다.《전(全) 러시아 비상 위원회-통합정치운영부 - 내무인민위원부 시각을 통한 소비에트 농촌. 1918~1939년. 문서와 자료 Советская деревня глазами ВЧК-ОГПУ-НКВД . 1918~1939. Документы и материалы》, 전4권(Москва , 1998~2000).

태도에 관하여 정보를 수집하는 정보국이 있었다. 그 목표는 '중앙 위원회의 활동과 당 내부의 움직임 전반에 관한' 정보 채널을 총괄하는 것이었다. 1924년 4월 중앙 위원회 서기국은 정보국 활동에 관한 임시 규정을 승인하였는데, 그 주된 목표는 '당, 근로 계급, 농민의 요구와 분위기를 감지하고 파악하는 것"으로 규정되어 있었다. 지역 당 위원회와 주요 공업 대도시의 당 위원회로부터 올라오는 자료가 정보국에 전달되었다. 그것은 정부 캠페인과 정책의 새로운 경향에 대하여 형성되는 공산주의자들과 주민 일반의 분위기를 검토한 자료였다.

또한 육군 및 해군의 총정치국, 공산주의청년동맹(콤소몰Komsomol), 노동조합 산하 조직들, 그리고 공공 기구들도 검토 및 보고 자료들을 준비했다. 소비에트연방 최고 간부 회의 의장 칼리닌 Mikhail I. Kalinin의 비서국을 포함하여 소비에트연방의 각 최고 기구들은 접수된 민원 사항에 대한 검토 자료를 준비하였다.

당 중앙 위원회가 수신한 진정서들은 실제로 왜곡되지 않은 상태로 남아 있는 정보의 중요한 출처로 볼 수 있다. 그러나 대부분의 경우 이러한 편지들의 발신자는 권력에 충성하며 정치적·사회적으로 적극적인 사회 구성원들이었다는 점이 언급되어야 할 것이다. 이상 언급된 모든 채널은 '침묵하는 다수'의 태도에 관하여 어렴풋한 이해를 제공하지만 아울러 약간의 정보도 제공한다.

소비에트 정권은 사회 '분위기의 스펙트럼'에 관하여 완벽하고 충분한 모습을 파악하고 있었다고 결론지을 수 있다. 정보의 신뢰성은 그 포괄성에 근거하고 있었다. 뉴스는 다른 출처의 정보에 의해 수차례의 검증 과정을 거쳤다. 정보 자료는 때때로 권력 상층부에서 예측하지 못했던 돌발적인 문제들에 관해 경고하였다. 여론은 통제를 통해 좀더 효과적으로 다룰 수 있었고, 더불어 정보 통제 시스템은 모든 각급 권력을 수직적으로 다룰 수 있게 했다. 이 모든 것이 사회에서 진행 중인 과정을 (그 결과를 예견할 수 있었던 것은 아니지만) 효과적으로 통제할 수 있도록 촉진하였다.

최근에 입수 가능해진 자료들은 현재 러시아 및 외국 학자들 양쪽 모두에 의해 활발히 연구되고 있다. 이 자료들은 소비에트 사회의 일상사, 망탈리테(집단 심성), 분위기에 대한 여러 연구의 기초가 되고 있다. 이 자료들을 통해 일부 예기치 못한 결론이 도출될지도 모른다. 검열 자료는 예외로 하고, 역사가의 관점에서 이러한 자료들이 지니는 주된 결함은 통계 수치 자료의 결핍이다. 갤럽 연구소는 미국(1935), 영국(1937), 프랑스(1939)에서 정기적인 여론 조사를 시작함으로써 객관적이며 보다 더 중요하게는 역동적인 상을 제시하였다. 소련에는 이런 종류의 조사가 없었다.

대체로 이 시기의 소비에트 정보 자료가, 사회 여론 속의 다양한 분위기가 구성원들 사이에 얼마나 공유되고 있었는가에 대한 충분한 상을 제시하지는 못한다. 검토 자료의 작성자들은 보통 이런저런 태도의 대중성, 즉 확산 또는 만연 상태를 지적하거나, 아니면 반대로 그러한 태도의 유별난 개별성이나 예외성을 지적하곤 했다. 그러나 이러한 평가들은 주관적이고 입증되지 않은 것이어서 신뢰성에 의문이 간다.

그러나 1920년대에는 때때로 몇몇 사회학적 조사가 이루어졌다. 1927년 10월 혁명 10주년 기념일을 앞두고 '중등 교육 교수법 연구소'는 현대 학생 이데올로기에 관하여 여론 조사를 실시했다. 조사는 학생 12만 명을 대상으로 이루어졌으며, 150만 가지 이상의 답변이 분석되었다. 이 조사는 가까운 장래에 나라의 정책을 결정할 젊은 세대의 분위기에 관하여 상당히 대표성을 띠는 상을 제시하고 있다.

답변, 평가, 소망 등은 학생들의 사회적 배경을 반영한다. 공업 노동자들의 자녀는 (십중팔구 부모를 본받아) 나라의 공업화를 주장하고 신경제 정책의 폐기를 요구하였다. 농민과 소규모 수공업 기술자의 자녀는 공업 노동자들에게 부여된 선거상의 특권에 반대하였다. 지식인과 관료의 자녀는 고등 교육의 권리에 관심을 보였다.

혁명의 결과에 대해 이야기할 때, 다른 계급의 경제적 업적은 과대평가되는 경향이 있는 반면에 자신이 속한 계급의 업적은 좀더 회의적으로 평가되었다. 그럼에도 불구하고 응답자의 34.2퍼센트가 소비에트 체제에 절대적인 지지를 보냈고, 46.6퍼센트가 혁명의 전반적 결과들에 대해 완전한 찬동을 표하면서 약간의 개선안을 제시한 반면, 응답자의 2.6퍼센트만이 신체제를 반대하고 구체제의 복원을 원했다.[3]

하버드 프로젝트에도 이에 못지않게 흥미로운 자료들이 있다. 프로젝트의 틀 안에서 진행된 조사의 결과는 소비에트 사회 전체의 특징을 드러내지 못하며, 조사 대상자의 태도가 소련 자체 내에서 어느 정도의 범위로 확산된 것이었는지에 대해 결론을 내리게 해줄 만한 것은 못 된다. 서방에 머물기로 결정한 사람들은 그들 나름의 선택을 한 것이다. 대체로 이들은 소비에트 체제와 그 업적에 적대적인 사람들로, 오히려 부정적 평가를 내리는 경향이 컸다. 그럼에도 조사 결과와 이에 근거한 미국 사회학자들의 결론은 상당한 설득력을 지닌다.

첫 번째 결론은 미국인들에게 불쾌함과 놀라움을 안겨주었는

---

3) А. И. Гельмонт, 《아동과 정치 Дети и политика》, 《육아학 Педология》, 제4호(1929); 《아동 인터내셔널 Детский интернационал》(Москва, 1926); 《아동과 10월 혁명. 소비에트 학생의 이데올로기 Дети и Октябрьская революция. Идеология советского школьника》(Москва, 1929)를 참조하라.

데, 이는 젊은이들이 나이 많은 세대보다 소비에트 체제에 대하여 훨씬 호의적이라는 것이었다. 그들은 단지 테러에 대해, 그리고 서방의 생활에 대한 신뢰할 만한 정보의 부재에 대해 비판적이었다. 불만의 또 다른 원인은 소비에트 체제나 스탈린 체제가 아니라 공산당 지도자들의 인품이었다. 동시에 마르크스주의 사상과 교의의 많은 부분이, 마르크스주의를 배격한다고 주장하는 사람들의 의식에도 깊이 뿌리박혀 있었다. 마지막으로, 조사 대상자였던 이 특별한 집단에서조차 미국인들이 보기에 소비에트 권력에 원칙적으로 적대적이라고 평가할 수 있는 사람들의 수는 그 사회적 지위에 따라 3~6퍼센트 선이었다. 기묘한 것은 소비에트 체제에 불만을 품은 사람들의 비율이 고도의 숙련 노동자들 사이에서 가장 높았다는 점이다. 이 특정한 사회 집단은 '좌절된 기대' 증후군에 직면한 것처럼 보인다. 다른 사람들은 스탈린 체제 하의 삶이 제법 견딜 만한 것이라고 믿었다.

그러나 소비에트 현실의 많은 측면은 조사 대상자들로부터 매우 부정적인 평가를 받았다. 첫째는 집단 농장 시스템이었다. 조사 대상자들은 사회적 지위에 따라 50~60퍼센트가 이 시스템의 폐지를 원했다. 다음으로는 국가 시스템의 무소불위한 조직(집단 농장 일꾼 출신의 25퍼센트, 지식인의 47퍼센트), 테러와 무법(공업 노동자 출신의 26퍼센트, 지식인의 67퍼센트), 개인 이니셔티브의 결여(11~28퍼센트), 열악한 노동 조건(9~25퍼센트) 등을 들었다. 그러나 공산주의 이데올로기를 거부한다는 응답은 공업 노동자의 12퍼센트, 집단 농장 일꾼의 33퍼센트뿐이었다.

스탈린 체제에 대한 진정한 지지에 관한 문제에 답하기는 더욱 어렵다. 하버드 프로젝트 자료를 분석하면서 미국 사회학자들이 내린 결론에 따르면, 체제에 진정으로 헌신하는 사람들의 수는 전

인구의 5퍼센트 정도로서, 이들은 당 고위 권력 기구와 내무인민 위원부NKVD 요원, 관료 조직과 부분적으로 군 조직의 엘리트이다. 미국 학자들에 따르면, 나머지 사람들은 현실에 대해 이런저런 정도의 불만을 갖고 있지만 동시에 수동적이고 충성스럽다. 그러나 러시아 쪽 연구자들은 스탈린주의가 특히 1930년대에서 1950년대에 이르기까지 전 인구로부터 대대적인 지지를 받았으며, 체제에 대한 진정한 지지자들은 사회의 엘리트들을 훨씬 넘어섰다고 믿는다. 일부의 평가에 따르면, 지지자는 전 인구의 20~30퍼센트 선이며 이른바 '노멘클라투라', 공산당원 및 공산주의청년동맹원, 젊은 세대의 상당수를 포함한다.

3. 획일화와 테러

신화 지향적 의식은 세계를 흑백으로 바라보는 경향이 있으며 어떠한 반대도 배격한다. '우리와 함께하지 않는 자는 우리의 적이다'라는 유명한 모토가 등장하는 이유는 바로 여기에 있다. 1937년 2~3월 당 중앙 위원회 총회에서 보로실로프Kliment E. Voroshilov는 군 고위 지휘관들에 대하여 다음과 같은 발언을 했다. '당원이 아닌 지휘관이 있을 수 있으며 또한 앞으로도 있을 것이다. 그러나 비(非)당원인 지휘관들에 대한 우리의 모든 긍정적 태도에도 불구하고, 이들 붉은 군대의 지휘관들이 정치의 외부에 머무르는 것, 이들이 우리 주변에서 진행되는 바에 대하여 무관심한 상태로 있는 것, 이들이 우리의 당과 그 목표와 목적을 무시하는 것, 이들이 우리의 모든 사회주의적 주도권과 우리의 과업을 지지하지 않는 것을 우리는 어떠한 경우에도 용납할 수 없다. 엘리트 지휘관들 중에 있는 이러한 인물들은 절반쯤은 적이며, 가까운 장래에 적의 앞잡이나 바로 적 그 자체가 될지도 모른다."[4)

이러한 분위기는 대중의 의식에도 반영되었다. 최근에 역사가들과 언론인들은 '인민의 적들'에 대해 즉각적인 처벌을 주장했던 궐기 집회들에 주목하고 있다. 실제로 이는 좀더 복잡한 문제였다. 정치적으로든 형사상으로든 이러한 고발이 터무니없다는 것을 이해하는 사람들이 있었다. 무관심한 사람들도 있었다. 그러나 일반적으로 사회는 테러에 찬동했다기보다는 테러를 용인하였다.

테러는 매우 강력한 수단이기는 했지만 영향력을 행사하는 하나의 수단일 뿐이었다. 실제로 학술원 회원에서 범죄자에 이르는 모든 사회 계층 속에는 체제의 정책에 대중적 지지를 보내는 '일꾼들'이 있었다.

앞서 언급된 보로실로프는 1933년 집단 농장 돌격대원Udarnik 제1차 전국 대회의 연설 중에 다음과 같이 자랑스럽게 말했다. "이 높은 연단에서 아무런 연설문 없이 즉흥적으로, 새로운 삶에 관하여, 새로운 인간 사회 건설에 관하여 지적인 긴 연설을 할 수 있는 농부가 유럽이나 미국에 많으리라고는 생각지 않는다."[5)] 대의원들의 연설이 잘 준비되고 정치적으로 올바른 것이었다는 점은 사실이다.

전체주의 체제는 민주 정치, 개성 또는 휴머니즘의 대안이 아니라 시민 사회의 대안인 것처럼 보인다. 사회 활동이 아무리 유용하

4) 〈공산당 중앙 위원회 1937년 2~3월 총회 자료 Материалы февральско-мартовского пленума ЦК ВКП(б) 1937 года〉, 《역사의 제 문제 Вопросы истории》, 제8호(1994), 16쪽.

5) 《선봉적 집단 농장 일꾼 및 돌격대원 제1차 전(全) 연방 대회. 1933년 2월 15~19일. 속기 보고 Первый Всесоюзный съезд колхозников-ударников передовых колхозов, 15~19 февраля 1933 г. Стенографический отчет》(Москва-Ленинград, 1933), 276쪽.

고 정치적으로 중립적인 것이라 하더라도 권력 당국에는 의심스러운 것으로 보였다. 통합정치운영부 자료에 근거한 1925년 1월의 소련 정치 상황에 대한 검토에는 다음과 같이 언급되어 있다. '각 소비에트(평의회), 직업 동맹(노동조합) 및 기타 사회 단체에서 대표가 되려는 지식인들의 공적 정치 활동이 점증하고 있다. 소련의 상황을 감안할 때 이러한 중대 일로의 정치 활동은 정치적 네프 NEP(본래 의미는 신경제 정책이나, 여기에서는 타협책을 의미한다─옮긴이주)에 대한 기대감에 수반되는 것으로서, 실제로는 폐쇄적인 신분제 조직이라고 할 사회 단체 및 기구의 다양한 형태 속에 그 모습을 내비치고 있다. 당국에 충성스럽다고 주장하는 이러한 조직들은 자율적 조직화의 시도로서 소비에트 국가 기구 및 직업 동맹에 압력을 행사하려는 것이다." [6]

지배 체제가 체제의 사회적 기반을 강화하려는 것과 아울러, 다른 한편으로 시민 사회의 바로 그 기반, 무엇보다도 비(非) 국가 재산 형태를 제거하려는 활발한 정책을 수행하고 있었다는 점은 놀랄 일이 아니다. 이러한 정책 배후에 자리한 주된 이유는 무엇이었는가, 순수하게 이데올로기적(이상 사회 지향적)인 이유였는가 아니면 모든 비(非) 국가 경제를 배제하도록 사회를 완전히 통제하기 위해서였는가와 같은 택일의 논쟁은 이제 본질적인 것이 못 된다. 필자가 보기에는, 전체주의 체제 수립 과정의 첫 단계와 두 번째 단계에서는 이데올로기적인 이유들이 지배적이었다. 그러다가 '사회에 대한 고강도 통제'의 이유들이 점점 더 중요해졌다. 이러한 의미에서 볼셰비키 이데올로기와 실천은 '주관적'이 아니라

---

6) 러시아 국립 사회-정치사 문서 보관소 Российский Государственный Архив социально политической истории(РГАСПИ) 자료. ф. 17, оп. 87, д. 181(이상 문서 번호), 15번째 줄부터.

'객관적'으로 전체주의 체제를 지향했다고 말할 수 있다.

아무튼 이미 1930년대 전반에 모든 독립적인 경제 주체들은 실질적으로 소멸되었다. 위로부터 주도되는 경우를 제외하고 모든 형태의 사회 활동은 금지되었다. 실제로 모든 사회 제도 및 조직이 공공연하거나 은폐된 형태의 국가 통제 하에 들어가게 되었다. 시민 사회의 다면적이고 수평적인 무수한 관계가 위계 원리에 입각한 수직적 관계로 대체되었다.

스탈린주의는 사회를 동질화·획일화하기 위하여 사회 생활과 사회 의식을 가능한 한 단순화하기를 열망했다. 이것이 실제로 의미하는 바는 러시아의 모든 생활 영역에 영향을 주는 광범위한 과정에 따르는 시민 사회의 말소였다. 사회는 이미 전부터 사회적·문화적·인종적 관계와 경우에 따라서는 가족적 관계까지 포함하는 전통적 유대의 해체에 직면해 있었다. 여기에는 상당한 정도로 객관적인 요인들이 작용하였다. 혁명 이전과 이후의 시기 모두에 걸쳐 산업 발전, 정치적 충격, 공업화 정책, 농업 집단화, 그리고 최종적으로 도시화 등은 수세기 동안 뿌리내려온 전통적 사회 구조의 붕괴를 촉진하였다. 그러나 체제의 정책이 추구한 것도 동일한 방향이었다.

대중은 전통적인 사회적 관계를 상실하였고 그들의 독해력은 초보적인 수준에 지나지 않았다(1939년 당시 인구 1만 명당 중등 교육을 받은 사람은 단지 77.8명으로 전 인구의 8퍼센트 미만이었으며, 고등 교육의 경우는 6.4명으로 전 인구의 0.6퍼센트였다).[7] 이는 공식 이데올로기가 번성할 수 있는 비옥한 토양을 의미했다. 그러나 이 시기에 달성된 효과는 일시적이고 부분적이었을 뿐임을

---

7) 《1939년도 전국 인구 조사 : 주요 결과 *Всесоюзная перепись населения 1939 года : Основные итоги*》(Москва , 1992), 499쪽.

지적해야 할 것이다. 사회는 결코 완전히 '원자화될 정도로 해체' 되지는 않았다.

농촌 지역의 일상 생활과 분위기에 대한 지배 체제의 영향은 도시만큼 강하지는 않았다. 오지에서는 그 영향력이 중앙보다 약했다. 전국적 차원에서 이러한 영향력이 파급되는 과정은 수도, 공업 중심지, 멀리 떨어진 농촌 지역이나 민족 자치 지역에서 여러 가지 모습으로 나타났다. 그러나 이 문제에 대해서는 추가적인 연구가 필요하다. 지금 말할 수 있는 것은, 예를 들어 지방에서는 대도시 지역에 비해 전통적 유대가 좀더 안정적인 것으로 드러났으며, 다른 한편으로 지방 당국은 중앙의 관리 당국보다 때때로 더 급진적이었다는 것 정도다. 일반적으로 말해서 지방 당국에 의한 과장된 상황 인식은 현실로서나 중앙의 정치 엘리트에 대한 변명으로서나 모두 소비에트 정치 문화의 항구적인 구성 요소였다. 이에 더하여, 앞서 언급된 바 있는 중앙의 일부 사회 집단은 모든 탄압에도 불구하고 독립성의 잔재를 일부 지니고 있었다. 하지만 지방에서는 일반 규칙의 어떠한 예외도 없었다.

그러나 동전의 다른 한 면이 있었다. 파괴된 사회적 연결 고리는 가족적 · 직업적 · 영토적 · 파벌적인 새로운 연결들로 부단히 대체되었다. 달리 말하면 앞서 언급된 과정들은 기술적 수준이라기보다는 오히려 하나의 경향이었다.

전체주의에 관한 고전의 저자인 프리드리히Carl J. Friedrich와 브레진스키Zbigniew K. Brzezinski가 '분리주의의 섬들isles of separatism'이라고 부른 것들, 즉 가족, 교회, 그리고 정도는 좀 덜하지만 학술 · 문화 · 예술 서클들의 문제가 남아 있었다.[8] 이러한

---

8) Carl J. Friedrich · Zbigniew K. Brzezinski, 《전체주의적 독재와 전제정Totalitarian Dictator-ship and Autocracy》(Cambridge, Mass., 1965), 289쪽.

것들은 체제와 결코 공공연하게 대립하지 않으면서 정상적 가치 체계와 개인의 내적 자유를 보존할 수 있는 약간의 가능성을 부여했다. 동시에 국가의 테러 정책은 이러한 요소들이 시민 사회의 명실상부한 구성 요소로 발전하는 것을 차단했다.

특별한 역할을 했던 것이 고해성사를 하는 다양한 사람들의 경우다. 이들은 끊임없이 지배 체제와 좋지 못한 관계에 있었다(이렇게 된 것은 순전히 그들 자신의 선택 때문만은 아니었다). 다른 사회 구조의 경우와는 달리, 이들은 그들 자신의 조직뿐만 아니라 수세기 동안 지속되어 민족 문화의 일부가 된 통합적이고 뿌리 깊은 대안적 철학도 지니고 있었다. 이 사실만으로도 이들은 지배 체제에 대한 잠재적이며 진정한 경쟁자가 된 것이다. 레닌그라드 당조직 총회에서 선거 준비에 대한 논의를 하면서, 지역 당 위원회의 제1서기이자 공산당 정치국 후보 위원 겸 당 중앙 위원회 서기인 주다노프Andrei A. Zhdanov는 "사제들이 우리에게 대항해서 성직자 중심의 종교적 정당을 창립할 것"이라고 말했다. 이 언급에 대하여 기조 연설자이며 지역 당 위원회 제2서기인 셰르바코프Aleksandr S. Shcherbakov는 즉각 다음과 같이 논평하였다. "지당한 말이다. 현재 온갖 잡다한 종파들이, 예를 들어 지난날 견원지간이었던 '세르게예프 수도원파sergeevtsi'와 '혁신파obnovlentsi'(10월 혁명 후 정교회의 혁신을 주장한 무리—옮긴이주)가 반목을 청산하고 하나의 교회를 건설하려는 경향이 나타나고 있다……적들, 숨어 있는 적들이 있다. 그들은 우리에게 대항하여 싸울 것이다. 하나의 조직이 있다. 이것은 선거 투쟁이 전개될 것임을 의미한다."[9]

이러한 인용들은 '대숙청'의 역사를 분석하는 데 시사점을 던져

---

9) 러시아 국립 사회–정치사 문서 보관소(РГАСПИ) 자료. Ф. 88, оп. 1, д. 1044(이상 문서 번호), 19~20번째 줄.

준다. 고전적인 '전체주의론 학파' 옹호자들의 생각에 따르면, 부단한 테러는 스탈린 체제의 불가결한 부분으로서 그 속성상 예정된 것이므로 더 설명할 필요가 없다. 그러나 이 시기의 소비에트 역사를 면밀히 연구하는 많은 역사가들은 이러한 설명에 만족하지 못하고 1937~1938년에 일어난 대숙청의 배후에 있는 진정한 이유를 찾으려 한다.

전형적으로 인용되는 이유들은 정치 지도자들 사이의 권력 투쟁, 고위 관리들을 새로운 인사들로 교체할 필요성, 스페인 내전의 경험(이른바 '제5열' : 첩보전 담당 조직을 의미하는 용어로 프랑코군에서 사용되었다—옮긴이주)에 대한 고려 하에 장차 불가피한 전쟁에 대한 준비, 그리고 끝으로 '새로운 사회 건설 방법'에서의 명백한 실책들과 관련하여 사회에 축적된 혼란과 피로 등이다. 이는 사실이며 이 모든 요인들이 '대숙청' 정책을 준비하고 실시하는 데 일정한 역할을 했다. 그러나 필자가 보기에는 한 가지 요인이 누락되어 있다. 그것은 1937년 최고조에 달한 탄압의 예정표를 사전에 결정한 가장 중요한 요인들 중의 하나일지 모른다(1937년에 반혁명죄로 체포된 사람의 수는 1936년에 비해 7배 이상 증가하였다).[10]

1936년 소련의 새 헌법이 채택되었다. 자유 경선을 보장하는 이 헌법은 상당히 민주적이었다. 그리하여 1937년에는 소비에트연방 최고 대의원을 뽑는, 소비에트 역사상 최초의 보통 · 직접 · 평등 · 비밀 선거가 실시될 예정이었다.

---

10) 적지 않은 논쟁을 야기한 '대숙청'의 희생자 수 문제는 이제 명확해진 듯하다. 최근 공개된 내무인민위원부 자료에 따르면, 1937~1938년에 150만 명 이상이 정치적인 이유로 체포되었다. 이 숫자만으로도 가공할 만한데, 수백만이니 심지어 수천만이니 하는 식으로 인위적으로 부풀릴 필요는 없다.

'소비에트연방 최고 선거에 관한 규정'이 1937년 6월 10일자 《이즈베스티야*Izvestiya*》에 게재되었다. 선거일에 관한 중앙선거위원회의 결의가 10월 11일 채택되어 10월 12일 공표되었는데, 이날은 선거일로 지정된 12월 12일에서 정확히 두 달 전이었다. 이 규정에는 선거인 명부와 중앙선거위원회 위원 명단도 포함되었다. 선거 캠페인과 더불어 여러 선전가들은 사회주의의 승리가 필연적이고 임박해 있으며, 스탈린의 말을 인용하여 '더 살기 좋아지고 더 즐거워졌다'고 선언했으며, '공산주의자들과 비당원 인민 간의 강고한 동맹'에 투표하라고 인민들에게 촉구했다.

동시에 모든 의심 분자들을 고립시키려는 내무인민위원부의 대대적인 공작이 진행되고 있었다. 이 공작은 당과 군, 그리고 기타 조직의 엘리트들을 겨냥했을 뿐만 아니라, 몇 가지 이유로 내무인민위원회 '블랙리스트'에 포함된 일반인들(내전기에 '백군' 측에 가담했을지도 모르는 사람들, 반혁명 정당 즉 공산당 이외 정당의 당원, 부유한 가정 출신의 사람, 좀 부주의한 언동을 했던 사람)에게까지 밀어닥쳤다.

여기서 직접·비밀 선거의 결과에 대한 관심이 사회의 적극적인 부분과 지배 체제에 대한 잠재적 위험 분자들을 일소하는 탄압의 추진력이 되었다는 해석을 제시해봄직하다. 동시에 소비에트 '노멘클라투라'에 대한 탄압은 전반적으로 당과 국가의 단합과 지도자의 권위를 강화해주고, 더 나아가 유권자들에게 지난날 이들의 모든 고난을 야기한 죄인들을 보여주는 것이었으며, 따라서 나머지 지배 엘리트의 책임을 면해주려는 것이었다.

앞서 언급된 바 있는 궐기 대회 참가자들은 '인민의 적들'을 극형에 처할 것을 주장하였다. 이러한 태도는 '군중 본능'에 근거한 선전의 결과였을 뿐만 아니라, 또한 사회에 존재하는 피로와 긴장과 초조의 징후이기도 했다. 예를 들면 지노비예프Grigorii E. Zinovyev와 카메네프Lev B. Kamenev가 기소되었던 1936년 이래의 급박함 속에서 다음과 같은 공공연한 견해 표명도 있었다. "지노비예프와 카메네프가 총살될 것으로는 결코 믿지 않는다. 당신은 스탈린이 자기편이고 우리 노동 계급의 정신을 흡수했다고 생각하지만, 그 역시 지식인이다. 그는 람진Ramzin을 과감히 총살하려 하지 않았다. 따라서 그는 지노비예프도 총살하지 않을 것이다."[11]

달리 말해서, 전 인구의 일부는 당 · 관 · 군 엘리트들을 대상으로 한 탄압을 저주한 것이 아니라, 탄압의 범위가 제한적이라는 점과 탄압 실행 과정에서 고위 당국의 강력한 의지가 결여된 점을 규탄했던 것이다. 규탄 대상의 정치적 · 사회적 지위를 불문하고 '배운 사람들'에 대한 부정적 태도도 생생하게 드러나고 있다.

물론 대규모 테러는 일단 시작되자 자체의 관성을 지니게 되었다는 점 또한 지적해야 한다.

알려진 대로, 선거 결과는 당국에 더할 수 없이 우호적으로 나타났다. 공식 자료에 따르면, 전체 유권자의 96.8퍼센트인 9,100만 명 이상이 투표에 참여했으며, 전체 참가자의 98.6퍼센트인 9,000만 명이 '공산주의자와 비당원 인민 동맹'에 투표했고, 단지 63만 2,000명만이 반대표를 던졌다. "그것은 볼셰비키 당의 승리였으며……소비에트 인민의 도덕적 · 정치적 단결이……선거 과정을 통해 눈부시게 입증된 것이었다."[12] 선거 결과가 나오자마자 공산

---

11) 모스크바 사회 운동 중앙 문서 보관소 Центральный Архив общественных движений-Москвы(ЦАОДМ) 자료. Ф. 3, оп. 49, д. 129(이상 문서 번호), 114번째 줄부터. 인용문에 언급된 람진Рамзин(1887~1948) 교수는 1930년 산업 기술 전문가들을 규탄하는 사회적 격랑 속에서 기소되었다가 1936년에 사면되었다. 그 후 1943년에는 스탈린상까지 수상하였다.

당 중앙 위원회의 악명 높은 1938년 1월 총회가 개최되어 탄압의 '과도함'이 규탄되었다(이 문제가 처음으로 당원들에게 회부되었다). 대숙청은 차츰 사라지고 있었다. 그 최후의 희생자들은 바로 탄압 작업을 직접 조직한 사람들이었다. 그들은 '철(鐵)의 인민 위원'이라 불리던 국가공안부 대표 위원 예조프Nikolay I. Yezhov의 지휘를 받았었다.

정치 체제에 심각한 변화가 없었는데도 공공연한 대규모 테러 정책의 종식은 즉각 사회 관계의 부활을 촉진하고 새로운 사회 과정을 불러일으켰다. 2차 세계대전 종전 직후부터 소비에트 사회는 변화를 열망하고 있었다. 좀더 높은 기대를 불러일으킨 것은 전쟁의 사회심리적 결과 중 하나였다. 이러한 기대들은 실현되지 못했지만 사회 분위기 변화에는 충분히 영향을 주었다. 제20차 당 대회의 영향과 조심스러운 탈(脫)스탈린화 정책은 상황에 더한층 강력한 영향을 주었다.

4. 체제 변화와 강제 · 복종 · 지지

전체주의 체제에 의해 수행된 근대화 정책의 바로 그 논리가 전체주의의 점진적 해체와 시민 사회의 부활 가능성을 잉태하고 있었다. 20세기 전반의 사회적 충격들에 뒤이어 상대적인 안정과 번영의 시대가 나타났다. 다른 나라들의 사회 구조에 견줄 만한 복잡한 사회 구조가, 비록 공식적으로는 무시당했지만 점진적으로 발전하고 있었다. 나라의 교육 수준은 급변했다. 공식 통계에 따르

---

12) 《볼셰비키들의 전(全) 소비에트 연방 공산당 역사. 개요 Исто́рия Всесою́зной Коммунисти́ческой (большевико́в). Кра́ткий курс》(Москва, 1945), 336쪽.

면 1980년대 중반까지 피고용인 4명 중 1명이 지식 관계 업종에 종사했다. 도시화 과정은 완결되었다. 이미 1960년대 초에 도시 인구가 농촌 인구를 월등히 앞섰다.

사회만 변하고 있는 것이 아니라 사회 엘리트도 변하고 있었다. 점진적으로 발전하던 엘리트층은 복잡한 위계를 이루게 되었다. 그러나 이 위계는 공식적 연결 못지않게 중요한 비공식적 수평 관계에 의해 확산되었다. 예방적 차원의 테러에 의해 해소되곤 했던 엘리트층 내부의 다양한 집단 간 대립은 이제 지배 체제의 진화를 촉진하고 있었다. 경험적으로 드러난 것은 충분히 오랜 기간 존속했던 전체주의 체제가 나중에 그 자체의 지배 엘리트들에 의해 모두 개혁되었다는 점이다.

한편, 사회와 정치적 지배 체제는 마침내 상이한 발전 방향을 취하게 되었다. 이른바 '정체zastoi'(소련의 브레주네프 시대를 말한다—옮긴이주)의 시대에 사회가 일관되게는 아니더라도 발전하고 있었음에 반해, 지배 체제는 제자리걸음을 하고 있었다. 지배층인 노멘클라투라는 현실 감각과 상황 통제력을 잃어가고 있었다. 그 시기에도 우리 모두가 뻔히 보고 있던 그 과정은 가장 기민한 사람들에 의해 간파되고 분석되었다.

우리는 공공 의식이 신화로부터 부분적으로 해방되는 상황에 직면해 있었다. 그러나 이 과정에는 다른 과정이 따랐다. 전반적으로 받아들여진 지배적 신화는 새로운 신화들로 대체되었다. 이 새로운 신화들은 사회의 일부만이, 때로는 아주 적은 사회 집단만이 받아들이는 것으로, 이제 서로 경쟁 중에 있다.

전체주의 체제는 근대화의 초기 단계에서 그 진행 속도를 높이는 효과적인 도구로 드러났다. 1920년대에서 1950년대에 이르기까지 러시아는 역사상 최대 규모의 혁명을 겪었다. 전원적 농경 국가가 강력한 공업 국가로 변한 것이다.

그러나 이미 1950년대에 이 체제는 새로운 경제적 · 사회적 상황 적응에 대한 무능력을 드러냈다. 1930년대에는 고속 발전이 스탈린 사회주의 모델을 지지하는 주된 논거였다. 1960년대에 국가는 낙후되기 시작하여 서서히 위기 국면에 들어섰다. 또한 이 상황을 특징지었던 것은 국부 스탈린의 사후에 나타난 지배 체제의 명백한 '인간화'와 한때 전능했던 이데올로기의 점진적 '퇴조'였다. 용어 자체의 의미를 놓고 볼 때 더 이상 전체주의적이지 않았던 지배 체제는 1980년대 중반에 이르러 마침내 스스로 소진 상태가 되어 '페레스트로이카'라는 길지 않은 단말마의 고통을 겪은 후 '사멸' 하였다.

소비에트 근대화 모델이 상대적으로 비효율적이라는 점이 역사로 입증되었으며, '사이비 근대화'라는 용어가 전문 용어로 도입되었다.[13] 그런데 러시아는 20세기에 이 길을 택했다. 다음과 같은 가정도 나온다. 러시아가 근대화 초기 모델, 즉 혁명 이전의 모델 속에서 앞으로 나아가는 것이 '만일 가능했다면', 러시아는 이 모델의 틀 속에서도 비슷한 (심지어 더 나은) 성과를 올렸을지 모른다. 그러나 러시아가 20세기에 택할 수도 있었을, 가능했을 법한 대안이라는 문제는 순전히 레토릭에 지나지 않는다.

전통 사회는 파괴되었으며, 혁명 이전 시대의 특징이었던 상이한 사회 계층 간의 문화적 수준 차이는 극복되었고, 엄청난 사회적 대가에도 불구하고 산업 사회로의 전환이 이루어졌다. 다음과 같

---

13) Андрей Фадин, 〈재앙을 통한 근대화(단순한 관점 제시) Модернизация через Катастрофу(не более, чем взгляд)〉, 《다른 것, 새로운 러시아 자의식에 관한 자료 선집 Иное. Хрестоматия нового россий ского самосознания 》(Москва , 1995), 321~342쪽을 참조하라.

은 것들은 단순한 레토릭이 아니다. 공적 가치 체계는 근대 서방의 것에 가까워졌고, 인구학적 혁명이 일어났다. 사회 구조는 아주 근대적으로 변했으며 사회 유동성 수준은 높아졌다. 도시화 과정은 전형적인 소비적 도시 문명의 새로운 가치들과 행동 유형을 나타냈고, 공업화가 달성되었다. 사회 영역이 발전했고 효과적인 교육 제도가 도입되었다. 제국은 연방으로 변환되었다. 중앙과 지방 간의 개발 수준 차이는 훨씬 덜해졌지만 아직 남아 있었다. 보기에 따라서는 제국이라는 의식상의 구성 요소는 도전을 받았다. 사회는 어떠한 유토피아와 그 강제적 실현에 대해서도 일종의 면역력을 갖게 되었는데, 지난 10년간의 사건들이 이를 잘 입증해준다. 후기 산업 사회로의, 혁명적이지 않고 진화적인 전환을 위한 진정한 기회가 있었다.

요컨대 강조할 수 있는 것은 스탈린 체제와 사회의 관계가 강제와 복종 및 지지라는 양쪽 모두에 근거했다는 점이다. 강제, 복종, 지지, 이러한 각 요인들의 역할에 대한 통계적 분석 자료는 갖추어지지 못한 상태지만, 최소한 각 요인이 충분히 중요했다는 주장은 가능하다. 강제와 지지는 점차 약해졌으나 복종은 습관의 형태를 취하게 되었고, 따라서 스탈린 체제와 스탈린 이후 체제 양쪽 모두의 역할은 페레스트로이카 시기 이전까지 안정된 상태로 남아 있었다.

비주얼 이미지를 통해 본 스탈린주의의 성격과 담론

이종훈

1. 동원과 동참, 비전과 비주얼 이미지

이 글은 여러 시각 이미지 속에 투영된 1930년대 소비에트 체제 하의 지배 담론을 분석하여 대중독재의 한 유형인 스탈린주의의 성격을 규명할 목적으로 씌어졌다. 고찰 과정에서 역점을 둘 부분은 전체주의 패러다임에서 강조되는, 체제에 의한 이념 및 가치 체계의 '일방적' 주입과 대중의 '수동적' 수용의 측면보다는, 권력이 인민 대중에게 다가서고 설득·포섭·회유를 통해 그들의 지지와 동의를 끌어내려 하는 '적극적인' 측면이다.

필자의 의도는 스탈린 체제의 강제성과 폭압성을 부정하려는 것

이종훈은 서강대학교에서 역사학과 독문학을 공부한 후, 같은 학교 대학원 사학과에서 서양 근대사와 사상사를 전공했다. 나치즘의 반(反)부르주아적이며 동시에 반마르크스주의적인 레토릭, 나치의 득세와 집권을 허용한 독특한 지적 풍토 등에 관심을 갖게 되어 석사 논문 〈독일 신보수주의 이념의 형성과 전개 : 1853~1933〉을 썼다. 독일적인 지적 전통에 대한 관심이 확대되어 〈로맨티시즘〉이라는 논문을 쓰기도 했지만, 주된 관심 분야는 아나키즘으로 움직여 갔다. 〈바꾸닌의 아나키즘 연구〉로 문학 박사 학위를 받은 후, 러시아 사상가를 전공한 것이 계기가 되어 제정 러시아사와 소련사 강좌를 담당하였다. 그 후 수년간 모스크바에 머물며 러시아 과학아카데미 산하 러시아사 연구소에서 활동했고, '바쿠닌의 페데랄리즘'이라는 연구 주제로부터 러시아 근현대 역사와 문화 전반으로 관심을 넓혀왔다. 현재 한양대학교 인문학연구소 연구교수로 있다.

비주얼 이미지를 통해 본 스탈린주의의 성격과 담론 403

이 아니라, 그것만으로는 설명될 수 없는 체제의 또 다른 측면, 즉 강제적인 또는 위로부터의 대중 동원 속에 스며들어 있는 아래로부터의 자발적인 동참과 이를 가능케 했던 배경에 주의를 환기시킴으로써 좀더 균형 잡힌 인식을 도모하려는 데 있다. 최근 일부 연구자들은 푸코Michel Foucault가 논제로 제시한 권력의 이중성에서 시사받아 스탈린 체제의 분석에서 이러한 문제를 제기해왔다. 이에 따르면, 사회주의 건설에 대하여 명료하게 제시된 비전, 그리고 풍요로운 사회 건설에 관한 대담한 계획이 적지 않은 사람에게 불러일으킨 진정한 열망이 아니었더라면, 스탈린은 대규모 동원에 필요한 지지를 확보하기 어려웠으리라고 간주된다.[1]

1930년대는 스탈린 체제가 착근하여 본격적으로 자리를 잡아가던 시대로서, 농촌 인구의 대대적인 공업 인력으로의 전환과 도시로의 이주가 이루어지던 전대미문의 인구통계학적 대격변기였다. 이 시대의 모스크바만 하더라도 이미 농민에 의해 접수된 전혀 다른 도시, 즉 '농민 메트로폴리스'였다.[2] 도시와 공업의 새로운 외형적 틀은 갖추어져 있으나 실질적으로는, 즉 출신 성분이나 정서의 측면에서는 여전히 농민적 특성이 압도적인 국가에서 어떻게 잠재적인 생산 역량을 동원하고 증대하느냐가 소비에트 지도부의

---

1) Vadim Volkov,〈'교양'의 개념. 스탈린주의의 문명화 과정에 관한 단상The Concept of Kul'turnost. Notes on the Stalinist Civilizing Process〉, Sheila Fitzpatrick (ed.),《스탈린주의. 새로운 경향들Stalinism. New Directions》(London : Routledge, 2000), 210~230쪽(특히 216~217쪽) ; Stephen Kotkin,《자석의 산. 문명으로서의 스탈린주의Magnetic Mountain. Stalinism as a Civilization》(Berkeley : University of California Press, 1995), 14~23・356・358쪽(특히 22쪽). '자석의 산'은 1930년대에 새로이 건설된 제철 산업 도시 '마그니토고르스크'의 이름을 뜻풀이한 것이다.

2) David L. Hoffman,《농민 대도시. 1929~1941년 모스크바의 사회적 정체성Peasant Metropolis. Social Identities in Moscow, 1929~1941》(Ithaca : Cornell University Press, 1994)을 참조하라.

고민이었다. 특히 전국적으로 문자 해득률이 매우 낮았음을 고려할 때 상황은 더욱 심각했다.[3] 시각 이미지에 의한 호소가 더욱 중시되었던 것은 이러한 맥락에서다.

레닌의 아내로서 문맹 퇴치 운동에 헌신했던 크루프스카야 Nadezhda K. Krupskaya는 이미 1920년대에 다음과 같이 진단하였다. "현재 그리고 가까운 장래에 농민은 시각적 교육을 받는 경우에만 자신의 생산 작업을 개선할 수 있을 것이다. 일반적으로 농민은 노동 대중과 마찬가지로 추상적인 공식보다는 이미지와 관련하여 훨씬 더 많이 생각한다. 시각적 일러스트레이션은 높은 수준의 문자 해득력이 갖추어진 뒤에도 농민을 위해 항상 주된 역할을 담당하게 될 것이다."[4] 크루프스카야가 주장한 바는 당시 당 지도부의 공통된 문제 의식을 반영한 것으로서, 농촌 인구의 대대적인 이주와 전직이 진행되던 1930년대의 스탈린 체제 하에서는 더욱 절실한 문제로 대두되었다.

결국 스탈린 체제는 동원 효과를 극대화하기 위해 동원 대상인 대중의 동참 의식을 고취하려 했는데, 이를 위해서는 대중에게 비전을 제시해야 했으며, 그 가장 중요한 수단의 하나가 바로 비주얼 이미지를 통한 호소였다.

---

3) 1926년의 통계에 따르면, 9~49세의 남성과 여성의 문자 해득률은 각각 72퍼센트와 43퍼센트였다. 그러나 일반인 상당수의 독해 능력도 초보적 수준에 머물러 있었다. Jeffrey Brooks, 《감사합니다, 스탈린 동지! 혁명에서 냉전까지의 소비에트 공식 문화 Thank You, Comrade Stalin! Soviet Public Culture from Revolution to Cold War》(Princeton : Princeton University Press, 2000), 11쪽.

4) Victoria E. Bonnell, 《권력의 성상도법(聖像圖法). 레닌과 스탈린 하의 소비에트 정치 포스터들 Iconography of Power. Soviet Political Posters under Lenin and Stalin》(Berkely : University of California Press, 1997), 5쪽에서 재인용.

2. 세 영역의 시각 이미지 : 포스터, 신문 삽화, 회화

시각적 이미지는 포스터, 회화 · 조각 등의 미술품, 신문 만평 · 삽화, 건축 및 그 계획안에 따른 조감도, 장식 공예품, 우표 및 화폐 도안, 메달 형태의 훈장이나 기장, 영화, 대중 집회와 공연 및 그 설치물, 퍼레이드나 집단 체조 같은 각종 퍼포먼스 등 실로 다양한 분야에 매우 광범하게 나타난다. 따라서 이 글에서는 불가피하게 몇몇 분야의 시각적 이미지만을 제한적으로 선택하여 분석 대상으로 삼고자 한다. 필자는 슬로건과의 결합을 통해 메시지 전달력이 가장 강력하며 경우에 따라서는 단어 해독의 필요성을 최소화하는 포스터를 우선적으로 고려하고자 한다. 다음으로 공공 전시회에 출품된 그림들과 부차적으로 신문 삽화 등을 분석 대상으로 삼고자 한다.

이렇게 세 가지의 시각 이미지 영역을 택한 것은 각 분야가 상당히 긴밀한 유기적 상호 관계를 맺고 있기 때문이기도 하다. 시각 이미지와 표제와의 관계에서 볼 때, 회화와 신문 삽화는 포스터라는 중심 영역의 양편에 위치한다고 볼 수 있다. 신문 만평이나 삽화는 포스터에 비해 캡션 또는 설명구가 한층 복잡 · 다양하고, 주변에 배치된 기사의 여러 표제와 어우러져 '미디어 묶음' 또는 '프레임' 혹은 '스키마타schemata'의 일부를 이루며, 좀더 복합적이면서도 상호 연관성 있는 메시지를 전달하게 된다. 반면에 미술품으로서의 그림은 일체의 캡션이 배제된 채 순수하게 이미지만을 전달하며, 작품 외부에 위치한 표제와 관련하여 감상자의 상상력을 자극하며 전달하기 때문에 메시지의 수용이 좀더 심층적이고 폭넓을 수 있다. 포스터만큼의 즉각적인 메시지 전달 효과는 없다고 하더라도 회화는 간접적 · 점진적 · 장기적으로 감상자의 의식 세계에 영향을 미쳐, 궁극적으로는 지배 체제가 추구하는 문화적 패권을 공고히 구축하는 데 일익을 담당할 수 있다.

스탈린 시대의 이러한 세 영역 사이에는 소재나 표현 기법에서 상당한 상호 관련성이 존재했기 때문에, 각 영역은 다른 영역의 유사 이미지를 재생산하여 좀더 포괄적인 시각 이미지군을 형성하였다. 실제로 스탈린 시대의 유명 작가 중에는 포스터와 신문 만평의 제작을 겸하거나 또는 포스터와 회화를 병행하는 경우가 적지 않았다. 전시회에 출품된 그림이 포스터의 기본 도안으로 채택되는 경우도 종종 있었다.

기존 연구에서 이 세 분야를 함께 묶어 다룬 경우가 없다는 점에서 이 글은 어느 정도의 독자성을 지닐 수 있다. 각 분야별로 본다면, 포스터 부문에서는 보넬Victoria E. Bonnell의 최신 연구를 꼽을 수 있다.[5] 이전의 몇몇 연구가 시기적으로 혁명 및 내전기에 중점을 둔 데 비해 보넬의 연구는 스탈린 시대를 중점적으로 다루었을 뿐만 아니라, 신문화사적 접근을 시도하여 포스터에 드러나는 여성의 종속적 지위를 예리하게 포착하는 등 많은 시사점을 던져준다. 그러나 그녀의 연구는 신문화사적 접근에도 불구하고 통념적인 정치 포스터라는 영역에 한정되어 일상 소비·문화 생활과 관련된 부분은 제대로 포착하지 못한 아쉬움이 있다. 역설적으로 스탈린 체제 하의 포스터는, 심지어 단일 품목의 소비재 홍보 포스터까지 포함하여 모두 정치 포스터라고 볼 수 있다는 점에서 좀더 시야를 확대할 필요가 있다.[6]

---

5) 연구사에 관해서는 다음을 참조하라. Victoria E. Bonnell, 《권력의 성상도법. 레닌과 스탈린 하의 소비에트 정치 포스터들》, 16~19쪽.

6) 이러한 취지에서, 일상 생활과 관련된 포스터들이 다수 수록된 А.Ф. Шклярук (ed.), 《포스터 속의 모스크바 Москва в плакате》, 1권(Москва : Издательский центр Книжной

신문 삽화의 경우는 이를 분리하여 집중적으로 다룬 연구가 아직 없으므로, 스탈린 시대의 신문에 대한 고찰을 통해 소비에트의 공식 문화를 논한 브룩스Jeffrey Brooks의 연구서에 수록된 풍부한 신문 삽화 자료를 분석에 활용하고자 한다.[7]

스탈린 시대의 회화에 관한 연구는 양적인 면에서 상대적으로 풍부한 편이다. 최근의 포괄적인 분석으로는 바운Matthew C. Bown과 모로조프A. I. Morozov의 저서를 꼽을 수 있다.[8] 이러한 연구에서는 회화 이외에 조각 및 건축 분야가 언급되고 있으나 포스터와의 관련성은 지적되지 않고 있다.

그 밖에 포스터를 제외한 미술, 건축, 문학, 영화에 대하여 분야별로 다룬 연구서가 존재하지만, 대체로 전체주의적 패러다임에서 벗어나지 못하는 한계를 보여준다.[9] 그 결과 대중의 수동성을 전제한 가운데 권력에 의한 일방적 주입만이 강조되어, 양자의 상호 영향이나 대중의 동의를 확보하기 위한 권력의 적극적인 설득과 회유의 측면이 부각되지 못하는 문제점이 노정되고 있다.

палаты, 2002)을 참조하였다.

7) 주 3을 참조하라.

8) Matthew Cullerne Bown, 《사회주의 리얼리즘 회화Socialist Realist Painting》(New Haven : Yale University Press, 1998) ; А. И. Морозов, 《유토피아의 끝. 1930년대 소련 미술사로부터 Конец утопии. Из истории искусства СССР 1930-х годов》(Москва : Галарт, 1995).

9) Igor Golomstock, 《소련, 제3제국, 파시스트 이탈리아, 중화인민공화국에서의 전체주의 예술Totalitarian Art in the Soviet Union, The Third Reich, Fascist Italy and the People's Republic of China》(New York : Harper, 1990) ; Hans Güther (ed.), 《스탈린 시대의 문화The Culture of the Stalin Period》(New York : St. Martin's Press, 1990).

3. 이미지의 생산과 유통

이상의 세 영역 중 포스터와 미술은 1930년대에 스탈린 체제가 각별한 노력을 경주한 분야이기도 하다. 포스터 제작의 경우, 1931년부터 모든 업무가 '국립출판공사 미술국IzoGiz'에서 관장하는 중앙 통제 방식으로 전환되었다. 따라서 시각적인 정치 선전물 제작자는 더 이상 이전처럼 여러 언론 인쇄 매체와 관련을 맺으며 작업하거나, 독자적인 아이디어나 이미지를 발전시킬 수 없게 되었다. 이제 미술국이 포스터의 주제, 텍스트, 이미지, 슬로건 등을 밑그림 제작을 위해 선발된 작가들에게 할당하고 마스터 플랜에 따라 업무를 진행하였다. 예를 들면, 1936년 5월 1일의 노동절 포스터는 그해 1월에 데니Viktor Deni, 데이네카Aleksandr Deineka, 클루스티스Gustav Klustis, 토이제Irakli Toidze 등으로부터 미리 밑그림을 접수하기로 일정이 잡혀 있었다. 도안이 채택되면 엄격한 검열 과정을 거친 후 인쇄, 배포되었다. 제작 과정이 중앙 통제화되면서 발행 부수도 비약적으로 증가하였다. 이미 1920년대에 소련을 방문한 외국인들이 포스터의 홍수를 증언했지만, 이제 그 정도가 더욱 심해졌다. 혁명 직후 내전기에는 포스터 인쇄가 3만 부를 넘기는 경우가 거의 없었지만, 1930년대에는 핵심적 포스터의 경우 10만~25만 부가 발행되었다. 그 결과 소비에트 인민 대중은 도시와 농촌, 아파트, 기숙사, 농가, 병영, 공장, 역, 차량, 건물 벽, 쇼윈도, 전신주 등 도처에서 포스터와 더불어 살게 되었다.[10]

포스터가 전성 시대를 누린 데 비해 신문 부문은 부진하여 대조를 이루었다. 종이 보급 및 지질 상태의 열악함, 빈약한 발행 부수

---

10) Victoria E. Bonnell, 《권력의 성상도법. 레닌과 스탈린 하의 소비에트 정치 포스터들》, 6·11~12·211쪽, 324쪽의 주 108.

와 보급·배달 시스템의 미비는 차치하더라도, 신문은 독해 능력이 떨어지는 일반 대중에게 다가설 수 없었던 것이다. 《프라우다 *Pravda*》와 《이즈베스티야 *Izvestiya*》를 이해하지 못하는 농민과 노동자들을 위하여 1920년대 초에 창간된 신문들인 《노동신문 *Rabochaia gazeta*》, 《노동 모스크바 *Rabochaia Moskva*》, 《농민신문 *Krestianskaia gazeta*》 등은 모두 1930년대 말에 언론계 숙청의 여파 속에서 폐간되었다. 《농민신문》이 평이한 언어와 메시지 덕분에 1920년대에 한하여 성공 사례로 꼽히기는 했지만, 신문에서 구사되는 신조어, 약어, 외국어는 일반 독자를 외면하는 것이었다. 《노동신문》의 열렬한 독자들은 신문을 읽는 데 열 가지 사전이 필요하다고 불평한 바 있다.[11] 이러한 사정을 감안한다면, 각 신문 1면의 그림이나 만평 또는 사진이나 포토몽타주로부터 얻게 되는 시각 이미지는 대중에게 오히려 가장 의미 있는 부분이었으리라는 추론이 가능하다. 또한 이러한 이미지는 일상 생활에서 빈번히 접하는 포스터의 유사 이미지에 대한 연상 작용이나 유추를 통해 수용될 수 있었을 것으로 생각된다.

미술 부문에서는 1930년대에 여러 차례 전시회가 조직되었다. 출품작의 목록은 화가, 비평가, 당 관계 인사, 전시 전문가로 구성된 합동 위원회에서 작성되었는데, 제목은 당 소속 예술 위원회로부터 인증받아야 했다. 작품 제작 및 전시에 대한 재정적 후원은 전시회의 공동 주제에 따라 유관 기관(예를 들면 붉은 군대, 중공업 인민 위원부, 계몽 인민 위원부)을 통해 이루어졌다. 전국 규모

---

11) Jeffrey Brooks, 《감사합니다, 스탈린 동지! 혁명에서 냉전까지의 소비에트 공식 문화》, 5·12·17쪽. 그러나 이와 대조적으로 1930년대가 대규모 상향적 지위 변동과 고조된 향학열의 시기였음을 감안할 때, 노조 간부를 대상으로 한 《노동 *Trud*》, 《공산청년동맹 진리 *Komsomolskaia pravda*》, 군 기관지인 《붉은 별 *Krasnaia zvezda*》 등은 《프라우다》 및 《이즈베스티야》 등과 함께 일정한 독자층을 확보하고 있었다.

의 전시회 출품 예정자는 사전에 제목을 부여받고 밑그림을 제출하여 승인받을 경우, 제작 과정에서 좀더 많은 재정 지원을 받을 수 있었다. 출품작의 판매가는 작품 규모, 작가의 지명도, 주제 등에 따라 결정되었다. 주제별로 볼 때 산업 및 군사적 주제가 고가로, 순수한 풍경화나 정물화가 최저가로 판매되었다는 사실은 스탈린 체제의 성격뿐만 아니라 1930년대라는 시대의 성격을 말해 준다고 볼 수 있다.

1930년대에는 대규모 미술 전람회가 1932~1933년과 1938~1939년 두 차례에 걸쳐 열렸는데, 이는 붉은 군대 창설 15주년 및 20주년을 기념하는 것이었다. 1939년 3월 '사회주의 산업'이라는 제하에 최대 규모의 전시회(출품작 1,015점)가 모스크바에서 열렸다. 같은 해에 스탈린의 60회 생일을 기념하여 '미술로 본 스탈린과 소비에트 국가의 인민'이라는 특별전이 있었다. 이 밖에도 테마별로 조금 축소된 규모의 전시회가 전국 각지에서 여러 차례 열렸다. 1933년 그루지야의 트빌리시에서 열린 '미술로 본 1차 5개년 계획', 1934년 모스크바에서 열린 '운송 미술전', 1935년 이바노보에서 열린 '미술로 본 이바노보 공업 지대' 등이 그 예다.[12]

이러한 전시회의 홍보 효과를 극대화하고 대중을 미술 전시회에 관람객으로 유치하는 데 상당한 노력이 경주되었다. 주요 전시회 장소가 되는 박물관의 책임자는 방문객 수에 따라 상여금을 받았다. 공장이나 집단 농장에서 오는 단체 관람객은 수만 명에 이르렀다. 또한 1935년에는 모스크바 및 레닌그라드 지역 화가들의 작품 40여 점이 특별 열차 편으로 돈바스 지역 탄전 광부들을 위해 운송되기도 했다. 미술 전시회 활성화의 배경은 당시 사회 풍조에서도

---

12) Matthew Culleme Bown, 《사회주의 리얼리즘 회화》, 136 · 145 · 160쪽.

찾아볼 수 있다. 1930년대에 자기 자신의 교양 정도를 점검해보는 10개 문항 중 하나는 "작년 전시회 출품작 중에서 가장 당신의 마음에 들었던 그림 3점을 묘사하라"였다.[13] 전시회 관람은 개인의 품격과 관련된 문제이기도 했다.

4. 건설, 노선, 꿈의 공간 이미지

'사회주의 건설'은 1930년대의 가장 중요한 담론이었다. 이 시대의 모든 담론은 여기에서 파생되는 것이었다. 스탈린 체제의 존립 근거와 스탈린을 중심으로 한 당 지도력의 정당성도 모두 여기에서 비롯되었다.[14] 마르크스주의의 원론대로 경제적 토대가 상부 구조를 결정하며 토대의 핵심은 생산 수단이었다. 생산 수단의 국유화와 생산력 기반의 증대는 혁명 이후 10년간 단지 부분적으로만 이루어졌기 때문에 더 이상 미룰 수 없이 조속히 수행되어야 하는 과제라는 점과 아울러 이것이 바로 마르크스-레닌 노선에 충실한 것임이 강조되어야 했다. 스탈린 체제는 이념의 원칙을 고수한다는 정당성과 아울러 그 노선이 자국뿐만 아니라 세계의 역사 진행과 합치하는 것임을 내세워, 대중의 세계관 형성을 주도하고 공업화를 위한 1차 5개년 계획과 농업 집단화에 대한 인민의 참여도를 높이고자 고심했다.

이 시기의 포스터와 신문 삽화, 미술품은 이러한 점에서 대중에

---

13) Vadim Volkov, 〈'교양'의 개념. 스탈린주의의 문명화 과정에 관한 단상〉, 224쪽

14) Sheila Fitzpatrick, 〈건설적 스탈린주의 : 스탈린 시대에 대한 서방 및 소비에트의 변화하는 시각Constructing Stalinism : Reflections on Changing Western and Soviet Perspectives on the Stalin Era〉, Alec Nove (ed.), 《스탈린 현상 *The Stalin Phenomenon*》(New York : St. Martin's Press, 1992), 77~78쪽.

게 확신을 심어주고자 했다. 클루스티스가 1933년 특이하게 수평으로 길게 도안하여 제작한 포스터 〈마르크스-엥겔스-레닌-스탈린의 깃발을 더 높이!〉는 가장 대표적인 경우다. 네 개의 휘날리는 붉은 깃발을 배경으로 마르크스, 엥겔스, 레닌, 스탈린의 초상이 왼쪽에서 오른쪽으로 배열되어 있다. 이에 앞서 1930년에 역시 클루스티스가 초안한 포스터 〈레닌의 깃발 아래, 사회주의 건설을 위하여〉에서는 스탈린의 얼굴이 레닌의 얼굴에 가려 반쯤만 보이고, 캡션에서도 '레닌'만 표기되고 '스탈린'은 나타나지 않는다.[15] 스탈린은 단지 레닌을 그림자처럼 따르고 그 유지를 받드는 심복의 이미지로 형성되어 있다. 그러나 1933년의 포스터에서 스탈린은 이념의 창시자들과 같은 반열에 오른다. 네 개의 붉은 깃발이 오른쪽으로, 즉 스탈린 쪽으로 움직이는 느낌을 주어 그가 이념의 계승자이자 과업의 완수자라는 이미지를 전달한다. 마르크스에서 엥겔스를 거쳐 레닌에 이르는 포스터 하단에는 무장 투쟁을 하는 대중이 묘사된 것에 비해서 스탈린 아래쪽에는 작업 도구를 들고 행진하여 올라오는 대중의 모습이 나타난다. 이제 혁명은 파괴에서 건설의 고원한 이상으로 나아간다는 메시지가 담겨 있다.

　붉은 깃발 뒤쪽에는 세계 혁명사의 대사건이 배치되어 있다. 마르크스 위에는 프랑스 대혁명 당시의 바스티유 함락 장면이, 엥겔스 위에는 1848년 독일 혁명의 봉기 장면이, 그리고 레닌의 머리 위에는 10월 혁명 당일에 겨울 궁전으로 돌진하는 볼셰비키 선봉대의 모습이 그려져 있다. 그런데 스탈린 위에 나타나는 것은 거대한 드네프르 강 수력 발전용 댐의 위용이다. 사회주의 건설은 일국 사회주의론에 따른 것이기는 하지만, 이 포스터에서는 사회주의

---

15) Victoria E. Bonnell, 《권력의 성상도법. 레닌과 스탈린 하의 소비에트 정치 포스터들》, 106~107쪽 사이의 도판 5 및 179쪽 사이의 도판 4-11.

건설의 의의가 일국에 국한된 것이 아니라 세계 혁명사의 연장선에 있음을 암시한다. 건설 과업에의 참여가 정당한 이데올로기에 근거한 것이며 세계사적 의의를 지닌다는 메시지를 전함으로써 대중에게 좀더 확신을 심어주려는 권력의 의도가 엿보인다.

권력이 이런 식으로 생산한 이미지를 대중이 어떻게 소비했는지를 정확히 측정하기는 매우 어려운 일이다. 그럼에도 불구하고 이 같은 이미지가 적지 않은 사람들에게 긍정적인 자기 확신으로 받아들여졌을 개연성은 상당히 크다고 여겨진다. 우크라이나 농촌 출신으로 1930년대에 모스크바로 이주하여 의과 대학에 다니게 된 한 청년의 일기에서는, 스탈린의 잔혹함을 비난하면서도 그가 제시한 비전에 대해서는 확신을 버리지 않는 모습, 오히려 지도자를 부정적으로 바라보고 이기적인 사고에 젖은 자신을 비판하는 내면적 '자기 검열' 현상까지 나타난다. 독일과 전쟁을 하기 전까지 자기 세대는 '완벽한 공산주의자'였다는 솔제니친의 회고도 비슷한 맥락에서 시사하는 바가 적지 않다.[16]

이 시기에 중요한 지배 담론의 하나는 사회주의 건설에 있어서 당의 '기본 노선'이었다. 제16차 당 대회 개막에 즈음하여 1930년 6월 26일자 《공산청년동맹 진리Komsomolskaia pravda》에는 로제G. Roze가 그린 만평 〈기본 노선 위에서〉가 실렸다. 만평 하단의 부제는 '전속력으로 질주하는 전동차─특급'이었다.[17] 그림에는 언덕

---

16) Jochen Hellbeck, 〈스탈린 체제 속의 자기 실현 : 1930년대 두 편의 소비에트 일기Self-Realization in the Stalinist System : Two Soviet Diaries of the 1930s〉, Manfred Hildermeier (ed.), 《2차 세계대전 이전의 스탈린주의. 새로운 연구 방법들Stalinismus vor dem zweiten Weltkrieg. Neue Wege der Forschung》(München : R. Oldenbroug Verlag, 1998), 275~290쪽 ; А.Н. Морозов, 《유토피아의 끝. 1930년대 소련 미술사로부터》, 80쪽.

17) Jeffrey Brooks, 《감사합니다, 스탈린 동지! 혁명에서 냉전까지의 소비에트 공식 문화》, 137쪽의 삽화 6-3.

정상부로 전속력으로 밀고 올라와 모습을 드러낸 전동차가 묘사되어 있다. 이 전동차의 진행을 저지하려던 장애물은 풍비박산이 났고 반대자들은 혼비백산하여 도피하며 당혹스러워한다. 턱수염으로 보아 부하린처럼 보이는 사람이 철로 옆 철탑에 기어올라 절망스럽게 전동차의 노선을 수정하려 한다. 뒤쪽에선 우스꽝스럽게 칼을 찬 트로츠키가 잉크 병을 던지며 항의한다. 전동차 정면 몸체에는 전(全) 소비에트 공산당의 이니셜〔BKП(б)〕이, 운전석 유리창 하단에는 당 중앙 위원회 약칭(ЦК)이 적혀 있다. 기관사의 얼굴은 확연히 드러나지 않지만 콧수염, 군복처럼 보이는 외투와 모자는 스탈린을 연상시키기에 충분하다. 전동차 정면 상단 중앙의 전조등에는 제16차 당 대회를 상징하듯 로마 숫자 'XVI'이 씌어 있고 그 아래에는 '추격과 추월 догнать и перегнать'이라는 슬로건이 적혀 있다. 운전석 유리창 우측의 속도계는 최고 속력에 육박하고 있음을 보여준다.

이 노선은 전동차의 선로처럼 이탈할 수 없는 길이며, 후진성을 극복하기 위하여 온갖 방해를 무릅쓰고 전속력으로 달려야 하는 길이다. 이러한 이미지 역시 대중에게, 특히 감수성이 예민한 청년층에게 강박관념과도 같은 '낙후성' 극복의 사명 의식을 심어주었으리라 생각된다. 당시 건설 공사에 참여하던 한 젊은이는 내전기 참전 용사의 강연을 들은 뒤 이렇게 결심한다. '나는 어디서 싸워야 하는가? 나는 내게 말했다――전선으로! 우리 소비에트 조국에서 적들은 정복되었지만, 나라의 정체성과 후진성은 정복되지 않았다.'[18] 권력이 생산한 시각 이미지가 대중에 의해 적극적으로 소

---

18) Dietmar Neutatz, 〈모스크바 지하철 건설 사례에서 나타나는 작업과 스탈린주의 Arbeiterschaft und Stalinismus am Beispiel der Moskauer Metro〉, Manfred Hildermeier (ed.), 《2차 세계대전 이전의 스탈린주의. 새로운 연구 방법들》, 117쪽에서 재인용.

비되는 전형적인 경우로 보아도 무방할 것이다.

사회주의 건설 과업의 선전에서는 올바른 노선에 따른 스탈린과 당의 위로부터의 영도도 강조되었지만, 이에 못지않게 인민 대중 편에서 아래로부터의 확신과 참여를 형상화하는 것도 요구되었다. 이러한 필요에 부응하는 예로 1932년 스트라호프Adolf Strakhov가 도안한 포스터 〈드네프르 공사는 완공되었습니다〉를 들 수 있다.[19] 화면에서는 공중에서 내려다보는 푸른 물결의 드네프르 강과 거대한 댐을 배경으로 한 사나이가 과업 완수에서 오는 환희의 미소를 가득 머금은 채 한 손을 머리 위로 들고, 사람들을 완공 현장으로 끌어 모으려는 듯 '나를 따르라'는 식의 몸짓을 취하고 있다. 그것은 포스터 감상자인 대중에게 성취감과 자신감을 고취하며 건설 과업에의 동참을 호소하고 더 나아가 이상적 미래로의 동행을 촉구하는 모습이다. 표제는 하단에 굵고 힘찬 글씨로 적혀 있고, 상단 왼쪽에는 '볼셰비키가 공략할 수 없는 요새란 없습니다"라는 스탈린의 발언이 작은 글씨로 자리잡고 있다. 이 포스터는 영도자의 모습을 보여주지는 않지만 글귀로 영도자 계시의 효과를 거두고 있으며, 지도받는 대중의 행동에 의미를 부여해주고, '정복'이라는 화두를 던지며 전투적 낙관주의를 고취시키고 있다.

포스터 속의 사나이는 새로운 소비에트 인간의 상징으로서, 약속된 미래 그 자체처럼 하나의 이상이다. 새로운 소비에트 인간은 포스터뿐만 아니라 이 시대의 회화에서도 반드시 건강하고 전형적인 미소를 띠며 종종 치열하게 행동에 몰입하는 것으로 묘사된다. 여성 화가 랸기나Serafima Riangina의 1934년 작품 〈점점 더 높이〉에는 밝은 표정으로 송전탑에 오르는 남녀 전기 수리공의 모습

---

19) Victoria E. Bonnell, 《권력의 성상도법. 레닌과 스탈린 하의 소비에트 정치 포스터들》, 60쪽의 도판 1-14.

이 담겨 있다.[20] 두 남녀의 발 아래에는 러시아의 지형상 오지임에 틀림없는 험준한 산악 지대의 깊은 계곡이 버티고 있다. 계곡을 지나가는 기차의 모습은 진행 중인 사회주의 건설을 암시한다. 감상자로 하여금 현기증을 느끼게 할 만한 아득한 높이인데도 산업 전사들은 더 높이 철탑을 오르고 있다. 남녀의 모습은 청년의 드높은 이상주의를 상징하거나 우회적으로 고취하는 효과를 낳는다.

이러한 형상화 작업은 당시의 사회 풍조에 일정한 영향을 미쳤으리라 짐작된다. 왜냐하면 1930년대는 다름 아닌 이상 사회를 꿈꾸던 시대였기 때문이다. 이 당시의 유토피아적 비전이란 사회주의 건설을 통한 공업화와 근대적 기술로 일신된 세계였다. 정치 지도자들뿐만 아니라 상당수의 일반인이 이상 사회에 대한 비전 속에서 살았다. 이러한 경향은 특히 젊은 세대에서 두드러졌다. 소비에트 사회의 현실이 이상 사회와는 엄청난 거리가 있었으므로 이상 사회적 수사학은 기만과 은폐에 불과하다고 간단히 치부해버릴 수는 없는 문제다. 국외 망명자의 경우까지를 포함하여 적지 않은 회고록 집필자들이 자신들의 청년기인 1930년대에 품었던 이상주의와 낙관주의를 증언한다. 이러한 회고록에는 변모의 역사적 과정에 참여하고 있다는 믿음, '사회주의 건설'에 대한 열정, 우랄 산맥 남부 지역의 마그니토고르스크 또는 아무르 강 유역 콤소몰스크 같은 오지 건설 현장에 개척자 정신――아무리 수사적인 것에 머물러 있다 하더라도――으로 참여하려는 모험심 등이 담겨 있다. 힘겨운 현실과 찬연한 미래 사이의 극명한 대조로 인하여 이상 사회에 대한 꿈은 일반인 사이에서 오히려 더욱 증폭될 수도 있었다.[21]

---

20) А. И. Морозов,《유토피아의 끝. 1930년대 소련 미술사로부터》, 114쪽의 도판.

21) Sheila Fitzpatrick,《일상적 스탈린주의. 비상 시국의 평상적 삶 : 1930년대의 소비에트

한편 이 세대의 시각 이미지에서는 사회주의 건설의 무대가 되는 소비에트 국가의 광대한 영토와 하늘과 자연이 강조되어 있다. 캄차카 화산 지역에서 조사 작업 중인 지질학자, 중앙아시아 타지키스탄의 기후 관측소 건설 작업, 북극 탐험 등이 화가들의 소재가 되었다. 니스키Georgii Nisskii의 1933년 작품 〈길 위에서〉와 〈10월〉은 건설의 주제를 풍경화라는 형식 속에 담고 있다.[22] 전자에는 여러 개의 기차 선로가 집중되어 있는 공업 단지 인근의 드넓은 대지와 광활한 하늘이 화면의 반을 가르며 그려져 있고, 후자에는 울창한 삼림 사이로 난 철길을 힘차게 지나가는 기차의 뒷모습이 담겨 있다. 공간의 광대함 속에 나타나기 시작한 사회주의 건설의 단면이 제시되고 있다. 특히 가을 풍경이 묘사된 후자의 경우, '10월'이라는 제목만으로도 감상자로 하여금 사회주의 혁명과 아울러 사회주의 건설을 연상하게 하는 효과를 거두고 있다. 르일로프Arkadi Rylov의 1934년 작품 〈삼림에서 목재를 나르는 트랙터〉는 흰 눈으로 뒤덮인 삼림 지대와 평원의 모습을 담고 있다. 자연과 산업의 만남을 서정적으로 일깨우는 작품 제작에 노력했던 르일로프의 생각은 다음과 같은 말에 나타나 있다. "나의 사회주의 조국 인민만큼 자연의 삶에 적극적으로 간여한 경우는 없다. 어떻게 이 점을 화가가 간과할 수 있단 말인가?"[23] 풍경화는 무엇보다도 진보의 기치 아래 자연에 가해진 소비에트적 변모를 증언해야 했

러시아*Everyday Stalinism. Ordinary Life in Extraordinary Times : Soviet Russia in the 1930s*》(Oxford : Oxford University Press, 1999), 68~69쪽 ; A. H. Морозов,《유토피아의 끝. 1930년대 소련 미술사로부터》, 80~82쪽.

　22) A. H. Морозов,《유토피아의 끝. 1930년대 소련 미술사로부터》, 64~65쪽 사이의 도판 10·16.

　23) Matthew Cullerne Bown,《사회주의 리얼리즘 회화》, 161쪽에서 재인용 및 165쪽의 도판 172.

던 것이다.

사회주의 건설에서 자연 정복에 도전하는 소비에트 인민의 의지와 아울러, 은연중에 그리고 경우에 따라서는 노골적으로 강조된 것이 건설 무대의 광활함이다. 드넓은 영토는 젊은 층이 미래의 꿈을 펼쳐 보일 공간으로서의 의미 외에도 일국 사회주의의 정당함을 뒷받침하는 의미를 지닌다. 마르크스에서 레닌에 이르기까지 강조된 것의 하나가 사회주의 혁명의 국제적 성격 또는 세계적 차원이다. 혁명을 한 나라에 국한시키는 것은 정통 이데올로기로부터의 일탈로 간주될 수 있다. 그러나 그 한 나라가 전 세계의 6분의 1을 차지하는 초대형 국가라고 한다면, 일국 사회주의론은 세계의 무시 못할 부분을 사회주의적으로 우선 변혁시킨다는 의의를 갖게 된다. 스탈린 찬양에 '세계 6분의 1의……'라는 수식어구가 따라붙었던 것도 이러한 맥락에서다.

1939년 3월 '사회주의 산업'이라는 사상 최대 규모의 미술 전시회가 모스크바에서 개막되었다. 관람객들은 스탈린과 당 지도자들의 초상이 내걸린 제1전시실을 지나, 다음 전시실에서는 소비에트연방의 초대형 지도와 대면하게 되었다. 지도의 폭은 28미터, 무게는 무려 4톤이었다. 지도상에서 각 공화국의 수도는 별 모양의 루비로 표시되고, 그 명칭은 에메랄드로 장식되어 있었다. 호수 및 하천은 청금석(靑金石)으로, 철도는 은으로, 송유관은 황옥으로, 중공업 지역은 루비 · 철반석류석(鐵盤石榴石) · 월장석(月長石) 등으로, 천연 자원 지대는 진한 벽옥(碧玉) 등으로 장식되었다. 이는 사회주의 건설의 광대한 무대가 지니는 시적 이미지를 거대하게 응축한 것으로, 다가오는 지상 천국의 지도를 그리려 한 것이었다.[24]

---

24) Matthew Culerne Bown, 《사회주의 리얼리즘 회화》, 146쪽.

이러한 이미지가 어딘가 기성 종교에서 제시되는, 현실 세계가 최후 심판으로 파괴된 후 홀연히 나타나는, 온갖 보석으로 건설된 광채의 천국 도성인 새로운 예루살렘(〈요한계시록〉 21장)을 연상시킨다면 지나친 비약일까? 이러한 측면은 보기에 따라서는 대중에게 새로운 차원으로 다가오는 스탈린주의의 정치종교적 측면일 수 있다.

5. 풍요와 레저의 이미지

'삶은 더 나아지고 더 즐거워졌습니다!' 이것은 1930년대에 낙관적 사회 분위기를 조장하기 위하여 대대적으로 선전된 슬로건이다. 스탈린이 이러한 발언을 공식적으로 행한 것은 1935년 말의 일이지만, 그는 이미 1931년부터 주요 연설 때마다 실상과 배치되는 소비에트 인민의 복지 증대를 언급하면서 아울러 번영하는 사회주의 미래에 대한 장밋빛 프로젝트를 제시하였다. 이 시대에는 대중을 위해 축제, 춤, 가면 무도회, 심지어 재즈 연주 및 감상 등을 포함하여 모든 종류의 레저 활동이 장려되었고, 새로운 소비 상품의 출현이 대대적으로 선전되었다. 사회 전반의 분위기는 혁명 이후 지속된 반(反)소비적 · 금욕적 · 절제적 경향에서 소비향락적 경향으로 바뀌었다.[25]

당의 지도적 인사들은 예술가들에게 이러한 분위기를 선도하도

---

25) Julie Hessler, 〈격조 있는 상거래 : 스탈린주의의 소비 지향적 전환Cultured trade : the Stalinist turn toward consumerism〉, Sheila Fitzpatrick (ed.), 《스탈린주의. 새로운 경향들》, 182~209쪽(특히 184~185쪽) ; Sheila Fitzpatrick, 《문화적 전선. 혁명 러시아의 권력과 문화 The Cultural Front. Power and Culture in Revolutionary Russia》(Ithaca : Cornell University Press, 1992), 218쪽을 참조하라.

록 주문하고 있었다. 1933년 고리키는 화가들에게 이렇게 말했다. "휴식과 레저의 즐거움을 보여주는 것이 본질적인 문제다. 우리의 그림들은 환희에 찬 것이어야 하며 전파력을 지녀야 한다. 좀더 많은 미소가 포함되어야 한다." 이에 호응하듯 모닌Aleksandr Monin 의 1933년 작품 〈새로운 시대〉는 도시 공간에서 이루어지는 삶의 여유를 보여준다. 화면은 영화관 앞 광장의 이동식 판매대에서 음료수를 마시는 사람들의 모습을 담고 있다. 미각의 즐거움, 단정하고 밝은 색상의 외출복, 그리고 무엇보다도 배경이 되는 영화관 건물 입구에 적혀 있는 '유성 영화 새로운 시대'라는 문구가 주는 복합 이미지는 보통 사람에게 이전 시대와 차원을 달리하는 삶의 즐거움을 상징한다. 1930년대에 본격화한 유성 영화 제작은 당시 인민들에게 영화 관람이라는, 여가 생활의 새로운 영역을 가져다주었다. 영화 제목처럼, 그림 제목처럼, '새로운 시대'가 열린 것이다.

한편 이러한 낙관적이고 자족적인 분위기는 도시 생활에 국한된 것이 아니라는 점이 선전되어야 했다. 플라스토프Fyodor Plastov 와 게라시모프Sergei Gerasimov는 1937년에 〈집단 농장 축제일〉이라는 동일한 제목의 작품을 각각 내놓았다. 집단 농장은 그 건설 과정에서 권력의 폭압과 농민의 저항이 격렬하게 부딪쳤던 현장이자 대기근의 참상이 있었던 현장이었으나, 이제는 단순히 소극적 의미의 안정이 아니라 풍요와 기쁨이 넘치는 생활 현장으로 면모를 일신했음이 두 작품에서 모두 강조되고 있다. 야외에 설치한 잔칫상 위의 가득한 음식이 풍요를 상징하고, 이를 둘러싼 농장원 및 가족들의 밝은 표정은 삶에 대한 자족을 드러낸다. 특히 플라스토프의 작품에는 스탈린의 초상과 아울러 "삶은 더 나아지고 더 즐거워졌습니다!"라는 문구의 플래카드가 내걸려 있어 감상자에게 즉각적으로 메시지를 전달한다. 한편 게라시모프는 청명한 날씨와 강렬한 햇빛을 나타내는 밝은 색조로 화면 전체를 뒤덮음으로써 집단 농장의 쾌활한 삶을 형상화했다. 화가 르제즈니코프Aron Rzheznikov는 "무엇보다도 화가가 삶을 축제로 인식했다는 점에 대하여 장차 우리 시대의 미술을 연구하게 될 미술사가들이 흠잡을지 모른다"는 점을 인정하면서도, '평범한 것과 일상적인 것' 속에서 위대함을 찾으라고 동료 화가들에게 촉구하였다.[26]

축제 분위기는 구습으로 매도되었던 정교회의 성탄 축일이 변형, 부활되는 데까지 확대되었다. 1936년 12월 30일자《노동 *Trud*》의 1면 헤드라인에는 스탈린 사진과 더불어 대형 '욜카elka'(러시아식 크리스마스 트리)를 묘사한 바실레프P. Vasilev의 삽화가 장식되었다.[27] 스탈린 사진 바로 아래에는 '신년 욜카'라는 기사의 표제가 배치되어 삽화와 함께 미디어-패키지를 형성한다. 그림에서는 어린 학생들이 '욜카' 주변에서 뛰놀며 즐거워하고 있다. 1918년 혁명 정부에 의해 신력(新曆)이 채택되었는데, 정교회가 고수하던 구력(舊曆) 12월 25일은 신력으로 1월 7일이 되므로 부활된 옛 성탄절은 기묘하게 신년 축제일의 성격을 갖게 되었다.

삽화 위쪽에는 다음과 같은 내용의 캡션이 배치돼 있다. "온 나라가 환호하며 웃고 있습니다, 모든 불빛도 기쁨에 차 있습니다, 왜냐하면 뛰어난 나라의 어린이들이 즐겁게 살아가고 있기 때문입니다. 매시간 배움과 여가가 전에 없이 즐거워졌습니다. 왜냐하면 우리의 위대한 스탈린이 우리 어린이들에게 가장 좋은 친구이

---

26) 고리키와 르제즈니코프의 발언은 Matthew Cullerne Bown,《사회주의 리얼리즘 회화》, 143쪽에서 재인용. 세 작품에 대해서는 А. И. Морозов,《유토피아의 끝. 1930년대 소련 미술사로부터》, 64~65쪽 사이의 도판 28 · 29 및 130쪽을 참조하라.

27) Jeffrey Brooks,《감사합니다, 스탈린 동지! 혁명에서 냉전까지의 소비에트 공식 문화》, 71쪽의 삽화 3-4.

기 때문입니다." 그림 왼편에 자리잡은 사진 속의 스탈린은 흐뭇한
미소와 함께 마치 오른편 삽화 속의 어린이들에게 호의적인 시선
과 박수를 보내는 듯한 인상을 주면서 러시아판 산타클로스인 '눈
[雪] 할아버지ded-moroz'의 자애로운 이미지를 만들어낸다. '욜
카'의 온갖 장식물 중에서도 '눈 할아버지' 인형이 가장 두드러지
게 묘사되어 이미지 연관 효과를 증대시킨다. 즐거움과 풍요로움
의 제공자라는 권력의 이미지를 더욱 부각시키기 위해서는 상응
하는 수혜자의 이미지가 요구되는데, 일반 성인보다는 오히려 아
이들에 대한 묘사가 이러한 요구를 성공적으로 충족시킬 수 있는
것이다. 인민이 누리는 삶의 즐거움과 권력의 선심 사이의 긴밀한
관계가 암시된다.

　권력 쪽에서는 또한 레저의 구체적 공간을 마련해줌으로써 대중
을 포섭하려 했다. 1930년대에 모스크바를 비롯한 각 도시와 공단
지역에 조성된 '문화-휴식 공원'이 대표적인 예다. 특히 1935년
모스크바에서 고리키의 이름을 따서 문을 연 공원은 그 방대한 규
모 때문에 대외적으로 널리 선전되었다. 이 공원은 개장 세 시간
만에 입장객 1만 명을 돌파했다. 정문에는 역시 "삶은 더 나아지고
더 즐거워졌습니다!"라는 플래카드가 내걸렸다. 공원은 대형 회전
식 관람차, 낙하산 점프대, 볼링장, 댄스 홀, 영화관, 신문 열람 코너
등을 구비하여, 농촌으로부터의 이주민들을 '사회화'하는 장(場)
의 역할을 했다.[28]

　노동 대중에게 휴식의 시각 이미지를 전달하는 것도 중시되었

---

28) Karl Schlögel, 〈모스크바의 '고리키 문화-휴식 중앙 공원'. 스탈린주의에 있어서 열린
　공간의 문제"Der Zentrale Gor'iki-Kultur-Erholungs Park" (CPK i O) in Moskau. Zur Frage
　des öffentlichen Raums im Stalinismus〉, Manfred Hildermeier (ed.), 《2차 세계대전 이전의
　스탈린주의. 새로운 연구 방법들》, 255~274쪽.

다. 크르이모프Nikolai Krymov의 1937년 작품인 〈고리키 문화-휴식 중앙 공원의 아침〉, 그리고 매일 저녁 열리는 고리키 공원의 서커스 공연을 홍보하는 모로Moro 도안의 포스터 〈문화와 휴식. 이동 서커스〉의 분위기는 자못 이국적이다.[29] 크르이모프의 작품에서는 아열대 지방의 느낌을 주는, 종려나무가 늘어선 고요한 정원이 시야에 들어온다. 이는 매년 두세 달을 흑해 연안의 휴양지에서 보내던 스탈린의 기호를 반영한 것이기도 하다. 모로의 포스터에서는 야자수와 종려나무를 배경으로 공작새 무늬가 새겨진 인도 의상의 마법사가 역시 매혹적인 휴식 공간의 분위기를 조성한다.

스탈린 체제는 레저와 아울러 풍요로운 소비 상품 공급을 통해 인민 대중의 지지를 확보하고자 했다. 스탈린은 1933~1934년의 공식 연설에서 소비재 생산의 증대를 역설했으며, 스탈린의 측근인 미코얀Anastas I. Mikoyan이 업무를 총괄하던 식품공업인민위원부의 산하 기관들은 물품 홍보를 위해 바쁘게 움직였다. 이와 관련하여 1930년대 후반에 제작된 몇 가지 포스터의 내용을 보면, 정육국이 햄버거 모양으로 '따끈따끈한 커틀릿'을 빵 사이에 끼워 50코페이카(0.5루블)에 판매한다든지, 제과국이 초콜릿 과자를, 그리고 장업국(粧業局)이 고급 립스틱 및 화장용 분을 생산한다든지 하는 것이었다. 또한 포스터 한 장에 소시지를 비롯한 온갖 가공 육류, 수산국이 공급하는 생선알 및 훈제 생선, 토마토 케첩, 샴페인, 각종 유제품(乳製品) 및 아이스크림류의 모습을 망라해 풍요의 이미지를 조성하고, 그 한복판에 커다란 글씨로 "상점에서 구입하시오"라는 문구를 새겨놓는 경우도 있다.[30]

---

29) А. И. Морозов, 《유토피아의 끝. 1930년대 소련 미술사로부터》, 64~65쪽의 도판 27 ; А. Ф. Шклярук (ed.), 《포스터 속의 모스크바》, 1권, 113쪽의 도판 105.

30) А. Ф. Шклярук (ed.), 《포스터 속의 모스크바》, 1권, 88~91쪽의 도판 80 · 81 · 82 · 83.

그런데 문제는 실제 상점에서는 이러한 물품들이 부족하거나 경우에 따라서는 전혀 없다는 데 있었다. 그래서 1930년대 중반의 상품 광고 포스터는 '소비재 포르노그라피'라는 신랄한 지적을 받기도 한다.[31] 포스터가 활발히 제작, 유포된 것은 이러한 소비재 홍보가 판매 촉진의 상업적 성격보다는 체제 선전의 정치적 성격을 지녔기 때문이었다. 초콜릿 과자를 선전하는 포스터의 상단에는 제과 공장 '붉은 10월'의 거대한 현대식 건물이 자리잡고 있다. 이로써 과자가 '현대식' 장비로 '대량' 생산되어 공급된다는 시각 이미지가 형성된다. 새로운 독일식 프랑크푸르트 소시지 홍보 문구에서도 '현대적' 기술이 강조되며, 이로써 대량 생산에 의한 풍요와 즐거움의 이미지가 합성된다. 아이스크림이나 샴페인과 관련해서도, 구미에서는 소비 범위가 계층이나 시기에 따라 제한된 고급 품목이지만 소련에서는 '현대식' 생산 설비가 수입되어 대중적 소비 시대가 임박했다는 식으로 체제 우월적인 정치 담론이 나타난다.

6. 여성 해방의 이미지

1930년대의 대표적인 여성 이미지는 건설 현장과 공장에서 노동하거나 집단 농장에서 트랙터를 운전하는 근로자로서의 모습이다. 여성이 대거 노동 현장에 모습을 드러낸 시대 상황이 '여성 해방'의 대의와 결부되어 선전되었다. 이제 여성이 집 밖에서 일하는 것을 남편들이 막을 권한도 없어져 여성은 고래의 가부장적 권위

31) Sheila Fitzpatrick, 《일상적 스탈린주의. 비상 시국의 평상적 삶 : 1930년대의 소비에트 러시아》, 90쪽.

와 속박에서 벗어나게 된 것이다.

쿨라기나Valentina Kulagina가 도안한 〈국제 여성 노동자의 날〉
(1930)이라는 포스터에는 당당한 체구의 여공이 무쇠팔로 육중한
방직기를 작동시키는 모습이 거인 같은 형상으로 묘사돼 있고, 그
아래에는 포토몽타주로 처리된 웃는 모습의 여성 노동자 대열이
'국제 여성 노동자의 날', '사회주의적 경쟁 점검의 날'이라는 문
구의 플래카드를 치켜들고 행진하는 광경이 그려져 있다. 즉 노동
과 환희가 복합된 여성 해방의 이미지 형성이 의도되어 있다. 이전
의 포스터에서는 주로 대장장이 형상을 한 남성 노동자의 보조역
으로 등장했던 여성 노동자들이 이제는 남성을 배제하고 독자적
으로 당당하게 화면을 장악함으로써 '슈퍼맨'의 이미지를 드러낸
다.[32]

이제 여성은 남성과 전혀 다를 바 없는 평등하며 동지적인 존재
임이 부각된 것이다. 그것은 무지몽매한 '촌여자(바바baba)'로부
터, 신세계와 사회주의 건설의 역군인 '동무tovarishch'(영어로는
comrade)로의 화려한 변신이었다. 1930년 소련공산당은 '여성 문
제', 즉 여성의 사회적 불평등 문제가 해소되었다고 선언했으며,
이제 여성이 남성과 동등한 지위에 이르렀으므로 더 이상의 후견
과 지도가 불필요하다는 명분을 내세워 아이러니컬하게도 당 조
직에서 '여성국zhenotdel'을 폐지하였다.[33]

---

32) Margarita Tupitsyn, 〈소비에트 사진 제작 및 포토몽타주에서의 초인상(超人像)
Superman imagery in Soviet photography and photomontage〉, Bernice G. Rosenthal (ed.),
《니체와 소비에트 문화. 제휴와 대립Nietzsche and Soviet Culture. Ally and Adversary》
(Cambridge : Cambridge University Press, 1994), 293~294쪽.

33) Elizabeth A. Wood, 《촌여자와 동무. 혁명 러시아의 젠더와 정치The Baba and the
Comrade. Gender and Politics in Revolutionary Russia》(Bloomington : Indiana University Press,
1997), 1 · 221쪽. '바바'는 주로 결혼한 농촌 여성에 대한 경멸적 의미를 담은 러시아 말로,
'일자무식에 미신을 믿으며 깨우치지 못함', '이기적이고 편협함' 등의 부정적 속성을 내포

여성 노동의 전위대로 상징적 역할을 담당한 것은 젊은 여성들, 특히 '공산주의청년동맹'인 콤소몰 소속 여성들이었다. 이들은 1930년대에 모스크바 지하철 건설 현장에서 고된 작업의 일부를 담당하기도 했다. 화가 사모흐발로프Aleksandr Samokhvalov가 1933년부터 여러 해에 걸쳐 시리즈로 제작한 〈지하철의 여인들〉은 선봉에 선 건설 역군의 이미지를 확산시켰다. 연작의 일부인 〈공기 압축 착암기로 작업하는 여성〉이나 〈사다리를 운반하는 지하철 건설 여성〉은 남성을 능가할 것 같은 근력과 체력의 건강미 넘치는 여성 노동 전사상을 부각시킨다.

그리고리 셰갈Grigori Shegal의 1930년대 초 작품 〈신입 동무〉는 좀더 복합적인 이미지를 전달한다. 이 그림은 다민족 국가인 당시 소련의 현실을 반영하고 있는데, 중앙아시아 지역의 광산에 새로 근무하게 된 콤소몰 소속의 러시아 민족 출신인 듯한 젊은 백인 여성이 작업 대기소의 긴 의자에 앉아 신발 끈을 조이며 구김살 없고 거리낌 없는 표정으로 소수 민족인 토착민 광부들과 담소하는 모습을 보여준다. 오히려 대화 상대인 연상의 토착민 광부의 표정과 몸가짐에서 상당한 수줍음과 당혹스러움이 배어 나온다. 말을 더 듣고 있는 듯한 그를 뒤에 서 있는 동료 광부가 흥미로운 미소를 띤 채 내려다보고 있다. 전통적으로 여성에게 종속적 지위가 강요되는 소수 민족의 거주지였던 낙후된 오지의 노동 현장에 나타난 젊은 여성은 자유의 전령(傳令)을 상징한다. 여기에서 여성 노동은 여성 해방, 사회주의 건설, 러시아 주도의 문명화 등과 결부된 복

한다. 한편 '여성국'의 폐지는 프롤레타리아 여성 운동의 종말이라고 해석되기도 한다. Wendy Z. Goldman,《여성, 국가 그리고 혁명. 소련의 가족 정책과 사회 생활, 1917~1936년Women, the State and Revolution. Soviet Family Policy and Social Life, 1917~1936》(Cambridge : Cambridge University Press, 1993), 338쪽을 참조하라.

합 이미지를 창출한다.

여성 종속이라는 고루한 인습과의 투쟁은 특히 농촌 사회를 대상으로 강조되었다. 그런데 여성 노동력 동원을 염두에 두고 농촌에서 집단화를 추진하던 소비에트 당국은 커다란 반발에 직면하게 되었다. 1929년 말부터 1931년에 이르기까지, 특히 농촌 여성들은 집단화에 대대적으로 저항하였다. 더욱이 집단화 과정에 수반된 교회와 성직자에 대한 공격은 농촌 여성들의 격렬한 분노를 야기하였다. 당국은 집단화에 적대적인 여성들의 태도가 쿨라크가 퍼뜨리는 악의적인 소문 탓이라고 생각하였다. 당시 농촌 여성들이 믿었던 소문은, 집단 농장에 들어갈 경우 자녀를 모두 사회화의 대상으로 빼앗기게 된다는 것, 여성은 강제로 머리를 깎이고 그 모발은 수출된다는 것, 모든 여성은 공유화되어 모든 남성의 아내가된다는 것, 모든 집단 농장원이 남녀 불문하고 끔찍한 공동 모포를 함께 덮고 자게 된다는 것 등이었다.[34] '쿨라크와 성직자의 방해를 물리치고 집단 농장행을 결단하는 여성'의 이미지 창출은 역설적으로 소비에트 당국이 처했던 절박한 상황을 반영하는 것이기도 하다.

1930년에 제작된 포스터 〈농촌 여성이여, 집단 농장으로!〉는 이러한 메시지를 함축하고 있다.[35] 화면 전체를 차지할 만큼 거대한 여성이 오른쪽으로 고개를 돌려 감상자의 정면을 응시하면서, 왼손으로 발 아래의 집단 농장 진입로를 가리키며 다른 여성들의 동참과 결단을 호소하고 있다. 그녀의 맨발은 문명화되지 못한 농촌

---

34) Victoria E. Bonnell, 《권력의 성상도법. 레닌과 스탈린 하의 소비에트 정치 포스터들》, 108쪽.

35) Victoria E. Bonnell, 《권력의 성상도법. 레닌과 스탈린 하의 소비에트 정치 포스터들》, 128쪽의 도판 3-5.

의 낙후된 현실을 암시하지만 오른손으로 옆구리에 단단히 끼고 있는 책은 보다 나은 미래를 대비하기 위한 배움의 열망과 아울러 무지몽매함 속에 종속적 삶을 강요받았던 과거를 청산하고자 하는 결연한 의지를 상징한다. 오른쪽으로 멀리 보이는 집단 농장에서 트랙터가 움직이고 있고 학교, 탁아소, 구내 식당, 클럽 등 시설물의 간판이 보이는 가운데 저 멀리 지평선에는 찬연한 미래를 상징하듯 광명의 태양이 떠오르고 있다.

그러나 겨우 여인의 무릎 정도에 이르는 작은 키의 세 남자가 여인의 치맛자락을 발악적으로 붙들고 늘어지며 가는 길을 방해하고 있다. 그 중의 한 남자는 한 손에 십자가를 들고 여인을 절망적으로 올려다보는 정교회 성직자로서 기성 종교를 상징하며, 술독이 오른 듯한 붉은 코에 오른손으로는 치마를 움켜쥐고 왼손에는 보드카 병을 들고 있는 남자는 농촌의 가부장적 권위와 폐습을 상징한다. 고심 끝에 익숙한 것들과 작별하기로 한 여인의 결심과 이를 저지하려는 잡다한 외적 요소는 작용하는 힘의 강도에 있어서 거인과 난쟁이의 차이처럼 비교가 되지 않는 것이다. 여인은 결심한 대로 실천할 것이다. 스카프를 두른 여인의 얼굴은 아름답지만 표정은 결연하고 단호하다. 그림 속의 아름다운 얼굴은 포스터를 바라보는 여성들에게 은연중에 무의식적인 일체감을 형성함으로써 집단 농장에 동참하라는 메시지 전달 효과를 배가하고 있다.

비슷한 이미지를 전달하는 또 다른 예로서, '국제 여성의 날'을 기념하여 1930년 3월 8일자 《프라우다》가 게재한 로토프Konstantin Rotov의 만평 〈위대한 개조〉를 꼽을 수 있다.[36] 여기에는 튼튼한 체격의 젊은 농촌 여성이 주먹을 쥔 채 씩씩하게 팔을 앞뒤로

---

36) Jeffrey Brooks, 《감사합니다, 스탈린 동지! 혁명에서 냉전까지의 소비에트 공식 문화》, 138쪽.

흔들며 집단 농장으로 걸어 들어가는 길에서 훼방하는 왜소한 체구의 성직자들과 불온한 쿨라크들이 여인의 주먹에 나가떨어지는 모습이 묘사되어 있다. 부농을 가리키는 러시아어 단어 '쿨라크'는 본래 '주먹'을 뜻한다. 애초에 이 말은 흑토 지대에 나타난 고리대금업자의 큰 손을 의미했는데 그 후로 부를 주먹으로 움켜쥐고 놓지 않는 탐욕스러운 부농을 가리키게 되었다. 그래서 주먹이 곧 부농을 가리키기도 하였다. 삽화에서는 여성의 쿨라크(주먹)가 남성 쿨라크(부농)를 응징하고 있다. 일부 쿨라크는 무기를 갖고 집단화에 저항하기도 했는데, 그림에서는 장난감 같은 소총이 땅바닥에 떨어져 나뒹군다. 보다 상징적인 것은 여인이 길에 떨어진 성직자의 십자가를 짓밟으며 걸어가는 모습이다. 집단 농장 입구에서 보이는 차고에는 트랙터가 서 있다. 구시대의 유물인 기성 종교의 미신을 떨치고 트랙터가 상징하는 미래의 과학 영농의 길을 가라는 메시지인 셈이다. 이처럼 집단 농장의 여성 노동력 동원 문제는 이런저런 포스터나 그림이 제시하듯이 구습으로부터의 여성 해방이라는 시각 이미지 속에 녹아들어 있다.

여성 노동력 동원을 효과적으로 증대하기 위한 또 하나의 선결 요건은 여성의 육아 부담을 덜어주는 것이었다. 1930년에 제작된 한 포스터에서는 어떤 농촌 여성이 젖먹이 아이를 안고 있는 모습 뒤에 트랙터 대열과 탁아소인 듯한 목조 가옥이 나타나 있다. 하단에는 붉은색의 굵은 글씨로 "집단 농장 및 국영 농장에서 실시되는 육아 지원 및 상담을 잊지 마시오"라고 적혀 있고, 상단에는 '트랙터와 탁아소는 새로운 농촌의 추진력"이라는 구호가 자리잡고 있다. 역시 같은 해에 등장한 포스터 〈여성 농민이여! 수확을 증대합시다! 농가를 하나로 집단화합시다!〉에는 중앙에 웃음 가득한 여성이 트랙터를 운전하는 모습이 그려져 있다. 이 여인이 기쁨으로 작업에 전념할 수 있는 이유인 개별 농가와 집단 농장의 차이가 배경으로 제시된다. 개별 농가에서는 역축(役畜)을 동원하여 목제 쟁기로 밭을 가는 반면, 집단 농장에서는 트랙터로 경작한다. 개별 농가의 밭에서는 돌아보지 못하고 홀로 작업하는 여성 뒤에서 아이가 우유를 엎지르고 울부짖지만, 집단 농장에서는 보모들이 야외에서 아이들을 데리고 놀며 돌보고 있다. 개별 농가에서는 화덕에 음식을 올려놓는 여인의 치맛자락을 어린아이가 붙들고 뭔가 졸라대고 있고, 바로 뒤에서는 송아지가 함께 기거하는 비위생성이 드러나는 데 비해, 집단 농장에서는 청결한 구내 식당을 이용하고 남는 시간을 도서관에서 신문이나 책을 읽으며 보내고 있다. 이처럼 여성 해방의 이미지로 포장된 여성 노동력의 동원은 다시 여성의 육아 부담 및 가사 노동 경감의 이미지와 결부되어 나타난다.

그러나 육아 부담의 경감이 여성의 어머니 역할 경시를 의미하는 것은 아니었다. 오히려 그 반대였다. 1930년대 중반부터 모성애와 가족 생활의 미덕이 극구 찬양되고 낙태가 불법화되었다. 이러한 시대 변화를 예감하게 하는 것으로 화가 데네이카의 1932년 작품 〈어머니〉를 꼽을 수 있다. 화면에는 강건하고 원기 넘치며 탄탄한 몸매의 금발 여성이 감상자에게 등을 돌린 채 가냘픈 어린 아들을 끌어안고 있다. 아이의 여린 모습이 모성의 보호 본능을 자극하는 듯하다. 눈을 감고 아이의 체취를 느끼는 듯한 그윽한 표정의 여인, 그녀의 감성적 섬세함과 체력을 상징하는 넓은 어깨는 능히 자녀와 가정을 지켜나갈 어머니의 이미지를 만들어낸다. 한 평론가의 지적대로, "원기 넘치고 자주적이며 자유로운 여성, 그 안에서 고양된 사회적 의식에 의해 생명력이 전달"되는 것이다.[37]

---

37) Matthew Cullerne Bown, 《사회주의 리얼리즘 회화》, 170쪽에서 재인용.

그러나 데네이카의 작품이 갖는 의미는 오히려 스탈린이 더 적절하게 표현한 듯하다. 그는 1936년 다음과 같이 말했다. "우리에게는 건강하고 불구가 아닌 어머니가 필요합니다. 우리에게는 사회주의 건설을 뒤이을 건강한 어린이가 필요합니다. 우리에게는 강력한 사회주의적 가정이 필요합니다!"[38] 여성에 대한 권력의 또다른 요구가 극명하게 드러나 있다고 볼 수 있다. 스탈린 체제는 나치 정책과는 달리 여성에게 가정을 지키는 것만을 요구하지 않았다. 여성 해방의 이름으로 여성 노동력의 동원 또한 요구했다. 이처럼 소비에트 여성은 이중의 부담을 감내해야 했다.[39]

7. 시각 이미지와 권력의 대중 접근

이처럼 시각 이미지의 창(窓)에 비친 스탈린 체제는 대중에게 일방적으로 명령하는 권력의 얼굴 이외에, 대중을 좀더 회유하고 포섭하여 지지와 동의를 끌어내려는 집요하고 적극적인 권력의 또다른 얼굴을 지녔다고 볼 수 있다. 지배 체제는 대중의 지지를 확보하기 위해 새로운 세계관과 당의 노선에 대한 확신, 미래 사회에 대한 꿈과 기대에 더하여 일상의 삶에서 물질적 소비와 여가 활용에 대한 만족을 심어주려고 하였던 것이다. 아울러 공업화와 농업 집단화의 사회적 대격변으로 전례 없는 사회적 유동성이 나타나는 가운데, 권력은 가정과 주부의 역할을 강조하면서도 여성 동원

---

38) Jeffrey Brooks, 《감사합니다, 스탈린 동지! 혁명에서 냉전까지의 소비에트 공식 문화》, 90쪽에서 재인용.

39) Wendy Z. Goldman, 《여성, 국가 그리고 혁명. 소련의 가족 정책과 사회 생활, 1917~1936년》, 336~343쪽.

의 과제를 여성 해방의 이미지로 포장하여 추진하였다.

대중독재로서의 스탈린 체제를 바라보는 현재적 시각에 현실 사회주의의 좌절을 생생히 목도한 간접 체험이 반영되는 것은 너무나 당연한 일인지 모른다. 그리고 그 건설 과정에 수반된 엄청난 희생을 용납하거나 그 의의를 인정하기 어려운 입장에 놓이게 된다. 그럼에도 불구하고 이 문제를 고찰함에 있어 균형을 갖추기 위해서는 당대적 시각도 아울러 요구된다고 볼 수 있다. 물론 연구자로서 체제와 권력의 폭압적이고 기만적인 성격을 간과할 수는 없다. 그러나 훗날의 반체제 인사들마저 1930년대에 품었던 체제와 미래에 대한 확신, 물질적 진보에 대한 낙관, 육아의 부담에도 불구하고 여성들이 가졌던 해방감과 사회적 성취 등은 여러 시각 이미지를 동원하여 대중에게 접근했던 권력의 또 다른 존속 기반이었음을 냉정하게 인정할 수 있을 것이다.

필자가 이 글의 한계점 중 하나로서 스스로 지적할 수 있는 것은 권력이 생산하고 유통시킨 시각 이미지에 대한 대중의 소비 양상, 즉 대중의 반응이다. 포스터, 그림, 만평 등에 대한 감상자의 반응은 즉각적이고 직접적일 수도 있겠지만, 대부분의 경우 오히려 잠재적이고 만성적일 것이다. 따라서 시각 이미지에 대한 소비 과정을 추적한다는 것은 회고록, 대담, 일기 등 또 다른 방대한 문헌의 섭렵과 분석을 전제로 하게 된다. 이 글에서는 이러한 작업이 미진하였음을 인정하지만, 이것은 별개의 추가 작업을 요구하는 일이다.

그러나 이러한 난점은 우리에게 또 다른 시사점을 던져준다. 권력이 추구하는 문화 패권은 시각 이미지라는 일종의 내복약을 끊임없이 생산, 유통시켜 이를 장기 복용한 소비자 대중의 체내 신경조직과 근육 세포에 확산시킴으로써 그 사고와 언어와 행동 유형을 지배할 수 있는 것이다. 스탈린주의는 결국 그 약효의 소멸이나 부작용으로 복용자들을 무력화한 끝에 자체의 기반을 상실하고 붕괴한 것인지도 모른다. 그러나 적어도 1930년대 소비에트 국가의 변모는 대중에 대한 통제와 억압만으로는 불가능했다. 스탈린 체제에서 대중의 지지 또는 동의와 아울러 포섭과 회유와 설득이라는 권력의 또 다른 얼굴을 읽어낼 필요가 여기에 있다고 본다.

현대 우크라이나 역사 서술에서의 강제 대 동의

볼로디미르 크라프첸코 :: 이종훈 옮김

1. 우크라이나의 역사적 정체성과 소련 붕괴 이전의 역사 서술

우크라이나의 역사는 논쟁으로 가득하다. "서방 세계와 동방 정교 간의 문명 단층 경계선이 그 심장부를 관통하고 있으며 이는 수세기간 지속되어왔다."[1) 수세기 동안 부단히 변화하는 정치적 국면의 대립적 환경에 적응해온 우크라이나의 역사적 경험은 양면성을 우크라이나 사회 전체의 문화와 생활 양식의 주요한 특징으

볼로디미르 크라프첸코Volodymyr Kravchenko는 우크라이나 하르키프 소재 카라친 국립대학교의 우크라이나 역사 교수이자 우크라이나 학과 학과장이다. 또한 캐나다 우크라이나학 연구소가 마련한 우크라이나 동부 연구를 위한 코발스키 프로그램의 공동 진행자이며 하르키프에서 매년 발행되는 학제적 연구지《동-서East-West》의 편집장이기도 하다. 전공 분야는 우크라이나 사학사와 제국 시기 하르키프 지역사다. 100여 편의 논저를 발표했으며 연구서로는 러시아어로 출간된《바갈레이 : 학자이자 정치 활동가 D. I. Bagaley: a scholar and political activist》와 우크라이나어로 출간된《루시족(族)의 역사Istoria Rusov》,《18세기 후반부터 19세기 중반까지의 우크라이나 역사 서술The Ukrainian historical writing from the second half of the 18th century to the 19th century》이 있다. 최근에는 우크라이나의 역사 서술에 관한 교과 과정을 준비하고 있으며 우크라이나의 현대사 서술을 다룬 몇 편의 글을 쓰고 있다. 유럽학술재단의 국제 기획인 '과거의 재현 : 유럽의 국사 서술'에도 참여하고 있다.

1) Samuel P. Huntington,《문명 충돌과 세계 질서의 재구성The Clash of Civilizations and the Remaking of World Order》(New York, 1997), 165쪽.

로 만들었고 지속적으로 심화시켰다. 장기간의 무국가 상태로 우크라이나인들은 서로 다른 사회-정치 구조와 문화 속에서 그들의 자리를 지키기 위한 길을 찾아야 했다. 처음에는 중세 폴란드의 귀족 공화정Rzeczpospolita에서였고, 다음에는 오스트리아 제국과 동시대의 러시아 제국에서였으며, 그 다음에는 소비에트 연방에서였다.[2]

역사적 기억은 현재뿐 아니라 전(前)민족 단계에서도 찾아볼 수 있는 우크라이나 정체성의 기본적인 특성의 하나이며 우크라이나의 국가-민족 건설에서 주도적 역할을 하였다. "그러므로 우크라이나 민족사 서술의 발전은 근대 우크라이나 정체성의 진화와 궤적을 같이하며 바로 그 진화의 일부다."[3] 17세기 말에서 18세기에 이르는 시기에 러시아 제국의 경계 내에 있었던 카자크의 자치적 추장 국가Hetmanat 영토에서 이른바 소(小)러시아(우크라이나의 별칭—옮긴이주) 정체성이 조성된 것은 이 오랜 과정의 시작으로 여겨진다. 이러한 생각에 따라, 우크라이나(소러시아)인들, 러시아(대러시아)인들과 인접한 다른 민족들은 통합 슬라브 국가의 지역 공동체로 취급되었으며 그들의 후손은 러시아 국가 안에서 전제

---

2) М. Рябчук, 〈'중간'에 위치하여 : 사회적 양면성의 모순Буття "поміж" : парадокси суспільної амбівалентності〉, 《소(小)러시아에서 우크라이나까지 : 지체된 민족 형성의 모순Від Малоросії до України : парадокси запізнілого націєтворення》(Київ, 2000), 279~288쪽 ; Mikhail A. Molchanov, 《러시아-우크라이나 관계의 정치 문화와 민족 정체성Political Culture and National Identity in Russian-Ukrainian Relations》(College Station, TX, 2002).

3) Zenon Kohut, 〈제정 러시아에서 우크라이나 민족사 서술의 발달The Development of a Ukrainian national Historiography in Imperial Russia〉, Thomas Sanders (ed.), 《제정 러시아의 역사 서술 : 다민족 국가에서의 역사 연구의 직업과 역사 서술Historiography of Imperial Russia : The Profession and Writing of History in a Multinational State》(Armonk, NY, 1999), 453쪽.

적인 정교(正敎) 군주의 보호 아래 모두 동등한 권리와 기회를 갖는다고 주장되었다.

이들 가운데 어느 민족도 근대 러시아 국민이나 근대 우크라이나 국민이 되지 않았다. 따라서 소러시아의 정체성은 근대화 과정 속에서, 곧 러시아와 우크라이나의 근대 국가 프로젝트는 물론이고, 전(全) 러시아 제국 프로젝트, 소비에트 프로젝트에서 동유럽 지역에 나타났던 다른 모든 정체성들과 공존하며 명맥을 유지했다. 다른 국민적 요소들과 모순되지만 않는다면, 소러시아의 요소가 다른 여러 문화들이 결합된 제국적 유형의 복합체에 포함되는 데에는 아무 장애도 없었다.

'단기' 20세기(1914~1991년—옮긴이주) 동안 우크라이나의 역사 서술은 두 가지의 주요한 설명 체계, 국민국가적인 설명 체계와 소비에트적 설명 체계를 동시에 발전시켰다. 국민국가적 설명 체계는 소비에트연방의 경계 밖 동유럽 국가들에서, 그리고 2차 세계대전 이후 수대에 걸친 우크라이나인의 북미 지역 이산(離散)이라는 상황에서 은신처를 찾았다. 이러한 서술 경향은 오랜 지적 근대화 과정을 거치면서 서방 학계에서 안정된 지위와 확고한 위치를 찾고자 했으며, 마침내 완전히 합법적이고 장래성 있는 하나의 활동 목표가 되었다.

1930년대의 스탈린의 대숙청 결과 점차 활력을 잃게 된 20세기 소비에트 우크라이나의 역사 서술은 결국 새로운 이데올로기적 규범의 틀 속에 고착되었다. 한데 결합되어 이 같은 기준을 제시한 소러시아적 · 제국적 · 러시아적 · 소비에트적 요소들은 그와 동시에, 우크라이나 역사 발전의 뚜렷한 특징으로서 러시아와의 재통합이라는 중심적인 목적론적 관념을 고취하게 될 것이었다.

소비에트 시대 우크라이나의 역사 서술은 모스크바의 소비에트 역사가들이 제시한 이론적 도식과 명제들을 입증하기 위해 온갖 지역적 사료들을 발굴하는 일에 천착했다. 그런데 그 이론적 도식과 명제들은 키예프(우크라이나의 수도—옮긴이주) 과학아카데미(학술원—옮긴이주)의 학자들에 의해 규범적 텍스트로 손질되고 공산당 지도자들에 의해 세심하게 표준화되어 채택된 것들이었다. 우크라이나의 소비에트 역사가들은 이론적 고찰로 부심하지 않았다. 그들은 사료 나열식 접근법이라는 실증주의자들의 원칙에 바탕을 두고 우크라이나 지역에서 발생했던 사건들에 대한 비분석적 고증의 방식으로 일련의 기준들을 준수했다. 연구 성과를 평가하는 주된 기준은 실제 검토한 자료의 분량과 그것을 기존의 기준에 맞게 제시했는가의 여부였다.

이 시기에 나타난 결과 가운데 하나는 소비에트 우크라이나의 역사 서술이 지극히 조야해진 것이다. 대다수의 학자들이 서방의 역사 서술을 접할 수 없었다. 동시에 이론적이고 방법론적인 모색이나 접근에 참여하는 것도 불가능하였다. 그런 것은 러시아의 두 수도(모스크바 및 당시의 레닌그라드—옮긴이주)에서 활동하는 소비에트 지식인들의 서클에서나 들어볼 수 있는 것들이었다. 여러 세대의 우크라이나 역사가들이 이러한 환경에서 육성되었고 더욱이 그들이 이에 안주해왔다는 점은 강조되어야 할 중요한 사실이다. 공산당의 최신 전략의 이데올로기적 기준을 전면적으로 인정하고 영리하게 선별한 역사적 사실들로 이를 세심하게 입증한 박사 학위 논문을 제출해 성공적으로 심사를 마친 이에게는 경력을 쌓고 노년에 연금을 보장받을 훌륭한 기회가 열렸다.

말리아Martin Malia의 탁월한 지적대로, '대체로 1917년부터 시간을 거슬러 오를수록 소비에트 학문의 질은 나아지지만 표트르 대제 시대 이후 계속해서 중요 문제나 중요 인물에 대한 규준이 점

점 더 엄격해지면서 학문의 질이 꾸준히 낮아졌다".[4] 우크라이나
에서도 이와 다름없거나 심지어 이보다 더한 종속성을 찾아볼 수
있는데, 우크라이나에서는 다양한 사료에 대한 실질적인 읽기와
폭넓은 지식으로 역사학 출판물의 방법론적-이데올로기적 순수성
이 완벽하게 달성되었다. 간혹 소비에트 저자들이 연구물에서 서
방의 역사 서술을 응용하는 것은 오로지 '부르주아 왜곡 분자들'
을 규탄하려는 목적에서였다. 우크라이나 역사학계가 1980년대
말과 1990년대 초까지 변함없는 상태로 있었다는 것은 전혀 놀라
운 일이 아니다.

2. 우크라이나 독립 이후 역사 서술의 주요 경향

소비에트연방의 소멸에 따른 사회주의 체제의 붕괴는 전 세계의
지정학적 구조에 극적인 변화를 이끌었으며, 아울러 당시 세계를
대하는 사람들의 관점에 진정한 지적 혁명을 촉발했다. 서방 세계
의 우크라이나-러시아-슬라브 연구에서는 소비에트 연구와 더
불어 전통적인 개념과 연구 방법들을 재검토하고 재정립하는 일
이 절실해졌다. 시대 자체가 학자들의 관심의 초점을 우크라이나
역사 연구로 이동시켰는데, 이 분야는 때때로 우크라이나인들의
이산과는 무관한 새로운 세대의 역사가들을 끌어들였다.
한편 이데올로기와 결부된 소비에트 규범의 거부, 새롭고 현대

---

4) Martin Malia, 〈타우리스의 클리오 : 미국 학계의 러시아사 서술Clio in Tauris :
American Historiography on Russia〉, Anthony Molho · Gordon S. Wood (eds.),《상상된 역
사들 : 미국 역사가들의 과거 해석Imagined Histories, American Historians interpret the Past》
(Princeton, N. J., 1998), 419쪽.

적인 과거 해석의 모색과 연결된 소비에트의 우크라이나 역사 서술은 제도적-개념적 전환의 긴 시기로 접어들었다. 소비에트 이후 시대에 역사학이 좀더 큰 의미를 지니게 되었음을 지적하는 것은 흥미로운 일이다. 역사학은 우크라이나 민족과 국가 건설에서 중심에 놓이게 되었다.[5]

코후트Zenon Kohut에 따르면, 우크라이나 독립(1991년— 옮긴이 주)은 "제국 해체의 문제뿐만 아니라, 러시아는 무엇인가, 우크라이나는 무엇인가, 양자의 역사적 관계는 무엇인가 등의 근본적인 문제들을 제기했다. 또한 정체성의 형성과 재형성의 문제를 제기하였으며, 역사는 정체성을 둘러싼 투쟁의 주된 전장이 되어왔고 앞으로도 그러할 것이라는 인식을 낳았다".[6]

일반적으로 말해서, 독립 이후 우크라이나의 역사가들은 러시아 역사가들과 동일한 과제에 직면하였다. 즉 사회-정치적 국면은, 대다수의 사람들이 받아들일 수 있을 만큼 명확할 뿐만 아니라 국가 건설의 인종적 원리와 영토적 원리를 통합할 수 있는 새로운 역사 개념을 요구했다. 새로운 개념은 사회의 공통적 요소들을 기반으로 하여 사회를 단단하게 해줄 새로운 국민적 설명 체계의 창출을 보장해야 했다. 그런가 하면 역사학계에서 요구되는 것은 포스트모더니즘과 해체주의의 도전에 대한 건전한 대응이었다. 달리 말하자면, 최근 10~12년 사이 성장하고 있는 민족주의에 반대하며 국민적 설명 체계의 창출을 최우선 과제로 여기지 않는 세계적

---

5) Taras Kuzio, 〈역사 서술과 동슬라브족들 사이의 민족 정체성 : 새로운 틀을 향하여 Historiography and National Identity among the Eastern Slavs : Toward a New Framework〉,《민족 정체성들 National Identities》, 3권 2호(2001), 110~133쪽.

6) Zenon Kohut,《전장으로서의 역사 : 러시아 - 우크라이나 관계와 현대 우크라이나에서의 역사 의식 History as a Battleground : Russian-Ukrainian Relations and Historical Consciousness in Contemporary Ukraine》(Saskatchewan, 2001), 6쪽.

추세에서 벗어나지 않으면서 학문의 지적 현대화를 이룰 것이 요구되었다.

전문성의 차원에서 우크라이나의 소비에트 시대 역사학은 이런 과제를 수행할 준비가 되지 않았으며 총체적 이데올로기의 위기에서 계속적인 타격을 받게 될 것이었다. 실제로 위기가 발생했지만, 주로 역사학이 기능하는 사회적-제도적 영역에 영향을 주었을 뿐 방법론적 차원에서는 그리 주목할 만한 것이 되지 못했다. 우크라이나 역사가들은 마르크스 이데올로기를 거부하지 않아도 되었지만 그렇다고 서브텔니Orest Subtelny가 기대하고 제시하고 권했던 것처럼 그것을 창조적으로 발전시킬 필요도 없었다. 지난 세월 동안 소비에트 역사학에서 역사 서술은 오래전에 규범, 의식(儀式), 관행에 자리를 내준 것이 분명했다. 이는 1970~1980년대에 학계에서 확립된 사회적 커뮤니케이션 시스템이 지시하는 바였다. 근본적인 방향 재정립은 상대적으로 덜 중요한 문제였다. 이렇게 된 데에는 권부(權府)의 새로운 규범과 아울러 그에 상응하는 사회-정치적 질서를 추종하려는 역사가들의 열망이 원인으로 작용하였다.

새로운 규범의 모색은 현재의 우크라이나 역사 서술에서 새로운 이데올로기적-방법론적 경향들의 점진적 발전을 촉진하였다. 이러한 경향들 중에서 가장 먼저 나타난 것은 국가-민족적a state-national 경향이라고 할 수 있는 것이었다. 이 경향은 국가 건설의 실천과 밀접히 연결되어 모든 차원의 국가의 구조와 공적 지위들을 보존하게 했고, 소비에트 '페레스트로이카' 역사 서술의 전통을 우크라이나 역사 사상의 민족적 패러다임과 통합하는 한편, 서방 세계의 우크라이나-소비에트 연구 성과를 차용했다. 역사와 역사학에 대한 실증적-객관주의적 관점은 그 같은 경향의 근본적인 방법론적 요소들로 여겨질 수 있다. 이 같은 경향은 역사 분석에서

유물론과 결정론, 민족 개념 규정에 대한 부단한 접근, 대립적인 것까지 포함하여 모든 견해와 개념을 조화시키는 타협적 견해에 도달하려는 시도로 특징지어진다. 국가-민족적 경향의 역사 서술이 방법론에서 다소 절충적인 것으로 보이는 것은 아마도 이 때문일 것이다.

현대 우크라이나 역사 서술의 또 다른 경향은 민족-국가적a national-state 경향이라고 부를 수 있다. 이것은 민족 의식적 공동체 환경(윌슨Andrew Wilson의 용어에 따르면 우크라이나 언어 사용체Ukrainophones) 속에서 배양되고 있다. 이런 경향을 대표하는 사람들은 20세기 전반 우크라이나 민족적 역사 서술의 이데올로기적 계승자로 보인다. 이들은 민족의 목적론적 관점에서 우크라이나 역사를 연구하며 대부분이 민족에 대한 영속적인 이해를 강조한다. 이러한 학자들에게서는 대체로 민족을 각성시키고 사회 속에서 민족적 이상의 발전을 고취하는 것이 자신들의 사명이라는 의식이 강하게 자리하고 있다. 1990년대 초 우크라이나 독립 이후 처음 몇 해 동안 우크라이나 역사 서술의 이러한 경향은 국가-민족적 경향과 공고한 유대를 형성하였다. 두 경향은 전통적인 방법론적 지향성을 계승하고 있음에도 불구하고, 최근 2~3년 사이에 서로 노선을 달리하고 있음이 나타났다.

1990년대 중반에 젊은 세대의 우크라이나 역사가들이 영향력을 나타내게 되었다. 이들의 접근 방법은 모더니즘적이라고 칭할 수 있을 것이다. 새로운 세대의 역사가들은 포스트-소비에트 역사 서술과 전통적인 민족-국가적 역사 서술 모두에서 거리를 두고자 한다. 이들의 주요한 특징은 서방의 학문적 환경, 서방의 사회과학과 최신 역사 이론을 지향한다는 점이다. 이들 대다수는 독자적 사고를 하는 지식인들로, 그들의 철학은 역사 과정에 대한 민족적 해석의 틀을 훨씬 뛰어넘는다. 비록 오늘날의 사회-정치적 국면과 학문적 국면에 우크라이나 역사 서술의 모더니즘적 경향이 미치는 영향은 너무 미약해서 의미 있는 것으로 간주되기는 아직 어렵지만, 이들은 지적 혁신에 개방적이다.[7] 바로 이 점은 이들의 저작에 나타나는 예리한 비판적 어조를 설명해주는 부분이라고 볼 수 있다.

우크라이나 역사학에는 여전히 소비에트 역사 서술의 잔재가 남아 있어 그 방법론적 장치들을 그대로 답습하게 한다는 점을 지적할 필요가 있다. 이러한 경향은 공산주의 교의와 정교회-슬라브적 교의의 과잉으로 나타난다. 이러한 접근법을 유지하는 사람들은 대체로 정당이나 교회의 활동가들이며, 아울러 전통적으로 사고하는 학교 교사, 예전에 공산당사를 가르쳤던 사람, 그리고 그 외에 소비에트 사회의 이데올로기 중심적 구조를 대변하곤 했던 개인들이다.[8] 이러한 이데올로기는 대체로 대중 인쇄 매체 속에서 찾아볼 수 있다.

7) Georgii Kaianov, 〈다시 쓰기와 다시 생각하기 : 우크라이나의 현재 역사 서술과 민족 건설Rewriting and Rethinking : Contemporary Historiography and Nation Building in Ukraine〉, Taras Kuzio · Paul D'Anieri (eds.), 《우크라이나 국가 주도 민족 건설의 딜레마 Dilemmas of State-Led Nation Building in Ukraine》(Westport, CT., 2002), 29~46쪽.

8) Микола Рябчук, 〈사면, 기억 상실 그리고 '권력 승계' Амністія, амнезія і 'спа-дкоємність влади'〉, 《비판Критика》, 6호(2003) ; Микола Рябчук, 〈셰르비츠키여, 영원하라. 정치적 폭의 제1의 표상Щербицкий forever 1. Знакування політичного простору〉, 《비판Критика》, 5호(2003) ; Валерій Солдатенко, 〈기근의 1933년 : 객관적 과정에 대한 주관적 생각 Голодний тридцять третій : суб'єктивні думки про об'єктивні процеси〉, 《주간(週間) 거울 Джеркало тижня》, 24호(449)(2003년 6월 28일 토요일~7월 4일).

3. 현대 우크라이나 사회의 역사 인식과 소비에트 시대의 유산

전체적으로 전문적 역사가 집단이 국민 의식에 미치는 영향력은 여전히 미약하다. 그들은 교과 과정이나 교과서 차원에서 가장 두드러진 영향력을 행사하지만 일반 독서 대중에게 영향을 미치지는 못하고 있다. 일반 독자들은 대체로 친숙한 제국적 · 소비에트적 · 소러시아적 역사의 고정 관념들을 배양하는 러시아어 간행물이나 인쇄물을 선호한다. 역사 과정에 대한 고루하고 길들여 있는 관점의 요소들은 반유대주의적 언급과 통속적인 전세계적 음모론을 수반하며, 현 정치 체제의 모순적인 정책뿐만 아니라 국가와 민간 제도의 전반적인 취약성, 이데올로기적 다원성의 부재, 공동체 내 대화의 결핍은 소비에트적인 역사적 정체성과 그 정교-슬라브적 기반을 보존하는 데 중요한 역할을 하고 있다.

현대 우크라이나 사회의 역사 의식은 여전히 과거에 대한 신화적 투영이라는 전통적 개념에 의지하고 있다. 거기에는 역사적 과거에 관해 민족, 정치, 때로는 지방 차원에서 구축된 잡다하고 때로 극단적 대비를 보이기도 하는 개념들의 투쟁이 포함된다. 무수한 신문 기사와 풍부하고 다양한 상징적 이미지들은 물론이고 소비에트 영화 생산에서 최근 부상하고 있는 조류는 아직까지도 소비에트 시대의 전통적 신화를 작동시키고 있는데, 그것은 우크라이나 민족-국가적 역사 서술의 신화들과는 배치되는 것이다. 전반적으로 오늘날 우크라이나 사회에서 소비에트 개념들에 대한 태도는 전통적인 소비에트 시대와 민족적 과거 개념들과의 투쟁으로 규정된다.

투쟁의 격렬함은 확연하다. 교과 과정과 학교에서 사용되는 역사 교과서에 관해 우크라이나 최고 회의Verkhovha Rada(국회에 해당―옮긴이주) 의원들 사이에서 계속되고 있는 논쟁, 1932~1933년의 기아(飢餓) 같은 역사적 사건에 관한 폭넓은 공개 토론들, 1941~1945년의 대조국 전쟁에 대한 평가, '우크라이나 민족주의자 기구 및 우크라이나 저항군OUN-UPA'(1939년~1950년대 중반까지 활동하며 우크라이나 독립과 반소비에트 노선을 견지―옮긴이주) 운동에 관한 논의에서 확인된다. 1972~1989년 공산당 중앙 위원회 제1서기직에 있었던 볼로디미르 셰르비츠키Volodimir Scherbytsky의 생일을 축하하는 공식 행사는 우크라이나 지식인들의 반감을 불러일으켰다. 이 시대는 오늘날의 정치적 최상층부가 형성되던 시기였으나, 국가의 민족 엘리트에게 그것은, 반대로, 사태의 비극적 전개를 의미했다.

이상에서 언급한 모든 것으로 보아 지금까지 우크라이나에서 소비에트의 역사적-문화적 유산과의 결별은 없었다고 전제할 수 있다. 우크라이나의 역사 서술은 독자적 학문 환경을 조성하는 쇄신을 꾀할 수 없었으며, 여전히 제도적·개념적·방법론적·윤리도덕적 차원에서 사회-정치적 위기 국면의 볼모로 남아 있다. 따라서 소비에트 과거에 대한 모든 평가와 연구 방법은 학문적인 가치중립이나 방법론적 쇄신보다는 정치적·도덕적 이데올로기적 변화들에 이끌렸다.

현재 우크라이나 사회의 삶에서는 소비에트식 요소들이 매우 두드러진다. 객관적 평가나 접근법에 합당한 역사적 거리는 존재하지 않는다. 그리차크Yaroslav Grychak는 다음과 같이 강조한다. "우크라이나 역사가들에게서 드러났듯이 이러한 주제에 대한 관심의 결여 자체가 우크라이나 사회에 깊숙이 자리한 소비에트화의 증좌다. 이 사회가 좀더 확고해지고 공산주의의 유산에서 탈피하기를 원한다면, 이러한(즉, 객관적 평가와 연구 방법에 관한―옮긴이주) 논의들이 불가피하다."[9] 전문 연구자들에 의한 우크라이나 역사 서술은 아직 소비에트 시대의 개념들에 대해 객관적이고 상세한 논의를 전개할 준비가 되어 있지 않다. 나라의 정치 상황 때문이기도 하고, 연구자들의 국가 의존 때문이기도 하며, 현행의 이데올로기 때문이기도 하다.

이에 더하여, 현대 우크라이나 역사 서술이 관심을 갖는 모든 역사적 문제들에 비추어 볼 때 소비에트 시대의 역사적-문화적 유산은 가장 큰 논쟁의 소지를 안고 있는 것으로 보인다. 그 시대에 대한 역사학의 이미지에는 대규모 테러, 탄압, 박해뿐만 아니라, 1932~1933년 나드니프랸시나 지역의 전율할 기근을 포함해 1930년대 스탈린의 사회주의로의 '대약진' 시기에 겪은 극적인 인명 손실에 대한 기억들이 포함된다. 그런가 하면 소비에트 시대는 우크라이나 인종 거주 지역의 주요 부분들이 단일 국가로 재통합되고, 우크라이나-폴란드 양 주민의 대립이 해소되고, 사회적 근대화의 주된 과제(공업화 및 도시화)가 수행되고, 마지막으로 준(準)국가 구조들이 확립되어 그 생존 능력을 과시한 사실로도 기억된다. 마지막 사실은 훗날 소비에트연방 붕괴 후 외국의 관찰자들에게는 전혀 예기치 못한 일로 받아들여졌다.

이상에 언급한 이유들은 우크라이나 역사가들이 왜 소비에트 시대에 대한 포괄적이고 객관적인 파노라마를 제시하지 못하는지, 그리고 왜 소비에트 현상을 전체적으로 연구해볼 엄두를 내지 못하는지를 설명해주는 것으로 볼 수 있다. 소련사에 관한 근본적이고 개념적인 연구서들의 저자 명단에서 우크라이나인들의 이름은

---

9) Ярослав Грицак , 〈적색(赤色) 테러에 관한 흑서(黑書) Чорні книги червоного терору 〉, 《비판》, 5호(2000).

찾아볼 수 없다. 우크라이나 연구자들이 소비에트 시대에 대해 가지고 있는 이미지는 한정된 주제나 제한된 시대의 예들에 대한 우크라이나의 역사적 경험이라는 프리즘을 통하여 만들어진 것이다. 이러한 접근 방법을 취하면서 연구 문제를 민족적-정치적 동원 수단으로 제시하거나 도덕화하는 일을 피하기란 사실상 불가능하다.

역사 서술에서 국가-민족적 경향의 대표자들은 이 문제에 대해 객관주의적 접근을 선언한다. 그들은 모든 찬반 견해를 고려하고 가장 첨예한 항목에 대한 평가에서 중재자의 입장을 취하고자 한다. 그들의 그 같은 논조는 대체로 민주적이기는 하지만, 오래전, 과거의 '공백'을 메우고, 이전까지 기밀이었던 문서 보관소의 자료들을 공개하고, 스탈린 시대의 죄상을 폭로하는 일이 특징이 되었던 '페레스트로이카' 시대에 처음으로 확실하게 주장되었던 것이다. 이 입장에 선 학자들은 특히 1920년대의 민족 정책, 근대화, 반파시스트 투쟁 등의 분야에서 소비에트 권력의 일부 업적을 인정한다. 오늘날 이런 주제들을 연구하는 절대 다수가 이러한 경향을 따르는 사람들이며, 이전부터 이 시대를 연구했던 쿨치츠키 Stanislav Kulchyts'ky, 샤포발Yu. Shapoval 같은 사람들이다.

상당수의 우크라이나 전문 역사가들은 여전히 이른바 '문서 보관소 혁명'의 최면에 사로잡혀 있다. 이 연구자들은 소비에트 기록 보존소에 숨어 있는 신비를 드러내 보이고자 한다. 따라서 문서 자료의 연구와 간행은 아직도 우크라이나 역사학의 특징이 되고 있으며, 소비에트 과거를 전공하는 대다수의 학자들은 여전히 이러한 전통을 고수하고 있다. 이들의 저작에서는 자료의 열거와 사실의 나열이 방법론을 대신하고 있다. 상당수의 전공 논문이 문서 보관소 자료를 되풀이하고 있을 뿐이며, 몇몇 연구는 그 질에 있어 통렬한 비판을 받을 만하다.[10]

소비에트 시대 우크라이나의 역사 저작물들을 주제의 측면에서 분석할 경우, 대체로 소비에트 시대의 문제들과 태생적 관련성을 지니고 있다는 점을 인정할 수밖에 없다. 그 시대의 역사가들은 공업화, 농업 집단화, 문화 혁명, 사회의 계급 구조, '소비에트 인민이라고 불리는 사람들의 새로운 역사적 실재'의 발전, 사회 생활의 다양한 영역에서의 공산당 정책 등을 포함하는 소비에트연방의 사회주의적 재건을 연구하고자 했다. 오늘날 연구자들은 국가 및 국민 문화 건설, 사회-경제적 삶과 정치 생활, 그리고 소비에트 당-국가 체제의 기구와 기능 등의 문제에 관심을 집중했다.

소비에트 역사에 관한 문제에서 문헌 자료에 치중하는 태도는 민족-국가적 경향의 역사가들 사이에서도 매우 두드러진다. 그런가 하면 한편으로 이들 집단에서 문제를 개념화하는 전반적인 수준은 비교적 높은 편이다. '소비에트연방의 일부인 우크라이나'라는 말은 이들에게서 대체로 부정적 색채를 지닌 것으로 평가된다. 이러한 경향을 대표하는 연구자들의 절대 다수는 소비에트연방을, 우크라이나라는 내적 식민지를 갖춘 러시아 제국의 직계 후예로 연구한다. 이러한 접근 방법으로 인해 전자(소비에트연방)의 역사는 우크라이나 민족을 적대하는 기만과 죄악의 긴 사슬로 그려진다. 한편 후자(우크라이나)는 희생자의 패러다임, 그리고 정복자에게 대항한 불평등하지만 영웅적인 투쟁의 패러다임과 결부되어 있다. 이는 바로 이러한 경향을 가진 역사가들의 주의-관심

---

10) О. Рубльов, 〈현재 우크라이나 역사 서술에서 전체주의 과거의 제문제에 대한 추적 Дослідження проблем тоталітарного минулого в сучасній українській істо-ріогра〉, 《21세기를 앞둔 우크라이나 역사학. 국제 학술 대회. 체르니프치. 2000년 Укр-аїнська історична наука на порозі XXI століття. Міжнар. науковий конгрес. Чернівці, 2000р.》, 1권(Чернівці, 2001), 319~325쪽.

에서 공산주의 시대의 억압 기제와 그 형사 정책에 대한 연구, 그리고 반공산주의 운동 연구가 강조되는 이유다.

이러한 경향을 대변하는 역사 서술자들의 다수는 소비에트 유산과 러시아 문화의 직접적인 연결을 강조한다. 아울러 이들은 우크라이나 역사에서 공산주의를 '짜내버리려고' 하는데, 이들이 보기에 공산주의는 우연하고 부차적인 사건이었기 때문이다.[11] 방대한 자료를 동원해 소비에트 권력의 억압 기제의 문제를 규명하는 연구서를 낸 빌로킨Sergiy Bilokin'은 소비에트 시대를 우크라이나 역사 전통의 단절로 본다.[12] 모더니즘적 역사 서술을 대표하는 또 다른 우크라이나 연구자인 그리차크는 그와 반대로 생각하는 경향이 있다. 그에 따르면, "적색(赤色) 테러가 우크라이나 역사로부터의 일탈로 보이지는 않는다".

민족-국가적 역사 서술과 달리, 모더니즘적 역사 서술은 소비에트 유산을 새로운 우크라이나 역사 의식 속에 조화시키려 한다. 이러한 경향에서 강조되는 바는, 바로 소비에트 권력 시대에, 부분적으로는 소비에트 체제의 정책에 의해서 우크라이나의 민족 건설이 완결되었으며 그 결과 1991년 우크라이나의 정치적 독립이 획득되었다는 것이다. 그리차크는 우크라이나의 역사 과정이 비교사의 맥락에서 '정상적인 것'으로 간주될 수 있음을 강조한다. 비록 소비에트 역사 연구 분야에서 이러한 성향을 대표하는 학자들의 학문적 성과는 아직 미미하지만, 이들은 대체로 새로운 문제들을 확

---

11) B.T. Шпак, 《우크라이나 : '러시아 공산주의'로부터 유럽 문명에 이르기까지 *Україна : від 'російського комунізму' — до Європейської цивілізації*》(Черкаси, 2002), 199쪽.

12) Сергій Білокінь, 《소련 내 강압 통치 수단으로서의 대대적 테러, 1917~1941년. 사료 추적 *Масовий терор як засіб державного управління в СРСР (1917~1941pp.). Джерелознавче дослідження*》(Київ, 1999).

인하고 서방의 새로운 역사 서술을 대중화하는 일을 지향한다.

최근 서방(대체로 미국) 학자들의 많은 저작이 우크라이나에서 번역·출간되고 있다. 전반적으로 리샤크 루드니츠키Ivan Lisyak-Rudnytsky, 서브텔니, 슈포를루크Roman Szporluk, 크라프첸코 Victor Andrzej Kravchenko, 쿠로미야Hiroaki Kuromiya, 아렌트 Hannah Arendt, 발리츠키Andrzej Walicki, 말리아, 폰 하겐Mark L. von Hagen, 힘카John-Paul Himka 등의 저작은 전체주의적(자유주의적)인 역사 서술에서 수정주의적인 역사 서술과 현대화된 민족-국가적 역사 서술에 이르기까지 서방 측 우크라이나 연구의 광범위한 영역을 대변한다. 불행히도 우크라이나 학자들에게 있어 현대 서방 역사가들의 저작에 접근하는 일은 여전히 하나의 문제로 여겨진다. 더욱이 우크라이나 역사 서술의 지적 환경을 쇄신하는 데 동조하지 않는 이데올로기적 관성으로 인하여 이러한 가치 있는 사상의 원천을 인식하고 활용하는 일이 순조롭지 않은 실정이다.

4. 전체주의 해석의 문제

현대 우크라이나 역사 서술의 가장 의미 있는 방법론적 혁신의 하나는 전체주의 개념의 수용과 폭넓은 적용이다. 그 덕분에 전체주의 모델을 유형학적으로 연구하는 것은 물론이고 권위주의 체제와 전체주의 모델을 비교분석하거나, 파시즘-볼셰비즘-나치즘을 비교연구한 수많은 저작이 탄생했다. 스탈린 체제(스탈린주의)는 전체주의의 극치로 간주된다.[13] 많은 역사가들이 전체주의 체제의 여러 원인과 결과가 바로 공산주의 체제의 성격 자체에 의

해, 그리고 그 독트린 자체에 의해 설명될 수 있다는 가설에 동의
하고 있다.[14]

　우크라이나 역사가들은 전체주의 개념을 소비에트 과거의 중요
한 모든 시기에 적용하고 각 시기는 소비에트연방과 우크라이나
에서의 전체주의 체제의 확립-발전-쇠퇴 과정을 반영한다고 생각
한다. 역사적 경험이 공산주의 이론의 특정한 측면들을 얼마나 잘
반영하는가의 문제는 이른바 민족 공산주의의 맥락에서 주로 연
구되고 있다.[15] 역사가들은 사회-경제적 · 제도적 · 인적(엘리트)
차원에서 우크라이나 전체주의 체제의 실제적 적용을 기술하는
일에 훨씬 더 많은 주의를 기울이고 있다.

---

13) B. Я. томахів, 《전체주의 변종으로서의 스탈린주의(역사-정치적 측면). 프랑크 국
립 르비프 대학 정치학(23.00.01) 박사 학위 논문 심사용 요약문 Сталінізм як різновид
тоталітаризму істо рико-політологічний аспект : (Автореф. дис. канд. політ
наук : 23.00.01 / Львівський націон альнийун-т ім. Франка)》(Донецьк , 2001), 18
쪽 ; Григорій О. Костюк, 《우크라이나에서의 스탈린주의(성립과 유산). 추적과 현재적
관찰 Сталінізм в Україні (Генеза і наслідки) : Дослідження і спостереження
сучасника》(Київ, 1995), 508쪽.

14) Станіслав Кульчицький , 《우크라이나에서의 공산주의 : 첫 10년 (1919~1928)
Комунізм в Україні : перше десятиріччя (1919~1928)》(Київ , 1996) ; І. О.- беха,
《우크라이나와 공산주의 Україна і Комунізм》(Харків , 2000) ; Д. В. Архієре йский
외 (eds.), 《우크라이나에서의 정치 테러와 테러리즘. 19~20세기 : 역사적 개요
Політичний терор і тероризм в Україні. XIX~XX ст. : Іст. нариси》(Київ ,
2002), 950쪽.

15) Дж. Мейс · М. Панчук, 《우크라이나 민족주의적 공산주의 : 비극적 환상 Український
національний комунізм : трагічні ілюзії》(Київ , 1997), 81쪽 ; Г. О. Дичковска, 《우
크라이나 민족-공산주의 Український націонал-комунізм》(Київ , 1998), 35쪽 ; Я. О.
Потапенко, 《우크라이나 민족-공산주의에 관한 외국의 역사 서술 Зарубіжна історіог-
рафія українського націонал-ком унізму》(Київ , 2000), 20쪽 ; І. В. Діяк, 《누가 우
리 인민과 국가를 지킬 것인가 : 우크라이나 소재 공산당인가 아니면 우크라이나적 공산당인
가? : 우크라이나 공산당의 역사와 오늘 Хто захистить наш народ і державу :
Комуністична партія України чи Українська Комуністична партія? : Штрихи до
історії та сьогодення Компартії України》(Київ , 2000), 263쪽.

그러나 연구 어젠더agenda를 놓고 볼 때, "서방 측 학문과 구소
련권에서 대두하는 학문 사이에는 연구의 관심과 접근 방법상의
의미심장한 갈림길이 존재한다"는 사실을 지적하는 일은 중요하
다.[16] 우크라이나를 포함해 구소련권의 학문은 주로 사회-정치사
와 사회-경제사를 연구하는 반면, 서방 학문은 오래전에 지금은
널리 알려진 '상상된 공동체'라는 개념을 폭넓게 활용하면서 사
회-문화적 문제와 지성사적 문제로 관심을 옮겨 갔고 정체성, 언
어, 집단 심성, 의식(儀式)과 형식을 만들어내는form-creating 사회-
문화적 요인에 집중했다.[17] 우크라이나에서, 그리고 우크라이나의
사료에 대해서는 아직 이러한 것들이 충분히 연구되지 않았다.

각 시대에 대한 전망에서도 우크라이나 학자와 서방 학자 사이
의 커다란 차이가 드러난다. 이들의 저작이 한결같이 주목하는 것
은 1930년대, 그리고 이와 긴밀히 결부된 1920년대의 역사다. 우크
라이나 전공자들 대부분은 보스턴의 《크리티카Kritika》지 발행인
들의 다음과 같은 말에 동의할 것이며 그들의 말을 되풀이할 것이
다. '1930년대는 소비에트 역사의 절대적 정수이고 중심이다. 우
리 분야에서 다른 모든 시대 가운데 단연 '1930년대'가 왕이다.'"[18]
이 시대의 다양한 문제들 중에서도 이른바 '대대적 테러Great
Terror'와 1932~1933년의 우크라이나 대기근이 중요한 위치를 차
지한다.

미국의 저널리스트 듀랜티Walter Duranty에 의해 촉발된 1932~
1933년의 우크라이나 대기근에 관한 지루한 논쟁은 그칠 줄을 모

---

16) David R. Shearer, 《스탈린 치하 러시아의 산업, 국가, 사회, 1926~1934년Industry,
State and Society in Stalin's Russia, 1926~1934》(Ithaca, 1996), 580쪽.

17) David R. Shearer, 《스탈린 치하 러시아의 산업, 국가, 사회, 1926~1934년》, 575·578쪽.

18) '편집인들의 말From the Editors', 〈1930년대 연구1930s Studies〉, 《크리티카Kritika》, 4
권 1호(2003).

른다. 최근 연구자들 사이에서 그의 이름이 다시 활발한 관심의 대상이 되고 있다. 처음에 이 논쟁은 기근에 관해 저술했던 저자들과 듀랜티처럼 이를 거부하는 사람들 사이에서 촉발되었다. 당시 이 시기의 비극적 사실을 입증하는 많은 증거들에도 불구하고, 자유로운 성향의 일반인들의 생각은 후자 쪽으로 기울어 있었다. 이제 1932~1933년의 대기근이라는 사실을 인정하는 데 주저할 사람은 없다. 논쟁은 희생자 수와 관련된 문제들과 비극을 초래한 원인들이라는 다른 영역으로 옮겨 갔다. 여기서 가장 흥미로운 것은 서방의 연구자들도 우크라이나의 연구자들도 그 문제를 다루면서 도덕적 전제들을 피할 수는 없다는 점이다.

서방 역사가들 사이에서 시작되어 2002년에는 점진적으로 우크라이나에까지 도달한 1930년대 기근의 원인과 규모에 대한 논의에서 이 모든 것이 명백하게 증명되었다. 메이스James E. Mace, 쿠지오Taras Kuzio, 크라프첸코, 헤이그E. Heig 같은 서방의 많은 연구자들은 기근을 공산주의자들에 의한 복합적인 반(反)우크라이나 정책의 반영으로 간주하여 이 사건을 종족 말살genocide 행위로 규정한다. 이러한 관념은 캐나다에서 받아들여졌고 정부 차원의 지지를 받았다. 토거Mark B. Tauger를 포함해 다른 연구자들은, 그들의 견지에서 소비에트 정부가 합리적 식량 배급을 통하여 문제를 완화하려 하기는 했지만, 다른 흉작 같은 소위 객관적 이유들이 기근의 원인이었다고 보려는 경향이 있다. 이들의 관점에 따르면, 기근은 민족을 기반으로 한 것이 아니므로 종족 말살 행위로 간주될 수 없다. 결국 상당수의 저자들은 기근과 엄청난 규모의 비극에 대한 책임을 당시의 정권에 돌리면서도 그 행위가 우크라이나 민족주의를 적대하여 이루어진 것은 아니라는 타협적 입장을 견지했다. 이러한 입장에 속하는 연구자들은 쿠로미야, 몰차노프

Mikhail A. Molchanov, 마플스David Marples 등이다.

우크라이나 역사 서술에서 1932~1933년 대기근이라는 주제는 1980년대 말의 사회에서 진행된 민주적-민족적 과정의 전개에 지대한 영향을 미쳤다. 최고위 공산당 지도자들이 대기근이라는 사실을 논했으며, 1990년 이들은 농업 집단화 시기의 우크라이나 농민의 집단 사망에 대한 증거로서 문서-자료집을 간행한다는 결의안을 채택하였다. 이때부터 학계와 민간의 수십 명의 인력과 싱크탱크 형태의 연구 기관들이 기근에 대한 연구에 착수하였다. 2003년 우크라이나 최고 회의는 1932~1933년 대기근을 우크라이나 인민에 대한 종족 말살 행위로 공식적으로 인정하였다.

우크라이나의 탁월한 소비에트 역사 전공자인 쿨치츠키는 기근의 결과 300만~350만 명에 이르는 엄청난 사람들이 사망했다고 적고 있다. 그는 공산주의 체제의 '야만적 정책'을 규탄한다. 그는 전체주의 정책이 민족이 아니라 영토에 기반을 두고 수행된 것임에도 불구하고 기근은 유독 우크라이나에서만 인민에 대한 대량 파괴로 전환됨으로써 '기근에 의한 테러'를 야기하였으며, 그와 같은 규모의 기근은 소비에트연방의 다른 지역에서는 찾아볼 수 없는 것이었다는 점을 역설했다. 그렇게 해서 스탈린의 전체주의 국가는 사회-계급적 차원에서만이 아니라 민족적 차원에서도 대대적인 탄압을 자행했다는 것이다.[19] 쿨치츠키는 이러한 점에서 (약간의 언급을 덧붙이고는 있지만) 민족-국가적 역사 서술의 일반적인 입장을 받아들이고 있다.

동시에 우크라이나의 역사가인 솔다텐코Valerii Soldatenko는

---

19) Станіслав Кульчицький, 〈1933년 기근 이래 우리 중에서 얼마나 많이 죽었는가?Скільки нас загинуло від голодомору 1933 poky?〉,《주간(週間) 거울》(2002년 11월 23일), 286~288쪽.

기근의 원인과 성격에 관하여 원칙적으로 다른 견해를 제시한다. 그는 소비에트 권력의 가혹한 농촌 정책을 지배했던 대내외적인 '객관적' 환경으로 그 사건에 대한 설명을 시도한다. 당시 소비에트 권력은 무수한 인명 손실이라는 대가를 치르더라도 '세계 최초의 사회주의 국가'를 수호한다는 목표를 세우고 있었다. 솔다텐코는 공산당 문서를 통하여 발전되어온 소비에트 역사 서술의 개념과 양식, 용어 등을 실질적으로 되살려냈다. 당 문서에 근거하여 보면 종족 말살 행위의 기근 테러, 그리고 그 민족적 범위, 일어났던 모든 일에 대한 소비에트 체제의 책임이라는 생각들은 수긍할 수 없는 것이었다.[20]

약간의 반유대주의적 어조를 제외하면 2003년 2월 의회 청문회 당시 우크라이나 공산주의 지도자 시모넨코Peter Symonenko가 행한 연설에서 이러한 종류의 평가를 찾아볼 수 있다. 그는 1932~1933년의 대기근이 우연한 것이었다고 주장하였으며, 당해의 빈약한 수확량, 불안전한 기후 조건, 지방 당국의 만족스럽지 못한 대처를 원인으로 들어 설명하였다. 시모넨코의 주장은, 이미 살펴본 대로, 미국 역사가 토거의 주장과 흡사해 보인다.

앞서 언급한 솔다텐코의 기고문으로 인해 민족-국가적 역사 서술의 대변자인 기리치Igor Gyrych를 필두로 떠들썩한 공공의 관심이 촉발되었다.[21] 쿨치츠키 역시 솔다텐코의 기고문에서 조심스럽게 물러섰다. 그러나 지금까지도 모더니즘 성향의 역사가들에게서는 어떤 반응도 나오지 않았으며 학문적 논의도 수반되지 않았

20) Валерій Солдатенко, 〈기근의 1933년 : 객관적 과정에 대한 주관적 생각〉.

21) Ігор Гирич, 〈1933년의 기근은 누구의 계획인가? 우크라이나인들은 더 이상 상황의 희생자들이 아닌가? Чи був планованим голод 1933 року, або коли вже українці перестануть бути жертвами обставин〉, 《주간 거울》, 26호(451)(2003년 7월 12일 토요일~7월 18일).

다. 문제의 글이 인쇄물로 나타났다는 사실 자체가 방법론적 경향들의 발전을 보여주는 사례나 공식적 서술 양식으로부터의 역사학의 점진적인 해방의 요인이라기보다는 최고위 권력 집단의 특정 정책의 반영이라는 것이 드러났다. 이는 어쩌면 얼마 전부터 세르비츠키 탄생 기념제를 주도하곤 했던 사람들의 이상을 반영하는 것인지 모른다.

널리 알려진 대로, 1930년대 스탈린에 의한 '대대적 테러'는 스탈린주의와 소비에트 체제를 이해하는 데 있어 핵심을 이룬다.[22] 오늘날 서방 학계에서 테러를 전체주의 체제의 반이성주의적 행위나 독재자의 편집증으로 간주하는 사람은 없다. 오히려 테러는 이를 주도했던 사람들의 견해대로 어느 정도 건설적 의미를 지녔던 것으로 여겨진다. 그것은 인민의 사생활에 대한 국가의 개입과 관련된 모더니즘적 이데올로기와 실제에서 비롯된 것이다. 테러는 사회 계획 방법과 같은 관료제적 방법들을 갖추고 후진성의 극복과 새로운 문명의 창출을 지향했다.[23] 이 점에서 우크라이나 역사가들은 빌로킨이 그의 중대한 연구에서 취한 것과 동일한 관점을 유지하고 있다.

전체주의 체제에 대한 '대중적 지지'의 문제는 현재의 우크라이나 학자들에게는 인기 있는 주제가 못 된다. 사회의 이데올로기적-정치적 투쟁의 환경 속에서 그 원인을 찾을 수 있으며, 이 같은 사회에서 역사학이 수행하는 역할에서도 그 원인을 찾을 수 있다. 이에 더하여 지배 체제에 대한 대중의 지지라는 주제는, 여전히 극복되지 못한 채 우크라이나 역사학에 시급한 과제를 안겨주고 있는 소비에트 역사학 규범에 관한 주요 논제의 하나가 되곤 하였다. 그러

22) David R. Shearer, 《스탈린 치하 러시아의 산업, 국가, 사회, 1926~1934년》, 582쪽.
23) David R. Shearer, 《스탈린 치하 러시아의 산업, 국가, 사회, 1926~1934년》, 582쪽.

나 최근 몇 년 사이 앞서 언급된 문제에 대해 학자들의 관심이 커지고 있다. 이 과정은, 소비에트 시대 전체의 역사를 포괄하며 우크라이나의 정치 문화 분야에서 진화와 발전을 거듭하고 있는 연구 논저들에 의해 촉진되고 있다.

우크라이나의 저명한 지식인 중 한 사람인 주바Ivan Dziuba는 소비에트 체제의 질긴 생명력은 체제를 지지했던 다수 인구의 공포만으로는 설명될 수 없다고 말한다. 그는 정치적 의도로 사회의 광범위한 열정을 일깨우고 작동시키면서 권력 구조에 대한 지지 수단으로 봉사한 신화 속에서 다른 이유들을 찾아내려고 한다. 소비에트 인민의 의식 속에 확산된 신화의 힘은 쿨치츠키, 그레첸코 V. Grechenko, 세메넨코V. Semenenko의 논저에서 평가된다(뒤의 두 사람은 하르키프 출신이다). 이들 중 일부는 볼셰비키의 인민주의적 주장을 받아들이는 데 효과적 기반이 되었던 농촌 문화 속의 집단 심성과 고래적(古來的) 요소에 주의를 집중한다.

그러나 절대 다수의 연구자들은 전체주의의 이론과 실제를 외부로부터의 충격, 즉 우크라이나 사회에 강제적으로 부과된 우연적인 요소로 간주하는 경향이 있다. 따라서 우크라이나의 현실이 전체주의 체제의 발전에 미친 영향의 문제는 물론이고 우크라이나 역사와 소비에트 시대의 근본적인 관계의 문제 역시 현대 우크라이나 역사 서술에서 제대로 인식되지도 못한 채 미결의 상태로 남아 있다. 본 학술 회의가 이 분야의 장래 연구에 대한 자극제가 되기를 기대한다.

희생자인가 공범인가

카타지나 소볼레프스카 미실리크 :: 안해균 옮김

1. 문제의 제기

폴란드의 경우 근대 대중독재에서 강제와 동의의 문제는 대부분 최근 시기인 1945~1989년의 사회주의 체제 시기와 관련된다. 현재 이 문제는 주로 역사가들에 의해 '인민 민주주의에 관한 논의' 라는 테제로 진행되고 있다.

필자는 우리의 주제와 관련하여, 이러한 논의의 범위 내에서 이루어진 주요 문제들을 간단히 살펴보고자 한다. 그러나 시작에 앞서 한 가지 점을 강조하고 싶다. 폴란드의 대중독재에 대한 논의를 살펴보면, 많은 토론 참여자들이 강제에 관해서는 다양한 측면에

카타지나 소볼레프스카 미실리크Katarzyna Sobolewska-Myślik는 폴란드 크라쿠프 소재 사범대학교 정치 공동체 연구소The Institute of Politology의 교수다. 전공 분야는 정당, 현대 정치 체제와 동유럽의 민주주의 이행 과정이다. 최근의 저술로는 정당에 관한 두 권의 저서와 동유럽의 민주주의 이행 과정에 관한 몇 편의 글이 있다.

안해균은 서강대에서 서양사를 전공하고, 동 대학원에서 사회사에 문화적 요소를 강조한 〈E. P. Thompson의 사회사 방법론〉으로 석사 학위를 받았다. 이후, 우리나라에서 사회주의 이론에 대한 관심은 높지만 사회주의 국가에 대한 실제 연구는 별로 없음을 알게 되었고, 한국과 지정학적으로 유사한 폴란드사에 관심을 갖게 되었다. 현재 폴란드 과학아카데미 박사 과정에서 사회주의 건설에 필요한 인력으로서의 신 인텔리겐치아의 양성과 그들의 사회적 태도의 변화 문제에 대한 논문을 준비하고 있다.

대해 언급하고 있지만 동의의 문제에 관해서는 훨씬 적은 관심을 갖고 있다는 인상을 받게 된다. 이 논의에 참여한 학자들 가운데 동의의 문제를 다룬 것은 역사가들보다는 사회학자들이었다. 그 이유는 두 가지로 생각되는데, 첫 번째는 사회주의 체제 시기가 지난 지 아직 얼마 되지 않았다는 것이며, 두 번째는 이 문제가 매우 생소한 것이라는 것이다. 두 번째 이유가 더 중요한데——아직까지 폴란드 공산주의 사회사를 서술하려는 체계적인 노력이 이루어지지 않은 것으로 보인다——그것은 역사가들이 강제나 특히 동의의 문제보다는 다른 문제들을 우선적으로 다루고자 하기 때문이다.

위에 언급한 논의에는 강제와 동의에 대한 개괄적인 문제와 관련된 몇 가지 주제가 포함된다.

1) 체제의 성격—전체주의적인가, 그렇지 않은가.

2) 주권과 외세 의존의 문제.

3) 공산주의 체제 하의 사회경제적 진보.

이러한 주제가 폴란드 공산주의 체제 하의 강제와 동의의 문제를 다루는 데 있어 필요한 것으로 생각되므로, 이 글에서는 이 세 가지 주제에 관하여 정리해보고자 한다. 먼저 체제의 전체주의적 성격에 대하여 알아보자.

2. 전체주의 성격 논쟁

폴란드 사회 체제의 전체주의적 성격에 대한 매우 흥미 있는 논의가 발리츠키Andrzej Walicki의 주장에서 나타난다.[1] 그는 1948~1954년의 시기와 다음 시기인 1960년대와 1970년대, 그리고 1980년대의 시기를 구분할 필요성을 강조한다. 발리츠키에 따르면 폴란드의 공산주의 체제는 1948~1954년에 전체주의적 모델에 근접하게 되었다. 이때는 당국이 경찰에 의한 테러나 박해와 같은 가장 억압적인 수단을 사용하던 시기였다. 그러나 발리츠키에게 전체주의는 그 이상을 의미한다. 말하자면 그것은 '새로운 인간'의 창조를 목표로 하는 체제다. 전체주의는 가치의 내면화를 강조하며, 개인은 그 가치를 단순히 따를 뿐만 아니라 그것을 자기 것으로 만들어야 한다. 테러는 이러한 이념을 실현하는 데 사용되는 방법이며, 전체주의는 이러한 목적을 완수할 때 성공을 거두는 것이다. 폴란드에서 전체주의는 완전히 성공하지 못했지만, 발리츠키에 따르면 1948~1954년의 스탈린주의 시대는 분명히 그와 유사한 체제였다. 그는 미워슈Czesław Miłosz의 저서 《사로잡힌 정신》을 언급하며 체제를 지지하고 그 이념을 옹호하는 지식인들의 예를 제시했다. 필자는 이와 더불어 또 다른 흥미 있는 저서인 트슈나델Jacek Trznadel의 《국치Hańba Domowa》를 덧붙이고 싶다.[2] 두 저서는 스탈린주의를 지지하는 현상에 관하여 논의하고 있고, 트슈나델은 이 체제를 지지하는 지식인들과의 일련의 인터뷰에서 그들의 지지 동기를 찾아, 정치적일 뿐만 아니라 어떤 의미에서는 도덕적이라 할 수 있는 이러한 선택을 이해하는 데 도움을 주고자 한다.

발리츠키는 전체주의 권력이 대중의 절대적인 순응에 도달하기 위하여 가치의 내면화에 끊임없이 압력을 가하고 일종의 영구적

---

1) Andrzej Walicki, 《폴란드의 자유를 위한 투쟁Polskie zmagania z wolnością》(Kraków : Universitas, 2000), 102~109쪽 ; 〈폴란드인민공화국은 전체주의 국가였는가Czy PRL była państwem totalitarnym〉, 《정치Polityka》(1990년 7월 21일).

2) Jacek Trznadel, 《국치Hańba domowa》(Lublin : Wydawnictwo Test & Zakłady Wydawnicze Versus, 1990).

인 혁명을 추구하지만, 이는 수동적이어서는 안 되고 능동적이어야 한다고 보고 있다. 그에 따르면 이러한 종류의 체제는 폴란드에서 스탈린주의적 억압의 종말과 함께 끝났다. 사람들은 체제로부터 사생활을 포함한 많은 영역에서 그들의 생활을 되돌려받게 되었다. 사람들이 억압으로부터 자유로움을 느끼는 이러한 상황은 적어도 어떤 영역에서는 더 이상 전체주의로 묘사될 수 없었다. 그는 또한 폴란드에서의 전체주의 종식을 고무우카Władysław Gomułka가 폴란드통합노동자당PZPR의 서기장에 복귀한 것과 연결시킨다. 지면상 여기에서 고무우카에 관해 자세히 언급하기는 어렵지만, 다만 그의 '통치'가 적어도 초기에는 주어진 조건 하에서 분명히 가능했고, 폴란드의 민족적 가치로의 전환이라고 해석되었다는 점은 언급하고 싶다. 발리츠키는 이 때문에 고무우카가 대중에게 지지를 받았으며, 부분적이고 조건적이기는 하지만, 그것이 고무우카 체제의 정당성으로 묘사될 수 있다고 말한다.[3]

여기서 잠시 고무우카가 사용한 '정당성'이라는 용어에 대하여 간단히 언급하고자 한다. 그것은 여러 학자들이 공산주의 시대 폴란드에 관한 논의에서 사용한 정치적이고 법적인 개념이다. 필자가 생각하기에 이 글의 임무 중 하나는 '동의', '정당성', '지지'와 같은 용어나 이 주제에 관한 토론에서 사용될 수 있는 또 다른 용어들의 차이점과 유사점을 명확히 해야 한다는 것이다. 이는 최종 결론을 도출하는 과정에서 매우 중요한 단계일 것이다.

다시 발리츠키로 돌아가면, 그의 논의는 그 자신이 '탈전체주의화'라고 묘사한 폴란드 사회주의의 다음 단계로 이어진다.[4] 고무우카가 서기장의 지위로 재등장한 후 '통치' 초기에는 열성적인

---

3) Andrzej Walicki, 〈폴란드인민공화국은 전체주의 국가였는가〉.
4) Andrzej Walicki, 《폴란드의 자유를 위한 투쟁》, 109쪽.

지지를 받았으나 그것은 곧 실망으로 바뀌었다. 그러나 이러한 실망이 여전히 정치적 발언도 하고 정치적 참여도 하고 있던 이전의 스탈린주의자들 사이에서 가장 크게 나타났다는 점이 중요하다. 고무우카는 오히려 사회적 냉담을 선호하였기 때문에, 일반 대중은 그의 등장과 더불어 찾아온 안정에 부분적으로 만족하였고 더이상 정치가 생활에 침투하지 않았으며, 따라서 어느 정도의 개인적 안정이 이루어질 수 있었다.

그 이후의 시기인 1970년대의 기에레크Edward Gierek 시대는 대개 의도되지 않은 탈전체주의화로 특징지어진다. 이때 공산당은 스스로 이데올로기적 표현 대신 민족적 단결의 표현을 사용했고, 이데올로기는 특권 지배 엘리트의 이해와 그들의 등장으로 대체되었다. 그 이상의 탈전체주의화는 야루젤스키Wojciech Jaruzelski에 의해 이루어졌다. 발리츠키에 의하면 그는 전체주의적 노력을 의식적으로 거부하였다. 야루젤스키파는 단순히 시민의 충성과 법에 대한 복종의 개념을 이용하여 국가를 지키고자 하였다. 그는 정치를 일상 생활에 되돌려놓으려는 시도조차 하지 않았으며, 그와 반대로 정치를 가능한 한 많은 분야로부터 분리시켰다. 결론적으로 발리츠키는 1948~1954년의 폴란드 체제의 전체주의적 단계와 다음의 폴란드 공산주의를 특징짓는, 자신이 탈전체주의라고 부르는 단계를 구분지을 필요성을 암시한다.

필자는 발리츠키가 몇 가지 중요한 점을 다루었다고 생각하기 때문에 그의 논의에 큰 비중을 두었다. 무엇보다 그는 전체주의에 대한 지지가 강요에 의해 곧바로 나타나지 않았다는 것을 분명히 지적하였다. 그러한 지지는 체제에 대한 실제적인 승인으로부터 와야 하며, 이러한 승인을 획득할 필요가 있는 강요는 말하자면 무대 뒤에 있는 것이다. 그러한 전체주의는 폴란드에서 완전히 성공하지는 못했지만 유사한 형태를 띠었고, 특히 지식인들과 예술가들 사이에서 성공적이었다. 이는 동의의 문제를 우리가 생각해온 것보다 훨씬 더 복잡하게 만들었다. 그것은 강요의 산물이지만, 어느 정도 성공적이었다는 것도 사실이다. 다음으로 발리츠키는 이후 폴란드에서 일정한 동의의 기반을 이룩한 두 가지 동기에 관하여 언급한다. 그것은 민족적인 동기와, 물질적인 것을 포함한 안정과 관련된 동기다. 서두에서 언급하였듯이 이는 폴란드 인민 민주주의에 관한 논의에서 매우 빈번히 등장하는 문제다. 따라서 이에 관해서는 후에 좀더 논의할 것이다. 그러나 필자가 이해하기에 발리츠키는, 전체적인 시각에서 보면 폴란드 체제는 지지받지도, 정당화되지도 못하였지만 지지와 정당화의 요소는 폴란드 역사의 각 단계에서 모두 존재했다고 말하고자 한다.

케르스텐Krystyna Kersten은 폴란드 전체주의의 문제를 발리츠키와는 조금 다른 방식으로 바라본다.[5] 그녀는 폴란드에서 1948~1954년의 소비에트 체제 도입의 처음 단계가 가장 강력한 전체주의적 노력의 시기였다는 데 동의하기는 하지만, 이를 성공할 수 없게 한 폴란드의 현실적 요소를 강조한다. 케르스텐은 전체주의에 대한 강한 저항이 종교적 믿음이나 민족주의와 같은 폴란드 문화의 특이한 측면에 뿌리를 두고 있었다고 주장한다. 그녀의 말대로 폴란드 사회에서 전체주의는 완전한 성공을 거둘 수 있을 만한 효과적인 내적 힘을 결여하고 있었다. 다른 한편으로 그것은 체제에 연루되거나 거기에 '얽혀든' 사람이 없었다는 것을 의미하지는 않는다. 그녀가 말하는 것은 1990년까지 폴란드 체제를 특징지었던 전체주의에 의해 도입된 가치와 폴란드의 전통적 가치 사이에는

---

5) Krystyna Kersten, 〈결산Bilans zamknięcia〉, 《폴란드인민공화국에 관한 논쟁Spór o PRL》(Kraków : Znak, 1996), 17~28쪽.

특이한 동화의 과정이 있었다는 것이다. 케르스텐은 발리츠키와 달리 부정, 거부, 그리고 동의의 결여를 강조하면서 폴란드의 공산주의 시대를 발리츠키보다 더 동질적으로 바라보고 있다. 그러나 케르스텐과 발리츠키 모두 공산주의 시대의 폴란드가 자기 동일성을 견지했고, 체제가 어떤 민족적 가치를 이용했다는 사실로부터 동의의 요소를 말하고 있다.

3. 외세와 주권

이제 두 번째 문제, 즉 주권과 외세 의존의 문제로 나아갈 차례다. 이번에는 케르스텐의 논의에서 시작해보자. 그녀는 공산주의 체제 하에서 폴란드가 독립적이지는 못하였지만 여전히 폴란드인들의 국가였다고 매우 강력하게 주장한다. 이때 폴란드는 전쟁과 독일 점령 하의 상황, 혹은 러시아, 프로이센, 오스트리아에 의해 영토가 분할되어 폴란드라는 국가가 사라졌던 18세기 말에서 1918년 사이의 상황과는 비교할 수 없는 방식으로 존재했다. 케르스텐은 공산주의 체제 하에서는 폴란드 행정 당국, 폴란드 학교, 폴란드 군대 등이 존재했으므로 다른 상황과는 비교할 수 없다고 강조한다. 국가의 소멸과 같은 역사적 경험을 지닌 폴란드 국민들은 공산주의 체제 하의 상황을 다른 방식으로 인식하고 있었다. 그렇다면 이것이 왜 그토록 중요한가? 케르스텐은 이러한 상황의 결과가 매우 중요하다는 것을 지적한다. 이 때문에 공산주의 체제와의 동일성의 결여가 국가의 거부와 동등하지 않다는 것이다. 단지 적은 수의 사람들만이 이민을 택하였고, 나머지 사람들은 대부분 공산주의 제도 속에서의 활동을 포함하여 일상적인 활동을 영위하였다.[6] 이 점을 예증하기 위하여 케르스텐과 또 다른 학자인 마르친 쿨라Marcin Kula[7]도 공산주의 폴란드에서 보편적으로 알려지지 않았던 폴란드 망명 정부, 소위 런던 정부를 예로 든다. 두 학자에게 이는 폴란드인들이 가지고 있는 의식의 매우 중요한 측면이다. 왜냐하면 그것은 알려지지 않은 것은 그다지 중요하지 않다는, 일종의 일반적인 인식이기 때문이다. 망명 정부는 한 나라의 체제가 정통성을 전혀 갖고 있지 못할 때 더욱 중요하다. 이는 전후 폴란드의 경우에는 해당되지 않는 것으로 보인다. 발리츠키 또한 고무우카 체제를 민족적 성격 때문에, 그리고 주권의 상실 과정이 멈추었거나 적어도 늦춰졌기 때문에 체제의 정통성을 얻게 된 시기로 지적한 것을 기억할 필요가 있다.

폴란드의 외세 의존에 관해서는 파츠코프스키Andrzej Paczkow-ski에 의해서도 논의되었다.[8] 파츠코프스키는 폴란드 인민 민주주의에 관한 논의에 참여하여 다른 측면의 문제를 지적하였다. 그는 이 문제에 관하여 논의하는 여러 학자들을 언급하면서 그들이 대안의 부재라는 논법을 사용한다고 말한다. 이런 식의 논법에 따르면 2차 세계대전이 끝난 1945년에 폴란드는 소련의 영향을 수용하는 것 말고는 다른 가능성이 없었다. 파츠코프스키가 언급한 매우 흥미 있는 견해는 마르친 크룰Marcin Krl이 제시한 것이었다. 그는 1945년 이후 획득된 그러한 영토 형태의, 인종적으로 소수 민족도 없는 폴란드의 민족국가는 수용할 만한 가치가 있었다고 말한다.[9]

---

6) Krystyna Kersten, 《폴란드인민공화국에 관한 논쟁》, 22쪽.

7) Marcin Kula, 〈고 폴란드인민공화국 : 좋지도, 영리하지도, 아름답지도 못한, 그러나 복잡하기만 한Nieboszczka PRL, Ani dobra, ani mądra ani piękna...ale skomplikowana〉, 《폴란드인민공화국에 관한 논쟁》, 105쪽.

8) Andrzej Paczkowski, 《날조된 승리에서 사실상의 패배로Od sfałszowanego zwycięstwa do prawdziwej klęski》(Kraków : Wydawnictwo Literackie, 1999), 223~224쪽.

이 견해에 관해 간단히 살펴보자면, 1918~1939년의 폴란드는 중·동부 유럽에서 오늘날의 리투아니아, 백러시아, 우크라이나의 일부를 포함하는 일종의 지역적 강국이었던 과거의 유산을 어느 정도 지니고 있는 다민족, 다인종 국가였다. 크룰의 견해는 따라서 2차 세계대전 이후 폴란드에 강요된 지역적 구성상의 변화가 실제로는 폴란드 민족주의의 관점에서 긍정적이었다는 것을 암시한다. 여기서 폴란드 인민 민주주의에 관한 논의의 범위에는 포함되지 않지만 오늘날 폴란드 정당 강령 연구자들에게 명백한 사실을 덧붙여 설명하고자 한다. 우파 정당들은 공산주의의 과거를 완전히 거부하고, 공산주의 체제가 어떤 관점에서는 정당화되었다는 생각을 결코 받아들이지 않으려 하며, 그들이 인정하는 폴란드의 영토적 형태에 대해서는 전혀 논의하지 않는다. 그들은 분명히 그것이 스탈린과 그 체제의 산물이라는 것을 언급하지 않는다.

다시 주권, 의존, 민족주의의 문제로 돌아가자. 위에 언급된 논의에서 나타나는 바대로 대부분의 학자들은 공산주의 체제 하의 폴란드가 완전한 주권을 지닌 독립 국가는 아니라 해도 폴란드의 동질성을 완전히 잃은 것은 아니었으며, 실제로 체제의 조건적 정당성이나 승인의 기반이 형성되어 있었다는 데 동의한다. 분명히 야쿠프 카르핀스키Jakub Karpiński[10]와 같이 체제에 대한 어떠한 동의도 부정하고 전 시기를 군사적 점령기와 비교하는 경우도 있다. 하지만 그러한 관점은 특히 동의의 문제에 관하여 더 이상의 논의를 가로막는 것이므로, 본고에서는 그러한 의견을 주장하는 학자들을 포함시키지 않았다.

---

9) Andrzej Paczkowski, 《날조된 승리에서 사실상의 패배로》, 224쪽.

10) Jakub Karpiński, 〈커다란 허구Wielka fikcja〉, 《주간 일반 Tygodnik Powszechny》(1995년 1월 8일).

4. 근대화 : 동의의 기반

앞서 언급한 인민 민주주의에 관한 논의의 범주에 포함되는 마지막 문제는 동의를 가능케 한 기반으로서의 사회경제적 근대화의 문제다. 폴란드 역사가들 중 사회적·물질적 발전의 중요성을 강조하는 학자로 추빈스키Antoni Czubiński가 있다. 그는 초기 공산주의의 발전에 대해 논할 뿐만 아니라 이를 공산주의 기능의 중요한 측면으로 인식한다. 이러한 맥락에서 그는 사회 보장이나 실업의 부재와 같은 요소를 지적한다. 그러한 개념들은 최근 이루어진 사회학적 연구들에 의해 매우 잘 예시되어 있다. 기에레크가 서기장으로 있었던 1970년대에 대한 인식을 알아보려는 질문에 많은 응답자들은 '모든 사람들을 위한 노동, 실업의 부재'(10퍼센트), '생활 수준의 저하'(10퍼센트), '지방과 농업의 발전'(5퍼센트) 등을 언급하였다.[11] 기에레크 시대의 선택은 우연한 것이 아니었다. 실제로 연구자들이 기에레크와 그 시대를 택한 것은 최근 폴란드에서 기에레크의 르네상스라고 불릴 만한 현상이 나타나고 있기 때문이다. 그는 과거 사회주의의 매우 긍정적인 상징이 되었고, 그 이유는 연구 결과가 잘 설명해주고 있다.

이러한 사회주의 현실의 물질적 측면이라는 맥락에서 매우 흥미있는 또 다른 관점이 가능하다. 다시 한번 케르스텐의 논의에서 시작해보자. 그녀는 2차 세계대전 이후 사람들이 전쟁으로 인해 파괴된 것들의 물질적 재건 과정에 참여했다고 말한다. 공산주의 체제 하의 폴란드에서 이 과정은 케르스텐이 태도의 이중성이라고

---

11) Michał Wenzel, 〈에드바르트 기에레크의 역사적 역할에 관한 의견Opinie o roli Edwarda Gierka w historii Polski〉, 《사회여론연구센터의 정보 서비스Serwis Informacyjny CBOS》(2001년 8월 16일).

부른 측면과 관련된다. 즉 사람들은 물적 생활 분야를 재건하는 동시에 상징적 생활 분야에서 지배하기 시작한 이데올로기는 거부하였다. 이러한 이중성은 당시의 상황에 의해 만들어졌고, 후에 '순응'이라고 불릴 수 있는 태도로 발전되었다. 이 용어는 사회학자 마로디Mira Marody가 사용하였는데, 그녀는 공산주의 체제 하의 폴란드 사회에 관한 많은 경험적 연구를 하였고, 이에 따라 일상 생활에서의 공산주의의 기능과 대중의 의식 · 태도에 대한 영향에 대해 매우 흥미 있는 견해를 갖고 있다.[12] 순응에 대하여 이야기하면서 마로디는 케르스텐과 그녀의 이중성, 혹은 전쟁 직후의 물질적 · 상징적 생활 분야에 대한 태도 사이의 부조화라는 개념에서 출발한다. 마로디는 이 개념이, 이후의 폴란드인들의 사회의식을 관찰하면서 그 같은 부조화에 당황한 사회학자들에게 매우 흥미로운 것이었다고 말한다. 사람들은 자신들이 공산주의를 거부하기는 했지만 이러한 심리 상태가 체제의 변화 혹은 적어도 체제 내에서의 변화를 목표로 한 실제 활동을 동반하지는 않았다고 주장했다. 이 점에서 마로디는 '순응'이라는 개념을 사용하며 실제로 정당성과 순응 사이의 중요한 차이를 지적하고 있다. 이러한 차이를 설명하면서 그녀는 실제로 군사적 점령의 경우와 달리 어떠한 사회적 질서도 어느 정도의 지지나 승인을 완전히 결여하지는 않는다고 말한다. 그러나 중요한 것은 이러한 승인을 어떻게 부르는가다. 만약 우리가 그것을 '정당성'이라고 부른다면, 정당성의 결여는 변화를 동반해야 한다. 왜냐하면 정치학자들에 따르

---

12) Mira Marody, 〈이데올로기적 태도의 변화와 공산주의 체제에의 순응Przemiany postaw ideologicznych i przystosowanie w systemie komunistycznym〉,《공산주의 : 이데올로기, 체제, 인간Komunizm. Ideologia system ludzie》(Warszawa : Wydawnictwo Neriton, 2001), 129쪽.

면 정당성의 위기는 변화의 위기이기 때문이다. 그러나 이를 '순응'이라고 한다면, 케르스텐과 다른 학자들이 바라본 대로 상징적 생활 분야와 물질적 생활 분야에서의 태도의 부조화가 설명될 수 있다.

이 점에서 마로디는 또 다른 매우 흥미 있고 중요한 관찰을 하고 있다. 그녀는 공산주의가 폴란드인들에게서 완전히 거부되었다는 테제를 받아들이고 싶어도 이는 전적으로 사실이 아니며, 실제로 때때로 사람들의 태도가 변했다고 말한다. 1950년대에 이루어진 바 있고 1980년대에 다시 행해진 연구 결과를 이용하여 그녀는 적어도 1958년 이후 사람들의 공산주의에 대한 태도의 상징적 차원 또한 나누어졌다고 주장한다. 이데올로기적 체제 기반은 수용되었으며, 제도의 실제 기능은 그렇지 못했다. 연구는 1957년, 1958년, 1978년, 1983년에 바르샤바 학생들 사이에서 행해졌다. 표본을 비교하였고, 동일한 문제 양식을 사용했다. 이 연구는 1950년대에는 노바크Stefan Nowak 교수의 지도 하에, 그리고 후에는 그의 제자들에 의해 이루어졌다.[13]

이 연구는, ('동의'라고 부를 수 있을지는 모르겠지만) 사회주의 형태의 정치 체제에 대한 '승인'이 있었다는 것을 보여준다. 그것은 일종의 조건적 승인이었으며, 제도의 역기능은 이를테면 알코올 중독이나 정직성의 결여와 같은, 사람들의 성격과 활동의 불완전함으로 나타난다. 그러나 다시 한번 강조하지만, 이 연구를 통해 우리는 이데올로기의 수용을 볼 수 있으며, 더 이상 전쟁 직후에 그랬던 것처럼 무조건적으로 체제가 거부되지는 않았다. 이는 1980년대의 솔리다르노시치 운동 초기에만 변화를 보였다. 사람

---

13) Mira Marody, 《공산주의 : 이데올로기, 체제, 인간》, 129쪽.

들은 공산주의 체제 자체가 가진 좋지 않은 특징, 이를테면 나쁜 경제 조직이나 권력 남용 등을 비난하기 시작하였다. 예를 들어 1957년과 1958년에는 여론 조사 응답자의 70퍼센트와 85퍼센트가 국유 재산을 인정하였으나, 1983년에는 55.5퍼센트만이 이를 인정하였다. 1988년에는 국가의 수출 독점을 국민의 10.8퍼센트가, 중공업의 국가 소유를 31.5퍼센트가 인정하였다. 그러므로 마로디는 조건적 승인에서 완전한 거부로의 변화가 시간이 걸리는 과정이었다고 결론지었다. 이를 예증하기 위해 또 다른 사회학적 연구를 살펴보자. 2000년에 실시된 여론 조사에서는 상당히 큰 집단인 32퍼센트가 1990년대의 공화국에서 사는 것보다 사회주의 체제 하에서 사는 것을 선호한다고 응답하였다.[14] 이 집단의 사회인구학적 자료를 보면 그들이 대부분 최저 교육 수준, 비숙련, 실업 등의 상태에 놓여 있는, 변혁 과정의 '피해자'라 할 만한 사람들이라는 것을 알 수 있다. 그러나 이것이 가장 비특권적 집단에 의해 표현된 더 나은 생활 수준에 대한 단순한 향수일 뿐 이전의 독재에 대한 동의라는 차원으로 설명될 수는 없을지라도, 지지나 동의의 기반에 대한 논의에서 그러한 요인들이 전적으로 무시되어서는 안 된다고 본다.

사회경제적 근대화의 주제를 요약하면서 필자는, 일부일지라도 사람들이 공산주의의 도입과 더불어 생활 수준의 긍정적 변화를 경험하였고, 후에 사회 보장이라는 관점에서 이 체제의 어떤 측면이 긍정적으로 평가되었다는 분명한 견해와는 별도로, 역사가들과 사회학자들 사이에는 그렇게 분명하지는 않지만 마찬가지로 흥미로운 견해가 존재한다고 말할 수 있다. 케르스텐과 마로디는 공산

---

14) 〈누가 폴란드인민공화국에서 사는 것이 더 낫다고 생각하는가Kto woła*by żyć w PRL〉, 《사회여론연구센터의 정보 서비스》(2000년 5월 31일).

주의 체제 하에서의 물질적 생활 분야와 상징적 생활 분야에 대한 태도 사이에 존재하는 불일치를 지적하였다. 물질적 분야에 대해서는 우선 그것이 재건되어야 한다는 것이 당연하게 여겨졌고, 그에 대해 훗날 사람들이 실질적으로 저항의 움직임을 보이지는 않았다. 그러나 이데올로기와 관련된 상징적 분야는 처음에는 거부되었으나, 점차 어떤 분열이 나타났다. 사회나 국가의 소유와 같은 요소를 포함한 이데올로기는 받아들여지기 시작했지만, 실천은 의문시되고 거부되었다. 소위 동의의 '물질적' 주제는 복잡하기 때문에 일반적으로 인식되는 것보다 분명히 하는 것이 매우 어려우며, 따라서 지속적인 논의가 필요할 것으로 보인다.

이 글에서는 대중독재에서의 강제와 동의와 관련하여 폴란드의 몇몇 학자들이 제시한 의견들을 살펴보았다. 결론적으로, 앞서 제기한 동의에 관한 논의에서 나타난 다양한 개념의 문제를 강조하고자 한다. 사실 필자는 폴란드인들의 글에서 이러한 개념과 관련한 표현을 발견하지는 못했지만, 이러한 관점, 즉 최근의 폴란드 독재 체제에서 일정 정도의 동의가 있었다는 관점을 인정하는 다양한 학자들은 부분적 정당화, 지지, 인정, 혹은 순응 등의 용어를 사용하고 있다. 마로디는 정당화와 순응의 차이를 명백히 하고 있는데, 용어의 문제는 후속 연구를 위해서도 가장 중요한 문제 중의 하나일 것이다. 몇몇 학자들이 지적하였듯 '동의'와 '합의'라는 개념 사이의 분명한 차이를 발견하기 위해서는 그 이상의 명료화가 필요하다.

이 책에 실린 논문들에서 여러 연구자들이 제시한 각 경우들을 비교함으로써 우리는 또 하나의 문제, 즉 민족주의의 문제에 주목하게 되었다고 생각된다. 한편으로 그것은 근대 대중독재에 대한 동의를 구하는 데 있어 상당히 분명하고 광범위하게 이용된 '도구'인 것으로 보인다. 다른 한편으로 그것은, 특히 독일에 관한 논문에서 제기된 배제와 내포의 문제, 혹은 오스트리아나 체코에 관한 논문에 제시된 민족적 기억의 문제들은 민족주의의 또 다른 측면이며 앞으로 계속 연구할 가치가 있는 주제임을 보여준다.

지금까지 살펴본 것처럼 필자는 대답보다 더 많은 문제를 제기하는 것으로 이 글을 맺는다. 그러나 이는 매우 바람직한 계기가 될 것이라 생각한다. 왜냐하면 여기에 제시된 문제들은 지속적으로 연구할 만한 가치가 있으며 매우 흥미 있는, 새로운 연구 주제가 될 것이기 때문이다.

IV

우리나라와
일본의 체제

박정희 체제의 지배 담론과 대중의 국민화

황병주

1. 두 개의 폭력 또는 하나의 권능

〈실미도〉,〈말죽거리 잔혹사〉가 이른바 '대박'을 터뜨렸다. 공교롭게도 두 영화 모두 박정희 정권기를 시대적 배경으로 하고 있다. 전자가 폭력적 국가 장치의 노골적인 치부를 드러내는 것이라면, 후자는 잘 드러나지 않는 이데올로기적 국가 장치로서의 학교라는 시공간을 다루고 있다. 〈실미도〉에서 폭력을 동반하는 국가(권력)가 폭력의 극한화라는 조건 속에서 스스로의 가능성과 한계를 동시에 드러냈다면,〈말죽거리 잔혹사〉는 좀더 복잡한 단계와 과정을 거치는 폭력의 중층화를 보여준다. 전자는 특수한 사례를 통해 박정희 정권기의 일반화된 국가 폭력의 문제를 다루었으며, 후자는 대부분의 사람이 경험한 일반적인 사례를 통해 일상적 폭력의 문제를 다루었다고 할 수 있다. 〈실미도〉의 폭력은 고도의 보안 속에 매우 은밀하게 진행된 특수한 국가 폭력이기에 오히려 명확하

황병주는 한양대 사학과와 대학원을 졸업하고 현재 동 대학에서 강의하고 있다. 〈박정희 시대의 국가와 민중〉,〈통합의 서사 전략과 분열증적 기억들〉,〈근대와 식민의 오딧세이〉,〈근대 식민 주체에 아로새겨진 (무)능력의 이중 전략〉 등의 글을 썼으며, 박정희 시대에 대한 박사 논문을 준비하고 있다. 민족주의와 국민국가 등 한국 근대(성)의 구성 과정에 대해 관심을 갖고 공부하는 중이다.

게 포착될 수 있지만, 〈말죽거리 잔혹사〉의 폭력은 너무나 일상적이기에 잘 드러나지 않는 비가시적 폭력이기도 하다. 실제로 박정희 정권을 지탱한 것은 어쩌면 실미도의 특수 부대원들이 아니라 교사와 학생들이었는지도 모른다.

실미도의 훈련과 국가 폭력은 교실에서 훈육, 교육이라는 이름으로 재현 또는 재생산되었으며, 학생들은 실미도의 극한적 조건이 아닌 일상 속에서 자신의 몸과 마음에 국가가 관장하는 정글의 법칙을 각인시켰다. 학교는 바로 국민으로 구성되기 위한 1차 통과 의례였다. 학교는 공식 교육 과정뿐만 아니라 은폐된 교육 과정을 통해 구체적 습속을 개개인에게 각인시켰다. 습속의 제1원리는 위계와 서열이었다. 자유롭지도 않고 평등하지도 않은 현실 속에서 자유롭고 평등한 개인이라는 이념을 교육해야만 하는 이 모순적 기능을 학교는 매우 훌륭하게 수행하였다. 애초에 그것은 타율적일 수 있었지만 학생들은 점차 자율적으로 그 정글 법칙을 따르게 되었고, 국가는 이미 내재적인 것이 되었다. 두 가지 폭력은 학생들에게 하나의 권능으로 다가왔고 그렇게 졸업생들은 학교로부터 해방되어 또 다른 학교 생활을 영위할 것이었다.

'지금 여기'를 사유하는 방식으로 역사가 동원된다면 역사는 무엇보다 현재를 은유하는 상징 기호가 된다. 역사를 비가역적인 것으로 사유한다면 시간의 흐름은 인과율로 단단하게 고정된다. 요컨대 시간적 인과율은 구조적 인과율을 압도하고, 현재는 오직 과거의 지양으로만 나타난다. 과거와 현재 그리고 미래를 선형적 직선의 시간으로 연결하는 이 낯익은 기억의 방식은 실상 그리 오래된 것이 아닐 것이다. 익숙한 것은 단지 오래된 것이 아니라, 무엇보다 지배적인 것이다. 지배적인 것은 시간 감각조차 지배한다.

두 영화는 모두 박정희 정권기를 비판적으로 기억하는 방식으로 읽힌다. 그러나 그 비판이 과거에 국한되는 한 현재는 안전할 것이며, 과거는 그렇게 지양된 것으로만 남아 있을 것이다. 지배적인 시간 감각은 과거와 현재를 냉혹하게 절단시키고 비가역적인 시간 흐름 속에 현재를 안전한 곳으로 만드는 만큼 과거 또한 안전한 것으로 고정될 것이다. 역사를 위기에 빠뜨리지 않고서는 위기의 현실을 이해하기 곤란할 것이며, 현실의 위기를 사유하지 못한다면 역사 또한 마냥 달콤한 향수일 뿐이다. 그 위기의 한복판에는 항상 국가와 자본이 있었으며 그것은 거의 항상 폭력의 잠재태이자 현재태로 지속되어왔다.

지금 여기를 지배하는 원리는 자본주의와 (국민)국가라고 요약될 수 있다. 포스트모던한 시대에 자본주의와 국가는 일종의 시대착오로 보일 수도 있겠지만, 현실과 역사는 항상 시대착오를 통해 구성된다. 문제는 자본주의와 국가가 지배적이기 때문에 오히려 익숙하다는 점을 종종 간과하고 단지 익숙함만으로 이를 대하는 태도다. 익숙함은 곧 자연화된 질서로 전화되고 다시 당연한 전제가 되곤 한다. 요컨대 근대화와 산업화는 선형적 역사 발전의 비가역적 통로로 이해되고, 그 좁은 오솔길을 경쟁적으로 달려가는 가쁜 숨소리만이 들리게 된다. 그 숨소리에 민주화를 덧붙인다고 해서 사태가 달라지지는 않는다. 숨소리를 교란하는 다른 모든 소리들은 시끄러운 소음이 되거나 어울리지 않는 잡음이 될 뿐이다.

박정희 시대는 무수한 기억들로 중첩되어 있다. 그 기억들은 재현 체계의 역사 속에서 팽팽한 평행선을 달리는 이항 대립으로 단순화되었다. 이 시기는 한편으로는 국민국가로서의 대한민국의 물적 토대를 닦은 발전의 시대로 기억되고 있으며, 그 반대편에서는 악몽 같은 군사 파시즘의 광기로 분석된다. 전자가 산업화를 축으로 하는 근대화를 목적론적 가치로 삼고 있다면, 후자는 민주화를 축으로 하는 근대화를 지향적 가치로 삼고 있다. 요컨대 두 입장은 기술로서의 근대와 해방으로서의 근대를 서로 나눠 가지고 있는 것으로 보이지만, 그 공통 지반은 당연히 근대인 것이다. 그렇지만 영합 게임으로 보이는 이 대립 구도는 서로를 제약하면서도 동시에 정당화해주는 원-윈 게임으로 보이기도 한다. 예컨대 민주주의를 부정한 파시즘적 산업화가 결국은 민주화의 물질적 토대를 닦았다는 평가는 양자의 내밀한 소통 양상을 드러내준다.

최근의 한 연구는 이러한 인식을 전형적으로 보여준다.[1] 한국의 20세기 후반기를 산업화와 민주화라는 이중 혁명으로 기억하는 방식은 서로 다른 가치 지향을 어떻게 조화롭게 연결시킬 수 있을 것인가에 대한 논의로 함몰된다. 유신 체제를 '헤게모니 없는 강권적 독재'로 파악하면서도 '조국 근대화, 잘살아보세라는 발전 목표가 당대의 역사적 프로젝트로서 시대 적실성을 가졌다'고 보는 평가는 '국민 대중의 호응을 얻었고 나아가 집단적 열정을 이끌어냈다'는 사실과 연결되어 역사를 사후적 정당화로 함몰시킬 우려가 있다.

이중 혁명은 역사를 근대와 전근대라는 이항 대립 구도로 기억하는 서구 근대의 정형화된 사고 방식을 전형적으로 보여준다. 요컨대 박정희 시대는 한국의 근대화를 상징하는 기표로서 상상된 것이고, 이는 곧 자국을 국민국가로 편제된 세계사 속에 정상 국가로 정립하고자 욕망하는 식민화된 지식의 정향을 드러낸다. 국가와 자본을 역사적으로 사유한다는 것은 비국가와 비자본의 상상력을 역사 속에서 드러내고자 하는 시도를 포함할 것이다. 자본과 국가의 사유에 긴박(緊縛)되어 있는 현재는 곧 박정희 정권기의 사

---

1) 이병천, 〈개발 독재의 정치경제학과 한국의 경험〉, 《개발 독재와 박정희 시대》(창작과 비평사, 2003).

유에 긴박되어 있는 것이기도 할 것이다. '잘살아보세'라는 슬로
건은 박정희 정권기만이 아니라 언제나 '시대 적실성'을 가지는
것이 아니겠는가. 그렇기에 '시민 사회의 민주주의'를 확장해야
한다는 설정은 자본주의의 확장과 겹쳐지거나 종속될 뿐이다.

지금 중요한 것은 그 사유의 긴박이 어떻게 정신을 넘어 무의식
과 신체로까지 확장되어왔는가를 추적하는 일이 될 것이며, 국가
와 자본의 정글 법칙이 어떻게 외적 강제 규율이 아닌 내적 자율로
까지 확장되어왔는가를 추적하는 일이 될 것이다. 또한 국가와 자
본의 폭력이 어떻게 개개인의 일상 속에서 재현되고 재생산되는가
를 보는 것이 될 것이다. 그것은 두 개의 폭력이지만 우리의 신체에
서 하나의 권능으로 통합된다. 우리의 정신과 신체를 계보학적으로
탐사한다면 과연 무엇이 보일 것이며 무엇이 사라질 것인가.

2. 박정희 정권의 지배 담론 : 평등주의적 압력을 중심으로

긴급조치로 상징되는 박정희(유신) 체제는 분명 폭력의 시대였
다. 노골적인 폭력의 행사를 통해 국가의 의지가 강제적·반강제
적으로 사회와 대중에게 관철되었던 것이다. 장발 단속과 미니스
커트 단속에서 보이듯이 심지어 개인의 신체와 유행조차 더 이상
사적인 자기 표현의 영역일 수 없었다.

한편 박정희 체제는 한국사에서 가장 효율적인 동원의 드문 사
례를 보여주었다. 동원의 주체인 국가는 스스로를 근대화했을 뿐
만 아니라 사회와 대중 전체를 근대화하고자 했다. 근대화는 곧 효
율적·생산적 주체의 생산이었다. 강제와 금지의 억압적 이미지
가 아니라 합리성, 과학성의 이미지로 표상된 국가(권력)는 생산적

주체의 자발적 동원을 이끌어내고자 했다.

　문제는 위로부터의 발전주의적 동원에 대중의 욕망이 긴밀하게 결합되었다는 점이다. 즉 국가는 분산적인 대중 욕망의 흐름을 자신의 코드로 단일화, 집합화하였다. 그것은 금욕의 정치가 아니라 욕망의 정치였으며, 대중의 욕망 자체가 국가주의적으로 표현될 수 있는 메커니즘을 창출하는 것이었다. "새마을운동은 타율적인 운동이 아니고 독자적인 창의성이 따르는 운동이라야 한다. 그것은 수동적인 자기 포기가 아니고 자발적인 자기 실현을 통해서 가능한 것이다"라는 주장은 욕망의 정치로서의 박정희 정권의 성격을 잘 보여주고 있다.[2]

　이 지점에서 지배와 저항의 단순 구도로 포착할 수 없는 복잡한 상황이 전개된다. 이미 저항이 지배에 포섭된, '저항을 내장한 지배'의 딜레마가 문제가 된다. 민족과 국민의 이름으로 저항하지만 지배는 민족과 국민의 이름으로 이루어지고 있었다. 진보의 이름으로 전개된 저항은 국가주의적 발전 전략으로 수렴되었고, 노동 조건과 임금 인상을 둘러싼 투쟁은 단체 협상의 제도화를 통해 국가적 규칙으로 승화되었다. 인권의 주장은 인권을 국가에 의해 보장되는 것으로, 즉 국가적 규정물로 만들 수도 있었다.

　요컨대 박정희 체제는 한국사에서 근대 국민국가가 거의 완성된 모습으로 구성되는 과정이었으며, 근대 대중 정치적 메커니즘과 담론적 실천으로 대중의 의식과 행위를 전유하고자 한 것을 특징으로 한다. 이는 독재와 민주주의의 대립으로 환원될 수 없는 근대 대중 정치의 복합적 국면을 사유할 것을 요구한다. 즉 지배란 사회적 적대와 갈등의 무화가 아니라 그것의 조절과 통제인 것이며, 그

---

　2) 한국교육학회,《한국 새마을 교육에 관한 연구》(1974), 29쪽.

렇기에 저항은 단순한 배제가 아니라 포섭의 대상이기도 했다.

분산적 개인을 특정의 집단 주체로 호명하는 것은 근대 대중 사회의 일반적 양상이다. 신분제와 토지로부터 탈영토화된 존재를 재영토화하지 않고서 근대 사회의 유지는 불가능했다. 1960～1970년대의 급속한 산업화는 사회적 유동성을 극대화했고, 전쟁을 겪으면서도 강력한 흔적으로 남아 있던 전근대적 사회 관계를 결정적으로 제거하기 시작했다. 이중의 자유는 1970년대에 비로소 가능하게 되었다고 할 수 있으며, 이렇게 자유로워진 대중을 다시 재전유하기 위한 국가의 프로젝트는 어쩌면 당연한 것이었다. 그것은 대중을 수동적 객체로 위치시키는 대신 국가주의적 근대화 프로젝트의 능동적 행위자로 배치하여 이른바 '근대화 혁명'의 국민적 주체를 구성하고자 한 것으로 이해된다.

취약한 물적 토대와 빈약한 사회 복지 정책 위에서 1960～1970년대 국가는 어떻게 대중을 광범위하게 동원하고 통제할 수 있었을까? 반공 이데올로기에 의한 폭압적 지배 질서가 대중의 수동적 복종을 가능케 하였다는 분석이 가능하기는 하지만 이러한 분석은 일면적일 수밖에 없다. 새마을운동, 산업화, 민족주의 등의 운동과 가치는 수많은 대중을 주체적 행위자로 이끌었다. 반공 이데올로기는 당시 지배 담론의 일부, 표층의 억압적 일부였을 뿐이다. 따라서 기존의 억압적 국가 모델과 저항하는 민중 모델만으로는 이 시기의 요란한 대중 동원과 사회적 통합의 양상을 설명하는 데 한계가 있을 수밖에 없다. 이러한 맥락에서 '아래로부터의 평등주의적 압력'이라는 차원에서 지배 담론을 분석할 필요가 있다.

박정희 정권의 근대화 프로젝트가 자율적·자발적 주체 형성을 필요 조건으로 한다고 할 때, '자유롭고 평등한 개인'이라는 근대적 주체 호명 기호는 매우 중요한 요소일 수 있었다. 그러나 자유 민주주의가 대한민국의 메타 이데올로기라고 언표되기는 했지만 실제 대중의 삶 속에서 자유를 구체적으로 경험하기는 쉽지 않았다. 더욱이 자유는 평등을 대가로 국가에 회수되었다. 야간 통행 금지, 장발과 미니스커트 단속 등 일상의 억압과 부자유는 모든 '국민'에게 평등하게 해당되었으므로 묶인될 수 있는 것이었다. 너나 없이 가난했다는 식의 과거에 대한 기억 또한 평등하기만 하다면 가난조차 감내할 수 있을 것이라는 해석을 가능케 한다. 새마을운동은 도시와 농촌의 격차를 좁히고자 하는 평등주의적 압력의 결과였다고 볼 수 있다. 요컨대 한국에서 자유와 평등이라는 근대적 주체 호명 기호는 평등주의를 중심으로 통합된 것으로 보인다. 민족, 계급, 성, 학력 등 삶의 전 부문에서 일상적 불평등의 경험을 간직한 대중에게 평등은 강력한 희구 대상이었으며 지배 담론도 이를 무시할 수는 없었다.[3]

박정희는 "인간 사회의 원리라고 생각되는 만인의 평등"[4]이라는 말로써 평등을 사회의 기본 원리로 파악하고 적극적으로 전유하고자 했다. 그는 현실적으로 존재하는 불평등을 "전근대적 봉건적 요소"라고 파악한 다음 "특히 우리 민족에겐 다른 사람을 하시(下視)하고 천시(賤視)하는 경향이 있다"고 규정함으로써 평등주의를 전유할 서사 구조를 준비한다. 나아가 "직업이나 빈부의 차이 때문에 서로 무시하고 천시한다면 이것도 민족 분열을 조장하는 한 원인이 될 것이다. 정신적으로나 도덕적으로나 어떠한 관계를 불문하고 이러한 불평등의 현상이 드러난다는 것은 아직도 근대적 민

---

3) 임수환은 "한국의 경제적 평등주의는 19세기 말 농민 운동으로부터 일제 시대 독립 운동으로 이어지는 정치사회적 민중 운동의 산물"이라고 규정한다. 임수환, 〈박정희 시대 소농 체제에 대한 정치경제학적 고찰 : 평등주의, 자본주의, 그리고 권위주의〉, 《한국정치학회보》, 31집 4호(1997), 128쪽.

4) 박정희, 《우리 민족의 나갈 길》(동아출판사, 1962), 255쪽.

주 정신의 세례를 받지 못했다는 증거"라고 규정한다.[5]

이는 불평등한 현실의 문제를 과거의 봉건에서 구하고 그 극복을 근대화로 설정함으로써 평등주의적 압력을 근대화된 국가 내로 회수하고자 한 것이다. 나아가 그는 불평등의 원인이 '특권 의식'이라고 몰아붙임으로써 공적 관계 외의 모든 사적 관계망들에 대한 부정적 태도를 드러낸다. 대학 교수, 불교계 등의 내부 알력과 향우회, 동창회 등의 사적 영역들이 일종의 특권 의식에 사로잡혀 민족적 분열을 조장한다는 것이다.[6] 결국 국가를 제외한 모든 사회적 영역이 잠재적 분열 조장 세력으로 취급되어 강력한 국가 중심적 통합을 예고하고 있다.

국가주의적으로 전유하고자 한 평등주의의 한계는 경제적 평등에서 분명하게 드러난다. 무엇보다 경제적 평등이 중요함을 강조하지만, 그 경제적 평등의 내용은 "재산의 공유나 공평한 분배를 의미하는 것이 아니라 최저 생존권의 확보에 있어서 평등해야 한다는 의미"에 불과하다.[7] 즉 평등주의가 자본에 반하는 것이어서는 안 될 것이었다. 그러나 또한 그는 경제력 집중으로 대재벌이 국가 권력을 좌지우지하게 되는 상황을 극구 우려하기도 했다. 요컨대 자본과 대중을 모두 통제하는 국가주의적 담론을 구성하고자 한 것이지만, 실제 자본에 대한 통제는 '자본에 의한 통제'와 구분하기 힘든 것이었다.

평등주의적 가치를 전유하고자 하는 시도는 정치적 차원으로 확대된다. 박정희가 한민당을 "기호 지방의 토착 재벌과 대지주, 대기업가로 구성되어 반봉건적인 수구성을 지니고 있었으며……민

---

5) 박정희, 《우리 민족의 나갈 길》, 29~30쪽.
6) 박정희, 《우리 민족의 나갈 길》, 18~20쪽.
7) 박정희, 《우리 민족의 나갈 길》, 31쪽.

주 혁명과 근대화를 위한 개혁에는 눈 어두운 사람만이었다"라고 규정한 것은 스스로를 지주나 귀족과 구분되는 '서민'으로 동질화하기 위한 담론적 실천이었다고 할 수 있다.[8] 그 서민이 새로운 집단 주체의 핵심이 될 것임은 자명했다. 즉 평등주의적 압력을 통해 지배-피지배를 관통할 새로운 집단 정체성을 구성하고자 한 것이다. 사회적 관계에서 확인되는 평등/불평등은 개인과 개인 사이의 사적인 것에서 집단의 공공 윤리로 확장된다. 곧 평등은 윤리와 도덕의 차원으로 상승하며, 사회적 집단 윤리로 개인에게 되돌아온다.

집단주의적 윤리의 최정점은 당연히 민족으로 상정되었다.[9] 박정희는 민족으로 구성되기 위해서는 먼저 개조된 인간이 되어야 한다고 주장했으며, 인간 개조에 있어서는 자기 의식의 혁명, 자아의 확립이 선결 문제라고 파악했다. 즉 "자아가 확립된 개인이 없고 복종과 예속 하에 있는 봉건적 신분 관계만이 있을 때, 아부와 사대에의 의존과 특수 특권의 노예가 되는 것이다……그러한 봉건적 관계 속에는 평등이니 인권이 개입할 여지가 없"다는 것이다. 그렇기에 그는 "자아의 확립이 있고 난 뒤에야 민족의 일원이라는 확고한 자각이 설 것"임을 강조했다.[10] 민족을 구성하기 위해 먼저 근대적 주체의 형성을 강조한 것으로 이해된다.

차별과 통합으로서의 민족주의는 평등/불평등한 개인을 국민이

---

8) 박정희, 《우리 민족의 나갈 길》, 199~200쪽.

9) 새마을운동 관련 미디어는 '외국인의 눈에 비친 새마을운동의 성과를 집중적으로 부각'시키고 있기도 하다[윤상길, 〈새마을운동 관련 미디어 선전물을 통해 구성되는 근대 '국민'에 관한 연구〉(서울대 언론정보학과 석사 논문, 2001)]. 일종의 타자화된 주체의 구성이라고 할 수 있을 이러한 전략은 '권위 있는 서구의 시선'으로 스스로를 구성하는 식민화된 전략일 것이다.

10) 박정희, 《우리 민족의 나갈 길》, 24~25쪽.

라는 등가물로 전화시키는 이데올로기적 호명을 반복했다. 현실의 사회적 불평등이 민족/국민적 평등과 통합이라는 개념 속에 봉합되었다고도 할 수 있지만, 중요한 것은 바로 그 사회적 불평등이 민족/국민적 평등에의 희구를 더욱 열렬한 것으로 만들었다는 점이다. 곧 불평등한 현실은 평등한 민족/국민의 구성이라는 열망으로 수렴되었다. 불평등이 심화될수록 민족/국민적 평등이 강화되는 이 기묘한 조합 속에서 불만에 찬 개인은 민족/국민적 주체로 거듭나게 되었다. 이것은 새마을 교육에서도 확인된다.

새마을 교육은 범사회성, 범지역성, 범계층성, 범시간성의 특징을 지닌, 전 국민을 대상으로 하는 교육이라고 주장되었으며, 또한 새마을 정신으로 무장된 인간 의식 혁명을 위한 교육이라고 천명되었다. 그 의식 혁명이란 '민족 숙원 사업'인 '잘살기 운동'이고, '못산 시대'의 전근대적 인간으로부터 근대적 인간으로의 '새 사람'으로 되는 것이 필수 조건이었다. 요컨대 새마을 교육은 전 대중을 평등주의적으로 통합된 국민(민족)적 주체로 구성하고자 한 시도로 파악된다.

새마을 교육이 강조하는 것은 첫째, 주체성의 원리, 즉 민족 중흥과 자주성 확립이었다. 새마을 교육의 인간상은 "막연하고도 보편적인 민주 국민이 아니고 우리의 역사적 현실 속에서 뚜렷한 국가관을 확립한 민족 자존의 굳건한 주체성과 자주 의식을 가진 민주 국민"이었다. 현대화는 서구화도 아니고 기계 문명화도 아니며, 전통적인 농촌 사회가 가지고 있는 미풍양속과 심미적·예술적 정서적인 면을 잘 보존해야 한다는 것이다.[11] 우리 얼[魂]을 기본으로 하고 남의 것은 꾀[術]라고 받아들이는 '내얼 남꾀 사상'이 요

---

11) 한국교육학회, 《한국 새마을 교육에 관한 연구》, 16~31쪽.

청되는 바, 주체성이란 다름 아닌 이러한 자세라고 한다.[12] 이는 일종의 동도서기(東道西器)의 재판이라 할 수 있을 것이다.[13] 근대화가 곧 서구화로 연결되기 쉬운 조건에 있는 비서구 지역에서 서구화를 배제한 근대화Modernization without Westernization는 민족 담론의 일반적 양상이었다고 할 수 있다.

둘째, 생산성의 원리인데, 새마을운동은 무엇보다 '잘살기 운동'이라고 규정되었고, 동시에 '다 함께 잘살기 위한 운동'이라는 평등주의적 언설로 설명되었다. 경제 개발을 통한 근대화의 실천 철학이 곧 새마을 정신과 상통한다는 얘기였다. 요컨대 새마을 교육은 민족이라는 집단 윤리와 잘살기 운동이라는 발전주의로 집약되었다.

박정희 정권의 핵심적 지배 담론 중 하나였던 '조국 근대화', 즉 발전주의는 지식층의 광범위한 지지와 동참을 이끌어내기도 했다. 5·16 직후 《사상계》는 제3세계의 군사 혁명을 다룬 특집을 냈고 일부 대학 학생회는 지지 성명을 냈으며, 주한 미 대사는 "깜짝 놀랄 만큼 많은 지식인들과 언론인, 정치인들이 쿠데타가 불가피한 것이었으며, 좋은 일이었다고 느꼈다"고 할 정도였다.[14] 현실 비판적 지식인을 배제하면서 한편으로는 광범위한 지식인을 체제 안으로 동원하고자 한 박정희의 의도는 상당한 성공을 거두었다. 지식인들은 근대화 담론에 압도당했으며, 당시 한국 민족주의의

---

12) 내무부, 《새마을운동 10년사》(1980), 281~283쪽.

13) 1967년 이후 박정희는 민족의 전통과 근대의 관계를 새롭게 정리해 민족의 주체성을 강조하면서 동양의 정신에 기반해 서양의 기술을 받아들이자는 동도서기론을 확립한다. 김정훈, 〈남북한 지배 담론의 민족주의 비교 연구─역사적 전개와 동질이형성〉(연세대 사회학과 박사 논문, 2000), 95쪽.

14) 홍석률, 〈1960년대 지성계의 동향〉, 《1960년대 사회 변화 연구 : 1963~1970》(백산서당, 1998), 198쪽.

과제를 산업화에 두고 "클로즈업된 문제 의식은 근대화요, 경제 성장이요, 공업화요, 기술 입국이요, 국가발전론이요, 민족번영론"[15]이라고 주장하는 것에 이끌렸다. 대표적인 비판적 지식인 잡지였던 《사상계》조차 박정희 정권의 조국 근대화와 기묘한 공명을 일으키는 상황 속에서 대중을 '산업 전사', '근대화의 기수'로 호명하며 동원하는 것은 시대적 과제로 다가왔다.[16]

발전주의는 평등주의가 지향해야 할 방향을 분명하게 제시해주고자 했다. 평등주의가 하향 평준화와 같은 퇴행으로 귀결되지 않기 위해서는 발전주의에 연결되지 않으면 안 되었다. 그러나 이 지점에서 평등주의의 균열과 위기가 발생했다. 발전의 불균등성은 불평등의 심화로 연결되기 마련이었고, 곧 평등주의적 압력은 발전의 발목을 잡을 수도 있는 것이었다. 광주 대단지 사건, 전태일 열사의 분신 등과 같은 사건은 평등주의적 압력이 어떻게 발전주의의 발목을 잡는가를 예시하는 것이었다.

그러나 박정희 시기에 평등주의적 압력이 발전주의에 대한 전면 거부나 부정으로 나아가지는 못했다. 평등주의적 압력 자체가 기존 질서의 내부로 제도화되고 수렴되면서, 곧 사회의 민족화, 대중의 국민화와 연결되면서 '민족 발전의 길'을 전면 부정할 수 없게 되었다. 이러한 점에서 중등학교 평준화와 군대는 평등주의 담론과 관련해 중요한 의미를 가지는 것으로 보인다. 담론은 무엇보다 제도적 실천으로 이해될 필요가 있다. 평등주의 담론은 평등이라는 개념 속에서 기능하는 것이 아니라 지식과 권력의 제도적 실천

---

15) 안병욱, 〈창조와 혼돈의 장〉, 《사상계》(1968년 8월), 139쪽 ; 홍석률, 〈1960년대 지성계의 동향〉, 243쪽에서 재인용.

16) 이에 대해서는 김보현, 《《사상계》의 경제개발론, 박정희 정권과 얼마나 달랐나? : 개발주의에 저항한 개발주의〉, 《정치비평》, 상반기 통권 10호(2003)를 참조하라.

으로 나타난다. 중등학교 평준화는 그 자체로 평등주의적 압력에 대응하는 국가의 제도적 실천으로서의 담론이었다. 군대 또한 비슷한 역할을 한 것으로 보인다. 이 과정에서 아래로부터의 평등주의적 압력은 국가에 의해 집단주의적 동질화로 전화될 수 있는 것이 되었으며 위아래를 관류하는 평등주의가 국가(권력)로 환원되었다고 할 수 있다.

곧 평등주의는 발전주의에 대한 하나의 '압력'이었지 그 부정은 아니었다. 그것은 자본주의적 자유 경쟁에 대한 강력한 안티테제이자 그 경쟁의 기회 균등으로 봉합될 수 있는 것이기도 했다. 요컨대 아래로부터의 평등주의적 압력은 지배 질서(담론과 정책) 속에 강력한 흔적을 남기게 되었다. 그것은 불가능한 기획으로서의 평등을 극단까지 밀어붙여 기존 질서의 위기를 초래할 수도 있지만, 그 위기는 또한 평등주의적 압력이 지배 질서 내부의 제도적 실천으로 배치될 기회이기도 했다. 위로부터의 제도적 실천은 아래를 향한 대중 정치를 통해 관철될 것이었다.

가난은 본인의 스승이자 은인이다……'소박하고, 근면하고, 정직하고, 성실한 서민 사회가 바탕이 된, 자주 독립된 한국의 창건' 그것이 본인의 소망의 전부다. 동시에 이것은 본인의 생리(生理)인 것이다. 본인이 특권 계층, 파벌적 계보를 부정하고 군림 사회를 증오하는 소이…… 본인은 한마디로 말해서 서민 속에서 나고, 자라고, 일하고, 그리하여 그 서민의 인정 속에서 생이 끝나기를 염원한다……주지육림의 부패특권 사회를 보고 참을 수가 없어서 거사한 5·16 혁명……국가와 민족과 혁명과, 많은 가난한 사람의 편에 서서 일하여온…….[17]

---

17) 박정희,《국가와 혁명과 나》(지구촌, 1997), 295~296쪽(원본은 1963년 향문사 간행).

이 글은 박정희가 민정 이양 압력에 굴복하여 정치적으로 곤란한 상황에 처해 있던 시점에 씌어진 것이기에 대중적 지지를 획득하기 위한 정치적 고려에서 나온 측면이 있다. 그러나 중요한 것은 의도가 아니라 그 효과다. 대한민국의 성립 이래 최고 권력자가 위와 같은 수사학을 구사한 예는 찾아보기 힘들다. '주지육림의 부패 특권 사회'와 '서민의 인정'을 날카롭게 대비시켜 스스로를 피지배자와 동일시한 다음 '국가, 민족, 혁명'을 그 동일시의 시공간에 배치한다. 해방 공간 좌파의 대중정치에 대한 강렬한 기억을 간직하고 있던 대중에게 이러한 수사가 일정한 효과를 거두었음은 분명하다. 박정희의 진짜 의도와 실체가 무엇인가와는 상관없이 그의 대중 정치에 입각한 담론적 실천이 아래로부터의 공명을 불러일으켰을 가능성은 농후하다.

> 땀을 흘려라!
> 돌아가는 기계 소리를
> 노래로 듣고
> ……
> 이등 객차에
> 불란서 시집을 읽는
> 소녀야,
> 나는, 고운
> 네
> 손이 밉더라.

우리는 일을 하여야 한다. 고운 손으로는 살 수 없다. 고운 손아, 너로 말미암아 우리는 그만큼 못살게 되었고, 빼앗기고 살아왔다. 소녀의 손이 고운 것은 미울 리 없겠지만, 전체 국민의 1퍼센트 내외의 저 특권 지배층의 손을 보았는가. 고운 손은 우리의 적이다……우리는 이제 그러한 정객에 대하여 증오의 탄환을 발사하여주자.[18]

박노해의 〈손무덤〉이라는 노동시와 대비될 이러한 서사는 다음과 같은 '모범 근로자'의 메아리로 돌아온다.

자가용 타고도 엉덩이가 배긴다고 불평하는 사람이 있는가 하면 35원짜리 버스 타는 것도 아껴 걸으면서도 기껍고 즐겁게 사는 사람이 있습니다. 그게 바로 제가 인생을 바라보는 가치관이랍니다. 적은 봉급으로도 저축하여 즐겁게 살 수 있는 여유를 키우면서 저는 내일을 바라보렵니다……현실의 고뇌를 승화시키고 운명을 지그시 누를 줄 아는 영원한 여인상을 위해 인순이는 노력하렵니다.[19]

'1퍼센트 내외의 특권 계급'이나 '자가용 타는 사람'과는 다른 정체성을 공유하고 있음이 확인되며, 특권 없는 평등주의적 공명이 이루어지고 있다고 할 수 있다. 오히려 박정희의 글이 더욱 과격하고 급진적이며, 모범 근로자의 수기는 현실을 인정하는 듯한 대조를 이루고 있다. 즉 대중의 평등주의적 열망은 국가의 발전주의와 결합하여 근대화 프로젝트에 투입됨으로써 국민(민족)적 집단 주체를 구성할 가능성을 보여주었다.

---

18) 박정희, 《국가와 혁명과 나》, 275~276쪽.
19) 이인순, 〈작은 꿈이 꽃필 때〉, 《노동》(1977년 12월호). 김준, 〈1970년대 여성 노동자의 일상 생활과 의식〉, 《역사연구》, 제10호(2002), 97쪽에서 재인용.

3. 대중 정치와 대중 동원

박정희 정권은 본격적인 대중 정치를 전개하기 시작했다고 할 수 있다. 대중 정치의 핵심은 무엇보다 동질화의 정치였다. 전근대 시기의 차별화의 정치, 문화에서와 달리 자유롭고 평등한 개인을 바탕으로 동질적인 익명의 대중이 구성되고 지배자와 피지배자(대중)는 동질적 국민, 민족으로 상상된다.

그 이전의 한국에서는 지배자가 피지배자와 동질적 인간임을 강조한 경우를 찾기 어렵다. 이승만은 '파시스트가 아니라 그보다 200년이나 앞선 부르봉'이라는 평가를 받았으며 윤보선은 명문 대가의 귀족 자제였다. 양반과 지주 계급은 사라진 것이 아니라 변신에 성공한 것이었으며, 과거의 지배층은 옷만 갈아입은 것처럼 보였다. 여전히 '높으신 양반'들은 '아랫것'들과 어울릴 수 없었고, 국가는 있었으나 '국민'은 제한적이었다. 그러나 박정희는 스스로 '빈농의 아들'임을 강조했고, '서민으로 태어나 서민으로 살다 죽겠다'고 공언했다. 박정희는 "국민 대부분은 강력한 타율에 지배당하는 습성을 제2의 천성으로 한다"[20]라는 파시스트다운 인식을 갖고 있었지만, 또한 그 '타율적 국민'을 효율적으로 동원하기 위한 근대적 대중 정치의 동의의 기술을 구사하기 시작했다. 그것은 일종의 '원한의 정치'로 보이기도 했다. 소외되어 억울하고 무언가 박탈당했다는 느낌으로 사회의 하층으로 퇴적되는 삶을 살던 이들에게 박정희는 그 자체로 성공 신화의 주인공이었다. 그는 의미 없는 하층민의 삶 속에 '조국 근대화의 기수'라는 의미를 주입하고자 했다. 먼저 농민층을 살펴보자.

---

20) 월간조선 엮음, 《비록 한국의 대통령》(1993), 484쪽.

(1) 새마을운동과 농민

박정희 정권기 농업의 희생을 통한 산업화라는 '근대화 프로젝트' 하에서 농민의 위치는 불안할 수밖에 없었다. 그 불안함을 메우려는 것이었던 새마을운동은 1973년부터 본격적으로 전개되어 현재까지 지속되고 있는, 한국사 최대, 최장의 국가 주도 대중 운동이라고 할 수 있다. 정부 지원도 막대하여 1973년 213억 원을 투입했으며, 1979년에는 이 금액이 4,252억 원에 이르렀다.[21] 또한 박정희 정권은 '농업 발전에 자본과 기술의 공급자로서 적극적으로 개입했'고, '미곡의 국내 시장 가격이 1970년대에는 국제 시장 가격의 세 배에 이르렀던 것이 바로 국가의 친농민적 개입의 결과'라고 한다. 농협의 농업자금 대출 규모도 1961년 167억 원에서 1970년 1,054억 원, 1979년 8,764억 원으로 확대되었다.[22]

박정희 정권은 새마을운동을 농민의 자발적 동원으로 전개하고자 했으며, 그 지속적 전개 요인은 농민의 '잘살아보자는 의지'라고 주장하였다. 즉 박정희 정권은 강압적 방식이 아니라 지원과 포상 등 경제적·규범적 유인을 제공했으며, 실적 차이에 의한 차등 지원을 원칙으로 하여 농민의 자발성을 최대한 끌어내려 하였다. 당시의 한 마을 이장은 '내 일은 못 해도 마을 일은 했다'라는 자부심과 긍지를 갖고 있었으며[23] 1971~1979년 새마을 사업 중 주민

---

21) 전재호,《반동적 근대주의자 박정희》(책세상, 2000), 82쪽.

22) 임수환,〈박정희 시대 소농 체제에 대한 정치경제학적 고찰 : 평등주의, 자본주의, 그리고 권위주의〉,《한국정치학회보》, 114쪽.

23) 경기도 이천 지역 현장 조사. 이 조사는 필자를 비롯한 총 8명의 조사원에 의해《이천시지》마을지 서술을 위해 수행되었다. 조사는 1999년 12월부터 2000년 4월까지 집중적으로 이루어졌으며 대상 마을은 두 곳이었다. 조사 방법은 녹취를 원칙으로 하되 불가피할 경우 메모를 병행했다. 이 절에서 별도의 각주가 없는 직접 인용문이나 현장 조사라고 설명돼 있는 내용은 모두 이 조사 결과에 의한 것이다. 개인 프라이버시 등의 문제로 대상 마을과 농민들의 이름은 밝히지 않았으며, 필요한 경우 가명을 사용하였다.

부담률은 최소 43.92퍼센트(1979)에서 최대 89.46퍼센트(1972)에 달했다. 물론 농민의 자발성은 국가 권력의 대대적인 동원과 짝을 이루는 것이었다. "새마을운동은 전쟁"이라는 당시 내무부장관의 언명에 따라 군수, 부군수, 읍면장은 전 지역을 순회해야 했고, 일반 직원들도 담당 마을을 배정받아 월 10~30회가량 순회하는 것이 보통이었다.

새마을운동에 대한 농민들의 반응은 그리 단순하게 설명될 만한 것이 아니었다. 그러나 전반적으로 "강제적으로 시킨 점도 있지만 결과적으로 잘되었다"는 평가가 대세를 이루었다. 한 농민은 "일단 바꾸고 나니 참 좋다는 걸 사람들이 알게 되었다. 길 넓히고, 지붕 개량하고, 화장실 고치고……초창기에는 피동적으로 하다가, 진행이 되면서 '우리가 해야겠다'는 생각을 하게 되면서 자율성을 띠어갔다"라며 "결국 정부는 불을 댕긴 것"이라고 평가했다. 물론 그 과정이 순탄치만은 않았다. 농민들은 단지 수동적으로 따라가거나 일방적으로 부정한 것이 아니라 갈등과 투쟁을 경험하면서 국가와의 관계를 정립했던 것이다. 즉 "시행착오와 농민들의 반발"은 시간이 흐르면서 달라지게 되었고 "지금 박정희를 생각하면, 농민 정책은 전무후무한 것이었다"는 것이다. 최초의 동원은 내면화 과정을 거쳐 자율적인 것으로 되었다.

'수동 혁명'적 성격이 강한 박정희의 '근대화 프로젝트'는 사실 농업의 희생을 통한 산업화라는 고전적 경로를 밟는 것이었고 농민들의 운명은 이미 '과거의 계급'임이 분명했다. 박정희 정권의 '소농 지원책'은 생산 과정에서의 영세성 때문에 농가의 경제적 자립을 이룰 수 없었고, 결국 농가의 소득 향상은 국가의 재정 부담에 의한 것'에 불과했다.[24] 새마을운동은 상당히 성공적인 동원이 가능했고 또 절대적 빈곤으로부터 어느 정도 벗어나게 하기는 했지만 농민들의 경제 수준을 획기적으로 높이지는 못했다. 그럼에도 불구하고 농민들이 박정희와 그 체제에 대해 갖고 있던 인상은 매우 호의적인 것이었다. 그것은 단순히 허위 의식으로만 설명될 수는 없으며 그 역설 속에 먼저 국가가 있다.

한국 근현대사에서 농촌 마을은 신분과 토지 소유 등으로 매우 복잡하게 짜여 있는 엄격한 위계를 유지하고 있었다. 또한 나름의 재생산 구조를 갖고 있었던 이 체제를 극복하기 위한 농민의 시도가 번번이 좌절된 경험을 가지고 있었다. 마을 내외부의 지배-피지배 관계에 규정되어 있던 하층 농민의 입장에서 그 질서의 내부적 전복과 파열이 불가능하다고 보일 때 외부의 반봉건적 근대 국가는 상당히 매력적인 충성의 대상으로 보일 수도 있었다. 국가의 동원 정책에 대해 반촌보다는 민촌의 반응이 좋았다는 조사 결과는 주목할 만한 것이다.[25] 게다가 1960년대의 산업화 전개는 농민들의 경제적 상승 욕구에 상당한 영향을 미친 것으로 보인다. 발전과 진보라는 근대적 가치가 순환이라는 오랜 관습적 인식을 대체하기 시작했고, 1950년대 공교육의 대대적 확충은 근대적 사고 방식과 생활 양식에 대한 이해와 선호도를 높여주는 기능을 하였다. 그 집중된 기대는 국가로 모아지게 되었는데, 심지어 마을 내 갈등 과정에 국가가 개입해주기를 원하는 경우가 생길 정도였다.

물론 '관의 사업에 대한 무조건적인 복종과 집행을 강제하는 군대식 멘탤리티'가 작용했을 것이며, 실제로 군대에 다녀온 사람들이 제일 열심히 일했다는 평가도 있었다. 더욱이 "(새마을운동을

---

24) 이 같은 소농의 국가에 대한 경제적 의존성은 농민들이 국가 기관의 압력에 저항할 수 있는 정치적 독립성의 결여로 이어졌고, 농민의 정치적 허약성은 권위주의 정부가 정치적으로 이용하기에 좋은 조건을 제공했다고 볼 수 있다. 임수환, 〈박정희 시대 소농 체제에 대한 정치경제학적 고찰 : 평등주의, 자본주의, 그리고 권위주의〉, 116쪽.

25) 이만갑,《한국 농촌 사회의 구조와 변화》(서울대학교 출판부, 1973) 참조.

제대로 안 하면) 우리가 반란이 되는 건데……", "회의에 안 나오면 빨갱이보다 더한 사람으로 취급했다"는 증언도 존재한다.[26] 한국 전쟁의 경험은 오랫동안 농민들에게 공포의 기억으로 남아 있을 것이었다. '인민'이냐 '국민'이냐에 따라 생사가 갈리던 실존적 체험은 국가에 대한 공포와 적대감이 뒤섞인 태도를 형성시켰다. 그렇기에 국가의 일에 노골적으로 반대한다는 것은 매우 어려운 일이었다. 초기 새마을운동이 상당한 강제성을 수반한 것은 이러한 정황과 관련돼 있다.

그러나 이미 국가는 마을 내부로 너무 깊숙이 들어와 있었다. 이 승만 시대에 비해 박정희 시대는 비교할 수 없을 정도로 촘촘한 국가 관료망을 확보하게 되었고, 농촌 마을에서 국가는 생산 과정에 개입함은 물론 '나무 조사', '밀주 단속' 등을 통해 일상 깊숙이 개입하게 되었다. 새마을운동 또한 이러한 국가 관료제가 전제되지 않았다면 불가능했을 것이다. 군림하되 세부까지 지배하지 못했기에 능동적인 동원보다는 수동적 복종을 추구했던 전근대 국가와 달리 근대 국가는 이미 마을 깊숙이 들어와버린 상황이었고, 농민들을 끊임없이 능동적 주체로 호명하고자 하였다.

새마을운동 시기에 국가는 농민들에게 탈정치화된 존재로 다가왔다. 현장 조사에서 만난 농민들 중 상당수는 여야를 막론하고 정치가에 대해 매우 부정적 인식을 갖고 있었는데, 박정희를 정치가로 바라보지 않는 사람들의 비율이 의외로 높았다. 한 농민은 "마을 길 낼 때, 자기 땅 거저 내놓았어요. 새마을운동……순수했어"라고 말했는데, 이는 새마을운동의 정치화를 반대하고 순수한 국민 운동적 성격을 강조했던 박정희와 농민과의 교감을 상징적으

---

26) 유병용 외, 《근대화 전략과 새마을운동》(백산서당, 2001), 47쪽.

로 보여주는 것이다. 한 농민은 "정치하는 사람들이 탄압을 받았지 그 당시 농민들은 (정치 권력에 의해) 얽매인 것이 없었고, 박 대통령이 국민을 위해 일한 것은 틀림없"다는 확신을 보이기도 했다. 그 확신은 또 다른 농민의 기억에서도 확인된다.

나도 불쌍하게 컸고 그 사람 혁명이라는, 그 자신 있는 뜻을 나도 안다는 거야. 사실. 우리나라 뭐라고 해도, 하나가 고집쟁이가 있어야……그 양반 아니면 고속도로 못 닦았어. 민주주의 아무리 해야 소용이 없다는 거야. 국가는 국가 실정대로 맞게 해야 해. 그 사람 돈이 있어? 박정희 돈 없어. 그 사람 국가에 충성을 다했다고 봐야지. 나 그거 한 가지 칭찬하고. 학자들은 어떻게 생각하나? '그 사람 안 되겠어. 쿠데타야'. 나 지금도 자신 있어, 모가지가 달아나도. 왜? 즈그네들 박정희만치 일으킨 일도 없고, 박정희 나쁘다고 할 때 지들 뒷재산이 얼마야? 정치라는 건 거짓말, 이념뿐이야.

박정희와 스스로를 '불쌍하다'는 표현을 통해 강한 동질감으로 연결시키고, 박정희를 비판하는 주요 근거인 민주주의에 대한 경멸을 드러내며, 청렴성에 대한 존경을 스스로의 경제적 곤궁과의 동일시로 연결시킨다. 학자, 정치가 등에 대한 강한 부정과 경멸 의식은 서구의 근대 정치 제도와 양식에 대한 박정희의 혐오감과 연결되어 국가를 탈정치적 존재로 파악하게 만든 중요한 근거였던 것으로 보인다.[27]

---

27) 이러한 모습은 나치 시대의 총통 신화와 유사하다. 총통 신화는 일상에서의 불평불만을 토로하면서 동시에 체제 전체에 대해서는 동의하는 것을 가능하게 만들어준 메커니즘이었다고 한다. 데틀레프 포이케르트, 《나치 시대의 일상사》, 김학이 옮김(개마고원, 2003), 104쪽.

현장 조사에서 만난 한 농민은 이렇게 말했다. '농촌 태생이고, 박 대통령 막걸리가 어떤 것인가. 그때가 농민이 살기 제일 좋았어." 정작 중요한 것은 박정희가 농촌 태생이라는 점이 아니라, 그가 농촌을 떠나 대단한 성공을 했음에도 불구하고 농촌과 농민을 잊지 않고 있으며 그 가치를 소중히 여기고 있다는, 그래서 지금도 그가 '농민'임을 믿어 의심치 않을 수 있다는 확신이었다. 이러한 확신은 그가 이질적인 '정치가'가 아니라 동질적인 농민으로서의 대통령이고 국가 그 자체라는 인식으로 연결될 수 있는 것이었다. 이 지점에서 국가는 더 이상 외재적인 것이 아니라 농민의 삶에 밀착된, 믿고 따를 수 있는 대상이 된다.

　또 다른 측면에서 강한 경제적 상승 욕구와 함께 의미 있는 사회적 존재가 되고 싶다는 하층 농민의 열망이 새마을운동과 박정희 정권의 농촌 정책과 만나게 된 점도 주목할 만하다. 많은 농민들의 기억에는 경제적 상승보다 자신들이 의미 있고 중요한 존재로 대우받은 사실이 오히려 더욱 강렬하게 남아 있음을 확인할 수 있다. 그것은 바로 일종의 사회 혁명을 경험하는 것이기도 했다. 농촌 사회에 강하게 남아 있던 신분제적 유제, 씨족 간 갈등 등이 새마을운동을 거치면서 상당히 완화되었음이 확인된다. 현장 조사가 이루어진 한 마을에서는 3대 성씨 간의 심한 갈등이 새마을운동을 하면서 사라졌고, 또 어떤 마을에서는 양대 성씨가 한국 전쟁 당시 좌우로 갈려 상당한 피해를 본 바 있었는데 역시 새마을운동을 통해 감정이 많이 누그러졌다고 한다.

　새마을운동기의 이장과 새마을 지도자의 상당수는 20~30대 청년층이었다. 이들은 대부분 군대 경험을 갖고 있었고 상당수는 중등 교육을 받은 사람들이었다. 아울러 학생들을 중심으로 4H회가 구성되는 등 마을의 지도력이 청년층으로 급속히 이동하고 있었다. 청년층은 어떤 연령층보다 근대적 질서와 가치에 민감하였고 그 가치의 실현 과정으로서 새마을운동의 주요한 동력이었다. 젊은 지도력은 때로 씨족 관계의 어려움을 관의 도움으로 해결하거나 마을 내 각종 미신 풍습 타파에 앞장섰고, 마을을 단위로 '근대적 사회 관계'를 경험하게 되었다.

민주주의는 농민에서부터 훈련을 쌓아야만 점차로 정착될 수 있다. 부락이라는 작은 단위에서는 참여의 도가 높을 수 있고, 작은 규모 안에서의 의견 교환은 비교적 용이하기 때문에 민주주의에서 가장 중요한 원칙의 하나인 진지한 토론을 통한 의사 결정이 가능하다……부락이라는 소규모의 단위는 사람들에게 밀접하고 친근한 인간 관계를 공동체화하며, 단체 의식을 심어줌으로써 책임 있는 시민을 만들어낸다.[28]

이러한 언설이 수사에 그치지 않는다는 것은 현장 조사에서도 확인되었다. 새마을운동기의 유신 체제는 고도의 폭압성을 띠었지만, 역설적으로 농촌에서는 새로운 '민주주의'가 경험되고 있었다. 이장 선출에 경선제가 도입되었고, 수시로 마을 회의가 열려 모든 새마을 사업을 마을 주민의 참여와 토론을 통한 집단적 결정으로 밀어붙였다. 결정에는 곧 책임 부여가 포함되었으며 모든 사람에게 각각 책임을 맡기는 방식으로 사업이 추진되었다. 이 과정은 관의 개입 없이 비교적 자율적으로 진행되었다. 농민들로서는 관과의 거래, 협상과 함께 내부적으로는 다양한 차이와 갈등을 조정해가는 정치적 경험을 하게 된 것이기도 했다. 집단적 압력에 의

---

28) 현대정치연구회,《유신 정치의 지도 이념》(광명출판사, 1976), 130~133쪽.

해 마을 길 확장에 토지를 내놓게 된다든지 부역에 개인적 책임감을 느끼게 된 것은 바로 이러한 경험을 통해서였다. 이제 새마을운동은 농민 스스로의 일로 여겨지게 되었고 그 성과는 국가가 아니라 마을과 '우리'의 업적이라고 생각되었다. 물론 마을 내부에는 주도층과 소극적 태도를 견지한 층 등의 긴장과 갈등이 존재했지만 아무도 '운동' 자체를 거부할 수는 없었다. 이러한 과정을 거쳐 농민은 본격적으로 '책임 있는 시민' 곧 국민으로 호명되기 시작했다.

방송은 새마을운동에 관한 고정 프로그램을 편성하여 방송하기 시작했고, 1973년에만 중앙 8대 일간지에 10개의 고정 캠페인 난이 마련되어 새마을운동 관련 사설이 24회, 특집 기사가 240회 게재되었다. 새마을 프로그램이 텔레비전에서 6개, 라디오 방송에서 6개 신설되었다. 그 외에도 새마을운동 관련 뉴스 영화, 문화 영화 등이 제작되어 전국적으로 배포되었다. 1973~1979년에 새마을 영화는 총 65편이나 제작되었으며 총 9,850곳에 배포되었다.[29]

1974년 5월부터 발간되기 시작한 《새마을》 잡지는 농민이 국민으로 구성되는 양상을 상징적으로 보여주었다.[30] 그 전에는 언론과 방송 등 매스 미디어에 농민의 모습이 나타나는 것이 이례적이고 드문 일이었다. 이 잡지에서 농민은 주변화되거나 배제되지 않았으며, 이른바 사회 지도층과 어깨를 나란히 하는 동등한 주체로 설정되었다. 사진, 이름, 주소, 나이, 경력, 주요 업적, 활동 사진 등으로 구성된 '이달의 새마을 지도자'라는 코너는 이름 없는 이장이나 새마을 지도자 등 농민 대중을 '업적'으로 수식하는 매우 생경하고 놀라운 어법을 보여주었다.

---

29) 내무부, 《새마을운동 10년사》, 77쪽.

30) 문화공보부에서 제작하여 전국의 모든 농촌 마을과 도시에 2부씩 배포한 이 잡지는 상당히 공들여 만든 흔적이 역력했다.

소외된 계층과 집단을 주체화해 국민으로 동원하고자 한 것은 농촌 여성을 통해서도 확인된다. 이를 잘 보여주는 예가 한 전직 부녀회장의 이야기다. 그녀는 새마을운동과 함께 새롭게 조직된 부녀회의 회장을 맡게 되었으며 그 전에는 낯설고 어려운 존재로만 보였던 관료들로부터 아주 중요한 일을 하는 의미 있는 존재라는 평가와 대접을 받게 되었다고 한다. 그녀는 그 기억을 "잊을 수가 없다"고 말했으며, "칭찬 많이 받았다. ○○리 부녀회장 김순미 씨(가명)라고 많이 알아주었다"고 기억하고 있었다. 그렇기에 그녀는 "위에서 지시가 내려오면 그것을 그대로 실천에 옮기려고 애를 썼"으며 그것이 그녀에게 아주 자랑스러운 기억으로 남아 있었다. 그녀는 한마디로 "부녀회 사업을 재미있고 수월하게, 열정적으로 했다"는 것이다.

또한 수원에서 합숙 교육을 받기도 했는데 합숙 프로그램 중의 하나였던 촌극 공연은 그녀가 최초로 경험한 문화 활동이기도 했다. 이 촌극 공연은 많은 사람들의 호응을 받았고, 부녀회장은 난생 처음 수백 명의 청중으로부터 박수 갈채를 받는 경험을 했다. 이러한 기억 속에는 지루한 일상을 벗어난 농촌 여성의 활력이 넘치고 있었고 부녀회장에게 그 시절은 자신의 인생에서 가장 '재미난 시절'로 기억되고 있었다.[31]

새마을운동에서 중요한 역할을 수행하고 또한 농민에게 국민 구성원의 평등성을 구체적으로 경험하게 해준 것 중 하나가 새마을 교육이었다. 새마을지도자연수원은 청와대 비서실이 직접 관장한

---

31) 이는, "여성의 공적 영역에의 참가는 무엇인지 알 수 없는 흥분과 새로운 정체성을 부여했다……일찍이 자기 시간을 가져본 적이 없는 농촌 부인 대중이 반나절이나 집에서 해방되어 강연을 들을 수 있다는 것만으로도 이것은 부인 해방이다"라고 설명된 전시 총동원 체제기 일본의 경험과도 유사한 것이었다. 우에노 치즈코, 《내셔널리즘과 젠더》, 이선이 옮김(박종철출판사, 1999), 56~57쪽.

곳으로, 1972~1979년에 여기서 새마을 관련 각종 합숙 교육을 받은 사람만 무려 67만 7,900명이었으며 이곳의 비합숙 교육 인원은 6,953만여 명이라는 엄청난 숫자에 달했다.[32]

분임 토의를 통해 농민들은 다양한 의견을 내놓기도 했는데, 대표적인 것이 새마을 교육의 확대였다. 처음에는 새마을 교육이 남성에 국한하여 시행되었으나, 교육 농민들이 여성 교육의 필요성을 제기하면서 부녀 지도자반이 새로 설치되었고, 농민들의 요구로 군수, 시장, 면장, 경찰까지 교육 대상이 확대되었다. 일선 공무원들은 정부 고위 공무원들의 교육을, 고위 공무원들은 장·차관들의 교육을 요구했고, 결국 1974년 여름에는 박정희의 지시로 장·차관 전원이 연차적으로 교육을 받게 되었다. 언제나 호명의 대상이었던 농민이 호명의 주체가 된다는 것은 매우 특이한 경험이었을 것이다. 그러나 농민의 호명은 자기 완결적이지 않았으며, 박정희라는 절대자를 통해 증폭된 덕분에 권위 있는 호명이 될 수 있었다. 즉 호명 체계의 꼭지점에 있던 박정희와 맨 밑바닥을 형성하고 있던 농민은 호명 과정의 시작과 끝이었다. 여기에서 권력과 민중의 관계는 지배와 억압의 관계라기보다는 '마이크와 스피커'의 관계처럼 보였고, 그 반대의 과정도 가능할 것이었다.

연수원에서 농민과 사회 지도층은 동격의 존재로 인정되었다. 그들은 사회적 위계 질서상 평생 마주칠 일이 없는 사람들이었지만, 적어도 연수 과정 동안에는 동등한 교육생으로 인정되었고, 연수원장, 대한상의 부회장, 외무부 경제차관보 등과 함께 3인의 새마을 지도자가 참석한 좌담회가 열리기도 했다.[33] 연수생으로서의 동등성은 곧 평등한 국민임을 상징하는 것이기도 했다.

---

32) 내무부,《새마을운동 10년사(자료편)》(1980), 61쪽.

33) 《새마을》(1974년 6월).

이러한 과정을 통해 농민들은 "가치 있는 생활을 하기 위해서 정상적인 생활을 택했다. 북한 공산당과 힘껏 싸우다 장렬하게 죽으련다"라고 호응하거나, '탁주보다 양주를, 새마을 담배보다 양담배를 입버릇처럼 뇌까리는 타락주의자들"이라는 증오를 통해 권력의 호명에 '국민됨'으로 응답했다.[34] 즉 농민들은 새마을운동의 경험을 통해 국가가 주도하는 다양한 프로젝트에 능동적으로 참여함으로써 권력의 요구에 부합하는 '국민'으로 구성되어간 경향이 강하다.

그렇게 구성된 국민은 새마을운동에 대해 "1970년대 초에는 정부에서 하자면 한 거다……1970년대 말에는 틀렸다. 사람들이 먹고살 만해지니까 해이해졌다"라고 기억하거나 "새마을운동의 힘은 어디에 있느냐 하면 추종하고 따라간 것이다……그 당시에는 수긍하고 따라왔지만 세상이 평준화되면서 지금은 안 그렇다……배고픔을 극복하고 나니까 집안일에 눈 돌리고, 자기가 각자 자기 몫에만 관심을 돌리게 됐다"라고 기억하고 있었다.[35] 이러한 언급에는 강한 향수와 애착, 그리고 '평준화된 세상'에 대한 부정적 인식이 나타나 있다. 여기서 평준화란 국가와 국민의 관계를 의미하는 것으로 보인다. 이는 국가주의적으로 기억된 새마을운동일 것이며, 국민이 자발적으로 국가의 강제력을 기대하고 있는 모습처럼 보인다. 노인들의 과거에 대한 향수일 수도 있지만 새마을운동을 통해 구성된 국민의 현 모습일 수도 있을 것이다.

---

34) 경북 청도군 각남면 옥산1동 새마을어머니회 회장 곽영화 ; 강원도 원성군 문막면 문막리 김기락, 《새마을》(1974년 8월).

35) 유병용 외, 《근대화 전략과 새마을운동》, 105쪽.

(2) '노동자 계급'과 '산업 전사, 국민' 사이에서

박정희 정권 18년은 한국 자본주의가 본격적으로 형성된 시기였다. 자본-임노동 관계의 확장은 곧 임노동자층의 급격한 확대를 의미했다. 경제적 규정성은 새롭게 형성된 임노동자층을 직접적으로 규정할 수 없었다. 즉 생산 관계는 직접적으로 노동자 계급을 구성하지 않으며, 노동자 계급은 사회 · 정치 · 문화 · 담론적 심급을 거치면서 중층적으로 구성된다.

영국의 노동자 계급이 1 · 2차 세계대전을 거치면서 국민으로서 호명되고 국가에 동일화되고 종속되는 과정에서도 잘 드러나듯이, 혁명적 반역이나 전쟁에의 동원, 선거권 획득 투쟁, 또는 노동 운동, 종교적 개종, 계급적 타협, 불황기 빈곤의 경험 등 특정한 역사적 계기들을 통해 국가 성원의 외부에서 시민적 권리 주체로, 혹은 민족의 외부에서 내부로, 혹은 가부장제적 질서 내부로 호명되고 종속되는 과정 속에서, 노동자 계급은 사회 제도 및 관행들의 타협적 수용을 통해 그들의 무의식적 욕망과 환상을 충족시키고자 했다.[36]

한국의 임노동자층은 부르주아의 무덤을 파는 프롤레타리아 계급, 또는 민중으로 구성될 계기와, '산업 전사'로 조국 근대화에 동참하여 '국민'으로 구성될 계기를 동시적으로 내포하고 있었고, 또 그렇게 현실화되었다.[37] 현재 민주노총 산하 노동자들 중 극히

---

36) 신병현, 〈70년대 산업화 과정에서 노동 세계의 의미 형성에 미친 주요한 역사적 담론들 : 근대화와 가부장적 가족주의 담론을 중심으로〉, 《1960~70년대 산업화와 노동자의 정체성, 그리고 노동 현실》(성공회대학교 사회문화연구원, 한국 산업 노동자의 형성과 생활 세계 1차년도 연구 발표문, 2003).

37) '절대적인 빈곤 상태로부터 탈출하고 사회적으로 상승 이동할 수 있는 기회가 많아졌다는 사실 자체가 불만을 흡수하는 기능을 수행했으며 결국 산업화 과정에서 사회적 격차가 확대되었지만 결과적으로 계급적 대립의 출현은 지연되었다'는 것을 그 이유로 보는 견해도 있다. 성공회대학교 사회문화연구원, 《1970년 산업화 초기 한국 노동사 연구—노동 운

일부(즉, 노조 간부나 활동가 집단)를 제외한 대부분의 노동자들은 '국민' 정체성을 제일의 정체성으로 선택하였고, 여성 노동자들의 경우 성 정체성을 제일의 정체성으로 '선택'하였으며, 가족 혹은 가문의 정체성을 우선적으로 선택하는 모습을 보였다.[38]

요컨대 계급적 정체성과 국민적 정체성은 상호 대립적일 수도 있었지만 서로 연계되어 중층적으로 집단 정체성을 구성할 수도 있었다. 노동자 계급은 곧 '한국의' 노동자 계급이 되었고, 조국을 획득한 노동자 계급은 노동자이기 이전에 '국민'임을 자각하고 있었다. 국민국가 단위의 생활 양식이 확립된 조건 하에서 그 생활 양식을 통해, 무의식적 일상을 통해 '매일매일의 국민 투표'를 수행하는 집단으로 구성된 것이었다. 이러한 과정이 박정희 정권기에 본격화되었다는 점은 의심의 여지가 없다.

1972~1981년 한국의 피고용자 1,000명당 노동 쟁의로 인한 노동 손실 일수는 연평균 약 4,000일에 지나지 않아 필리핀의 5만 6,000일은 물론이고 싱가포르의 8,000일에 비해서도 압도적으로 낮았다.[39] 1960년부터 1980년까지 20년간 한국에서는 "정치 안정을 위태롭게 하거나 산업화 과정을 저해할 만한 중요하고도 대규모적인 어떠한 노사 분규도 일어나지 않았다. 한국의 1세대 산업 노동자들은 초기 산업화 과정에서 투쟁적이고 저항적이기보다 정치적으로 온건하면서 일에 대한 높은 수준의 헌신과 열의를 보여주었다"[40]다.

즉 박정희 정권기의 임노동자층에게는 '민족주의, 가족주의, 화

동사를 중심으로》(2002), 3쪽.

38) 민주노총, 〈노동자 문화 실태 조사 보고서〉(2003년 3월), 82~83쪽.

39) 김준, 〈아시아 권위주의 국가의 노동 정치와 노동 운동 : 한국과 대만의 비교 연구〉(서울대 사회학과 박사 논문, 1993), 2쪽.

40) 최장집, 《한국의 노동 운동과 국가》(열음사, 1988), 11쪽.

합, 국가 안보 등 국가에 의해서" "한국의 노동자들 자신들의 산업 경험을 인식하는 데 영향을 끼친 지배적인 언어가 제공되었"으며, 이들은 '조국 근대화'라는 국가적 목표의 관점에서 '노동자들의 부지런한 노동과 희생을 애국적인 행위로 칭송했'던 국가의 이데 올로기와 담론을 수용하는 경향이 강했다고 할 수 있다.[41] 여성 노동자들 또한 "시민적 권리의 주체, 산업 전사로 호명된 생산적 민족 구성원"으로서, 혹은 "가부장제 질서 내부로 호명·종속되는 가운데 생산 현장, 국가, 가족, 남성적 노조 사회 제도, 관행을 '타협적'으로 수용"함으로써 "자신의 무의식적 욕망, 판타지 등을 충족"시키면서 '국민-민족-가부장적인 수준에서 종속과 통합을 경험"하게 되었다고 할 수 있다.[42]

이는 이 시기에 한국 임노동자층이 주로 농촌에서 충원되었다는 조건과 관련된 것이기도 하다. 1962~1975년에 무려 750만 명의 농민이 도시로 이주했다는 사실에서 알 수 있듯이 박정희 정권기에 한국의 임노동자는 주로 농민 출신이었다. 즉 초기 유럽과 비교할 때 한국의 노동자들은 "공동체 문화도, 장인적 자긍심도, 공동체 문화, 자율성과 독자성을 중시하는 문화도" 갖고 있지 않았고, "가족이나 친족 이외의 집단적 정체감을 결여한 채 산업 노동에 입문하였다"고 할 수 있다.[43] 이들은 촌락 공동체적 논리와 온정주의에 의해 자본에 포섭되는 경향이 강하기도 했다.

그러나 이 시기의 한국 임노동자층의 집단 정체성 형성 과정이

---

41) 구해근, 《한국 노동 계급의 형성》(창작과비평사, 2002), 35쪽.

42) 여공들은 지배적 질서-담론으로의 통합과 함께, 익명적 지식의 유통과 망을 통하여 권력-담론에 대해 우발적인 전투와 반항을 지속한다는 점을 간과해서는 안 된다. 김원, 〈여공 담론의 남성주의 비판〉(서강대 정외과 박사 논문, 2003), 38쪽. 즉 통합과 저항은 서로 분리된 채 독립적으로 움직이는 것이 아니라 상호 긴밀히 결합되어 작동한다.

43) 구해근, 《한국 노동 계급의 형성》, 34쪽.

단지 농민, 농촌적 특성으로 환원될 수는 없을 것이다. '하층 사회 여성들은 유순한 농촌의 딸이 아닌, 교육, 신분 상승, 자립, 독자적 욕망을 지닌 주체"였으며, 많은 민주 노조 여성 노동자들의 경험을 통해 볼 때 '하층 사회 소녀들이 여공이 되는 것은 농촌 탈출이라 는 소녀들의 적극적 선택과 가족적 요구 간의 복합적 산물"이었다 고 할 수 있다.[44] 요컨대 농촌, 농민 출신 노동자라는 조건이 곧바 로 국가와 자본의 논리에 포섭되는 필요/충분 조건은 아니었던 것 이다. 나아가 실제 공장 생활과 노동 과정, 일상 생활 등을 통해 겪 게 된 경험들이 집단적·개별적 정체성 형성 과정에 중요한 역할 을 하였을 것이다. 그렇기에 '조직화되지 못했고, 공장과 사회 체 제에 순응하여 자신의 청춘을 공장에 바친 수많은 이름 없는 노동 자들의 경험과 의식의 세계"에 대해 이해할 필요가 있을 것이다.[45]

대표적인 예로 공장 새마을운동을 들 수 있다. 대한조선공사의 경우를 보자. 대한조선공사는 1975년부터 공장 새마을운동을 시 작해 1976년에는 자체 새마을연수원을 설립하고 1978년까지 48기 에 걸쳐 3,000여 명을 대상으로 숙박 교육을 실시하는 한편, 조기 청소, 도로변 화단 설치, 새마을 합동 결혼식, 빠른 걸음 걷기 운동 등을 시행했다.[46] 그 이데올로기는 '정신 개혁 운동'으로서 노사협 조주의, 기업공동체주의를 강화하고자 했으며 나아가 애국주의로 연결되었다. 그 결과는 이렇게 나타났다.

새벽 5시 기상에……애국가를 4절까지 합창하고 국민 체조를 한다.

---

44) 김원, 〈여공 담론의 남성주의 비판〉, 144쪽.

45) 김준, 〈1970년대 여성 노동자의 일상 생활과 의식〉, 《역사연구》, 10호(2002), 62쪽.

46) 성공회대 사회문화연구원, 《1970년 산업화 초기 한국 노동사 연구—노동 운동사를 중심으로》, 90~91쪽.

이어서 새벽 구호 '뭉치자! 미치자! 실천하자!'를 외침과 동시에 요즘 무척 유행하고 있는 조깅에 나선다……뛰는 도중엔……중간중간 갖가지 훈련을 섞었다……'앉아!' '일어섯!'을 '복지!' '실천!'이라는 구호로 받아내는 이색 기합(?)까지 곁들여……'미스 리'가 '이 동지'로 변했으니 어쩌다 내가 독립군 나오는 영화 주인공이 아닌가 하는 착각 속에서……교관 동지(?)가 신념 구호를 지적해주기도 전에 우리는 이미 '보튼' 누른 녹음기가 된다. '나의 조국은 공동 운명체임을 확신한다.' '나와 이웃은 공동 심정체임을 확신한다.' '나와 동지는 공동 생명체임을 확신한다.'……6일째 나는 나도 몰래 개조 인간이라도 된 듯한 느낌이었다. 수료식에서 많은 교육 선배들의 맹세가 적힌 '혈서전'이라는 게시판(?) 앞에 서니 새삼 비장한 각오를 갖지 않을 수 없었다.[47]

군대식 합숙을 통해 '자동 응답기'가 된 국민적 주체들은 서로를 '동지'라 부르며 피로 맹세한 선배들을 경외의 시선으로 바라보았다. 공동 운명체, 공동 심정체를 넘어 급기야 '공동 생명체'까지 나아간 집단주의는 민족이라는 단일한 신체로 통합된 노동자의 모습을 보여준다. 영화처럼 비현실적이었던 합숙 교육이 끝날 무렵에는 독립군처럼 '비장한 각오'를 다질 정도가 되었다. 그것은 곧 '미쳐야' 하는 국민(민족) 되기 과정이었다.

물론 위의 인용문을 액면 그대로 이해할 수는 없을 것이며, 모든 참가자가 한결같이 이런 식으로 생각했다고도 할 수 없을 것이다. 그러나 일상을 떠난 합숙의 경험은 적극적으로 그것을 거부할 의사와 노력이 없다면 무의식적으로 수용되었을 가능성이 크다. YH 무역 노동자들의 신민당사 점거 농성 때 마지막 종결 집회에서 부

---

47) 《조공》(1979년 10월), 30쪽 ; 성공회대 사회문화연구원, 《1970년 산업화 초기 한국 노동사 연구─노동 운동사를 중심으로》, 91쪽에서 재인용.

른 노래는 노총가와 함께 '애국가'였으며, 전태일 열사에 대한 묵념과 함께 조국과 민족을 위한 묵념도 행해졌다. 광주 항쟁 때의 시민군들의 애국가 합창과도 연결되는 모습이다. 저항적 의례가 국가적 의례와 분리되지 않고 겹쳐지고 있다. 요컨대 일상 속에서 체험된 '국민적 정체성'은 그 국가에 대한 저항 과정에서도 불쑥불쑥 튀어나오는 것이다. 이러한 양상을 보건대 위 인용문의 경험담은 무의식과 신체에 습관으로 아로새겨진 국가주의적 담론을 구성하는 것이라고 생각된다.

이러한 애국주의의 공동체적 논리는 성과 분배에 대한 노동자들의 참여를 정당화하는 논리로 작용할 수도 있었다. 1978년 대한조선공사의 구호는 생산제일주의와 소득제일주의, 그리고 알찬 마무리, 높은 소득이었다. 이는 나아가 생산성 향상과 노동 규율 강화 캠페인으로 연결되었다.

공장 새마을운동에 편승시켜…… '작업 중 잡담 안 하기', '보행 중 담배 안 피우기', '꽁초 안 버리기'…… '표준 삭발하기'……그 중에서도 1분 일찍 출근하기 운동은 상당한 효과를 보아 7시 40분이면 전 과원의 80퍼센트가 출근.[48]

이 지점에서 새마을운동은 더 이상 관제 캠페인으로만 머무르지 않는지도 모른다. 생산성 향상을 통한 소득 증대라는 담론은 노동자의 욕망이 자본의 요구와 어떻게 조우하는지를 보여준다. 개인의 신체와 기호를 생산성 향상과 연결시키는 과정을 통해 건강한 노동력과 더 많은 잉여 가치의 함수 관계가 성립하게 된다. IMF 이

48) 《조공》(1976년 6월), 16~17쪽 ; 성공회대 사회문화연구원, 《1970년 산업화 초기 한국 노동사 연구—노동 운동사를 중심으로》, 92쪽에서 재인용.

후 '국가 경쟁력' 이데올로기에 대한 어떤 비판도 존재하기 힘들었던 것은 이미 박정희 정권기에 형성된 '공동 생명체'로서의 국가주의 담론이 있었기 때문인지도 모른다. 나아가 문제는 국가 경쟁력이 허구적 상상의 공간이 아니라 개별자의 내면화된 경쟁을 통해 강화되고 있다는 점이다.

> 우리 양성공들도 어느새 조장의 눈을 피하여 짬짬이 잡담도 나누고 장난을 칠 만큼 여유도 생기게 되었다. 그러나 일을 잘해서 반장이나 조장 담임의 눈에 잘 보여야 된다는 보이지 않는 경쟁의 끈까지도 느슨해졌던 것은 아니었다. 그러한 욕심과 경쟁 의식은 우리가 이 회사를 퇴사하고 시집가는 그날까지 한시도 떨쳐버릴 수 없는 이미 제도화된 분위기였는지도 모른다.[49]

더 나은 삶을 위한 노동자의 욕망이 자본의 무한 증식 욕망과 겹쳐지면서 경쟁이 노동자와 자본을 관통하고 있는 것처럼 보인다. 더욱이 일상적 삶 속에서 대부분의 노동자의 욕망은 이러한 것이었다.

> 임금 높지, 8시간 일하지, 기숙사 있지, 목욕탕 있지, 나는 참말로 너무너무 좋더라구. 그런데 뭐 더 해달라고 노동조합에서 데모하고 이해가 잘 안 되더라구. 판자촌 자취 생활 하다가 동일방직 하얀 현대식 건물에 얼마나 좋습니까. 스팀 척척 들어오는 따뜻한 방에 얼마나 좋은지 나는 꿈인가 생시인가 했다니까요.[50]

---

49) 석정남, 《공장의 불빛》(일월서각, 1984), 17쪽 ; 김원, 〈여공 담론의 남성주의 비판〉, 176쪽에서 재인용.

50) 성공회대 사회문화연구원, 《1970년 산업화 초기 한국 노동사 연구—노동 운동사를 중

1970년대의 핵심적 민주 노조였던 동일방직의 한 노조 활동가의 이러한 고백은 아직 '의식화되지 않은' 상태의 모습을 보여주면서 결국 대다수 노동자들의 심리를 드러내고 있다. 1970년대에 경공업 분야에서 일하던 여성 노동자들은 대략 '기숙사와 야학에서 공부와 독서를 하는 층, 종교 생활에 전념하는 층, 대중 문화와 결혼에 몰두하는 층, 야학 교회 등에서 소모임 활동 등을 통해 의식화되는 층' 등으로 분류되는데 제일 많았던 것은 둘째, 셋째 층이었다고 할 수 있다.[51] 기존 연구는 주로 '노동 운동사'적 차원에서만 접근했기 때문에 가장 다수였던 층에 대한 연구는 거의 없다고 할 수 있다.[52] 모범 근로자 수기의 주인공들은 '불행의 원인을 자신들이 선택하지 않은 원수 같은 가난에서 찾았으며, 현재의 노동자로서의 삶을 돈을 벎으로써 벗어나야 할 과도기적인 것'으로 인식하였다. 또한 국가나 회사에 대하여 그리고 스스로에 대하여 긍정적인 상을 갖기 위해 자신들을 '산업 역군', '수출 역군', '새마을 아가씨' 등으로 불렀다고 한다.[53] 요컨대 계급이 아닌 '국민'의 길을 택한 것이다. 그 구체적 양상은 다음과 같았다.

그 누가 이제 버스 차장이라고 욕해도 나는 웃어넘길 수 있습니다. 큰 상도 받았고 또 누구 못지않게 돈을 벌며 회사나 주위 사람에게 인정을 받고 있으니 말입니다. 상을 받기 전만 해도 솔직히 말해 어떤 때

심으로》, 161쪽(추송례 씨 인터뷰).

51) 성공회대 사회문화연구원, 《1970년 산업화 초기 한국 노동사 연구—노동 운동사를 중심으로》, 40~41쪽.

52) 기존 여공을 둘러싼 담론과 지식 체계 내부에 존재한 '희생양 담론'은 여공의 욕망 그리고 공장에 대한 적극적인 동경을 은폐·억제하려는 담론이었다는 평가는 주목할 만한 것이다. 김원, 《여공 담론의 남성주의 비판》, 56쪽.

53) 김준, 《1970년대 여성 노동자의 일상 생활과 의식》.

는 내 자신이 우울해질 때도 있었으나 이젠 무슨 일이 닥쳐도 헤어날 수 있고 참아낼 수 있습니다.[54]

학교에서는 반장, 기숙사에서는 총장, 엄마한테는 착한 딸, 동생들한테는 좋은 언니, 회사에서는 모범 사원으로 지내고 있는 저는…….[55]

표창과 감투 등 사회적 인정이라는 포섭 기제는 가족 내에서부터 딸이라는 이유로 받아온 다양한 차별과 좌절감을 보상해줄 수 있는 것처럼 보였고, 이러한 심리적 보상은 더욱더 회사와 발전 국가가 요구하는 '모범적인 근로자'상에 충실한 노동자가 되도록 동기 부여를 했을 것이다.[56] 마지막 인용문에서 화자는 학교, 회사, 가족을 넘나드는 다중적 정체성을 보여주고 있다. 그 다중적 정체성이 국민적 정체성으로 통합될 것임은 어렵지 않게 예상된다.

이러한 포섭 과정에서 주목되는 것은 포섭 대상의 발화(發話)다. 국가와 자본의 논리가 거의 그대로 관철되고 있다고 볼 수 있는 이러한 발화는 내용보다 그 행위 자체가 중요할 수 있다. 지배자는 피지배자를 침묵시키기만 하는 것이 아니다. 오히려 피지배자는 수동적 침묵보다는 적극적·능동적 말걸기를 시도한다. 피지배자의 발화에 의해 비로소 지배 담론의 효과가 나타난다. 피지배자의 발화로 구성되는 지배 담론은 지배자를 떠나 피지배자의 신체를 울리고 있는 것이다. 이러한 호명과 응답 과정은 피지배자를 주체

54) 이매순, 〈아직도 먼 종착역〉, 《산업과 노동》(1976년 6월호) ; 김준, 〈1970년대 여성 노동자의 일상 생활과 의식〉에서 재인용.

55) 윤명분, 〈먹구름 뒤에 찬란한 햇살이〉, 《노동》(1978년 9월호) ; 김준, 〈1970년대 여성 노동자의 일상 생활과 의식〉에서 재인용.

56) 김준, 〈1970년대 여성 노동자의 일상 생활과 의식〉, 79쪽.

로 구성해내는 효과를 낼 것이며, 어느 시점에 이르면 호명을 필요로 하는 응답은 피지배자의 주체적 발화로 전화된다. 그것은 외적 자극이 없는 내적 울림처럼 보이고 스스로의 신체를 통과함으로써 주체의 발화가 된다. 이제 행위는 발화된 것에 의해 규정될 것이다.

모범 근로자 수기가 수기 작성자의 손을 떠나 편집자의 편집과 교열·교정, 윤문을 거친다 해도, 그리고 수기 작성 과정이 국가와 자본을 의식하고 그 코드에 부합하려 하는 의식적 글쓰기였다 해도 이러한 발화 과정의 효과는 지속된다. 이미 발화는 지배 내 발화였고 그 발화된 내용은 의식적으로 발화자에게 귀속되어야 할 것이기 때문이다. 요컨대 글쓰기의 시작과 끝은 서로 다른 의미를 갖는 주체로 연결되는 것이다. "노동 운동을 하면서도 왠지 근로자가 노동자보다 높아 보인다는 생각에 사로잡혔다"고 기억하는 노동 운동가의 모습은 지배가 어떻게 저항 속을 관류하는가를 암시하고 있다.[57]

물론 발화 과정이 언제나 지배 내 발화로 끝나지는 않을 것이다. 예기치 않은 우연성이 개입해 발화 과정을 교란시키고 균열을 일으킬 가능성은 상존한다. 선정 과정이라는 제도적 장치가 일차적으로 그 위험에 대처하는 지배의 메커니즘이겠지만, 더욱 중요한 것은 그 위험을 수반하는 지배 메커니즘이다. 지배는 완벽한 지배가 아니며 언제나 저항과 균열, 위기를 내포할 수밖에 없다. 문제는 저항과 균열의 무화가 아니라 저항과 균열을 포함하면서 그 긴장을 일정한 강도를 유지하면서 지속할 수 있는 권력의 지속력이다. 지배는 지배 속에 있는 것이 아니라 저항 속에서 기능하고 효

---

57) 추송례, 〈어김없이 봄은 오는가〉, 《실업 일기》(작은책, 2001), 34쪽 ; 김원, 〈여공 담론의 남성주의 비판〉, 248쪽에서 재인용.

과를 내야 하는 것이다.

한편, '공장 새마을운동이나 회사의 교육이 생산성 향상과 노동 통제를 위한 노동자의 '집단화'에 주력한 반면에, 저항 운동 계열의 소모임 활동이 '근대적 주체화'의 효과를 지녔다"는 평가도 있다. 즉 '군대 문화'와는 달리, 개인의 자유와 평등이라는 근대적 가치가 노조를 통해서 어떻게 실현되었는가 하는 문제다. 1970년대 내내, 그리고 1987년 노동자 대투쟁 당시까지도 가장 중요한 요구 조건은 이른바 '인간적인 대우'였다. 도덕적 정의, 사회적 정의에 호소하는 노동 운동의 이러한 입장은 무엇을 말해주는가?

이는 계급 의식으로 무장하지 않은 일반적 슬로건일 수도 있고 비인간적인 노동 조건과 대우에 대한 불만의 표시일 수도 있겠지만 근대의 '인간학적 가치'를 수용하고 있는 것이기도 했다. 노동자들이 가장 모욕적으로 생각한 말은 '무식한 것들, 교육도 못 받은 것들'이라는 말이었으며, 이는 곧 그들이 학력 이데올로기라는 기존의 사회적 가치를 깊숙이 내면화하고 있음을 보여준다. 1970년대의 대표적 민주 노조였던 컨트롤데이타 노조는 대부분 고졸 출신으로 구성되어 비교적 학력이 높은 편이었는데, 스스로를 다른 '공돌이, 공순이'들과는 다르게 여기는 의식이 강했다고 한다. 자본이 학력 이데올로기를 교묘히 활용해 노동자 의식을 저지한 것이기도 했지만 노동자들 스스로가 이미 그러한 지배 담론을 내면화하고 있었던 셈이다. 문제는 그러한 지배 담론을 수용하면서 '인간적 대우'와 '평등'을 사유하고 있었다는 점이다. 즉, 위계 질서에 대한 존중과 평등주의가 뒤섞여 있었다.[58]

---

58) 성공회대 사회문화연구원, 《1970년 산업화 초기 한국 노동사 연구─노동 운동사를 중심으로》, 193~210쪽.

자유롭고 평등한 근대적 주체로서의 자각은 학력별, 성별 위계 질서와 충돌하면서도 기묘하게 얽혀 있는 모습을 보여준다. 신분제를 대체한 새로운 '능력' 담론에 따른 계서제가 바로 자유와 평등이라는 인간학적 가치를 전유하고 있는 것이었다. 근대 사회의 고유한 딜레마일 수 있는 이념형적 평등과 현실적 불평등 사이의 간극 속에서 지배와 저항은 일종의 공생 관계를 구성하고 있는 것처럼 보인다. 학력별, 성별 위계 질서라는 지배 담론은 저항의 외부에서 기능하는 것이 아니라 내부에서 효과를 내고 있으며, 저항 담론은 지배 담론을 통해 스스로를 구성하고 있다. 지배는 저항과 뒤섞여 일정한 강도로 지속되고 있다. 요컨대 지배가 끝나는 지점에서 시작되는 저항이 아니라 지배와 함께 작동하기 시작하는 저항의 문제를 사유할 필요가 있을 것이다.

4. 폭력의 재현 또는 재생산

박정희 정권기는 한국에서 근대 국민국가가 본격적으로 형성된 시기였다. 국민국가는 무엇보다 자본주의적 확대 재생산 과정과 결합되는 것이었다. 요컨대 국가의 근대화 프로젝트는 자본주의의 확대 재생산과 국민(민족)적 주체의 형성으로 요약될 수 있다. 농민, 노동자, 학생 등 주요 사회 세력들은 각기 다른 조건과 상황에 처해 있기는 했지만 국가의 근대화 프로젝트에 적극적으로 동원되었다는 점에서는 동일했다. 동원 과정은 강제와 함께 동의의 정치학이 구사되는 과정이기도 했다. 즉 국가의 발전주의는 대중의 '잘살고 싶다'는 욕망과 결합되었으며, 대중은 수동적으로 그 과정을 따르기만 한 것이 아니라 적극적·능동적으로 그 과정에 참여하기도 했다. 그리고 그 과정은 대중의 평등주의적 열망이 국가의 발전주의와 결합하는 양상을 띠기도 했다.

박정희 정권은 적극적으로 대중 정치적 기술을 구사하고자 했다. 발전주의, 민족주의 등을 주요 내용으로 하는 정권의 지배 담론은 아래로부터의 평등주의적 압력을 흡수하고 국가주의적으로 전유하고자 하는 것이었다. 요컨대 대중의 욕망을 무조건 억압하는 것이 아니라 특정한 방향으로 분출시키고자 한 것이었다. 그렇기에 정권의 지배 담론은 금욕의 이데올로기가 아니라 욕망의 정치를 추구한 것으로 보인다. 전근대의 차별의 정치와 달리 박정희 정권은 대중을 동질적 집단 주체로 호명함으로써 사회의 민족화, 대중의 국민화를 추구했다.

결국 박정희 정권기의 국가(권력)는 금지와 억압의 코드이자 다른 한편으로 발전, 진보, 생산, 통합의 상징이기도 했다. 대중의 욕망은 국가를 통해서 표출될 수 있었다. 국가는 또한 수많은 저항에 직면하기도 했지만 이미 저항은 지배와 짝을 이루는 것이기도 했다. 지배는 저항을 통해 관철되었고 저항 속에서 기능했다. 박정희 정권기에 확립된 국민국가적, 자본주의적 삶의 일반화는 일상과 무의식을 통해 구성원 개개인에게 관철되었고, 저항조차 그것을 비껴가는 것은 아니었다. 요컨대 정권은 몰락해도 국민국가와 대중 정치, 발전주의, 민족주의는 지속될 것이었고, 그것은 무엇보다 대중의 일상과 무의식 속에 흐르게 될 것이었다.

그 일상과 무의식 속에 〈실미도〉와 〈말죽거리 잔혹사〉도 포함될 수 있을 것이다. 영화 속에 재현된 박정희 시대는 끔찍했지만 그것이 현실적 재현이 아닐 것이라는 보장은 없다. 영화 〈실미도〉의 광고 카피처럼 국가에 의해 부름받고 버림받은 존재들은 여전히 국가를 축으로 생성-소멸하는 존재들이다. 월드컵의 '붉은 악마'는 실미도와 그리 멀지 않은 국가주의적 재현일지 모른다. 자발성과 강제가 두 현상을 구분짓는다고 할 수도 있겠지만, 자발적 실미도가 재앙이라면 강제적 붉은 악마는 코미디일 것이다. 실제 역사는 재앙과 코미디, 비극과 희극으로 반복된다고 하지 않던가. 〈말죽거리 잔혹사〉의 학생들은 이제 한국 사회의 '중견 인물'들일 것이다. 과연 잔혹사는 잔혹한 현실과 그리 멀리 떨어져 있을까? 잔혹사의 지양은 잔혹한 현실일 것이며 이소룡과 성룡의 교체는 다시 한번 비극과 희극의 반복을 은유할 것이다. 문제는 성룡의 팬들은 이소룡의 트라우마를 간직하고 있으리라는 것이다. 잔혹한 과거의 재현은 곧 잔혹한 현실의 재생산이며 그 역의 과정을 통해 우리는 두 영화를 보게 된 것인지도 모른다. 무엇보다 재현은 재생산이기에, 또 다른 잔혹사를 쓰고 있는 우리를 돌아보게 한다.

일본의 총력전 체제―
그 통합과 동원에 내재하는 모순

나카노 토시오 :: 박환무 옮김

제국주의적 침략 전쟁이라는 성격을 띤 아시아 · 태평양 전쟁 시기의 일본 전시 체제에 대해서는, 이제까지 '천황제 파시즘'[1] 혹은

나카노 토시오Nakano Toshio는 도쿄외국어대학교의 사회계열 교수다. 전공 분야는 유럽과 일본의 사회 사상, 특히 전시와 전후 시기의 사회 사상이며 현대 사회 비판과 윤리에 관한 여러 편의 글을 발표했다. 《막스 베버와 현대 : 비교문화사적 시각과 물상화로서의 합리화マックス · ウェーバーと現代 : 〈比較文化史的視座〉と〈物象化としての合理化〉》, 《근대법 시스템과 비판 : 베버로부터 루만을 넘어서近代法システムと批判 : ウェーバーからルーマンを超えて》, 《오츠카 히사오와 마루야마 마사오 : 동원, 주체, 전쟁 책임大塚久雄と丸山眞男 : 動員, 主体, 戰爭責任》 등의 저서를 냈으며, 현재 '전후 동아시아에서 시간과 공간'(2003~2006)이라는 국제적 공동 연구 기획을 운영하고 있다.

박환무는 서강대 사학과를 졸업한 뒤 교직에 종사하다가 도쿄도립(東京都立) 대학원에 들어갔고, 일본 근현대사를 공부하면서 석사와 박사 과정을 수료했다. 일본, 일본인, 일본 문화가 아니라 일본들, 일본인들, 일본 문화들이라는 문제 의식을 가지고, 근대 일본의 국가와 사회에서 군주제는 어떻게 형성되어 기능했고, 또 시간의 추이에 따라 어떻게 변용되어 기능하면서 공공 영역에서 헤게모니를 구축했는가를 주로 연구하고 있다. 본인의 표현에 따르면 현재 '대학강사업에 종사'하면서, 비교역사문화연구소 선임 연구원으로 있다.

---

1) (옮긴이주) 일본 파시즘의 특징을 표현하기 위해 사용된 학술 용어다. 천황제 파시즘의 특징은 일반적으로 다음과 같이 이야기된다. ① 독일과 이탈리아의 파시즘의 직접적인 계기는 국내의 혁명 상황이었지만, 일본의 경우는 대외적 위기를 해결하기 위한 군사 행동이 파쇼화를 촉진하는 요인이 되었다. ② 독일과 이탈리아에서는 파쇼 정당이 대중의 지지를 배경으로 권력을 장악했으나, 일본에서는 기존 국가 기구의 담당자인 천황제의 군부와 관료가 파쇼화를 추진했다. ③ 독일과 이탈리아의 파쇼화는 긴박한 혁명 상황으로 인해 급속하게 추진

'초국가주의'[2]라고 이름짓고 그 극단적인 '특수성'을 강조하여 파악하는 것이 일반적이었다. 단적으로 말하면 당시 일본 사회는 서구 제국주의 여러 나라에 비해 근대화가 뒤처져 있었으며, 이런 일본 사회의 후진성 때문에 전시 체제 역시 오로지 비합리적인 억압이나 강제가 지배하는 전근대적인 형태로 형성되지 않을 수 없었다는 것이다. 이러한 이해는 2차 세계대전을 '자유주의 대 파시즘'이라는 구도의 진영 간 전쟁으로 파악하고, 전후(戰後) 세계를 자유주의의 승리의 결과로 이룩된 것으로 이해하는 통례적인 역사 인식과 결합되어 있으며, 전시 파쇼 체제에서 근대화와 민주화의 길로 진로를 바꿔 나아갔다고 하는 전후 일본의 자기 이해 역시 이런 인식 틀을 공유하고 있다.

그러나 이 같은 역사 이해로는 1930년대에서 1940년대에 걸친 일본의 전시 체제와 관련해 몇 가지 중요한 점들을 설명할 수 없게 된다. 예를 들면 다음과 같은 것들이다. 첫째, 일본 사회는 1차 세계대전 전시와 전후에 걸쳐, 즉 1910년대부터 1920년대에 걸쳐 급

되었지만, 일본에서는 점진적으로 조금씩 추진되었다. ④ 이데올로기상의 특징으로서 독일과 이탈리아에서는 지도자 원리나 조합국가와 같은 새로운 사상이나 이론을 만들어냈으나, 일본에서는 기존의 천황제 이데올로기를 전체주의적으로 손질하여 '팔굉일우(八紘一宇)'나 '대정익찬(大政翼贊)' 등의 이론을 만들어냈다. ⑤ 지배 체제상의 특징에서 보면, 독일과 이탈리아에서는 기존의 국가 기구를 해체하여 일국일당제를 중심으로 하는 새로운 체제를 만들어냈지만, 일본에서는 기존의 천황제 국가를 개편함으로써 파시즘 체제를 확립했다.

2) (옮긴이주) 2차 세계대전의 승자인 연합국이 패자인 일본·독일·이탈리아 3국이 전쟁을 일으키게 된 이데올로기적 요인에 대해 붙인 말로, 'ultranationalism' 혹은 'extreme nationalism'이라고도 한다. 이것은 나치 독일의 '20세기의 신화'와 일본의 '팔굉일우' 등에 나타난 배외적 성격이 강하고 민족지상주의에 의거한 타민족 침략, '대동아 공영권' 구상 등에 나타난 생존권의 주장에 의거한 타국 침략, 국내적으로는 특정 이데올로기에 의한 대내적 억압의 충동이 더 강하고 발상 방법이 더 노골적인 국가주의로 규정되고 있다. 예컨대 1930년대에 극단적 국가주의를 주창한 기타 잇키, 오카와 슈메이 등은 천황 친정과 군사 대국화 및 타민족 침략을 목표로 삼았다. '초국가주의'는 패전 직후에 마루야마 마사오 등에 의해 학술 용어로 사용되면서 정착하기 시작했다.

격한 자본주의화와 그에 따른 근대적인 사회 변용을 경험했으며, 1920년대에 이르러서는 이미 그러한 자본주의적 근대화의 모순이 표면화하여 현재화된 '근대의 모순'에 번민하게 되었다. 이 같은 사실은 당시 일본 사회의 후진성을 강조해온 지금까지의 견해와 현저하게 배치된다. 둘째, 그 후 1930년대에 들어 총력전 체제로 형성되어간 일본의 전시 동원 체제는 많은 지식인들이나 기술자들, 그리고 사회 각계 각층에 속한 사람들의 주체적이며 능동적인 참여에 의해 뒷받침되었다. 그러나 '위로부터의 천황제 파시즘'이라는 이제까지의 인식에서는 군부의 강권이나 독주, '근대화에 뒤진 국민'의 비주체성만이 강조됨으로써 전시 동원 체제에 능동적으로 가담하고 협력한 많은 일본인들의 주체적인 책임이 은폐되고 말았다. 이 같은 여러 문제점들은 전시 체제에 대한 종래 이해의 큰 결함이므로, 일본의 전시 체제에 대한 이제까지의 인식 틀 자체부터 재검토할 필요가 있다.

냉전 체제가 크게 변용된 1990년대에 이르러 이러한 점에 대한 반성이 진행되고 새로운 논의 또한 일어나는 가운데, 일본의 전시 체제와 그 이후를 둘러싼 인식 틀에 대해서도 새로운 제안이 나타났다. 그 같은 제안으로 현재 일본에서 널리 주목받고 있는 것 중의 하나가 이른바 '총력전체제론'이다. 이는 일본의 전시 동원 체제를 근대화에 뒤진 국가에서 나타난 비합리적인 사회 편성으로 파악하는 것이 아니라 오히려 1930년대에 제국주의로써 패권을 다툰 '선진' 사회가 공통적으로 직면한 자본주의적 근대화의 모순에 대해 체제 측이 취한 대응책의 한 변형으로 파악하고, 이에 따라 이 전시 체제의 형성을 근대 사회 자체의 자기 모순과 변용이라는 관점에서 보려는 시도다.

20세기에 일어난 두 차례의 세계대전은 그 자체로 자본주의적 근대의 큰 위기 상황이었을 뿐만 아니라 전쟁에 관련된 여러 나라의 사회를 크게 변용시켰다. 전쟁이 전선에서 맞붙은 상비군 간의 전투만으로 전개되는 것이 아니라, 인적·물적 자원을 총동원하는 이른바 '총력전total war'의 양상을 띠게 됨에 따라, 각국의 전쟁 준비는 국가 기능을 고도화하면서 자본주의적 근대의 사회 구성 자체를 크게 바꿔나갔던 것이다. 그리고 이러한 변용은 제국 본국에서의 국민과 국가의 관계도, 식민지에서의 지배와 동원의 형태도 불가피하게 바꾸면서 진행되었다. '총력전 체제'는 그 같은 제국 본국과 식민지의 관계를 포함한 총체로서 형성되어갔다고 보아야 한다. 그렇다면 20세기의 '대중독재'라는 문제를 생각할 때, 우리는 단지 표면적으로 그 지배가 '강제인가 합의인가'라고 묻기 전에 그 같은 사회 변용의 경제적·사회적·정치적 구조와 의의부터 문제 삼아야 할 것이다.

여기에서는 이러한 관점에서 일본에서 나타난 전시 동원 체제의 구조와 의의를 이해하는 데 중요한 것으로 생각되는 세 가지 사항을 중심으로 총력전체제론의 논의를 개략적으로 그려봄으로써 주제에 대한 문제 제기로 삼고자 한다.

1. 근대 사회의 시스템 변용으로서의 총력전 체제

1930~1940년대 일본에서 나타난 전시 총동원 체제를 이해할 때, 인식의 전제가 되어야 하는 것은 1910~1920년대에 진행된 급속한 산업화와 그에 수반하여 이미 1920~1930년대에 격렬하게 분출한 자본주의적 근대화의 모순이다. 일본에서는 1910년대에 1차 세계대전기의 상황 속에서 2차 산업이 급성장하고 산업 구조가

크게 변화했다. 그와 함께 직업 구조도 현저하게 변화하여, 일본 내에서도 농촌에서 도시로, 농림어업에서 중화학 공업 부문으로 대규모 인구 이동이 일어났다. 그 결과 한편으로는 농촌과 도시 간의 생활 격차가 급속하게 확대되고 다른 한편으로는 도시 내부의 계층 분화가 크게 진행되었는데, 이는 소득 격차라는 현저하게 눈에 띄는 계층화와 계급 간 대립을 만들어냈다. 이 시대에 이루어진 자본주의적 근대화의 진전은 사회적으로는 급속한 도시화·대중화·계층화로 나타났으며, 이는 바로 사회적 갈등 요인을 배양하게 되었다.

세계사적으로 보더라도 1917년은 러시아 혁명이 일어난 중요한 해였다. 일본에서도 위에 언급한 배경 하에 1918년 '쌀 소동'이라 불리는 물가 등귀에 대한 대규모 민중 저항 운동이 일어났는데, 이는 먼저 진행 중인 자본주의화에 대한 불안과 저항을 현재화하였다. 그리고 이러한 불안과 저항은 이듬해 식민지 조선의 3·1운동과 중국의 5·4운동에도 파급되어 일본 제국주의의 식민지 지배 전략은 그 근본부터 심하게 흔들리게 되었다. 그리하여 1920년대에는, 한편에서는 '다이쇼[大正] 데모크라시'라 불리는 정치적 권리에 대한 요구 움직임과 문화적인 난숙함도 있었지만, 다른 한편에서는 자본주의화가 더욱더 진전되면서 이와 아울러 도농 간의 격차와 빈부 격차도 한층 더 확대되었다. 거기에다 도쿄 주변을 괴멸 상태로 몰아넣은 대규모 지진(간토 대진재)의 여파와 경제적인 불황이 겹치는 가운데 사회적 모순은 격화되어갔는데, 특히 농촌 지역에서 사회의 피폐화와 생활의 빈곤화가 눈에 띄게 심각해졌다. 바로 이 같은 상황에서 1929년 세계 대공황이 일어났고 이는 일본 경제에도 큰 타격을 주었다. 그리하여 1930년대의 일본에서는 한편으로는 세계적 불황에 대응하는 주요 산업 부문의 보호, 육

성을 목표로 한 산업 독점화가 한층 더 추진되었고, 다른 한편으로
는 그 같은 독점화의 폐해가 도시화·대중화·계층화의 사회적
모순과 겹쳐져 그에 대한 대처가 긴급한 과제로 떠오르는 등 자본
주의적 근대의 만기적(晚期的) 위기 징후가 이미 나타나고 있었다.
그리고 이 같은 시대 상황 속에서 전시 체제로의 길이 열린 것이
다.

　이렇게 생각해보면, 1930년대에 진전된 일본의 전시 체제로의
이행은 자본주의적 근대의 위기에 대한 공통적인 대응이라는 점
에서 독일의 나치 체제로의 이행 등과도 동시대성을 가질 뿐 아니
라, 세계 대공황의 타격을 입기 시작한 미국의 뉴딜 정책 등과도
동시대성을 가지는 것임을 이해할 수 있을 것이다. 요컨대 이러한
사례들은 모두 세계적인 규모로 진행된 자본주의의 위기에 대처
하는, 자본주의적 근대 자체의 자기 변용의 일환이 아니었나 생각
된다. 그렇게 보면 일본의 전시 체제로의 이행은 각국에 공통된,
자본주의의 부분 수정이라는 성격을 지니고 있음을 분명히 간파
할 수 있다. 여기에는 전력관리법 등의 전시 통제 입법뿐 아니라
국민 건강 보험 등 여러 가지의 사회 입법이 포함되어 있어, '전쟁
국가warfare state' 형성이 '복지 국가welfare state' 형성과 병행하
는 형태가 성립되어 있는 것이다. 바꿔 말하면 일본의 전시 동원
체제는 자본주의의 모순을 통제하면서 '국민'의 생활 영역에까지
깊숙이 개입하여 이를 관리하고 총동원하고자 하는 사회 국가적
혹은 복지 국가적 총력전 체제로서 형성되어갔다는 것이다.

　이 같은 '총력전 체제'라는 견해는 종래의 '군국주의 파시즘'이
나 '초국가주의'라는 일본 특수성론에 입각한 전시체제론에 큰 수
정을 가져왔다. 첫째로는 일본의 '총력전 체제'는 1930년대에 각
국에서 일어난 자본주의의 위기와 변용의 한 사례로서 '전쟁 국가

=사회 국가'로 향하는 근대적 시스템 자체를 변질시킨 동시대성을 나타내고 있다는 점이며, 둘째로는 이러한 '전쟁 국가=사회 국가' 가 사회 정책을 통해 개인의 생활 영역에까지 개입하고 개개인을 국민국가의 담당자인 '주체'로 만들어낸다는 의미에서 개인과 국가의 관계를 변용시킨 점이다.

물론 이 같은 총력전 체제 하에서 언론은 통제되고, 질서를 위협하는 반항에 대해서는 폭력적인 탄압이 가해졌다. 그러나 권력이 사상을 유도하는 기조는 오히려 반항자의 사상 전향을 지향하는 것이었으며, 반항자는 '전향'을 공적으로 표명하면 살해되지 않고 질서 속으로 복귀하는 것이 허용되었다. 이 전시 체제에서는 공산주의 사상 운동을 전개하다가 전향을 표명하고 체제로 복귀한 뒤 전쟁 정책의 적극적인 가담자가 된 지식인들도 적지 않았다. 이 시대의 사상 문제는 그때까지 '전향인가 비전향인가'라는 양자택일에 초점을 두고 언급되었지만, 그러한 사정도 이 같은 총력전 체제하의 권력이 가지고 있던 성격과 관계되어 있음에 틀림없다.

일본은, 비록 남성에게 한정된 것이기는 했지만 1925년에 이미 '보통선거권'을 실현해 국민의 일반적인 성원권을 보증하는 방향으로 움직이고 있었다. 더욱이 1930년대에는 여러 가지 복지 제도가 정비되었고, 나아가 근린 지역을 관리하는 '도나리구미〔隣組〕' 제도 등도 조직되어 국민들의 생활권에 관여하는 관리 제도가 완성 단계에 도달했다. 이러한 제도를 정비하는 과정에서 반항하는 자에 대해 전향과 협력으로 가는 길을 준비한 국가는, 이를 통해 '주체'로서의 '국민'을 정의(定義)·육성·조교(助敎)·동원하는 권력으로서의 성격을 가지게 되었다. 이 권력은 국민이 '주체'임을 부인하는 것이 아니라 전쟁을 수행하는 국가의 '주체'임을 요구하는 권력이며, 그런 의미에서 '전시 동원' 권력이다. 즉 이 권력은 국민의 합의와 주체성을 동원하는 권력이다. 따라서 이 권력 하에서 '강제인가 동의인가'라는 양자택일의 물음은 그 자체로 효력을 잃게 될 것이다. 총력전 체제의 그러한 성격은 근대적 국가 권력과 그 지배에 대한 비판에도 새로운 질을 요구하게 되었다.

그러면 이 같은 총력전 체제가 식민지 지배에 있어서는 어떠한 의미를 지녔는가?

2. 식민지에서의 총력전 체제 : 동원에 통합하기

제국 중심부에서 이상과 같은 총력전 체제를 형성해간 일본 제국주의는 전쟁 정책의 이념을 널리 알려진 것처럼 '대동아 공영권' 프로젝트로서 국내외에 선전하고, 식민지 조선에 대해서는 '내선일체(內鮮一體)'를 주창했다. 이는 일본 제국주의가 식민지 제국으로서 스스로의 지배를 정당화하기 위한 이데올로기였지만, 이러한 이념에 의한 정당화 방식에는 제국 자체가 품지 않을 수 없었던 첨예한 모순이 나타나 있다. 총력전 체제 하의 식민지 지배에 관해서는 이러한 점을 중심으로 생각해보자.

에르네스트 르낭Joseph Ernest Renan은 '국민은 무엇인가'를 논한 유명한 강연에서 국민을 구성하는 정신적 원리 속에 있는 두 가지 핵을 지적하고, 여기에는 애초부터 갈등이 내재해 있음을 시사하였다. 두 가지 핵이란, 하나는 과거에 대한 "풍요로운 기억의 유산"을 공유하는 것이며, 다른 하나는 미래와 관련해 "함께 생활하려는 바람" 혹은 "실현해야 할 동일한 프로그램"을 공유하는 것이다. 여기에 갈등이 내재해 있다는 것은 과거의 '기억의 유산'을 공유하기 위해서는 서로 죽이기도 했던 역사에 대한 망각이, 또 미래를 향한 '프로그램'을 공유하기 위해서는 현재의 대립에 대한 망각이 부과되어야 하기 때문이다. 근대 일본의 국가 통합 이데올로기에 있어서도 그 사정은 같다. 즉 근대 일본의 국가 통합 이데올로기도 천황제로 상징되는 일본의 독특한 일체성이라는 환상의 핵과, 근대화 프로젝트를 담당하는 제국 형성 프로그램이라는 바람의 핵을 가지고 있지만, 그러한 국민 통합 이데올로기 역시 총력전이라는 절박한 요청 아래 첨예하게 모순을 껴안지 않을 수 없었던 것이다.

그렇지만 통합이라는 요청이 국가 통합으로의 통합이라기보다 식민지 제국으로의 식민지 통합일 때 더한층 해결하기 어려운 문제가 되기 때문에 이러한 통합의 모순이 드러나지 않을 수 없다. 왜냐하면 일본 제국으로의 통합에서 축이 되는 천황제 하에서의 독특한 일체성을 강조한다면 역사를 달리하는 식민지 인민에 대한 지배성이 전면에 등장하여 통합은 어렵게 되고 말 것이며, '공영'을 목표로 하는 근대화 프로젝트로서의 일체성을 강조한다면 식민지에 대한 일본 본국의 특권과 우위의 주장은 그 근거를 잃어버리고 말 것이기 때문이다. 그러므로 일본의 식민지 지배, 특히 문화 통합 정책은 항상 모순에 가득 차게 되었으며, 실제적으로는 강권적인 무단 지배와 보다 융화적인 문치주의 사이에서 부단하고도 격렬하게 동요할 수밖에 없었다.

이처럼 식민지 제국이 안고 있는 통합의 모순은 이 제국이 총력전 체제에 돌입하면서, 그리고 이에 따라 식민지 사람들에 대해서도 절박한 전시 동원이 가해지면서, 끝내는 극도로 첨예해진다. 그 정점이 1930년대 이후의 '황민화 정책'과 그 모순이다. 황민화 정책과 관련해서는 그에 수반되어 실시된 '창씨 개명'이라는 일본 이름의 강요, 일본으로의 '강제 연행', 그리고 '종군위안부'라는 이름의 전시 성 노예제 등 전시에 나타난 폭력적인 성격이 주목되었고 이제까지 이것이 여러 형태로 논의되어왔다. 그러나 이러한 폭력성도 결코 이를 단지 지배의 후진성 문제만으로는 볼 수 없고, 오히려 위에서 말한 일본의 식민지 지배와 특히 그 통합 정책에 내재하는 모순이 총력전 체제 하의 전시 동원이라는 요청 아래 불가피하게 드러난 것으로 이해해야 한다.

그런데 이러한 모순을 안고 있는 식민지 제국에서 전시에 행해진 식민지 사람들의 동원에는, 실은 그 통합의 불안을 침략을 향한 동력으로 돌려 물꼬를 트고자 하는 제국주의적 인원 배치라는 측면이 있었다는 점에도 주목해야 한다. 일본의 식민지 지배로 토지를 빼앗기거나 농촌에서 생활할 수 없게 된 식민지 조선 사람들은, 일본이 직접적인 '강제'나 '연행'이라는 형태를 취하지 않더라도 새로운 토지로 이동하여 거기에서 생활의 가능성을 찾지 않을 수 없었다. 일본 제국주의는 이러한 사람들의 흐름을 위한 물길을 만들어 한편으로는 제국 중심부인 일본 본국의 노동력으로, 다른 한편으로는 식민지주의의 전선에 해당하는 중국 동북부의 개척자로 동원함으로써 이를 제국의 지배에 유용하게 이용했다. 그리고 이렇게 이동한 사람들이 일본에 200만 명 이상, 중국 동북부에 100만 명 이상 되었다. 고향에서 생활할 수 없게 된 사람들은 이렇게 이동하여 살아갈 가능성을 찾으려 했지만, 일본 제국주의의 입장에서는 모순을 안고 있는 통합 정책의 불안을 다른 방식의 '동원'이나 '식민'의 형태로 돌려 식민지 사람들을 침략 정책과 전쟁 정책을 위한 인적 자원으로 활용하는 길이기도 했다.

이러한 전시 동원과 인구 이동은 식민지 조선의 사회 구조를 크게 변화시키고 가족 이산과 난민화를 야기했으며, 결국 2차 세계대전 후에는 '재일 조선인', 중국의 '조선족', 중앙아시아의 '고려인' 등의 존재를 포함하여 한반도 안팎에 여러 가지 방식으로 영향을 미쳐 분단의 원인이 되기도 했다. 바꿔 말하면, 전시 총력전 체제에 일익을 담당한 식민지의 황민화 정책의 이면에는 그 같은 배제와 동원이 있었으며, 그것이 대량의 '난민', '반(半)난민'을 만들어냈다는 것이다. 이리하여 총력전 체제 하에서 실행된 식민지 동원은 전후 세계에 그 모습을 남겼고 식민지주의는 형태 면에서 계속되었다.

그러면 전시에 형성된 총력전 체제는 그 후의 일본을 어떻게 규정하고 있을까?

3. 전후에 연속되는 총력전 체제와 역사에 대한 반성

전시 동원 체제를 이제까지 말한 대로 총력전 체제로 파악하고, 근대 사회 시스템이 변모하는 하나의 사다리로 이해한다면 그것이 '전후'에도 연속된다는 점이 문제가 된다.

이제까지 이루어진 일본 연구에서는 전시 체제를 특수한 '초국가주의'로 파악하는 역사 인식에 대응하여, 전후를 이러한 전시 체제에서 이탈한 180도 다른 '근대적이며 민주적인 사회 체제'로 이해하는 것이 통례였다. 미국의 부시 대통령은 이라크 전쟁과 이라크 점령을 정당화하기 위해 '성공한 점령의 실례'로서 2차 세계대전 후의 '일본 점령'을 내세우고 그 아래에서 진행된 '민주 개혁'을 찬미했지만, 이러한 부시의 인식은 이제까지 이루어진 일본 연구의 정통적인 이해와 겹치는 것이다. 반면 일본의 전시 체제를 총력전 체제로 파악하는 우리의 관점은 이 같은 정통적인 이해와는 근본적으로 대립한다.

1945년의 패전으로 일본은 분명히 큰 전환점에 섰다. 그러나 그 전환이란 무엇이었던가. 이 전후의 한 시기는 부시가 증거로 삼은 '민주적 개혁'의 시기였다. 이때 식민지의 영역 지배가 포기되고 구 일본군이 해체되고 여성 참정권이 인정된 것을 비롯하여 민주주의 정치 시스템이 확장되었으며, 무엇보다도 국민의 기본적 인권을 옹호하는 새 헌법이 제정되었다. 그러나 그렇다 해도 이 시기의 개혁에는 역사를 구획하는 단절과 변혁으로는 인정할 수 없는 많은 연속성이 존재하는 점에 주목하고자 한다. 일본 경제의 독점적 중핵이었던 재벌은 해체되었지만 몇 개의 자본 그룹은 남았다. 농지 개혁으로 지주층의 특권은 축소되었으나 이는 오히려 전후 산업화의 지렛대가 되었다. 그리고 무엇보다도 방대하게 규모가 커진 관료 조직은 일부는 다시 편성되었지만 그 중핵은 남았으며, 전쟁 시기의 책임 때문에 공직에서 추방당한 각계 지도자들도 일부를 제외하고는 대부분 복권되었다. 학계에서도 지도적 위치에 있던 사람들이 아무런 처벌도 받지 않은 채 전후에도 학회의 중심 멤버로 남았다. 그리고 온존된 지역적인 사회 구조는 이전과 다름없이 안정적인 정치적 권력 기반으로서 뒤이어 반세기 이상이나 자민당 일당 지배의 토대를 기본적으로 뒷받침해왔다. 게다가 상징으로서 다시 자리잡은 천황제는 계속 통합의 축으로 역할을 하고 있다. 조금 나열한 느낌이 없지 않지만, 이상과 같이 생각해보면, 일본 사회에는 전시와 전후가 이어져 있어서 단절의 면보다도 오히려 연속의 면이 더 강조되어야 한다고 이해할 수 있다.

　　전후 일본의 정치 시스템을 논할 때 '천황제 민주주의'라는 말을 쓰는 경우가 있다. 이는 전후 일본 정치 시스템의 모순된 구성, 즉 군주제에 의해 통합되고 상징되는 민주주의라는 모순을 표현한 것으로 간주된다. 그러나 전시 동원을 위한 총력전 체제에서 형성된 사회 구조가 연속되고 그 사회 구조에서 '민주주의'를 통해 사람들이 사회에 동원됨으로써 그 집합된 힘을 통해 '전후 부흥'과 '경제 성장' 등 전체 사회의 목적이 실현되어갔다고 하면, 그것은 '민주주의에 의한 동원'이라 말하지 않을 수 없으며, '천황제 민주주의'라는 표현은 모순된 표현이기는커녕 오히려 하나의 동원 사회에 대한 총체적 표현이 될 것이다.

'대중독재'라는 연구 주제에 부응해 일본에서 전개된 전시 동원 체제를 논하는 새로운 틀('총력전체제론')에 관해 개략적으로 소개하는 것만을 목적으로 한 이 글에서는 논점 하나하나를 실증적인 논거에 의거하여 검증할 여유가 없다. 따라서 여기에서 확언할 수 있는 것은 한정되어 있지만, 이제까지 언급한 내용을 인식의 기초로 삼는다면 '대중독재'라는 주제에 관해서도 어느 정도 사고의 실마리를 얻을 수 있을 것이다.

무릇 '대중독재'라는 개념에는 '대중'의 존재에 관한 일정한 관념이 뒷받침되어 있다고 생각할 수 있을 것이다. 바꿔 말하면 그것은 '매스mass'로서의 대중이다. 이성적인 판단력을 가지고 자발적으로 행동하는 주체로서의 개인이라는 이상적 근대인의 상과는 전혀 다르게 이성을 결여한 채 선동에 움직이기 쉬운 비주체적인 매스로서의 대중, 그리고 이 같은 대중이 정동(情動)을 자극하고 욕망을 불러일으키는 포퓰리스트 정치가에 호응함으로써 구현되는 '어리석은 대중에 의한 정치'. 이것이 우리가 '대중독재'를 이야기할 때 떠올리는 대중의 이미지다. 그렇다고 하면 이 '대중독재'는 자립적인 개인이 주체적 또는 자발적으로 참여하는 '민주주의'와는 다른 의미에서 이야기되고 있는 것이다.

그런데 총력전 체제와 그 후의 경험을 고려해보면 사태는 좀더 복잡하기 때문에 그 같은 복잡성을 이해하는 것이야말로 전시 동원 체제나 군사 독재 체제에 대한 책임 있는 역사의 반성이 될 것임을 알 수 있다. 요점은, 총력전 체제와 그 후의 자발적인 주체성은 부인되는 것이 아니라 오히려 육성되고 동원된다는 것이다. 이런 의미에서 총력전 체제 하의 동원은 일찍이 '대중독재'를 이야기할 때의 대중 선동 정치와는 전혀 다르다. 요컨대 우리가 총력전 체제 이후의 정치에서 물어야 하는 것은 '주체는 종속적·수동적이었는가, 아니면 자발적·능동적이었는가'가 아니라 오히려 '주체' 그 자체다.

총력전 체제의 주체, 전후 동원을 추진하는 천황제 민주주의의 주체, 혹은 군사 독재 체제의 주체, 이것들에 대해 비판적으로 물을 때 정치 체제에 대한 역사적인 반성과 비판은 근본적으로 그 질을 달리하게 될 것이다. 이때 비판의 시야는 바로 그 체제의 외부에 열리고 또 거기에서 우리는 체제와 그 주체의 책임을 묻게 된다. 우리가 제국주의와 식민지주의, 냉전 체제 속의 패권주의, 그리고 세계화 속의 내셔널리즘을 문제 삼고 있는 지금, 사회 비판은 체제 외부에 시야를 열고 그 주체의 책임을 묻는 그와 같은 잠재력을 가지고 있지 않으면 효과가 없을 것이다. 이 점을 깨닫고 나서야 비로소 우리는 오늘날의 시대와 사회에 관해 비판적으로 물을 수 있는 출발선에 섰다고 생각할 수 있을 것이다.

에필로그

독재의 정당화—독일의 나치와 공산주의 지배는 어떻게 대중의 지지를 이끌어냈는가

콘라트 야라우슈 :: 나인호 옮김

　　20세기 독일에서 두 개의 독재가 발생했다는 것은 역사가들에게 해석하기 어려운 수수께끼를 남겨놓았다. 우파와 좌파의 억압적 체제의 권력 장악과 유지를 가능하게 한 "'문명화된 사람들'의 공동체로부터의 이러한 충격적인 일탈"을 어떻게 설명할 수 있을까? 히틀러의 성공은 뿌리 깊은 "박멸적 반유대주의" 혹은 1933년 1월의 특별한 권력 상태 때문이었던 것으로 간주되어왔다.[1] 그러나 이러한 기원의 문제는 공산주의 독재의 경우에는 동일한 강도로 취급되지 않고 있다. 왜냐하면 공산주의 독재는 "소비에트가 만들어낸 난쟁이"로 여겨져왔기 때문이다.[2] 게슈타포와 슈타지(구동독

콘라트 야라우슈Konrad H. Jarausch는 미국 채플힐 소재 노스캐롤라이나 대학교의 유럽 문명 교수이며 독일 포츠담 소재 현대사연구소를 맡고 있다. 독일 현대사에 관해 25편에 달하는 저서를 출간했으며 가장 최근작으로 《조각난 과거 : 독일사의 재구성Shattered Past : Reconstructing German Histories》이 있다. 최근에는 '변화 : 독일의 학습 과정 1945~1995Die Wandlung. Deutsche Lernprozesse 1945~1995'라는 제목으로 올 가을 출간될 예정인, 독일의 전후 역사에 대한 재검토 작업을 마쳤다.

---

1) Daniel J. Goldhagen, 《히틀러의 자발적인 집행자들 : 평범한 독일인들과 홀로코스트 Hitler's Willing Executioners : Ordinary Germans and the Holocaust》(New York, 1996), 4쪽 이하 ; Henry Ashby Turner, 《히틀러 집권의 30일 : 1933년 1월Hitler's Thirty Days to Power : January 1933》(Reading, 1996).

2) Norman Naimark, 《소련의 독일 점령사 1945~1949The Russians in Germany : A History

의 비밀 경찰— 옮긴이주)로 상징되는 억압 기구들이 단지 무력만으로 주민들을 통제하는 것은 역부족이었기 때문에 두 체제는 원활한 체제 작동의 기능을 위해 아래로부터의 자발적인 협력을 필요로 했다.[3] 희생자들이 동의하기를 거부했다면 압제를 멈출 수 있었으리라는 솔제니친Aleksandr Solzhenitsyn의 말이 옳다면, 나치와 동독의 통합사회당SED 정권에 대해 지지를 보냈던 대중의 "유보적 충성"의 이유를 설명하는 것이야말로 수수께끼를 풀기 위한 하나의 도전이다.[4]

서로 반대 극점에 있긴 했으나, 나치 국가와 공산주의 국가는 상호 경쟁하며 20세기 초반의 유럽 정치를 기본적으로 변형시킨 정치 체제였다. 아렌트Hannah Arendt는 전체주의 운동에 대한 당대인들의 수동적인 추종을 설명하기 위해, 계속된 산업화의 결과로 나타난 "원자화되고 고립된 개인들"로 구성된 대중의 성장이 갖는 중요성을 지적했다.[5] 이 문제는 특히 독일에서 첨예했다. 왜냐하면 많은 노동자, 수공업자 혹은 농민들, 나아가 좌파 정당들과 노동조합에 관여한 일부 지식인들의 보다 확대된 참정권 요구가 독일 제국의 유사 헌정주의적인 구조와 충돌했기 때문이었다. 몇몇 귀족과 대부르주아 구성원들은 권력 상실을 두려워하여 대중의 갈채를 얻기 위한 인민주의적 동원 전략, 보나파르티슴 및 위로부

of the Soviet Zone of Occupation, 1945~1949》(Cambridge, 1995).

3) Ian Kershaw, 《나치 독재 : 문제와 조망The Nazi Dictatorship : Problem and Perspectives of Interpretation》(London, 1993) ; Jürgen Kocka (ed.), 《동독 역사 연구Historische DDD-Forschung : Aufsätze und Studien》(Berlin, 1993).

4) 말만Mallmann과 파울Paul의 용어. Klaus-Michael Mallmann · Gerhard Paul, 《통치와 일상 : 제3제국의 한 공업 지역Herrschaft und Alltag : Ein Industrierevier im Dritten Reich》(Bonn, 1991), 327쪽 이하.

5) Hannah Arendt, 《전체주의의 기원The Origins of Totalitarianism》(New York, 1973), 305쪽 이하.

터의 대중 조작에 의존했다.[6] 동시에 가난하고 착취당한 사람들의 보다 큰 복지와 안정을 향한 열망은 경제적 위험과 사회 변화를 조절하기 위한 정부의 역할이 확대되기를 강요했다. 보다 증대된 공공 원조를 향한 이러한 외침이 강단의 개혁가들에 의해 증폭되자 정치적 순종과 가부장적인 원조를 맞바꾸는 '권위주의적 복지 국가'를 출현시킨 사회 서비스 관료제가 확립되었다.[7]

독재와 민주주의 사이의 연이은 대결에서 영감을 받은 여러 경쟁적 개념화의 시도들이 이 글이 다루는 문제를 풀기 위한 이론적 출발점을 제공한다. 이미 1933년에 유대계 지식인 클렘페러Victor Klemperer는 '민족 사회주의(나치즘—옮긴이주)와 공산주의를 동일시하였다'. 그에 의하면 '양자 모두 유물론적이고 전제적이다. 모두가 지적이고 개인적인 자유를 폄하하며 부정한다'.[8] 2차 세계 대전 이후 이 두 가지 독재가 지닌 이러한 유사성에 매료된 정치 이론가들은 억압의 정도와 방법에서의 새로움을 설명하기 위해 '전체주의'라는 개념을 발전시켰다.[9] 독일의 분단을 완화시킬 수단을 모색하던 1970년대의 자유주의 분석가들은 실제로 공산주의와 서구 민주주의 체제의 다양한 정책들이 어떻게 기능하는가를

6) Geoff Eley (ed.), 《독일의 사회·문화·국가 1870~1930Society, Culture and the State in Germany, 1870~1930》(Ann Arbor, 1996) ; Hans-Ulrich Wehler, 〈독일 제국 시대에 대한 향후 연구 방향의 제시?A Guide to Future Research on the Kaiserreich?〉, 《중앙유럽사Central European History》, 29권(1996), 541~572쪽.

7) Young-Sun Hong, 《근대성의 대비와 복지 제도 개혁 정책 : 바이마르 공화국 1919~1933The Contradictions of Modernity and the Politics of Welfare Reform : Welfare, Citizenship, and the Formation of the Weimar State, 1919~1933》(Princeton, 1997).

8) Victor Klemperer, 《나는 마지막 그날까지 증언할 것이다. 일기 1933~1945Ich will Zeugnis ablegen bis zum letzten. Tagebücher 1933~1945》, 1권(Berlin, 1995), 75쪽.

9) Eckhard Jesse (ed.), 《20세기 전체주의 연구 성과Totalitarismus im 20. Jahrhundert : Eine Bilanz der Internationalen Forschung》(Baden Baden, 1996) ; Alfons Söllner 외 (eds.), 《20세기 전체주의 역사Totalitarismus : Eine Ideengeschichte des 20. Jahrhunderts》(Berlin, 1997).

분석하기 위해 이들을 너무 엄격히 대조하지 말 것을 제안했다.[10]
1990년 이후 공산주의의 붕괴는 전체주의 연구를 부활시켰는데,
이는 독재에 대한 체계적인 비교 속에서 좌우 양편의 억압 정권의
상관 관계를 검토하기 위해 두 번째의 좌파 독재를 중심에 놓고 첫
번째의 독재를 돌이켜보고자 하는 것이었다. 그런데 이러한 이중
적 관점은 20세기 정치 체제들 사이의 여러 투쟁들에 나타난 총체
적 복잡성을 설명하기 위해, 순차적으로 존재했던 여러 민주주의
체제들을 통합시킴으로써 더욱 확대되었다.[11]

　경쟁적인 이데올로기들 사이의 이러한 대결을 재고찰하려는 시
도는 일상사나 문화사의 방법론 중 일부를 이용하여 대중적 지지
의 문제에 초점을 맞춤으로써 이득을 볼 수 있을 것이다. 전체주의
는 위로부터의 강제에 의한 것이라는 선입견을 극복하기 위해, 일
반 대중의 참여 문제에 대한 보다 정교한 분석이 행해졌다. 이로써
"지배를 사회적 실행으로서" 상상할 수 있게 되었으며, 따라서 보
통 사람들이 스스로의 완고한 고집을 통하여 그들 자신의 삶을 결
정하려는 시도가 부각될 여지가 남게 되었다.[12] 독재 연구에 있어
서 우세했던 완전한 지배Durchherrschung에 대한 강조를 피하기

---

10) Peter Christian Lutz,《동독 통합사회당의 지도부 변화Parteielite im Wandel :
Funktionsaufbau, Sozialstruktur und Ideologie der SED-Führung》(Köln, 1968) ; Jens Hacker,《통
합사회당 독재 체제에 대한 서방 내 오판 세력과 동조 세력들Deutsche Irrtümer, Schön-färber
und Helfershelfer der SED-Diktatur im Westen》(Frankfurt, 1994).

11) François Furet,《환상의 과거 : 20세기 공산주의 사상 평론Le passé d'une illusion. Essai
sur l'ideé communiste au XX siècle》(Paris, 1995).

12) Alf Lüdtke (ed.),《사회적 실천으로서의 통치 : 역사 및 사회인류학적 연구Herrschaft
als soziale Praxis. Historische und sozialanthropologische Studien》(Göttingen, 1991) ; Thomas
Lindenberger, 〈독재 체제의 통치와 고집Projektvorstellung : Herrschaft und Eigen-Sinn in
der Diktatur〉,《포츠담 역사 연구Potsdamer Bulletin für Zeithistorische Studien》, 5권(1995년 12
월), 37~52쪽.

위해, 독재와 민주주의의 비교 연구는 민중의 삶의 개선을 통해 충성을 이끌어내려는 경제적 수단이나 사회 정책들과 같은 다른 차원들을 개방하는 방향으로 확대될 수 있었다.[13] 사회 구조적인 결정론을 뛰어넘기 위해 복잡한 문화적인 문제들이 제기되었는데, 이를 통해 자발적인 내적 순응의 자기 규율적인 지배 담론이 산출되는 데 있어서 언어와 담론의 힘에 대한 질문이 던져질 수 있었다.[14] 이러한 방법론적인 시각들은 역사가들이 어째서 대중이 독재를 지지했는가를 분석할 수 있도록 하였고, 이를 통해 전통적인 주제를 새로운 방식으로 볼 수 있게 했다.

1. 정치의 변형

19세기와 20세기의 전환기에 신생 독일 민족국가는 대중 정치의 출현 속에서 예기치 못한 도전에 직면하였다. 폰타네Fontane의 소설에 그려진 바와 같이 명사 정치Honoratiorenpolitik는 전통적으로 지방 명사들의 일거리였다. 지방 명사들은 공천 후보자들을 제안하고, 하위 계층의 사람들로부터 존경받을 수 있는 프로그램들

---

13) Ian Kershaw · Moshe Lewin (eds.),《스탈린주의와 나치즘 : 독재 체제 비교Stalinism and Nazism : Dictatorships in Comparison》(Cambridge, 1997) ; Günther Heydemann · Christopher Beckmann,〈두 개의 독재 : 독일 독재사 연구의 가능성과 한계Zwei Diktaturen in Deutschland : Möglichkeiten und Grenzen des historischen Diktaturvergleichs〉,《독일 아카이브Deutschland-Archiv》, 30권(1997), 22쪽 이하.

14) Martin Sabrow,〈동독의 통치로서의 역사Projektvorstellung : Geschichte als Herrschaftsdiskurs in der DDR〉,《포츠담 공보Potsdamer Bulletin》, 5권(1995년 12월), 53~63쪽 ; Martin Sabrow · Konrad H. Jarausch · Matthias Middell (eds.),〈동독 역사학의 문제점 Die DDR-Geschichtswissenschaft als Forschungsproblem〉,《역사학보Historische Zeitschrift》, 특집(München, 1998).

을 위한 부유한 자들과 교육받은 자들의 연합을 도모하고자 선술
집에서 모임을 가졌다. 그러나 1900년 무렵이 되자, 가톨릭교도들
의 종교 행렬과 사회주의자들의 시위가, 참정권 확대와 사회적 남
용의 치유를 위한 요구들로 채워진 선동적 연설을 듣고자 하는 수
천 명의 사람들을 길거리에 동원함으로써 전통적인 질서를 방해
하기 시작했다.[15] 당황한 다수의 개신교 귀족 혹은 지역 사회의 대
부르주아 지도자들은 이에 대응하기 위해 자신들의 네트워크를
결속력 강한 이익 집단으로 정형화시켰고, 농민이나 수공업자들을
민족주의적이고 제국주의적이며 군국주의적인 수사를 동원하여
선동하였다. 이러한 유례없는 대중 동원의 결과 의회 선거에서의
승리와 정치 권력의 획득을 위한 좌파와 우파 정당들, 압력 집단들
이나 대중 연합을 위한 조합들 사이의 경쟁은 심화되었다.[16]

정치 엘리트들이 다수의 추종자들에게 호소할 수밖에 없었다는
사실은 번영과 안정의 측면에서 불운했던 자들의 요구에 더욱 책
임을 져야 했음을 의미한다. 냉소주의와 동정심이 뒤섞인 채 비스
마르크 후작은 1880년대에 재해, 건강 및 해고에 관한 사회 정책을
발의함으로써 사회 문제에 대한 강단의 논쟁에 응답했다. 그는 이
를 통해 빈곤층에게 '사회적 배당금'을 줌으로써 체제 전복의 선
동으로부터 이들을 격려하고자 하였던 것이다. 계급 투쟁을 법제

---

15) Thomas Nipperdey, 《독일사 1866~1918, 제1권 : 노동의 세계와 시민 정신 *Deutsche
Geschichte, 1866~1918, vol. I : Arbeitswelt und Bürgergeist*》(München, 1990) ; Jonathan
Sperber, 《황제의 지지자들 : 독일 제국의 선거 연구 *The Kaiser's Voters : Electors and Elections
in Imperial Germany*》(Cambridge, 1997).

16) Roger Chickering, 《우리는 모두 독일인 : 범게르만 연맹의 문화 연구 *We Men Who
Feel Most German : A Cultural Study of the Pan-German League, 1886~1914*》(Boston, 1984) ;
Margaret L. Anderson, 《민주주의 실천 : 독일의 선거와 정치 문화 *Practicing Democracy :
Elections and Political Culture in Germany*》(Princeton, 2000).

화하는 데 전념했던 부르주아 개혁가들은 특히 시 차원에서 온건파 사회주의자들과 협력했으며, 이미 1차 세계대전 이전부터 이러한 제한적 협조 시스템을 광범위한 선거구로 확대시키고 있었다. 맨체스터 자유주의자들에게는 두려운 일이었겠지만 이러한 사회 정책으로의 전환은 사적이고 종교적인 자비라는 낡은 모델을 교체했으며, 국가에게 가장 불행한 시민들을 보살필 의무를 부과했던 것이다. 국가의 복지 수단들은 수혜 대상자들에게 인기가 있었기 때문에, 근대 복지 국가라는 개념 속에서 참여의 요구와 연결되었다.[17] 20세기의 독일 정치는 참여와 안정을 위한 모델 중 어느 쪽이 우세한가를 둘러싼 급격한 진자 운동이었다.

1차 세계대전은 어렵게 유지되던 독일 제2제국의 균형을 파괴하면서, 대중적 충성을 끌어내기 위한 이데올로기 경쟁을 심화시켰다. 먼저, '성내 평화'(각 정파의 정쟁 중지를 의미―옮긴이주) 선언은 민족적 목적을 위한 단결을 회복시킨 것처럼 보였다. 그러나 정치의 중지는 곧 우파를 선호한 군대의 통제 정책으로 인해 더 이상 작동할 수 없는 것으로 증명되었다.[18] 사회민주당은 부분적으로 제국주의 체제에 편승하긴 했지만, 타협에 의한 평화, 화약 공장의 노동 상태 개선, 그리고 진정한 의회 정부를 향한 정치 개혁의 선전을 시작했다. 동시에 다양한 우파 집단들과 보수주의 도당들은 조국당Vaterlandspartei이라 불린 민족주의적 대중 운동으로 결집하였다. 이들은 힌덴부르크Paul von Hindenburg와 루덴도르프

---

17) George Steinmetz,《사회 통제 : 제국주의 독일의 복지 국가와 지방 정치Regulating the Social : The Welfare State and Local Politics in Imperial Germany》(Princeton, 1993).

18) Konrad H. Jarausch,《이해할 수 없는 수상 : 테오도르 폰 베트만 홀베크와 독일 제국의 자만The Enigmatic Chancellor : Theodor von Bethman Hollweg and the Hubris of Imperial Germany, 1856~1921》(New Haven, 1973).

Erich Ludendorff의 유사 독재를 지지하면서, 병합 찬성, 잠수함의 무제한적 사용, 완전한 승리를 선전했다. 사회민주당 다수파의 미온적 태도에 불만을 지닌 채, 러시아에서의 레닌의 봉기에 용기를 얻어 로마 제국의 혁명적 인물 스파르타쿠스로부터 이름을 따온 소수 급진파는 전쟁의 즉각적 중지 및 사회 혁명을 주장했다.[19] 이처럼 1차 세계대전은 민주주의, 파시즘, 그리고 공산주의로 구체화될 상호 경쟁적인 비전들 사이의 이데올로기 투쟁을 촉발하였던 것이다.

빌헬름 제국의 권위주의에 대한 급격한 반발과 윌슨의 민족자결주의에 대한 희망으로 인해, 다소 놀랍게도 바이마르 공화국이 이러한 삼각의 경쟁에서 최초의 승자로 부각되었다. 자유주의적 중간 계급의 의회주의 정부에 대한 요청과 사회주의 노동자들의 보다 개선된 삶을 향한 열망에 부응하여, 최초의 독일 민주주의는 여성 참정권과 같은 참정권의 확대와 상당한 수준의 사회적 안정을 제공하고자 시도하였다. 공산주의적 분파가 사회민주당으로부터 분리됨으로써 의회에서 다수를 차지했던 사회민주당의 지위가 파괴되는 동안, 다양한 우파 봉기들은 박탈당한 엘리트, 군대와 같은 공화국에 적대적인 제도들, 그리고 농민과 같은 소외된 사회 집단들의 불만을 드러내고 있었다.[20] 그럼에도 불구하고 바이마르 공화국은 정책 결정 참여의 확대를 보장하고 국가의 사회적 책임의 범위를 넓힘으로써, 형벌에 가까운 평화 조약과 중간 계급들을 쓸

---

19) Theodor Wolff [Bernd Sösemann (ed.)], 《일기 1914~1919. 1차 세계대전과 바이마르 공화국의 성립 *Tagebücher 1914~1919. Der erste Weltkrieg und die Entstehung der Weimarer Republik*》, 2 vols., (Boppard, 1984).

20) Hagen Schultz, 《바이마르 : 독일 1917~1933 *Weimar : Deutschland 1917~1933*》 (Berlin, 1982) ; Heinrich August Winkler, 《바이마르 공화국 1918~1933 : 독일 제1공화정의 역사 *Weimar 1918~1933 : Die Geschichte der ersten deutschen Demokratie*》(München, 1993).

어버린 하이퍼인플레이션의 난제들을 극복하고 생존하였다. 그러나 독일에서 최초의 민주주의 시도는 대공황과 같은 불리한 환경, 사회 각 부문의 지지를 잠식하고 문화적으로 사람들이 자유 관념으로부터 거리를 두게 만들었던 헌법의 기술적 결함들과 같은 원인들이 결합되어 결국 실패하고 말았다.[21]

대중의 지지와 엘리트의 공모로 권력을 장악한 나치 정권은 정치적 분열이나 경제적 위기가 없는, 참여와 안정을 위한 근대적 우파 모델을 약속했다. '민족 혁명'은 개인주의의 분열적 효과를 막기 위해 민족 단결과 국제적 영향력의 이름으로 역동적인 지도자가 수행하는 독재에 자신을 복종시킬 것을 제안했다. 시민들에게 책임을 면제해주면서 동시에 참여 의식을 불러일으키기 위해, 히틀러의 조력자들은 끊임없는 당 대회, 다양한 보조 조직들, 동계(冬季) 원조 작업Winterhilfswerk과 같은 대량 캠페인을 통해 대중을 동원하고자 하였다.[22] 동시에 그들은 '민족 공동체'라고 불린 인민의 공동체 이상(理想)을, 여러 계층 간의 상징적 평등을 강조하고 계급 투쟁을 포기하는 대신 다양한 이익을 제공하는 순화된 사회주의의 형태로서 선전하였다.[23] 비록 완전 고용과 초기의 승리로 제3제국은 박해를 받지 않는 사람들 사이에서 인기를 누렸지

21) Jürgen Falter, 《히틀러 지지자들 Hitlers Wähler》(München, 1991) ; 분야별 연구로는 Konrad H. Jarausch, 《속박된 전문직 : 독일 법률가, 교사와 기술자들 1900~1950 The Unfree Professions : German Lawyers, Teachers and Engineers, 1900~1950》(New York, 1990).

22) Martin Broszat, 《히틀러의 제국 : 제3제국 내부 체제의 성립과 발전 The Hitler State : The Foundation and Development of the Internal Structure of the Third Reich》(London, 1981) ; Jost Dülffer, 《나치 독일 1933~1945 : 확신과 파괴 Nazi Germany, 1933~1945 : Faith and Annihilation》(London, 1996).

23) Ronald Smelser, 《로베르트 라이 : 노동전선 지도자 Robert Ley : Hitler's Labor Front Leader》(Oxford, 1988) ; Klaus-Michael Mallmann · Gerhard Paul, 《통치와 일상 : 제3제국의 한 공업 지역》, 114쪽 이하.

만, 그 궁극적 대가는 대량 살상, 물리적 파괴, 희생자뿐만 아니라 가해자들 역시 겪어야 했던 추방과 이산으로 드러났다.

민족주의적 독재에 대한 좌파적 반대 급부로서, 공산주의 실험은 대중 참여와 사회적 지원의 또 다른 결합을 증진시켰다. 민주적 혼란과 인종주의적 억압을 피하기 위해, 마르크스-레닌주의 노동자들과 지식인들은 독일 노동 운동의 전통적인 목표들을 더욱 급진적인 반파시즘의 기조 속에서 실현하고자 하였다. 한편으로 동독 통합사회당은 융커들로부터의 농장 몰수, 자본가들로부터의 산업 소유의 박탈, 식량과 교통 수단의 보조, 모든 국민을 위한 무상 교육, 여성 평등권의 확대를 통해 복지 안건들을 매우 진보적인 사회 혁명으로 발전시켰다.[24] 다른 한편, 붉은 군대의 총검에 의지한 소수파 프로젝트로서의 동독(독일민주공화국)은 루소가 말한 것처럼 '인민을 위한for the people' 통치를 하면서 민주주의적 장식을 프롤레타리아 독재로 변형시켰다. 통합사회당 서기 호네커 Erich Honecker가 말한 '사회 정책과 경제 정책의 일치'는 본질적으로 통합사회당의 지배에 순종하는 대가로 적절한 번영과 안정을 얻는 일종의 거래를 대변해준다.[25] 그러나 계획 경제가 고착 상태에 빠지고 소련이 지원을 철회했을 때, 독일민주공화국이 섬기고 있다고 주장해온 바로 그 대중은 부르주아 민주주의로 돌아갈 것을 선택했다.

이처럼 독재의 등장은 이중의 실패, 즉 독일 제2제국의 권위주

24) Eric Weitz, 《독일 공산주의 건설 1890~1990 : 대중 저항으로부터 사회주의 체제로 Constructing German Communism, 1890~1990 : From Popular Protest to Socialist System》 (Princeton, 1997).

25) Hermann Weber, 《동독 약사 1945~1990 DDR : Grundriß der Geschichte, 1945~1990》 (Hannover, 1991), 2판 ; Mary Fulbrook, 《독재의 해부 : 동독의 실체 1949~1989 Anatomy of a Dictatorship : Inside the GDR, 1949~1989》(Oxford, 1995).

적 가부장주의의 실패와 바이마르 공화국의 사회적 민주주의의 실패에서 비롯된 것이었다.[26] 전자가 죽음 및 패전과 관련되었다면, 후자는 정치적 혼란과 사회경제적 고통, 그리고 이로 인한 자유주의·가톨릭·사회주의 정당들의 사회 개혁과 정치 참여를 결합시키려는 노력의 실패와 동의어가 되었다. 의회 내에서 의사 진행 방해를 위해 서로 연대했던 나치와 공산주의자들은 사랑받지 못한 공화국을 와해시키기에 충분히 강했다. 그러나 당시의 정치 스펙트럼 중 양 극단의 소수파로서 이들은 자신들 고유의 지배를 공고히 하기 위해 상당수 대중의 묵종을 요구했다. 인종적 혹은 계급적 적들을 속죄양으로 만들어온 비자유주의적 전통의 도움을 받아, 연이은 우파와 좌파의 독재는 정치적 갈채의 대가로 보다 확고한 사회적 안정을 제공함으로써 지지를 구했다.[27] 다른 나라에 비해 특히 독일에서 창조적 지식인들과 일반 국민들은 사라져가는 민주주의의 약속과 이와 경쟁하던 독재의 미래 지향적 주장 사이의 경주에 사로잡혀 있었다.

---

26) Detlev J. K. Peukert, 《바이마르 공화국 : 고전적 근대성의 위기 *The Weimar Republic : The Crisis of Classical Modernity*》(New York, 1989), 241쪽 이하.

27) Fritz Stern, 《반자유주의의 실패 : 현대 독일의 정치 문화 평론 *The Failure of Illiberalism : Essays on the Political Culture of Modern Germany*》(New York, 1992), 2판 ; Konrad H. Jarausch, 〈반자유주의와 그 이후 : 독일사의 패러다임 모색Illiberalism and Beyond : German History in Search of a Paradigm〉, 《근대사 저널*Journal of Modern History*》, 55권 (1983), 268쪽 이하.

2. 카리스마 대 집단주의

두 독재 정권에 대한 분석은 이들이 공유하는 모든 전체주의적 유사성에도 불구하고 양자가 근대 대중 지배의 대조적인 유형이라는 사실을 깨닫는 데서부터 출발해야 한다. 나치는 번영의 회복과 외교적 승리 덕택에 대다수 독일인들의 충성으로까지 심화된 강력한 대중적 지지로부터 출발했다. 나치당의 과제는 어렵지 않았다. 왜냐하면 민족의 의지를 다른 모든 당파 위에 신성화시키려는 대의는 독일 역사의 내부에 기초한 고유의 발전이었기 때문이다. 더군다나 나치 운동은 단 하나의 우월한 의지를 민족 공동체 의식과 결합시키면서 개인적인 지도자에 대한 숭배 의식을 신봉하였다.[28] 이와는 정반대로 공산주의자들은 소수파만의 운동이었다. 심지어 사회민주당과의 통합 이후에도 공산주의자들은 노동계급이라는 환경으로부터 완전히 벗어날 수 없었기 때문이다. 게다가 공산주의자들은 독일인들을 '해방'시킨다는 스스로의 표현과는 모순되게도 잔악 행위를 범했던 승리한 붉은 군대의 총검에 의지해 외부로부터 이식되었던 것이다. 마지막으로, 통합사회당은 당을 모든 다른 것들 위에 있는 신비한 전체로 자리매김하면서 강력한 집단주의 지향으로 나아갔다.[29]

나치가 호소한 것들 중의 핵심은 히틀러라는 요소였다. 그 없이

28) Michael H. Kater,《나치 당원의 사회적 출신 배경1919~1945 *The Nazi Party : A Social Profile of Members and Leaders, 1919~1945*》(Cambridge, 1983) ; Richard Hamilton,《누가 히틀러를 선택했는가 *Who Voted for Hitler*》(Princeton, 1982).

29) Andreas Malycha,《독일통일사회당 : 스탈린주의화의 역사 1946~1953 *Die SED : Geschichte ihrer Stalinisierung 1946~1953*》(Paderborn, 2000) ; Thomas Klein,《'당의 단결과 순수성을 위해'. 울브리히트 시대 통합사회당의 당내 통제 조직 *"Für die Einheit und Reinheit der Partei". Die innerparteilichen Kontrollorgane der SED in der Ära Ulbricht*》(Köln, 2002).

는 '민족사회주의당은 아마도 모호한 목적을 지닌 평범한 권위주의적-민족주의 정당으로 남았을 것"이며 그저 그만그만한 성공에 만족했을 것이다. 벨러Hans-Ulrich Wehler는 이러한 점 때문에 제3제국에 대한 해석을 막스 베버Max Weber식의 카리스마 관념, 즉 자신을 지도자로 받아들여지게 하고 감정적인 추종자들을 감화시키는, 한 개인에게 귀속된 '비상한 능력'에 의존하고 있다. 사회적 관점에서 볼 때 이러한 접근은 두 개의 생략 부호로 형상화할 수 있는, 개인적 재능과 사회적 배치 상황이라는 두 가지의 질문을 제기한다. 벨러가 나열하는 여섯 가지 특징들 중에서 극단적 위기 상황과, 비스마르크 신화에 기초한 강한 남성에 대한 희망 같은 것들은 급진적인 민족주의자들이 히틀러라는 오스트리아 출신의 연설가에게서 카리스마를 발견하게 만든 요소들이다. 그런데 예외적인 능력, 개인적 후광과 신봉자에 대한 감화력 같은 것들은, 지도자 자신으로부터 나오고, 이권에 대한 기대를 넘어서서 진행된 심리적 결속의 과정을 묘사하는 카리스마의 측면들이다. 따라서 대중 운동에서 정치적 카리스마는 지도자와 추종자 사이의 상호 관계를 확립시키는 일련의 상호적인 추종자의 요구들과 지도자의 속성들에 기반하고 있다.[30]

카리스마적인 불꽃이 급진적 우파의 테두리로부터 독일인 대다수에게 번져나간 증거들은 충분히 있다. 1933년 봄 유대계 학자 빅토르 클렘페러는 놀란 어조로 그의 일기에 '당 독재'의 확립에 대해 기록하고 있다. '노골적 폭력과 법의 파괴, 매우 무시무시하게 보이는 신성한 체하기, 그리고 야만적 정신이 어떻게 매일매일

---

30) Hans-Ulrich Wehler, 《독일 사회사 1914~1949 *Deutsche Gesellschaftsgeschichte 1914~1949*》(München, 2003), 551~563쪽 ; 《현대사 연구 *Zeithistorische Forschungen*》, 1권 (2004), 87쪽 이하의 Michael Geyer와 다른 학자들의 심포지엄 리뷰를 비교하라.

공공연하게 정부의 질서로서 등장하고 있는지 목도하는 것은 우울한 일이다."[31] 그 첫 번째 논거로서 히틀러가 우파와 당내의 경쟁자들과 스스로를 차별화하는 데 후원의 수단이 되었던 개인적인 지도자-숭배Führer-Kult를 들 수 있다. 괴벨스는 이러한 아첨을 뉘른베르크 나치당 대회와 같은 자신의 선전 기계에 의해 작동된 대중 의례를 통해 조작하였다. 그가 만든 대중 의례는 이데올로기나 인종적인 적으로 추방되지 않은 사람들을 위해 지역적 · 종교적 · 계급적 구별을 초월하는 신비한 공동체의 감정을 창조해냈다. 이와 마찬가지로 중요했던 것은, 이데올로기적 토대에 상관없이 모든 민족주의자들의 목적들을 수행하자는, 따라서 그에 반대하기가 매우 어려웠던 히틀러의 요구였다. 마지막으로, 젊은 세대를 위해 나치 운동은 역동적인 근대성, 즉 소멸해가는 민주주의자나 투쟁하는 공산주의자들을 능가하는 미래에 대한 대안적 경로를 구체화해나갔다.[32]

이와는 대조적으로 통합사회당은 프롤레타리아의 역사적 사명의 담지자로서의 자신을 강조하는 대신 오히려 당을 강조하는 일련의 다양한 메시지들에 의존하였다. 통합사회당 역시 레닌과 스탈린 같은 소비에트의 영웅들뿐만 아니라 창시자인 마르크스와 엥겔스도 숭배했던 것이 사실이다. 그러나 통합사회당의 기본적 접근은 집단주의에 머물러 있었다. 대중을 감정적 호소의 목표물로 삼았던 나치와는 달리, 공산주의자들은 대중을 교육받아야 하고 조직되어야 할 대상으로 보았다. 정치적 노선들로 분열되기는

31) Victor Klemperer,《나는 마지막 그날까지 증언할 것이다. 일기 1933~1945》, 1권, 6쪽 이하.

32) Hans-Ulrich Wehler,《독일 사회사 1914~1949》, 675쪽 이하 ; Michael Burleigh,《제3제국의 역사 The Third Reich : A New History》(New York, 2000).

했지만, 노동 계급의 운동은 교육 협회나 노래 동호회, 스포츠 동아리와 누드 운동 그룹 등의 대안적 하위 문화를 건설하는 데 있어 수십 년의 경험을 갖고 있었다. 비록 사회주의자들이 당 대회에서 계급 투쟁을 고취시키는 격렬한 수사를 사용하기는 했지만, 그들은 최종적으로 노동 빈민들의 사회적 운명을 개선하는 합리적 프로젝트에 몰두하고 있었다. 좌파가 오랫동안 박해를 받은 덕택에 운동이 점차 목적 자체가 되었던 것이다.[33]

공산주의자들에게 있어 정치적 삶은 지도자 한 사람의 연설이 아니라 집단적 전위로서의 당을 중심으로 반복되고 있었다. 그들은 충성심을 가지고 회합에 참석했으며, 스스로의 생각과 말하기의 방식을 현재의 당 노선에 맞춰야 했기 때문에 당의 노선을 알기 위해서 기관지들을 읽었다. 당에 소속되는 것은 작업장에서 상과들에 의해 위협당한다고 느꼈던 사람들에게는 매우 중요한 개인적 안정감과 연대감을 안겨주었다. 그들은 함께함으로써 무엇인가가 될 수 있었고, 강해질 수 있었으며, 나아가 사회를 변화시킬 수 있었다. 이러한 감정적 애착은 고전의 올바른 해석을 둘러싼 끊임없는 이데올로기 투쟁을 만들어냈고, 이러한 투쟁은 내적인 정화와 외적인 분열을 이끌었다. 이러한 점은 또한 쾨스틀러Arthur Koestler와 같은 탈당한 사람들의 개종에 가까운 경험과 동지들이 이들을 배교자라고 규탄하는 것을 볼 때도 매우 명백히 드러난다. 심지어 투쟁하는 노동자 근위대라는 레닌주의적 개념이 실제로는 화이트칼라 피고용자의 대중 회원으로 변질되었을 경우에도, 이러한 집단주의적 정신이 영감의 원천이 되어 운동은 탁월한 개인들

---

33) Vernon L. Lidtke, 《대안적 문화 : 독일 제국에서 사회주의 노동 세력 *The Alternative Culture : Socialist Labor in Imperial Germany*》(New York, 1985) ; Eric Weitz, 《독일 공산주의 건설 1890~1990 : 대중 저항으로부터 사회주의 체제로》를 참조하라.

에게 덜 의존하게 되었던 것이다.[34]

　사실상 나치와 공산주의자 사이의 이러한 대조는 어느 정도 과장된 것일 수 있다. 왜냐하면 이 둘의 운동은 모두 지도자와 추종자 대중을 하나로 묶으려 했던 '정치종교'라고 불려왔기 때문이다. 심지어 동독에서도《신독일 *Neues Deutschland*》지가 입증하는 바와 같이 국가 지도자 울브리히트Walter Ulbricht나 호네커를 대중화하려는 미약한 시도가 있었다. 비록 초대 대통령 그로테볼 Otto Grotewohl의 선전 필름이 재정난을 이유로 결국 취소된 적이 있긴 했지만 말이다. 동시에 공산주의와 유사하게 나치 역시 히틀러 소년단으로부터 자동차운전자연맹NSKK에 이르기까지 수많은 조직들을 만들어 수백만 명의 회원들에게 사교의 안식처를 제공했다. 동독의 그것에 비해 더욱 다원적 지배 구조를 지니고 있기는 했지만 말이다. 이러한 유사성은 놀라운 것이 아니다. 이 두 운동이 단지 개인적 매력과 조직적 노력의 혼합에 의해서만 달성될 수 있었던, 독재자와 대중적 지지 기반의 연결이라는 유사한 문제에 직면함으로써 상대방으로부터 자발적으로 서로를 채용했기 때문이다.[35] 비록 의례와 신념의 견지에서 볼 때 '정치종교' 테제가 제안하는 바가 많기는 하지만, 이 테제는 다음과 같은 질문에 답해야한다. 이러한 두 가지 경쟁적인 독재를 안정시키기 위한 시도에 있어 억압적인 요소와 자발적인 요소 간의 혼합은 어떻게 이루어졌는가?

---

34) Martin Sabrow, 〈담론으로서의 독재 : 통합사회당의 정통성에 대한 문화적 조망 Dictatorship as Discourse : Cultural Perspectives on SED-Legitimacy〉,《경험으로서의 독재 *Dictatorship as Experience*》, 195쪽 이하.

35) Michael Ley · Julius H. Schoeps (eds.),《정치종교로서의 나치즘 *Der Nationalsozialismus als politische Religion*》(Bodenheim, 1997)을 참조하라.

3. 억압과 순응

독재란 그 정의상 통치자의 염원에 인민들이 순종하도록 하기 위해 설득보다는 강제에 의존한다. 따라서 패배한 민주주의자들의 복수심, 여기저기 떠도는 희생자들의 고난 이야기들, 그리고 어쩌다가 접하게 되는 가해자들의 고백들을 통해 얻은 정보들을 분석함에 있어 전체주의 이론은 억압과 조작을 우위에 둔다. 카를 프리드리히Carl J. Friedrich가 개발한 유명한 전체주의의 특징 목록은 정치적 독점을 유지하는 집권당을 통해 실행되는, 절대 권력을 지닌 유일한 지도자에 의한 통제와 같은 그런 지배의 구조적 차원을 강조한다. 또한 군대와 경찰에 의한 개인의 권리에 대한 위협의 측면, 마지막으로 광범위한 체제의 원리를 제공하는 선전과 검열을 통한 이데올로기 지도 및 감독의 요소들에 강조점을 둔다.[36] 프로그램, 질서, 위로부터의 지침과 같은 관료적 증거들에 기초하여, 이러한 전체주의 이념형은 권력의 형식적인 구조, 억압의 과정과 조작의 도구들에 초점을 맞추는 독재에 대한 관행적인 이해를 창출해냈다.

억압이 중요했음을 보여주는 가장 강력한 증거는 독재 정권의 군대, 경찰, 그리고 비밀 기관이 탁월했다는 점이다. 제3제국의 풍경은 정규군의 회색 야전복, 나치 돌격대원들의 갈색 셔츠, 그리고 나치 친위대 엘리트들의 위협적인 검은 제복들로 가득 차 있다. 한편 동독은 신인민군, 국경 경비대 및 공장 민병대의 신전통주의적 회색 제복, 혹은 붉은 군대의 황록색 제복의 이미지를 떠올리게 한

---

36) Carl J. Friedrich · Zbingiew Brzezinski, 《전체주의 독재와 전제정 *Totalitarian Dictatorship and Autocracy*》(Cambridge, 1965)과 Hannah Arendt, 《전체주의의 기원》, 460쪽 이하를 참조하라.

다. 심지어 보안 경찰이나 인민 경찰과 같은 정규 경찰의 중요성이 증대되기도 하였다. 공적 질서의 유지가 이전에는 꿈도 꾸지 못했던 영역으로까지 확대되었기 때문이었다. 더 나아가, 실질적으로 법적 제한 없이 작동된 게슈타포 및 나치 친위대 혹은 슈타지와 같은 비밀 기관의 이름은 배반과 잔인무도함의 동의어가 되었다. 여기에다 수많은 감옥들과 정치적·인종적·경제적 목적의 강제 수용소들의 급격한 증식을 첨가한다면, 억압의 기구는 도처에 존재했을 뿐만 아니라 매우 강력했던 것으로 보인다. 부단히 확대된 규모와 영향력으로 인해 나치 친위대와 슈타지는 역사가들에 의해 '대응 사회parallel society', 즉 곧 전위되어 전체 독재 국가를 먹어 치울 준비가 된, 정치적 몸에 기생하는 일종의 암으로 불려왔다.[37]

국가 테러의 성공적 기능의 핵심은 그것이 예측 불허의 선택적인 것이어서, 희생당하지 않은 대다수에게 다치지 않고 피할 수 있었음을 감사할 수 있게 했다는 것이다. 나치의 광신주의가 생물학적이고 인종적인 목표들에 고정되었다면, 공산주의 독트린은 지주나 산업 자본가와 같은 계급의 적들에게 초점을 맞추었다. 양자 모두 정적들을 박해했을 뿐만 아니라, 변화하는 범주를 가지고 임의적으로 새로운 이데올로기적인 적들을 구성하였다. 비록 나치가 열성 당원들이 우연히 행사하는 자발적인 폭력을 용인하기는 했지만, 양 독재 정권의 집권당들은 배척받아야 할 소수를 조심스럽게 조준하는 방식으로 통제된 협박을 선호하였다. 테러는 용인되는 것의 경계를 명료하게 확정하고 제재 위협을 통해 그 경계를 강

---

37) George C. Browder, 《히틀러의 정보원들 : 나치 혁명기의 비밀 경찰과 친위대 보안부 Hitler's Informers : The Gestapo and the SS Security Service in the Nazi Revolution》(Oxford, 1996) ; Karl Wilhelm Fricke, 《동독 국가안전부Die DDR-Staatssicherheit : Entwicklung, Strukturen, Arbeitsfelder》(Köln, 1982).

화하기도 하였지만, 한편, 선택적으로 행사되었기 때문에 테러 대상으로 지목되지 않은 사람들에게는 그들이 순응하는 한 비교적 평화로운 상태에서 살 수 있게 해주는 역할도 하였다. 더구나 지배 정당은 범죄를 줄이고 일반적으로 안정감을 확산시키면서, 법과 질서의 재확립을 위한 신용도를 과시할 수도 있었다.[38] 클렘페러는 이런 식의 테러가 만들어내는, 사람을 무력하게 만드는 효과에 주목하였다. '모든 것, 문자 그대로 모든 것이 공포에 압도당해 있다. 단 한 통의 편지나 단 한 통의 전화, 길거리에서의 단 한마디의 말도 안전하지 않다. 모든 사람들이 다른 사람을 밀고자 내지 스파이로 의심한다.'[39]

일부 역사가들은 아래로부터의 광범위하고도 부분적으로는 자발적인 순종의 증거를 지적하면서 이러한 위로부터의 강제의 그림을 복잡하게 만들기 시작하고 있다. 이들은 이데올로기적인 확신이나 계산된 기회주의로 인해 수백만 명의 평범한 독일인들이 외견상 어떤 죄책감도 없이 이 두 독재를 지지했음을 지적한다. 지적된 사례 중 하나는 비밀 경찰이 기능하는 데 있어서 고발이 중요했다는 것이다. 게슈타포는 8,000만 인구를 통제하는 데 대략 1만 2,000명 정도의 요원만을 배치했기 때문에, 불법적 행위에 가담한 이웃에 대해 불만을 가진 보통 시민들이 자발적으로 제보한 정보에 상당 수준 의존해야만 했다. 수천 명의 정상적 독일인들은 질투, 복수, 소음 유발 등 개인적 동기가 무엇이었든 간에 자신들의

---

38) Eric A. Johnson, 《나치 테러 : 비밀 경찰, 유대인과 보통 독일인들 *The Nazi Terror : Gestapo, Jews and Ordinary Germans*》(New York, 1999) ; Mary Fulbrook, 《독재의 해부 : 동독의 실체 1949~1989》, 21쪽 이하.

39) Victor Klemperer, 《나는 마지막 그날까지 증언할 것이다. 일기 1933~1945》, 1권, 14 · 39 · 50쪽.

공동체 구성원Volksgenossen에 대해 제보를 했는데, 이로써 끊임없이 모범을 보였고 의심의 분위기를 확산시켰다.[40] 이와 유사하게, 규모가 더 큰 슈타지의 경우, 동독 붕괴 직전에 정규 요원이 약 8만 5,000명에 달했음에도 불구하고, 가장 사소한 일에서부터 체제 반역적인 일까지 동독 사회의 모든 측면을 보고하는 약 18만 명의 또 다른 비공식적인 정보원들을 조직할 필요를 느꼈다.[41] 억압 기구에 의한 사회 통제는 효과적인 기능을 위해 일반 시민들로부터 상당한 정도의 협력을 요구하였던 것이다.

순응의 또 다른 지표는 양자의 독재 정권에 의해 제기된 다양한 명분의 공공 캠페인에서 나타난 '자발성'의 유행이다. 제3제국은 특별히 젊은이들에게 진심 어린 열광적 추수 봉사 활동, 동계 의연금 모집, 경축일 행진 등을 강요했다. 클렘페러에 따르면, 학생들은 나치의 캠페인에서 이러한 자발적 작업이 "가장 가혹한 강제"로 바뀌면서 "시위를 조직하고 모든 방법을 다 동원해 선전 활동을 해야" 했다.[42] 이와 비슷하게 동독은 생산 목표를 초과하는 것에는 노동자들을, 희귀한 재료들을 수집하는 것에는 부인들을, 공장에 문화를 가져오는 것에는 작가들을, 평화 행진에는 젊은이들을 동원하였다. 의심할 바 없이 일부 개인들은 이러한 계속된 요구에 넌더리를 냈지만, 다른 사람들은 이러한 사회적 압력을 지루한 공장 및 학교 생활과 단절하거나 자신들의 충성을 확신시킬 수 있는 기회로 보았다.[43] 대중적 감정이 열광적으로 발휘되기를 갈망했다는

---

40) Robert Gellately, 《비밀 경찰과 독일 사회 : 인종 정책 집행 1933~1945 *The Gestapo and German Society : Enforcing Racial Policy, 1933~1945*》(Oxford, 1990).

41) David Childs · Richard Popplewell, 《동독 정보부*The Stasi : The East German Intelligence and Security Service*》(New York, 1996).

42) Victor Klemperer, 《나는 마지막 그날까지 증언할 것이다. 일기 1933~1945》, 1권, 66쪽.

43) Harald Focke, 《나치 치하의 일상 : 나치가 독일인들의 생활을 어떻게 바꿨나*Alltag*

것, 또한 공공의 분위기를 파악하기 위해 폭넓은 보고 시스템을 갖추었다는 것이야말로 독재가 부당한 방식으로 특별히 대중 지지의 가시적 표명에 의존하고 있었음을 보여준다.

그러므로 '독재의 한계'에 대한 최근의 연구는 독재 체제를 통제된 사회, 즉 지배가 철저히 관철된 사회durchherrschte Gesellschaft로 보는 것이 올바르기는 하지만 완벽한 것은 아니라는 견해를 제시한다.[44] 일상 생활에 관한 미시적 연구는 서로 의존하고 있는 지배자와 피지배자 사이의 사회적 상호 관계로 특징지어진 훨씬 복잡한 지배도를 그린다.[45] 우체국 직원이나 교통 경찰, 주택 관리인을 보면 보통 사람들은 발송이 지연된 우편물이나 무례한 운전자, 구멍 뚫린 아파트와 같은 현실적 문제들을 해결하려 했다. 그런데 체제의 대표자들 역시 공중이 자신들의 조정에 복종하고 캠페인에 참가하기를, 어떤 갈등도 일어나지 않기를 원했다. 양편 사이에서 매일 무수히 일어나는 조우는 어느 정도의 비판이 허용되는 작은 협정 상황을 창출하였고, 응답은 개인의 관심사에 대한 순응을 전제로 하였다. 불가사의한 권위에 대한 엄청난 양의 대중적 청원서들은 담당자들을 조종하려는 힘없는 사람들의 시도를

---

unterm Hakenkreuz : Wie die Nazis das Leben der Deutschen änderten》(Hamburg, 1979) ; Dietrich Mühlberg, 〈문화사의 연구 대상으로서의 동독Die DDR als Gegenstand kulturhistorischer Forschung〉, 《문화 연구 보고서Mitteilungen aus der kulturwissenschaftlichen Forschung》, 16권(1993), 7~85쪽.

44) Jürgen Kocka, 〈독일의 특수한 길 : 동독 사회사를 위한 고려Ein deutscher Sonderweg : Überlegungen zur Sozialgeschite der DDR〉, 《정치와 현대사Aus Politik und Zeitgeschichte》, 40권(1994), 34~45쪽 ; Richard Bessel · Ralph Jessen (eds.), 《독재의 한계 : 동독의 국가와 사회 Die Grenzen der Diktatur : Staat und Gesellschaft in der DDR》(Göttingen, 1996).

45) Konrad H. Jarausch (ed.), 《독재 체제 경험 : 동독 사회 문화사Dictatorship as Experience : Towards a Socio-Cultural History of the GDR》(New York, 1999) ; Thomas Lindenberger (ed.), 《독재 체제의 통치와 고집. 동독 사회사 연구Herrschaft und Eigen-Sinn in der Diktatur. Studien zur Gesellschaftsgeschichte der DDR》(Berlin, 1999).

인상적으로 보여주는 기록들이다. 우발적으로 일어난 파업의 기록들은 비천한 노동자들조차 그들이 정권을 위협하지 않는 한 어느 정도는 거부 행위를 할 수 있었음을 밝혀주는 유사한 예이다. '협정 사회'라는 관념이 과장된 표현일 수는 있을 것이다. 하지만 대중적 지지의 필요성은 억압을 한정했고, 나치와 공산주의자 모두로 하여금 협력을 증진시키는 보다 세밀한 방식을 찾게 했던 것이다.[46]

4. 특권과 성취

마이어Charles Maier와 같은 학자는 억압적 정권을 유지하는 데 있어서 적극적 동기 유발의 역할을 인정한다. 그러나 이의 중요성에 대한 자세한 분석은 거의 없다. 독재에 관한 대다수의 논의는 테러라는 부정적 측면에 집중되어 있다. 왜냐하면 역사가들이 이러한 체제에 관해 긍정적인 평가를 내리는 것으로 해석될 수 있는 그 무엇도 말하기를 꺼리기 때문이다. 그러나 이러한 측면에 대한 무시는 통탄할 만하다. 수많은 팬레터들뿐만 아니라, 통합사회당 보고서 속에 널려 있는 언급들은 히틀러의 개인적 인기와 그가 지닌 제3제국 지도자로서의 상징적 힘에 대한 풍부한 증거를 제공하기 때문이다. 동독의 지도자들에 대한 농담들은 때로는 '개인 숭배'를 비웃기도 하지만, 다혈질 울브리히트에 대한 유보적 존경과

---

46) Robert Gellately,《히틀러 지지 : 나치 독일에서의 동의와 강제*Backing Hitler : Consent and Coercion in Nazi Germany*》(New York, 2001) ; Wolfgang Engler,《문명의 틈새 : 국가 사회주의의 해명을 위한 시도*Die zivilisatorische Lücke : Versuch über den Staatssozialismus*》(Frankfurt, 1992).

'호니'라는 애칭으로 불린 그의 후계자 호네커에 대한 진실된 경애심을 보여주기도 한다.[47] 이러한 대중적 지지의 지표들은, 물론 의식적인 이미지 만들기도 한몫하기는 했지만, 위로부터의 선전이나 억압의 결과로 간주되기에는 너무나 광범위하다. 이러한 측면들이 종종 개인적 의구심을 가리기 때문에, 공적인 인기가 얼마나 실제로 관철되었는가를 밝히려면 정권 지지의 비강제적 원천에 대한 질문을 제기해야 한다.

최소한 집권당과 국가 기구 내부의 정권 수혜자들에 대해 잠재적 특권은 강력한 흡인력을 발휘한 것으로 보인다. 나치당과 통합사회당은 '인민에 대한 봉사'라는 수사를 활용했지만, 당원 자격이야말로 이전에는 별 볼일 없었지만 이제는 중요한 정책 결정을 할 수 있는 직책 소유자들에게 권력의 도취감을 제공했음이 드러나고 있다. 이러한 영향과 함께 또한 '노전사들', 나치 돌격대원들, 더욱 전형적으로는 나치 친위대 지역 엘리트들, 혹은 특히 2차 세계대전 동안 때때로 당에 충성한 사람들을 불쾌하게 했던, 산업과 정부 내 부역자들 사이에서 행해진 '자동차, 집, 식료품 등에서의 뻔뻔한 치부'와 같은 상당한 수준의 부패가 일어났다. 일체성 고취, 교양, 진흥 간부들의 '노멘클라처' 시스템을 가지고 있던 동독에서의 '반들리츠Wandlitz 신드롬'은, 프티 부르주아적 취향의 수준에서이기는 하지만 구매와 생활 수준에 있어서 일반 인민들과 점점 격차가 벌어지고 있었음을 제시한다.[48] 체제와의 협력을

47) Ian Kershaw, 《히틀러 신화 : 제3제국의 허상과 실상 *The Hitler Myth : Image and Reality in the Third Reich*》(London, 1987) ; Monika Kaiser, 《울브리히트와 호네커의 정권 교체 *Machtwechsel von Ulbricht zu Honecker*》(Berlin, 1997).

48) Victor Klemperer, 《나는 참으로 편치 않은 상황이다. 일기 1945~1949 *So sitze ich denn zwischen allen Stühlen. Tagebücher 1945~1949*》(Berlin, 1999) ; Charles S. Maier, 《해체 : 공산주의의 위기와 동독의 종말 *Dissolution : The Crisis of Communism and the End of East Germany*》

통해 사람들은 외화를 만져보거나 외국 여행을 하는 것과 같은 적절한 특권을 가질 수 있기를 희망했다.

비밀 동향 보고Stimmungsbericht나 단편적인 여론 조사의 증거는 일반 시민들의 충성이 정권에 의해 제공된 생활의 적당한 유복함에 상당 수준 의존해 있었음을 보여준다.[49] 대공황이 노동자의 4분의 1로부터 직업을 빼앗고 다른 4분의 1에게는 불완전 고용이라는 희생을 치르게 했으므로, 직업적 안정이 실질 임금 인상보다 더 중요했던 것처럼 보인다. 바이마르 공화국 대통령 내각의 디플레이션적인 예산 삭감 정책과 단절하면서, 나치는 완전 고용으로 회귀하기 위하여 대규모의 적자 재정 속에서 공공 사업과 은밀히 진행된 재무장에 몰입하였다. 이러한 경제 주기에 반하는 정책은 장기적으로 유지되기 어려웠지만, 그것의 단기적 효과는 괴벨스의 선전에 의해 상승되면서 공중의 희망이 다시 살아나도록 도움을 주었다는 것이었다. 공황의 악몽에 자극되어 통합사회당은 나치와 유사하게 전후의 파괴, 기아, 그리고 추위를 극복하고 정상 상태의 모습을 회복하기 위해 투쟁하였다. 또한 노동 집약적인 중공업 위주의 산업화에 몰두했으며 자본주의적 불안정과 반대되는 완전 고용 정책들을 지칠 줄 모르고 몰아붙였다.[50] 적절한 임금 인

(Princeton, 1997), 41쪽 이하.

49) Heinz Boberach (ed.), 《제국으로부터의 보고 : 친위대 보안부 비밀 정황 보고 Meldungen aus dem Reich : Die geheimen Lageberichte des Sicherheitsdiensts der SS》(Herrsching, 1984) ; Heinz Niemann, 《동독의 여론 조사 : 통합사회당 정치국 여론조사연구소의 비밀 보고서 Meinungsforschung in der DDR : Die geheimen Berichte des Instituts für Meinungsforschung an das Politbüro der SED》(Köln, 1983).

50) Dietmar Petzina, 《제3제국의 자급 자족 정책 Autarkiepolitik im Dritten Reich》(Stuttgart, 1968) ; Charles Maier, 〈계획으로부터 파산으로 Vom Plan zur Pleite〉, Jürgen Kocka · Martin Sabrow (eds.), 《역사로서의 동독 : 문제 제기-가설-전망 Die DDR als Geschichte : Fragen-Hypothesen-Perspektiven》(Berlin, 1994), 109쪽 이하.

상은 라디오나 자동차를 대중에게 제공함으로써 소비가 확대되게
했다.[51]

　근로 대중들은 직업적인 안정뿐만 아니라 각 정권이 이들의 사
회적 곤궁 상태를 완화하기 위해 제공했던 사회 정책에 의존하였
다. 나치나 공산주의자들은 가부장적 온정주의의 정신에 입각하
여 독자적인 노동조합을 억압했지만, 양자의 이데올로기적 태도나
실제적 수단은 상당히 달랐다. 급진파들이 분노한 것처럼, 나치가
선포한 '독일 사회주의'는 대부분 장식에 불과한 채 남아 있었다.
히틀러는 재무장과 해외 팽창을 위해 대기업의 지지를 필요로 했
기 때문이었다. '노동의 아름다움'의 증진과 같은 일부 캠페인들
은 작업 조건을 개선하였다. 그러나 당이 감독하는 '독일노동전
선'의 관료들은 산업 생산을 높이기 위한 수단으로서 주로 여가 활
동을 증진시켰다.[52] 이와는 대조적으로 공산주의 지도자들은 기초
식료품 장려금이나 값싼 교통 수단의 제공, 저렴한 주택 공급을 통
해 유린된 사람들을 진지하게 도우려 했다. 더 나아가 무료 유치원
건설로부터 종일반 학교 제도의 확립에 이르기까지 많은 정책들
을 통해 여성의 취업을 용이하게 하고자 했다. 일부 나치 시대의
조류를 이어받아, 동독의 공장들은 스포츠, 놀이, 그리고 기타 서비
스의 중심이 되었다.[53]

---

　51) Lutz Niethammer (ed.), 《1930~1960년 루르 지역에서의 개인의 역사와 사회 구조
Lebensgeschichte und Sozialstruktur im Ruhrgebiet 1930~1960》(Berlin, 1983) ; L. Niethammer,
《대중의 경험 : 동독 공업 지역에서의 일상Die volkseigene Erfahrung : Eine Archäologie des
Lebens in der Industrieprovinz der DDR》(Hamburg, 1991) ; Hannes Siegrist · Hartmut
Kaelble · Jürgen Kocka (eds.), 《유럽의 소비의 역사 : 소비의 사회 문화사Europäische
Konsumgeschichte. Zur Gesellschafts - und Kulturgeschichte des Konsums》(Frankfurt, 1997).
　52) Timothy W. Mason, 《제3제국의 사회 정책 : 노동자 계급과 민족 공동체Sozialpolitik
im Dritten Reich : Arbeiterklasse und Volksgemeinschaft》(Opladen, 1977).
　53) Peter Hübner, 《합의, 충돌, 타협 : 1945년과 1970년 사이 소련 점령 지역과 동독에서

나치와 통합사회당은 적절한 여가 활동과 유흥을 제공함으로써 보통 사람들의 생활을 개선하는 데 특별한 공적을 남겼다. 독일노동전선은 자국 내의 값싼 휴가를 제공하거나 지중해 선박 여행을 조직함으로써 대량 여행을 가능케 한 '기쁨을 통한 힘' 프로그램 KdF에 특별한 자부심을 갖고 있었다. 이와 유사하게 자유독일노조연맹FDGB(동독의 관제 노조—옮긴이주)은 점차 그 비중이 높아져간 헝가리, 불가리아 혹은 루마니아와 같은 남유럽 인접국으로의 외국 여행에 더하여, 동독 내에서 레크리에이션을 제공하기 위해 발트 해에서 보헤미아의 산악 지대에 이르기까지 공휴일을 위한 편의 시설들을 건설했다.[54] 괴벨스의 선전부는 그간 공들인 이념 선전 영화에 대한 노력이 실패한 이후 영화 제작사 우파UFA를 통해 전쟁의 공포를 잊게 해주는 가볍고 도피적인 볼거리들을 제작하는 데 주력했다. 동독의 영화사 데파DEFA의 제작물들은, 비록 결정적으로 계급적 관점이 담겨 있긴 했지만 명백한 이데올로기적 메시지에서 덜 정치적인 오락물로의 유사한 진보를 보여준다.[55] 독일의 독재 체제들은 그들의 선전 목적을 위해 대중적 오락거리를 이용하여 간접적인 방식으로 정권을 지탱하려 하였던 것이다.

따라서 눈에 보이는 대안들을 깨부순 테러의 효과를 뛰어넘어, 견딜 수 있을 만한 삶을 제공하면서 이루어진 독재의 실제적 성취는 권력 유지에 도움이 되었다. 사람들은 그들의 지배 이데올로기

의 노동자 이익 추구와 사회 정책Konsens, Konflikt und Kompromiß : Soziale Arbeiterinteressen und Sozialpolitik in der SBZ/DDR 1945~1970》(Berlin, 1995), 130쪽 이하.

54) 1997년 9월 GSA에서 발표한 Shelly Baranowski의 〈'기쁨을 통한 힘'의 관광KDF tourism〉발표문을 참조하라. Gunhild Fuhrmann, 〈휴가 수표와 발라톤 : 1960년대의 휴가와 여행Ferienscheck und Balaton : Urlaub und Tourismus in den 1960ern〉, 《문화 연구 보고서》, 16권(1993), 273쪽 이하.

55) Anton Kaes 외 (eds.), 《독일 영화사Geschichte des deutschen Films》(Stuttgart, 1993).

에 대한 태도와는 상관없이, 장래에는 더 좋아질 것이라는 일정한 조망과 함께 알맞은 생활 조건들을 제공받는 한 정치적 제한을 참을 수 있었다. 클렘페러에게 정보를 준 사람에 의하면 심지어 지적인 독일인들마저 마침내 "나치가 의심할 바 없이 일정 부분 좋은 일들을 했다"고 믿게 되었다.[56] 나치의 정책 결정에서의 결연함, 통치 정당으로서의 단결력 과시, 공동의 선을 위한 수사학적 태도와 같은 것들이 "실제적인 혹은 외견상의 '무산자들'"에게 민족 공동체의 매혹적인 비전을 제공하는 듯이 보였다. 이와 비슷하게, 융커나 자본가들 같은 "중심 세력 혹은 반동을" 뒤흔들려는 통합사회당의 실제적 노력은 노동자와 농민들에게 유례없는 사회적 상승의 기회와 새로운 사회적 평등감을 가져다주었다.[57] 역설적으로 동독의 광범위한 복지 시스템은 경제적 성취에 의존하고 있었고, 따라서 이것이 적절하게 지속되는 데 실패한다면 지지를 상실할 위험에 노출되어 있었다.

5. 이상주의와 이데올로기

전체주의 이론에서는 이데올로기가 각 정권의 목적에 대한 주민들의 순응을 설명하는 데 핵심적 역할을 한다. 브라허Karl Dietrich Bracher는 전체주의를 "특히 인간과 사회 · 정치의 관계와 관련된

---

56) Victor Klemperer, 《나는 마지막 그날까지 증언할 것이다. 일기 1933~1945》, 1권, 171쪽.

57) Victor Klemperer, 《나는 참으로 편치 않은 상황이다. 일기 1945~1949》, 178쪽. 이에 대해 다음의 책들을 비교하라. David Schoenbaum, 《히틀러의 사회 혁명 : 나치 독일에서의 계급과 지위Hitler's Social Revolution : Class and Status in Nazi Germany》(New York, 1967) ; Hartmut Kaelble 외 (eds.), 《동독 사회사Sozialgeschichte der DDR》(Stuttgart, 1994).

……실제를 공식으로 환원시키고 권력 정치의 이해 관계에 의거하여 실제를 왜곡할 뿐만 아니라 무시하는 포괄적인 이념 체계"를 창조해내려는 시도로 정의한다. 그는 이데올로기를 유사 종교적 욕구와 이상주의 및 완전주의를 폭력의 정당화와 결합시키려는 "속임수 및 자기 기만의 집적물"이라고 가차 없이 말한다. 그는 독재라는 맥락에서 이데올로기의 가장 위험한 특징을, 단 하나의 진리를 제시한다는 주장을 통해, 그리고 동시에 세계를 이분법적으로 적과 동지로 나누면서 "복잡한 실재를 극단적으로 환원시키려는 경향"으로 정의한다.[58] 대중뿐만 아니라 지식인들도 이러한 종류의 사고에 노출되어 있음을 보여주긴 하지만, 이데올로기에 대한 전체주의론적 이해는 독재 정권을 정당화하는 세계관을 퍼뜨리는 데 있어 선전의 중요성을 강조한다. 그러나 이러한 도구적 관점은 유감스럽게도 이데올로기 자체를 단순히 의도대로 조작되는 도구에 불과한 것으로서 축소시킨다.

평범한 독일인들을 위한 이데올로기 청사진들이 가졌던 매력은 이를 바이마르 공화국의 계속된 위기에 대한 경쟁적 응답으로 이해한다면 명확해진다.[59] 민족 사회주의 이념들의 기묘한 혼합은 중간 계층 출신의 근심어린 당원들에게 인민주의적 스타일을 벗어나지 않고 법과 질서로의 회귀, 그리고 건강한 농촌 생활 방식을 약속했다. 신보수주의 지식인들은 지도자 국가Führerstaat가 지도력의 문제를 해결해줄 것이라고 희망할 수 있었다. 다른 한편, 독일 인민völkish 운동의 선동가들은 문화적 · 사회적 쇠락으로 이끄

---

58) Karl-Dietrich Bracher,《이데올로기의 시대 : 20세기 정치 사상사Zeit der Ideologien : Eine Geschichte des politischen Denkens im 20. Jahrhundert》(Stuttgart, 1982), 11~18쪽.

59) Anton Kaes · Edward Dimendberg · Martin Jay (eds.),《바이마르 공화국 자료집The Weimar Republic Sourcebook》(Berkeley, 1994).

는 유대인의 영향력을 제거해줄 국가의 인종 청소를 추구하였다.[60] 이와는 반대로 공산주의는 자본가의 착취와 파시스트의 압제에 대한 복수심을 이용하고자 했다. 마르크스주의는 교육받은 사람에게는 그 기원이 지닌 계몽주의적 열망, 부르주아의 이기심에 대한 비타협적인 폭로, 그리고 과학적 확실성에 대한 주장으로 인해 호소력을 지녔다. 노동자들에게 혁명의 메시지는 증오의 대상이던 귀족이나 자본가의 재산을 몰수함으로써 생활 조건을 즉각적으로 개선하는 것 또한 육체적 수고로부터의 해방과 자신들이 노력한 성과의 공유라는 종말론적인 희망을 약속했다.[61] 이상하게도 양자의 상반된 비전 모두에는 신념이라는 거대한 요소가 포함되어 있었다.

이데올로기가 지닌 힘의 일부는 정치 논쟁에서 일상 용어로 확대되는 언어의 전환에서 나온다. 클렘페러는 언어학자로서, 나치가 꺼림칙한 행동(반유대주의적 보이콧과 같은)을 감추려 할 때 완곡어법을 사용한다든지 혹은 '노동을 위한 전투'와 같은 완전히 새로운 구호를 제조하면서, 전통적인 단어들을 무식하게 오용하고 있음을 알아차렸다. 괴벨스의 선전 요원들은 광고를 모방하여, '피와 땅Blut und Boden'을 의미하는 'Blubo' 같은 약어, 또는 조직을 통제하거나 시위를 계획하는 것을 묘사하는 '조정'이나 '작동' 같은 기계적 표현들을 선호하였다. 야만적인 나치 용어들 중 우세했던 것은 '세계 유대인의 음모'와 같은 사악한 적들을 지칭하는 말들이나, 혹은 그들이 점찍은 이념들을 비난하는 '마르크스

---

60) Erberhard Jaeckel, 《히틀러의 세계관 : 한 지배자의 스케치Hitlers Weltanschauung : Entwurf einer Herrschaft》(Stuttgart, 1981) ; Wolfgang Bialas · Manfred Gangl (eds.), 《나치 하의 지식인Intellektuelle im Nationalsozialismus》(Frankfurt, 2000)을 참조하라.

61) Victor Klemperer, 《나는 마지막 그날까지 증언할 것이다. 일기 1933~1945》, 1권, 217쪽 ; François Furet, 《환상의 과거 : 20세기 공산주의 사상 평론》.

주의적'이나 '자유주의적'과 같은 형용사들이었다. 제3제국은 또한 동시대인들이 동물 대신 사람에게 적용하는 것은 잘못이라고 생각했던 '낯선 종(種)artfremd'과 같은 인종적 열등함을 묘사하는 생물학적 메타포를 도입했다. 제3제국의 언어에 대한 탁월한 조명 속에서 클렘페러는 나치의 언어적 비인간화에 대한 자신의 비판을 체계화했다. 그리고 이를 공산주의자들 사이의 유사한 경향으로 확대시키면서, 공산주의자들의 그것을 역설적으로 제4제국의 언어라고 불렀다. "이데올로기를 제외한다면, 나는 제3제국의 언어와 제4제국의 언어 사이에서 그 어떤 차이점도 인식할 수 없다."[62]

또한 독재는 상징과 대중 집회를 통해 감정에 호소함으로써, 엄격한 공화국보다 선전에 있어서 더 능숙하다는 것을 증명하였다. 클렘페러는 나치가 '세계대전이란 없었다'와 같은 명백히 틀린 주장을 대중이 믿을 때까지 핵심적인 구절들을 신문에서 반복하였음에 주목했다. 갈고리십자swastika와 같은 오용된 북구의 이미지와 스피커, 라디오, 그리고 사람들을 매혹시킨 영화와 같은 근대 기술적 수단의 창조적 결합이 있었다. 군사 행진과 노동 운동의 시위를 모방하여 조심스럽게 상연된 당 대회의 "끓어오르는 환호성"은 거역할 수 없는 역동감과 공동체 의식을 창조해냈다.[63] 통합사회당은 비록 붉은 깃발과 같은 노동 계급의 전통에 의존하거나 소비에트의 모델에 호소하긴 했지만, 지도자 앞에서 행해진 수천 명의 노동자들의 행진을 지지의 가시적인 증거로서 계속해서 실행해갔다. 이에 있어서 나치는 종종 그들의 표현 양식을 위해 게르만

---

62) Victor Klemperer, 《나는 마지막 그날까지 증언할 것이다. 일기 1933~1945》, 36쪽 이하, 114쪽과 128쪽 이하 ; 《청산되지 않은 언어LTI : Die unbewältigte Sprache》(Müchen, 1969) ; 《나는 참으로 편치 않은 상황이다. 일기 1945~1949》, 76쪽.
63) Victor Klemperer, 《나는 마지막 그날까지 증언할 것이다. 일기 1933~1945》, 172쪽.

적 원시주의를 선호했으나, 공산주의자들은 사회주의 리얼리즘의 국제화된 형태를 선호하였다. 물론 양자 모두가 아방가르드 모더니즘을 타락한 것으로 거부했다. 이성에 호소하는 민주주의적 요청과 대조하면서, 클렘페러는 독재자들이 압도적으로 비합리적인 호소에 의존하고 있음을 지적한다. "이러한 구호들로 우리는 시시때때로 신물이 날 만큼 폭력에 질렸으며, 지칠 만큼 위협을 받았으며, 마취가 되었다."[64]

언어의 변환과 상징의 사용이 결합되어, 분리되고 자기 지시적이며 공개적 논쟁에 적대적인 독재적인 담론을 탄생시켰다. 클렘페러가 곧바로 알아차린 것처럼, 나치 열성 당원들 사이에서 공적인 의식을 결정함에 있어 이데올로기는 실재 위에 군림하고 있었고, 반면 공산주의자들 사이에서는 추론의 과정이 마르크스－레닌주의 고전의 주석에 의해 연역적으로 이루어졌다. 양자의 정권 모두에 있어서 공개 연설로 연결되는 신념 체계의 해석을 제공하는 데 있어서 당 스스로가 궁극적인 권위를 유지하고 있었고, 따라서 문제 토의 방식과 해결책 제안 방식을 당이 결정하였다. 양자의 지배 담론의 가장 중요한 측면은 유대인이나 자본가와 같은 적들에 대한 정의였다. 충성스러운 사람들은 적들이 비열하게 체제를 잠식하지 않도록 지속적으로 경계를 늦추지 말아야 한다고 강조하였다. 토론이란 단지 이데올로기의 기본적 전제들 안에서만 발생할 수 있었기 때문에, 코드에 대한 유린 행위는 자아 비판의 정교한 의례나 지지자 무리로부터의 극적인 추방으로 이어져야 했다. 이러한 지배 담론은 정치적 의식의 내용뿐만 아니라 한계까지 결정하는 닫힌 수사 체계로서 기능하였기 때문에 매우 효과적이었

---

64) Victor Klemperer, 《나는 참으로 편치 않은 상황이다. 일기 1945~1949》, 49쪽 이하 ; Eric Weitz, 《독일 공산주의 건설 1890~1990 : 대중 저항으로부터 사회주의 체제로》.

다.[65]

따라서 이데올로기에 대한 도구화된 견해는 이데올로기의 대중적 호소력이라는 가시적이고 담론적인 차원들에 대한 고려로 확장되어야 한다. 의심할 바 없이 양 독재 모두는 주민들을 교화하기 위한 선전을 교묘히 활용하였고, 다른 의견들을 억압하기 위해 엄격한 검열을 도입하였다.[66] 그러나 조작에 대한 강조는 언어의 개조, 상징들의 호소, 그리고 새로운 지배 담론의 구성에 따른 결과인 실재의 미묘하지만 누적적인 변형을 평가하지 못한다. 클렘페러는 광신적 소수가 모든 "건전한 상식"을 버렸고 대신에 근저에서 우러난 자기 포기 속에서 "히틀러와 승리만을 믿기"를 선택했음을 혐오감을 표하며 주목한다. 역설적으로 대중의 분위기에 대한 지속적인 주의 집중이나, 체제에 대한 농담('마리아 데눈치아타'를 위한 가톨릭의 새로운 축일과 같은)의 허용, 그리고 공적으로 말하는 것과 사적으로 말하는 것이 달랐던 것들은 마지못해 따라오는 사람들에 대한 집권당의 장악력을 강화하기 위한 것으로 보인다.[67] 따라서 신문화사적인 관점은 독재가 스스로가 억압하는 주체들의 '자기 통제'에 어느 정도 의존했는가 하는 정도의 문제였음이 독재의 가장 놀라운 측면이었다는 것을 보여준다. 매일 반복되는 일상의 차원에서 '독재 안의 합의'가 안정되기 위해 필요했던 것은 스스로를 온전히 유지시키기 위해 부분적으로는 열광적

---

65) Martin Sabrow (ed.), 《관치화된 과거 : 동독의 역사 문화와 통치 정당성 *Verwaltete Vergangenheit : Geschichtskultur und Herrschaftslegitimation in der DDR*》(Leipzig, 1997).

66) Simone Bark · Siegfried Lokatis, 《'위험한 출판'. 60년대 말까지 동독의 검열 제도와 저작 공개 *"Jedes Buch ein Abenteuer". Zensur-System und literarische Öffentlichkeiten in der DDR bis Ende der sechziger Jahre*》(Berlin, 1997).

67) Victor Klemperer, 《나는 마지막 그날까지 증언할 것이다. 일기 1933~1945》, 2권, 749쪽 이하 ; Mary Fulbrook, 《독재의 해부 : 동독의 실체 1949~1989》, 129쪽 이하 비교.

으로, 또한 부분적으로는 마지못해 내린 수백만 명의 개인들의 결정들이었던 것이다.[68]

6. 독재의 적법성 결여

한 세기 동안 서로 다른 체제들이 다섯 번이나 바뀌었다는 것은 독일의 정권들이 정치적 적법성에 있어서 근본적인 문제에 직면해왔음을 알게 해준다.[69] 막스 베버의 지배사회학에 의하면 정부는 전통이나 관료제, 혹은 카리스마로부터 정통성을 얻는다.[70] 호엔촐레른Hohenzollern 왕가(독일 제2제국을 지배한 가문—옮긴이주)의 붕괴는 전통적인 적법성의 기반을 파괴했기 때문에, 이후의 잇따른 체제들은 관료적 통제와 카리스마적인 지도력의 결합에 의존해야 했다. 바이마르 공화국은 진정한 대중적 지도자를 발견하지 못한 군주주의에 물든 공무원들과 군대라는 문제에 직면해 있었으며, 제3제국은 히틀러의 개인적인 신비한 매력에 편승했지만 질서

---

68) Konrad H. Jarausch, 〈표현의 전환점에서 본 동독의 역사 기술Historische Texte der DDR aus der Perspektive des linguistic turn〉, 《역사학보》, 261쪽 이하. 젤러틀리Gellately는 《비밀 경찰과 독일 사회 : 인종 정책 집행 1933~1945》, 258쪽에서 자동 검열autopolicing에 관하여 이야기한다. 이에 관해 다음을 참조하라. Thomas Lindenberger (eds.), 《독재 체제의 통치와 고집. 동독 사회사 연구》, 13쪽 이하 ; Martin Sabrow, 〈무기력에의 의지와 의지의 힘Der Wille zur Ohnmacht und die Macht des Willens〉, 《독일 아카이브》, 33권(2000), 539~558쪽.

69) Eberhard Jaeckel, 《독일의 세기 : 역사적 결산 Das deutsche Jahrhundert : Eine historische Bilanz》(Stuttgart, 1996).

70) Max Weber, 《경제와 사회 Wirtschaft und Gesellschaft》(Berlin, 1964), 157쪽 이하 ; Frank Wilhelmy, 《통합사회당 지배의 해체 : 동독의 마르크스-레닌주의의 정통성 주장의 소멸 Der Zerfall der SED-Herrschaft. Zur Erosion des marxistisch-leninistischen Legitimitätsanspruch in der DDR》(Münster, 1995)을 비교하라.

있는 행정 시스템을 창출하는 데는 실패하였다. 동독의 지도자들에게는 카리스마가 없었으므로 그들은 사회주의를 관료화했다. 단지 서독만이 공무원들을 근대화하고 아데나워Konrad Adenauer나 브란트Willy Brandt와 같은 대중적인 정치가들을 발견하는 데 성공했다. 모이셸Sigrid Meuschel은 베버의 관점을 발전시켜, 정권의 근본적인 적법성과 체제에 대한 피상적인 충성을 구별한다. 이에 의하면 전자는 정권의 가치에 대한 지지에 기반하며, 후자는 정권의 실제적 성취에서 나온다. '만약 사회가 어떤 지배 형태가 적법성을 가진 것이라는 믿음이 아니라 충성심에 의해, 즉 주로 지배 형태의 전략적이고 이해 관계에 종속된 수용에 의해 지배된다면, 그러한 지배 형태의 영속성은 불확실한 것이다."[71]

20세기 독일의 양 독재 체제는 모두 궁극적으로 정치 참여와 사회적 안정을 위한 대체 모델을 제공하면서 충성의 수준에서 합법성의 수준으로 발전하려는 시도에 있어 실패하였다. 정치 참여를 갈채로, 또한 해방을 사회적 온정주의 해방으로 대체함으로써 민족주의와 사회주의의 조화를 약속했던 나치의 독일 인민 독재Volksdiktatur는, 2차 세계대전의 고통을 통해, 이 체제가 국내에서의 순종을 대가로 한 국제적 재기가 불가능하다는 것이 판명되자 대중적 지지를 잃어버렸다. 모든 전선에서 독일군의 패배가 잇따르면서 전선은 독일 내부로 되돌아갔고, 사람들이 나치 이후의 삶을 준비하기 시작하자 그때까지의 성공에 상당 부분 의존하고 있던 히틀러의 카리스마는 약화되기 시작했다. 제3제국이 무너졌을 때 클렘페러는 역설적으로 "어떻게 히틀러주의가 승리할 수 있었

---

71) Sigrid Meuschel, 《동독의 정통성과 당 지배 : 안정과 혁명의 모순Legitimation und Parteiherrschaft in der DDR : Zum Paradox von Stabilität und Revolution in der DDR, 1945~1989》(Frankfurt, 1992), 23쪽.

는가 하는 것을 더욱 수수께끼로" 만들면서, "이제 모든 사람들이 언제나 당의 적이었던 것이다"라고 기록했다. 다른 관찰자 역시 나치 후광의 놀라운 붕괴를 기록하고 있다. '모든 사람들이 아돌프로부터 거리를 둔다. 그리고 아무도 협력한 사람이 없다. 모든 사람들은 박해받았고 그 누구도 다른 사람을 공공연히 비난한 적이 없다.'[72]

이와 유사하게 반파시즘의 대안과 사회 혁명을 제공했던 공산주의의 복지독재Fürsorgediktatur는, 주민들이 서방 세계의 소비주의에 노출되는 횟수가 점점 늘어나자 실패하고 말았다. 서방 세계의 소비주의와의 접촉을 통해 사람들은 지금까지 평등과 안정을 얻기 위한 대가로 마지못해 행해온 순종이 불필요하다고 느꼈기 때문이다.[73] 장기적 원인은 주로 경제 성장의 정체, 이데올로기적 확실성의 상실, 데탕트로 인한 동서 냉전의 완화와 소련으로부터의 보호의 약화에 있었다. 단기적 원인은 1989년의 대량 탈출, 그리고 가을에 일어난 놀라운 대중 시위의 물결과 통합사회당 정부의 자기 쇄신의 실패와 관련 있다. 민주적 각성과 상징적인 베를린 장벽의 붕괴에서 절정에 달한 공산주의의 동시적 붕괴는 여러 차례 이야기되었으므로 여기에서 반복할 필요는 없다.[74] 소수의 개혁적 공산주의자들과 시민 운동 단체 회원들이 독자적인 동독을 유지

72) Victor Klemperer,《나는 마지막 그날까지 증언할 것이다. 일기 1933~1945》, 2권, 760쪽 이하 ; 저자 미상,《한 베를린 여자의 일기Eine Frau in Berlin. Tagebuchaufzeichnungen vom 20. April bis 22. Juni 1945》(Frankfurt, 2003), 186쪽 ; Ian Kershaw,《히틀러 전기 1889~1936Hitler 1889~1936》(Stuttgart, 1998).

73) Konrad H. Jarausch, 〈복지독재로서의 현실 사회주의. 동독 개념 정리Realer Sozialismus als Fürsorgediktatur. Zur begrifflichen Einordnung der DDR〉,《정치와 현대사》(1998), No. 20, 33~46쪽.

74) Konrad H. Jarausch,《독일 통일의 숨가빴던 순간들The Rush to German Unity, 1989~1990》(New York, 1994) ; Charles Maier,《해체 : 공산주의의 위기와 동독의 종말》.

시키려 했으나, 1990년 3월 최초의 자유 선거를 통한 대중적 충성의 실질적 검증에서 대략 5분의 4의 주민들이 공산주의자들에게 반대하고 서독과의 재통일을 지지하는 쪽에 표를 던졌다.

　대중적 지지를 얻기 위해 의존했던 테러와 공모, 특권과 성취, 그리고 이데올로기와 이상주의가 단계적으로 실패하기 시작하자 마침내 양 독재 체제 모두 피치자들의 순응을 지속시킬 수 없었다.[75] 아돌프 히틀러의 개인적 카리스마도, 전위당의 집단적 지도력도 자신들의 통치에 대한 심각한 위협을 극복할 수 없었다. 나치의 경우 인류 역사에서 가장 피로 얼룩졌던 5년간의 전쟁 기간 중에 일어났는데, 이 전쟁의 와중에서 죽음의 희생이 점점 그들 자신에게로 옮겨 오자 독일인들은 헤게모니에 대한 인종주의적 환상에서 깨어났던 것이다.[76] 그러나 공산주의의 경우는 침묵하는 다수 가운데 점점 증대되었던 정권과의 연대감 상실과, 시민들과 정권 간의 공모의 주문을 깨뜨린 반대파의 저항을 통해 일어났다. 이는 그러므로 외부로부터의 정복과는 반대되는 '자기 해방'의 행동이었던 것이다.[77] 2차 세계대전의 패배나 베를린 장벽의 붕괴와 같은 진정한 역경의 시험을 통해 제3제국도 통합사회당 정권도 모두 정

　75) Heinz Boberach (ed.), 《제국의 보고 1938~1945. 친위대 보안부의 비밀 보고서 Meldungen aus dem Reich 1938~1945. Die Geheimberichte des SD der SS》(Herrsching, 1984) ; Ian Kershaw, 《히틀러 신화. 제3제국 당시의 여론과 선전Der Hitler Mythos. Volksmeinung und Propaganda im Dritten Reich》(Stuttgart, 1980). 또한 Konrad H. Jarausch · Martin Sabrow (eds.), 《몰락으로 가는 길. 동독의 내부 붕괴Weg in den Untergang. Der innere Zerfall der DDR》(Göttingen, 1999)에 실린 Walter Süss와 Andre Steiner의 논문을 참조하라(특히 153쪽 이하, 239쪽 이하).

　76) Gerhard L. Weinberg, 《2차 세계대전의 역사A World at Arms : A Global History of World War Two》(New York, 1994).

　77) Harmut Zwahr, 《자기 파괴의 종말. 라이프치히와 혁명Ende einer Selbstzerstörung. Leipzig und die Revolution in der DDR》(Göttingen, 1993) ; Konrad H. Jarausch · Martin Sabrow (eds.), 《몰락으로 가는 길. 동독의 내부 붕괴》.

치적 적법성을 달성하지 못했음이 드러났다. 독재적 대안의 실패로 인해 민주주의가 독일에 복귀하였다. 그러나 이는 계획된 것이었다기보다는 그동안 독일에 민주주의가 결여되어 있었던 탓이었다.[78]

---

78) M. Rainer Lepsius, 《독일에서의 민주주의. 정세 분석 *Demokratie in Deutschland. Konstellationsanalysen*》(Göttingen, 1993).

가우Gau : 나치 집권 이전에는 나치당 내 지역 단위였으나, 집권 후에는 주를 대체하는 행정 단위로 발전하였다.

갈색 셔츠Braunhemd : 공식적인 나치당원들의 유니폼. 공산당의 붉은색, 파시스트의 검은색, 보수 집단의 회색 등과 구분하기 위하여 1921년 나치 돌격대가 처음 착용하였다. 후일 갈색이 지닌 땅의 이미지는 나치의 '피와 영토의 이념Blut und Boden Ideologie'과 연결된다.

경건주의Pietismus : 17~18세기에 진실한 성경적 삶을 강조했던 루터교의 한 분파. 대표적인 인물로는 슈페너, 프랑케, 친첸도르프 등을 들 수 있다.

경제 안정화 계획(1959) : 스페인 경제를 자유화하기 위한 방안으로, 이로써 노동자들이 대표를 선출해 노동 조건과 임금 협상을 벌일 수 있게 되었다. 이 계획의 목적은 임금이 정부의 법령에 의해서가 아니라 상당 부분 수요와 공급에 의해서 결정되도록 하려는 것이었다.

교육 헌장Carta della Scuola : 1939년 이탈리아에서 당시 교육부 장관이었던 주세페 보타이가 작성한 교육 개혁안. 사회 계층 사이의 교육의 차별을 없애고 과학과 기술 교육을 강화하며 육체 노동을 모든 교육

과정에 포함시키는 등 새로운 파시스트적 인간형을 양성하려는 보
타이의 의도를 담았지만 2차 세계대전의 발발로 현실화되지 못하였
다.

기쁨을 통한 힘Kraft durch Freude : 나치 정권이 제공한 노동자 유급 휴가
제도. 이를 통해 독일 노동자들은 역사상 처음으로 바다나 산으로 집
단 여행을 떠날 수 있었다.

나치 돌격대Sturmabteilung/SA : 1920년부터 나치당 자체의 보호, 행사나
정치적 선전 행위의 보호, 당 반대자와의 폭력적 투쟁 등을 위하여
주로 1차 세계대전에 참전하였던 군인들을 중심으로 조직되었으며,
민병대적 요소를 띠었다. 갈색 셔츠를 입은 채 정치적 거리 투쟁의
일선에서 싸웠던 대원들은 히틀러의 집권 후 국가 질서를 유지하는
경찰의 보조적 역할을 수행했다.

나치 친위대Schutzstaffeln/SS : 1925년 설립되었다. 처음에는 나치 간부들
의 개인적 보호를 위하여 봉사하였으나 1929년 힘러가 나치 친위대
의 제국 지도자로 임명되면서 히틀러를 직접 받드는 나치의 엘리트
부대로 재편되었으며 나치 돌격대와는 거리를 두게 되었다.

내무인민위원부Narodnyi Kommissariat Vnutrennikh Del/NKVD : 1934~
1946년 소련의 국가 공안 경찰. 원래의 뜻은 내무인민위원부(내무
부)지만, 흔히 이 조직에 소속된 소련 비밀 경찰을 일컫는다. KGB는
이 비밀 경찰의 후신이다.

노동의 아름다움Schönheit der Arbeit : 나치 정권의 노동 정책으로, 노동 작
업장 환경의 개선에 힘썼다. 예컨대 환풍 시설 개선, 노동자 휴게실
마련, 작업 시간 중 음악단의 연주 등이 이에 해당된다.

노동총연맹Confédération Générale du Travail/CGT : 프랑스의 대표적인
노동조합. 1차 세계대전 전까지 프랑스 노동 운동 세력의 대표 주자
였으며, 1차 세계대전 후에 공산당 계열의 노동조합Confédération

Générale du Travail Unitaire/CGTU이 여기서 분리되어 나왔다.

노멘클라투라 : 소련의 당·정부 고급 관리층. 새로운 특권 계급을 형성했다.

뉘른베르크 인종법(1935) : 공식적으로 '뉘른베르크법'으로 불린 이 법은 1935년 9월 15일에 제정되었다. 이 법으로 독일의 유대인들은 시민권을 박탈당했다. 구체적으로 이 법은, 정치적 권리를 행사하거나 공무원이 되기 위해서는 반드시 당사자가 아리안족 혈통임을 증명해야 한다는 조항을 삽입함으로써 유대인의 시민권을 박탈하였다. 또한 이 법은 유대인과 비유대인 사이의 성관계, 즉 결혼도 금지했다.

다중(多衆)multitude : 안토니오 네그리가 《제국》에서 인간의 새로운 주체성을 표현하기 위해 정식화한 개념. 원래는 홉스주의 철학에 반대하는 스피노자의 핵심 용어였으나 네그리에 의해 사이버네틱 경제의 사회적 공장 속에서 서로 연결되어 생산하고 재생산하는 다양하고 이질적이며 혼종적인 사람들의 집합체를 가리키는 말로 개념화되었다. 다중은 통합되고 단일하고 대의된 주권적 주체성인 민중의 개념과는 달리, 반대의적이며 반주권적인 주체성이다. 또한 비합리적이고 수동적인 주체성인 대중 혹은 군중과 달리 능동적이며 행동적이고 자기 조직화하는 다양성을 지닌 주체성을 뜻한다. 다중은 민중과는 달리 사회적 힘들의 다양성을 내포하며 군중과는 대조적으로 공동의 행동 속에서 결합한다.

대숙청 : 1937~1938년 소련에서 벌어진 대대적인 숙청 작업. 공산당 내부의 '인민의 적들'을 색출했다.

대전환Velikii Perelom : 스탈린 혁명으로 알려진 1920년대 말의 급격한 정책 전환. 신경제 정책 노선이 폐기되고 급속한 공업화를 위한 1차 5개년 계획 및 농업 집단화가 추진되었다.

돌격대원Udarnik : 소련에서 탁월한 작업 성취도를 보인 노동자와 농민을 지칭한 말.

문화혁명: 소련에서 사회주의의 급속한 완성과 정착을 위해서라는 명분으로 스탈린에 의해 단행된 전면적인 정치·사회·문화의 재편. 1917년 10월 혁명에 버금갈 정도의 충격파를 러시아에 가져왔기 때문에 '스탈린의 혁명', '위로부터의 혁명'이라고도 불린다. 문화 혁명의 영역은 실로 광범위했지만, 러시아인들의 다수를 차지하는 농민들의 농업 경영 양식을 획기적으로 전환시킨 농업 집단화와 러시아의 급속한 공업화를 목표로 한 경제 개발 5개년 계획이 그 두 축이었다고 할 수 있다.

미국 가톨릭주의: 프랑코 체제 하에서 국가와 교회가 결탁한 것을 두고 비판론자들이 붙인 용어. 프랑코 체제 초기부터 1950년대 후반까지 지속되었다. 가톨릭적인 신조가 강조되었으며 교회는 체제의 구조 속에 완전히 통합되었다. 주교와 대주교들이 국가의 주요 기관들을 독차지했으며 코르테스 의원에 임명되기도 했다. 스페인의 모든 일상생활에 가톨릭의 전통적인 가치를 부여하려는 시도가 진행되었다.

민족 사회주의 독일노동자당 Nationalsozialistische Deutsche Arbeiterpartei/NSDAP: 1925년 2월 히틀러에 의하여 창당되었다. 이후 집권을 위한 준법 투쟁에 치중하였고, 1928년의 제국 의회 선거에서 2.6퍼센트에 불과했던 지지율이 1930년에는 18.3퍼센트, 1932년에는 37.3퍼센트로 급등했다.

민족의 동지 Volksgenosse: 국제주의를 표방했던 사회주의 노동 운동 진영에서는 노동 계급의 연대성을 고취하기 위해 '계급의 동지 Klassengenosse'라는 말을 강조했다. 이에 맞서서 민족주의자들은 민족 공동체의 연대를 강조하기 위해, 사회주의자들의 '계급의 동지'를 패러디하여 '민족의 동지'라는 말을 사용했다. 이러한 관행은 이미 독일 제국 시기에 등장하여 바이마르 공화국 시기에는 일반화되었다. 나치는 '민족의 동지'를 특별히 자신들의 인종주의적 이데올로기로 각인시켰다.

반들리츠Wandlitz : 동독 통합사회당 정치국 의원들만이 거주했던 지역. 일 반 동독인들과는 철저히 분리된 폐쇄적 · 특권적 거주 지역이었다.

반파시즘적 역사 서술 : 이탈리아 파시즘에 대한 특정한 역사 서술 경향을 통칭하기 위해 만들어진 용어. 마르크스주의적 해석을 비롯하여 1960년대경까지 이탈리아 파시즘 연구의 주류를 이루었던 역사 서술에 붙여진 이 용어는, 파시즘의 역사적 실체에 객관적으로 접근하기보다는 자신의 이데올로기적 성향에 경도된 채 파시즘에 접근하는 태도를 비판하기 위해 고안되었다.

발릴라단Opera Nazionale Balilla : 1926년 이탈리아 파시스트 정권에 의해 만들어진 청소년 조직. 1926년 이전부터 다각도로 추진되고 있던 청소년 조직들이 발릴라단이라는 명칭 아래 통합되었다. 전승에 의하면 발릴라는 1746년 오스트리아의 압제에 대한 제노바인들의 반란에서 중요한 역할을 한 제노바의 한 소년의 이름이다. 발릴라단의 창설은 이탈리아의 신세대들을 새로운 파시스트적 인간형으로 교육하려는 파시즘의 본격적인 시도 가운데 하나였다고 볼 수 있다.

베르사유 조약 : 1차 세계대전 종전 후 연합군과 독일 사이에 맺어진 강화조약. 1918년 6월 28일 파리 근교의 베르사유 궁전에서 조인되었다. 이 조약에서 연합군은 1차 세계대전의 책임이 전적으로 독일에 있음을 문서로써 확인하였으며, 이에 따라 독일은 모든 해외 식민지를 포기하고 많은 영토를 반납하고 천문학적 금액의 배상금을 지불하도록 강요되었다.

볼셰비키 : 러시아 사회민주당의 분파. 1903년 온건파인 멘셰비키가 당원 자격 면에서 개방적 입장을 취했다면 강경파인 볼셰비키는 직업적 혁명가로 이루어진 당을 주장하였다. 레닌은 이러한 입장을 대변한 볼셰비키 지도자였다.

북부 동맹 Lega Nord : 1984년에 공식적으로 출범한 이탈리아 정당. 움베르토 보시의 강력한 지도력을 바탕으로 롬바르디아, 베네토, 피에몬테 등의 북부 지역에서 막강한 영향력을 행사하고 있다. 이탈리아 남부가 북부를 고갈시키고 있다는 전제 하에 한동안 북부의 독립을 주장하였고, 지금은 연방제 도입을 통한 북부의 독립성 확보를 꾀하고 있다. 강력한 반이민 정책으로 비판자들 사이에서 인종주의 정당으로 공격받고 있기도 하다.

비수 신화 Legende vom Dolchstoß : 독일의 군부와 보수 세력이 만들어낸 거짓 선전책. 독일이 전쟁(1차 세계대전)에서는 승리하였으나 후방에 있던 공산주의자와 노동조합 등의 반란과 파업 때문에 패배하였다고 패배의 원인을 돌리려 했다.

비시 정부 : 1940년 7월 10일부터 1944년 8월 20일까지 프랑스 남중부의 온천 휴양 도시 비시에 기반을 두고 존재했던 '프랑스국'Etat Français'의 행정부이자 대독 협력 정부. 페탱이 그 수반이었다. 독일과의 강화 조약 이후 프랑스 영토는 분할되어, 파리를 포함한 3분의 2가 독일 점령 지역인 직접 통치 지역이 되었고, 비시 아래쪽 3분의 1은 비점령 지역으로 남았다. 비시 정부는 명목상 비점령 지역을 통치하였다. 페탱에게 전권을 위임하고 제3공화국을 폐기하였으며, 프랑스 혁명 이래 공화국의 상징적 모토였던 '자유, 평등, 우애' 대신에 '노동, 가족, 조국'을 슬로건으로 내세우며 프랑스의 갱생을 위한 '민족 혁명' 추진을 선포했다.

빌헬름 2세 Wilhelm II(1858~1941) : 1888~1918년에 재위했던 프로이센의 왕. 1차 세계대전에서 패망한 후 1918년 퇴위하여 네덜란드로 망명했다. 사후 히틀러의 명령에 의하여 군사적 예의를 갖춘 가운데 포츠담에 묻혔다.

《사상계》 : 1953년 4월 장준하가 창간한 월간 종합 교양지. 1970년대까지 대표적인 비판적 지식인 잡지로 역할했다.

새마을운동 : 1970년 4월 22일 당시 대통령 박정희가 새마을가꾸기운동을 제창함으로써 시작된 지역 사회 개발 운동. 애초엔 농촌 지역을 대상으로 마을 길 넓히기, 지붕 개량 등의 사업을 벌였지만 점차 도시까지 확대되어 전국적인 차원에서 진행되어 현재에 이르고 있다.

스타하노프 운동 : 소련의 2차 경제 개발 5개년 계획 중 국민 경제 전반에 걸쳐 전개된 노동 생산성 향상 운동. 1935년 탄광부 스타하노프가 새 기술을 최대한 이용해 공정을 변혁함으로써 생산 증가를 이룬 데서 유래하였다.

신경제 정책NEP : 1921~1928년 소련 지도부가 채택한 일종의 혼합 경제 정책. 사기업과 사적 소유가 제한적으로 허용되었으므로 일부 세력은 이를 이념적 원리의 후퇴이자 배신으로 간주하기도 한다.

아리안화Arisierung : 토지나 사업, 재물 등 유대인 재산의 비합법적 몰수를 통한 독일 재산화의 과정. 주로 당에 의하여 주도되었으나 국가에 의해 방해받지 않았고, 몰수된 재산은 주로 전쟁 물자 생산을 통한 경제 회복에 쓰였다.

앙헬루스 기도 : 로마 가톨릭 교회에서 매일 세 번 드리는 기도. 아침 6시, 정오, 저녁 6시에 기도를 드린다.

열등자 안락사Euthanasi : 나치 독일의 인종주의 정책.우수한 독일 아리아 인종을 유지하기 위해 선천적으로 신체와 정신에 문제가 있는 것으로 여겨진 독일인들을 안락사시켰다.

YH무역 노동조합원들의 신민당사 점거농성(YH사건) : 1979년 8월 9일 YH무역 노동조합원들이 회사의 폐업 조치에 항의해 회사 정상화와 생존권 보장 등을 요구하며 신민당사를 점거하고 농성을 벌인 사건. 8월 11일 경찰에 의해 강제 해산이 이루어졌고, 이 과정에서 김경숙 열사가 의문의 죽음을 당하고 100여 명이 부상당하였다. 이 사건은 박정희 유신 체제의 몰락을 재촉하는 역할을 하였다.

우크라이나 민족주의자 기구 및 우크라이나 저항군OUN-UPA : 1939년부터 1950년
대 중반까지 활동하며 우크라이나 독립과 반소비에트 노선을 견지
했다.

인민전선Le Front Populaire : 1, 2차 세계대전 사이 극우 파시스트 세력이
힘을 얻자 이에 대항하기 위하여 노동자 및 중산 계급 등 다양한 층
이 연합 세력을 구축하였던 것을 일컫는다. 프랑스에서는 1935년 1
월부터 반파시즘 연합 전선의 움직임이 이루어지면서 1936년 1월 인
민전선 강령이 발표되었다. 1936년 4~5월 총선에서 중산 계급의 지
지를 많이 받았던 급진당, 사회당, 공산당이 인민전선의 이름으로 합
세함으로써 다수 의석을 획득하여 정권 창출에 성공하였다. 그리하
여 사회당의 레옹 블룸Léon Blum을 수반으로 하는 인민전선 정부가
성립되었다. 인민전선 정부에 의해 프랑스에 처음으로 노동자들의
유급 휴가제가 도입되었다. 프랑스 사회 입법의 큰 획을 그은 것으로
유명하다.

1차 5개년 계획 : 1929~1932년에 걸친 소련의 급속한 공업화 계획.

전(全) 소련공산당/볼셰비키VKP(b) : 1952년 이전의 소련공산당 정식 명칭.

정치국 : 소련공산당의 최고 정책 결정 기관. 1917년 10월 혁명 이후 혁명
의 지속적이고 융통적인 지도를 위해 창설되었다. 처음에는 권한이
컸으나 스탈린 치하에서 권한이 축소되었다가 스탈린 사후 당의 간
부 회의Presidium로 개편되었다. 1966년 다시 부활해 소련이 붕괴될
때까지 존속하였다.

정치운영부GPU : 1921~1928년 소련의 국가 공안 경찰. 통합정치운영부
OGPU로 확대 · 개편되었다.

직업 동맹Profsoiuz : 소련의 노동조합.

1934년 극우파 폭동 : 1934년 2월 6일 여러 우파 세력이 이끄는 우파 단체들

이 공화국 정부를 몰아내기 위하여 의회 앞에서 규탄 대회를 벌였던 큰 정치적 폭력 사건. 여기에 참여하였던 우파 단체들 가운데에는 무솔리니의 파시스트당을 모델로 한 것도 있었으며, 반민주주의, 반의회주의, 반유대주의를 지향하는 경우가 많았다. 이러한 우파의 폭동은 좌파 세력에 큰 걱정을 안겨주었으며, 좌파 연합 세력이 형성되어 인민전선이 탄생하는 데 큰 영향을 주었다.

1918/19년 혁명 : 독일의 1차 세계대전 패배 후 1918년 11월에 군인과 노동자에 의하여 일어난 혁명. 이로써 독일 제정이 끝나고 황제는 퇴위하였으며 에버트 대통령을 수반으로 하는 바이마르 공화국이 들어섰다.

1848년 혁명 : 1848년 2월 파리를 시작으로 전 유럽에 번진 자유주의와 민족주의 운동. 1815년 빈 회의 이후 메테르니히Klemens Fürst von Metternich에 의하여 주도되었던 유럽의 복고 체제에 반대하여 지식인, 산업 자본가, 노동자 계급, 농민들이 기존 사회와 경제적 체제의 타도를 목표로 일으켰다. 그러나 1년 후 유럽의 거의 모든 혁명 시도는 실패로 돌아가고 전제 정치가 재건되었다.

콤소몰/공산주의청년동맹Komsomol : 14~23세로 이루어진 소련의 공산주의 청년 조직.

쿨라크kulak : 러시아의 부농. 원래 '주먹'을 뜻하는 이 단어는 러시아 농촌 사회에서 고리대금업과 같은, 사회주의 사회의 원칙과는 어긋나는 부정적 기능을 수행할 수 있을 정도로 많은 재산을 가진 부농을 가리키게 되었다. 1930년대 초 농업 집단화의 저해 세력으로 박해받아 추방되었다.

통합정치운영부OGPU : 1928~1932년 소련의 국가 공안 경찰. 내무인민위원부NKVD로 개편되었다.

페탱Philippe Pétain(1856~1951) : 1차 세계대전 때 여러 전투에 참전하였

다. 특히 베르됭 전투에서 결정적 역할을 하여 1차대전의 영웅으로 알려졌다. 2차 세계대전에 참전한 프랑스가 독일의 공세로 수세에 몰리자 1940년 5월 부총리로 발탁되었다가 6월에 폴 레노Paul Reynaud의 뒤를 이어 총리가 되었으며, 독일과 강화 조약을 맺고 대독 협력을 약속함으로써 향후 약 4년간 프랑스가 독일 점령 치하로 들어가는 길을 열었다. 2차 세계대전 종전 후 대독 협력자들을 겨냥하여 열린 고등 법원 전범 재판에서 사형을 선고받았으나 드골 Charles De Gaulle 장군에 의해 사면받아 무기 징역으로 감면되었다. 감옥에서 생을 마감하였다.

한민당 : 1945년 9월 미군 진주에 맞춰 지주, 기득권층을 중심으로 결성된 우익 정당. 이후 한국 보수 야당의 원조가 되었다.

헤게모니Hegemony : 안토니오 그람시Antonio Gramsci가《옥중수고》에서 계급 간의 관계, 특히 부르주아 계급이 노동자 계급에게 행사하는 통제의 방식을 설명하기 위해 정초한 개념. 그가 말하는 헤게모니는 한 계급이 단지 힘의 위력으로써만이 아니라 제도, 사회 관계, 관념의 조직망 속에 동의를 이끌어냄으로써 자신의 지배를 유지하는 수단이다. 다시 말하면 성공적인 헤게모니는 지배 계급의 이해를 표현할 뿐만 아니라 종속 집단인 피지배 계급으로 하여금 이것을 자연스러운 것, 또는 상식적이며 자명한 것으로 받아들이게 할 수 있다. 그는 더 나아가, 헤게모니는 단지 경제에만 국한되는 것이 아니며 모든 사회의 문화 생활 속에 존재하는 통합적 관계망이라고 생각하였다. 헤게모니라는 개념은 한편으로는 국가 기구나 정치사회가 그들의 법률적 제도, 군대, 경찰, 감옥 등을 통하여 다양한 사회 계층을 어떻게 지배하는가를 이해하는 데 도움을 주고, 다른 한편으로는 지배 집단이 현 상황을 유지하기 위하여 어떻게 국가 기구들을 강제적으로 사용하며 정치사회와 시민 사회가 현 상황에 대한 다양한 사회 계층들

의 자발적인 동의를 어떻게 창출해내는가를 이해하는 데 도움을 준
다.

획일화Gleichschaltung : 각 사회 집단 사이의 이해 갈등을 민족 공동체의
  이해 아래 복속시킨 나치의 정치사회 정책의 표어. 대표적인 사례로
  서, 나치는 노사 갈등을 민족 이해에 복속시키기 위해 노동조합과 기
  업가 연맹들을 해산시키고, 새롭게 독일노동전선DAF 속에 합병시켰
  다.

히틀러 소년단Hitler-Jugend : 민족사회주의 독일노동자당NSDAP의 청소년
  조직. 1933년부터는 국가적 청소년 단체로 재조직되었다. '청소년은
  청소년에 의하여 지도되어야 한다'는 원칙 하에, 가정과 학교 외의
  유일한 국가 공식 교육 기관으로서 청소년에게 정치적 교육과 육체
  적 훈련을 실시했다. 1932년 회원이 10만 8,000명이었고, 1933년에
  는 230만 명, 1939년에는 870만 명을 넘어섰다. 2차 세계대전 발발
  이후에는 전투에 필요한 교육의 습득과 전쟁 동원을 위하여 이용되
  었다.

| 찾아보기 |

1
강제와 동의 사이에서

엮은이 · 임지현 · 김용우

기획 · 비교역사문화연구소

펴낸이 · 김현태

펴낸곳 · 책세상

초판 1쇄 펴낸날 · 2004년 4월 30일

초판 5쇄 펴낸날 · 2017년 4월 15일

주소 · 서울시 종로구 경희궁길 33 내자빌딩 3층(03176)

전화 · 02-704-1251(영업부) 02-3273-1333(편집부) | 팩스 · 02-719-1258

이메일 · bkworld11@gmail.com

홈페이지 · www.bkworld.co.kr

등록 · 1975. 5. 21 제 1-517호

ISBN 978-89-7013-440-6 04900

978-89-7013-543-4 (세트)

이 책은 2002년 한국학술진흥재단의 지원에 의해 연구되었음(2002-072-AM2515).